隧道工程施工要点集

（第二版）

关宝树　编著

人民交通出版社

内 容 提 要

本书阐述了国内外隧道工程施工中重点、难点问题的解决方法，并围绕施工要点问题探讨了隧道施工技术的发展趋势。

本书可供从事隧道工程施工、设计的工程技术人员使用，亦可供相关专业本科生、研究生学习参考。

图书在版编目(CIP)数据

隧道工程施工要点集/关宝树编著. —2 版. —北京:人民交通出版社,2011. 7

ISBN 978-7-114-09242-8

Ⅰ. ①隧… Ⅱ. ①关… Ⅲ. ①隧道工程－工程施工 Ⅳ. ①U455

中国版本图书馆 CIP 数据核字(2011)第 131338 号

书　　名：隧道工程施工要点集（第二版）
著 作 者：关宝树
责任编辑：王　霞
出版发行：人民交通出版社股份有限公司
地　　址：(100011) 北京市朝阳区安定门外外馆斜街 3 号
网　　址：http://www.ccpress.com.cn
销售电话：(010) 59757973
总 经 销：人民交通出版社股份有限公司发行部
经　　销：各地新华书店
印　　刷：北京市密东印刷有限公司
开　　本：720×960　1/16
印　　张：30. 25
字　　数：503 千
版　　次：2003 年 1 月　第 1 版　2011 年 7 月　第 2 版
印　　次：2018 年 7 月　第 4 次印刷　总第 11 次印刷
书　　号：ISBN 978-7-114- 09242- 8
印　　数：8001－10000 册
定　　价：76. 00 元

前言

本书第一版于 2003 年 1 月出版，2010 年花了几个月的时间对本书进行了修订，增加了若干新的内容，希望本书对读者有所帮助。

《隧道工程施工要点集》是作者针对我国隧道工程施工中存在的问题编写的一本供工程技术人员参考使用的著作。在编写过程中，作者根据多年从事科研和实践工作的体会和经验，把隧道施工的基本理念归纳为四点，即：**保护围岩、内实外美、重视环境和动态施工**，整个图书内容的编写就是围绕这四点展开的，并尽量通过国内外的施工实例加以说明，同时也适当地介绍了国外一些技术发展的概况。

我国的隧道施工技术虽然有了长足的进步，但与国外相比差距还是很明显的，如何缩短这个差距，作者也提出了一些见解，供广大技术人员参考。

因为写的是“施工要点”，不可能面面俱到，可能有很多没有涉及的要点被遗漏了，只好以后有机会补上，也希望读者能够提出建议，供今后修订时借鉴。

关宝树

2011 年 3 月于北京

目 录

第一部分 概　　述

隧道工程施工基本认识

地下结构物是多种多样的，构筑地下结构物的施工技术也是多种多样的。这些施工技术的形成和发展与地下结构物的施工特性有关。因此，首先要充分了解地下施工的特性。

概括地说，地下施工具有以下特性：

· 隐蔽性大；

· 作业的循环性强；

· 作业空间有限；

· 作业的综合性很强；

· 施工是动态的，施工过程的力学状态是变化的，围岩的物理力学性质也是变化的；

· 作业环境恶劣；

· 作业的风险性大。

各种施工技术必须考虑这些特性，才能够发挥其作用。

地下结构物竣工后，我们只能看到外观，而其内部及结构物背后的状态是隐蔽的。严格地说，地下工程就是一个隐蔽工程。我们要求结构物做到"内实外美"，就是说，要把隐蔽的工程做到实处，不留后患。

一般的地下结构物都是纵长的，施工是严格地按照一定的顺序循环作业的。如开挖就是按照"钻孔—装药—爆破—通风—出渣"的循环，一步一步地循环开挖，直到最后隧道贯通。这种循环性是地下施工最具特色的一点，也是我们组织施工的基本原则。

地下结构物通常都是在地下一定深度修筑的，结构物的尺寸受到极大限制，这也就决定了施工空间的尺寸和形状。在有限的空间内进行施工，投入的人力和机械，都不能够"畅所欲为"，要考虑有限空间这个特点。因此，像地面工程中使用的大型机械，是很难在地下工程中发挥其作用的，必须采用适合地下工程有限空间的施工机械和施工方法。

地下施工由多种作业构成，开挖、支护、出渣运输、通风及除尘、防水及排水、供电、供风、供水等作业缺一不可。每一项作业搞得不好都会影响全局。因此，地下施工的综合性很强。这就要求我们必须有良好的施工管理和施工组织经验，才能使工程有序快速地进展。

地下结构的力学状态是极为复杂的，其复杂程度直到目前，还有许多不清楚的地方。我们只能在修筑地下结构物的整个过程中，逐渐地去认识和了解它的力学状态变化，并通过各种手段尽力控制和调整结构的力学状态变化。施工过程，从力学角度看，就是控制和调整这个力学状态变化的过程，施工技术也就是控制和调整这个力学状态的手段和方法。理解这一点是极为重要的。

地下施工的作业环境比较差，黑暗、潮湿、粉尘多，在恶劣的地质条件下，还有安全的问题。因此，如何创造一个安全、舒适和工厂化的作业环境，就成为地下施工技术要解决的重要课题。

最后，风险性与隐蔽性是关联的，施工人员必须经常关注隧道施工的风险性。特别是在不良地质条件下，更要有风险意识和应变意识。

目前，在地下工程中，也包括隧道施工中出现的问题，许多是由于对上述地下施工特性认识不充分或没有认识所造成的。因此，提高对地下施工特性的认识是十分必要的。

隧道工程施工的现状与存在的问题

改革开放以来，特别是最近的十几年间，我国铁路、公路、水电站等山岭隧道工程的发展又进入了一个新的时期。到2000年我国已有公路隧道1 684座，总长达628km，到2010年底铁路运营隧道约10 174座，总长达7 500km。除隧道的数量增加外，隧道的长度也有所突破，如正在修建的长度超过32km的关角铁路隧道、具有世界领先水平的锦屏水电站隧道群，已经建成投入运营的长达18km的终南山公路隧道、长达80余公里的大伙房输入隧洞，以及小浪底水电工程中的地下工程群体。另一方面的突破表现在施工技术的现代化上，如秦岭的Ⅰ线隧道是我国首次采用直径8.8m的全断面掘进机（TBM）修建的，这标志着我国铁路隧道施工技术的进步和成熟。在铁路隧道中，已不再单纯地依靠钻爆法修建隧道，也采用非钻爆的机械开挖法进行隧道的修建。正在修建和预计修建的长度超过4km的公路隧道,包括大断面(3 车道或 4 车道、双连拱隧道等)的公路隧道也不断出现。特别是在加强铁路、公路建设的新高潮中,不同长度、不同类型的山岭隧道大量涌现。因此,隧道技术的发展,面临一个新的机遇和挑战。从目前的工程实际出发,在今后很长一段时期内,矿山法仍然是修建山岭隧道的主流方法,是其他方法不可能代替的。因此,改造和完善矿山法及其相关施工技术,仍然是刻不容缓的,必须及时总结经验、适应形势发展的要求,不断提高矿山法山岭隧道的施工技术水平。

在隧道施工中最重要的是选择合理的施工方法。在长期的工程实践中,我国已经积累了相当丰富的经验和理论,逐渐形成了具有中国特色的隧道施工方法体系。

隧道施工过程和方法是多种多样的,目前在我们经常采用的矿山法中,基本上分为全断面法、台阶法和分部开挖法三大类。

在当前的施工实践中,采用最多的方法是台阶法,包括台阶法的各种变化方案,其次是全断面法。在大断面隧道中,单侧壁导坑(中隔壁法)和双侧壁导坑(眼镜法)也多有采用。由于施工机械的开发和辅助工法的采用,施工方法有向更多地采用全断面法,特别是全断面法与超短台阶法结合的发展趋势。也就是说,施工方法有向全地质型方法转变的趋势。因此,目前选择施工方法,并不完全决定于地质条件。地质条件仅仅是选择施工方法的一个因素,而更应强调的是:施工方法必须符合快速、安全、质量及环境的要求。其中环境因素有时成为选择施工方法的决定性因素。

因此,选择施工方法时需考虑的基本因素大体上可归纳为:

(1)施工条件:实践证实,施工条件是决定施工方法的最基本因素,它包括一个施工队伍所具备的施工能力、素质以及管理水平。目前我国隧道施工队伍的素质和施工装备水平,有高有低,参差不齐,因此,在选择施工方法时,不能不考虑这个因素的影响。

(2)围岩条件:也就是地质条件,其中包括围岩级别、地下水及不良地质现象等。围岩级别是对围岩工程性质的综合判定,对施工方法的选择起着重要的甚至决定性的作用。从施工技术的发展趋势看,地质条件虽然是重要的,但基本施工方法的变化却不显著。例如全断面法和超短台阶法的结合以及全地质型掘进机和自由断面掘进机等的开发都说明了这一点。

(3)隧道断面积:隧道尺寸和形状,对施工方法选择也有一定的影响。目前隧道断面有向大断面方向发展的趋势,如公路上已开始修建 3 车道甚至 4 车道的大断面隧道,水电工程中的大断面洞室更是屡见不鲜。在这种情况下,施工方法必须适应其发展。在单线和双线的铁路隧道、双车道公路隧道中,越来越多地采用了全断面法及台阶法;而在更大断面的隧道工程中,先采用各种方法修小断面的导坑,再扩大形成全断面的施工方法极为盛行。

(4)埋深:隧道埋深与围岩的初始应力场及多种因素有关,通常将埋深分为浅埋和深埋两类,有时将浅埋又分为超浅埋和浅埋两类。在同样地质条件下,由于埋深的不同,施工方法特别是辅助的施工方法也将有很大差异。

(5)工期:作为设计条件之一的施工工期,在一定程度上会影响基本施工方法的选择。特别是辅助坑道的设置,其工期决定了在均衡生产的条件下,对开挖、运输等综合生产能力的基本要求,即对施工均衡速度、机械化水平和管理模式的要求。

(6)环境条件:当隧道施工对周围环境产生如爆破震动、地表下沉、噪声、地下水条件的变化等不良影响时,环境条件也应成为选择隧道施工方法的重要因素之一,在城市条件下,甚至会成为选择施工方法的决定性因素。

在施工方法中应该澄清一个问题,就是对新奥法的认识问题。目前大家对新奥法的认识并不完全一致,有人认为它是一种施工方法,有人认为它是一种概念、理念或原则。我认为这种争论是没有什么实质性意义的。地下工程的修建已经有了很长的历史,我们积累的经验和教训是十分丰富的,像日本的“隧道十训”、奥地利的“22 点原理”等,以及英国法、法国法、德国法、比利时法等等,这些方法虽然是依当时的技术条件和技术理论形成的,但它也同样体现了隧道施工的基本原则——充分利用围岩的自支护能力、支护要及时。

大家知道,暗挖法是针对明挖法而言的,矿山法则是暗挖法中的一种方法,而新奥法则是矿山法中的一种方法。因此,从严格的意义上说,新奥法与过去所谓的上下导坑法、漏斗棚架法等是同类的方法,但它是以新发展的施工技术(喷混凝土、锚杆等)为依托的方法,这也是新奥法命名的精髓所在,别无其他。正像挪威法是以钢纤维喷混凝土作为永久支护为依托的方法一样。

在长期的工程实践中,不管是哪种方法,都必须正确地坚持隧道施工的基本原则。这些原则是在长期的施工实践中积累起来的经验教训的结晶,而且也是得到理论研究证实的。

归纳起来,施工中不管采用哪种方法,都必须遵循的基本技术原则是:

(1)围岩是隧道的主要承载单元,所以要在施工中充分保护围岩。避免过度破坏和损伤遗留围岩的强度,使暴露的围岩尽量保留既有的质量,是最重要最基本的原则。这在任何施工方法中都是一样的,像古老的黄土窑洞、无衬砌的岩石洞室等的修建就完全遵守了这个原则。

(2)为了充分发挥围岩的结构作用,应容许围岩有可控制的变形。一方面容许变形达到不在围岩中形成松弛的量级,一方面必须限制它,使围岩不会过度松弛而丧失或大幅降低承载能力;而在浅埋或地表下沉受到控制的条件下,及时控制变形和松弛及其发展是非常重要的。

(3)变形的控制主要是通过支护阻力(即各种支护结构)的效应达到的。因此,在施工中必须合理地确定支护结构的类型、支护结构参与工作的时间、各种支护手段的相互配合、断面封闭时间、一次掘进长度等。

(4)在施工中,必须进行实地观察、量测和监控,及时提出可靠的、足够数量的量测围岩变化、支护变异等情报,以指导施工和设计。有人认为,量测是新奥法的重要组成部分。实际上,在新奥法之前,量测监控的技术早已存在。例如,量测木支撑的横梁弯曲(挠度),用锤击法判定支柱的受力状况等。即使从今天的眼光看,这些技术仍然有其实用价值。

(5)在选择支护手段时,一般应选择能大面积的、牢固地与围岩紧密接触的、能及时施设和应变能力强的支护手段。因此,多采用喷混凝土并与锚杆、金属网联合使用,有时也要与钢架等配合使用构成多种形式的初期支护体系,达到控制开挖后变形的目的。

(6)要特别注意,隧道施工过程是围岩力学状态不断变化的过程。减少开挖分部,也就有可能减少因分部过多而引起的围岩内的应力变化和围岩松弛。因此,在有可能的条件下,应尽量采用全断面或大断面分部的开挖方法。这也是矿山法隧道施工方法发展的主流趋势。

(7)在任何情况下,使隧道断面能在较短时间内闭合都是极为重要的。在岩石隧道中,因围岩的结构作用,隧道断面能够"自封闭"。而在软弱围岩中,则必须利用多种手段,坚持"预支护、快挖、快支、快封闭"的原则,使隧道开挖断面在较短时间内或较短距离内及早封闭,这是非常重要的。

(8)隧道结构的耐久性,主要体现在二次衬砌的耐久性上,必须从施工技术上确保二次衬砌与初期支护的密贴和混凝土质量。

(9)在隧道施工过程中,必须建立设计—施工检验—地质预测—量测反馈—修正设计的一体化的施工管理系统,以不断地提高和完善隧道施工技术。

在实际施工过程中，这些原则也不是一成不变的，应该结合实际情况进行完善和提高。

我国近3 000km的铁路隧道和近700km的公路隧道，基本上是采用矿山法修筑的，目前出现的主要问题集中在以下几个方面：

(1)施工阶段的地质判释技术不完善，缺乏有效的判释方法和手段。

(2)隧道施工方法，特别是针对软弱破碎围岩的施工方法的工厂化程度有待提高。

(3)在施工中没有牢固树立“保护围岩、爱护围岩”的观点和理念，不能有效地控制对遗留围岩的损伤和松弛。

(4)“重外美、轻内实”，结构存在隐患，如：衬砌背后充填不密实，甚至留有空洞；衬砌厚度不足，有的严重不足；衬砌初期开裂普遍存在；基底处理不彻底，运营不久出现翻浆冒泥现象等。

(5)地下水处理始终是薄弱环节，防水工程质量欠佳，渗水、漏水现象时有发生。

(6)环境意识薄弱，洞内施工作业环境欠佳，减少对周边环境和结构物影响的措施不力。

(7)施工阶段工程质量的检测体制不完善，更为重要的是缺乏有效的检测手段和方法。

(8)应变能力不强，一旦出现施工灾害，有时束手无策。

(9)没有真正地实现动态施工和管理。

实质上，这几点也就是衡量隧道施工技术水平的重要标志。我国与一些发达国家相比，在技术上的差距，也就在于此。

出现这些问题主要与施工技术和施工管理有关。当然隧道工程中存在的问题是多方面的，有设计、施工方面的，也有业主、监理方面的；有深层次的问题，也有表面的问题。但总体来看，高水平的施工技术和严格的施工管理是关键。

隧道工程施工的基本理念

作者根据自己的体会，针对目前存在的问题，将隧道施工的技术要点归纳为四点：**保护围岩、内实外美、重视环境和动态施工**。这也就是隧道施工的四大理念。

所谓“保护围岩”有两层含义：一层含义是不损伤或少损伤遗留围岩的

固有支护能力，这可以通过采用机械开挖技术和控制爆破技术予以解决；另一层含义是通过各种手段和方法，如采用支护技术、加固或预加固技术以及各种辅助施工技术增强围岩的自支护能力等。这些技术形成了隧道施工的核心技术。

所谓“内实外美”，关键是内实。而内实的关键就是要做到“四密实”，即混凝土密实、喷混凝土密实、喷混凝土与围岩密实(贴)、二次衬砌与初期支护密实(贴)。这牵涉混凝土、喷混凝土、回填、支护接触等技术。

所谓“重视环境”，也有两层含义：一层含义是指内部环境，即施工作业环境；另一层是对外部环境，即对周边环境的影响。重视环境是时代的要求，许多环境技术都是因时代的变迁而得到发展的，许多基准都是因环境的要求而制定的。

根据暴露出来的围岩状态采取对策，是隧道施工的基本原则。这里所谓的“动态施工”是指：隧道施工过程中的地质条件是不断变化的，其力学状态也是不断变化的，因此，施工过程就不可能是一成不变的。我们在施工过程中采用的各种施工方法和技术都是为了适应这种“状态”变化的。因此，隧道施工的各种决策都要在施工阶段的地质技术、施工阶段的观察量测技术和施工阶段的质量控制技术的基础上进行管理。这也就是动态施工的基本含义。

归根结底一句话，就是必须不断地提高隧道施工的工厂化技术和施工管理的水平。

本施工要点集，就是根据以上几方面存在的问题、施工的基本原则和作者的经验，分析存在问题的原因和提出解决问题的方法和途径，供现场技术人员参考。

第二部分 施工阶段的地质判释技术

隧道施工人员在施工中会遇到各种地质现象。隧道施工,通俗地说,就是“与山斗”、“与水斗”、“与地质斗”。因此,了解山与水,认识地质,就成为隧道技术人员的“基本功”。在施工过程中,不可能完全依靠地质人员来解决地质问题,要把解决问题的“主动权”控制在自己手中。前面我们提到,保护围岩是隧道施工的最重要的原则,而其前提是要充分认识和了解围岩。因此,如何认识和了解围岩,也就成为施工技术人员的重要而迫切的任务。

我们的工程技术人员,由于学校教育的局限性和现场管理体制的不同,最感到欠缺的是地质知识和经验。而隧道和地下工程又正是天天与地质环境打交道的工程。因此,对工程技术人员来说,必须加强这方面的锻炼,在实际工作中,不断地积累和获取这方面的知识,不断地提高对各种地质现象的判释水平。下面扼要地说明与我们关系密切的几个地质问题。

施工要点一 施工阶段围岩级别的评定

在施工中,因围岩级别的变动而变更设计(支护结构参数、施工方法等)的情况是屡见不鲜的,应该说这是正常的,这充分反映了地质条件的复杂性。但有的隧道,在施工过程中,变更设计过多,不仅延误了工期,也提高了施工成本,同时给工程质量也造成一定的影响。造成这种现象的原因是多方面的,但主要是施工前的地质工作不到位、缺乏有效的围岩级别判定的方法,而更为重要的是,我们对施工中的地质工作缺乏足够的认识,也缺乏有效的判释方法和手段。

由于隧道的特殊性,近年来,各国都非常重视施工阶段的地质勘察工作。因为大家认识到,只有开挖暴露出来的地质状态,才能使我们比较客观、可靠地了解在施工过程中出现的一些现象和问题,才能使我们采取最符合地质状态的施工和支护措施。如何根据暴露出来的地质状态来评价围岩的动态，又成为施工中的关键。

在隧道施工中，根据施工准备阶段的调查进行的设计，都属于预设计。其正确性、与实际的符合程度，都有待施工中检验。因此，在施工过程中，要进行地质调查、掌子面观察及量测，对暴露的围岩进行评价，并将其结果有效地利用于下述工作：

·确认和修正围岩级别并迅速而合理地反映到施工中；

·确认施工中隧道结构物的稳定性，同时确保施工的经济性；

·积累资料，作为类似条件下隧道施工的参考。

这就是施工中地质工作的任务和要求。

目前的关键问题是，如何根据施工中的调查、观察及量测等对围岩进行评价，采用什么样的方法、根据什么准则来进行评价。

施工阶段围岩级别的评定方法，目前主要有两类：一类是根据开挖暴露出来的掌子面观察的方法；一类是根据量测的方法。目前，国内外在隧道及地下工程施工中进行围岩评价，主要是根据掌子面的观察来进行的，这是比较简便而现实的方法。量测方法也是判定围岩状态的好方法，但量测结果的处理需要一定的时间，因而当地质条件变化频繁时很难适应。此外，量测也需要投入大量的仪器，对施工作业有一定的干扰。地质超前预报的方法是在必要时采取的方法，没有普遍性。因此，利用掌子面观察的方法，就成为进行围岩评价的主要方法。工程技术人员应该掌握这种方法的实质和内涵。

洞内观察是为掌握地质状况，确认支护效果及决定支护参数等而实施的。掌子面观察是当新的掌子面出现后首先进行的观察。要绘制掌子面观察（素描）图，进行摄影等。在施工中应充分利用观察到的资料，及时判释，来完善支护体系和施工方案。这种观察主要通过目视，也可以采用摄影的方法观察掌子面的地质状态和地质的变化状况。

观察中应具体地记录以下各项，并描绘掌子面地质素描图：

·地质状况及其分布、性质和掌子面自稳性；

·围岩的软硬、裂隙间距及方向等围岩状态；

·断层的分布、走向、黏土化程度等；

·涌水地点、涌水量及其状态；

·软弱层的分布；

·其他。

应该说，工程技术人员通过掌子面地质观察技术的积累，会不断地丰富自身的地质知识和经验，从而提高自身的地质工作素质。

在掌子面观察中，一个关键的问题，就是对观察到的地质情报进行分类和分级。表 2-1 是铁路隧道施工阶段的掌子面观察记录表。

掌子面地质观察记录表　　表 2-1

<table>
<tr><td rowspan="2">工程名称</td><td rowspan="2" colspan="2"></td><td rowspan="2">位置</td><td colspan="2">里程</td><td colspan="2"></td><td rowspan="2">评定</td></tr>
<tr><td colspan="2">距洞口距离(m)</td><td colspan="2"></td></tr>
<tr><td rowspan="4">岩性指标</td><td colspan="2">岩石类型(名称)</td><td colspan="5">黏聚力 c = （MPa）;φ = （°）</td><td rowspan="4">·硬岩
·中硬岩
·软岩
·极软岩
·土</td></tr>
<tr><td colspan="4">单轴抗压极限强度 R_b = （MPa）</td><td colspan="3">点荷载强度 I_b = （MPa）</td></tr>
<tr><td colspan="4">变形模量 E = （GPa）</td><td colspan="3">泊松比 ν =</td></tr>
<tr><td colspan="4">天然重度 γ = （kN/m^3）</td><td colspan="3">其他</td></tr>
<tr><td rowspan="7">岩体完整状态</td><td colspan="2">地质构造影响程度</td><td colspan="2">轻　微</td><td>较　重</td><td>严　重</td><td>很严重</td><td rowspan="7">·完整
·较完整
·较破碎
·破碎
·松散</td></tr>
<tr><td rowspan="4">地质结构面</td><td>间距(m)</td><td>>1.5</td><td>0.6～1.5</td><td>0.2～0.6</td><td>0.06～0.2</td><td><0.06</td></tr>
<tr><td>延伸性</td><td>极差</td><td>差</td><td>中等</td><td>好</td><td>极好</td></tr>
<tr><td>粗糙度</td><td colspan="2">明显、台阶状</td><td>粗糙、波纹状</td><td>平整光滑</td><td>平整光滑、有擦痕</td></tr>
<tr><td>张开性(mm)</td><td>密闭<0.1</td><td>部分张开 0.1～0.5</td><td>张开 0.5～1.0</td><td>无充填张开>1.0</td><td>黏土充填</td></tr>
<tr><td colspan="2">风化程度</td><td>未风化</td><td>微风化</td><td>弱风化</td><td>强风化</td><td>剧风化</td></tr>
<tr><td colspan="7">说明</td></tr>
<tr><td>地下水</td><td colspan="2">渗水量 [L/(min·10m)]</td><td colspan="2"><10
干燥或湿润</td><td>10～25
偶有渗水</td><td colspan="2">25～125
经常渗水</td><td>·干燥或湿润
·偶有渗水
·经常渗水</td></tr>
<tr><td rowspan="2">初始应力状态</td><td colspan="7">埋深 H = （m）</td><td rowspan="2">·极高地应力
·高地应力
·一般地应力</td></tr>
<tr><td colspan="4">地质构造应力状态</td><td colspan="3">其他</td></tr>
<tr><td colspan="2">围岩级别</td><td>VI</td><td>V</td><td>IV</td><td>III</td><td>II</td><td colspan="2">I</td></tr>
<tr><td colspan="2">备注</td><td colspan="7"></td></tr>
<tr><td colspan="3">记录者</td><td colspan="5">复核者</td><td>日期</td></tr>
</table>

表 2-2 是日本 2009 年版《公路隧道观察、量测指南》建议采用的掌子面观察的记录格式；表 2-3 是南非的掌子面观察结果示例，可资参考。掌子面观察，原则上每个掌子面记录一次。基于洞内的观察记录，利用其平面和纵断面，立体地表现掌子面地质状态的变化。

掌子面观察记录及评价表　　表 2-2

观察项目		评价级别					
A 抗压强度 (N/mm^2)	单轴抗压强度	100 以上	100～50	50～25	25～10	10～3	3 以下
	点荷载试验	4 以上	4～2	2～1	1～0.4	0.4 以下	
	锤击强度大致标准	岩片置于地面,用锤强烈打击难以崩裂	岩片置于地面,用锤强烈打击可崩裂	用手拿着,用锤打击,可崩裂	岩片轻打能崩裂	两手可局部掰裂	用指甲可划裂
	评价级别	1	2	3	4	5	6
B 风化变质	风化大致标准	新鲜	沿裂隙风化变质	除岩芯外风化变质	土砂状风化、未固结土砂		
	热水变质等大致标准	没有看到变质	变质,裂隙夹有黏土	变质,岩芯强度降低	显著变质,全体土砂状、黏土化		
	评价级别	1	2	3	4		
C 裂隙间隔	裂隙间隔	$d \geqslant 1m$	$1m > d \geqslant 50cm$	$50cm > d \geqslant 20cm$	$20cm > d \geqslant 5cm$	$5cm > d$	
	RQD	80 以上	80～50	60～30	40～10	20 以下	
	评价级别	1	2	3	4	5	
D 裂隙状态	裂隙开口	裂隙密着	裂隙局部开口(宽度小于1mm)	裂隙多开口(宽度小于1mm)	裂隙多开口(宽度1～5mm)	裂隙开口,宽度在5mm以上	
	裂隙夹持物	无	无	无	夹有薄层黏土(5mm以下)	夹有厚层黏土(5mm以上)	
	裂隙粗糙度	粗糙	裂隙面平滑	部分平滑	有摩擦痕迹		
	评价级别	1	2	3	4	5	
F 涌水量	状态	无,渗水 1L/min 下	滴水程度 1～20L/min	集中涌水 20～100L/min	全面涌水 100L/min 以上		
	评价级别	1	2	3	4		
G 劣化	水的劣化	无	没有产生松弛	软化	流出		
	评价级别	1	2	3	4		

掌子面观察结果示例　　表 2-3

开挖地点的围岩状态

A	掌子面状态		自稳	有掉块	※留核心土	需采取大规模支护措施	
B	岩石强度	拱脚附近	锤击反弹,强烈锤击沿裂隙裂开	※锤击易裂开,呈小片、薄片状	锤击易崩裂,呈岩片状	不能锤击,用指甲也会崩成岩片	土砂状
		掌子面正面	锤击反弹,强烈锤击沿裂隙裂开	※锤击易裂开,呈小片、薄片状	锤击易崩裂,呈岩片状	不能锤击,用指甲也会崩成岩片	土砂状

续上表

开挖地点的围岩状态							
C	风化变质	未风化、新鲜、坚硬	※沿裂隙风化	整体风化	部分或整体土砂化	
D	裂隙间距(cm)	>100	50~100	20~50	5~20	※<5
E	裂隙形态	几乎无裂隙	※随机的	有方向性(层状、片状等)	土砂状、细片状	
F	裂隙状态	※密闭	部分张开	全部张开	开口处有油迹	夹有大规模黏土
G	涌水	无	※渗出	整体湿润	涌出或喷出	特别大

实际上根据掌子面观察的情况，评价开挖后的围岩状态也可以针对隧道的特点自行拟定表格。总之，这种方法几乎在所有的隧道中都可采用。如果与后面的定量评价方法结合起来，就会形成一个非常有效的评价系统。

在掌子面观察方法中，第二个问题就是如何根据观察到的情况对掌子面进行评价。在实际工作中，形成了各种各样的观察评价方法。图2-1是各种观察评价方法的分类。表2-4是各种评价方法概要。

- 评价方法
  - 定性方法
  - 定量方法
    - 评点法
      - 单纯平均法
      - 加权平均法
      - Q 值法
      - RMR 法
      - RSR 法
    - 多变量分析法
      - 数量化理论 I 类方法
      - 数量化理论 II 类方法

图2-1 掌子面评价方法的分类

掌子面观察评价方法概要 表2-4

方法名称		方法内容	备注
定性评价	定性评价	以岩类、弹性波速度为基本条件，加上掌子面的观察项目(地质状态、裂隙间距、掌子面自稳性及净空位移等)进行定性评价的方法，是最普遍的方法。但评定基准不明确，主观影响较大	是一般的评价方法，要求评价具有客观性

续上表

方法名称			方法内容	备注
定量评价	评点法	单纯平均法	给出掌子面观察项目的点数，综合评价围岩的方法。方法比较简便	方法单纯，易于实施，可作为评定的参考
定量评价	评点法	加权平均法	不是单纯的平均，而是给出各项目的权值进行掌子面评价的方法。问题是权值的给定，需积累一定的数据	把地质特性基准化后，可使评价方法更为有效
定量评价	评点法	Q 值法	根据 RQD、节理组数、节理粗糙度、节理变质程度、水的影响及应力影响等指标进行评定的方法	主要应用于硬岩，评价需一些特有的参数，比较困难
定量评价	评点法	RMR 法	根据单轴抗压强度、RQD、裂隙间距、裂隙状态、地下水、节理方向等评价围岩的方法。与 Q 值法同为国际上通用的方法	以中硬岩为对象，比 Q 值法简便
定量评价	评点法	RSR 法	评价主要根据一次构造、节理影响及地下水影响等进行	实际应用较少
定量评价	多变量分析法	数量化理论Ⅰ类方法	根据掌子面观察要素，用数量化理论Ⅰ类方法求出各项目的系数，进行围岩评价的方法	能够分析掌子面观察项目的相关关系
定量评价	多变量分析法	数量化理论Ⅱ类方法	同上方法，但采用数量化理论Ⅱ类方法进行分析	能够分析掌子面观察项目的相关关系

下面简要介绍几种评价方法：

1. 评点法

(1)单纯平均法

这种方法是将掌子面观察结果进行定量的评价，而后与一些量测结果比较，判断支护体系是否合适的方法，是一个极为简便的方法。在定量评价时，假定掌子面观察项目的权值是相等的，并假定分级是符合线性关系的，各项目按满点 100 点进行换算，即：

$$E_i = r_i/R_i \times 100 \tag{2-1}$$

式中：E_i——掌子面观察项目 i 的换算点；

r_i——掌子面观察项目 i 的判定等级；

R_i——掌子面观察项目 i 的等级。

围岩的综合评价按下式决定：

$$\mathrm{PM} = \sum E_i/N \tag{2-2}$$

式中：PM——围岩综合评价点；

N——掌子面观察项目总数。

以表 2-3 的观察结果为例，各观察项目的判定，如表中带有※号项目所示，则掌子面状态的判定点数为 $E_1 = 3/4 \times 100 = 75$ 点。与其他观察项目的换算点合计在一起，以观察项目总数 $N = 7$ 除之，得：

$$PM = (75 + 40 + 50 + 100 + 50 + 20 + 40)/7 = 54 \text{ 点}$$

围岩综合评价点数越大，表示围岩越差。此法的问题是，把定性的信息机械地加在一起，适用性、精度等都较差，使用时要注意。

(2)加权平均法

单纯平均法是假定各因素的权值是相等的，实际上，掌子面各观察项目的作用不同，不能等量对待，应赋予不同的权值，这就是加权平均法的基本原理。因此，根据权值计算出综合评价点，是此法的关键。综合评价点以下式表示：

$$PM = \sum_{i=1}^{N}(a_i E_i) / \sum_{i=1}^{N} a_i \tag{2-3}$$

式中：PM——围岩综合评价点；

a_i——掌子面观察项目 i 的权值；

E_i——掌子面观察项目 i 的换算点；

N——掌子面观察项目总数。

例如，权值按表 2-5 带有※号项目的给定后，计算加权平均的评价点 PM。

$$PM = (2 \times 3/4 + 2 \times 3/4 + 2 \times 3/5 + 1 \times 3/4 + 1 \times 4/5 + 0 \times 3/4 + 1 \times 2/4 + 1 \times 4/4) \times 100/(2 + 2 + 2 + 1 + 1 + 0 + 1 + 1) = 72.5 \text{ 点}$$

观察项目的权值及其应用 表 2-5

与支护模式有关的权值	与辅助工法有关的权值	掌子面观察项目		开挖地点围岩状态				
2		A. 掌子面状态	正面	自稳	自稳，但正面局部掉块	※留核心土	要采取大规模支护措施	
2	5		拱顶	稳定	稳定，但拱顶局部掉块	※需顶部锚杆	需采取大规模的支护措施	

续上表

与支护模式有关的权值	与辅助工法有关的权值	掌子面观察项目	开挖地点围岩状态				
2	1	B. 岩石强度	锤击反弹,强烈锤击,裂隙开裂	锤击易开裂,裂成小片或薄片	※锤击易崩裂	不能锤击,用指甲可崩成岩片	土砂状
1	1	C. 风化变质	未风化、新鲜、坚硬	沿裂隙风化	※整体风化	部分或整体土砂化	
1		D. 裂隙间距(cm)	>100	50~100	20~50	※5~20	<5
		E. 裂隙形态	几乎无裂隙	随机	※有方向性	土砂状、细片状	
1	1	F. 裂隙状态	密集	※部分张开	全部张开	夹有大规模黏土	
1	2	G. 涌水	无	渗水	整体湿润	※喷出	
合计10	合计10						

各项目权值的计算方法一般是根据调查结果通过解析方法进行的。

比较单纯平均法和加权平均法可以看出:加权平均法比单纯平均法的离散性小,相关度也高。

(3)巴顿(Barton)方法

巴顿方法,又名Q值法,是欧洲采用最广泛的一种方法。该方法实质上是根据施工中获得的各种参数进行围岩评价。在其方法中,采用了6个参数,即:节理组数 J_n、节理面粗糙度 J_r、节理面变质度 J_a、节理内水的影响度 J_w、应力降低度 SRF 及岩石质量指标 RQD 等6个参素。这6个参数都是与节理状态有关的，实质上是确定围岩完整状态的参数，此外也考虑了地应力场和水的影响。应该指出的是，要获得与节理有关的各项数据，也只有通过施工阶段的围岩调查和观察才能做到。

获得6个参数后，根据下式，确定围岩的质量 Q：

$$Q=\frac{\mathrm{RQD}}{J_n}\cdot\frac{J_r}{J_a}\cdot\frac{J_w}{\mathrm{SRF}} \tag{2-4}$$

式中各项参数可按表2-6～表2-11选用。

RQD的取值 表2-6

RQD(%)	状态
0～20	极差
20～50	差
50～70	一般
70～90	好
90～100	极好

注：RQD小于10时，取10。RQD可按5%分级取值，如100%、95%、90%等。

J_n 的取值 表2-7

节理组数	J_n
A. 块状、无节理或微小节理	0.5～1.0
B. 1组节理	2.0
C. 1组节理和不规则节理	3.0
D. 2组节理	4.0
E. 2组节理和不规则节理	6.0
F. 3组节理	9.0
G. 3组节理和不规则节理	12
H. 4组节理以上	15
I. 破碎岩、土砂状	20

注：交叉处的情况取3.0J_n，洞门处的情况取2.0J_n。

J_r 的取值 表2-8

节理面粗糙度		J_r
(a)岩层面接触的情况	A. 不连续的节理	4.0
(b)10cm剪切位移时接触的情况	B. 粗糙的或不规则的、波纹状的	3.0
	C. 平滑、波纹状	2.0
	D. 滑面、波纹状	1.5
	E. 粗糙或不规则、平坦	1.5
	F. 平滑、平坦	1.0
	G. 滑面、平坦	0.5
(c)岩层面不接触的情况	H. 岩层完全不接触，有厚的黏土夹层	1.0
	I. 岩层完全不接触，有厚的砂状、砂砾状或破碎状夹层	1.0

注：如节理的平均间距大于3.0m时，加1.0。

J_a 的取值　　表 2-9

节理面变质度		J_a	φ(°)
(a)岩层面接触的情况	A. 十分坚硬,无软化、不透水性物质,如石英等	0.75	
	B. 只有表面污染、性质不变的节理面	1.0	25~35
	C. 稍变质的节理面,无软质矿物覆盖,有些砂状物质等	2.0	25~30
	D. 有砂质黏土覆盖、黏土的小破片	3.0	20~25
	E. 为软质或低摩擦系数的黏土矿物覆盖,如云母等	4.0	8~16
(b)10cm 剪切位移时接触的情况	F. 夹有砂状物质,不含黏土	4.0	25~30
	G. 为固结充分、无软化的黏土矿物充填(连续的,厚度在 5mm 以下)	6.0	16~24
	H. 为中~弱固结,软质、黏土矿物充填	8.0	12~16
	I. 为膨胀性黏土充填	8.0~12.0	6~24
	J. 为分解的或破碎岩块充填	6.0~12.0	6~24
	K. 粉砂状或砂质黏土夹层	5.0	
	L. 连续的厚的黏土夹层	10.0~20.0	6~24

J_w 的取值　　表 2-10

节理内水的状态	水压(MPa)	J_w
A. 无水或微小涌水局部在 5L/min 以下	<0.1	1.0
B. 有可使节理充填物冲出的中量涌水或水压	0.1~0.125	0.66
C. 涌水大,但节理无充填物,强度充分	0.25~1	0.5
D. 有冲出节理充填物的大量涌水或水压	0.25~1	0.33
E. 爆破时发生大量涌水或水压(例外)	>1	0.2~0.1
F. 岩层显著劣化,大量涌水不间断或水压	>1	0.1~0.05

SRF 的 取 值 表 2-11

应力状态		σ_c/σ_1	σ_t/σ_1	SRF
(a)隧道与软弱层交叉,并引发松弛的情况	A. 有含有黏土或化学分解的软弱层,周边围岩极度松弛			10
	B. 有单一黏土软弱层或化学分解的软弱层(埋深 50m 以下)			5.0
	C. 有单一黏土软弱层或化学分解软弱层(埋深 50m 以上)			2.5
	D. 在有充分强度的围岩中有一些破碎带,周边围岩松弛			7.5
	E. 在有充分强度的围岩中有单一的破碎带(埋深 50m 以下)			5.0
	F. 在有充分强度的围岩中有单一的破碎带(埋深 50m 以上)			2.5
	G. 松弛的张开节理、裂隙或成“砂糖”状			5.0
(b)围岩强度充分,但有地应力问题的情况	H. 低地应力、地表附近	>200	>13	2.5
	I. 中等地应力	200 ~ 10	13 ~ 0.66	1.0
	J. 高地应力	10 ~ 5	0.66 ~ 0.33	0.5 ~ 2
	K. 微弱的岩爆	5 ~ 2.5	0.33 ~ 0.16	5 ~ 10
	L. 强烈岩爆	< 2.5	< 0.16	10 ~ 20
(c)高地应力、挤出和塑性流动的情况	M. 缓慢挤出			5 ~ 10
	N. 急剧挤出			10 ~ 20
(d)膨胀性围岩	O. 缓慢吸水膨胀			5 ~ 10
	P. 急剧吸水膨胀			10 ~ 15

注:SRF 为 Stress Reduction Factor 的简称。

σ_c-岩石抗压强度;σ_t-岩石抗拉强度;σ_1-岩石中最大主应力。

挪威法的一个显著特征就是通过施工中的观察和量测求出 Q 值,进行围岩分级的。日本根据 Q 值将围岩分为 6 级(0.001 ~ 1 000),其划分的情况如表 2-12。

围岩分级 表 2-12

级别	Q 值	评价	级别	Q 值	评价
1	100～1 000	极好	4	0.1～1	差
2	10～100	好	5	0.01～0.1	极差
3	1～10	一般	6	0.001～0.01	特差

求出 Q 值后，根据结构物的安全系数(ESR)及坑道尺寸决定支护规模。

结构物的安全系数根据结构物的用途，大致按表 2-13 采取。

各类结构物的安全系数(ESR) 表 2-13

开挖空洞的类型	ESR
A. 临时矿山坑道	2～5
B. 矿山永久坑道、水工隧洞、导坑等	1.6～2.0
C. 储备用地下空洞、水处理场、地方道路和支线的隧道	1.2～1.3
D. 地下发电站、主要道路和铁道的隧道、隧道洞口及隧道交叉部	0.9～1.1
E. 地下原子能发电站、地下车站、体育场等公共地下设施、地下工厂等	0.5～0.8

注：ESR 为 Excavation Support Ratio 的简称。

(4) RMR(Rock Mass Raing)法

这也是一种评点法。如表 2-14～表 2-18 所示，按各项目赋予点数，求和得综合评价点数，而后进行评价。简便的评价采用了 5 个要素，而后按节理方向加以修正。

评价点数及分级 表 2-14

1	完整岩石强度	点荷载强度(MPa)	>10	4～10	2～4	1～2	由单轴抗压强度试验确定		
		单轴抗压强度(MPa)	>250	100～250	50～100	25～50	5～25	1～5	<1
	点数		15	12	7	4	2	1	0
2	RQD(%)		90～100	75～90	50～75	25～50	25		
	点数		20	17	13	8	3		
3	节理间距(m)		>2	0.6～2	0.2～0.6	0.06～0.2	0.06		
	点数		30	25	20	10	0		

续上表

4	节理状况	表面非常粗糙，不连续，不分离，坚硬、未风化	表面稍粗糙，张开 1mm 以下，坚硬，稍风化	表面稍粗糙，张开 1mm 以下，坚硬，强风化	表面覆盖厚 5m 以下的黏土或张开 5mm、连续	厚 5m 以上的断层黏土或张开 5mm 以上，连续
	点数	30	25	20	10	0
5	隧道涌水量（10L/min）	无	10	10～25	25～125	125
	节理水压力/主初始应力	0	0～0.1	0.1～0.2	0.2～0.5	>0.5
	一般情况	完全干燥	稍湿润	潮湿	滴水	流水
	点数	15	10	7	4	0

节理方向的修正点数 表 2-15

节理走向	倾角	非常有利	有利	一般	不利	非常不利
点数	隧道	0	−2	−5	−10	−12
	基础	0	−2	−7	−15	−25
	坡面	0	−5	−25	−50	−60

节理走向倾角对隧道掘进的影响 表 2-16

隧道轴垂直走向				隧道轴平行走向		与走向无关
向倾角方向掘进		逆倾角方向掘进				
倾角 45°～90°	倾角 20°～45°	倾角 45°～90°	倾角 25°～45°	倾角 45°～90°	倾角 25°～45°	
非常有利	有利	一般	不利	非常不利	一般	有利

根据综合评价点决定的围岩级别 表 2-17

点数	100～81	80～61	60～41	40～21	20
围岩级别	极好围岩	良好围岩	一般围岩	差的围岩	极差围岩

围岩级别的意义　　表 2-18

围岩级别	I	II	III	IV	V
评价自稳时间	15m 跨度:10 年	8m 跨度:6 个月	5m 跨度:7d	2.5m 跨度:10h	1m 跨度:30min
围岩黏聚力（kPa）	400	300～400	200～300	100～200	100
围岩内摩擦角（°）	>45	35～45	25～35	15～25	<15

由此可见，许多国家对采用掌子面地质观察的方法做了许多有益的尝试，工程技术人员应该根据自身的经验，在这方面建立自己的判释方法和准则。

2. 根据量测位移评价的方法

除上述方法外，日本根据大量的量测位移的统计资料，建立了一个利用位移和掌子面观察因素，进行施工阶段围岩分级的尝试。表 2-19 就是其分级基准。

日本施工阶段围岩分级基准　　表 2-19

级别	最大位移值 δ_{max}(cm)	A	B	I	其他	洞内的围岩状态
V_N	单线 <2.5；双线、新干线 <5.0	1	1	1		几乎无裂隙，如有也是闭合的，不会有掉块
IV_N		1	1	1	F=2	有裂隙，张开的夹有黏土，可能局部掉块，有涌水时会局部掉块
		1	1	2		
III_N		1	2	1		(1)裂隙发育，张开，随时间而松弛，掉块，掌子面稳定； (2)岩质软时，裂隙少而且密闭，随时间而松弛，掌子面稳定
II_N		1	2或3	2或3		(1)裂隙较密集，开挖后要及时支护； (2)软质岩，随时间而松弛，壁面少许挤出； (3)掌子面大时，稳定性稍差
		1或2	2或3	2或3		
I_N	单线 7.5～15.0；双线、新干线 15.0～30.0	1或2	1或3	2或3		(1)岩片虽坚硬，但呈细片状，与黏土等混杂，风化，脆弱； (2)虽均质，但软弱，周边挤入，松弛，需保留核心
		3	2或3	3或4		
I_L		1或2	1或2	3或4		虽有少许涌水，如保留核心，掌子面是稳定的，开挖前需用锚杆、钢支撑等先行支护，开挖后立即支护，使围岩稳定
I_S	单线 15.0～7.5；双线、新干线 30.0～15.0	3	2或3	3或4		开始看不到张开的裂隙，但随时间会逐渐显著，大量挤入、剥离。掌子面亦如此

续上表

级别	最大位移值 δ_{max}(cm)	A	B	I	其他	洞内的围岩状态
特 L 特 S	单线 >15; 双线、新干线 >30	4	4	4		伴有涌水、围岩流动、挤入,完全不能期待掌子面自稳

注:表中 A、B、I 及 F 和栏中数字,与表 2-20 相对应。表中脚标 N-一般围岩,L-松散围岩,S-有膨胀性的围岩。

开挖地点的围岩状态和动态的划分 表 2-20

围岩状态	围岩的动态划分			
	1	2	3	4
A. 掌子面状态	稳定	掌子面掉块	掌子面挤入	掌子面不能自稳,崩塌、流入
B. 毛洞状态	稳定(不要支护)	经过一定时间后掉块(及时支护)	自稳困难,开挖后要及时支护(超前支护)	开挖前要先加固围岩
C. 抗压强度(MPa)	>100	20~100	5~20	<5
D. 风化、变质	无,健全	沿裂隙变色,强度稍降低	整体变色,强度大大降低	破碎成土砂状、黏土状
E. 裂隙间距(m)	>1.0	0.2~1.0	0.05~0.20	<0.05
F. 裂隙状态	密闭	部分张开	张开	夹有黏土
G. 裂隙形态	规则、方形	柱状	层状、片状、板状	土砂状、细片状
H. 涌水	无、渗水	滴水	集中涌水	全面涌水
I. 水的影响	无	产生松弛	软化	崩塌、流失

3. 围岩完整性的评价方法

围岩完整性是围岩分级方法中的一个重要指标。围岩的完整状态在多数情况下是通过对掌子面的地质观察来确定的。因此,施工阶段围岩级别判定的重点是从掌子面观察中获取的信息,来评定围岩的完整状态属于何种类型。因为施工阶段的围岩已经暴露，所以评定指标与设计阶段是不同的。例如在《铁路隧道喷锚构筑法技术规范》中，施工前和施工中对围岩完整状态的评定基准指标见表2-21。

围岩完整性评定基准指标　　表2-21

施　工　前	施　工　中
地质构造影响程度、节理裂隙发育程度、围岩结构类型、风化发育程度	地质构造影响程度，地质结构面的间距、延伸性、粗糙度、张开性、其他，风化发育程度

有关岩体完整性程度的定性划分基准见表2-22。

岩体完整性程度的划分　　表2-22

名　称	结构面发育程度		主要结构面的结合程度	相应结构类型	对应围岩完整性系数
	组数	平均间距(m)			
完整	1~2	>1.0	结合好	整体状或巨厚层状结构	>0.75
较完整	2~3	1.0~0.4	结合好	块状或厚层状结构	0.75~0.55
较破碎	>3	0.4~0.2	结合一般	镶嵌破碎状结构	0.55~0.35
				中薄层状结构	
破碎	>3	<0.2	结合差	裂隙块状结构	0.35~0.15
			结合很差	破碎结构	<0.15
松散				散体状结构	

注：围岩完整性系数，指围岩声波速度与岩石声波速度之平方比。

日本在一些隧道施工中采用的围岩评定基本指标见表2-23。

掌子面观察围岩状态的指标　　表2-23

围岩构造		大~中块状	易破碎	小块状	断裂带	断层带
裂隙状况及间距	状况	不发育	厚中层，裂隙发育	薄层，裂隙发育	破碎带	断层带
	横向	>100cm	100~50	50~2	20~5	<5
	垂直	>100cm	100~50	50~20	20~5	<5
	纵向	>100cm	100~50	50~20	20~5	<5
张开性		密闭	稍变质	部分变质或张开	张开变质	严重变质
风化发育程度		健全	稍风化	微风化	全风化	膨胀黏土全风化

此外，还有采用RQD、体裂隙系数等指标判定围岩完整程度的，见表2-24。

围岩完整性等级分级基准 表2-24

因子 \ 基准	1	2	3	4	5
RQD(%)	>90	75~90	50~75	25~50	<25
裂隙系数	>0.75	0.5~0.75	0.35~0.50	0.20~0.35	<0.2
体裂隙系数	<3	3~7.5	7.5~22.5	22.5~75	>75

由此可见，在施工阶段可采用多种指标进行围岩完整性的评价，其中有的是定量的，有的是定性的。因此评价围岩完整程度时，能定量的就采用定量的指标，不能定量的就采用属性指标，这是符合工程实际的。从围岩完整程度的分级看，多数是将围岩完整程度分为5级，即：完整、较完整、较破碎、破碎和极破碎。施工分级主要采用表2-21所列的综合指标进行判定，即：地质构造影响程度、结构面发育程度和风化程度3个定性因素。同时亦可根据施工中可能获得的定量指标，如表中所列的裂隙系数、体裂隙系数或弹性波速度等，进行完整程度的判定。

利用掌子面观察的评价方法是很多的，而且在实际工作中，都得到了一定的应用。从整体上看，掌子面观察方法仍然是一种有效的解决方法，其可操作性、实用性、适应性都很强，因此应用较广。采用掌子面观察方法应该注意以下几个问题：

(1)要进行综合的评价

在评价时，不仅要根据掌子面暴露处的地质状态进行评价，还要结合施工前的地质素材和施工中围岩的动态等，特别是量测数据，进行综合评价。这是极为重要的。

(2)要与地质变化相对应

根据施工阶段掌子面观察和量测结果进行评价选择支护结构时，常常是滞后于地质条件的变化，因此掌握地质变化的大致规律是很重要的。众所周知，施工前的围岩分级主要是根据勘测阶段的地质素材进行的。由于受地质勘测手段的限制，常常不能获得充分可靠的判定围岩级别的数据，这是正常的。因此，施工后修改围岩级别的情况是屡见不鲜的。而施工阶段，由于开挖造成围岩暴露，可根据暴露的围岩状况直接对围岩的性质和动态进行判定,并以此来修正设计和施工方案。因此,各国都加强了隧道的施工地质工作,并提出了许多围岩分级的评定建议。

(3)掌握围岩的特性

评价时要充分考虑围岩的特性,例如,位移值因围岩级别、岩种等有所不同。在裂隙发育的围岩中,隧道的稳定性是受裂隙的发育程度控制的;涌水会使围岩软化等。其次,围岩级别的判定在多数情况下是通过定性描述指标进行的,如:地质构造影响严重与否,裂隙发育如何,围岩是否稳定等等。也就是说,是通过一些属性指标来判定的。这就避免不了判定上的人为因素的影响。如何避免人为因素的影响,或是提高判定数据的可靠性是我们需要关注的问题。考虑到目前采用的属性指标的实际情况,一些与属性指标量化有关的数学方法,如模糊聚类分析、数量化理论等,被引进到围岩分级中来,这也是围岩分级评定方法的重要发展。

(4)判断基准的修正

为使掌子面观察的评价更合理,在根据已经获得的数据和基准进行评价时,应不断地修正判断基准,并将其反映到未施工的地段中,这也是很重要的。

(5)掌子面摄影方法修正

由于地质勘察技术的发展,目前已有可能通过掌子面摄影的方法对围岩进行评价,这完全可以消除人为观察的失误。利用掌子面的照片画像处理技术,获得掌子面的地质信息,从而为围岩分级提供可靠的信息。同时此信息还可为支护结构的选择提供依据。因此,建立掌子面摄影—画像处理—确定围岩级别的一体化手段应成为进行掌子面观察的主要手段和方法。

施工要点二　数码相机摄影及图像处理方法在地质判释中的应用

1. 概述

目前一些国家在隧道及地下工程中,采用数码相机摄取有关掌子面及隧道断面的有关数据,如地质数据、变形数据,就可以比较方便、可靠地推定围岩的级别,进行三维的地质分析以及进行隧道净空变形的观测等等。这是一项具有发展前景的高科技技术(信息技术)在地下工程中的具体应用。该方法设备简单,仅仅需要数台较高分辨率的数码相机及相应的附属配件。例如,在隧道围岩分级中,重点是如何在施工阶段的掌子面上获取分级所需的基本要素(地质要素),因此,如何可靠、快速、客观地取得掌子面地质数据是至关重要的。目前在多数情况下是通过地质技术人员,根据既定的记录格式,进行实录填写。如填写人员无实际经验,往往造成填写漏项或出现失误,从而导致围岩分级的判断不正确或出现失误。日本从20世纪90年代开始,就采用地质图像处理技术对掌子面的地质条件进行图像处理,提炼出与围岩分级有关的参数,对围岩分级进行修正。此方法不仅适用于围岩分级的修正,也可用来进行掌子面前方的地质预测,以及对衬砌开裂的观察、隧道断面形状、变形的测试等。如日本京都大学提出的用数码相机进行隧道净空位移量测的研究成果,其精度可达到1mm,满足了隧道净空位移量测的要求。此外,采用数码相机进行衬砌及支护表面开裂的观察,推定衬砌及支护的受力状态,也取得了一定的成果。由此可见,数码相机图像处理方法在隧道中的应用,是有重要影响和工程意义的。

2. 地质素描及掌子面前方地质预测

图像量测系统是由图像测定、图像处理及地质解析三部分(图2-2)构成的,它利用数码相机和图像处理技术,把图像中丰富的数据、素材提炼出来,解决有关问题。

- 图像量测系统
  - 图像测定——掌子面、周边原图像
  - 图像处理
    - 原图像处理
    - 分割图像处理
    - 图像处理
    - 不连续面情报
    - 岩类、岩级情报
  - 地质解析
    - 地质解析
    - 不连续面判定
    - 优先度判定
    - 岩类、岩级划分判定
    - 掌子面前方地质预测

图2-2　掌子面图像量测系统

此技术可利用掌子面超前钻孔或超前导坑坑壁的图像情报,或利用主洞和衬砌的图像处理情报,用计算机处理等方法进行(图2-3)。

采用的主要仪器概况列于表2-25。

(1)图像测定

小直径岩孔图像量测是采用凿岩机向掌子面前方钻孔,将摄影装置插入,观察孔壁的状况。摄影装置的直径25mm、长460mm,岩孔直径是30mm以上,适用深度约在30m以内。

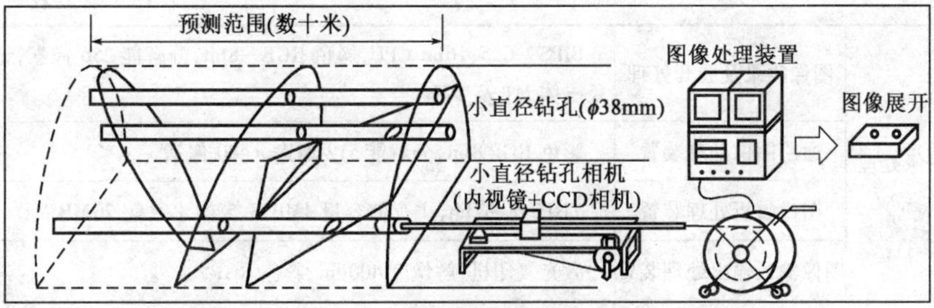

小口径钻孔图像量测系统

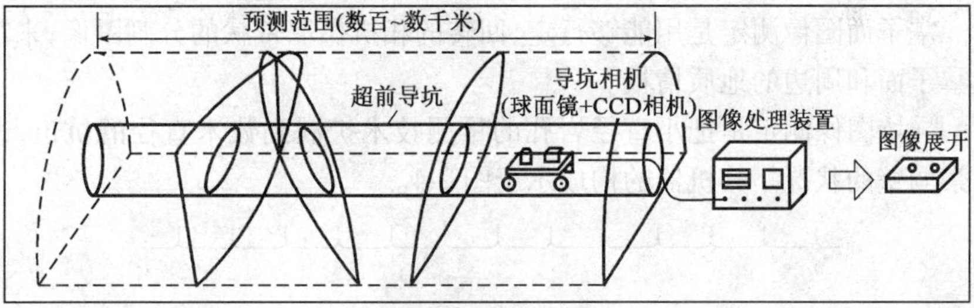

超前导坑图像量测系统

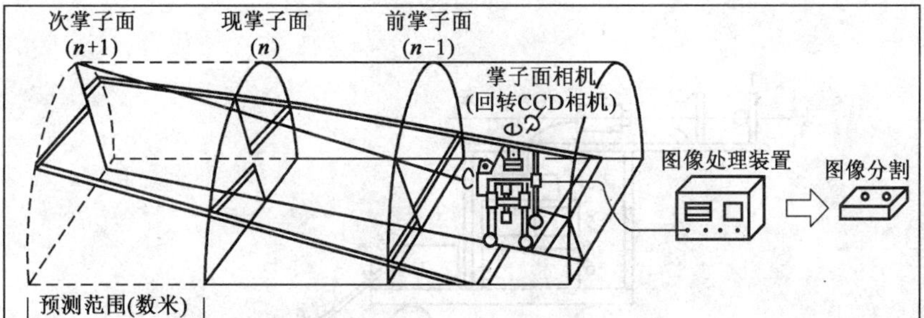

掌子面图像量测系统

图 2-3　图像量测系统概貌

主要仪器一览表　　表 2-25

图像测定	小直径岩孔图像量测装置	超小型 CCD 相机，IK—M32、30 万像素，水平解像度 360TV 线以上，垂直解像度 350TV 线以上
	导坑图像量测装置	TMC—574S，有效像素 570（水平）×485（垂直），水平解像度 320TV 线以上，垂直解像度 310TV 线以上，球面镜
	掌子面图像量测装置	TMC—574S，有效像素 570（水平）×485（垂直），水平解像度 320TV 线以上，垂直解像度 310TV 线以上，记录仪

续上表

图像处理	图像收录及展开处理	BIPS—C25,16bit CPU,彩色 RGB—8bit,分解能 256 像素,记录媒体 MT 及 VTR
	通用图像处理装置	彩色 RGP 8bit,分解能 512 像素 ×480 像素、
	图像解析处理装置	YHP318,32bit,主存储容量 4MB,3.5 英寸磁盘,20MB MT
	图像输入输出处理装置	激光复印机,解像度 400dpi,彩色 RGP
地质解析	解析用计算机	PC—H98,CPU 486SX,主存储容量 5MB

掌子面图像测定是用能够行走、回转的相机摄取带状的分割图像,来掌握掌子面和周边的地质情报。

导坑图像测定是把小直径岩孔的量测技术扩展到数米直径的坑道,来观察洞壁的状况。其机器的构成示于图 2-4。

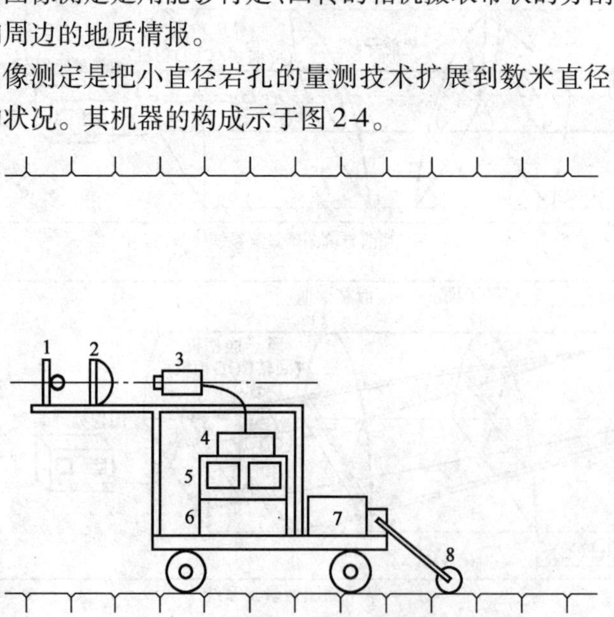

图 2-4　坑道图像测定仪器构成

1-照明灯;2-球面镜;3-CCD 相机;4-录像装置;5-显示器;6-图像处理装置;7-发电机;8-测定距离的车轮

(2)图像处理

图像处理是经过模拟/数码变换、过滤等处理,变换成展开图像。

基本的图像展开处理方法是把 CCD 的图像信号经过 A/D 变换存储在原图像用的框架中。在此原图像上从隧道中心以任意的半径 R 为圆周位置上的图像数据,从始点 P 顺时针方向回转读出,并把它存储到展开图像用的框架中。

(3)地质解析

根据这些展开图像和分割图像就可以提炼出能够表征解析断层、节理和岩类等所需要的图像数据。

地质解析系统对裂隙的各种统计量(裂隙间距、裂隙密度、单位面积的裂隙的总延长等)、断层、节理的走向倾角、孔壁和围岩的RQD、岩质、风化度等地质变量等用图像解析进行量化评价。

基于这些解析结果,就可以预测掌子面前方的地质构造、断层、节理和开挖面的交差状态,同时也可以根据液压凿岩机的钻孔数据(钻孔深度、钻孔声等)评价围岩的健全度,预测围岩等级。

下面介绍几个成功应用此系统的实例,供参考。

(1)隧道掌子面图像处理系统

本系统是由日本清水、东亚计测等会社于1993年开发的。系统由用于摄影的数码相机、进行图像处理及编制掌子面观察日报和数据库的计算机、保存数据的光盘、输出高质量掌子面观察日报的彩色打印机等设备构成(图2-5)。

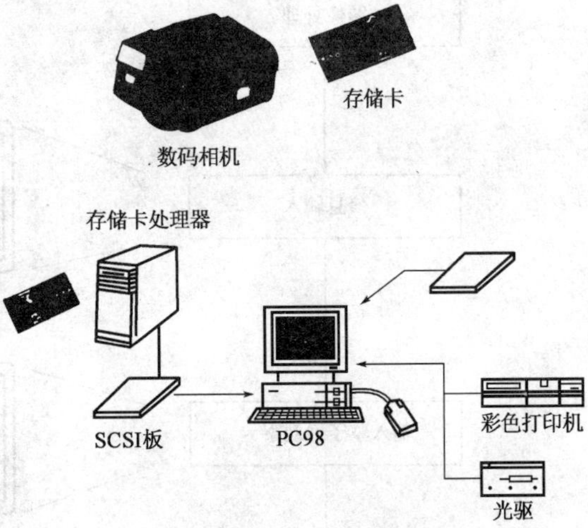

图2-5　硬件配置

工作人员用数码相机对掌子面摄影,用工地的计算机把有关掌子面的自稳状况和地质、涌水等情况书写在彩色图像上,并加上日期、距离等,编制出掌子面观察日报。结合隧道开挖形状,从图像上切出必要部分进行处理。所有的操作都用鼠标进行,包括切出图像的掌子面观察日报,并保存在数据库中,以便自由地检索。数据采用大容量的光盘(600MB)保存。其工作步骤参见图2-6。

本系统的特点是:

·处理非常容易,可以作为现场日常施工管理的手段;

·从摄影到数据库保存都是采用数码数据进行的,信息的追加、修正、保存都可不损伤图像质量来进行;

·可以提高信息的质和量,能够客观地理解地质状况,消除人为产生的

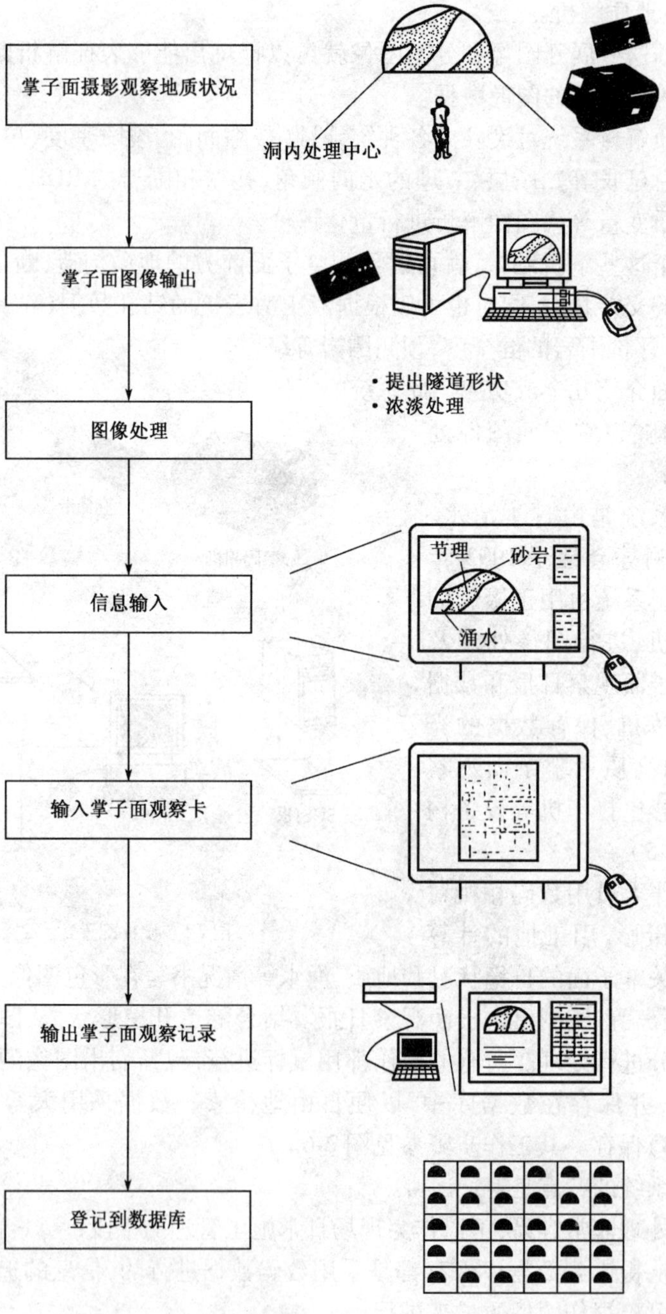
掌子面摄影观察地质状况
洞内处理中心
掌子面图像输出
图像处理
• 提出隧道形状
• 浓淡处理
信息输入
节理
砂岩
涌水
输入掌子面观察卡
输出掌子面观察记录
登记到数据库

图 2-6　作业流程

误差；

·编制效率高，省力、省时，大幅度地缩短作业时间；

·地质信息可以数据库化，可以用掌子面观察日报的记载项目，表示隧道纵向地质展开的变化（图2-7）及各种表示功能（图2-8）。

（2）掌子面观察系统

本系统以掌子面观察围岩的评价方法系统化为目的，有效、合理地进行掌子面的围岩信息收集、记录、分析和评价。目前可编制掌子面观察记录和绘制地质纵断面图及掌子面地质展开图。本系统在Windows95上运行，由用Visual Basic编制的掌子面编制系统和利用数据库系统Microsoft Access的日报管理系统构成。

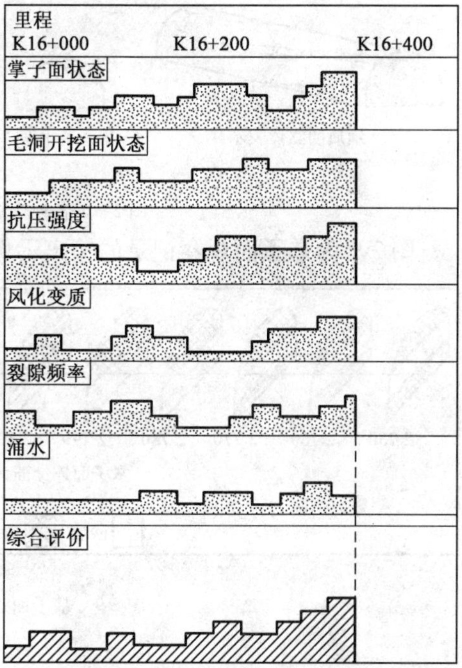

图2-7　地质状况变化的图形表示

掌子面编制系统有以下功能：

·编制掌子面素描图；

·编制掌子面地质展开图及地质纵断面图；

·编制隧道纵断面。

日报管理系统有以下功能：

·编制掌子面观察记录；

·输出掌子面观察记录。

系统按以下流程实施：

·进行掌子面状况的观察及掌子面摄影；

·用图像存储把掌子面照片存在计算机上；

·在计算机上进行图像处理，描出掌子面素描图；

·在掌子面素描图上，设定展开图和纵断面图中目前位置的掌子面和前面掌子面的联系；

·输入掌子面观察结果；

·把掌子面素描图和掌子面照片与掌子面观察记录连接在一起，输出结果。

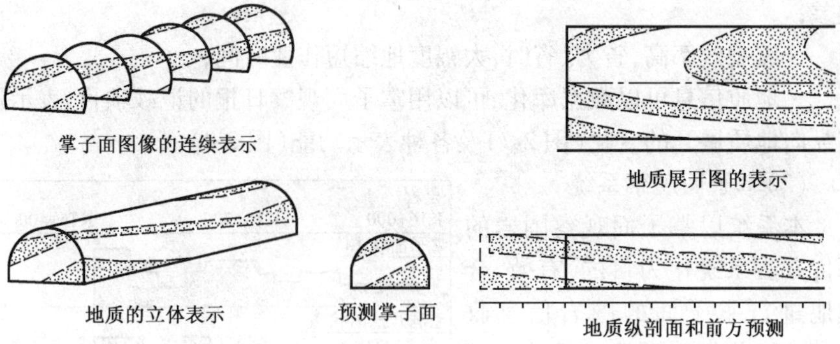

图 2-8 各种功能的表示

图 2-9 为掌子面观察记录的输出示例。

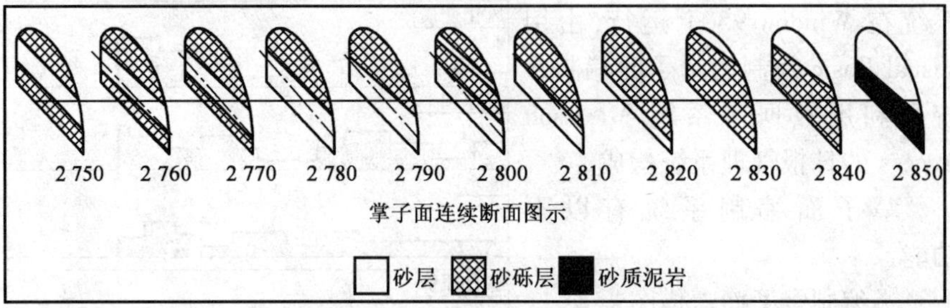

图 2-9 掌子面观察记录

施工要点三 高地应力问题

目前,在隧道的设计施工中,常常谈到所谓的“高地应力”问题,因为它与围岩岩爆、围岩大变形息息相关。但什么是高地应力,如何评价高地应力,在什么条件下才发生高地应力,有高地应力的场合采取什么设计和施工措施等问题,还有许多不明确的地方。因此作为工程技术人员,了解和认识这个问题的实质是很必要的。

围岩初始应力状态亦称初始地应力场,是在自然状态下存在于围岩内部的应力场,是客观存在的物理量,坑道开挖后的应力分布与其有直接的关系。它的量值受到许多因素的影响,如埋深、地质构造运动、地形地貌等,故不确定,呈动态变化。

通常围岩的初始地应力场是由自重应力场和构造应力场构成的。一般说自重应力场与埋深有关,垂直应力是随埋深的增加而呈直线增加的,即埋

深越大,垂直应力也越大。其值如下式:

$$\sigma_y = \gamma \cdot H \tag{2-5}$$

式中:γ——围岩单位质量;

σ_y——围岩垂直应力,也常常是围岩中地应力场的最大值;

H——埋深。

但构造应力会改变自重应力场的初始状态,围岩中的最大地应力可能不是垂直方向的,而是水平方向的。因此,围岩内部的最大地应力场常常用σ_{max}表示。

高地应力场是一个相对的概念,它是相对于围岩强度(R_b)而言的。也就是说,当围岩内部的最大地应力(σ_y 或 σ_{max})与围岩强度(R_b)的比值(R_b/σ_{max})达到某一水平时,才能称为高地应力或极高地应力。即

$$\text{围岩强度应力比 } G_N = R_b/\sigma_{max} \tag{2-6}$$

目前在地下工程的设计施工中,都把围岩强度应力比作为判断围岩稳定性的重要指标,有的还作为围岩分级的重要指标。

从这个角度讲,应该认识到埋深大不一定就存在高地应力问题,而埋深小,但围岩强度很低的场合,如大变形的出现,也可能出现高地应力的问题。因此,在研究是否出现高或极高地应力问题时必须与围岩强度联系起来进行判定。

表2-26是一些围岩强度应力比的分级基准,可以参考。一定不要以为初始地应力大,就是高地应力。因为,有时初始地应力虽然大,但与围岩强度相比却不一定高。而在埋深较浅的情况下,虽然初始地应力不大,但因围岩强度极低,而可能出现大变形等现象。

围岩强度应力比的分级基准　　表2-26

方　法	极高地应力	高地应力	一般地应力
法国隧道协会	<2	2~4	>4
我国工程岩体分级基准	<4	4~7	>7
日本新奥法指南(1996年)	<2	4~6	>6
日本仲野分级	<2	2~4	>4

围岩强度应力比在不同的场合有不同的应用。例如:

日本仲野采用围岩强度应力比作为是否产生塑性地压的指标(表2-27)。

不同围岩强度应力比开挖中出现的现象 表 2-27

围岩强度应力比	>4	2～4	<2
土压特性	不产生塑性地压	有时产生塑性地压	多产生塑性地压

表 2-27 说明，当围岩强度应力比大于 4 时，隧道开挖后，其周边围岩不会出现塑性区，坑道是自稳的。

围岩强度应力比也可以作为围岩分级的重要参考指标。

例如在 Barton 的围岩分级中就把围岩强度应力比作为重要指标考虑在内，如表 2-28 所示。

Barton 的围岩强度应力比分级 表 2-28

应力状态系数		R_b/σ_{max}	R_t/σ_{max}	SRF
围岩强度充分，但有地应力问题的情况	低地应力、地表附近	>200	>13	2.5
	中等地应力	200～10	13～0.66	1.0
	高地应力	10～5	0.66～0.33	0.5～2
	微弱的岩爆	5～2.5	0.33～0.16	5～10
	强烈岩爆	<2.5	<0.16	10～20

注：R_b-围岩抗压强度；σ_{max}-最大地应力值；R_t-围岩抗拉强度；SRF-应力状态系数。

在日本道路公团的隧道围岩分级中，也把围岩强度应力比作为中硬岩、软岩及土砂围岩分级的一个重要参考指标（表 2-29）加以考虑。

日本隧道围岩分级中的围岩强度应力比基准 表 2-29

围岩种类 \ 围岩级别	中硬岩	软岩	土砂	
	D 岩类	E 岩类	F 岩类	
			黏性土	砂质土
I_N	$G_N \geq 2$	$4 > G_N \geq 2$	$G_N \geq 2$	
I_S	$2 > G_N \geq 1.5$	$2 > G_N \geq 1.5$	$2 > G_N \geq 1.5$	
特 S	$1.5 > G_N$	$1.5 > G_N$	$1.5 > G_N$	

表 2-29 说明，并不需要在所有的围岩中考虑围岩强度应力比，只是在中硬岩、软岩和土砂围岩中考虑；也不是在所有的级别中考虑，只是在很低的级别中考虑。

根据以上所述，应该认识到"围岩强度应力比"是判定围岩条件的重要指标。它基本上决定了隧道开挖后的变形动态。因此，初始地应力场的最大应力和围岩强度的研究是非常重要的。

施工要点四　涌 水 问 题

对山岭隧道施工和运营后的维修养护有重大影响的因素之一就是隧道涌水。

隧道施工时发生的涌水不仅对作业环境有影响,也会使掌子面不稳定,影响锚喷混凝土的施工质量。特别是在有大量高压涌水的情况下,常常酿成重大事故。事故发生必然要改变施工方法、增加辅助工法,致使工期拖后、工程费增加等。

隧道涌水的问题,整理如表2-30所示。

隧道开挖中的涌水问题　　表2-30

原因或环境	直接作用	预计的现象和影响
渗透水	· 软岩的软化 · 促进破碎带、裂隙剥离 · 黏土的膨胀 · 无黏聚力围岩的流动化	· 土压增大 · 侧壁崩塌的诱因 · 吸水膨胀、围岩流变 · 围岩崩塌、丧失稳定
接近涌水带	· 隔水墙的破坏	· 掌子面围岩崩塌、流失 · 坑道埋没
排水设备过小	· 排水不良	· 洞内环境不良 · 支护基础承载力降低
集中涌水	· 流速大、水深	· 掩埋掌子面设备 · 作业危险 · 停止施工
竖井、斜井	· 泵排水	· 洞内积水
地下水的继续流出	· 地下水位降低	· 水源枯竭 · 水位降低 · 海岸部海水侵入

掌子面开挖中或支护施工完成之前,掌子面保持一定时间的自稳是山岭隧道施工方法的前提。此自稳性,主要是与构成掌子面地质的力学强度特性有关。在掌子面周边有涌水的情况下,掌子面因渗透压而会出现崩塌

流出等现象，使其强度降低。特别是在未固结的围岩中，因初始强度低，伴随涌水会造成掌子面坍塌现象。

在未固结围岩中，如降低水位过度，会出现干燥流沙现象。根据地质条件，考虑其渗透性，在可能的黏聚力的条件下，调整和控制含水率是很重要的。

掌子面有涌水时，涌水易向支护底部集中而妨碍作业，同时使底部围岩劣化，因局部压密而造成支护下沉，产生支护变异和断面异常等。

侧壁有涌水时，喷混凝土会黏附不良，或不能施工。对一定程度的涌水，可增加速凝剂的添加量，或采用金属网等，提高混凝土的黏附性。因施工后的涌水冲刷，会在衬砌与围岩之间形成空洞等附着不良现象，要十分注意。施工时，将涌水部分集中进行排水是很重要的。

周边涌水是造成施工效率大幅度降低的重要原因。涌水一般向隧道坡度低的一侧流动，在逆坡施工时，需要强制排水。在易于泥化的地质条件下，不能利用坡度排水，需配置足够的水泵。对突发的大量涌水，要增加辅助设备。从竖井或斜井开挖时，要有独立的排水用电源，并准备好预备电源。因涌水使路基地层劣化，施工效率降低，重型机械的行走不安全等，这是造成洞内事故的直接原因。必须对洞内排水给予足够重视。

孔隙水会降低围岩的内摩擦角，危及掌子面的自稳性，渗透水流也会造成细粒流失的现象。

涌水的冲刷会在喷混凝土的背后造成空洞，而在以后的水作用下，空洞会逐渐扩大，造成隧道变异和二次衬砌质量降低。二次衬砌施工前，要充分调查漏水地点的背后是否有空洞，必要时，应用砂浆充填和设置导水系统、防水板等。

施工后，因隧道周边渗水的存在，在仰拱或路基下的分界处，会形成积水，此积水的侵蚀有时会形成围岩空洞。有此种可能的情况时，要铺设中央集水管或调查洞内水沟的高程。

因隧道施工而采用降低水位方法时，会形成周边地层的压密下沉，这是造成地表下沉的重要原因。在施工前就要考虑地层的特性，做好施工计划。特别是有地面结构物时，要调整变更止水方法。

同样，地下水位的降低也会造成水资源、水文环境的很大变化，对水利用会造成很大的影响，因此，应在施工前予以调查，进行处理。

隧道施工中的排水混在开挖土石内时，要设置卫生处理装置。

有关地下水的对策，可参照“第五部分　地下水控制对策”中的要点。

施工要点五　几个特殊的地质问题

1. 未固结围岩

未固结围岩,其范围大致是:新第三纪鲜新世的低固结、未固结的砂岩、泥岩,第四纪洪积世的砂层、黏土层,其他的冲积层,表土、火山喷出物、风化岩、岩堆等。

而山岭隧道遇到的未固结围岩,几乎都是洪积世以前的围岩。根据对过去施工实例调查的结果,应用山岭隧道工法时,未固结围岩强度条件的下限是:单轴抗压强度为0.1MPa,变形系数是10MPa。

未固结围岩的问题,可归纳为以下3点:

(1)围岩强度小、掌子面自稳性差;

(2)围岩强度、刚性低,变形大;

(3)因涌水,掌子面变得不稳定。

第一个问题是未固结围岩所共有的,为此要采取确保掌子面自稳性的对策。

第二个问题,在隧道周边有结构物和埋设物时,要控制围岩的变形使之不对这些结构物产生影响。即使没有结构物时,因这类围岩会产生很大的变形,可能造成掌子面崩塌、不稳定等。因此,尽量控制变形也是很重要的。

第三个问题是在有水的围岩中产生的问题,特别是在砂层确保掌子面自稳性是很困难的。因涌水,会造成锚杆锚固不良、喷射混凝土剥离、支撑下沉等,对施工影响极大。因此,对地下水进行处理是极为重要的。

由此可见,在未固结围岩中,要采用各种辅助工法来确保施工的质量和安全。在规划隧道时,要根据地质、隧道断面、埋深、环境条件等,除采用分部开挖、加强支护规模、环向开挖、早期闭合等基本开挖方法外,还应研究采用何种辅助工法的问题。

2. 砂层、砂砾层围岩

砂层、砂砾层围岩缺少黏聚力,从开挖到喷射混凝土开始之间,或喷射作业中,都会发生拱顶掉块,造成超挖,或者还没有固结的喷混凝土剥离,造成施工困难。为此,在这种围岩中,要采用防止掉块的超前支护等辅助工法。同时,在这种围岩中,如掌子面长期放置,会反复剥离,而使掌子面不稳定。因此在施工中断时,要采取正面喷射混凝土的稳定措施。

在砂层、砂砾层中有地下水时,涌水会造成围岩流失,甚至出现塌陷等事故。在这些隧道中,即使是同样的砂层,也有产生流沙和不产生流沙的情况。分析其产生的不同原因,砂的粒径分布对有无流沙现象有很大的影响。因此,提出表2-31的判定基准。日本根据津轻海峡隧道的分析,认为当细粒径颗粒含有率$f<5.4\%$,均匀系数$U_c<2.9$时,即具备了发生流沙的条件。

掌子面的自稳条件 表2-31

分类	细粒径含有率$f(\%)$	均匀系数U_c
自稳困难	<10	<5
有条件自稳	10~20	≥5
自稳性好	>20	—

没有涌水的土砂围岩隧道的崩塌判断基准列于表2-32。

没有涌水的土砂围岩的崩塌判断基准 表2-32

分类	缺乏自稳性	可能自稳	备注
含水率$w(\%)$	<15或>30	15~30	
细粒径含有率$f(\%)$	<8	≥8	与w有相关性
10%粒径D_{10}(mm)	>0.1	≤0.1	与U_c的相关性高
均匀系数U_c	<2	≥2	

3. 砂层、砂砾层互层围岩

在互层围岩的情况下,各砂层的地下水会被黏土层所隔离,靠近掌子面压力水头不会减小。为此,如图2-10所示,如开挖不透水层,地下水会喷出,并伴有流沙涌出。所以,在互层围岩时,达到掌子面之前,事前要采取措施排除砂层的地下水。但是,互层围岩与单一的砂层相比,喷射效果差,地下水会残留在不透水层上(图2-11),可能从边界处涌水,而使砂层流出。这是需要注意的。

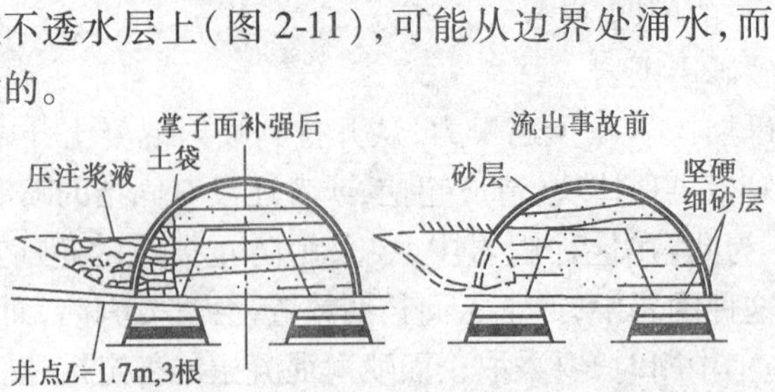

图2-10 边界处因涌水造成的砂层流出

在未固结围岩的黏土层中，多含有强度低的物质，因此，在开挖时，会因周围应力的增加，使黏土层塑性化，发生挤出、变形，掌子面变得不稳定。在这种围岩中，需要采取防止变形和加固围岩的对策。

4. 风化花岗岩围岩

处于风化花岗岩中的隧道，与其他岩类的隧道相比，风化深。从洞口开始有很长一段，是脆弱的围岩，特别是埋深小的时候，整个隧道都可能处于风化岩之中。

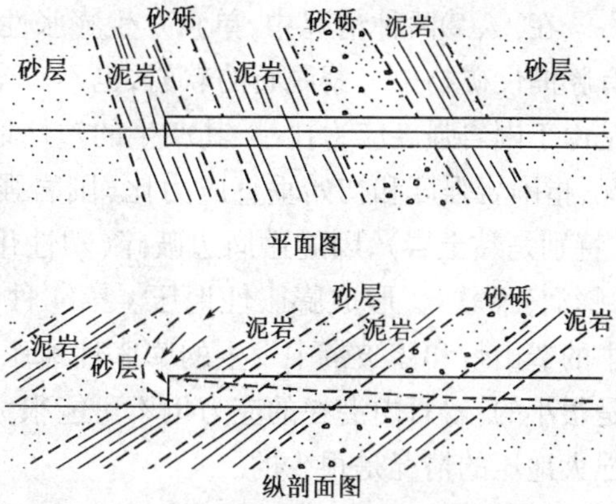

图 2-11　砂层和泥岩的互层中掌子面的崩塌

风化土是花岗岩类岩石（花岗岩、花闪绿岗岩等）的结晶性火成岩及同质的片麻岩等风化而成的残积土以及它们形成的崩积土。一般说，风化土定义范围是很广的，视风化程度、物性有很大不同。风化土的粒度构成的范围是比较广泛的，从几乎没有细粒成分的到细粒成分达30%以上者。细粒少的情况与砂的性质相同，细粒成分多的情况与黏性土的性质相同。此外，残积土类的风化土，有许多空隙存在，故随应力的增加，空隙收缩，结构发生变化，变形有随时间而持续的特点。

花岗岩的风化状态：浅部的强风化部大致成为均匀的土体状，是很软弱的；深部的风化部是沿裂隙风化的，岩块内部没有风化。风化程度从浅向深逐渐变化，但风化的发展，因断层、节理等的裂隙状态、母岩的矿物构成、粒度、组织等而不同。即使是在同一深度，围岩的软硬、稳定状态也会有很大差异。为此，随掌子面的进展，要特别注意岩石风化状态的变化。

5. 膨胀性围岩

所谓膨胀性围岩就是指能产生膨胀性地压的岩类。而膨胀性地压是指在因膨胀而使净空断面缩小的地质条件下，作用在衬砌和支护结构上的地压。其一般特征是：随时间增长，围岩长期的位移或土压增大，产生使支护结构破损的土压。狭义地说，凡是由于风化围岩和含有黏土矿物的围岩的体积膨胀以及因围岩塑性变形而引起的膨胀都属于此类。而且，膨胀性土压是由现象得来的一种概念，一般用在变形比较大的情况，与其他土压有时是很难区别的。

围岩体积膨胀的原因有:①单纯吸水的物理膨胀;②化学变化产生的膨胀;③上覆荷载的塑性变形;④围岩破坏以及地壳运动时潜在能量的释放。

在①、②两种情况中,单独发生膨胀性地压的程度还不很清楚,就是含有膨润性矿物——蒙脱石的软岩,也不一定就发生膨润现象。膨胀性主要是由于围岩强度应力比小,其产生的塑性地压就是膨胀性地压。第③种情况,指围岩强度和初始垂直应力比(围岩强度应力比)在 2 ~ 3 以下的岩石(特别是黏土岩),因隧道周边破碎(塑性化),沿一定厚度的断面吸水膨胀(膨润)而软化,形成膨胀性地压。第④种情况,指过去的膨胀性地质较集中的造山带和褶皱带中发生的膨胀性地压。但是,膨胀性地质的岩石强度是很小的,岩石内潜在的应力也不可能很大,因此,因潜在应力释放而引起强大地压的情况是很少的。

根据日本的施工实践,膨胀性地压几乎都发生在埋深小于 300m 以下的场合,埋深大于 500m 的隧道发生的不多。一般来说,发生膨胀性地压的,都是围岩强度小的岩石,如软弱的黏土岩、蛇纹岩、破碎带、强风化岩等,其次是内摩擦角小的岩石。强度小,但内摩擦角大的砂质土和砾石土是很难发生膨胀性地压的。

软弱的黏土质岩,因围岩强度小、细粒成分多(内摩擦角小),较易发生膨胀性地压。这些岩石有第三纪的泥岩、页岩、凝灰岩、火山砾凝灰岩等。在这些软岩中,视其属性,其动态有所不同。非绿色凝灰岩地域的软岩,从经验上看,没有膨胀性,但绿色凝灰岩地域的软岩,从实测的地压看,属于中新纪后期的黑色泥岩、凝灰岩,易发生膨胀性地压。新时期堆积的软岩,其地压较小。

表 2-33 是一些泥岩、页岩隧道的物性指标和产生膨胀性的基准值。根据该表的研究结果,有些指标显示膨胀性,有些指标不显示膨胀性,评价时应避免机械地选用,最好整理出各指标间的相关关系。例如:塑性指数、2μm 以下的颗粒含有率、CEC 大时,水平土压也大;塑性指数大,单轴强度、变形系数小;2μm 以下的颗粒含有率和塑性指数、液性指数、蒙脱土含有率、CEC 等是正相关的。到目前为止,评价膨胀性地压还是比较困难的。需根据指标的相关关系综合判定膨胀性地压。根据数量化理论的分析,第一位的指标是围岩强度应力比,第二位的指标是蒙脱土含有率和自然含水率,第三位的是浸水崩解度。

泥质围岩表示膨胀性的指标　表 2-33

	1	2	3	4	5
膨胀性围岩指标	围岩强度应力比（$G_N = R_b/\sigma_{max}$）： (1)$G_N < 2$ 挤出性～膨胀性； (2)$2 < G_N < 4$ 轻度挤出性～地压大； (3)$4 < G_N < 6$ 地压大； (4)$6 < G_N < 10$ 有地压； (5)$10 < G_N$ 几乎无地压	发生膨胀性地压可能性大的情况： (1)岩石中的主要矿物是蒙脱土； (2)2μm 以下的细粒含有率 >30%； (3)塑性指数 ≥70%； (4)CEC≥20 meq/100g	(1)变形系数≤800 MPa； (2)单轴抗压强度≤4MPa； (3)密度≤2.05 g/cm^3； (4)天然含水率≥20%； (5)液限≥100%； (6)塑限≥70%； (7)流动指数20； (8)2μm 以下颗粒含有率≥30%； (9)CEC≥35meq/100g； (10)膨胀率≥2.0%	(1)天然含水率≥20% (2)密度≤1.8 g/cm^3 (3)第一次吸水量/天然含水比≤2.0； (4)浸水崩解度 C～D； (5)蒙脱土含有率≥30%； (6)RQD≤30%	蒙脱土含有率≥20%

(1)蛇纹岩：蛇纹岩是沿大的地质构造线侵入分布的；因变质作用一般都呈绿色，柔软，呈叶片状～黏土状破碎；一般视破碎带多为混合的围岩，事前调查难以得到其分布。蛇纹岩根据其形态，分为块状蛇纹岩、叶片状蛇纹岩和黏土状蛇纹岩。

过去认为蛇纹岩多是因吸水膨胀作用产生膨润现象，同时经过研究，认为蛇纹岩的膨胀性地压主要是由塑性变形所引起的。根据 X 射线分析，蛇纹岩几乎不含蒙脱土等膨胀性的黏土矿物，不会吸水膨胀。此外，蛇纹岩是因其特有的黏土矿物的加水反应而造成体积膨胀。

地压的大小，按叶片状蛇纹岩、块状蛇纹岩的顺序而增加，并与黏土化成比例。现场看到的蛇纹岩特征之一就是开挖当初，即使是看起来相当坚固的壁面，强度也会急剧地衰减，并易于崩塌。蛇纹岩在地下深处的裂隙很发育，隧道周边发生的剪应力和开挖时的振动、极小的水量，都会使黏聚力丧失。例如，日本神居隧道，开挖当初的围岩弹性波速度是 3.4km/s，6d 后变为 2.0km/s。

目前，还没有表示蛇纹岩膨胀性的指标，多采用钻孔的岩心块状率（F）表征蛇纹岩的状况。有人认为，块状率在 30% 以下，单轴抗压强度在

1.2MPa以下，围岩弹性波速度在3.0km/s以下的围岩膨胀率是很强的，施工中要给予充分的关注。

根据日本岚山隧道的施工经验，认为蛇纹岩有以下特征：富于膨胀性；后荷大，可继续数月之久；遇水软化；虽容许位移，但地压几乎没有减小；压力集中在结晶片岩的边界处；采用超前支护对保护掌子面非常有效；防止拱脚下沉措施对控制净空位移非常有效；斜锚固对控制净空位移、拱顶下沉有效；早期闭合对位移控制是最有效的；不含膨胀性矿物。

(2)结晶片岩和古生层的破碎带，发生膨胀性的岩石，在结晶片岩和古生层中有：泥质片岩、凝灰质片岩和黏板岩、辉绿凝灰岩、黏板岩砂岩互层等细粒径多的岩石。特别是受变质作用的破碎带和强烈褶曲带等裂隙多、强度小的区间，黏土化区间等。

(3)强风化岩：在长期的地质年代中，在露出地表的环境条件下形成的围岩。因风化作用，颗粒间的黏土成分增加，颗粒本身也趋于黏土化，而使强度显著降低。一般多出现在洞口和埋深小的地段。强风化岩也多属于膨胀性围岩。黑色片岩和绿色片岩、黏板岩、千枚岩等细颗粒成分多的结晶片岩等，也属于强风化岩，它们可沿破碎带会形成数十米厚的风化黏土带。

膨胀性围岩分级（日本）见表2-34～表2-36。

I_N、I_S、特S的划分 表2-34

级别	分级的根据	净空位移（新干线、双线）	喷混凝土、锚杆	仰拱	开挖方法	事例
I_N	施工中用位移控制	<150mm	无影响施工的开裂		分部开挖	第一白坂隧道
I_S	用仰拱早期闭合控制	150～300mm	显著开裂，增喷混凝土，增打锚杆	横撑 临时仰拱	保留核心	第一白坂隧道，埋深小于125m
	反复开挖	>300mm	剪切断裂，混凝土剥离	横撑 临时仰拱	正面支护	第一白坂隧道，埋深大于125m
特S	流动、掌子面不能自稳	特别大（>600mm）	剪切断裂，混凝土剥离	横撑、仰拱破坏	正面支护 圆形断面	锅立山隧道

规划阶段围岩级别判定表　　表 2-35

序号	指标及指标值		围岩分级		
			I_N	I_S	特 S
1	地质条件	破碎泥质岩或凝灰岩		○	
2	钻孔的施工条件	不得不无水钻孔			◎
	岩心状况	因应力释放,目视可见体积膨胀			◎
		岩心采取率极差		Δ	
		有塌孔现象		Δ	
3	围岩强度应力比	$G_N < 0.5$			◎
		$0.5 \leqslant G_N < 1.5$			○
		$1.5 \leqslant G_N < 2.0$		○	
		$2.0 \leqslant G_N$	○		
4	蒙脱土含有率 C 围岩天然含水率 w	$C \geqslant 20\%$　　$w \geqslant 20\%$			○
		$C < 20\%$　　$w < 20\%$	○		
5	浸水崩解度 D				○
6	其他	2μm 以下颗粒含有率≥30%		Δ	
		液限≥100%		Δ	
		围岩弹性波速度 $v_p < 1.5$km/s		Δ	

注:◎-能确实判定的指标;○-能较确实判定的指标;Δ-能大致判定的指标。

施工阶段围岩级别判定表　　表 2-36

项　目			I_N	I_S	特 S
1	掌子面围岩观察			随时间分离面明显、显著挤出、剥离	掌子面不能自稳、挤出、崩塌
2	必要的辅助工法			超前支护	超前支护
3	初期位移速度(mm/d)	单线	<15	15~30	大于 30
		双线	<20	20~40	大于 40

6. 黄土以及以黄土为主体的土质围岩

认识黄土、了解黄土、掌握黄土是解决黄土隧道设计施工的关键。

黄土也是一种土,与一般土的不同之处有两点:

(1)构造上的直立性

这个特性决定了黄土力学特性具有各向异性的特点。它与施工后掌子面的稳定有直接关系。如果施工后的围岩应力大于黄土直立方向的强度,就会造成开挖工作面的失稳。

黄土的直立性对围岩的初始地应力场具有一定的影响。

(2)湿陷性

这个特性决定了黄土含水率超过一定值或者遇水后会产生很大的“沉陷”变形和承载能力的丧失。

对于这两个特性,必须在黄土隧道设计中予以关注。

与一般土相同,其在成分构成上也分为:

(1)砂质土:砂性土为主的土,对黄土来说,就是砂质黄土。施工中这是易于发生崩塌的土质。

(2)黏质土:黏质土为主的土,对黄土来说,就是黏质黄土。这是施工中比较稳定的黄土。

黄土隧道根据其分级,开挖后的稳定性应该属于暂时稳定的范围。在绝大多数条件下都可以采用“先挖后支”的技术。只是在湿陷性严重的场合或者埋深很小的场合,才需要采取超前支护等措施。

从黄土的分布及成因看,黄土基本上处于地壳的前部,埋深在几十米或几百米之间,因此构造应力对其影响不大,基本上是由上覆土体重力形成的自重应力场,即垂直主应力是最大应力,侧压力基本上小于垂直应力。

但因黄土具有直立性特点,其抵抗侧压力的能力比较小,因此侧压的影响不容忽视。

从测试的泊松比看,其变动范围大致在0.35~0.45。

黄土的强度和变形具有各向异性,这一点是研究黄土隧道变形的关键。因此加强黄土强度和变形的测试(室内、室外)非常重要。

黄土的直立性对垂直下沉影响很大。现场测试表明,在台阶法施工中,拱脚下沉常常比拱顶下沉大。这也是造成黄土拱部整体下沉的原因之一。

对黄土来说,其分级的一个重要条件应该是“围岩强度应力比”。这是判定围岩条件的重要指标。

第三部分　坚硬围岩中的隧道施工

——保护围岩、控制对遗留岩体的损伤

隧道施工质量主要表现在两个方面：一个是对围岩的损伤到什么程度；另一个是支护效果发挥到什么程度。这两个问题是我们在整个施工过程中都不能忽视的。作为工程技术人员，主要任务就是要千方百计地把围岩的损伤程度控制在最小限度；同时，关注支护和衬砌的质量，充分发挥其支护效果。

隧道施工最重要的原则是要像保护眼睛那样地保护围岩，要想方设法地加强围岩的自支护能力。施工中采取的一切措施，都应该围绕这个目的进行。

保护围岩的措施视围岩性质、围岩固有的支护能力而有很大的不同。例如，对坚硬围岩主要是控制对遗留岩体的损伤，而对软弱破碎围岩则是如何防止围岩的松弛，提高围岩的自支护能力，因此我们分两种情况加以说明。

在坚硬围岩中控制对遗留岩体的损伤有多种方法，归纳起来有：

· 光面爆破和预裂爆破；

· 非爆破的机械开挖方法；

· 导坑超前 + 扩挖方法等。

施工要点一　加强光面爆破和预裂爆破，控制对围岩固有支护能力的损伤

一开始我们就提出“保护围岩”是隧道施工最重要的原则。而保护围岩，在硬岩中主要的方法是控制爆破对遗留围岩的影响。

目前，隧道施工中，采用光面爆破和预裂爆破的主要理由是控制爆破对遗留岩体的损伤，其重要标志就是控制隧道的超欠挖。目前由爆破造成的超欠挖，是个严重而普遍的问题。它对隧道施工速度和成本有着不容忽视

的影响。控制超欠挖,实质上就是控制爆破对围岩的损伤。在严重情况下,超欠挖对坑道的稳定性也会产生一定的影响。应该指出:由于爆破引起的超欠挖虽然是不可避免的,但是可以控制,良好的爆破技术可以使超欠挖控制在一定的水平之内,也就是说可以把对围岩的损伤控制在一定的水平之内。因此,研究和实施控制超欠挖的技术是十分必要的。

以设计的隧道开挖轮廓线为基准线,实际开挖获得的断面在基准线以外的部分称为超挖,在基准线以内的部分则称为欠挖。这一概念可用图3-1表示。

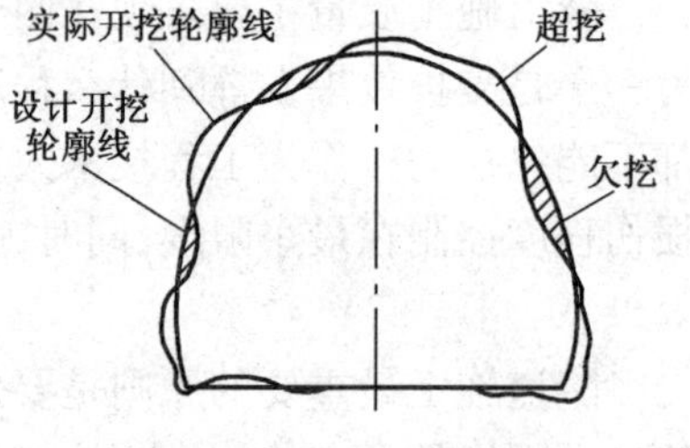

图 3-1　超欠挖概念图

根据对近百座隧道的调查和统计,在采用矿山法(钻爆法)施工的隧道中,平均超挖值为 38.7cm,最大达到 76cm。采用控制爆破技术后,这种情况有些改善,平均超挖值已减小到 16 ~ 20cm,而且开挖表面的平坦性也得到了较大的改善。但仍然有不少隧道的超挖值达到 30cm 左右。即使像隧道施工技术水平较高的国家,也仍有不少隧道的平均超挖达到 25 ~ 30cm。超挖引起多装、多运渣;超挖空间还要用混凝土回填;欠挖则要清除,从而造成人工、工期和材料的超额消耗,致使工程成本增加。超挖也给后续作业,如喷混凝土、张挂防水板等作业造成一定困难。一些典型的超欠挖的断面实测结果,示于图 3-2。

根据研究和调查的结果,影响超欠挖的因素可以归纳为以下几点:

(1)钻孔精度;

(2)爆破技术;

(3)施工组织管理;

(4)测量放线;

(5)地质条件变化;

(6)其他。

根据对 276 个开挖循环的统计,上述 6 个因素对超欠挖的影响程度见图 3-3。其中以钻孔精度对超欠挖影响最大(44.2%),其次是爆破技术(20.3%)、施工管理(17.6%)、测量放线(7.6%)、地质变化(6.1%)等,而前 3 项因素的影响占 82%。因此控制超欠挖的重点是控制钻孔精度、爆破技术和施工管理。这种分析与当前的施工实际是符合的。

下面对解决方法与途径进行详细阐述。

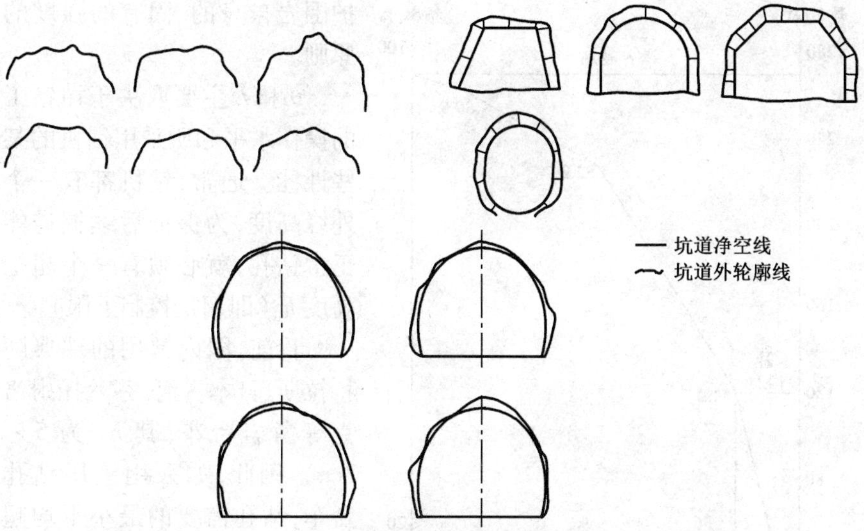

图 3-2 典型的开挖断面实测图

1. 改变“宁超勿欠”的传统观念

在控制超欠挖技术的研究中，首先应改变观念，即必须改变“宁超勿欠”的传统观点，树立“少欠少超”的观点。也就是说，应容许一定程度的欠挖，例如，日本在隧道施工中，基本上容许有 16% 的欠挖。即在开挖断面上取 100 个点，有不超过 16 个点的超挖就可以了。这样就可以避免开挖轮廓线的无谓扩大，而使超挖得以减少。例如，《铁路隧道施工规范》(TB 10204—2002)规定：当围岩完整、石质坚硬时，容许岩石个别突出部分(每 $1m^2$ 不大于 $0.1m^2$)侵入衬砌。对整体式衬砌，侵入值应小于衬砌厚度的1/3，并小于 10cm；对喷锚衬砌不应大于 5cm。

2. 提高钻孔技术水平

钻孔技术对隧道超欠挖的影响主要是周边炮孔的外插角 θ、开口位置 e 和钻孔的深度 L，它们与超欠挖高度 h 有如下的关系：

$$h = e + L\tan(\theta/2) \tag{3-1}$$

式(3-1)表明，随外插角 θ 和钻孔深度 L 的增大，h 增大。

L 是一个设计指标，可在设计中加以控制，即在其他条件一定时，采用较浅孔爆破对减少超挖是有利的。这也是国外在钻孔深度上很少采用超过 4.0m 以上深孔的原因。而在一般情况下，都采用 3.5m 左右的钻孔深度。而日本则规定，一次开挖进尺控制在 2.0m 左右。此外，也应指出，深孔爆破的一次装药量较大，对周边围岩的损伤也较大，不符合施工中尽可能地维

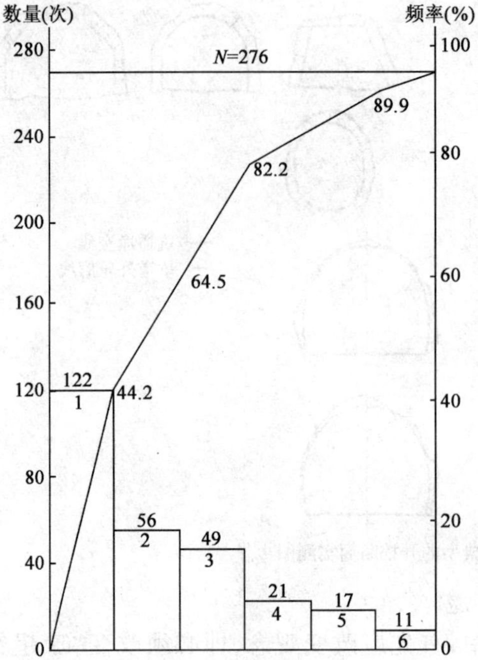

图 3-3 影响因素统计分析

1-钻孔精度;2-爆破技术;3-施工管理;4-测量放线;5-地质变化;6-其他

护围岩自身的、固有的强度的原则。

θ和L主要取决于司钻工的操作水平和所采用钻机的某些性能。通常,钻机都有一个外缘高度,为保证后续掘进能正常钻孔,就必须有一个超挖高度h_d(即超挖控制下限)。

目前,国内常用的瑞典阿特拉斯、日本古河、芬兰托姆洛克等凿岩台车,其h_d为5~7cm。因此,如采用液压钻孔台车,钻孔需要的最小平均超挖约为7cm,这实际上也就是平均线性超挖的控制下限。而铁路隧道的容许超挖一般为$h_a=15$cm。这样,如$L=3$m,则外插角应为$\theta=4.55°$;如$L=5$m,则$\theta=2.65°$。显然,一般的人工操作水平是难于达到的。因此,为确保控制θ,一定要努力提高司钻工的操作水平和责任心,并借助激光指向仪、测斜仪辅助定向,或采用计算机控制的凿岩台车来钻孔。

此外由于钻孔作业覆盖空间所限,以及受隧道形状的影响,拱部180°范围内,应控制上仰角,而在两侧边墙部位则应控制水平的外插角,对底板则应注意下插角。从这个意义上说,采用门架式凿岩台车较目前常用的臂式凿岩台车要好。

实际施工中,周边孔开口位置e有三种情况(图3-4),其出现概率和差值大小则主要决定于钻孔水平。第一种情况[图3-4a)]不影响超欠挖;在[图3-4b)]的情况时,将使超挖增加一个e值;而第三种情况,将使超挖减小一个e值,而出现欠挖。因而,钻孔时先定位,后钻进,并在掌子面上完整醒目地标出周边孔位线,把e控制在较小范围内(约在3cm)是可能的。

由式(3-1)可知:当θ、L一定时,e作为一个独立参数,当e为正值时(即孔口位置在设计线外时),随e的增加,h增加;而当e为负值时,随e的减小，h 则减小。

从实际施工的经验看，控制 θ 是比较困难的，但控制 e 值是可能的。如一些国家容许一定的欠挖，即有意识地使 e 为负值[图3-4c)情况]，对减少超挖是有效的。

3. 进一步解决好爆破技术参数的合理匹配

国内外 100 多座隧道的超欠挖统计结果表明，爆破技术对超欠挖影响也是很大的。这里所谓的爆破技术指爆破方法、爆破方式以及各种爆破参数。

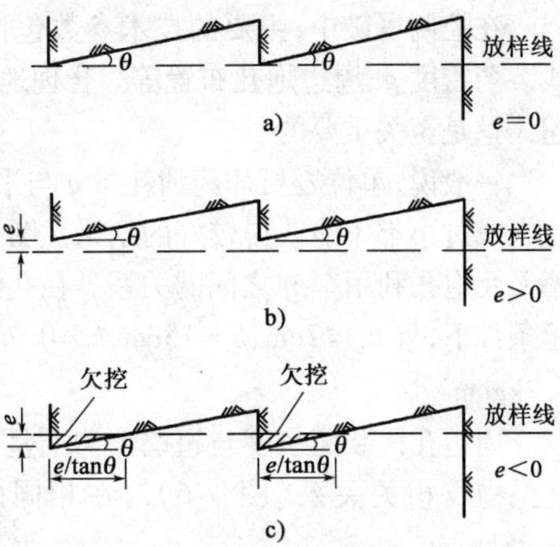

图 3-4　周边孔开口误差的几种情况

e-开口位置；θ-钻机仰角

(1)爆破方法的影响

从表 3-1 的统计中可以看出，即使采用控制爆破也仍然有相当数量的超欠挖。但与普通爆破相比，超挖约降低 47.3%。

爆破方法的比较　　表 3-1

爆破方法	平均超挖(cm)	欠挖(cm)	比较(%)	备　注
普通爆破	38.70	无统计	100	最大 76cm
控制爆破	20.40	无统计	52.7	最大 37cm

(2)爆破方式

视开挖方式的不同，爆破方式有全断面一次爆破、台阶法爆破、导洞先行扩大爆破和预留光面层爆破等方式。通常认为地质条件许可时，全断面一次爆破方式(包括台阶法)有利于减少爆破重复振动、减少工序转换和干扰，便于快速施工。而从减少超挖，改善开挖成形看，预留光面层、导洞先行开挖的爆破方式是比较好的。表 3-2 是三种爆破方式的效果比较。

不同爆破方式效果比较　　表 3-2

爆破方式	超挖值(cm)	欠挖值(cm)	炮孔保存率(%)	备　注
全断面一次爆破台阶法	10.8~14.5	3~13	60~80	作业方法和地质条件大致相同
预留光面层	12.88	2~7	75	
导洞先行扩大	7.2~10.5	0.3~0.6	81~86	

在控制爆破中,主要的技术参数包括:单位岩石炸药消耗量 q、周边孔线装药密度 g、周边炮孔布置等。合理地调整这些参数之间的配合,对减少超欠挖是至关重要的。

一般说,单位岩石炸药消耗量 q 与平均线性超挖 h 呈线性正相关关系。过大或过小都不能获得较好的结果。图 3-5 是平均线性超挖 h 与炮孔保存率 k 及炮孔利用率 η 之间的关系。在孔深 3.0m、IV 类围岩、液压钻孔等实验条件下,且 $h_d = 7\text{cm}$,$h = 15\text{cm}$,$k = 0.7$,$\eta = 0.9$ 时,最优的 q 值为 1.05 ~ 1.2kg/m^3。

周边孔线装药密度与超挖大体上呈幂函数的关系,而与炮眼保存率则呈抛物线相关关系(图 3-6)。在相同的条件下,最优的 g 值为 0.18 ~ 0.28kg/m。

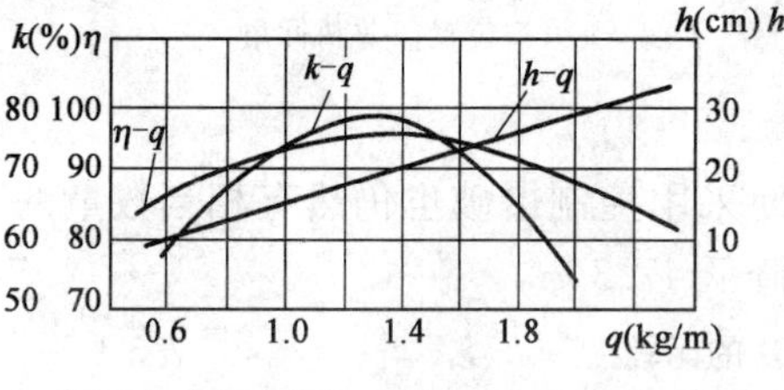

图 3-5 h-q、ε-q、k-q 关系图

q-单位耗药量(kg/m^3);η-炮眼利用率(%);k-炮痕保存率(%);h-平均线性超挖(cm)

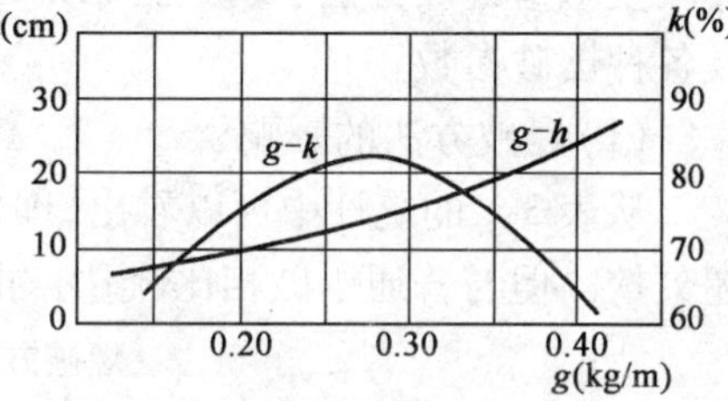

图 3-6 h-g、k-g 关系图

g-线装药密度(kg/m);h-平均线性超挖(cm);k-炮孔保存率(%)

周边孔的布置,在其他因素一定时,超挖高度 h 随周边孔间距 E 的增大而增加;而对最小抵抗线 W 而言,它与超挖高度 h 则有近似抛物线的关系。

由此可见,较小的 E(某一范围内)将有助于减少超挖,并提高轮廓的光滑性;而对 W 则是处于某一范围内,才能使超挖控制在要求的目标范围内。因此,为获得较小的超挖和光滑的轮廓就必须使相对间距 E/W 处于合理的范围内。

由施工实验统计,当 E、W 一定,且 $L = 3.5\text{m}$,$g = 0.25\text{kg/m}$ 时,E/W 与 h、k 有图 3-7 的关系。可见,相对间距 E/W 对超挖和轮廓成形的影响是很大的。根据实验,在 IV 类围岩中,合理相对间距 $E/W = 0.65 \sim 1.10$,周边孔间距 $E = 45 \sim 80\text{cm}$,最小抵抗线 $W = 50 \sim 80\text{cm}$。

(3)爆破器材及装药方法

采用合理的爆破器材(雷管和炸药)和装药方法,可以减少由于爆破产生的振动和应力波对围岩的破坏作用,因而有利于减少超欠挖,提高轮廓质量。

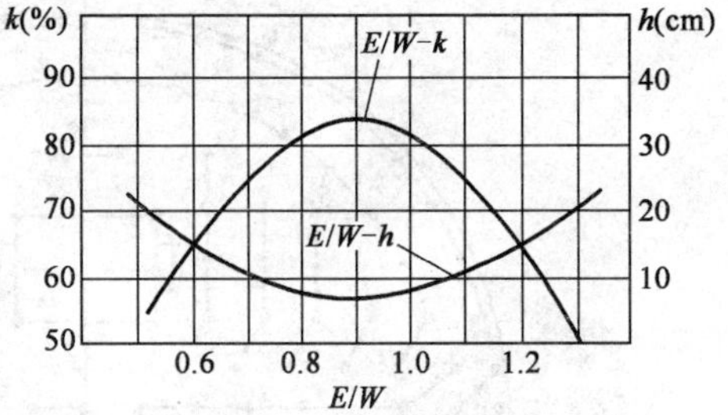

图3-7　E/W-h、E/W-k关系图

k-炮孔保存率(%);E-周边孔间距(cm);W-周边孔最小抵抗线(cm);E/W-周边孔相对间距;h-平均线性超挖(cm)

测试表明,当相邻段位炮孔起爆时差小于50ms时,振动波会在围岩中产生叠加作用,从而加大对围岩的扰动和破坏,使超挖增大,隧道成形性变差,在节理发育的围岩中更为明显。在条件大体相同的条件下,用等差雷管、半秒雷管和毫秒雷管所做的现场对比实验表明,以"等差"雷管爆破效果最好、振动最小。采用毫秒雷管跳段使用也可以获得较好的效果。因此,从控制超欠挖的角度看,宜推广"等差"雷管和应注意配置好毫秒雷管的段别。

过去的段发雷管(MS/DS电气雷管),是用延时药控制延迟秒时的,起爆秒时多少有些离散。对此,IC雷管是用IC计时器控制确保秒时的,可以具有过去的电气雷管不可能达到的0.2ms以内的确保秒时精度,最大可能达到200段发的多段爆破。

在掏槽爆破中采用IC雷管,降低爆破振动的基本方法,与采用MS雷管基本相同。减轻隧道爆破振动用的IC雷管的确保秒时间隔,根据现场试验结果,以各装药孔发生的振动波的峰值不重合,而且不操作破碎效果为宜,一般设定为30ms。

如上所述,IC雷管,最大可达200段的多段爆破,掏槽眼也好,扩大眼也好都可能一个一个地起爆。为此一段的装药量只相当于一孔的装药量。

采用IC雷管时,需要专用的爆破器,但装药方法和结线方法与过去的电气雷管几乎是一样的。

成本上,与通常的电气雷管比较,IC雷管价格高。但是,为了确保振动限制值,采用MS、DS雷管进行爆破因段数不足,而要采用减少一次爆破进尺或进行分割爆破时,在总成本上也会有减少的可能。

为此,近年特别是在振动限制条件严格的场合,不得不采用IC雷管进行爆破。

IC雷管的控制爆破模式示于图3-8。IC雷管划分为2—1、3—10等主段—副段。各主段有10个副段(掏槽部分只有6个)。图中只标明主段的段数。

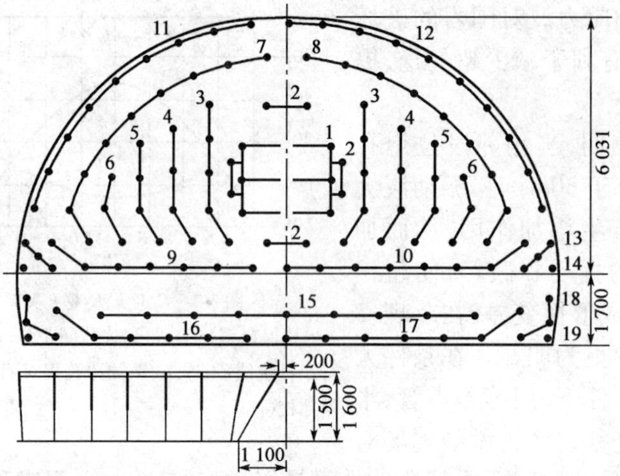

图 3-8　IC 雷管的控制爆破模式例(尺寸单位:mm)

装药方法有:①体积不耦合装药,即药包直径与掘进炮眼药包直径一样,药包集中在孔底部分;②空气间隔装药;③小直径药包,全孔均匀装药,孔口均用炮泥堵塞。三种装药方法的实验爆破效果见表 3-3。

不同药包和装药方法的爆破效果　　表 3-3

装药方法	药包直径(mm)	平均超挖(cm)	炮孔保存率(%)	炮孔利用率(%)
集中装药	40、35	14.80	68	92.0
间隔装药	32	12.72	70.5	93.5
连续装药	20～25	10.68	70.1	93.3

由表 3-3 可以看出,小药包连续装药对控制超挖效果最好,比间隔装药和集中装药分别减少超挖 16% 和 28%。因此,在爆破中宜推广采用小直径药包的连续装药。

近年来,国内外已研究实验用聚能药管或切槽孔装药,实现定向断裂爆破新技术,在少量的实验中,获得了非常好的开挖效果,但成本较高。

4. 现场施工管理和组织

前面已指出,良好的施工管理和组织,对减少超欠挖具有十分现实的意义。

在控制隧道超欠挖中,建立一个比较完善、系统的质量保证体系,对作业全过程及相关因素实行严格科学的管理是非常重要和必要的。现场管理与组织是指人员组织，作业安排，技术交底、指导，质量检测、反馈以及相应规章、技术标准的制定等。管理的目的就是要把众多的因素置于可控的状态，达到爆破设计的基本要求。在爆破质量管理中，应坚持以下基本原则：

(1)必须采用控制爆破(光面爆破、预裂爆破等)，通过工程类比和现场实验，优化爆破参数设计；

(2)在满足技术经济要求的情况下，应优先考虑采用操作简单且精度高、有良好性能的钻孔机械、测量放线仪器、断面检测仪器以及爆破器材等；

(3)应严格控制断面的测量放线精度，特别是要避免随意放大或缩小断面的现象；

(4)必须严格控制钻孔精度，重点是控制周边眼的外插角、开口误差以及炮孔在断面分布的均匀性；

(5)必须严格控制重要爆破作业质量，特别是要控制装药量，并保证正确的起爆顺序；

(6)必须做到及时检测和及时反馈；

(7)必须强化施工组织管理、推行作业标准化并经常加强作业人员文化和责任心的教育等。

5. 测量放线

控制超欠挖主要是开挖轮廓线(或周边孔线)的精度要控制好。为此，首先要保证中线和高程的准确，其次是要通过正确的方法来保证轮廓线位置的准确。

中线和高程的偏移，将使断面轮廓线向一侧偏移，造成开挖断面一侧超挖、一侧欠挖。通常隧道掌子面都是倾斜的，会引起放线误差。放线精度不好，就会引起断面的超欠挖。因此，应提高放线精度，减少对超欠挖的影响。其方法是：采取激光指向仪控制隧道掘进方向，提高中线和高程的精度；提高轮廓线放线精度；提高作业人员的操作水平；增强责任心。

6. 地质条件

地质条件是客观条件，它是确定爆破参数的基本依据。目前，爆破设计主要是根据经验、类比或现场实验设计，而地质条件是随掘进而不断变化的。其中主要是围岩节理裂隙的变化。在现场施工中，应根据情况调整钻孔方位和角度，或适当调整周边孔的参数。为此可采取如下措施：在施工中，紧跟开挖面对围岩进行观测描述，并对围岩的节理裂隙状态进行预测，据此调整爆破参数和施工方法或采取局部内移炮孔、局部空孔不装药、加密炮孔、局部调整起爆顺序等辅助措施。

预裂爆破也是低振动爆破的一种方法，它将爆破时的振动控制在一定值以下，用来减少对遗留岩体的损伤。日本采用的低振动爆破的振动控制值是 60dB 以下。预裂爆破主要是在外周设置槽孔，把它作为自由面，从外向中央顺序爆破。如图 3-9 所示，为普通爆破与预裂爆破的试验比较。试验结果列于表 3-4。

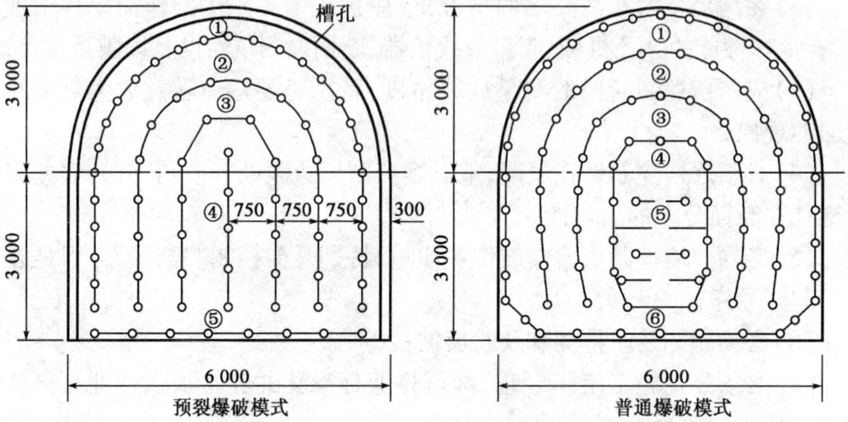

图 3-9 预裂爆破与普通爆破的比较(尺寸单位:mm)

预裂爆破与普通爆破的比较 表 3-4

项目				普通爆破（*A*）	预裂爆破（*B*）	降低比（*B/A*）
爆破参数	总炸药量(kg)			44.4	16.5	0.37
	单位炸药量(kg/m^3)			0.90	0.34	0.37
	炮孔数(个)			93	69	0.74
	单位炮孔数(个/m^3)			2.8	2.1	0.75
爆破振动	振动速度(cm/s)		水平	1.00	0.32	0.32
			垂直	2.75	0.30	0.11
	k 值(%)	掏槽	水平	478	39	0.08
			垂直	655	47	0.07
		扩大	水平	138	23	0.17
			垂直	149	29	0.19

外周槽孔爆破在装药量上减到 1/3，振动值减到 1/14 ~ 1/5，效果是显

著的。为了加速槽孔的钻孔速度,开发了槽孔钻机,如图 3-10 所示。

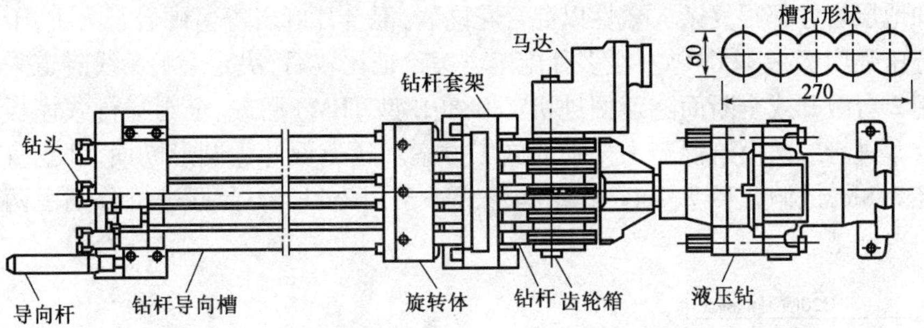

图 3-10 槽孔钻机示意图(尺寸单位:mm)

施工要点二 非爆破的机械施工方法

为了减少爆破对遗留围岩的损伤,最根本的方法就是采用非爆破的机械施工方法。从统计资料看,在山岭隧道中,几乎有近半数的隧道是采用各种机械方法修筑的。在机械施工中有许多方法,如全断面掘进机法、自由断面掘进机法、盾构法、液压铲法等,但目前应用较多的方法是掘进机法和盾构法。这里主要说明掘进机法的应用。

掘进机法,目前主要有两种方法,即:全断面掘进机(TBM)法、自由断面掘进机法。

掘进机法是一种工厂化施工的方法,它不仅可以把对围岩的损伤减小到最小限度,还能够大幅度地提高隧道施工机械化的水平。在我国它虽然还没有成为隧道施工的主流方法,但预计随着我国综合国力的增强,技术水平的提高,这种方法会得到更为广泛的应用。其中全断面掘进机法在我国水电系统的水利工程(如引大入秦工程)中很早就采用了,最近建成的秦岭隧道(长 18.46km)也采用了这种法。

1. 全断面掘进机方法

我国秦岭隧道(18.46km)是铁路系统首次采用大型全断面开敞式掘进机进行施工的隧道,之后在桃花铺等两座隧道继续采用,取得了在山岭隧道采用掘进机施工的大量有效数据和经验,极大地提高了隧道施工的工厂化水平,并创造了日进尺 40.5m、月进尺 528m 的全国最高纪录。

秦岭隧道位于西(西安)康(安康)铁路线上,是我国建成的最长单线铁路隧道,全长 18.46km。秦岭隧道进出口高差约 155m,横穿秦岭东西向构造带，历经长期的构造运动、变质作用、岩浆活动和混合岩化作用，地质构造和地层岩性都很复杂。岩性以混合花岗岩、混合片麻岩等坚硬岩石为主，干抗压强度 78～325MPa。经多种施工方案论证比较后，决定秦岭Ⅰ线隧道采用2台敞开式全断面隧道掘进机（TB880E 型 TBM）掘进、全圆穿行式模板台车进行二次模筑混凝土衬砌的施工方案。隧道设计为圆形断面，开挖直径 8.8m，成洞直径 7.7m。其结构形式示于图 3-11。2 台掘进机分别由两洞口施工。

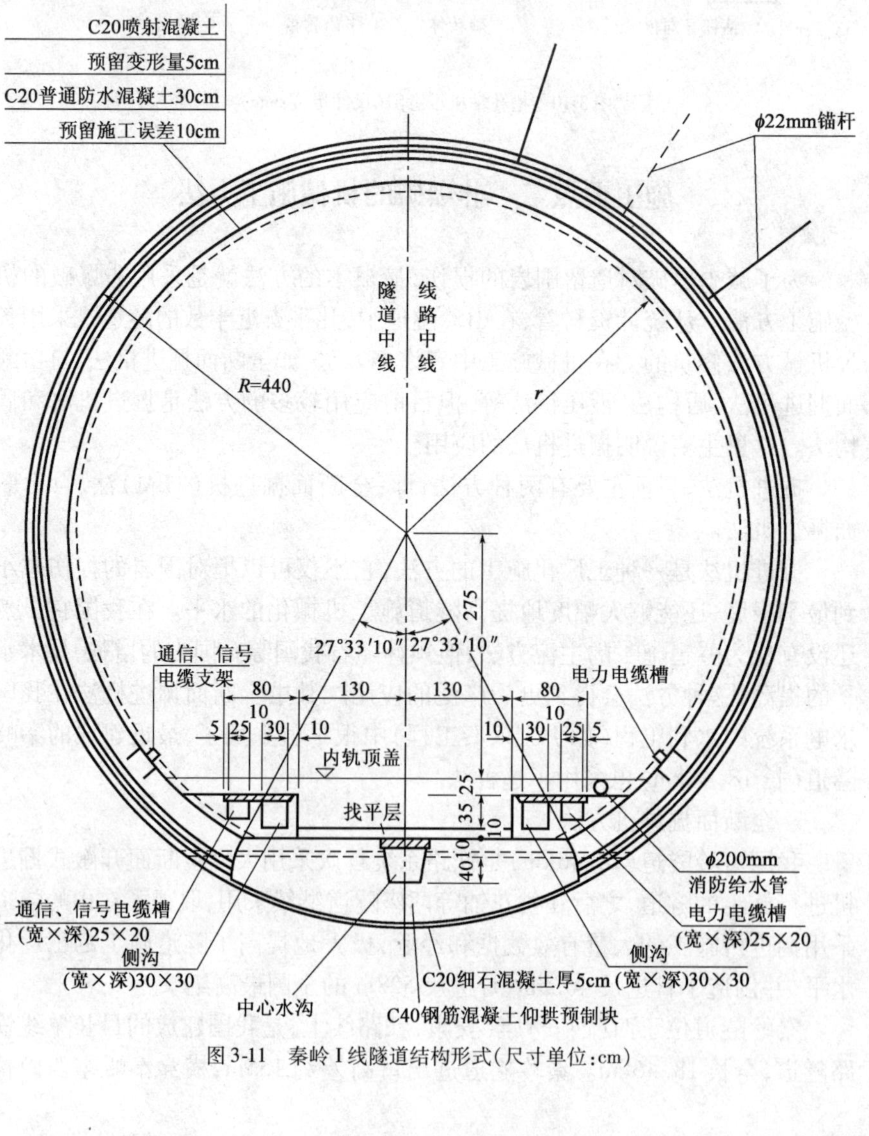

图 3-11　秦岭Ⅰ线隧道结构形式（尺寸单位：cm）

秦岭隧道的掘进机系德国 Wirth 公司制造的开敞式硬岩掘进机，它由主机和后配套两大部分组成，主机为铠氏型结构（分内外铠），用于破碎岩石、集渣转载；后配套系统用于装渣、支护等。该掘进机的掘进原理简述如下：

掘进系统主要由带刀具的刀盘、刀盘驱动和推进系统组成。TBM 主机利用其两外铠支撑、后支撑、刀盘护盾四个支点进行掘进过程中的支撑和换步作业。内铠采用箱形截面，前部连接于刀盘，中部连接驱动组件，后部连接后支撑。内铠内部有较大的空间，可方便地布置输送带（1 号皮带机），内铠上淬硬的导轨有 X 形撑靴的外铠轴承座在上面纵向滑动，内外铠是通过推动油缸相连。内铠给刀盘导向传递推力和把机器扭矩传到外铠。外铠及撑靴有两组，撑靴呈 X 形，X 形撑靴相对于水平布置，有利于提高整机的稳定性。

在掘进时，支撑靴把外铠牢固地锁定在开挖的隧道洞壁上，承受刀盘扭矩和推进力的压力。推进油缸以外铠支撑为支点，把推力施加给内铠和刀盘，推动刀盘破岩掘进。在推力的作用下，安装在刀盘上的盘形滚刀紧压岩面，随着刀盘的旋转，盘形滚刀绕刀盘中心轴公转，并绕自身轴线自转。硬岩掘进机的刀具组成目前是单刃盘形刀具，在刀盘强大的推力、扭矩作用下，盘形刀盘在掌子面中心切缝上滚动。当推力超过岩石的强度时，盘形刀下的岩石直接破碎，盘形刀贯入岩石，掌子面被盘形滚刀挤压碎裂而形成隧道同心圆沟槽。随着沟槽深度的增加，岩体表面裂纹加深扩大；当超过岩石剪切和拉伸强度时，相邻同心圆沟槽间的岩石成片剥落，崩落在隧底的岩渣由均布在刀盘上的 8 个边铲和 4 个中心铲斗与刮板铲起，并被输送到刀盘顶部，沿着刀盘渣槽落到内铠皮带机上，由 3 号皮带机上的移动式溜渣槽卸至出渣列车上。

推进油缸伸长一个行程，刀盘和内铠等（除外铠以外的所有主机部分）相应向前移动一个行程，即完成一个掘进行程的 1.8m。

掘进行程结束后，即要进行换步作业，并在换步过程中完成下一循环掘进方向的调整，先读并记录机器位置，操纵主机刀盘从掌子面后退约 30mm，刀盘、皮带机相继停止运转，接着放下后支撑架与刀盘护盾支撑，缩回支撑靴油缸，松开支撑，再收缩推进油缸，使两外铠沿内铠滑轨向前移动一个行程后，依据上循环结束时的机器位置，以刀盘护盾为支点，操作后支撑处的伸缩油缸，使机器内铠尾部上、下、左、右摆动及沿机器轴线扭动，达到预定位置，从而完成掘进方向的调整作业。然后操作机器使两外铠支撑再行撑紧隧道岩壁，收起后支撑及刀盘护盾，同时牵引后配套系统前移一个掘进行程(1.8m)。启动机器，进行下一个循环的掘进作业。

实践证实，掘进机开挖隧道与常规的钻爆法相比主要有以下不同点：

(1)掘进效率高。掘进机开挖时，可以实现连续作业，从而可以保证破岩、出渣、支护一条龙作业。钻爆法施工中，钻眼、放炮、通风、出渣等作业是间断性的，因而开挖速度慢、效率低。掘进效率高是掘进机发展较快的主要原因。

(2)掘进机开挖施工质量好，且超挖量少。掘进机开挖的隧道(洞)内壁光滑，不存在凹凸现象，从而可以减少支护工程量，降低工程费用。而钻爆法开挖的隧道内壁粗糙、凹凸不平，且超挖量大，衬砌厚，支护费用高。

(3)对围岩的扰动小。掘进机开挖施工可以大大改善开挖面的施工条件，而且周围岩层稳定性较好，从而保证了施工人员的健康和安全。

(4)掘进机对多变的地质条件(断层、破碎带、挤压带、涌水及坚硬岩石等)的适应性较差。但近年来随着技术进步，采用了盾构外壳保护型的掘进机，既可以在软弱和多变的地层中掘进，又能在中硬岩层中开挖施工。

(5)掘进机的经济性问题。由于掘进机结构复杂，对材料的要求较高，零部件的耐久性要求高，因而制造成本较高。在施工之前就需要花大量资金购买部件和机器，因此工程建设初期投资高。

2. 自由断面掘进机法

自由断面掘进机法，在我国的矿山等部门应用较多，但在山岭隧道中却没有得到有效的应用。主要原因是矿山的地质条件比较适应自由断面掘进机的使用，而山岭隧道的岩石相对较硬。但自由断面掘进机开始向硬岩级靠拢，也开始在山岭隧道中采用。1969 年日本首次在城山隧道采用自由断面掘进机，之后逐渐普及。到 20 世纪 70 年代工点已达 70 多个，其中在中硬岩中的应用也有 16 个。

与全断面掘进机比较，自由断面掘进机具有以下特点：

(1)优点

①开挖断面形状自由

隧道可以分部开挖造成断面形状和大小可自由选择，即使遇到局部坚硬的岩石，开挖其周围后，还有掉落的可能。在掌子面难以自稳的围岩中，可保留核心进行环向开挖。

②易于适应地质条件的变化

在开挖中，局部遇到硬岩时，可改为爆破开挖。先采用松弛爆破，使围岩产生裂隙，再采用机械开挖。排水和压浆的钻孔作业也容易进行。

③开挖速度快

岩质在自由断面掘进机的适用范围以内时，开挖、装渣可同时进行，故掘进速度快。利用掘进机的悬臂可架设支撑和背板。

④围岩松弛少

爆破法围岩易于松弛。机械开挖时对围岩的影响小，可减少支撑，衬砌厚度也可减小。

⑤噪声、振动小

开挖动力是电力、油压，故洞内外噪声、振动都小。

⑥轻量、小型、机动性好

即使是大断面用的大型机，其质量也只有 50t 级。导坑用的小断面掘进机只有 12t 级左右，机械的搬入、搬出是很容易的。

⑦人员少，安全性高

开挖作业时，只需一名司机便可完成操作。

⑧机械购置便宜

通用性、工作效率都高，机械购置便宜，机械损耗小，维修费用也少。

(2)存在问题

①适用范围小

国产的大型自由断面掘进机，在岩石抗压强度小于 80MPa 时可经济地进行掘进；欧美的掘进机容许岩石强度可达到 100MPa。掘进机开挖效率、限界不仅与岩石的抗压强度有关，也与裂隙、石英含量、石英粒径等有关。

②产生粉尘

在抗压强度大于 15MPa 的岩层中开挖时，会产生粉尘，从而影响视线，降低工作效率，施工环境差。

另外，有涌水时，易于泥化。

(3)适用范围

①从地质条件看适用范围

自由断面掘进机的适用范围随着技术的提高逐渐扩大，不仅用于软岩，也开始用于硬岩。

②从机械因素看适用范围

自由断面掘进机与 TBM 不同之点是：开挖反力由机械重力来平衡，因此其适用范围与开挖断面的高度、机体的重心高度、机体重心到支持点距离及刀具的切向力等有关。岩石单轴抗压强度大于80 ~ 100MPa后，要求

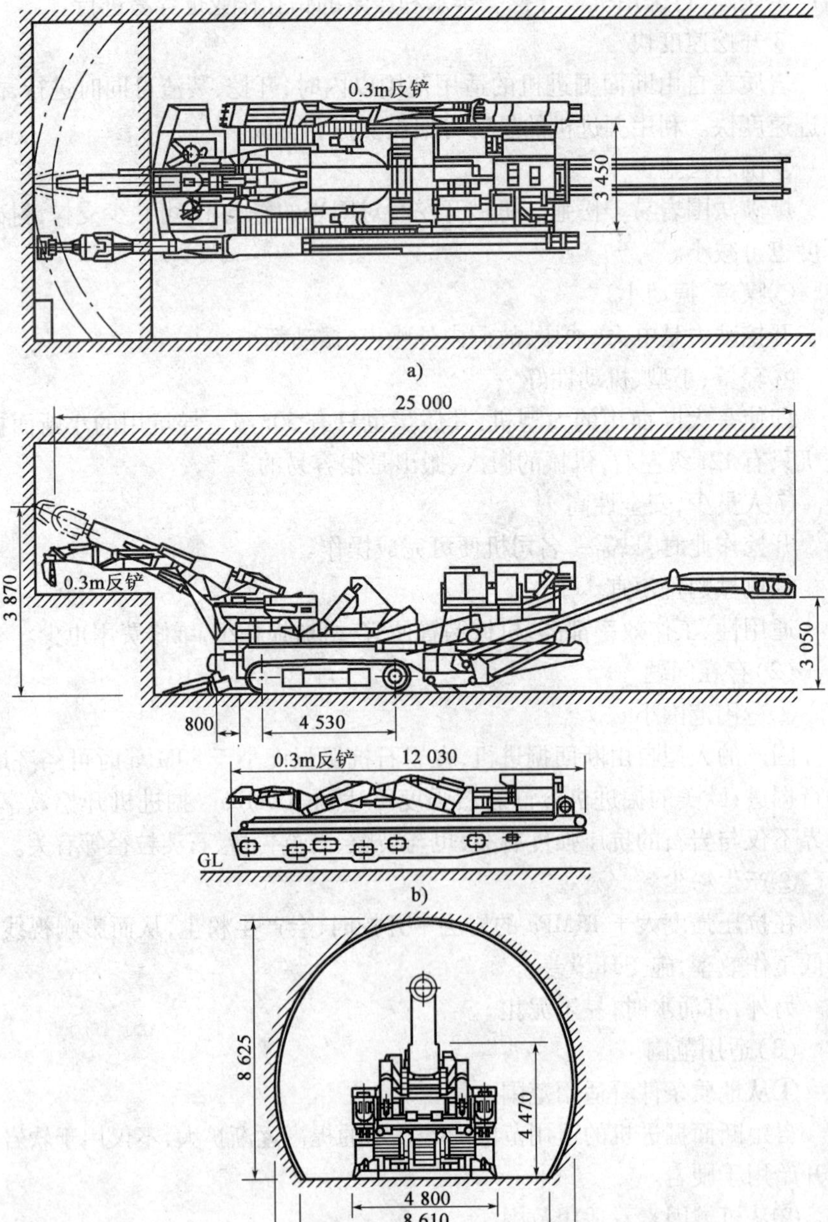

图 3-12 日本 RH—132MB 型自由断面掘进机概貌(尺寸单位:mm)

a)平面图;b)侧面图;c)断面图

的机体重力急剧增加。

日本采用的 RH—132MB 型自由断面掘进机概貌,示于图 3-12。

施工要点三 导坑超前 + 扩挖方法

前面所说的掘进机法,需要大型的机械设备和完善的配套设施,在目前的条件下,还很难大面积地推广。因此,目前有一种趋势,就是在大断面隧道中,更多地采用小型掘进机先行开挖一个导坑,而后用爆破方法进行扩挖。此时,扩挖是在既有的导坑临空面的条件下进行爆破的,对遗留围岩的损伤得到了控制。

实际上,这种做法我们并不陌生。例如,在爆破中我们曾采用的"预留光面层"的爆破方法,就与此相似。也有的先行开挖一个超前导坑,而后再进行扩挖到设计断面。这些方法都可以大大减缓爆破对遗留岩体的影响。

1. 小型掘进机 + 扩挖爆破法

日本在 1968 ~ 1969 年首次在惠那山隧道的 4.45m 导坑开挖中采用了 TBM,约掘进 1 000m。之后在三车道的舞子隧道用于开挖直径 5.0m 的运输坑道,岩层是单轴抗压强度 100 ~ 250MPa 的花岗岩,平均掘进速度是 1.0 ~ 1.7m/h,共掘进 2 400m(图 3-13)。之后又采用 TBM 修建了汤田 2 号隧道(图 3-14)等。

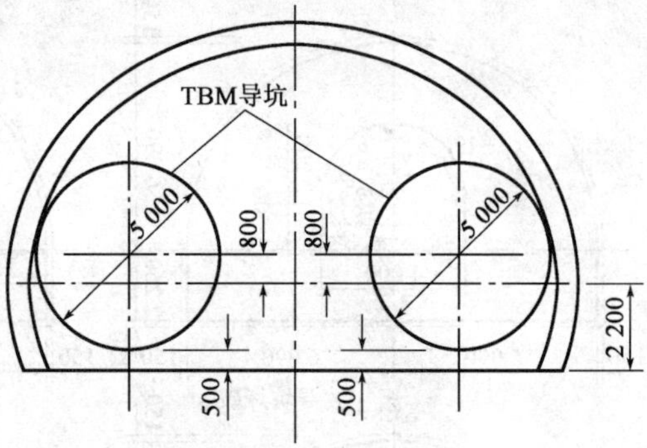

图 3-13 舞子隧道的导坑 TBM 掘进(尺寸单位:mm)

在其他国家用 TBM 修建的公路隧道的施工长度已超过 20km 以上,包括导坑在内有 30 例左右。瑞士的 Bozberg 隧道是世界上开挖直径(11.9m)最大的,TBM 开挖长度 3 750m 的双车道隧道 2 座。此外,以瑞士为代表,采用导坑扩挖式 TBM 掘进大断面隧道的事例有 6 件,如 Aten 隧道及挪威的 Bergen 隧道等。

2. 导坑超前 + 扩挖爆破法

靠近既有隧道施工时,为了减少爆破的影响,日本在一座高速公路隧道中,曾采用导坑 + 扩挖的方法,隧道与既有隧道的相互关系示于图 3-15。

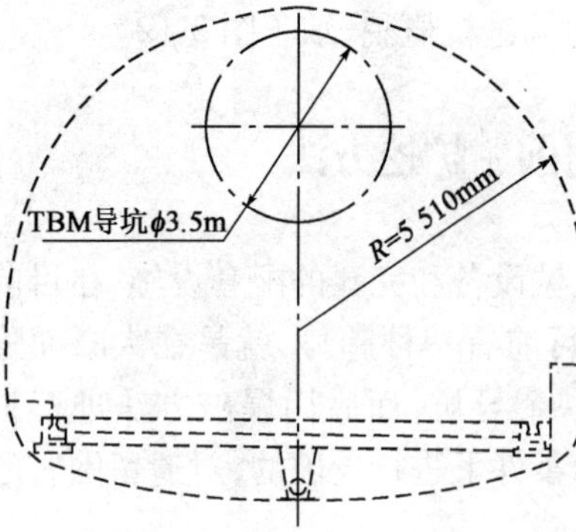

图 3-14　汤田 2 号隧道的导坑 TBM 掘进

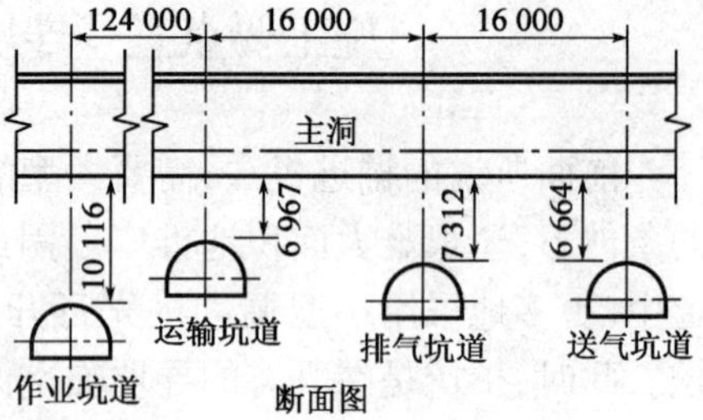

图 3-15　隧道间的相互位置关系(尺寸单位:mm)

对既有隧道混凝土衬砌的爆破振动控制值采用 $v = 17\text{cm/s}$。

隧道的开挖爆破如图 3-16 所示。

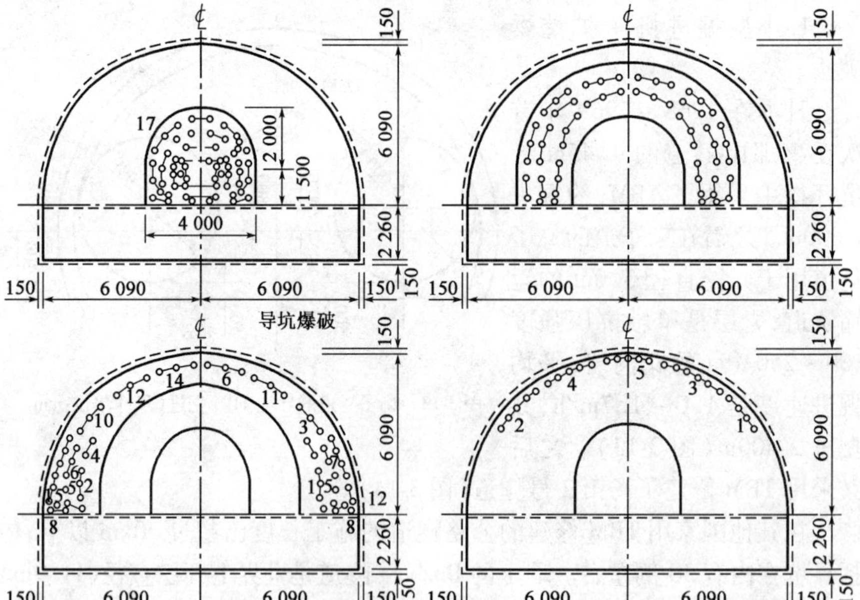

图 3-16　分部爆破模式图(尺寸单位:mm)

第四部分　软弱围岩中的隧道施工

——保护围岩、控制围岩的松弛

软弱围岩的自支护能力是比较弱的，甚至没有自支护能力。因此，在软弱围岩中施工最重要的是千方百计地提高围岩的自支护能力，保证开挖及后续作业的进行。

日本根据近 9 000 个掌子面的施工数据，统计了其中典型的崩塌事例，列于表 4-1。

典型掌子面崩塌事例　　表 4-1

围岩	崩塌形态	状况和原因	崩塌形态	状况和原因
土砂	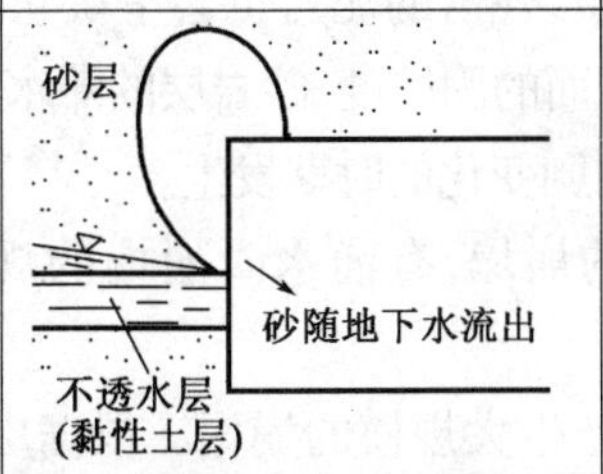	下部黏土层是不透水层，上部滞留的地下水流出	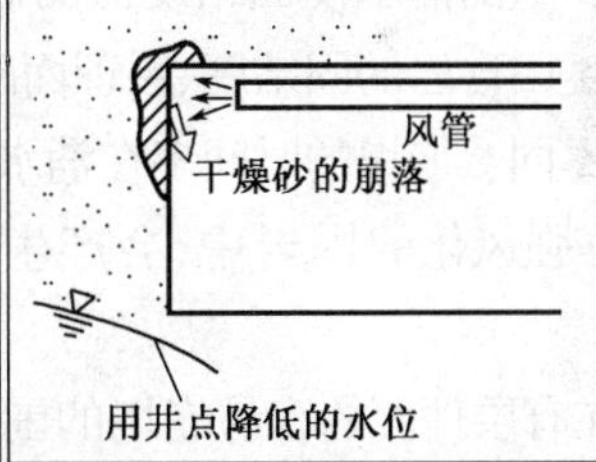	因排水和通风。使砂层干燥，丧失黏聚力而崩落
软岩	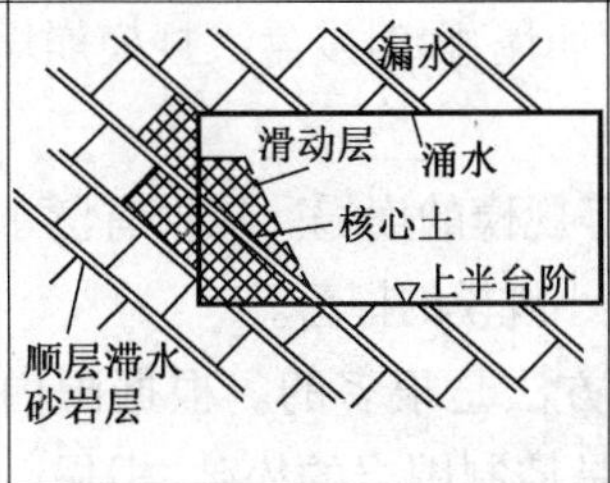	逆向的滞水砂岩和泥岩互层松弛，节理面剪切阻力不充分而崩落	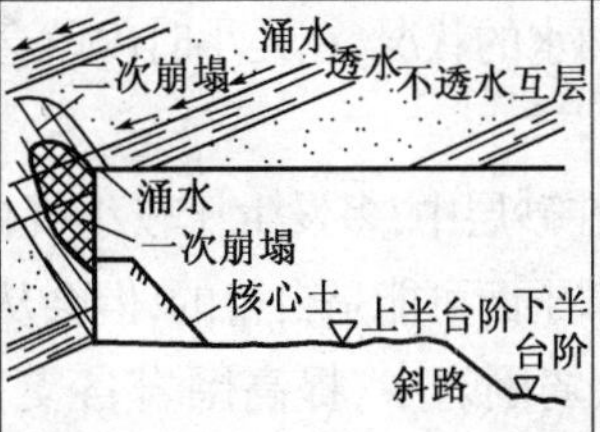	顺层围岩是不透水层，因上部透水层的土压、水压而崩塌
破碎围岩	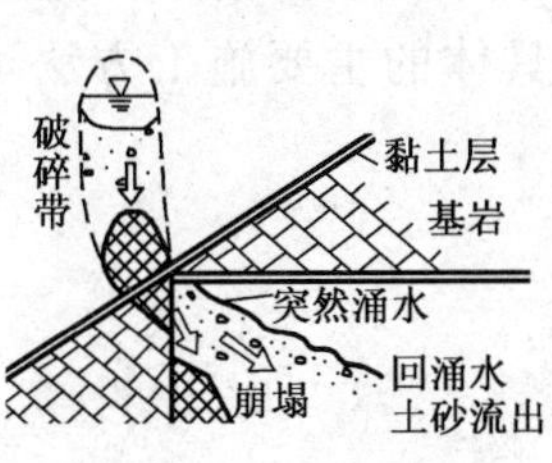	破碎带因涌水而崩落，视水压的大小和块体的咬合程度，崩塌规模有所不同	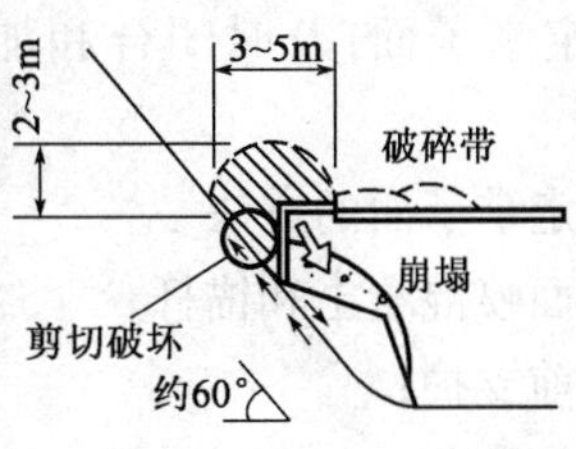	在没有涌水的破碎围岩中，随开挖而松弛，失去平衡而崩塌

续上表

<table>
<tr><th>围岩</th><th>崩塌形态</th><th>状况和原因</th><th>崩塌形态</th><th>状况和原因</th></tr>
<tr><td>裂隙发育的围岩</td><td>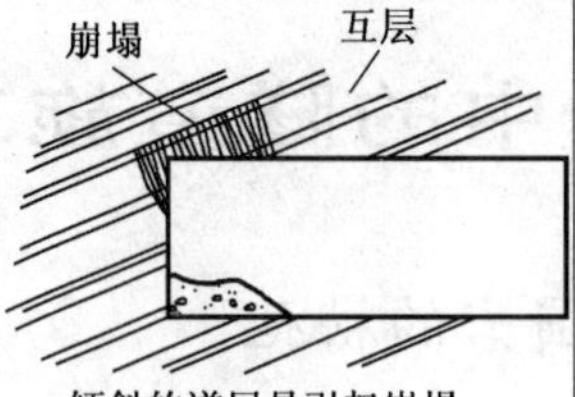
倾斜的逆层易引起崩塌</td><td>顺层的岩体,虽然坚硬,但从层理面剥落而崩落</td><td>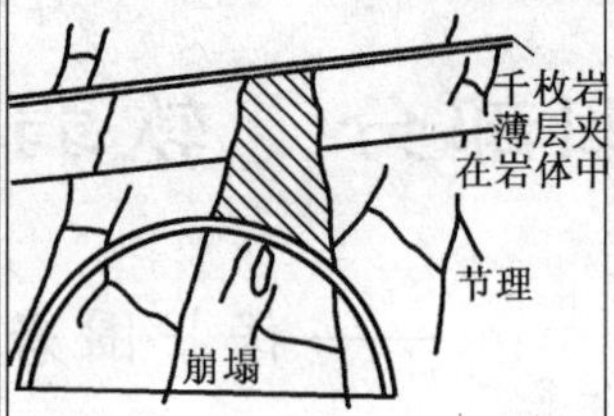</td><td>在裂隙发育的围岩中,层薄而且强度小,沿其面剥落,形成大规模的崩塌</td></tr>
</table>

掌子面的崩塌现象:

(1)在断层中,根据断层的破碎程度可能产生小规模的崩塌,也可能出现很大规模的崩塌,崩塌可能出现一次,也可能出现多次。

(2)在互层围岩中,崩塌一般多是小规模的。例如第三纪的砂岩页岩互层,可能由于少量的涌水使固结度低的砂岩层流出,残留的泥岩也会呈块状剥落。崩塌的程度因砂岩的固结度、层理面间隔、层理面的固结度、砂岩层的滞水水量、水压等而不同。崩塌的时间多在涌水状况有急剧变化的时期发生。

(3)在强风化的围岩中,会产生比较大的崩塌,有涌水时崩塌的规模会更大。

(4)在有层理面的容易崩塌的围岩中,会产生大规模的崩塌。根据层理面的强度、涌水的状况,在几小时内就会产生多次崩塌,瞬时发生大规模崩塌的情况也不少。

(5)在砂层中,多发生比较小规模的和中等规模的崩塌。在没有涌水的砂砾层中,掌子面可能是自稳的,但会从拱顶发生小规模的掉落。

在软弱围岩中,提高围岩自支护能力的方法是很多的。根据国内外的施工经验,提高围岩自支护能力的基本方法是控制围岩的松弛、坍塌。其原则是:稳定掌子面,及时闭合和加固地层。具体的主要施工方法可归纳如下:

1. 稳定掌子面的方法

· 正面喷混凝土和锚杆;

· 超前支护;

· 留核心土。

2. 及时闭合的方法

· 设临时仰拱或底部横撑；

· 加固基脚；

· 向底部地层注浆加固；

· 设底部锚杆；

· 改变施工方法。

3. 加固地层

· 注浆加固；

· 超前支护；

· 地表面加固。

这些措施是综合的和相互补充的，应视具体情况选择采用。

根据统计，涌水的影响很大。一般说掌子面涌水量在 100L/min 时，可作为稳定和坍塌的判断基准，在 500L/min 以上几乎都会产生坍塌。

此外，埋深对掌子面的自稳性也有重大的影响。浅埋与深埋相比，主要是难以形成承载拱。同时，多数伴有地形偏压、表层软弱堆积物、风化带等对隧道开挖有很大影响的特殊问题；视地质条件会出现下沉急剧增大、地表开裂等变异，有时也会出现掌子面不稳定等现象。所以，要视情况采取掌子面稳定措施和控制地表下沉措施。

地表下沉与埋深有密切关系。埋深大时，在隧道横断面内形成了承载拱，开挖引起的下沉局限在隧道周边；而埋深小时，没有形成承载拱，开挖下沉会直接达到地表面。

在这种情况下，埋深小的隧道，因不能形成承载拱，故为防止支护下沉、增强支承力，而应采取必要的措施，并研究采用药液注浆、垂直锚杆等辅助工法。

如图 4-1 所示，浅埋时的掌子面松弛将达到地表面，在横断面方向不能形成承载拱。根据实测结果的分析，首先是接近掌子面前方的围岩急剧下沉，并向后方扩展，结果形成了图 4-2 所示的盆状的地表下沉。

此下沉槽的坡度是与围岩中发生的剪应变相对应的。超过此限界后，就会发生地表开裂。

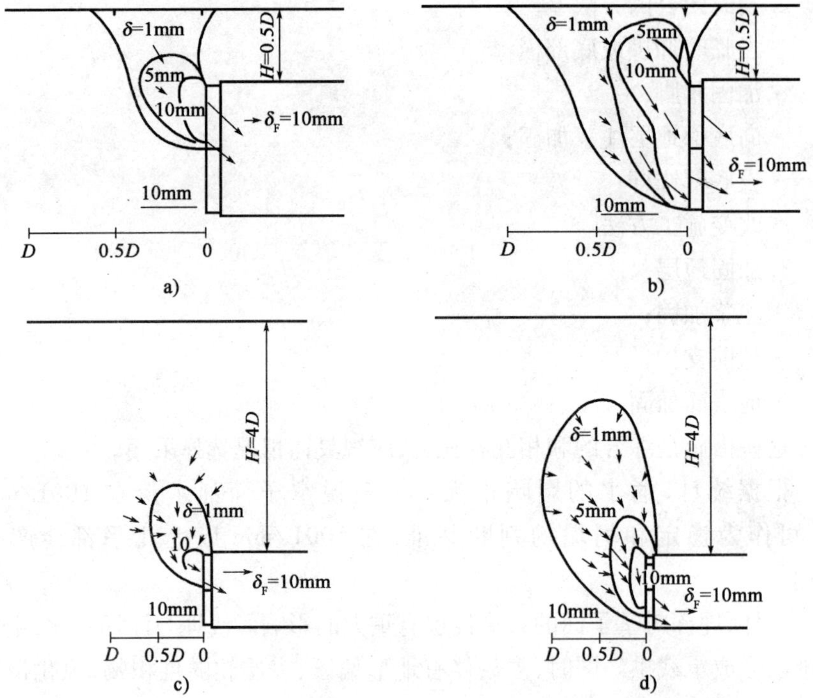

图 4-1　隧道纵断面内的下沉

a）开挖上半断面（埋深小的情况）；b）开挖下半断面（埋深小的情况）；c）开挖上半断面（埋深大的情况）；d）开挖下半断面（埋深大的情况）

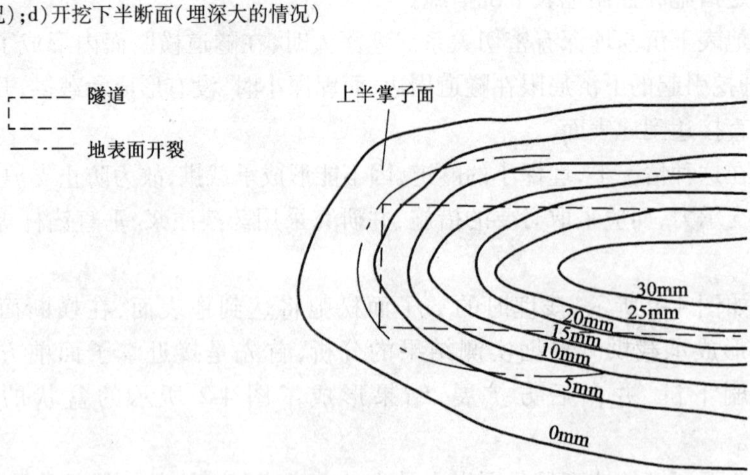

图 4-2　地表下沉与地表开裂

施工要点一 软弱围岩隧道开挖后的变形实态

在软弱围岩隧道中施工，认识和掌握隧道开挖后是如何变形及其变形过程、变形动态是非常重要的。这是采取相应对策的理论基础。

方便起见，首先用两个计算例加以说明。

设初始地应力场的水平方向和垂直方向的分力分别为 p_x 和 p_y。

例 1：静水压荷载下的圆形隧道

$$p_x = p_y = 1\text{MPa}, E = 100\text{MPa}, v = 1/3$$

例 2：承受两方向不同荷载的半圆形隧道

$$p_x = (1/2)p_y = 0.5\text{MPa}, E = 100\text{MPa}, v = 1/3$$

图 4-3 及图 4-4 分别表示隧道壁面（$r = a$）及周边（$r = 1.5a$、$2a$、$3a$）的位移的计算结果（隧道宽度取 $D = 2a$）。

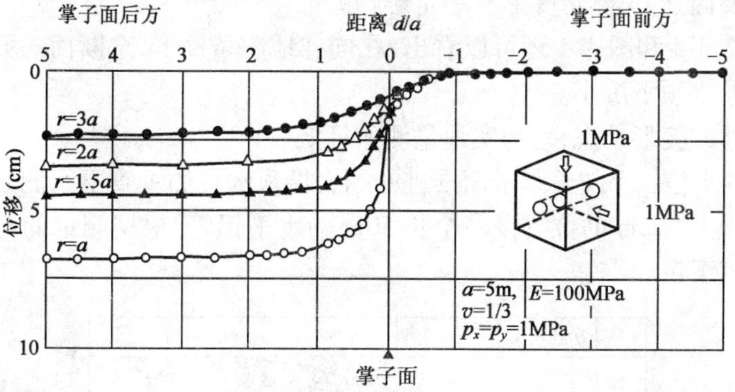

图 4-3 圆形隧道的周边位移状态（拱顶下沉）

从图 4-3、图 4-4 可知，在计算条件下，从掌子面前方到掌子面后方一定范围内的拱顶水平的垂直下沉分布规律大致如下：

（1）隧道开挖后在掌子面前方一定范围内[(2～5)a]产生了垂直下沉，我们称之为“掌子面前方先行位移”（以后简称先行位移）。

（2）在掌子面处，产生一定量的“初始下沉”（即通常所谓的拱顶下沉）。此值与地质条件关系密切，为最终位移值的 20%～30%。

（3）在掌子面后方，随掌子面的推进，产生不断增大的垂直下沉。其特点是初期下沉速度很大，而后随离开掌子面的距离增加，其速度逐渐减缓，并趋于稳定，最后达到收敛。从掌子面下沉开始到最后收敛的距离谓之收敛距离。此距离在般围岩条件下为$(4\sim5)a$。

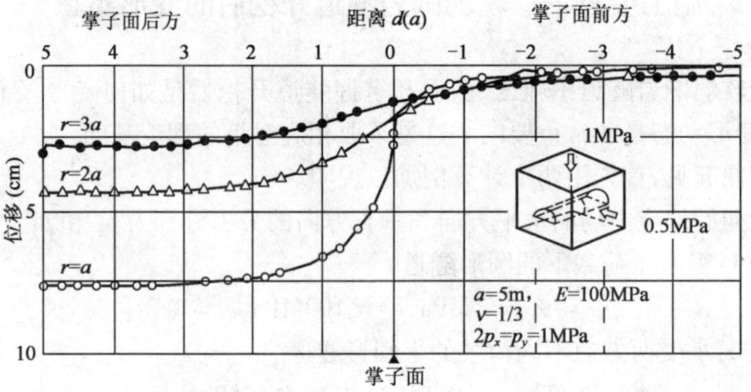

图 4-4　半圆形隧道的周边位移状态(拱顶下沉)

(4)围岩性质(初始地应力场、围岩特性等)和施工方法是决定变形动态的主要因素,对隧道变形有一定影响。

从图 4-3 和图 4-4 还可以看出,在同样地质条件下,全断面法开挖比台阶法开挖拱顶下沉小。

上述的变形动态,也为实地量测所证实。

图 4-5 是一个随着掌子面推进的围岩拱顶水平的垂直下沉测定例。在隧道拱顶上方 2m 的位置设一个长 50m 的水平铝管,根据测定的弯曲应变计算垂直下沉。

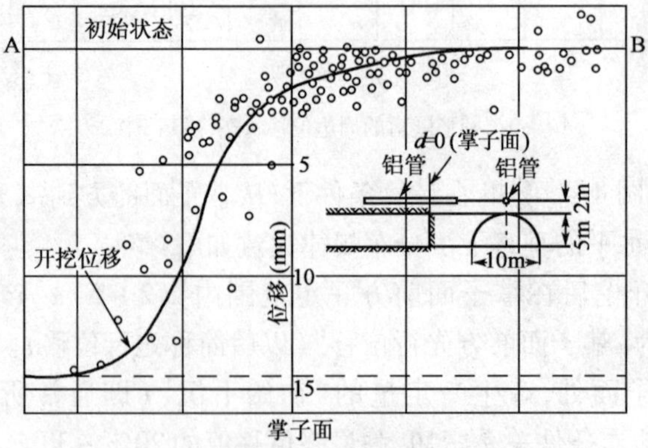

图 4-5　日本龟浦隧道掌子面位移测定例

量测位移的分布规律与计算结果基本趋势是一致的。

经典理论论证了隧道掌子面的空间力学效应。

总之,从理论、数值解析和量测中我们可以得到一个重要认识。隧道开挖后的围岩变形状态可用图 4-6 的三维图表示。

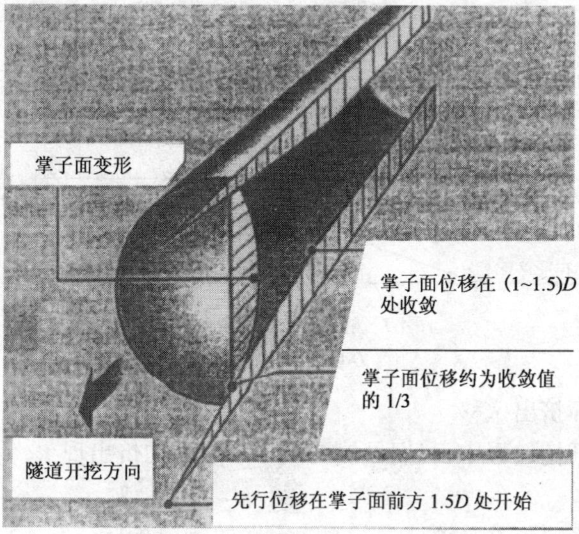

图 4-6　隧道开挖时的变形三维示意图

由上述各图可知,隧道开挖后的变形可分为:掌子面前方的先行位移(掌子面处的拱顶下沉)、掌子面挤出位移、掌子面后方的位移三种。这三种位移是同时发生的。支护的主要目的就是要抑制这些变形的发展,也就是抑制由这些变形引起的围岩松弛。因此,对设计、施工来说就是要搞清楚这三种位移(变形)的产生条件和发展规律,并通过各种手段来控制其发展。

1. 掌子面前方的先行位移

众所周知,掌子面前方围岩先行位移的概念,可以两个量值表示,即掌子面处的先行位移值和掌子面前方发生先行位移的范围(图 4-7)。实际上先行位移是随掌子面的推进而发生的。先行位移的最大值在掌子面处。在一般的围岩条件下,其值占总位移的 20% ~ 30%,围岩条件越差,其值越大。掌子面前方的先行位移,涉及的范围与围岩条件有关,一般为隧道跨径的 1.0 ~ 1.5 倍。

因此,在一般围岩条件下,先行位移可以任其发生,不加控制。但在软弱围岩条件下,当其最大值超过全位移的 30% 以上,甚至达到 50% 或更大时,如不加控制,则会成为掌子面拱顶部分坍塌以及发生大变形的主因。这也就是我们采用各种超前预支护的主要原因。

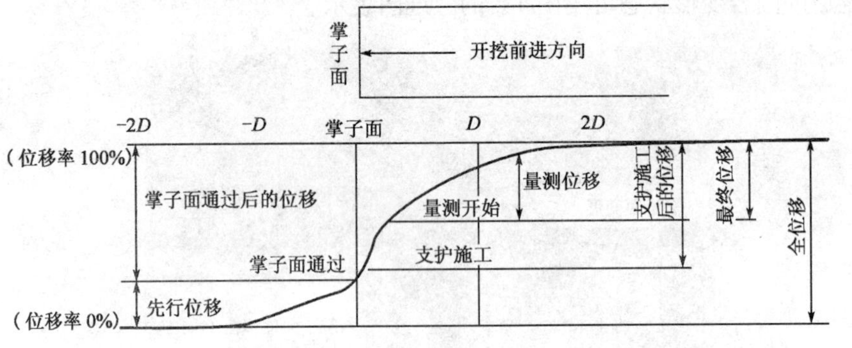

图4-7 隧道开挖后的变形实态

D-隧道开挖宽度

2. 掌子面挤出位移

在实际开挖过程中，我们虽然发现了掌子面的挤出现象，但没有予以很大的关注。

掌子面挤出位移是评价掌子面稳定性的重要指标。图4-8说明了掌子面挤出位移的基本概念。当掌子面挤出位移超过一定量值时，掌子面将崩塌，这是不言而喻的。

掌子面挤出位移，可以用其最大值评价。

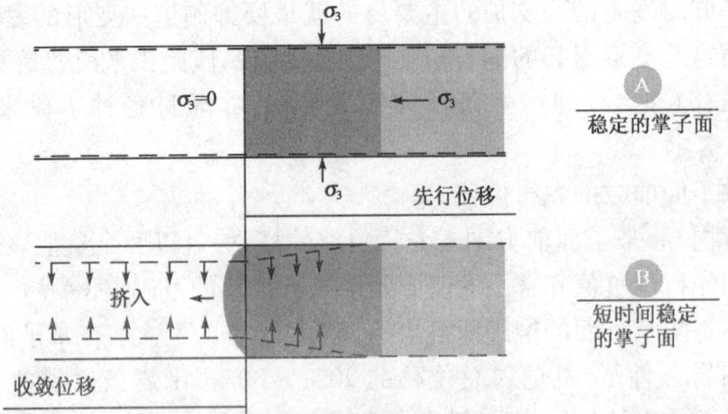

图4-8 掌子面挤出位移概念图

因此，在预计掌子面挤出位移过大的场合就必须采取控制掌子面挤出位移的技术对策。这也是我们采用留核心土方法的主要目的之一。

3. 掌子面后方的位移

目前我们采取的初期支护，主要是控制掌子面后方位移的技术对策。

掌子面后方位移的动态特点是初始阶段的位移速度比较大，而且量值也比较大。因此，控制初期位移速度的发展是非常重要的。这也是判定围岩好坏的一个重要指标。控制了初期位移速度的发展，也就控制了最终位移值。因此，在实地量测中，首先取得初期位移速度这个参数是非常重要的；其次是控制位移的收敛时间（距离）。在一般地质条件下，位移在距掌子面（1～2）D 处基本上就收敛了；但在软弱围岩中，这个距离会长一些，甚至在很长距离（时间）不收敛。

在施工中应把获取上述位移的量测值作为量测的重点，为实施以下各要点所述施工技术提供可靠的情报。

施工要点二　稳定掌子面的方法

山岭隧道施工，如掌子面不稳定，施工是不可能进行的。近年来，由于山岭隧道的增加，在自稳性差的围岩中施工的情况愈来愈多，因此，掌子面稳定问题就成为隧道开挖技术中的重要问题了。同时，掌子面自稳性与开挖断面的大小有密切关系，因此，开挖方法的选择，对选定稳定掌子面的辅助工法有很大的影响。根据地质条件，在掌子面不能获得稳定的情况下，开挖要采用分割断面的方法或缩短一次开挖进尺。但有时分部开挖或缩短进尺也不能取得良好效果，而采用大断面开挖方法反而成功的例子也不少。这主要是因为在开挖前采用了各种技术对策，提高了掌子面和拱顶的稳定性。

在土砂围岩和膨胀性围岩、破碎带中，确保掌子面的稳定性是至关重要的。方法有：维护拱顶稳定的超前支护、维护掌子面正面稳定的正面锚杆和核心土，以及拱脚稳定的锁脚锚杆等。

有代表性的稳定掌子面技术对策的分类列于表4-2。

稳定掌子面技术对策的分类　　表4-2

工　法	拱顶稳定	掌子面稳定	使用材料	说　明
超前支护（超前锚杆、小导管等）	◎	○	锚杆；小导管（注浆）；钢筋	采用锚杆等提高前方围岩约束；使用小导管注浆加固掌子面；插入角度10°～30°

续上表

工　法	拱顶稳定	掌子面稳定	使用材料	工 法 说 明
超前支护（钢插板等）	◎	○	钢筋 钢背板 L型钢	在掌子面自稳性差的围岩中，喷混凝土施工前有崩塌时，可采用此法
斜锚杆	○	○	锚杆	插入角度45°~70°
短管棚	◎	○	管棚	在没有黏聚力的围岩中采用； 管长：5~7m； 直径：小于45cm； 视情况可进行注浆
正面喷混凝土		◎	喷混凝土	提高掌子面正面的自稳性
正面锚杆		◎	锚杆 玻璃纤维锚杆	保持掌子面自稳性的方法

注：◎-经常采用的；○-视情况采用的。

掌子面稳定性降低的原因，视围岩条件而异，在多数情况下，可考虑以下几点：

· 因黏聚力不足而崩塌（未固结围岩、裂隙性围岩）；

· 因地下水而崩塌（未固结围岩、裂隙性围岩）；

· 因强度不足产生大变形而崩塌（膨胀性围岩）。

此外，作为特殊情况，也有掌子面沿地质结构面挤出的情况。

稳定掌子面的方法，根据其功能的不同，可分为以下几种：

· 支持围岩的（超前支护、短管棚等）；

· 改良围岩的（注浆等）；

· 发挥锚杆作用的（斜锚杆、正面锚杆等）；

· 喷混凝土加强等。

1. 超前支护

超前支护是使用锚杆、单一钢管、钢筋等，沿隧道外轮廓以低角度打设的方式防止掉块，是加固掌子面前方围岩、约束围岩的方法，也可加设插板防止掉块。超前支护，基本上是借助构件的抗弯刚度发挥作用的，因此，采用抗弯刚度大的构件是有利的。

(1)单管

单管用于没有黏聚力的围岩,以防止拱顶松弛、崩落。一般采用 34 ~ 48mm 的钢管,以 30 ~ 60cm 的间隔和 5° ~ 30°的仰角打入,打入长度一般为掘进进尺的 2 ~ 3 倍。

此法的首要问题是在有砾石(孤石)或固结好的围岩中应用困难;其次是钢管下方的围岩易崩落,超挖过大。为减少超挖,可减小打入角度,使钢管从支护构件中通过(图 4-9)。

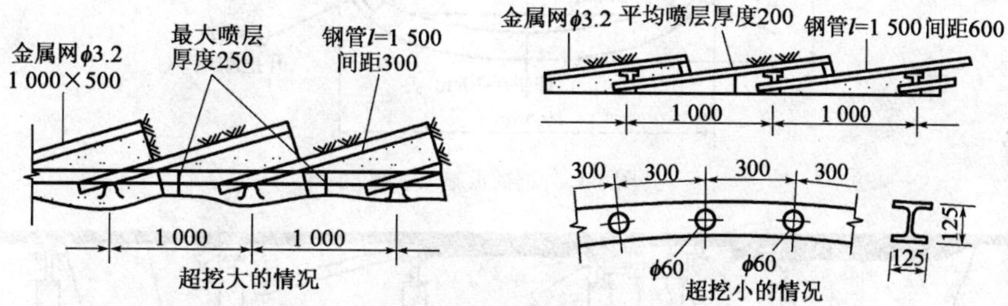

图 4-9　单钢管超前支护示例(尺寸单位:mm)

(2)钢插板

钢插板是在崩塌性显著的围岩中,以较大面积支护拱顶的手段。钢插板的宽度一般采用 15cm,长度为 1.2 ~ 1.6m,以 30cm 左右间隔打入。一般都在拱顶 120°范围内施设。其实例参见图 4-10 ~ 图 4-12。

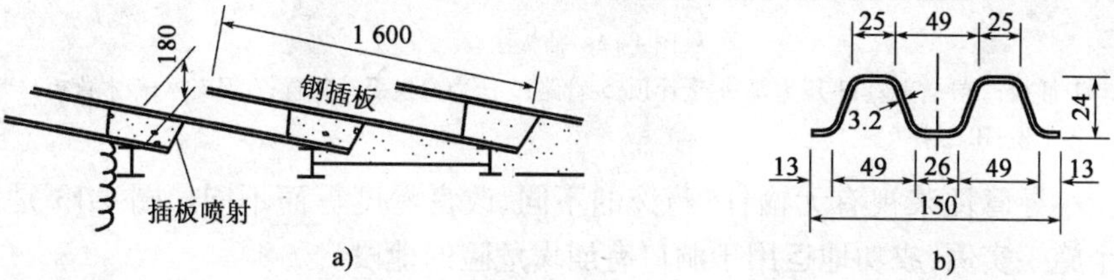

图 4-10　钢插板超前支护(尺寸单位:mm)

a)插板设置;b)插板规格

(3)注浆小导管

注浆小导管是向掌子面附近的围岩注浆,以改善围岩状况,保证掌子面稳定的方法。实践证实:掌子面斜上方对隧道的稳定具有很大的影响。因此,开挖前改善此部分的状况,对增加隧道的稳定性是极为重要的。小导管注浆不仅是掌子面稳定的对策,也是改善隧道稳定性的对策,要充分加以研究和运用。

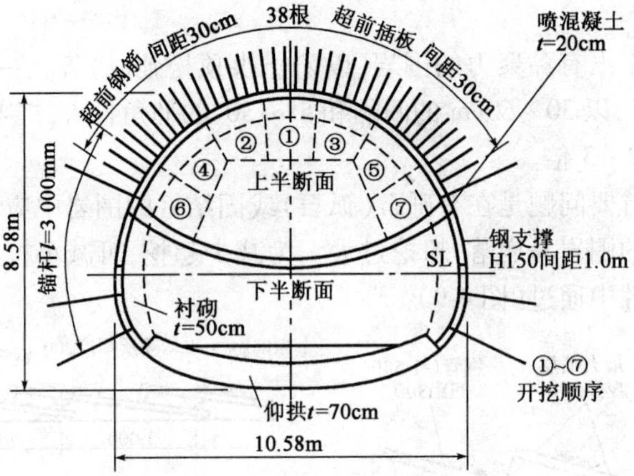

图 4-11 钢插板施工示例

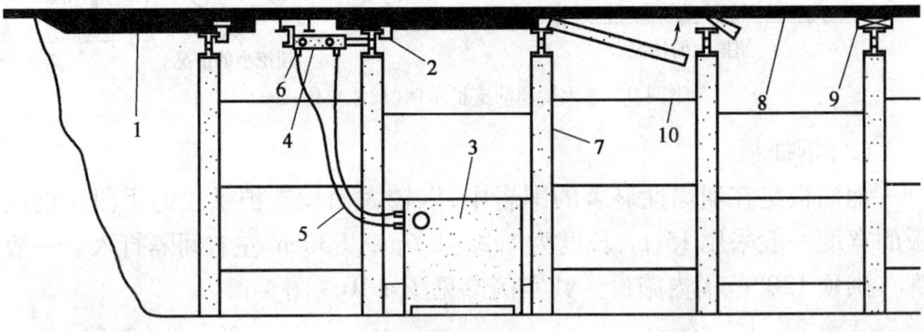

图 4-12 插板法

1-插板;2-导向夹具;3-压力泵;4-千斤顶;5-管路;6-压力变换手动装置;7-钢支撑;8-木背板;9-木楔;10-纵撑

小导管注浆视有无锚杆、药液的不同、改良深度等而不同。图 4-13 是一个施工实例,成功地运用于洞口有崩塌危险的地段。

图 4-14 是采用布注浆塞的注浆锚杆实例。打入锚杆后,通过注浆塞将水泥砂浆、水玻璃等注入,注浆压力 0.2 ~ 0.5MPa。

注浆材料不仅有水泥、水玻璃,还有以高压(3MPa)注浆的泡沫尿烷。图 4-15 是其施工模式。

2. 斜锚杆

斜锚杆是作为支护结构的一部分轴力构件而发挥作用的,用以改善拱顶斜上方的围岩,多用在易崩塌的围岩中,作为支护拱顶的辅助方法。

斜锚杆通常与系统锚杆同时施工。向掌子面拱部的斜上方以 50 ~

80cm 的间隔，在拱部 60 ~ 100cm 范围内，打入异型钢筋，锚固材采用砂浆。锚杆长 3 ~ 4m，仰角 30° ~ 60°。斜锚杆施工实例见图 4-16。

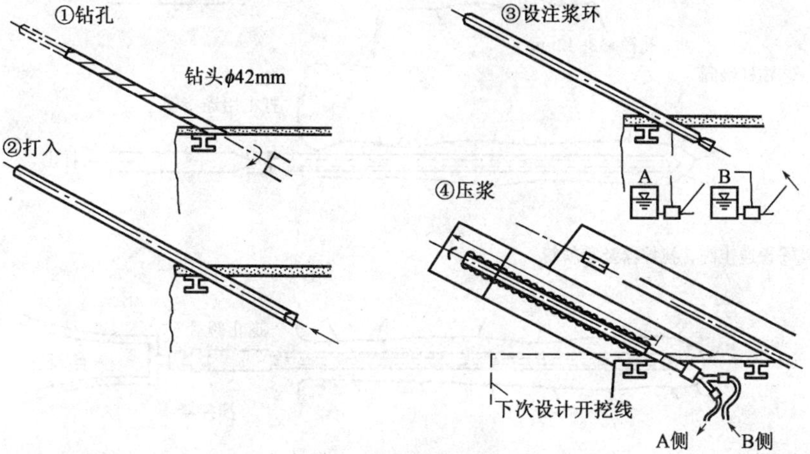

图 4-13　小导管注浆示例

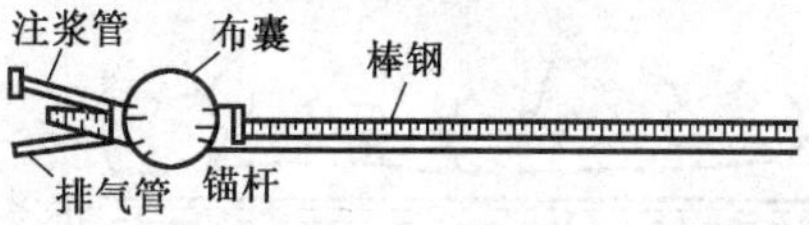

图 4-14　注浆锚杆示例

3. 小管棚注浆

小管棚的施工，基本上与注浆小导管相同。因超前支护范围大，多采用长度 5 ~ 7m 的钢管，以间隔 30 ~ 60cm 的距离打入。超前支护效果好，但费时，对施工循环有一定影响。

4. 掌子面正面喷混凝土

正面喷射混凝土是在开挖后自稳性差的开挖面喷射 3 ~ 10cm 的混凝土，覆盖掌子面，以防止掌子面松弛，提高掌子面的自稳性（图 4-17）。喷混凝土不是作为轴力构件发挥作用的，是防止剥离的，常常与正面锚杆同时使用。此外通过目视喷射表面是否有龟裂发生，还可以获得有无崩塌发生的信息。

5. 正面锚杆

正面锚杆是在掌子面有显著崩塌的情况下采用的。锚杆长 2 ~ 3m，视崩塌情况施设。

在膨胀性围岩中进行掌子面加强的施工实例见图 4-18。

6. 留核心土

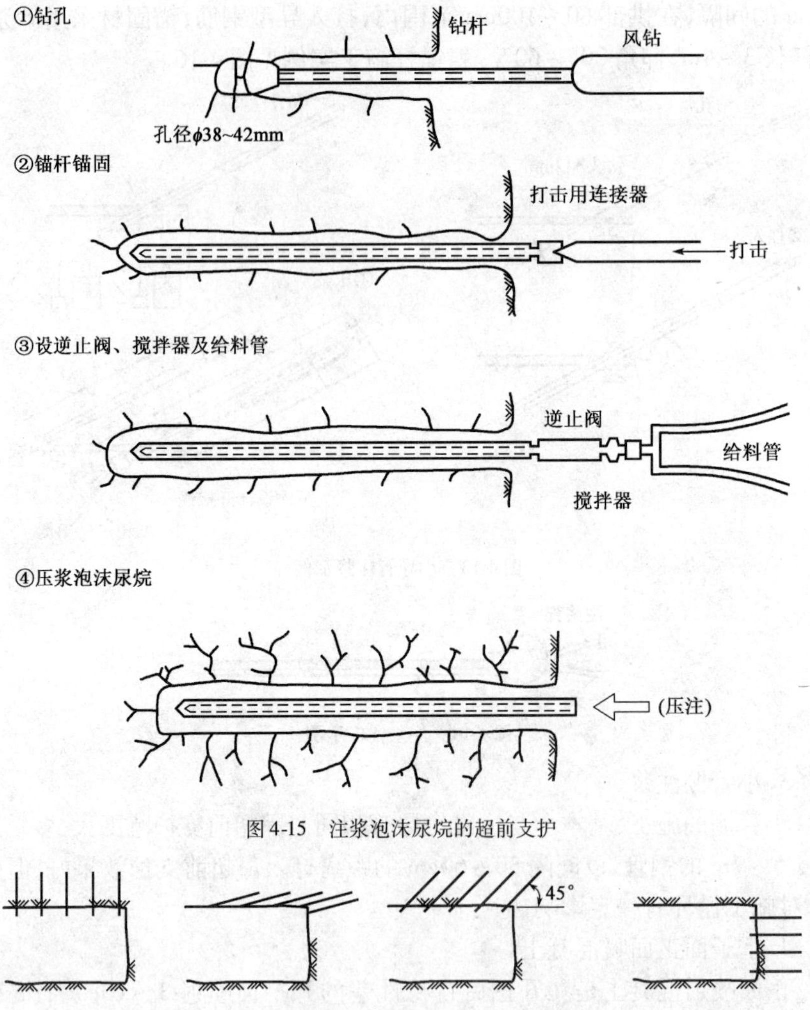

图4-15 注浆泡沫尿烷的超前支护

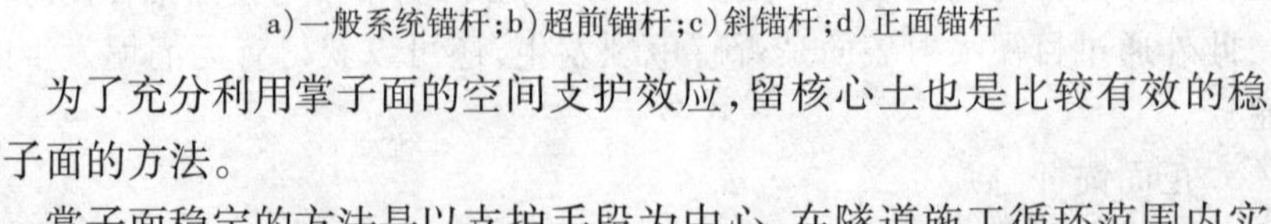

图4-16 采用锚杆的辅助工法

a)一般系统锚杆;b)超前锚杆;c)斜锚杆;d)正面锚杆

为了充分利用掌子面的空间支护效应,留核心土也是比较有效的稳定掌子面的方法。

掌子面稳定的方法是以支护手段为中心,在隧道施工循环范围内实施的工法。隧道的地质情况,就是在同一隧道、同一地质的情况下,其自稳性也是有差异的,因此,在选择辅助工法时,必须充分地研究现场的实际条件,选择适当的方法。

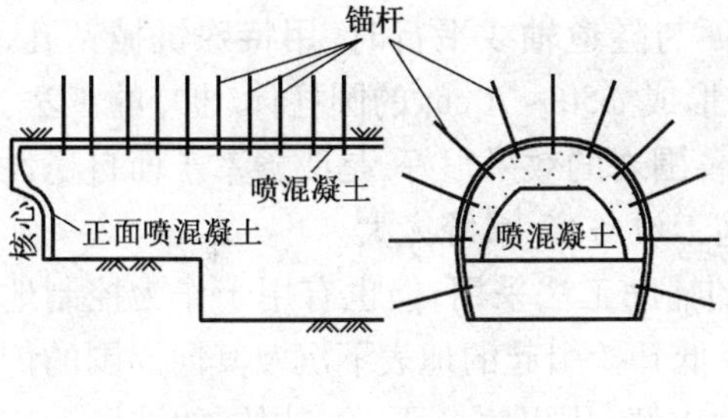

图 4-17　正面喷射混凝土例

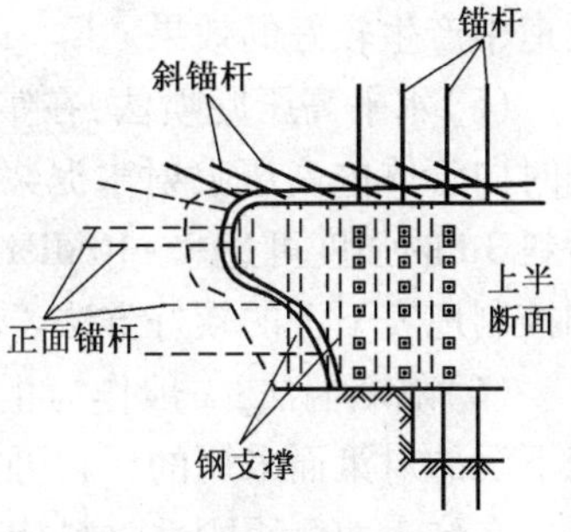

图 4-18　膨胀性围岩的掌子面加强实例

施工要点三　控制地层松弛的加固地层方法

为了在较大范围内控制围岩的松弛，需要采用特殊的加固地层方法。这种方法是先在掌子面前方的围岩中进行加固施工，而后在其范围内进行开挖作业。

在浅埋隧道中，控制围岩松弛，也就是控制地表下沉。防止地表下沉的主要措施是改善掌子面上方的围岩状况。同时，因地表下沉与掌子面的稳定性有关，因此，防止地表下沉的对策多与掌子面稳定对策同时实施。

稳定围岩和控制地表下沉的方法主要有以下几种：

(1)注浆法：以加固围岩、止水为目的而采用的工法。向砂质土注浆易于获得较好的效果，在黏性土中的效果不好。为进行有效注浆，要采用与围岩性质相适应的药液和方法。

(2)冻结法：在山岭隧道中采用较少，但其加固围岩、止水的效果非常好，可靠性高。在软弱粉砂层、大量涌水围岩、接近结构物施工的场合是很合适的。缺点是从准备到发挥作用的时间很长。

(3)垂直锚杆法：是一种用锚杆从隧道上方加固地层的方法。一般从地表面钻 $\phi60\sim125$mm 的钻孔，而后插入钢筋。其作用是：利用砂浆和周边围岩的黏聚力控制下沉、利用抗剪能力防止洞口滑坡，施工实例较多。

(4)管棚法：一般多在洞口施工时采用。根据使用的钢管直径分类，有小直径钢管管棚和中、大直径钢管的管棚。在埋深小的隧道，正上方有建筑物时，也可采用此法。最近，利用特殊的钻孔机械，边钻孔、边注浆，在土砂隧道中产生较好的效果。

(5)水平高压旋喷法:在掌子面与隧道轴线平行时,用特殊机械钻孔,同时向管体内高压喷射水泥浆液,形成 ϕ50～70cm 的圆柱体(桩)的工法。材料 3d 的强度可达 8～10MPa,改善围岩的效果很好,是改善掌子面自稳性和控制地表下沉的较好方法。但施工设备多,系统庞大。

(6)隔断墙法:一般作为止水的辅助工法采用,但也有用于作为控制地表下沉的对策而采用的。它可以降低开挖引起的地表下沉及其向周围的传播。在隧道两侧用刚性材料构筑地中墙,用以隔断下沉向周围的波及。施工时要注意地表条件的影响。

(7)预衬砌法。

应该指出,控制围岩松弛和地表下沉的方法,许多是与止水方法相联系的,很难截然分开。为了说明的方便,一些方法将在地下水对策中加以说明。此处重点说明地表垂直锚杆法、管棚法、注浆加固法和预衬砌法。

1. 地表垂直锚杆法

地表垂直锚杆法是在隧道开挖之前,在隧道上部钻设直径 100～120mm 的钻孔,钻孔中插入粗钢筋(一般直径为 25～32mm),再充填砂浆或水泥浆,在地中形成棒状的钢筋加固体,可以阻止因开挖产生的围岩变形,提高围岩的抗剪切强度。

此工法广泛应用于防止地表下沉、稳定隧道掌子面、处理偏压、防止坡面崩塌。尤其适用于浅埋的软弱围岩和滑坡地段等施工条件恶劣的地点。

此工法与开挖作业无干扰,是其优点。但应视地表的土地利用情况选用,适用性较差。

目前在设计中,主要是采用经验方法进行设计,如采用 D25～32mm 的钢筋,钻孔直径多采用 100～120mm,间隔采用 1.5m×1.5m～2.0m×2.0m;或者根据滑坡线及阻止坡体滑动的计算决定钢筋用量、打设长度、打设间隔及钢筋直径等。其设计实例见图 4-19。施工实例见图4-20。

2. 管棚法

管棚法是在隧道开挖之前沿隧道开挖断面外轮廓,以一定间隔与隧道平行钻孔、插入钢管,再从插入的钢管内注浆充填水泥浆或砂浆,来增加钢管外围岩的抗剪切强度,并使钢管与围岩一体化,由管棚和围岩构成棚架体系。其效果可归纳为:

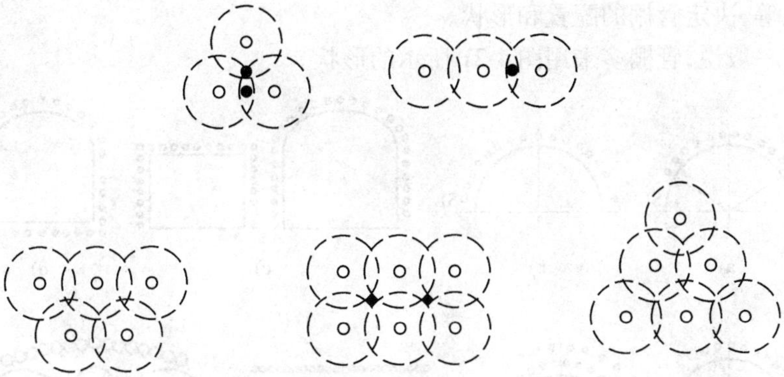

图 4-19　地表垂直锚杆法设计实例

○-压浆孔；●-试验孔（测定强度用）；■-试验孔（透水试验用）

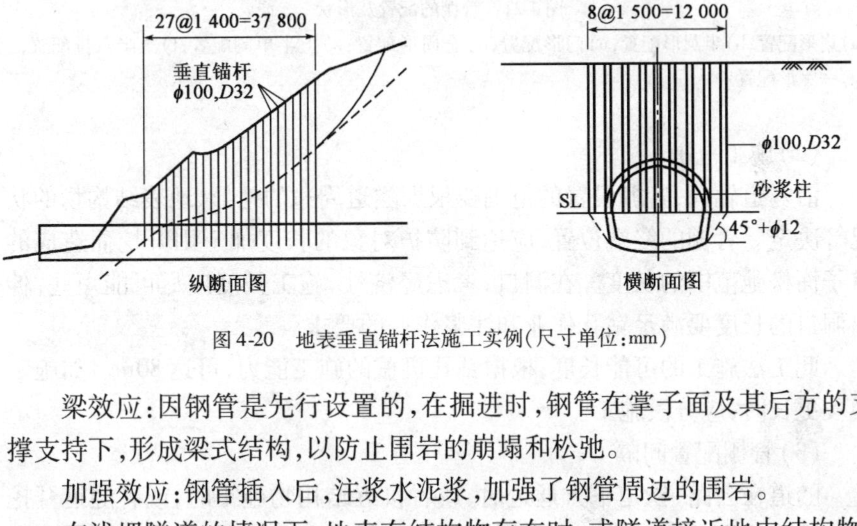

图 4-20　地表垂直锚杆法施工实例（尺寸单位：mm）

梁效应：因钢管是先行设置的，在掘进时，钢管在掌子面及其后方的支撑支持下，形成梁式结构，以防止围岩的崩塌和松弛。

加强效应：钢管插入后，注浆水泥浆，加强了钢管周边的围岩。

在浅埋隧道的情况下，地表有结构物存在时，或隧道接近地中结构物、地下埋设物开挖时，为把隧道开挖的影响限制在最小范围内，要尽量防止围岩的松弛，采用管棚工法是有利的。

在设计中，要充分考虑地质、周边环境、隧道开挖断面、埋深以及开挖方法等，决定管棚的配置、形状、施工范围、管棚间隔及断面等。

（1）管棚的配置和形状

管棚，一般说是沿隧道开挖轮廓外周的一部分或全部，以一定间隔排列而成的棚架体系。但应根据地形、地层的性质及地表或地中结构物的位置关系等,决定管棚的配置和形状。

一般说,管棚多采用图 4-21 所示的形状。

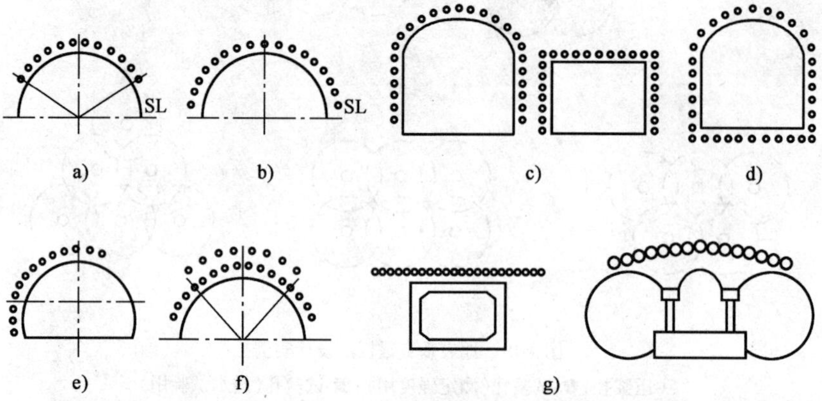

图 4-21 管棚的配置及形状

a)扇形配置;b)半圆形配置;c)门形配置;d)全周形配置;e)上半单侧配置;f)上半双排配置;g)一字形配置

(2)施工范围

沿隧道轴向,管棚设置的范围要根据隧道周边的地形、地表结构物的状况等决定。管棚的终端位置,应达到防护对象的长度加上因开挖而造成的掌子面松弛范围的长度。在洞口,考虑经济性,施工长度应尽可能短些,伸出洞口的长度要满足钻孔作业和注浆作业的要求。

此工法施工的可能长度,根据钻孔机械的施工能力,可达 80m。如施工地段更长时,应分段施工。

(3)管棚配置间隔

隧道在公路、铁道下方通过时,或者接近结构物施工时,或者隧道开挖对周边环境有直接影响时,或者为管棚间土粒能够流出的软弱围岩时,为了能直接承受荷载、防止土粒流出,应选用刚性大的、中直径(165.2 ~216.3mm)或大直径(318.5mm)的、带接头的钢管,如图 4-22 所示。

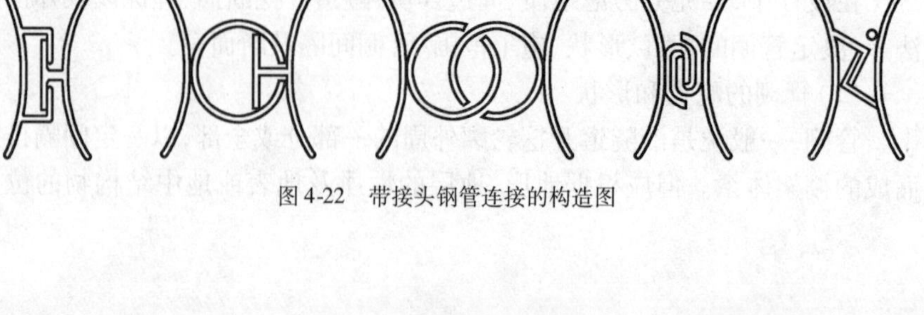

图 4-22 带接头钢管连接的构造图

除上述条件外，多采用较小直径（89.1～139.8mm）的钢管，以一定间隔设置。此时，应注意的是，管棚的支护效果，是因围岩与管棚形成一体使有效断面扩大、土压均匀而形成的。因此，过大的间隔会削弱这些效果。管棚的最小间隔，根据地质条件、施工长度及水平钻孔的弯曲量的精度而定。经验上，钢管间隔多采用管径的2.0～3.5倍。

（4）钢管断面

根据隧道的开挖方法、断面、地质及埋深等条件，设定作用在1根钢管上的荷载，以支撑和前方围岩为支点，按梁模式计算断面力，决定所需的断面性能，选择钢管断面。其计算图示如图4-23所示。

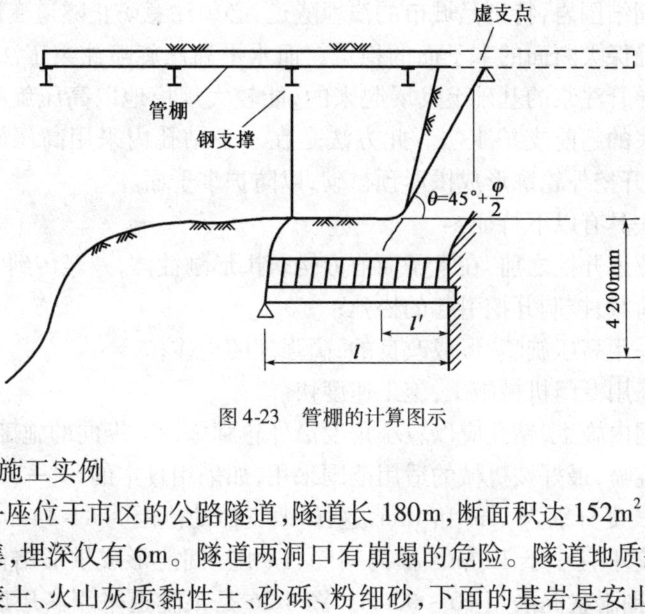

图4-23　管棚的计算图示

（5）施工实例

在一座位于市区的公路隧道，隧道长180m，断面积达152m²，隧道上部房屋密集，埋深仅有6m。隧道两洞口有崩塌的危险。隧道地质条件：从上到下为表土、火山灰质黏性土、砂砾、粉细砂，下面的基岩是安山岩质凝灰岩。隧道是在软弱的火山灰质黏性土、砂砾、粉细砂层中通过的。为此，全洞采用管棚法施工。管棚的配置见图4-24。

施工的管棚，根据过去的施工实例和目前的管棚机械等条件，决定采用直径406.4mm、$t=9.5$mm、间隔650cm的管棚。为保证施工的安全性，在两洞口设置推进基地，每一洞口各施设90m。拱部初期支护采用钢支撑和喷混凝土（厚25cm），钢支撑架设后立即在钢支撑和钢管间打入楔块，并喷射混凝土。钢管管棚的施设精度见图4-25。

3.注浆加固法

（1）水平高压旋喷注浆工法

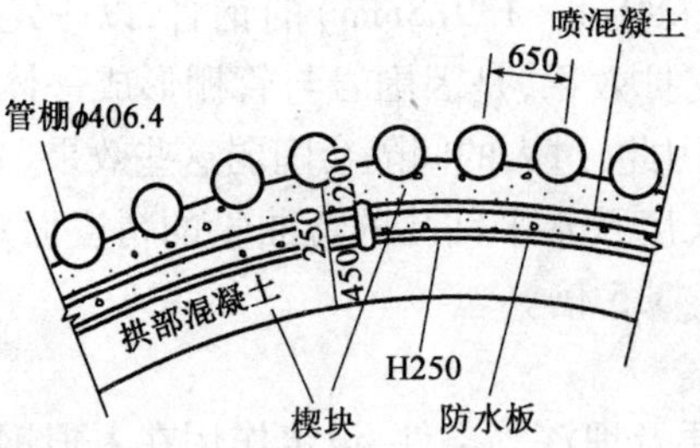

图 4-24　钢管管棚(尺寸单位:mm)

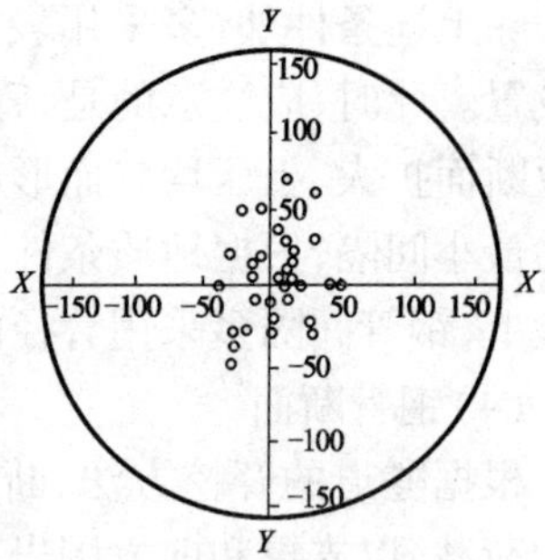

图 4-25　管棚的精度(尺寸单位:mm)

在未固结围岩,特别是城市的浅埋隧道,必须注意防止隧道变形和地表下沉以及确保大断面的掌子面的稳定。而水平高压旋喷注浆工法,是在一般的初期导管注浆的基础上发展起来的,能较大规模地以高压旋喷的方式压注水泥浆的超前支护工法。此方法是在水平钻孔内采用高压旋喷的技术,在隧道开挖外轮廓形成拱形预衬砌,以防护掌子面。

本方法具有以下特征:

①在隧道开挖之前,在掌子面前方构筑拱形刚性体,减轻传到掌子面和支护上的荷载,控制开挖引起的松弛;

②因采用高压旋喷,形成改良的、高强度的土体;

③因采用专门机械施工,施工速度快。

因从洞内施工,钻孔应以较小角度沿外轮廓施设。纵向的施工间隔,因采用高压旋喷,最好按机械的适用范围采用,如采用日本的 SR—11 或 SR—510 时,其长度分别为 11m 和 18m,这样,改良体的范围为 8 ~ 14m。改良体的搭接长度不宜小于 1.0m。横向间隔,以相互间能形成拱形结构体为原则,通常视围岩状况采用 40 ~ 60cm。图 4-26 是某隧道采用高压旋喷注浆工法的施工实例。该隧道是在砂层中通过的,埋深为 7 ~ 15m 不等。在隧道拱部形成约 60°的拱形预衬砌。具体施工情况见表 4-3。

施工规格和配比　　表 4-3

项　目	规　格	配　比	
喷嘴	1.8mm × 2	水泥	760kg
喷射压力	40MPa	超高压用流化剂	12kg
喷射量	310 ~ 340L/m	水	750L

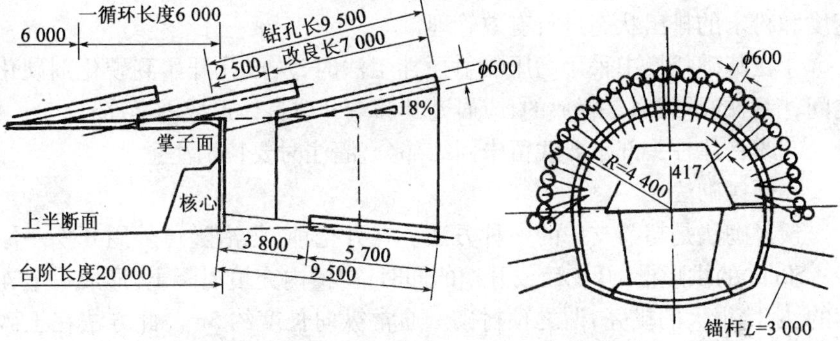

图 4-26 高压旋喷注浆工法(尺寸单位:mm)

采用水平喷射法进行超前加固地层,成桩直径 650 ~ 700mm,间距 600mm,超前长度 12.5m,如图 4-27 所示。

(2)高压喷射搅拌工法

高压喷射搅拌工法是采用高压喷流切削围岩,将开挖的土砂和硬化剂置换或混合搅拌,在计划范围内形成圆柱形的改良体的方法。通常与注浆法的目的一样,但更宜用于有较大的强度和止水性的场合。

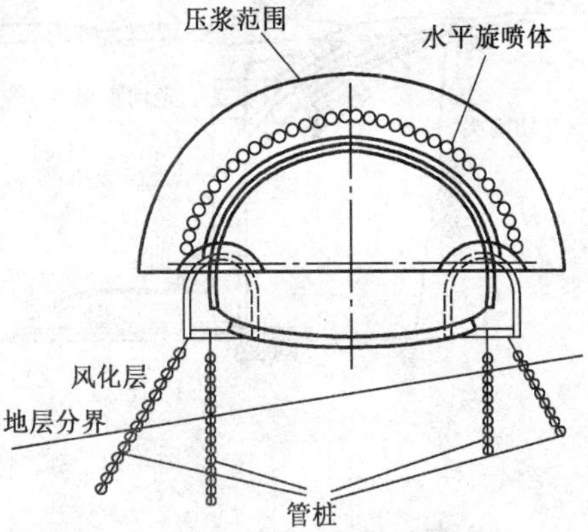

图 4-27 水平喷射法

高压喷射搅拌工法有只用超高压水和超高压硬化剂切削围岩的方法和与空气并用的方法。用高压空气的方法有采用空气和超高压硬化剂切削和高压充填的双重管法,以及采用超高压水和高压空气切削围岩,切削部用硬化剂高压充填的三重管的方法。

高压喷射搅拌工法,只要进行合理的施工管理,就是一个可靠性很高的工法。但在实施中应注意以下事项:

①改良体的直径与地层和杆的拔出速度有关,因此,在互层地层中要注意改良体的直径和杆的配置;

②在砂砾及硬质黏性土中,柱体的形成困难,多数场合不能确保有效直径,应加以注意;

③粉末的排出不通畅，会引起地层鼓起和粉末流入埋设物等，应对成形速度和粉末的排出状态进行有效管理；

④在基础托换中采用高压喷射搅拌工法时，从成孔开始到硬化剂硬化之间，围岩的承载力是释放的，应研究其弊端和改良体形成的顺序；

⑤改良体柱头部不要残留未固结部分，灌注时要特别注意。

4. 预衬砌法

预衬砌法是超前支护的一种方法。在开挖前，先沿隧道外周开挖一厚20～50cm的拱形槽，开挖后或开挖的同时，向槽内充填混凝土，形成一个连续的、刚性很大的拱壳，谓之预衬砌。通常纵向长度约5m。此方法在土砂等围岩强度极低的地层、埋深小需要控制地表下沉的场合以及接近重要结构物的场合采用是极为有效的。拱形槽的开挖要采用专用的链式切削机(图4-28)或多轴钻机(图4-29)进行。

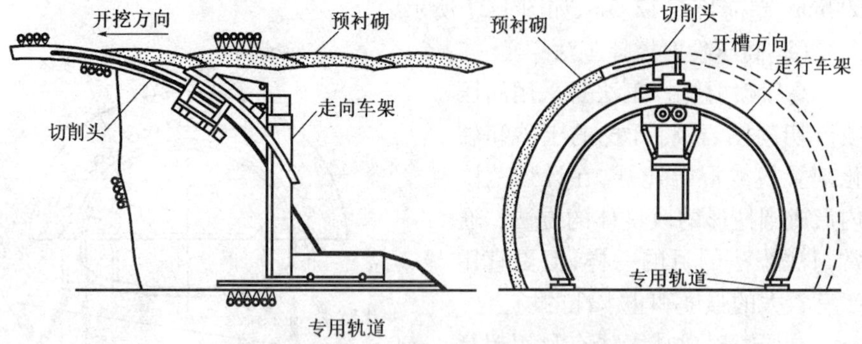

图4-28 链式切削机开挖

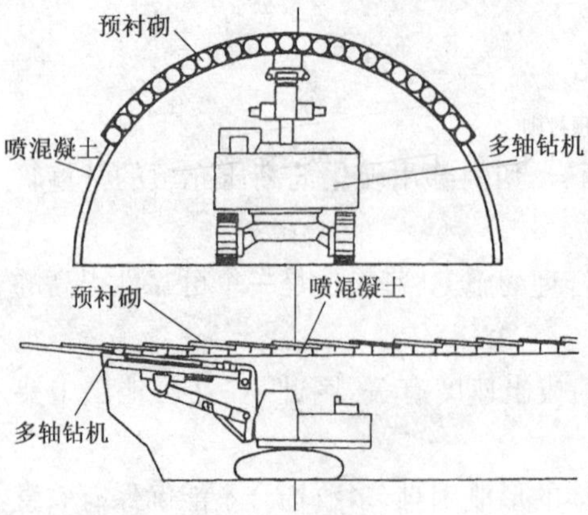

图4-29 多轴钻机开挖

实例一 高岩隧道

高岩隧道埋深小，而且是未固结的洪积层，因此，在洞口205m范围内采用了预衬砌法。其施工概况示于图4-30。

施工步骤如下：

用多轴钻孔机进行开槽，形成厚约17cm、宽81cm、长4m的槽口，钻孔后压水泥砂浆形成砂浆壳(图4-31)。此法预计每月施工35m。水泥砂浆的28d抗压强度约50MPa。

实例二 日本胜田台隧道

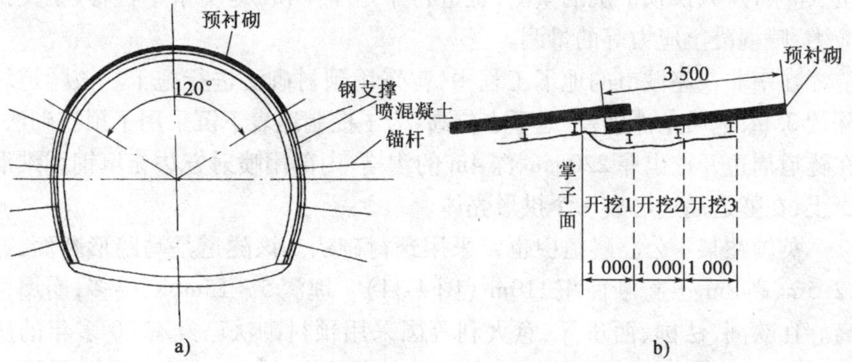

图4-30 高岩隧道预衬砌施工(尺寸单位:mm)
a)横断面;b)纵断面

日本胜田台隧道(长615m)在中间一段长153m采用了开槽法的预衬砌方法。采用的理由是:接近周边的居住地;埋深小,只有4~7m;地质是砂层和洪积黏土层,防止施工时地层松弛,提高掌子面稳定性,控制地表下沉。

隧道开挖前,用专门的多轴钻机、压浆机,在隧道上部120°范围内构筑厚17cm、宽81cm、长4m的拱壳,形成预衬砌。其施工概况示于图4-32。

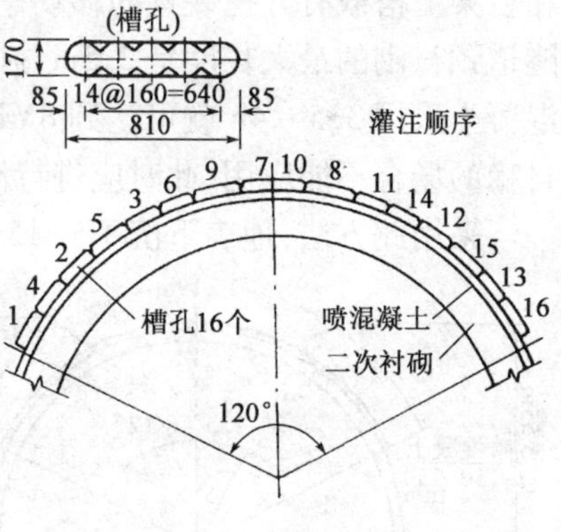

图4-31 衬砌施工示意图(尺寸单位:mm)

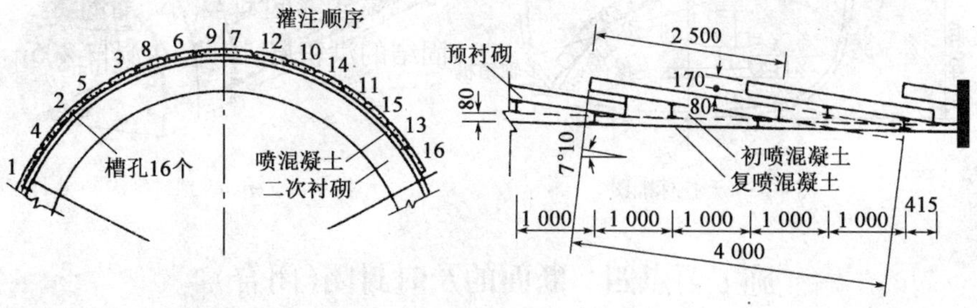

图4-32 施工概况(尺寸单位:mm)

为了确保尽可能大的作业空间,提高施工性,采用短台阶法机械开挖。开挖的标准断面示于图4-33。

初期支护采用钢支撑和喷混凝土。

为了掌握围岩的稳定性、支护效果及其对周边的影响，进行了地表下沉、净空位移、拱顶下沉的量测，也进行了地中下沉、地中水平位移、钢支撑应力、喷混凝土应力等的量测。

在南非一座城市的地下工程中，曾采用预衬砌法进行施工。该隧道埋深约35m，地质条件极差，地下水位高，为了控制地表下沉采用了预衬砌法。在隧道周边开挖出厚220mm、深4m的沟槽，内部用喷射方法充填钢纤维混凝土，在隧道周边形成一个拱形壳体。

英国在某一公路隧道中也曾采用预衬砌法。该隧道是马蹄形断面，宽12.5m、高8m、开挖断面积110m²（图4-34）。埋深5～15m，断层多，崩塌性高。在欧洲，法国、西班牙、意大利等国采用预衬砌法已经有20多年的历史，其中采用最多的是对作业人员安全性最高的Perforex法。该法是用模筑混凝土形成一次衬砌，以确保作业人员的安全。施工方法是用两台台架，在台架上搭载有开挖装置的移动平台，进行开挖沟槽而后注浆混凝土。本隧道预衬砌的最大长度是2.5m、衬砌厚度是20cm，一次施工的周长是5m。混凝土采用3.5～4h就可达到8MPa强度的混凝土。这种方法在沟槽不能自稳的场合不能应用，此时应进行注浆。

采用此方法，地表下沉不到15mm。

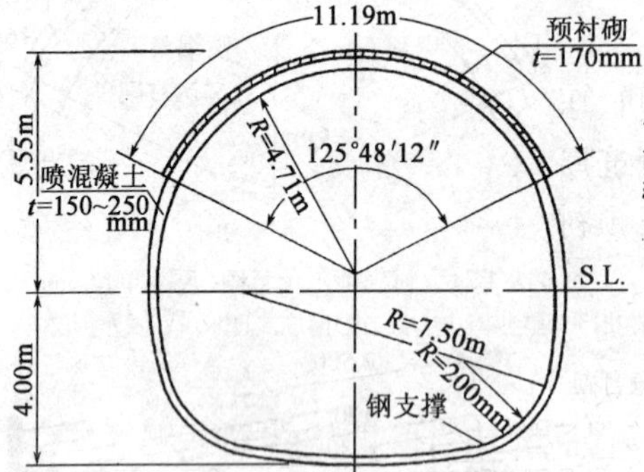

图4-33　开挖标准图

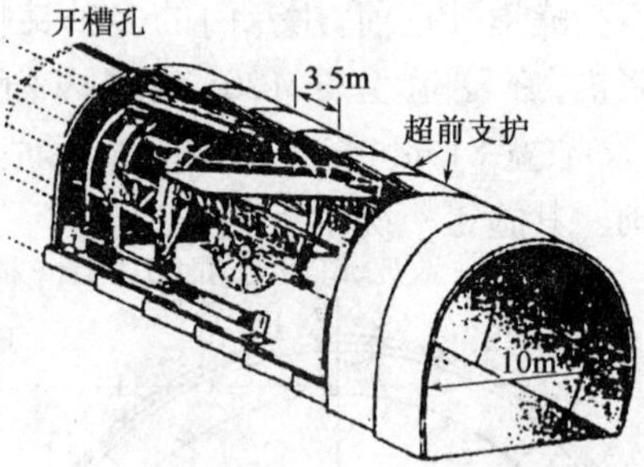

图4-34　Perforex预衬砌法

施工要点四　断面的及时封闭（闭合）

在软弱围岩中，断面及时闭合是成功的关键，许多工程实践都充分地证实了这一点。

在任何情况下，使隧道断面能在较短时间内闭合都是极为重要的。在岩石隧道中，因围岩的结构作用，能够“自封闭”；而在软弱、土砂围岩中，则必须改变“重视上部支护、忽视断面闭合”的做法。

断面及时封闭的方法视施工方法而异。下面分别加以说明。

1. 临时仰拱

在台阶法中，常常采用修筑临时仰拱的方法，如图 4-35 所示。

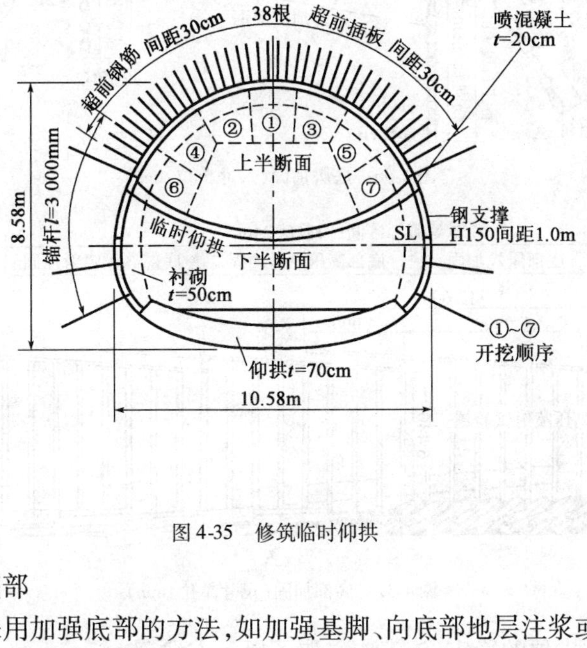

图 4-35　修筑临时仰拱

2. 加强底部

也可以采用加强底部的方法，如加强基脚、向底部地层注浆或设置底部锚杆等。

为了控制上部断面的下沉，并确保底脚处的承载力，设置了钢管桩，如图 4-36 所示。其最大轴力是 800kN。

也可以用高压喷射搅拌方法加固掌子面前方的地层和底脚的地层，如图 4-37 和图 4-38 所示。

图 4-39 所示为日本长滨隧道采用留核心土、临时仰拱及底部加强的做法。

该隧道是一座扁平的大断面隧道（开挖断面积 $132m^2$，扁平率 0.61）。地质条件：未固结的砂层和泥岩互层，地下水位在隧道拱顶上方。为了确保

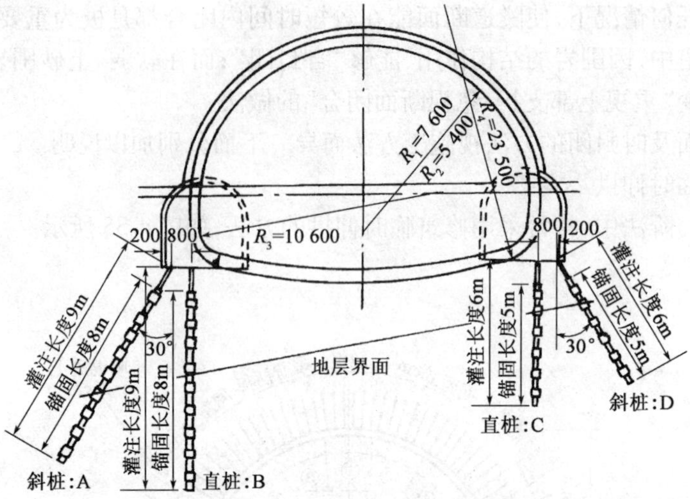

图 4-36　底脚加固(尺寸单位:mm)

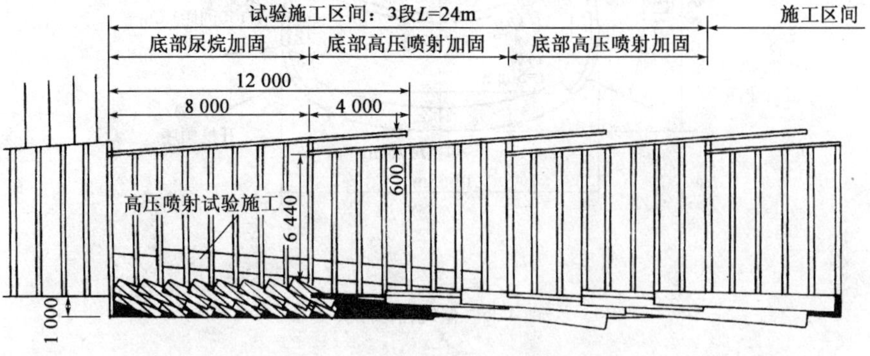

图 4-37　底部加固(尺寸单位:mm)

施工安全和拱顶的稳定,施工中采取了以下方法:

(1)止水方法:如图 4-40 所示,在隧道上部通过注浆形成一个厚 3m 的止水带。注浆后渗透系数从 10^{-3}cm/s 减小到 10^{-6}cm/s。

(2)超前支护:采用水平喷射法进行超前加固地层。成桩直径约 650 ~ 700mm,间距 600mm,超前长度 12.5m。

这里介绍的工程实例都是软弱地层的加固方法,也是提高围岩自身支护能力的主要方法。在这些方法中一个重要的经验就是要尽可能地采用适合施工需要的施工机械,大力提高施工的机械化水平。其次就是不要存在侥幸心理,总想能够对付过去就行了,结果是得不偿失。

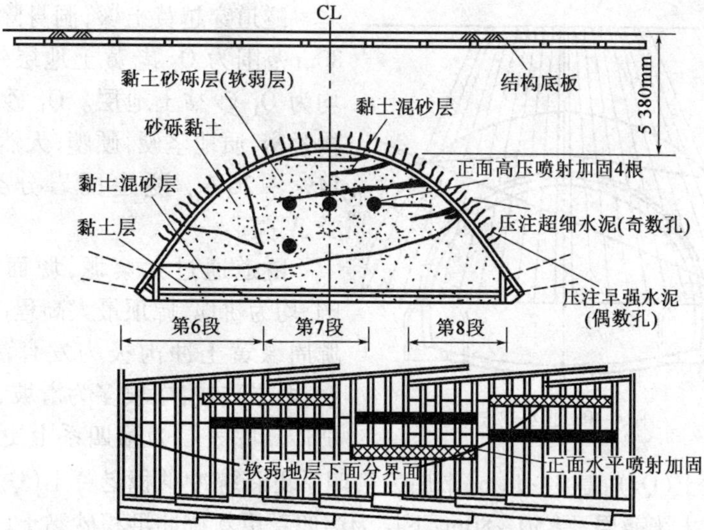

图 4-38 掌子面前方加固

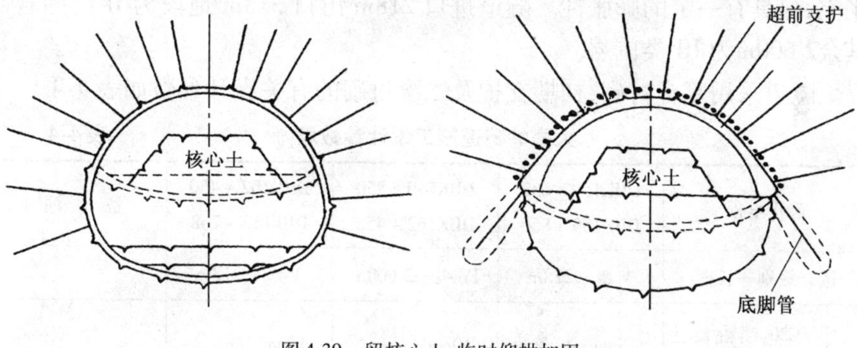

图 4-39 留核心土、临时仰拱加固

3. 改变施工方法

如将全断面法改为超短台阶法，或将 CD 法改为 CRD 法等，也可以大大缩短断面封闭时间。

实例一 全断面法 + 超短台阶法

日本把它称为带有辅助台阶的全断面法，即保持 3m 左右的台阶，上下断面同时开挖的方法。我国宝中线上的大寨岭隧道的施工方法与此类似。

大寨岭隧道全长 3 136m，最大埋深约 170m。隧道穿越大寨黄土塬，进口位于洞沟旁居民的窑洞下面，出口位于三岔沟右岸两条冲沟交汇处的小土墚下。

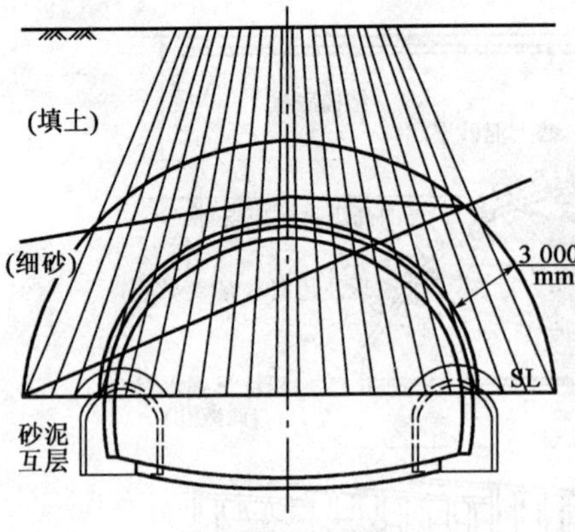

图 4-40 止水方法

隧道穿越黄土梁，洞身除出口约 80m 范围为 Q_2 老黄土地层外，其余均为 Q_1 砂黏土地层。Q_1 砂黏土结构紧密，质地坚硬，硬塑，天然含水率 14% ~ 26%。隧道围岩分类为 IV 类、V 类。

隧道通过大寨塬，塬面平坦开阔，均为耕地，塬顶最大高程1 540m，塬周缘黄土冲沟极为发育，沟床狭窄，两岸陡峻，岸坡多为滑坡、错落崩坍体。塬表层为第四系上更新统风积新黄土（Q_1），厚 3 ~ 11m；中层为第四系更新统冲洪积老黄土（Q_2），中央数层古土壤薄层，厚 50 ~ 80m；下层为第四系更新统冲洪积砂黏土（Q_1），含砂砾石，结构紧密，土质较均匀，节理发育，液限为 29.1% ~ 35.7%，属非膨胀土，但具有一定的膨胀性。隧道进口 218m 出口 318m 地段为 II 类围岩，其余2 600m为 III 类围岩。

隧道采用复合衬砌，初期支护及二次衬砌的有关设计参数如表 4-4。

大寨岭隧道施工设计参数表 表 4-4

起止里程		DIIK159 + 632 DIIK159 + 850	DIIK159 + 850 DIIK162 + 450	DIIK162 + 450 DIIk162 + 768	备 注
围岩级别—长度		V 级—218m	IV 级—2 600m	V 级—318m	
初期支护	C20 喷混凝土厚度	15cm	10cm	15cm	
	$\phi6 \times \phi6$（环 × 纵）钢筋网	拱墙设	拱墙设	拱墙设	网格 20cm × 20cm
	$\phi22$ 锚杆	$L = 2.5$m 100cm × 80cm （环 × 纵）	$L = 2.0$m 120cm × 100cm （环 × 纵）	$L = 2.5$m 100cm × 80cm （环 × 纵）	系统锚杆 V 级 24.4 根/m IV 级 16.5 根/m
二次衬砌	拱墙 C20 混凝土厚度	35cm	30cm	35cm	
	仰拱 C15 混凝土厚度	40cm	35cm	40cm	
	仰拱 C20 混凝土厚度	（长 63m）40cm	无	（长 18m）40cm	
预留变形量		10cm	7cm	10cm	

(1)概况

本隧道进、出口分别于1990年12月20日及25日开工。进口位于当地居民窑洞下,窑洞室内地坪距洞顶开挖线仅2.5m,进深27m处,洞顶埋深20m;出口位于岔沟(流水沟)交汇处土坡上,洞顶埋深8.0m,进深30m处埋深18.0m。两口进洞段均属浅埋地段。

(2)隧道开挖及支护情况

施工时先对洞顶2倍洞径范围设地表预加固锚杆,锚杆长$L=3.5$m,间距1.0m×1.0m,交错排列。洞门仰坡刷至起拱线后,沿洞体开挖线外0.2m设双层水平超前锚杆,长3.5m,锚杆尾端用环筋联结成支撑构架,按先拱后墙法完成了洞口段的施工。洞身地段按短台阶法施工,上台阶用风镐开挖,架子车运土倒在下台阶,下台阶以0.6m^3 电动反铲(WY60A)挖装,配合3m^3 梭矿有轨运输,自制构件衬砌台车进行二次衬砌,每12h完成一个开挖、出渣、喷锚、仰拱开挖灌注作业循环,每天基本完成两个循环。施工作业程序如图4-41所示。

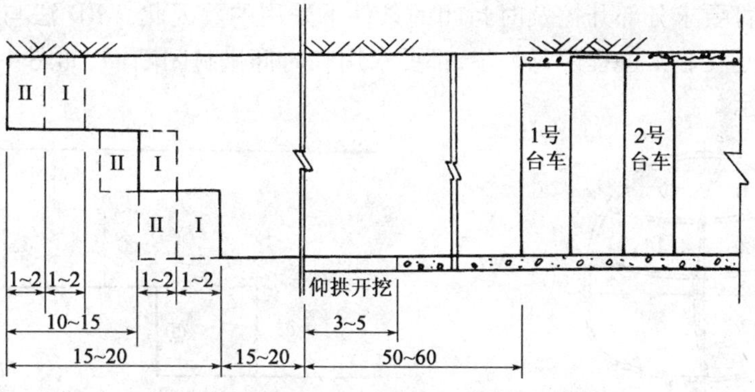

图4-41 隧道施工作业程序图(尺寸单位:m)

(3)监控量测

施工中按照设计要求进行了支护状态观察和地表下沉、拱顶下沉、周边收敛及围岩内部位移五项监控量测。

隧道施工开始后,根据施工量测得到的数据进行分析,判断施工设计的初期支护参数不能满足抑制围岩变形的要求。围岩与初期支护变形无稳定趋势,经多次研究,对初期支护进行了多次修改与调整。如隧道进口段的V级围岩地段初期支护参数,调整为预留变形量100mm,锚杆长由2.0m改为2.5m,间距由1.2m×1.0m改为1.0m×1.0m(环×纵),喷层厚度改为15cm,增设格栅等,并采用硫铝酸盐早强水泥进行初喷与早强锚固药卷施作锚杆等加强措施，以增强初期支护的刚度，抑制围岩与初期支护变形，使之向稳定的趋势发展。但这些措施实施后均未获得明显效果，说明经过调整后的支护参数仍然没有达到抑制围岩变形的要求。

通过对大寨岭隧道施工量测资料分析，隧道开挖后变形速率较大，开挖5d后的变形率大于5mm/d时，很难获得收敛的变形曲线，施工中再不采取措施必将引起围岩的失稳甚至塌方。因为土质隧道在开挖后的极短时间里变形很快，要求量测点的布设和初始读数尽可能早地进行。由于土质隧道不需要爆破，用机械和人工开挖，可在一次开挖循环之后即安装测点和测初始读数，时间控制在12h或更短的时间内，将断面及时封闭。

实例二　CD法与CRD法

CD法是“Center Diaphragm”的简称，而CRD法则是“Cross Diaphragm”的简称，两者既有联系又有区别。它们都用于比较软弱地层中而且是大断面隧道的场合。而前者是在用钢支撑和喷混凝土的隔壁分割开进行开挖的方法。后者则是用隔壁和仰拱把断面上下、左右分割进行开挖的方法，是在地质条件要求分部开挖及时封闭的条件下采用的。因此，CRD法与CD法的区别是在施工过程中每一步，都要求用临时仰拱封闭断面，如图4-42、图4-43所示。

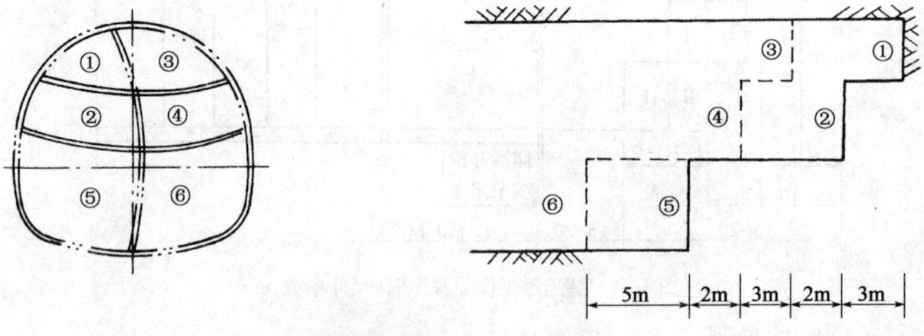

图4-42　CRD法施工示意图

注：①、②……表示开挖顺序。

下面以日本某公路隧道为例，说明CRD法的应用。

望洋台隧道是长401m的双车道公路隧道。围岩是软弱的土砂，埋深很小，隧道进口位于滑坡地形。为了控制滑坡，采用了抗滑桩和集水井。

开挖隧道时，为确保掌子面的稳定，采用了CRD法。同时进行了大范围的实地量测，一边确认隧道和周边围岩的稳定，一边进行控制变形和拆除中壁的作业，整个工程安全地建成。

该隧道埋深最大为1.2D（D为隧道开挖宽度，约15m）。整个隧道以未固结的土砂为主。围岩的N值在15左右，变形系数为70MPa左右。距隧道进口170m范围内，显著地受滑坡的影响。

影响开挖方法确定的技术问题是：

·进口有诱发滑坡的可能；

·埋深小，变形系数仅在70MPa左右，如何保证掌子面稳定是极为重要的；

·隧道的断面形状扁平、断面面积大。

采用短台阶法很难确保掌子面的稳定，因此对控制变形效果好的CRD法和短台阶法进行了比选。比选时采用了弹塑性有限元法进行解析，其结果列于表4-5。

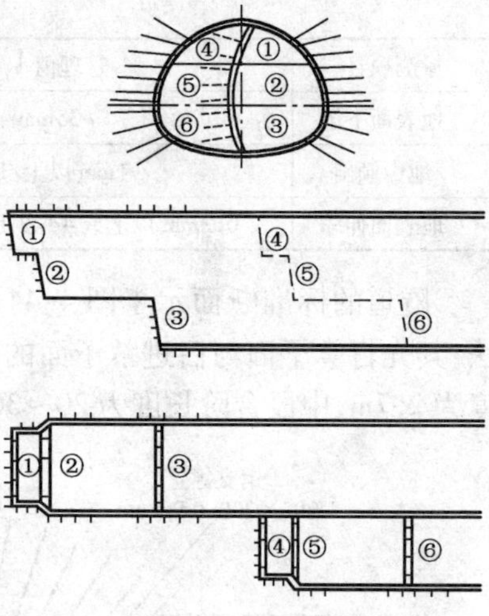

图4-43　CD法施工示意图

注：①、②……表示施工顺序。

有限元解析结果（位移单位：cm）　　表4-5

施工方法	断面划分	拱顶处	上部45°处
CRD法	分6部	19	13
	分4部	24	17
短台阶法	采用辅助工法	37	30
	没有采用辅助工法	41	34

解析结果表明：短台阶法尽管采用了刚性很大的辅助工法，但因为断面大，控制位移的效果不好。而分部尺寸小的CRD法对控制变形是比较有利的，因此决定采用CRD法。断面分为4部时，围岩位移是24cm；而分为6部时，位移在20cm以下。同时决定开挖从右侧的右半断面开始。

量测分为隧道断面稳定性、支护构件稳定性和周边围岩稳定性三大项目。采用自动量测系统，对数据进行集中管理。量测管理基准值是从解析值中扣除先行位移40%后，按50%、75%、100%设定的，如表4-6所示。

量测管理基准值　　表4-6

量测项目	管理值1	管理值2	管理值3
拱顶下沉	30mm	45mm	60mm
净空位移	9mm	14mm	18mm

续上表

量测项目	管理值 1	管理值 2	管理值 3
地表面下沉	35mm	53mm	70mm
地中倾斜	1mm 以上/10d	5mm 以上/5d	50mm 以上/5d
地表面伸缩	0.2mm 以上或 4d 以上连续的场合	1mm 以上/d	10mm 以上/d

隧道的标准断面示于图 4-44,工法概要示于图 4-45。6 分部的 CRD 法,其先行掌子面与后进掌子面的距离约隔 40m,同时并进,上段的台阶长度为 2.7m,中段台阶长度为 20 ~ 30m。上、中段和下段交互并进开挖。

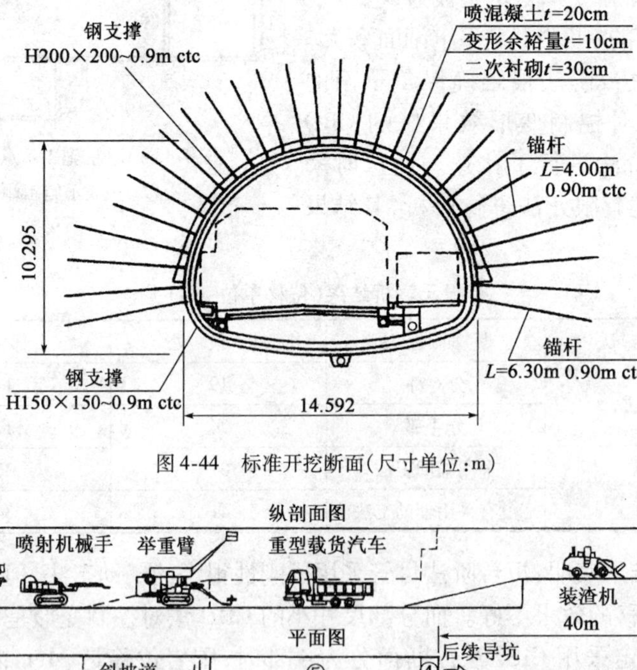

图 4-44 标准开挖断面(尺寸单位:m)

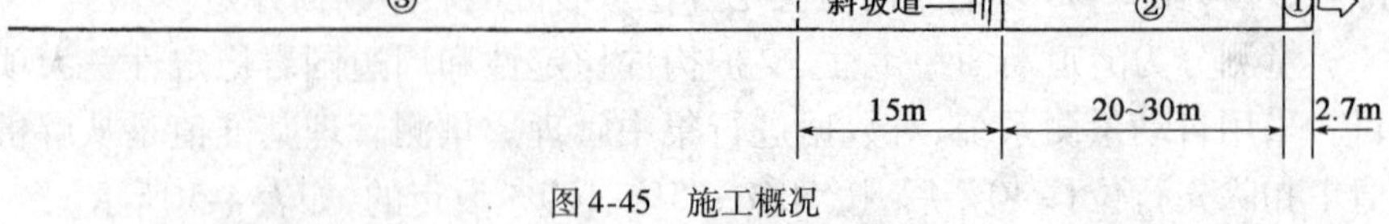

图 4-45 施工概况

上、中段开挖时,为了分散应力,都要施设厚 10cm 的临时喷射混凝土仰拱。中段支撑采取扩大拱脚的形式,以提高承载力。下段配置横撑,整个开挖完成后,支撑应形成封闭环。

掌子面的辅助工法是在拱顶及拱部采用注浆锚杆、正面采用喷混凝土。

开挖在达到 112m 时，围岩如出现以下动态，开挖暂时停止：

· 先行掌子面的正上方的地表面出现开裂，开裂发生在隧道的横断方向，最大开口宽度约 3mm；

· 附近设置的地中倾斜计，记录到累计位移约 6mm；

· 掌子面附近的抗滑桩的应力计出现弯矩增加的现象；

· 地表面下沉的速度增大(6mm/d)。

根据量测结果，主要实施了控制掌子面前方位移、后方位移、拱脚下沉和强化观测等四个方面的工作。对策的内容列于表 4-7。

位 移 控 制 对 策　　　　表 4-7

对策项目	对　策	对 策 内 容	概　要
前方对策	改变顶部锚杆长度	对前方的松弛，把长 3m 的顶部锚杆改为 4m，来抑制松弛	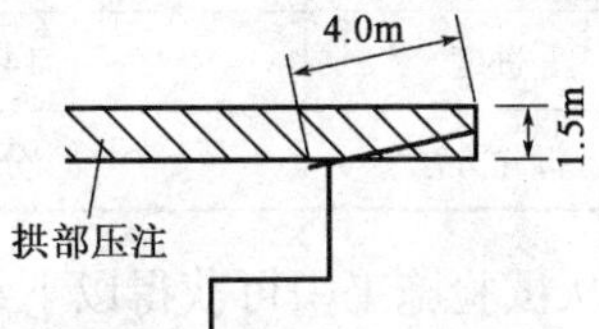
后方对策	注浆	为控制支撑下沉引起的围岩松弛，对顶部注浆带以外 1.5m 进行围岩加固	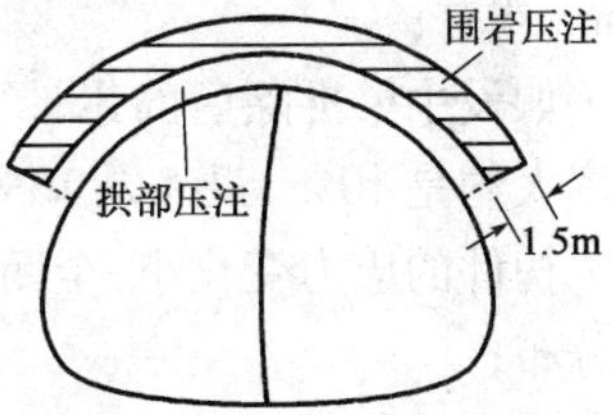
强化拱脚	上段拱脚设置临时支撑托梁	为控制上段施工的支撑下沉，变更了上段分部的形状和尺寸，在底脚设置临时托梁	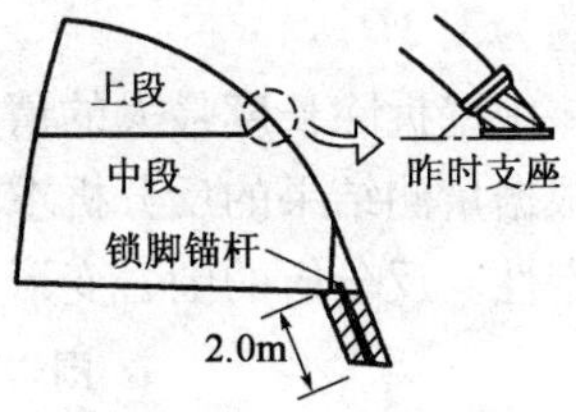
	中段拱脚打自进式锚杆	对中段支撑的下沉，为增加地层的承载力，进行注浆加固	
强化观测	增设量测设备	增加地表下沉测点及伸缩计	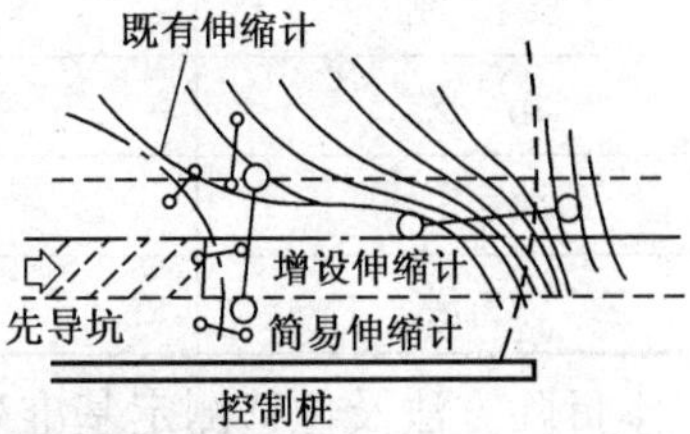

在CRD法或CD法中,一个关键问题是拆除中壁。一般说,中壁拆除时间应在全断面闭合后,各断面的位移充分稳定后,才能拆除。

为了确认拆除前后的情况,进行了中壁拆除的试验施工(2次)。其概要示于表4-8。

试验施工概要 表4-8

项目	第一次	第二次
拆除地点	滑坡地点(变形稳定地点)	滑坡地点外(最大埋深处)
埋深	$H=6$m	$H=18$m
拆除长度	$L=14.4$m	$L=25.2$m
使用机械	1 300kg级反铲	1 300kg级反铲
进度	14.4m/5d	25.2m/3d
拆除方法	分块拆除	连续拆除

从试验施工中可获得以下结论:

·断面的位移从拱顶到拱部大都是下沉的趋势,变化缓慢,下沉值最大是5mm左右;

·如设中壁拆除后的累计下沉值为100%,则拆除前后产生的下沉值的比率大约是10%,最大是13%;

·构件的应力变化小,全闭合时的中壁应力大,拆除时应力向拱部周边重新分布;

·中壁拆除后对隧道的纵向变形影响很小,拆除前后变化1mm左右的范围约为$1.3D$;

·中壁拆除长度最大的情况是10m/d,没有观测到异常的位移。

根据量测结果的反分析求出围岩的变形系数,再进行正分析评价隧道的稳定性。反分析的围岩变形系数列于表4-9。

围岩变形系数比较(MPa) 表4-9

层别	地质调查结果	反分析结果
第一层	70	79
第二层	230	262
第三层	400	456

本拆除方法及位移测定基准列于表4-10。

量测管理基准　表 4-10

下沉比率基准（%）	基准 1 13%		基准 2 24%
体制	通常体制	注意体制	非常体制
对策	按拆除计划继续拆除	增加量测频率，确认增加停止后继续拆除	暂时停止拆除，采取相应措施

中壁拆除过程的量测结果列于表 4-11。

中壁拆除的量测结果　表 4-11

埋深	1*D* 以下		1*D* 以上	
注浆	无	有	无	无
滑坡地点	有	有	无	无
区间长度（m）	110	45	120	96
量测断面数	10	6	12	8
累计拱顶下沉值（mm）	51.3	49.7	21.2	17.4
拆除平均下沉值（mm）	5.0	3.4	1.9	1.9
拆除平均下沉率（%）	10.4	7.1	10.9	10.8

注：*D*-隧道开挖宽度（m）。

CD 和 CRD 法中的关键技术是中壁的拆除工艺。在上面的施工示例中已经作了说明。

在中壁拆除作业的施工管理中，最重要的问题是判定中壁拆除时间和中壁拆除后的安全性。一般，在隧道施工中维护断面的稳定基本上是通过拱顶下沉和净空收敛来判定的。因此，在中壁法中，中壁拆除时间的确定和作业的安全性基准，也是以这种方法为依据的。

（1）基准值

提出衬砌施工阶段的位移收敛，大致是“1 周的位移增量在 1mm 以下”，因此在拆除中壁时一般也要参考这个基准，基于实测数据决定管理基准。考虑前后台阶的进度，以拱顶下沉 7d 内的增量在 2mm 以下作为拆除中壁的基准。即

拱顶下沉量：7d 的增量小于 2mm；

净空收敛值：7d 增量小于 4mm（拱顶下沉的 2 倍）。

（2）安全性问题

根据计算，中壁拆除后的下沉增量是 12mm，因此决定以拱顶下沉的增量 12mm 作为管理水平 II，并提出表 4-12 的中壁拆除的管理基准。

中壁拆除的管理基准　　表4-12

管理水平	管理阶段	中壁拆除中(mm)	中壁拆除后(mm)
I	安全	3	6
II	注意	6	12
III	危险	12	24

施工要点五　控制拱脚下沉的技术

工程实践证实,在不良地质条件下隧道开挖时,如何控制拱脚下沉已成为施工中不可忽视的问题。例如大断面黄土隧道施工中出现的“整体下沉”现象就是一例。

一般说,在不良围岩中,初期支护的拱脚,因围岩的承载力和刚性不足,支护的脚部会出现下沉现象。与下沉的同时,松弛区域也会随之扩大,也会引起拱顶附近的作用荷载的增加以及周边围岩出现大变形,而使围岩稳定性显著降低。对此,以稳定初期支护脚部周边围岩为目的对策——脚部补强技术,近年获得了很大的发展。归纳起来,脚部补强对策如图4-46所示,分为上半断面脚部补强和增加脚部承载力的补强两大类。

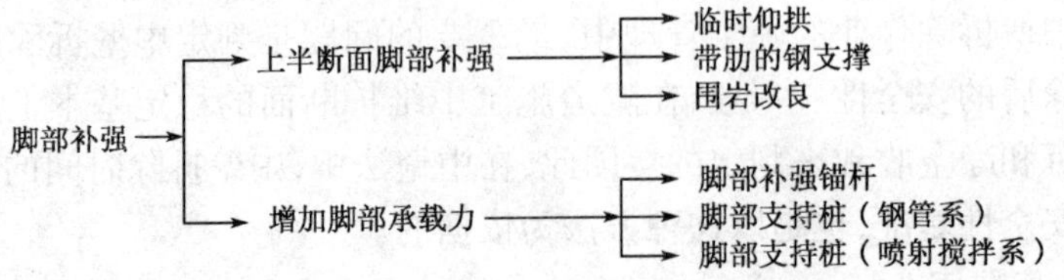

图4-46　脚部补强的分类

1. 上半断面脚部补强

(1)临时仰拱

临时仰拱是以开挖过程拆除为前提的,在上半断面和侧导坑等的底部设置作为支护构件的仰拱。临时仰拱是在地表面下沉大、围岩承载力不足的场合和净空位移大、位移速度增加的膨胀性围岩中采用的工法。临时仰拱是能够形成早期闭合的壳体构造、管状构造,抵制了拱顶下沉、净空位移,作为隧道构造能够获得暂时稳定的工法。

此工法,能够根据量测结果进行掌子面施工,具有比较好的效果,但上半断面的临时仰拱，在下半断面施工时要拆除，很费事，作业效率也低。此外，拆除临时仰拱时会产生很大变形，事前要仔细进行研究。

图4-47所示为在掌子面附近的上半断面的底部喷射混凝土使断面早期闭合的方法。本工法有在上半断面设临时仰拱和在辅助台阶的全断面法中在仰拱部喷射混凝土早期闭合的方法。仰拱部，根据情况可与钢支撑或横撑并用。

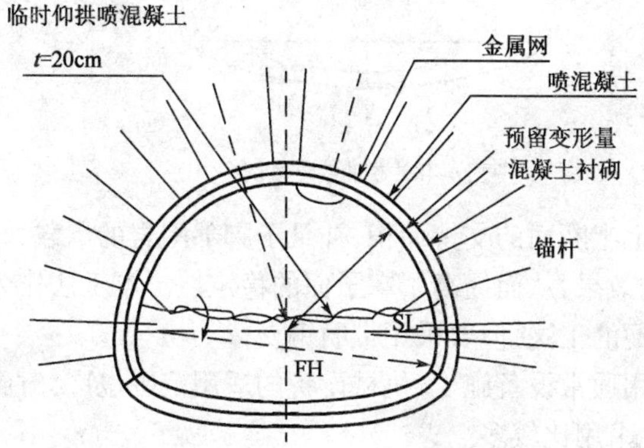

图4-47　临时仰拱例

分割隧道断面使之早期闭合，防止下沉和变形，由此产生的抑制松弛的效果，提高了拱顶、掌子面的稳定性。其次，也有防止因涌水造成的作业地面的泥泞和脚部围岩的劣化的效果。早期闭合的效果是很好的。为使应力传递良好，仰拱应具有适当的曲率。

本工法用通常设备可以施工，是比较简便的工法，机械设备的适用范围也广，采用比较多。但是，掌子面的开挖、喷射作业和下半断面开挖时的上半断面临时仰拱拆除等，对施工循环时间有影响。

临时仰拱是以开挖过程拆除为前提的，多在上半断面和侧壁导坑等底部设置支护构件。临时仰拱多在地表面下沉大、围岩承载力不足的场合和净空位移速度大的膨胀性围岩中采用。临时仰拱因能够早期闭合形成壳体构造，可以作为抑制隧道净空位移的暂时的构造而发挥作用。

在膨胀性围岩中，施作临时仰拱能够把净空位移速度降低1/3～1/5。

(2)扩大脚部的方法

为扩大上半断面钢支撑脚部的支持面积，可采用带肋钢支撑和加厚脚部喷混凝土的方法。图4-48是带肋钢支撑例。带肋钢支撑有底部水平(类型1)和具有角度(类型2)的两种类型。

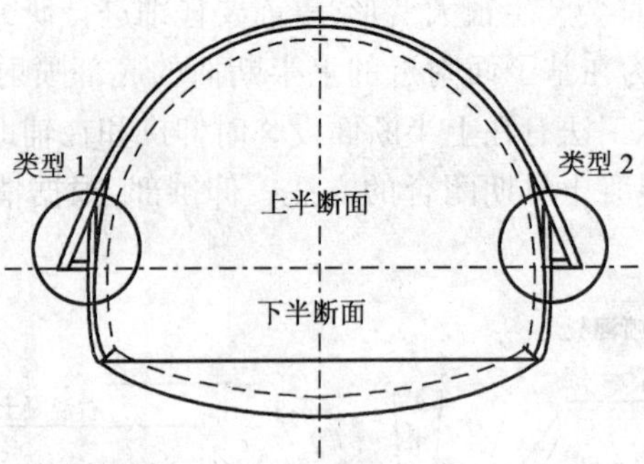

图 4-48 带肋钢支撑例

由于扩大了上半断面的支持面积,补足了脚部围岩的承载力,具有防止下、沉抑制松弛的效果,从而提高了掌子面的稳定性。本工法作为脚部稳定对策是一个很简便的工法,但要采用带肋钢支撑。

本工法因可用通常设备施工,机械设备的适用范围也广,对施工循环时间影响也小,因此采用比较多。

支护脚部扩宽也可采用脚部喷射补强混凝土的方法,除扩大支持面积外,还在纵向形成一个连续的梁,如图 4-49 所示。

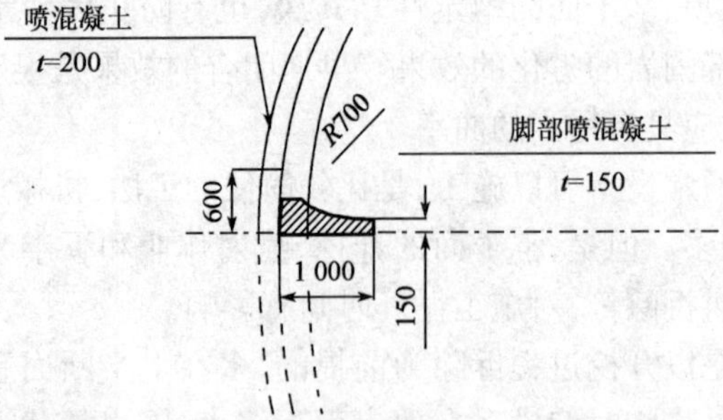

图 4-49 用喷混凝土加固脚部的详图(尺寸单位:mm)

脚部补强混凝土,是在上半断面脚部以 1m 左右的宽度,连续喷射混凝土,扩大支持面积,在抑制直接下沉的同时,也具有隧道纵向梁的效果。该方法也可以用于洞内脚部下沉大的应急对策。

2. 增加脚部承载力

增加脚部承载力工法有向支护脚部围岩注浆、设置锚杆和桩等补强以及防止下半断面开挖时围岩崩塌等。其分类示于表 4-13。

增加脚部承载力工法分类　　表 4-13

项目	围岩注浆	脚部补强锚杆	支持桩(1)围岩改良＋围岩补强	支持桩(2)摩擦桩	支持桩(3)置换桩
概况图	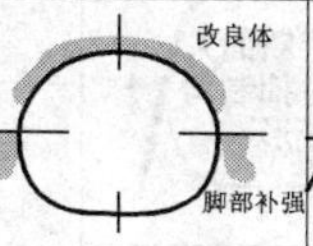	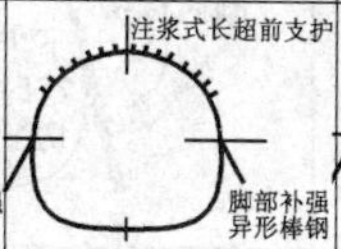	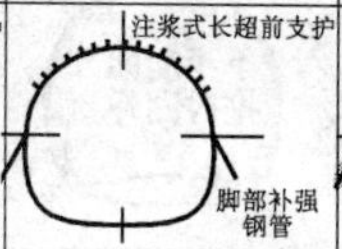	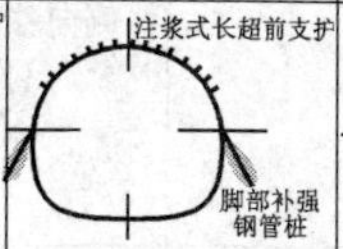	
工法	在钢支撑脚部打注浆管，压注注浆材料，形成补强带。由于充填围岩空隙、固结、增加强度，而使围岩稳定和增加承载力	打设全长胶结型锚杆补强围岩，注浆增加围岩强度，而使围岩稳定，增加承载力	用通用机在钢支撑脚部围岩打设钢管并注浆，提高围岩强度和承载力，抑制脚部下沉	用专用机向钢支撑脚部围岩打设钢管并注浆，构筑承载力大的支持桩，抑制脚部下沉，使围岩稳定	对钢支撑脚部的围岩进行高压喷射搅拌，构筑固结改良体，增加围岩强度和抗滑阻力，抑制脚部下沉，使围岩稳定
打设长度	2～4m	2～4m	3～5m	4～12m	3～5m
设备	通用机	通用机	通用机	专用机	专用机
承载力	小	小	中	大	大

由于进行脚部补强，使集中在脚部的荷载分散到周边围岩，同时提高了脚部围岩的强度和变形特性，能够抑制围岩的破坏和变形；此外，也有抑制剪切变形和抵抗水平力的效果。脚部补强效果示于表 4-14 和图 4-50。

脚 部 补 强 效 果　　表 4-14

期待脚部补强的效果	工　法
分散荷载： ·扩大钢支撑底部面积，减少接地地压； ·向松弛区域外的围岩分散荷载	带肋钢支撑、支持桩
促进强度增加： ·增加地层强度使之稳定； ·阻止开挖和水造成的围岩强度降低	地层改良、注浆
抑制剪切变形： ·抑制开挖引起的施工基面的回弹，抑制下半断面开挖时的侧向移动	注浆、支持桩、补强锚杆
抵抗水平力： ·用侧向锚杆等抵抗水平力，抑制变形	侧向锚杆、支持桩(斜桩)

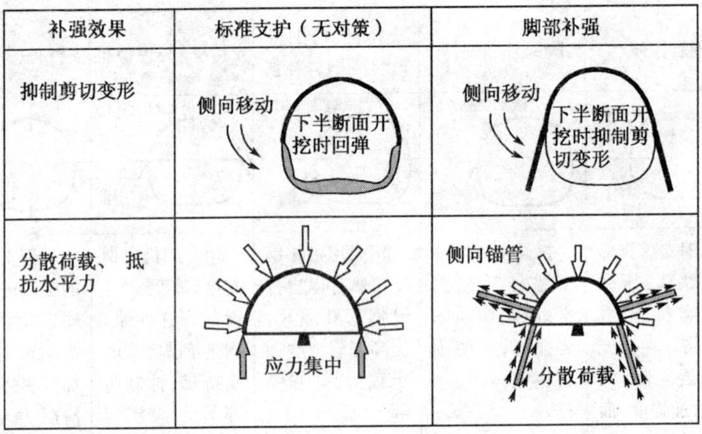

图 4-50 脚部补强效果概念图

采用脚部补强工法时，首先应确定适合围岩条件的施工方法（钻孔和注浆方法、施工机械等）、施工模式（打设长度和打设间隔等）及注浆（注浆用的钢管直径、方法等）。脚部补强方法的适用地质条件列于表 4-15。

按钻孔、注浆方法确定的脚部补强方法的适用地质条件 表 4-15

脚部补强方法	地质条件					备注
	黏质土		砂质土		砾石土	
	$N<30$	$N\geqslant30$	$N<15$	$N\geqslant15$	$N<50$	
注浆	▽	▽	○	○	▽	涌水少的场合，打设长度 4m 左右
脚部补强锚杆	▽	▽	○	○	○	
支持桩(1)	○	▽	▽	○	○	
支持桩(2)	○	○	▽	○	○	
高压喷射支持桩	○	▽	○	○	▽	

注：○-适合；▽-研究决定。

脚部补强的对策，不管哪一种，都是针对上半断面的方法。因支持脚部的地基承载力不足引起很大下沉的场合采用。适用于围岩强度小的软岩、破碎带和土砂围岩。抑制地表面下沉的场合采用。

(1)补强锚杆、补强锚固桩

这是从上半断面钢支撑的脚部向下打设锚杆和锚固桩，提高脚部支持力的方法。通常用砂浆等就可以确保附着力，但也有采用能够设定胶凝时间的超微粒子的水泥浆和尿烷系药液，注入到围岩中的情况。

在台阶法施工中，控制拱脚下沉比较有效的方法是在拱脚下方打入锚杆或锚固桩之类的支持体。这种支持体可采取直线型的，也可以采取曲线型的。

采用直线型锚杆或锚固桩的事例示于图 4-51。

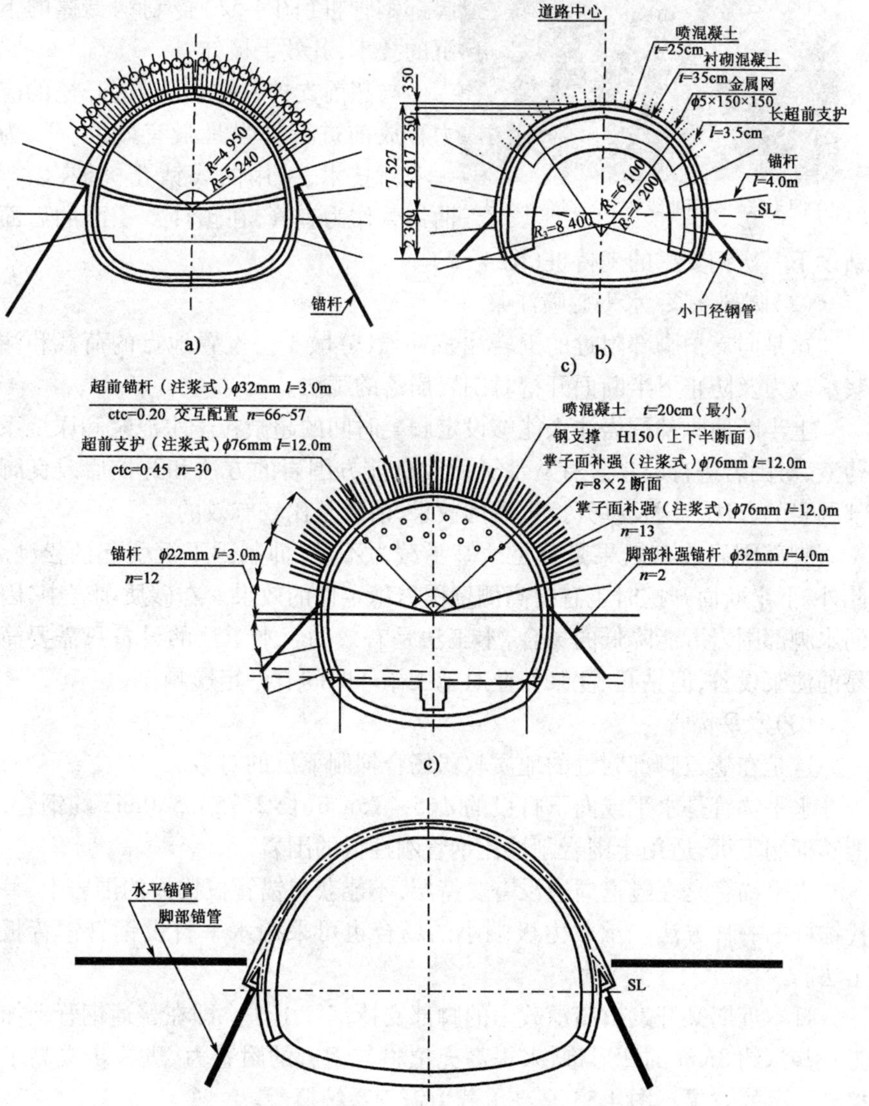

图 4-51　采用锚杆、锚固桩补强脚部例（尺寸单位：mm）

a）脚部补强锚杆例；b）脚部补强锚管例；c）脚部补强锚杆例；d）脚部补强锚固桩及锚杆例

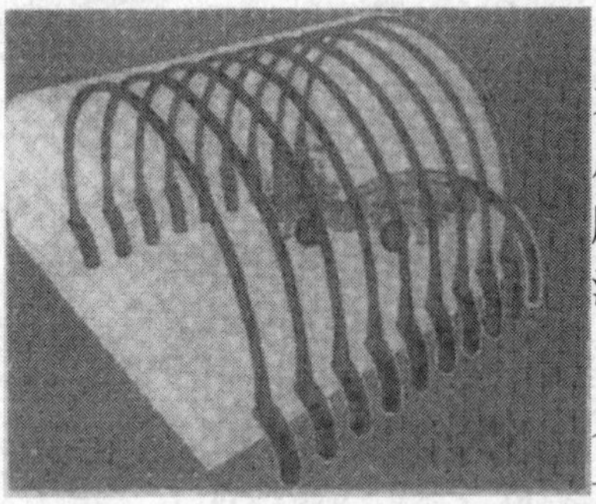

图 4-52 采用曲线钻机的脚部补强法

由于钻孔技术的发展,日本在埋深为(0.15~1.8)D、凝灰质的堆积物的地质条件下,采用了弯曲钻机设置弯曲形脚部钢管桩(图 4-52)控制钢支撑的下沉的技术,其效果极佳。

与超前支护一样,在隧道开挖的应力释放前进行补强是最有效的。作为一项新技术,采用曲线钻孔机械,以弯曲钢管作为套管,在预计掌子面的后面钻设下一次钢支撑的支持桩(图 4-52)。

(2)脚部注浆、水平旋喷注浆

这是向支护脚部附近的围岩注浆补强,分散支护设置地点的荷载和注浆承载力及防止下半断面开挖时围岩崩落的工法。

上半断面脚部围岩注入能够设定胶凝时间的超微粒子水泥浆和尿烷系药液,对围岩进行改良。有从掌子面改良前方围岩的方法和开挖后改良脚部围岩的方法。为发挥开挖过后的效果,前者是比较有效的。

脚部围岩改良效果是补足地基承载力不足,抑制因下沉引起的松弛。此外,下半断面开挖时也有提高侧壁围岩稳定性的效果。在砂质围岩中,因涌水脚部围岩可能降低的场合,本工法是有效的。本工法的设备只需要简易的注浆设备,但钻孔、注浆作业对施工循环时间有一定影响。

(3)水平锚管

这是在隧道脚部附近的地质软弱场合抑制下沉的对策。

水平锚管是水平或向下打设的 ϕ65~76mm、长 2.75~5.0mm 的钢管,能够抑制下沉,适用于围岩刚性比钢管刚性低的围岩。

水平锚管是在隧道周边没有支持层,不能获得锚管拉拔力的围岩中,替代锚杆的一种方法。承载力极端小的场合也可采用水平打设钢管钢背板工法。

日本近期又开发出高承载力的脚部支持钢管工法。即在普通钢管上加工一些深约 8mm 的凹形槽,来提高充填材与钢管的附着力,进一步提高了控制下沉的效果。图 4-53 是高承载力钢管系统概貌。

由于钢管上加工了一些凹槽,使局部钢管内径减小;为了不妨碍排泥,凹形槽是斜向加工的。

试验证实,带凹形槽的钢管比直钢管的附着力约大 8 倍。直钢管附着力平均为 35. 1kN/m,带凹形槽钢管的附着力平均为 244. 1kN/m。钢管与水平交角为 70°。

图 4-53　高承载力钢管系统

最近日本在东北新干线的 4 座隧道中,采用水平锚管和斜锚管来控制拱脚下沉,也有相当好的效果。水平锚管的直径 65 ~ 76mm,长度 2. 75 ~ 5. 5m。图 4-54 是水平锚管的详图。

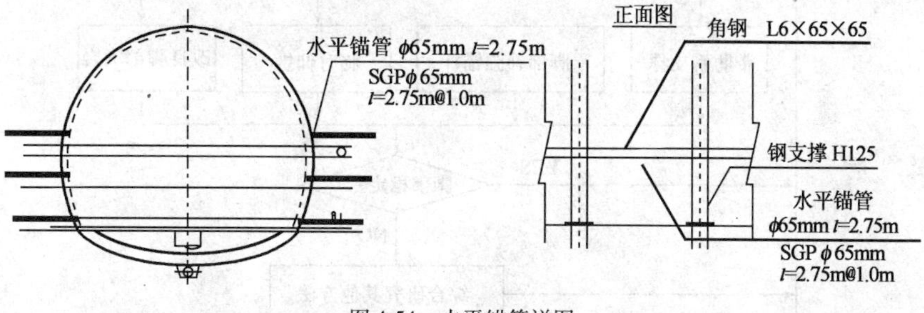

图 4-54　水平锚管详图

总而言之,日本及国外对抑制拱脚下沉的技术极为重视。在隧道施工中,特别是在特殊地质、地形条件下,采用台阶法施工时,抑制拱脚下沉已经成为不可缺少的技术手段。我们的经验也充分证实了这一点。

施工中脚部稳定对策选定流程图示于图 4-55。对策中最初基本上采用在脚部加垫板和加厚喷混凝土的方法。这里要根据围岩和涌水状况、埋深地表的利用状况和崩塌的风险等判断采用脚部喷混凝土是否可行。在脚部喷混凝土不能确保稳定性的场合,要根据围岩条件和量测结果的位移倾向等研究采用带肋钢支撑的适用性、效果、工费、工期等。但两种以上工法的组合,采用得比较多。带肋钢支撑的适用范围广,采用得比较多。仰拱有上半断面的临时仰拱和在辅助台阶全断面法中促使断面早期闭合的喷混凝土仰拱。脚部前方围岩改良,在砂质围岩等开挖时脚部泥泞化的场合和开挖后早期下沉大的场合是有效果的。脚部补强锚杆、锚管，除作为下沉对策外，还有提高开挖时侧部围岩稳定性的效果。

脚部下沉，随下沉的增加造成的松弛，对掌子面稳定性有影响，但以掌子面稳定对策为主体考虑的场合，采用开挖后早期能够发挥效果的工法或在掌子面附近能够早期实施的对策是很重要的。

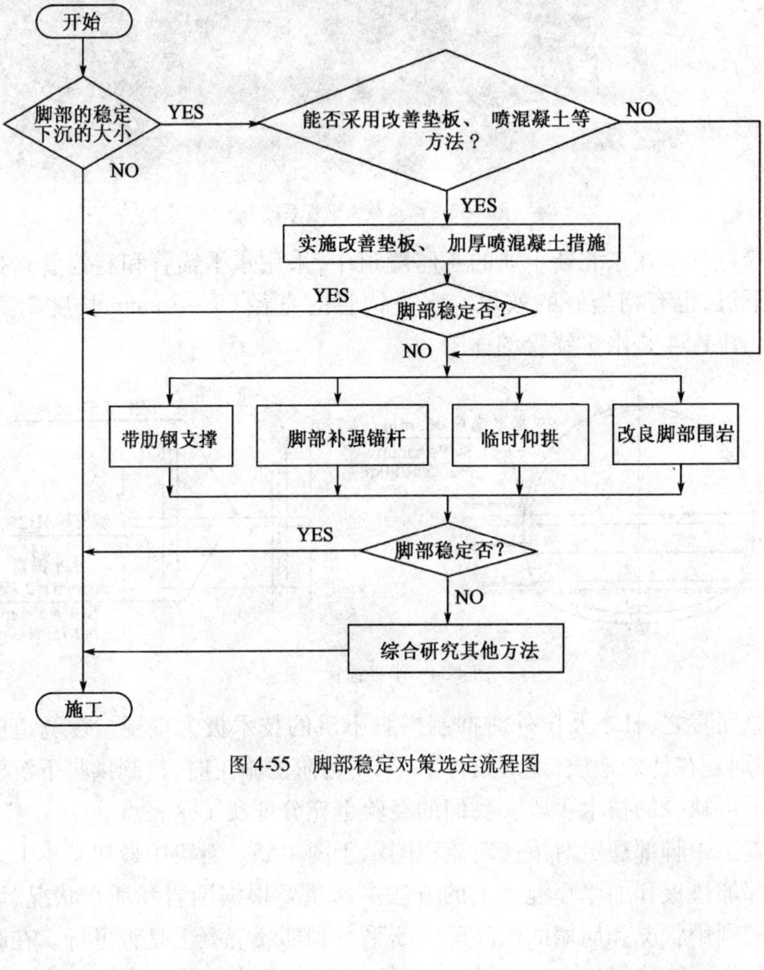

图 4-55 脚部稳定对策选定流程图

第五部分　地下水控制对策

——施工中的止水和排水

地下水的对策有两方面的含义,一个是结构物的防水与排水,一个是施工中的止水和排水,它们既有区别又有联系。这里我们主要说明施工中的止水和排水。

此外,施工中的止水常常是与围岩加固联系在一起的。

涌水的对策大体上分为两大类,即排除涌水的方法(排水方法)和阻止涌水的方法(止水方法)。实际上,排水和止水常常是不能截然分开的。因此,排水与止水相互配合是我们经常采用的方法。

在选择上述方法时,要进行详细的涌水调查,掌握地下水的动态和水量的大小及动向;同时考虑围岩条件、涌水量、埋深、周边环境条件等综合因素决定。

山岭隧道中通常采用的地下水控制对策列于表5-1。

山岭隧道的地下水控制对策　　表5-1

基本方法	划　分	方　法
排水	重力排水	排水钻孔、排水坑道
	强制排水	井点降水等
	并用	上述方法并用
止水	注浆 压气 冻结	
并用	注浆、压气、止水、排水等并用	

施工要点一　止 水 方 法

根据经验,在以下条件时,可以考虑采用止水方法。

· 仅仅实施降低地下水位工法不能获得充分的降水效果时;

· 为保护环境不能降低水位时;

·水底隧道等涌水的供水无限时。

止水方法有注浆法、压气法和冻结法等,此处仅对注浆法加以说明。以止水为目的的注浆,根据围岩性质的不同,其效果是不同的:

·裂隙发育的硬质围岩,注浆主要是填充空隙,提高止水效果;

·向砂质围岩压注浸透性高的材料(溶液),改善围岩的渗透系数;

·向割裂性黏性土中注浆时,不仅压密周围的围岩,同时也提高了止水效果。

不管是那种情况,以目前的技术水平看,仅采用止水工法,达到完全止水的效果是不可能的。要根据围岩条件、周边的环境条件,同时采用注浆工法和降低地下水位方法,才能获得较好效果,而且经济。

根据实际条件,也可采用压缩空气法和隔断墙法。

1.注浆法

1)注浆目的和方法

注浆法是向地层中压注浆液,造成土固结,降低地层的透水性,同时强化地层的方法。从注浆目的和注浆机理上看,可分为充填岩层裂隙的岩层注浆和以固化土质地层为目的的地层注浆。

注浆止水方法,目前要想达到完全止水的目的是不可能的,其目标仅仅是想在周边围岩中形成一个难透水带,在一定范围内提高围岩的止水性能,把渗透系数提高到某一基准值。

注浆方式一般有:

·从地表面进行注浆;

·从隧道洞内进行注浆;

·利用超前导坑进行注浆。

2)注浆材料

注浆材料的选择通常根据施工目的和地质条件选定。在初步选择时可参考表5-2。

注浆材料选择参考表　　表5-2

<table>
<tr><th colspan="2">地质条件</th><th>止　水</th><th>加固</th><th>充填</th><th>防渗</th><th>注</th></tr>
<tr><td rowspan="2">岩层</td><td>裂隙</td><td>单液水泥浆
水泥—水玻璃</td><td colspan="3" rowspan="2">—</td><td>细小裂隙可用化学浆</td></tr>
<tr><td>孔隙</td><td>丙凝、木质素系</td><td>—</td></tr>
<tr><td colspan="2">松散砂层</td><td colspan="2">丙凝、水玻璃、木质素、聚氨酯等</td><td>—</td><td>丙凝</td><td>砾石、卵石可用水泥浆</td></tr>
</table>

续上表

地质条件		止水	加固	充填	防渗	注
特殊地层		（骨料）+单液水泥浆 （骨料）+水泥—水玻璃 （骨料）+水泥黏土浆			—	根据地层内有无充填物及空洞大小选择骨料
混凝土结构物	壁内	丙凝、木质素、聚氨酯、水泥—水玻璃系		—	丙凝	大裂缝用水泥浆，小裂缝用化学浆液
	壁后	砂层	丙凝、木质素、聚氨酯	—		—
		岩层	单液水泥浆、水泥—水玻璃系			充填注浆可掺入黏土、矿渣等

药液注浆的材料，一般都要具有一定时间内的胶凝作用，因此，在多数情况下都采用以水玻璃（$Na_2O \cdot nSiO_2$）为主体材料的药液。在以围岩加强、充填空隙为主要目的时，视围岩状况，可按图5-1和表5-3选用注浆材料。

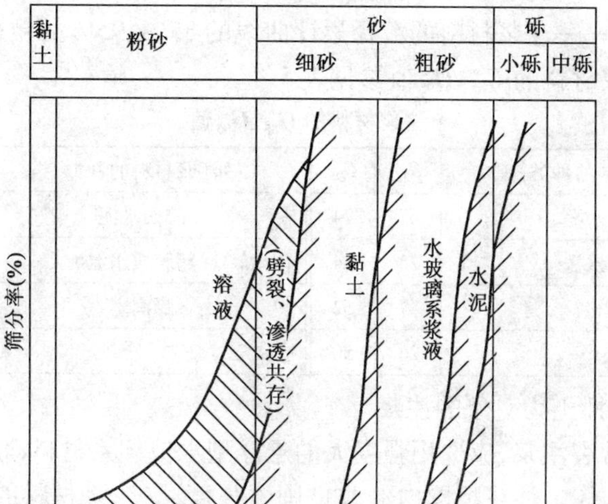

图5-1　注浆材料浸透限界的大致标准

不同土质选用注浆材料的大致标准 表 5-3

压注材料		悬浮液型		溶液型	
胶凝作用时间		长的	短的	长的	短的
土质名称	黏土、粉细砂	×	◎	×	×
	细砂	×	×	◎	○
	粗砂	×	○	◎	◎
	砂砾	○	◎	○	◎

注：◎-适用；○-需研究采用；×-一般不适用。

注浆材料应根据注浆对象、注浆目的及注浆方法选定。

(1)以砂质土为对象的注浆

在此种土质中，目的是加强缺乏连续性的砂粒子。为此，应选用能均匀浸透到粒子间的材料，可主要选用溶液型的水玻璃材料。一般的溶液型材料，都能均匀浸透、固结，效果是可靠的。

采用悬浮型材料进行注浆时，如能同时满足下式，也是可以的。

$$D_{15}/G_{85} \geqslant 15$$

$$D_{10}/G_{95} \geqslant 8$$

式中：D_{15}、D_{10}——土粒径累计曲线的 15%、10% 的粒径；

G_{85}、G_{95}——注浆材料的粒径累计曲线的 85%、95% 的粒径。

一些注浆材料的 G_{85}、G_{95} 值参见表 5-4。

注浆材料的 G_{85}、G_{95} 值 表 5-4

注浆材料的种类	G_{85}	G_{95}	注浆材料的种类	G_{85}	G_{95}
普通水泥	67	74	胶质水泥	18	27
早强水泥	25	34	超胶质水泥	6	8
火山灰	47	52	膨润土	1.5	7
黏土	26	50			

(2)以黏性土为对象的注浆

目的是劈裂注浆，应选用强度大的悬浮型水玻璃系材料，胶凝时间对注浆效果影响很大。注浆范围内的改良围岩强度，受注浆材料的强度和劈裂时对周围的压密效果所影响。

(3)填充裂隙和孔隙

以填充围岩内的裂隙和孔隙为目的、通常采用悬浮型非药液系的注浆材料。在有涌水的情况下，要采用胶凝时间短的材料。

3)注浆工法

根据浆液的凝固时间、特性和注浆手段等有许多方法,目前采用的注浆方法大致可按表5-5分类,可参考选用。

注浆工法的种类　　表5-5

划　分	注浆形态	胶凝时间	划　分	注浆形态	胶凝时间
单管法	1.5段	3~10min	双柱塞法	1段	15~60min
滤管法	1.5段	3~10min	多重管复合工法	2段+1段	3~10s
双管法	2段	3~10s		2段+1.5段	+3~60min

因为浆液是A液(主剂)和B液(硬化剂等)混合,同时产生化学反应,因此根据浆液的胶凝时间,应改变注浆方式。换言之,A、B双液合流变成单液状态所经过的管路的距离是受胶凝时间所支配的。例如,瞬凝型浆液在单液状态下是瞬间凝固的,因此,多采用个别压送A、B双液的双管方式,胶凝时间长的充分地混合后能够用单液状态压送。根据A、B双液的压送方式有图5-2所示的1段方式、1.5段方式和2段方式。

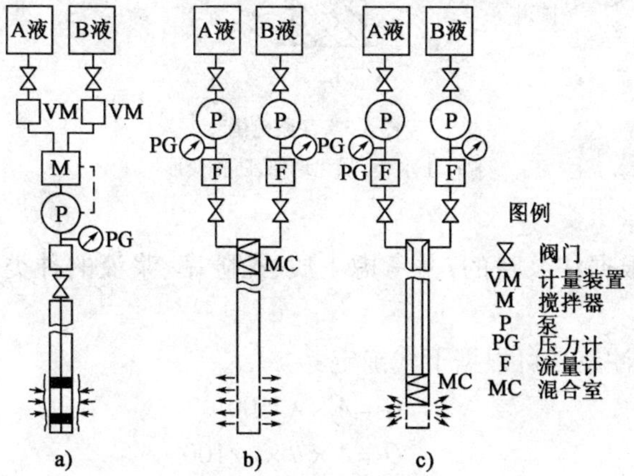

图5-2　压送方式

a)1段方式;b)1.5段方式;c)2段方式

1段方式如图5-2a)所示,是采用胶凝时间长的浆液注浆,把A、B双液变成单液压送的方式。

1.5段方式如图5-2b)所示,适用于胶凝时间在数分钟的场合的注浆,把A、B双液分别压送到注浆管上部,并在注浆管上部合流。它是由2段管路和1段管路构成的,故称为1.5段方式。

2段方式如图5-2c)所示,A、B双液分别用两个管路压送到下端,在注浆口合流，它适用于A、B双液合流后在数秒内胶凝的浆液的场合。

4）注浆范围

注浆范围指用浆液能均匀改良土的范围，可按图5-3的例子进行设定。但在实际的注浆中因地质构造的复杂性，几乎很难采用理论方法，因此多根据经验确定其范围。

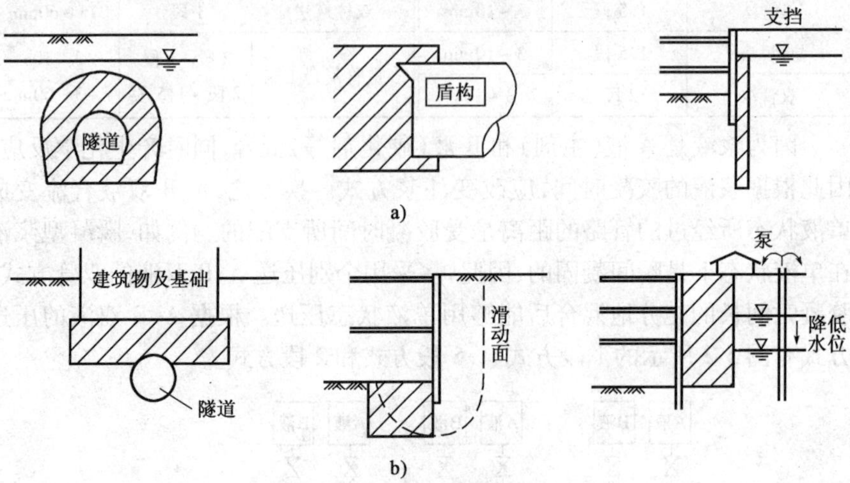

图5-3　注浆范围

a）止水；b）强化地层，防止变形

5）注浆量

注浆量根据注浆目的，并考虑土质、孔隙率、浆液的种类、注浆方法等决定。

一般说，注浆量可根据下式确定：

$$Q = A \times \lambda / 100 \tag{5-1}$$

$$Q = A \times n \times \alpha / 100 \tag{5-2}$$

式中：Q——注浆量；

A——改良范围的围岩体积；

λ——注浆率(%)；

n——孔隙率(%)；

α——充填率(%)。

充填率α(%)多规定在50%～90%范围内，但像黏性土那样的劈裂注浆，会产生很大的差异。过大的注浆量会造成隆起。因此，为进行适应围岩的注浆，应进行注浆试验，确定适宜的注浆量。

6)注浆压力、注浆流量

注浆材料内含有大量的水分以便胶凝。标准的溶液型材料,一般含有70% ~80%的水分。在向围岩内注浆的材料,处于半胶凝状态时进行加压,一边脱水一边形成强度。因此,注浆材料的强度与注浆压力、注浆流量有密切关系。

一般说,合适的注浆压力、注浆流量需通过注浆试验确定。一般的注浆流量,对溶液型药液为8 ~20L/min,悬浮型的为20 ~30L/min。

7)注浆孔的布置

注浆孔的布置根据各注浆孔的注浆范围决定。大体上有单排方式和多排方式(图5-4)。

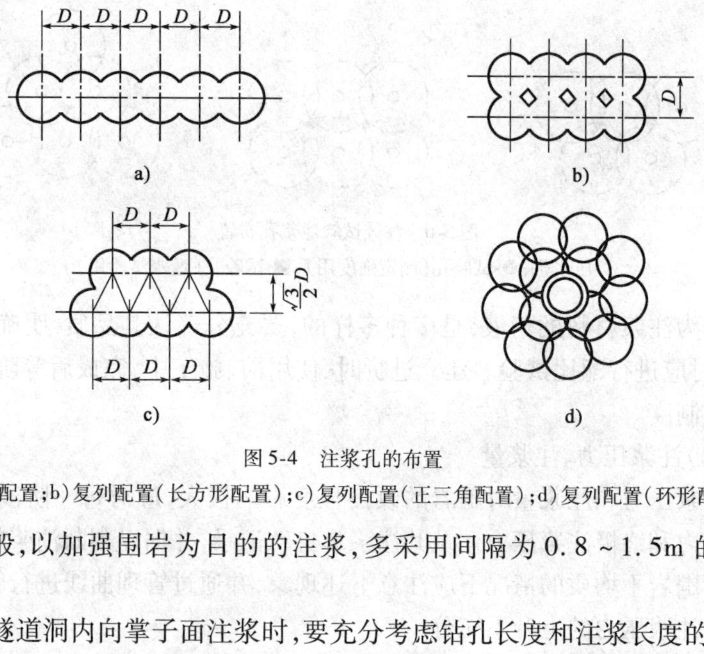

图5-4　注浆孔的布置

a)单列配置;b)复列配置(长方形配置);c)复列配置(正三角配置);d)复列配置(环形配置)

一般,以加强围岩为目的的注浆,多采用间隔为0.8 ~1.5m的多排方式。

在隧道洞内向掌子面注浆时,要充分考虑钻孔长度和注浆长度的关系。一般,如图5-5所示,要考虑钻孔机械的有效钻孔的作业可能的范围。

8)现场注浆试验

试验注浆应在尽可能接近的条件下进行。试验的注浆孔布置见图5-6。

9)施工管理

施工管理的项目有:材料管理、技术管理、水质管理。

(1)材料管理

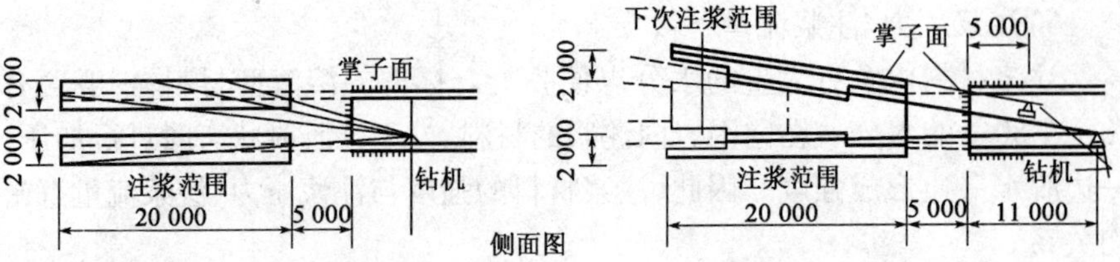

图5-5　洞内注浆的形态(尺寸单位:mm)

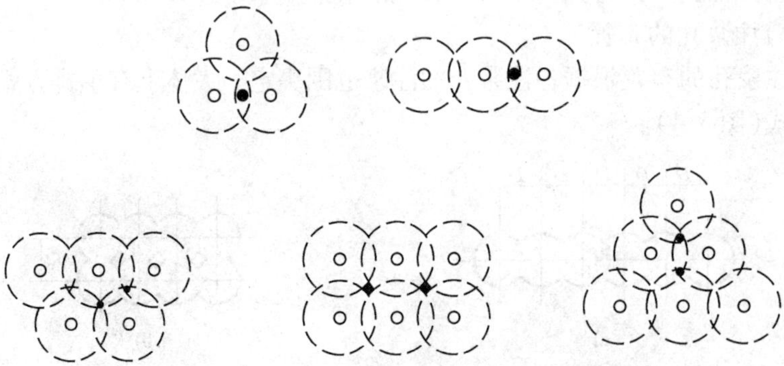

图5-6　注浆试验注浆孔布置

○-压浆机;●-试验孔(测定强度用);■-试验孔(透水试验用)

作为注浆材料的药液,是多种多样的,要充分确认其品质,明确存储条件,同时应进行配比试验。建立进货时、使用前、施工中、完成后等阶段的项目管理制度。

(2)注浆压力、注浆量

注浆压力和注浆量对围岩的改良程度影响极大,应对每一阶段的初期注浆压力和终极注浆压力差及其注浆量自动记录,并据以判断注浆效果。

在围岩不均质的情况下应注意下述现象,并通过管理曲线进行管理:

· 注浆压力的上升不充分;

· 预定注浆量注浆完成后,注浆压力上升;

· 周边地层隆起;

· 注浆材料从口部喷出。

(3)胶凝时间和注浆流量的管理

①黏性土情况

在这种情况下,多采用胶凝强度高的悬浮型水玻璃系药液。由于对周边围岩的压密效果提高了围岩的黏聚力和药液自身的抗剪切强度,因此,能否在围岩内形成致密的、固结的药液骨架是关键技术。同时要防止药液向预定范围外流出。

②砂性土情况

在这种情况下，多采用浸透注浆。砂粒间的药液应尽可能处于整流状态，并能均匀流动。

对砂砾层那样显著不均匀的情况，悬浮型药液可作为初期注浆材料，使围岩稳定后，再采用溶液型药液进行浸透注浆，效果较好。

(4)配比和胶凝时间的管理

胶凝时间因配比、液温或混合水的水质而有微妙的变化。因此，在现场要随时测定胶凝时间，以调整配比。

(5)水质管理

要充分考虑药液注浆对周边地下水的影响。有可能的话，应设置观测井监测水质的变化。

(6)注浆效果的管理

对注浆效果应加以综合评价，其方法有：

·根据注浆压力推定；

·根据对开挖后的掌子面状况目视推定；

·根据土质试验推定。

在可能的条件下，应采用土质试验的方法确定。

2. 岩质隧道典型工程实例

实例一　青函隧道

最近，在一些山岭隧道的修建中，提出了一个重要课题，就是在高水压、富水地段，在不影响生态环境的条件下，如何安全、可靠地进行隧道的设计和施工。

一个基本措施，就是在岩质围岩中实施围岩的注浆止水。岩质围岩的注浆止水方面的经验是非常缺乏的。目前，渝怀线的几座隧道及锦屏交通隧道，都遇到了这个问题。由于不允许隧道地下水排出，以避免对周围的生态环境、社会环境造成影响，在施工中，不得不采取围岩注浆止水技术。

注浆止水技术运用比较成功的国家是日本。日本在修建青函隧道中，引以自豪的技术成就之一就是全断面围岩注浆止水技术。

青函隧道是一座海底隧道，技术上最大的问题是高压涌水的处理；特别是在断层破碎带等软弱地层中，如果不止住高压涌水，任其自然，结果会使流路扩大，出现大出水的危险。青函隧道施工中的几次大出水，完全证实了这一点。

在通常的山岭隧道中，也会遇到大量涌水的情况，一般都可采用排水工法来降低涌水压力，减少涌水量。但是，在海面下最大埋深240m，海底部长度达23km的青函隧道，采用排水工法是不可能的，同时也不能采用自然排水方式，而必须采取强制排水。为此，应尽可能地减少排水量，降低扬水的费用，并要求尽可能地进行完全的止水。对于软弱的破碎带，还要对围岩进行补强。

因此，注浆工法就成为青函海底隧道最为现实的辅助工法。从调查阶段就开始进行有关注浆的种种试验，从中获得的设计施工成果，为开发和改良适应海底隧道的注浆工法打下了良好的基础。其中，在本州侧斜井1 220m附近，遇到F15断层，有出现高压、大出水的迹象，采用注浆工法后安全通过，突破了高压涌水破碎带。其后，在3次异常涌水事故（表5-6）中，超前导坑、作业坑道、主洞等都安全通过。

异常涌水事故一览表 表5-6

工区		龟飞		吉岗	
坑道		斜井	作业坑	作业坑	作业坑
出水掌子面里程（水源、埋深）		1K+223m（25m、215m）	16K+890m（78m、102m）	32K+746m（58m、134m）	31K+667m（76m、128m）
发生日		1970.2.30	1974.12.5	1974.1.8	1976.5.6
涌水量（m^3/min）	最大时	16	6	11	70
	最终时	5.3	3.6	0.3	16.0
总涌水量（m^3）		183 468	188 224	12 764	1 845 000
积水量（m^3）		5 300	1 600	9 000	121 000
土砂量（m^3）		300	1 300	1 100	1 000
积水区间（m）		196	130	880	作业坑:3 015 主洞:1 493
土砂埋没区间（m）		15	70	60	74
超前钻孔	孔数（个）	1	1	0	2
	涌水量（L/min）	1 500	0	—	1号孔:100 2号孔:3 700
钻孔	孔数（个）	—	5	—	—
	涌水量（L/min）	—	只有1个孔300	—	—

续上表

工区		龟飞		吉岗	
出水前注浆	孔数(个)、注浆量(m^3)	36、300	21、210	—	—
	涌水量(L/min)	4 200	4 900	—	4 800
检查孔	孔数(个)、涌水量(L/min)	—	3、40	—	3、100
出水前的开挖方法		全断面法	全断面法	全断面法	全断面法
涌水分析(涌水/海水,%)	出水前(Ca^{2-}、Cl^{-})	(270、79)	(113、64)	(188、92)	(133、93)
	出水后(Ca^{2-}、Cl^{-})	—	(167、72)	(180、93)	(78、95)
出水时的排水能力(m^3/min)(掌子面、坑底)		1.2、24	4、19	2、30	4、45
排水开始前的天数(d)		2	0	15	4
排水完成时的天数(d)		12	8	15	19
前进开始前的天数(d)		37	38	38	75
达到掌子面的天数(d)		214	172	362	162
复旧对策		注浆止水	迂回导坑	注浆固结	迂回导坑
地质条件		安山岩、破碎岩	凝灰岩、玄武岩	凝灰岩、破碎带	破碎的凝灰岩

注浆的基本方法是在预计的开挖松弛范围的外侧形成一个止水带,渗透到止水带的水,从隧道内导出。在这种情况下,衬砌将承受较大的水压(图 5-7)。

注浆范围采用开挖半径的 3 倍,在断层破碎带等地质不良地段采用 5 倍的开挖半径。注浆顺序基本是从外侧向内侧注浆(图 5-8)。注浆压力是涌水压力的 3 倍(0.75MPa)。注浆材料采用高强度而且渗透性好的、胶凝时间能够调整的高炉水胶粒 + 水泥 + 水玻璃。其配比列于表 5-7。

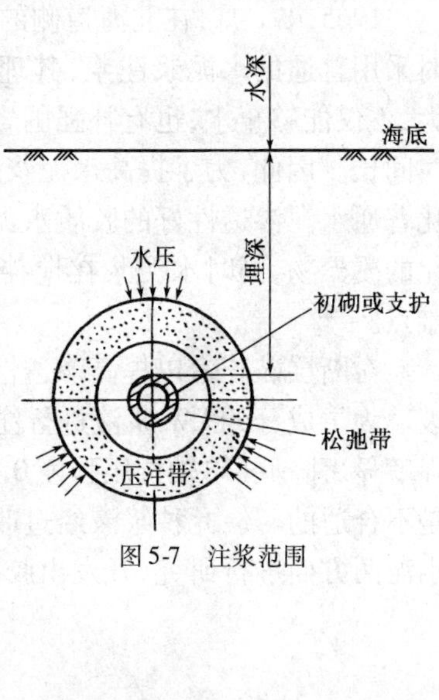

图 5-7 注浆范围

注浆材料的配比 表5-7

水玻璃	水泥浆		混合比	胶凝时间	抗压强度（MPa）
MR比	水泥	水灰比(%)	（水玻璃/水泥浆）		
2.2	高炉胶质水泥(矿渣)	100	1.0	1min31s	7.76
		150	1.0	2min27s	2.16
		200	1.0	3min40s	1.33

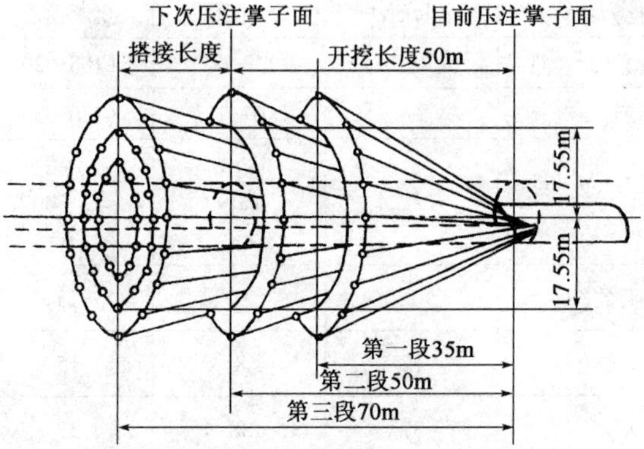

图5-8 注浆顺序及步骤

注浆效果是明显的，渗透系数减小到10^{-3}cm/s，涌水量为预计的1%。青函隧道总共开挖了超前坑道、作业坑道及主洞达124km，总注浆量达847 000m^3。

1965年1月，在北海道侧的调查斜井327m处，确认有涌水的可能。当时采用普通的水泥浆注浆，其理由是：施工性好，价格低廉，固结后的强度大，不仅能够止水，也有补强围岩的效果。但对微细的裂隙，渗透性差、固结时间长。因此，为了提高水泥浆的渗透性，从调查阶段就开始研究，开发出比普通水泥渗透性好的胶质水泥。但在洞内高温多湿的环境下，易出现风化的凝聚物，同时水泥浆在搅拌时其黏度和温度都会上升，施工管理是个难点。

对断层破碎带以提高渗透性和缩短注浆时间为目的，采用了以3号水玻璃为主成分的LW浆液进行注浆。但在要求3min的胶凝时间的场合，其强度显著降低(单轴抗压强度0.1～0.2MPa)，在高压涌水的破碎带中采用是不合适的。但此种浆液经过改良后还是可以应用的。因此，从水玻璃和水泥两方面进行研究，开发出胶凝时间在3min以上、3d龄期的单轴抗压强度在4MPa以上的注浆材料。

其结果是：

·水玻璃中的二氧化硅(SiO_2)和氧化钠(Na_2O)的MR比在1.4~3.2范围时，随着MR比的减小和水泥浆中的水灰比增大，胶凝时间显著增大。

·水泥的粉末度，其比表面积在4 000~6 000cm^2/g范围时，随着比表面积的增大，胶凝时间缩短，抗压强度也随之增大。

·MR比小，胶凝时间延长，强度也增大。

·水泥中混合高炉矿渣时，其混合率(质量比)在30%~70%范围内，混合量越大，胶凝时间越长(表5-8)。

高炉胶凝水泥的规格　　表5-8

项目			高炉胶凝水泥
密度(g/cm^3)			3 000以上
高炉矿碴的分量(质量,%)			50~60
粉末度	比表面积(cm^2/g)		5 600以上
	限界粒子直径划分(%)	40μm	2以下
		15μm	30以下
凝结	初凝		1h以后
	终凝		5h以后
强度	抗弯强度(MPa)	3d	3以上
		7d	4.5以上
		28d	6以上
	抗压强度(MPa)	3d	14以上
		7d	20以上
		2.8d	40以上

这样，开发了使用低MR比的水玻璃，能够延长胶凝时间，抗压强度高。

同时，对固结浆液的耐久性也进行了长期的养护试验。结果证实在海底隧道采用LW浆液其效果是良好的，其中水玻璃采用MR比2.1~2.3是最合适的，采用1.5级注浆方式。

最佳的注浆材料的配比和特性列于表 5-7。

1)注浆方式

在硬岩中钻孔(以 65mm 为标准)采用设置柱塞方式,在软岩中采用套管柱塞方式。同时,把长注浆管插入到预定位置,以提高孔底部的注浆效果和注浆效率(图 5-9)。

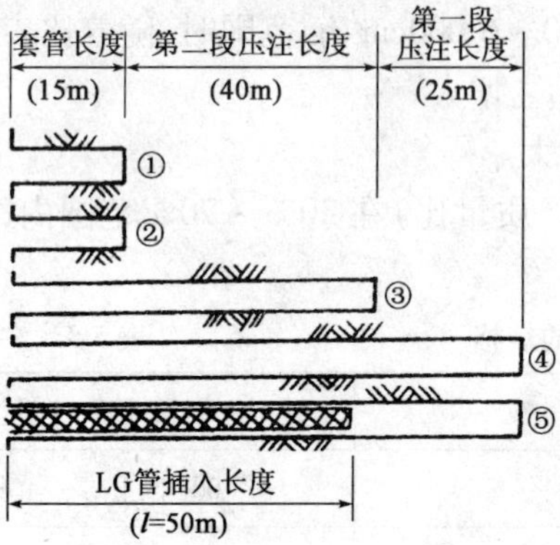

图 5-9 注浆方式

①-开口钻孔;②-插入套管;③-第一段钻孔、注浆;④-第二段钻孔、注浆;⑤-插入 LG 管注浆

2)注浆量和注浆压力

因设定裂隙和孔隙量比较难,因此,计算设计注浆量也很困难的。所以都是先设定最终注浆压力,而后根据此压力,确定注浆量。

因围岩条件变化很大,注浆压力如过大,就会破坏围岩,使材料向注浆范围以外大量溢出,因此注浆压力要适当。应根据阶段的注水试验预计临界压力,以确保适当的注浆量为基准,采用比临界压力稍大的涌水压力的 2 ~ 3 倍为标准(7 ~ 8MPa)。

注浆速度应根据注浆效率、止水效果等确定。

青函隧道施工时,为了提高注浆效果和施工性,注浆压力和注浆速度按围岩条件可根据图 5-10 决定,并控制好注浆材料(LW 浆液)的配比。

3)注浆效果的判定

注浆效果的判定,应根据钻设的几个检查孔的涌水量,按以下规定值进行判定。

(1)硬岩地段:每米钻孔的涌水量在 0.4L/min 以下或涌水地点的涌水量在 10L/(min · 个)以下。

(2)破碎带地段:每米钻孔的涌水量在 0.2L/min 以下或涌水地点的涌水量在 10L/(min · 个)以下。

不符合此基准的场合,要追加钻孔,再次注浆直到获得满意的止水效果为止。

4)施工

注浆施工是在狭窄的空间内进行的,要特别注意安全性和施工性。为此,在掌子面配置 2 ~4 台凿岩机和注浆机械,采用同时进行多孔的钻孔、注浆作业,力求提高效率。注浆机械搭载在台车上,使之具有安全性和机动性。

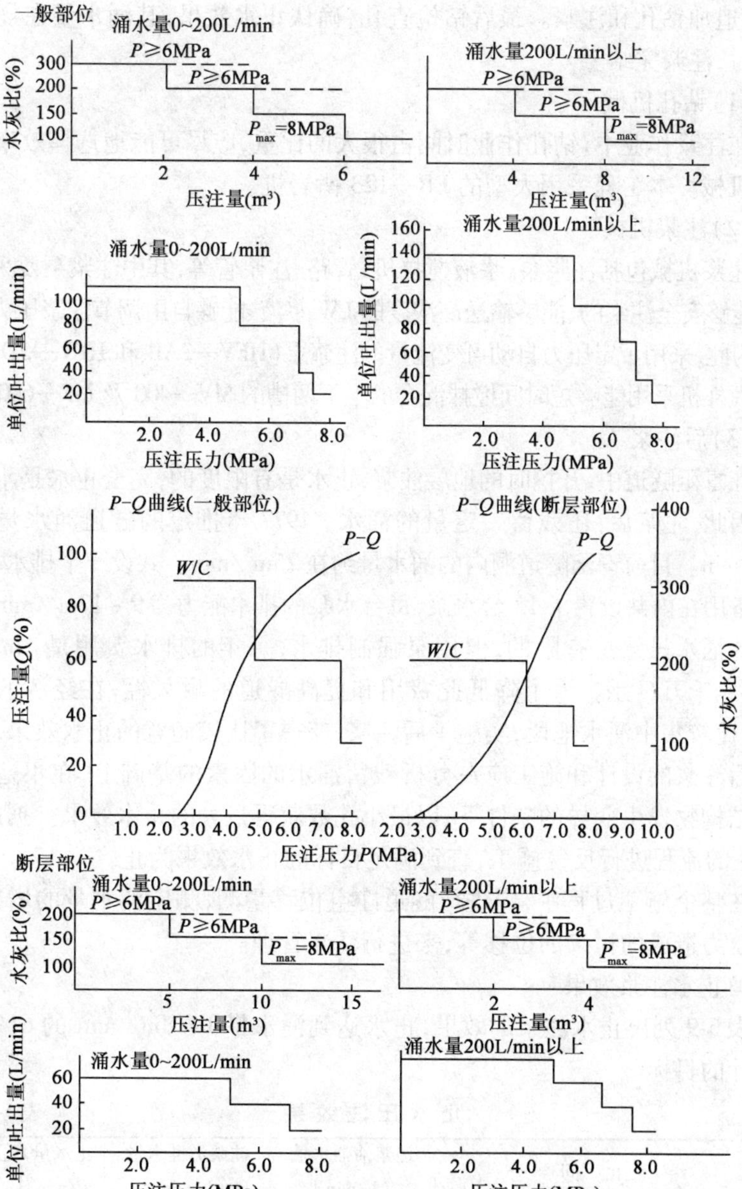

图 5-10　注浆压力和注浆模式

注浆施工，根据预定的钻孔布置实施，标准的作业程序是：按钻孔→第1段→第2段→第3段顺序进行。钻孔完成后设置柱塞、口部等，开始注浆，直到规定的注浆压力。在计划的注浆孔数下，不能获得止水效果的部位,要追加钻孔和注浆。最后钻检查孔,确认止水效果,其涌水量在规定值以下时,注浆完结。

(1)钻孔机械

在注浆作业中,钻孔作业时间占很大的比重,应尽可能地选择效率高的钻孔机械。本工程采用大型的 PR—123 凿岩机。

(2)注浆机械

注浆机械包括注浆泵、浆液搅拌机、管路、注浆管等,其中注浆泵要采用高压的能够安全注浆的、能够输送高浓度的 LW 浆液、能够自由调节注浆压力的机械。为此,采用了定压力自动可变流量的注浆泵(HFV—2AB 和 HFV—5D)。

搅拌机采用能够短时间搅拌混合的上下两槽的 MV—400 及 MF—600 型。

(3)后注浆

在青函隧道中,开挖时的地层注浆,止水是有限度的,完全止水是不可能的。因此,注浆后,还残留一定量的涌水。1977 年推定的隧道涌水量约为 $60m^3/min$。目前青函隧道洞内的涌水量约在 $25m^3/min$。共设 3 个排水基地,包括备用在内共设置了 12 台水泵,每台水泵的排水能力为 $9 \sim 12m^3/min$。

此涌水虽然是有限的,但用泵强制排水,每年的排水费用是 $1m^3/min$ 需 2 ~ 3 千万日元。为了降低此费用和提高隧道的耐久性,在经济的考虑下,在比较集中涌水地段,实施了后注浆,获得了比较满意的止水效果。

后注浆的设计和施工应在分析残留涌水的因素的基础上,在不造成衬砌等结构物发生变异的条件下,以最小孔数获得最大的止水效果。据此,按图 5-9 的流程进行反复施工,直到满足目标的止水效果为止。

在整个施工过程中,应进行隧道净空位移量测,测定涌水量的增减、因注浆压力造成的衬砌的位移等,来进行注浆管理。

5)止水注浆效果

表 5-9 列出止水注浆的效果,止水达到涌水量 $14.8m^3/min$ 的 61%,达到预计的目标。

止水压注效果　　表 5-9

工区	区间	注浆前涌水量(L/min)	注浆后涌水量(L/min)	止水量(L/min)	止水率(%)
龟飞	K11 +750 ~ K12 +000	1 053	272	781	74
	K12 +400 ~ K12 +550	719	359	360	50
	K12 +150 ~ K12 +300	1 657	278	1 379	83
	K13 +700 ~ K14 +990	1 752	366	1 387	79

续上表

工区	区　间	注浆前涌水量（L/min）	注浆后涌水量（L/min）	止水量（L/min）	止水率（%）
云内	K7 +875 ~ K8 +780	3 169	1 951	1 218	38
	K9 +700 ~ K10 +190	2 710	1 379	1 331	49
算用	K3 +900 ~ K4 +200	1 582	196	1 386	88
	K5 +580 ~ K5 +640	730	437	293	40
	K6 +200 ~ K6 +480	1 421	605	816	57
合计	—	14 794	5 843	8 951	61

6)围岩透水性试验

在进行注浆之前或在注浆过程中要进行围岩透水性及排水试验,以了解和掌握围岩注浆前后的渗透系数的变化,推定透水路径的脉络状态。

围岩内的水流与粒状多孔介质的渗透流有些不同,例如围岩的各向异性、达西定律的应用等都与围岩自身的力学性质和动态有关,在理论上还有许多没有搞清楚的问题。为此在青函隧道进行了一系列的试验,如透水性试验、孔隙率试验等。

(1)注水、排水试验

其目的是:

·用注水试验掌握自然围岩的透水性和透水脉络状态;

·实测围岩注浆的效果;

·掌握排水孔开闭、水压传播的规律等。

此试验是在青函隧道导坑330m附近的试验洞进行的。测定项目有:

·注浆前后的注水试验;

·11m附近的排水试验;

·22m附近的排水试验。

注水试验在试验坑道中钻5个试验孔,分别测定5个孔全部开放时(孔内涌水自然流出状态)的涌水量、全部关闭时的涌水压以及5孔处于不同开放状态时的水压相互干扰状态等,以便掌握自然围岩的透水性和透水脉络状态。

注水孔和排水孔的配置,示于图5-11。

首先从S孔开始,按 $T_1 \sim T_4$ 孔顺序进行。

S孔在钻到长度5m、10m、15m时,分别采用注水压力0、3MPa、4MPa、

5MPa、6MPa、7MPa 进行注水试验。

5 孔全部钻完后，相互开放、关闭，进行孔间的脉络试验。即测定：

· 5 孔全部开放的涌水量和全部关闭时的涌水压；
· S 孔开放，其他孔关闭时的涌水量和涌水压；
· T_1 孔开放，其他孔关闭时的涌水量和涌水压；
· T_2 孔开放，其他孔关闭时的涌水量和涌水压；
· T_3 孔开放，其他孔关闭时的涌水量和涌水压；
· T_4 孔开放，其他孔关闭时的涌水量和涌水压；
· T_1、T_3 孔开放，其他孔关闭时的涌水量和涌水压等。

1 孔注水，进行各孔间的脉络试验。注水压力分别采用 0、2.5MPa、3MPa、3.5MPa……5.5MPa 增减。

(2)注浆后的注水试验

在注浆后的坑道中，钻 3 个检查孔，进行压水试验，检查注浆效果。其配置示于图 5-12。

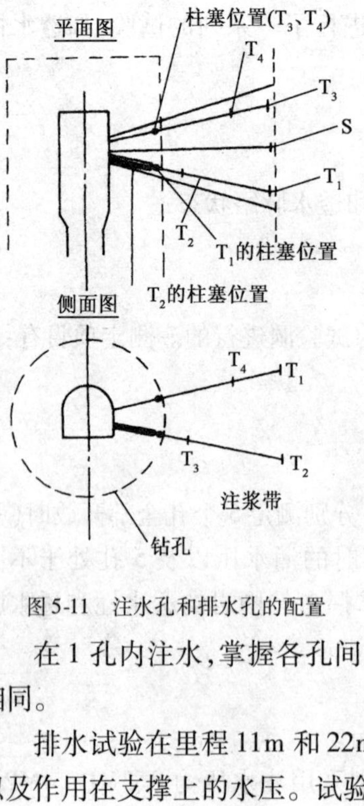

图 5-11 注水孔和排水孔的配置

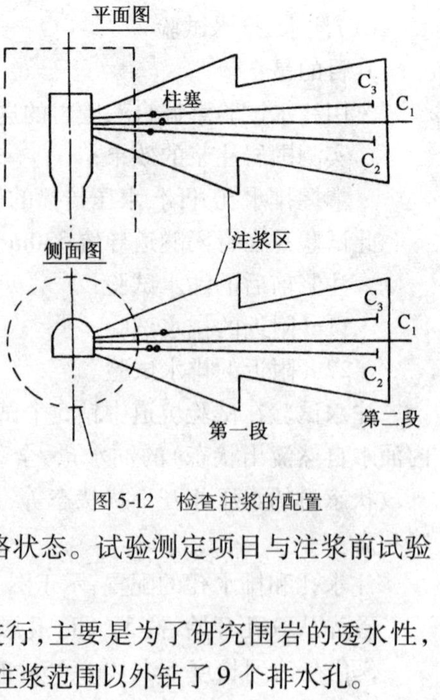

图 5-12 检查注浆的配置

在 1 孔内注水，掌握各孔间的脉络状态。试验测定项目与注浆前试验相同。

排水试验在里程 11m 和 22m 处进行，主要是为了研究围岩的透水性，以及作用在支撑上的水压。试验是在注浆范围以外钻了 9 个排水孔。

分别测定：全孔开放时的水压和涌水量；全孔关闭时的水压和涌水量；单孔双孔、3孔开放时，其他孔关闭状态下的水压和涌水量等。

通过围岩透水性试验获得的渗透系数，示于图5-13。从试验可以看出，围岩的透水性也是各向异性的。

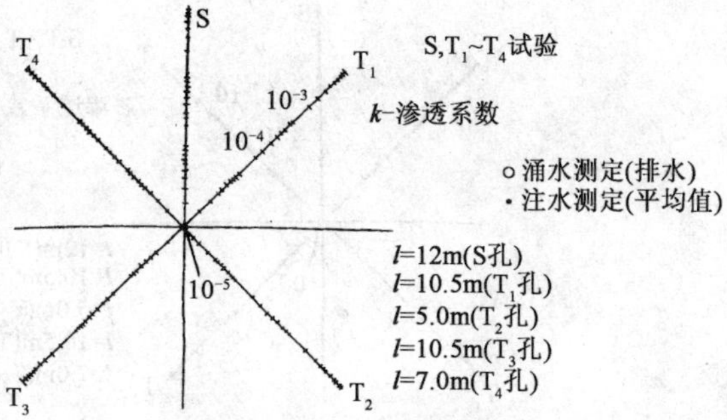

图5-13　围岩渗透系数的测定结果

实例二　舞鹤排水隧洞

舞鹤排水隧洞也是局部地段通过海底。海底的地质条件是花岗岩，埋深约26m，岩层的倾角约呈70°~80°，表示透水性的吕容值[Logeon unit，1Lu = 1L/(min · m · MPa)]为0~9.9。岩层的单轴抗压强度为75~100MPa。通过该地段的海水平面约在隧道顶上40m。

1)注浆设计

注浆设计，参考类似工程及试验注浆结果，示于图5-14~图5-16。

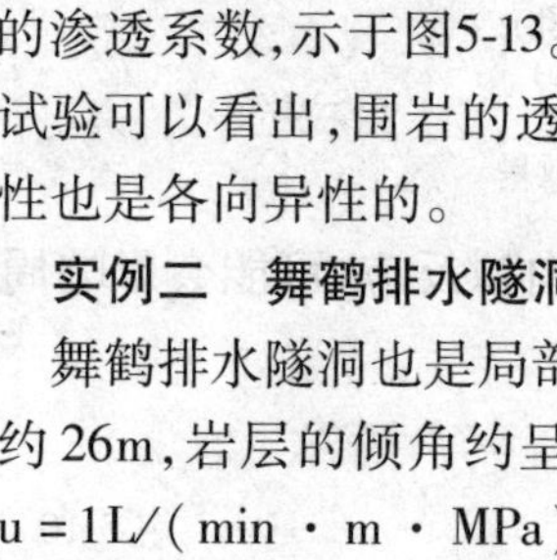

图5-14　止水注浆的断面图

（尺寸单位：mm）

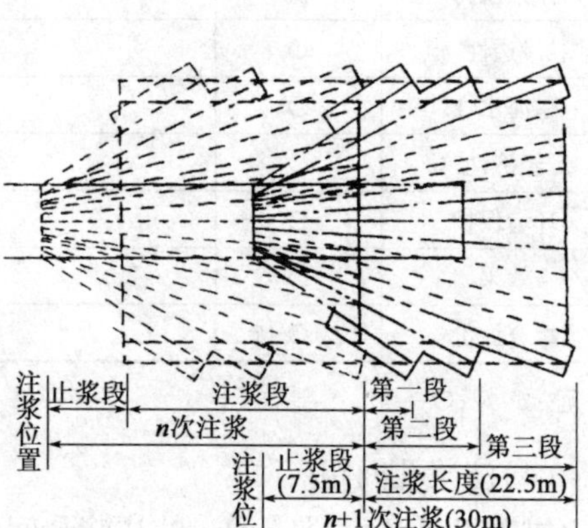

图5-15　注浆步骤

(1)改良目标值

参考类似工程，围岩的改良目标值取吕容值小于3，而且检查孔的涌水量在0.5L/(min · m)以下。

(2)改良范围

根据改良范围和涌水量的关系取改良范围为3r(隧道半径的3倍)。

(3)注浆材料

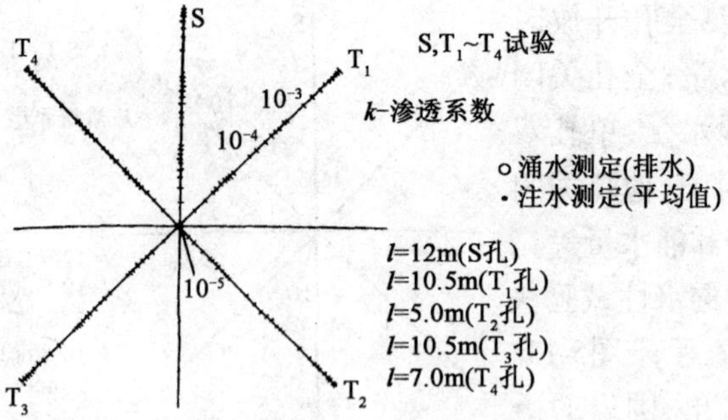

图5-16　表示改良范围和止水效果

采用水泥浆。水玻璃系材料因与海水产生白浊反应,可能会影响周边环境,因此没有使用。

表5-10是注浆材料的比较表。

注浆材料的比较　　表5-10

材料项目	水泥浆	水玻璃+高炉胶凝水泥浆	超细水泥浆
胶凝时间	—	3~7min	—
注浆压力	低	稍高	低
渗透性	○	◎	◎
耐海水性	○	○	○
经济性	○	△	△
环境保护	○	△	○
效果	○	○	△
综合评价	○	△	△

注:◎-好;○-一般;△-差。

(4)注浆孔间距

根据工程经验,取3.0m的注浆孔间距是可以保证止水效果的,在涌水量小的区段,可以减少一些注浆孔。

(5)堵头长度

掌子面前方注浆,为防止注浆材料泄漏和保护掌子面,要设置堵头。堵头长度过去一般取10m,但考虑注浆材料没有泄漏的情况,此次采用7.5m。

(6)步距长度(钻孔长度)

注浆的1步距长度,是由钻孔机械能力和钻孔精度决定的。根据试验施工的结果,步距长度取30m。

(7)最大注浆压力

一般说,注浆压力越高,注浆效果越好,但过大的注浆压力会出现向注浆范围外溢出和破坏围岩的危险。因此参考过去的经验,最低注浆压力采用静水压的3倍和岩层限界压力+0.1~0.2MPa中的小者(约为1.38MPa)。

在整个注浆设计中,有两点改进措施是值得参考的:

(1)注浆机械

因是比较坚硬的花岗岩,孔壁可以自稳,所以采用单管钻孔。钻孔机械采用了开挖中使用的3臂钻孔台车。

(2)注浆方式

堵头的结构,过去通常采用埋设套管柱塞或直接埋设套管的方式,都要事先进行钻孔,影响工期和经济性。因此,此次的注浆采用一次钻孔的带有带状柱塞直接埋设方式。注浆管采用塑料管。

2)注浆方法

注浆步骤,首先是实施各步距的调查孔(6个),决定该步距是否需要注浆和最大注浆压力。判断需要进行注浆的部位,再进行包括调查孔在内的129孔的注浆。

注浆,如图5-17所示,分1~3个阶段从外周孔向内周孔进行,同时在同一环中,先注浆偶数孔,再注浆奇数孔。最终,为了确认注浆效果,进行检查孔(4个)的注浆。各孔注浆方法示意见图5-18。

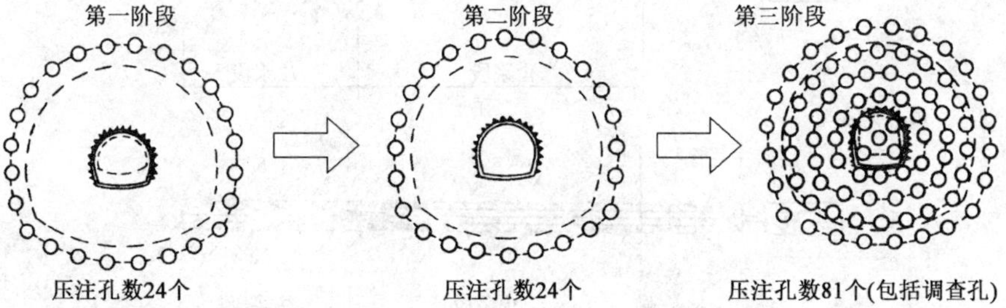

图5-17 注浆阶段划分示意

(1)调查孔

调查孔一般采用6个。首先测定所有孔的涌水量,其中1个孔进行吕容值试验、压水试验、限界压试验、涌水压试验。基于该结果判断该步距是否需要注浆和决定最大注浆压力。

(2)注浆孔

注浆按钻孔、设置、固定注浆管、测定涌水量、压水试验、注浆水泥浆、孔

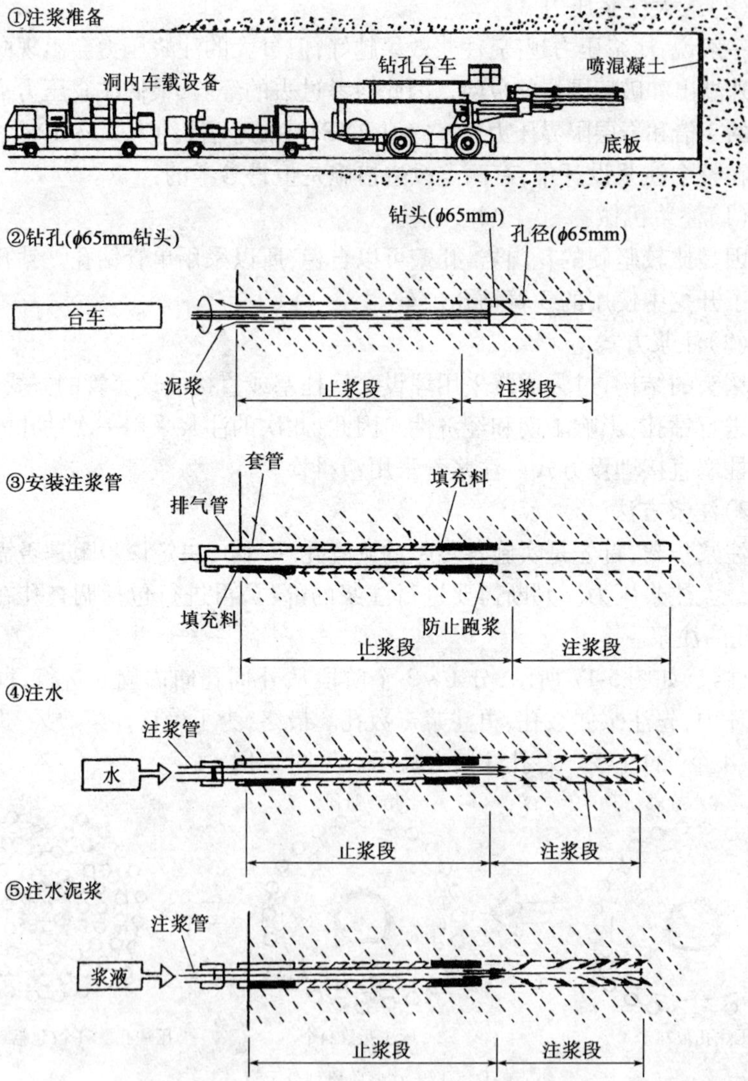

图 5-18 注浆工法概况

内充填等步骤进行。

改良目标值区间涌水量在 0.5L/(min · m) 以下时，不进行注浆，仅进行孔内充填。

初期的注浆速度，考虑水泥浆的黏性，取压水试验的注水速度的 1/2。达到最大注浆压力之前，一直维持此速度。达到最大注浆压力的阶段，维持注浆压力以便降低注浆速度,直到 5L/(min·m)以下,再进行 5min 注浆,然后结束注浆。

(3)检查孔

为了确认注浆效果,要实施检查孔(4 个)注浆。在 4 个检查孔中测定涌水量,其中 1 个孔进行吕容值试验。

1~8 步距的注浆,达到了改良目标值,但第 9 步距的注浆没有满足改良目标值的要求,进行了补充注浆。

在整个注浆过程中,如果 1 环的偶数孔(一次孔)钻孔完成后,不需要注浆的孔[涌水量在 0.5L/(min·m)以下]连续出现的场合,可以认为其间的奇数孔不需要注浆,可以省略钻孔。此外,如果确认注浆材料不会从堵头溢出,掌子面不会出现变异的场合,可以把堵头长度从 10m 缩短到 7.5m,来降低整个钻孔的长度。但在进行补充注浆时,要提高最大注浆压力。

3)注浆效果

表 5-11 是止水注浆的效果。

止水注浆的效果　　表 5-11

步距	1	2	3	4	5	6	7	8	9	合计
步距长度(m)	30 (20)	30 (20)	30 (20)	30 (22.5)	30 (22.5)	30 (22.5)	30 (22.5)	30 (22.5)	26.1 (18.6)	(191)
钻孔数	134	112	95	96	129	131	133	143	176	1 149
钻孔长度	3 608	1 992	1 576	1 550	2 513	3 577	3 620	3 941	4 286	30 663
注浆长度	2 100	1 757	1 505	1 704	2 315	2 363	2 365	2 696	2 527	19 332
最大注浆压力(MPa)	1.38	1.38	1.38	1.38	1.38	1.38	1.38	1.38~2.0	2.0	
改良围岩量(m^3)	7 711	7 711	7 711	8 675	8 675	8 675	8 675	8 865	8 155	74 853
注浆量(m^3)	33.3	11.1	18.8	19.0	27.0	40.1	46.8	60.8	61.1	318.0
注浆率(%)	0.43	0.14	0.24	0.22	0.31	0.46	0.54	0.69	0.75	0.42
有无补充注浆	无	无	无	无	无	无	无	无	有	

注:(　)内为注浆长度。

1~9 个步距的水泥浆注浆率是 0.42%,而根据事前的地质调查,从花岗岩的累计裂隙开口量曲线推定的注浆率是 0.3%,基本上是一致的。

注浆效果通过注浆前和注浆后的钻孔的涌水量比较及吕容值比较,示于图 5-19、图 5-20。注浆前的涌水量最大是 9.7L/(min·m),吕容值是 10.5,注浆后则分别是 0.5L/(min·m)以下和 3 以下。效果是明显的。隧道开挖时的涌水量最大是3.5L/(min·m),累计涌水量是146L/(min·m)[平均0.9L/(min·m)],可以认为止水注浆的效果是充分的(图5-21)。

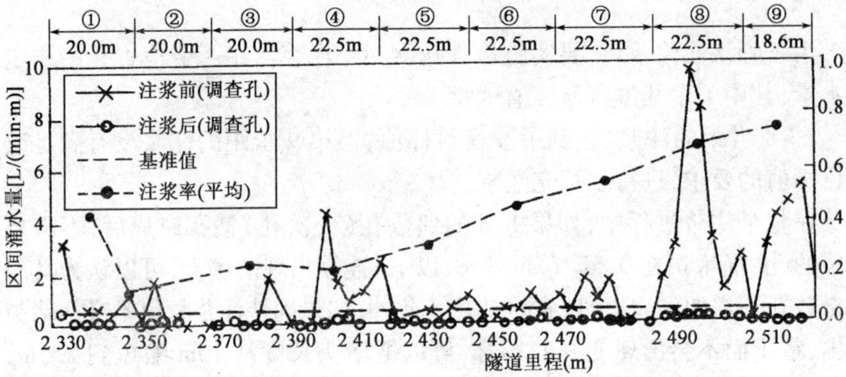

图5-19 注浆效果(区间涌水量的比较)

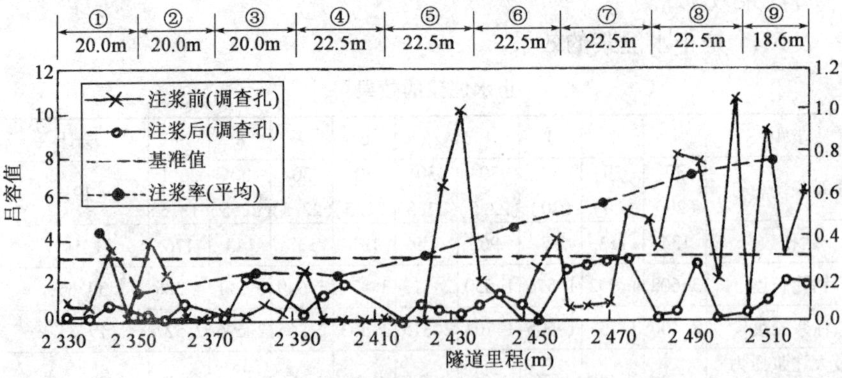

图5-20 注浆效果(吕容值的比较)

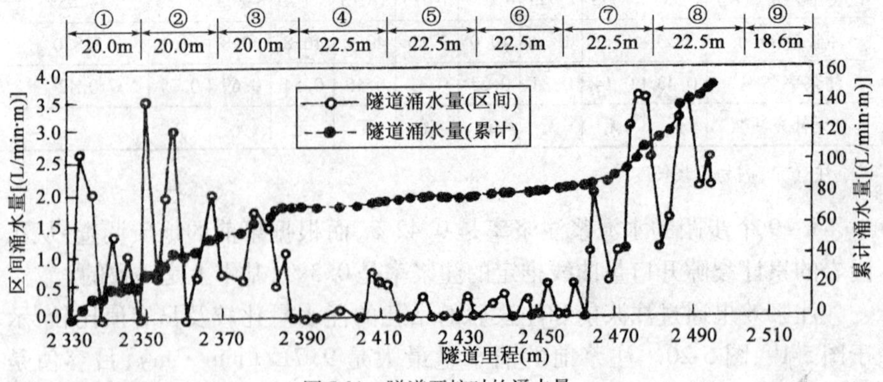

图5-21 隧道开挖时的涌水量

从以上实例中,我们可以认识到:

(1)不管是青函隧道,还是舞鹤隧道,进行完全的止水,是不可能的。注浆后,都会残留一定的涌水。这个涌水量应该是可以接受的,而且不会对生态环境造成不利影响。

(2)青函隧道的注浆技术是在大量试验的基础上形成的,不仅在施工阶段,而且在调查阶段就进行了许多为注浆设计的试验。在试验中获取经验,是极为重要的。我们应该把注浆试验作为一个重点予以实施。

(3)青函隧道采用的是限量注浆。所谓限量注浆就是根据围岩的孔隙率,注浆量按其孔隙率的80%以上进行注浆,而不是无限制地注浆。如果注浆率能够保证在孔隙率的80%以上,围岩的渗透系数可以降低2~3个数量级。因此,确定围岩的孔隙率,就是一个极为重要的课题。

(4)青函隧道的注浆,实际上是一边注浆一边测定钻孔的涌水量,当涌水量达到预计要求时,就停止了注浆。因此,青函隧道的止水是不完全的。目前青函隧道洞内的涌水量约在25m^3/min。共设3个排水基地,包括备用在内共设置了12台水泵。每台水泵的排水能力为9~12m^3/min。因此,隧道究竟容许多大的涌水量,也是一个需要解决的问题。

(5)完善的注浆计划是成功的保证。从青函隧道有关注浆的文献看,对事前的注浆设计是异常重视的。如何控制注浆量、如何控制注浆压力、如何选择注浆材料等,都有一个计划。这一点,只要我们认真对待,就可以做到。

(6)注浆材料是一个关键问题。青函隧道主要是采用经过改性的水玻璃系列材料。目前适合注浆的材料很多,应通过试验进行选择。对注浆材料的要求是:胶凝时间在3min以上,3d龄期的单轴抗压强度在4MPa以上。舞鹤隧道采用超细水泥浆,是比较合适的注浆材料。

(7)青函隧道采用预注浆(超前注浆)和后注浆(补充注浆)两种方式进行止水作业。预注浆有的是在主洞内,有的是通过作业坑道进行的,工程量很大,其平均速度约在12m/月,对进度影响极大。后注浆是为了解决通过衬砌的涌水量还不满足要求的情况下采取的措施。这种补充注浆,要控制注浆压力,避免对衬砌的不利影响。

(8)从注浆步距看,舞鹤隧道采用30m,是比较合适的。在这种条件下,可以采用隧道通常使用的钻机进行钻孔。

(9)在施工前,应进行围岩透水性的试验,测定围岩的渗透系数,为确定注浆量提供依据。一般说,围岩的渗透系数是各向异性的,因此在进行注浆时应考虑这个特点,确定各孔的注浆量。

(10)应该确定一个需要注浆的基准,这一点从上述两座隧道的工程实践中可以看出。例如,舞鹤隧道,当钻孔的涌水量小于0.5L/(min·m)时,就可以不进行注浆,而仅进行钻孔的填充。

3. 软弱破碎围岩注浆实例

实例一 习志野隧道

习志野隧道是一座城市隧道,长2 360m,埋深只有6~10m,地质条件以砂层为主,夹有一些黏土。地下水位在隧道施工基面以上4~5m。采用CRD法施工(图5-22)。砂层的均质系数约为2.0,掌子面的自稳性差,从拱肩处可能有地下水流出。因此在洞内采用了井点降水和正面喷射混凝土(厚度3cm)、正面打锚杆(长2.0m)以及拱部小导管(直径34mm、长2.75m)等方法。

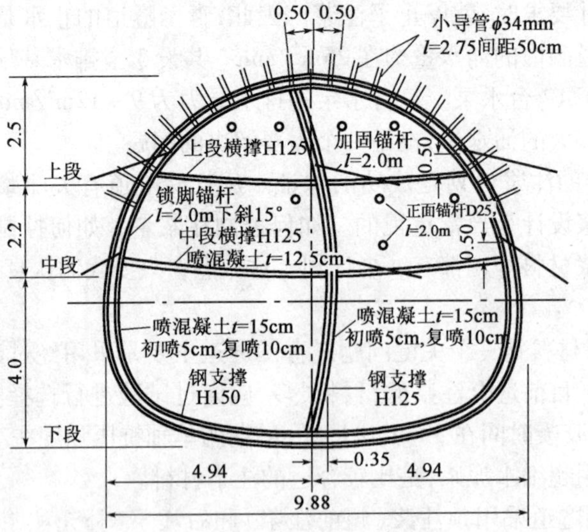

图5-22 CRD法施工步骤(尺寸单位:m)

在通过居民区时为减少地表下沉,又采用了无机溶液水玻璃注浆,注浆范围约2.0m(图5-23)。注浆材料的配比列于表5-12。

注浆材料的配比 表5-12

种 类	胶凝时间	比 例	注
水玻璃溶液	30s以内	1	第一次注浆
	10min左右	3	第二次注浆

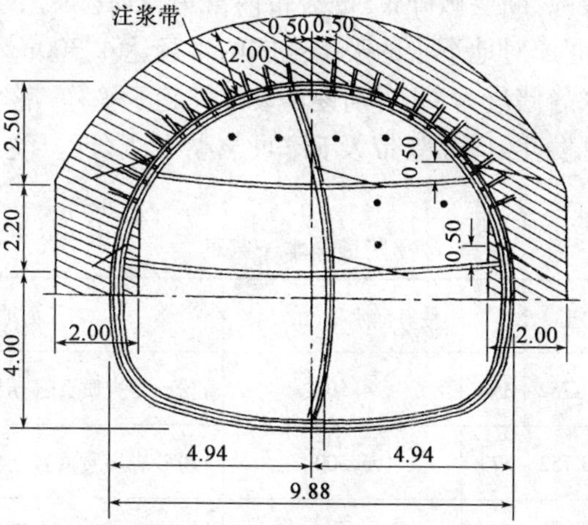

图 5-23　拱部注浆范围(尺寸单位:m)

注浆效果是比较好的,未注浆前的抗压强度是 0.01MPa,注浆后是 0.1～0.2MPa,提高 8～10 倍。地表下沉收敛在 20mm 左右。

实例二　草庵隧道

草庵隧道为铁路隧道,全长 2 469m。隧道地处高原中部,构造侵蚀、剥蚀的中低山区,地形起伏大。地表沟谷交错,地表多垦为旱地,植被一般。

隧道通过古老地层,历经多次构造运动,邻近区域性深大断裂,区域内发育有逆冲断层、断层等。受上述构造影响,区域内岩层挤压、错动严重,次生断层、小褶曲发育,产状多变,构造裂隙及层间裂隙相当发育。岩石以粉砂岩夹页岩为主。

隧道Ⅳ级以上软弱围岩长达 1 432m,占全隧道长度的 58%。

隧道受多次构造运动影响,岩体破碎,尤以炭质页岩及构造带断层泥、角砾岩为甚,遇水软化后,岩体自承能力极差。岩层走向为 N20°～40°E,与隧道轴线成小角度相交,其倾向 SE,倾角 20°～30°。软弱岩体位于右侧,使隧道衬砌承受了较大的地质偏压。同时,由于隧道紧邻深大断裂及其分支次生断裂,再加上埋深较大,开挖后导致构造应力释放,地应力重新分布,造成岩体的较大松弛变形,在地下水作用下,导致岩体结构破坏。

由于草庵隧道断层泥、角砾土中,细颗粒含量大,随动水流失后,加剧了岩体的变形和失稳。

隧道主要通过粉细砂岩夹页岩、弱孔隙、裂隙含水层,由于页岩的隔水作用,砂岩间水力联系差,无统一的地下水面,大气降水及地表水、孔隙水多沿构造及层间裂隙、断层破碎带、断裂带内富集,具有典型的裂隙水、断层水特征。据分析,隧道对地下水的吸引范围的半径达4 300m。揭穿富水带初期以消耗地下水静储量为主,后期逐步衰减并趋于平稳,漏水现象以大股裂隙水为主,集中发生于构造带及砂、页岩界面附近。隧道涌水情况见表5-13。

隧道涌水一览表 表5-13

时　间	里　程	估算涌水量(m^3/d)	掌子面地质情况
1993.1.7	DIK752 +390	4 500	粉砂岩炭质页岩,层理紊乱,节理发育
1993.4.30	DIK752 +573	6 500	粉砂岩炭质页岩,层理紊乱,节理发育
1993.8.24	DIK752 +681	1 600	粉砂岩炭质页岩,层理紊乱,节理发育
1994.1.7	DIK752 +870	3 500	粉砂岩炭质页岩,层理紊乱,节理发育
1992.8.13	DIK754 +523	3 000	粉砂岩夹页岩
1993.1.5	DIK754 +368	5 500	粉砂岩夹页岩
1993.7.9	DIK754 +150	5 100	粉砂岩夹页岩

按地下水动力学方法分析,全隧地下水稳定流量为3 700m^3/d。

对富水软弱岩体,在开挖前进行预注浆止水,加固岩体是防止其产生较大变形、坍塌,进而保证衬砌结构安全的有效措施。只有扩大岩体加固范围、提高注浆压力、保证足够的注浆量及渗透半经,具备完善的施工工艺,才能达到封闭地下水渗入的路径、预防周边围岩固结体失效和防止坍方。故经反复比选,选择全断面深孔超前预注浆加固方案。

1)预注浆参数的选择和设计

由于隧道工期十分紧张,深孔预注浆施工工序繁杂,采用地质水平钻机成孔速度慢,钻孔外插角受到限制,加固岩体范围相对较小,且钻机在洞内移动困难。因此深孔预注浆成孔选用了液压钻孔台车,具有钻进速度快(为地质钻机的5~10倍)、外插角大、移位方便等优点,采用可缩式易退钻头,防止卡钻。

根据液压钻孔台车的钻进能力,注浆孔长确定为15m,每次开挖10m,预留5m作为下一段注浆的止浆岩盘。

注浆参数的选择：按一般注浆止水、加固围岩的计算方法来确定加固范围，本隧道加固半径为 7.5～18m。要满足这个要求施工极为困难，且注浆工程量大，工程投资也大为增加。结合隧道地质条件，地下水对岩体自稳性的影响尤为突出，封闭地下水渗入路径后，岩体自稳性能可大大提高；同时，由于软弱岩体虽极为破碎，但并非松散结构，经注浆加固后，岩体抗渗性能得以提高，可防止细小颗粒流失导致渗水路径形成。因此，只需注浆加固范围内岩体具有与此相应的性能，故确定注浆加固范围为 2.4 倍洞室开挖半径，即 9m，开挖轮廓以外岩体有效加固范围达 5m。

注浆以劈裂注浆为主、渗透注浆为辅。渗透注浆主要通过浆液与地下水形成具有一定强度的聚合反应物，加强岩体颗粒间胶结，阻塞渗水通过，防止颗粒流失造成岩体结构破坏并止水；劈裂注浆则通过高压劈裂挤密软弱岩体，利用强度较好的浆液凝固体在软弱层面形成骨架，约束岩体变形，提高岩体的整体稳定性，同时用浆液置换岩体中的饱水空间，整体上提高岩体抗水软化能力。依据上述原因，结合草庵隧道最大埋深约 200m，其最不利静水压力 2MPa，注浆压力应为静水压 2～3 倍的要求，确定预注浆终孔压力为 6MPa，孔口段以渗透注浆为主，注浆压力为 0.7MPa。

根据采用的注浆压力，结合本隧道软弱岩体的物理性质，确定注浆扩散半径为 2m，据此确定注浆孔间距。全断面深孔预注浆按两环实施，外环以阻水为主，浆液扩散区域重叠。注浆孔布置如图 5-24。

2）注浆材料选择

注浆分为两段，第一段采用孔口管注浆阻水，加固岩体并形成止浆岩盘。为尽快封闭掌子面，保证坑道稳定，考虑到扩散范围有限，大部分在开挖时将被挖掉，而外层岩体由前环注浆加固，故注浆材料采用可注性好、早期结石体强度高的水泥—水玻璃双液浆。第二段则考虑结石体耐久性和各环注浆的重叠而采用水泥净浆，结石体的后期强度不易衰减，保证围岩长期稳定，改善衬砌结构受力条件。

水泥浆与水玻璃体积比为 1:0.4，水泥浆水灰比 1:0.7。钻孔孔口间距为 0.75m，内、外环交错布置，外环孔轴线空间外插角为 15°32′19.7″。钻孔开口直径为 102mm，设 5m 长，89 花管作孔口管，注浆孔直径为 75mm，注浆方式为下行式。

3）施工

钻孔采用 NH174 两臂液压凿岩台车，注浆泵为 ZTGZ—60/210 型，其排浆量为 16～60L/min，最大压力为 21MPa；水泥为 52.5 级普通硅酸盐水泥；

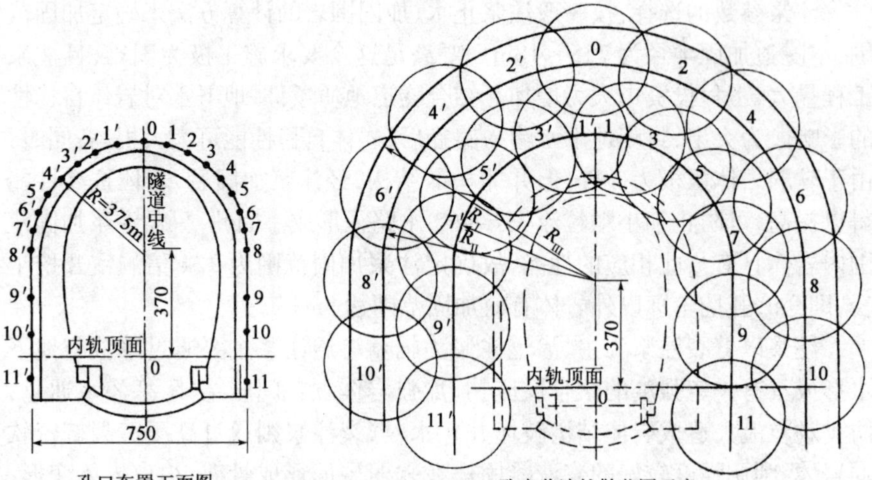

孔口布置正面图　　孔底浆液扩散范围示意

图 5-24　注浆孔布置示意图(尺寸单位:cm)

水玻璃的出厂浓度 43Be,相对密度 1.43,模数为 2.5。

由于钻孔较长,故前进式注浆孔分 5m、10m、15m 三段进行,以防止钻杆下垂偏孔。注浆终压根据实际情况调整为 14.5MPa,各段浆液采用了不同的浆液配比,见表 5-14。

浆液配比表　　表 5-14

工序	水灰比	水玻璃浓度(Be)	工序	水灰比	水玻璃浓度(Be)
固定孔口管	0.67:1	30	10m 注浆	1:1	20
5m 注浆	1:1	25	15m 注浆	0.8:1	

一般在软弱岩体内注浆,均需在掌子面设止浆墙,所需圬工量大,拆除时需爆破。本隧道为避免震动破坏岩体及结石体结构,节省圬工,采用了低压固定孔口管并加固掌子面,再于掌子面上设短锚杆进行网喷,较好地利用了加固后的岩体作为止浆墙,钢筋网网格间距 30cm,喷射 C20 混凝土厚 12cm。压浆时掌子面虽有变形,但未发生坍塌,起到了良好效果。对 DIK752 +857 ~ DIK752 +930 段富水软弱岩体超前深孔预注浆加固开挖后的水量实测,水量稳定在 430m^3/d(含进口段施工废水),原出水点引排处未见有坍方出现,水流为清水,开挖揭示,浆液在裂隙、层面中固结良好,劈裂、挤密岩体效果十分明显。岩体按预期效果得到加固,未出现涌水,局部渗水处岩体未出现失稳现象。

4）支护

草庵隧道中部为Ⅵ级软弱围岩段，长达349m，受地下水影响程度不同，设计采用了不同的支护措施，有效地保证施工安全。

在Ⅴ级围岩富水地段，地质条件主要受节理、层理影响，未见断层泥等易流失岩体。设计中认为不需采用超前深孔预注浆，而采用大管棚注浆加强支护。由于管棚长度为15m，在管棚末端已超出隧道外轮廓线1m多，其下盘岩体极易失稳，可能致使整个岩体失稳，因此在该部分拱部采用超前锚杆与径向锚杆相结合的加强型支护体系。

在Ⅵ级围岩富水地段，采用超前深孔注浆止水加固地层，然而被加固后的岩体仍为软弱岩体，达不到高强度、完整性的要求，衬砌承受的围岩压力仍很大，坍方的可能性依然存在。因此，在开挖前对拱及边墙上部采用4m长超前锚杆，拱墙设置长3m径向锚杆及全封闭格栅钢架，喷25cm厚混凝土，以抑制加固后岩体的变形。

草庵隧道在施工过程中采用深孔预注浆与管棚等措施相结合，顺利通过了富水软弱围岩地段。

实例三　岐岭隧道

岐岭隧道为铁路隧道，长2 536m，地质条件复杂，对施工最为不利的是进口段280m。该段位于加里东期花岗岩极严重的风化层中，隧道通过处风化层最深达50m，表层为厚2～9m的第四系残坡崩积层。风化岩体含多种亲水矿物，裂隙水发育，组织结构完全破坏，仅外观保持了岩体状态，矿物晶体已失去胶结联系，大部分矿物变异，石英岩和长石分别风化成砂粒和高岭土，设计为Ⅵ级围岩。

严重风化的花岗岩具有以下特点：①结构松散无胶结，自稳性差，遇水膨胀，失水收缩，经地下水扰动则极易液化成泥浆涌出；②岩体渗透性极弱，渗透系数仅为1×10^{-7}cm/s，不利于注浆加固；③风化岩夹含孔隙水和残存裂隙水，处于饱和状态。

在施工过程中，右侧平导施工到DK370＋181时，工作面突然发生突水涌泥，泥沙在很短的时间内便淤塞导坑27m，正洞的双侧壁导坑也因多次涌泥而被迫封闭。经现场会诊认为，这种极严重风化的富水花岗岩，是多年来少见的特殊不良地质，确保施工安全、加快施工进度的关键是解决好注浆技术与工艺。

1）注浆方案的选择

注浆方案的选定，主要取决于注浆的目的、围岩特性、注浆设备等因素。

本隧道Ⅵ级围岩段注浆的主要目的是加固围岩，而本段围岩的特点是晶粒间无胶结，岩体致密，又呈饱和状态。因此，要提高注浆质量和保证加固效果，须解决三个问题：一是寻找浆液在渗透性差的岩层中扩散的有效途径和方法；二是超前降排岩体孔隙水和残存裂隙水，以利浆液渗入；三是提高浆液结石体的强度和稳定性，为施工创造条件。

因此，采用以控制注浆压力为主的不同注浆方法和工艺，即在致密的极严重风化的层状岩体中，采用分段前进式长套管挤压劈裂注浆，并辅以负压超前抽排水的施工方案。同高压劈裂注浆相比，在技术上有两点明显改进：一是增设了水平花管，通过射流泵形成负压，以抽排岩层中的裂隙水和部分孔隙水，并起引导注浆作用；二是在注入普通的水泥—水玻璃浆前，先注入U型超细水泥—水玻璃浆，以冲开致密岩体中的细小裂隙，为后续的注浆"开道"，提高注浆效果。

对突水涌泥段采用渗透、劈裂注浆。

其余采用大管棚充填、挤压注浆。

2)突水涌泥段的注浆设计

平导坑位于正洞右侧，与正洞相距42m，设计断面为3.4m×3.8m，工程地质、水文地质与正洞相似。1993年12月7日，平导坑施工至DK370+181处，在已衬砌的拱脚处突然发生突水涌泥，平均涌出量为150m^3/d，最高达到350m^3/d，平导坑被淤塞，已衬砌的成洞段整体下沉，最前端下沉2m多。当时的处理措施是：清除泥浆，用编织袋装碎石在距掌子面27m处筑坝拦截泥浆；同时，在DK370+151处导坑右侧开挖断面尺寸为2m×2m的迂回排水导洞。导洞挖至DK370+161处，底部又突水涌泥，迂回导洞被迫封闭。鉴于此，最后决定采用注浆处理。

(1)注浆孔布置：由于平导坑突水涌泥地段的衬砌沉降，只好将原衬砌废弃。考虑到原衬砌的背后土体受扰动很大，所以在注浆钻孔时安排一定的外插角，使注浆管能达到衬砌背后，浆液能充填、挤压衬砌周围的空隙与土体。注浆孔的布置见图5-25。

(2)注浆压力：由于本段围岩的空隙率较大，所以，注浆以充填和渗透为主，注浆压力不能太高，控制在3MPa以内。

(3)止浆墙设计：为了加固墙脚和便于钻孔注浆作业，将止浆墙按开挖面形状设计成台阶式，总厚度1.0m，周边用锚杆与衬砌相连接。构筑止浆墙时，要预埋ϕ124mm孔口管。

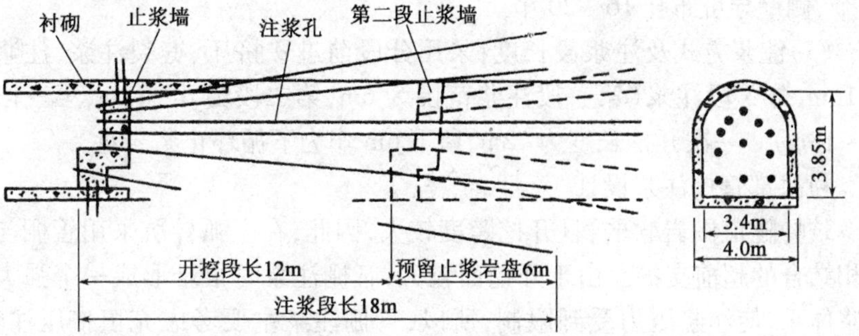

图 5-25　注浆孔布置图

注浆方式和注浆段长度：采用前进式注浆，每循环注浆段长设计为 12～18m，开挖 6～12m，留下 6m 作为下循环止浆岩盘。

3）极软原状地层的注浆设计

极软原状地层岩体未经扰动，虽极严重风化但还保持了原有花岗岩的结构，虽因地下水丰富而处于饱和状态，但失水后其强度明显增加，自稳时间大大延长，所以，可利用岩体来选择注浆方法和注浆参数。

（1）注浆方法：对这种结构致密、渗透性很小但有裂隙的地层注浆加固，比较合适的方法是挤压、劈裂注浆。挤压、劈裂注浆的浆液首先填满注浆管周围空间，随着压力的增加，对孔周围岩体产生挤压和局部剪切，破坏岩体的结构，挤出部分空隙中的水和空气，压力继续增加，浆液继续扩散。浆液的胶凝硬化不仅产生强度较高的结石体，而且与岩体颗粒胶结，使围岩整体性和稳定性得以改善。由于部分水被挤出，加上浆液的水化作用吸收一部分水，使岩体中水减少，岩体的强度和自稳性则相应提高。

（2）注浆压力：对于挤压、劈裂注浆，注浆压力是影响注浆效果的重要因素。根据前进式注浆的特点，采用不同的注浆压力。第一次注浆压力为 2.0～3.0MPa，第二次注浆压力为 3.0～4.0MPa，第三次注浆压力为 4.0～6.0MPa。

（3）注浆量：挤压、劈裂注浆的浆液，除了填充裂隙外，还要挤压地层，使其空隙减小，改变岩体结构。注浆时，随着注浆压力的升高和时间的延长，浆液本身会受到压缩，并产生脱水现象，使胶凝浆液的密度增大。这样，有可能出现注入浆液的体积比加固岩体的空隙体积还大的现象。经计算，歧岭隧道软弱原状地层加固的注浆量 Q 为 $0.266V$（V 为受注岩体体积）。

（4）注浆孔的布置：歧岭隧道的平导坑、侧壁导坑及泄水洞原状岩体注浆时，按全断面封闭注浆要求布孔。一般情况下，泄水洞与平导坑布孔10～

12 个，侧壁导坑布孔 16 ~ 20 个。

(5)注浆方式及注浆段长度：采用分段前进式挤压、劈裂注浆，注浆段长 18m，分 3 段注浆（第一段注浆范围为 6m，第二段为 6 ~ 12m，第三段为 12 ~ 18m）。一次开挖长度为 12m，留下 6m 作为下循环止浆岩盘。

4)拱部管棚注浆设计

歧岭隧道围岩软弱，且开挖跨度较大，因此，在上弧导坑采用管棚与注浆相结合的超前支护。由于开挖面较大，管棚注浆时很难形成一个强大的止浆体系，使注浆压力受到限制，所以，管棚注浆主要考虑充填挤压注浆，即：采用稠度较大的浆液通过管孔进入周围岩体，对之进行充填挤压，改善管棚附近围岩整体性，与管棚一起组成具有一定刚度和强度的承载拱，并起阻水帷幕作用。

(1)管棚注浆段长度：管棚注浆一次施工长度为 19m，入岩 18m，采用 ϕ108mm 钢管，前端 12m，设有注浆孔，采用全长一次压入注浆。

(2)注浆压力：管棚注浆压力越大，注浆效果越好，但压力太大，止浆的难度也增大。因此，根据现场试验，确定管棚注浆压力不大于 2.0MPa。

(3)管棚管间间距：管间间距与浆液挤压影响半径有关，同时，要满足在开挖过程中管间不流泥的要求，还需考虑施作方便。据此确定管棚管间间距为 30cm。

(4)止浆措施：施作管棚时，在其尾部缠绕麻线并黏 CS 胶泥 50cm；在掌子面喷射 20 ~ 30cm 厚的混凝土作为止浆墙。

(5)注浆材料与浆液配合比。

选用水泥—水玻璃作为注浆材料，其优点是：可调节注浆材料的凝结时间，其胶结体具有较高的强度，而且不会产生固化收缩而形成的空隙，有利于保持胶凝体与岩体的胶结和挤压作用；浆液在流散过程中，发生的化学反应产生大量水化热，将促使岩体含水率降低，强度和自稳性则因此提高。

歧岭隧道使用的浆液材料为 42.5 级普通硅酸盐水泥和模数为 2.4 ~ 3.0、出厂浓度为 50Be 的水玻璃。缓凝剂为磷酸氢二钠。为了提高浆液的可注性并探索材料对注浆效果的影响，施工中还选用了上海洋泾水泥厂生产的特种水泥——U 型超细水泥。

经试验确定了 3 种使用条件的浆液配合比。

突水涌泥段：$W/C=(0.8\sim1.0):1$；使用浓度 35Be 的水玻璃时，$C/S=1:0.6$。

极软原状地层注浆段：使用超细水泥和 30Be 的水玻璃时，$W/C=$

1.2:1，$C/S=0.6$；使用普通42.5级硅酸盐水泥和35Be的水玻璃时，$W/C=(0.8\sim1.2):1$，$C/S=1:0.6$。

管棚注浆段：$W/C=(0.6\sim0.8):1$；使用40Be的水玻璃时，$C/S=1:0.5$。

5）注浆工艺

岐岭隧道所用的注浆设备见表5-15。

注浆设备　表5-15

序号	设备名称	型号	单位	数量
1	钻机	DK—150	台	3
2	风动凿岩机	7655	台	3
3	管棚钻机	土星881	台	2
4	双液注浆泵	2TGZ—60/210	台	2
5	泥浆泵	BW—250	台	4
6	灰浆搅拌机		台	2
7	混合器及其他设备		套	

岐岭隧道注浆工艺与常规的注浆基本一样，不再赘述。下面只简要介绍其采用的技术措施。

（1）套管护壁：极严重风化的花岗岩遇水软化，一经扰动则成泥浆状，以致注浆孔经常塌孔和堵塞。为解决此问题，采用了套管护壁技术，在构筑止浆墙时预埋3m长的ϕ124mm孔口管。在第一段注浆时，先用ϕ110mm钻头通过孔口管钻孔，钻至预定深度退出钻杆，立即用钻机顶入长6m的ϕ108mm钢花管；第二段注浆时用ϕ90mm钻头钻注浆孔，然后下长12m的ϕ89mm钢花管；经过前两次注浆，使第三注浆段的地层受到挤压，成孔较前两段好，所以第三段注浆时直接使用ϕ76mm钻头钻孔。

（2）注浆与负压抽水相结合：为了提高注浆效果，需及时快速地排出地层中的水，在注浆过程中采取负压降水措施。在注浆工作面用钻机钻长20m以上的6mm水平泄水孔，然后顶入长20m的ϕ60mm钢花管，将管口与射流泵相连，启动射流泵使孔内形成负压，吸出岩体内的裂隙水。这一措施不仅加速了地下水的排放，而且对注浆起到一定的引导作用，有利于提高注浆效果。

（3）对地层进行预处理：在渗透性很弱的致密地层中注浆，采用超细水泥与水玻璃配制的双液浆作预处理。这种浆液能渗入细小的裂隙，改善了浆液的渗透性，提高注浆效果。

(4)减小重复钻孔工作量：分段式注浆的缺点是重复钻孔工作量大，解决的办法是，在注浆结束前，通过试验求得充满注浆管和注浆泵体的水的体积，然后把等体积的水装入容器中，在第一阶段注浆结束后，把吸浆管放到装水的容器中，容器中的水被吸完之后停止注浆，关闭闸阀，过一定时间后，将孔内水排出，即留下孔道。这样，此段重复钻孔即可减少。

注浆的目的是通过高注浆加固地层，因此，注浆应在达到设计注浆终压之后维持一段时间，注浆压力没有明显下降之时结束。

6)注浆效果

(1)改善了岩体的物理力学性能。从表5-16所列3组岩体注浆加固前后的物理力学性能的对比中可以看出，通过注浆加固，隧道围岩的物理力学性能得到了明显改善。

岩体注浆前后的物理力学性能对比表 表5-16

组别		含水率(%)	密度(g/cm^3)		孔隙比	液限(%)	塑限(%)	塑性指数	承载力(kPa)
			干	湿					
A	注浆前	33.16	1.92	1.43	0.884	45.20	25.70	19.50	110
	注浆后	21.40	2.09	1.72	0.587	31.62	19.43	12.19	252
B	注浆前	21.45	1.93	1.59	0.642	34.00	21.80	12.20	140
	注浆后	13.72	2.08	1.83	0.410	26.72	15.40	11.32	325
C	注浆前	32.97	1.91	1.44	0.905	42.20	24.90	17.30	120
	注浆后	22.33	2.08	1.70	0.538	30.47	18.30	12.17	273

从注浆作业情况来看，注浆压力一般都能达到或接近设计终压。从挖开的加固地层看到，相当一部分浆液能劈开岩层相互串通，使围岩挤压、充填密实、胶结牢固，用风镐才能挖动。从径向钻孔检查结果看，注浆在开挖轮廓外形成厚约1m的加固圈，与超前管棚共同受力，保证了围岩的稳定。管棚注浆使管间胶结牢固，形成一个环形壳体，起到帷幕止水效果，保证了作业安全。

(2)降低了岩体含水率。从表5-16中也可看出，通过注浆挤压与浆液水化作用时的吸收，使固结体范围内的含水率得到很大程度的降低。

(3)有效地抑制了隧道的整体下沉。从平行导坑的突水涌泥可以看出，在富水软弱破碎的围岩中，即使衬砌封闭成环，仍有整体下沉的可能。通过注浆加固后，隧道的整体下沉得到了有效的控制，保证了隧道结构的整体稳定。

(4)加快了施工进度。注浆加固前,岐岭隧道进口端施工中坍方不断,突水涌泥不止,施工严重受阻。采用注浆及综合整治措施加固围岩后,再没有出现坍方,保证了隧道的正常施工,从而加快了施工进度。特别是平导施工,平均月进度达到66.4m,最高达82m,比注浆前施工进度提高了2倍以上。

实例四　大瑶山隧道

大瑶山隧道全长14.295km,位于径向构造带中段的复合交接部位,即粤北山字形构造脊柱北端。该区段经历了多次近东西向主压应力的反复作用,形成区域内规模宏大的近南北向的褶皱和断裂。其中九号断层是本区域主要的区域性断层。

九号断层地处大瑶山隧道中部,断层走向与隧道轴线近于垂直。由于经历了多次构造运动的强裂挤压作用使岩体极为破碎。主断层带,由端层泥、断层角砾岩、强烈压碎石英砂岩、泥质砂岩、泥质细砂岩构成,岩体稳定性差,并为强富水带,最大涌水量达38 000m^3/d。

穿越九号断层是控制全隧道施工的关键。根据该断层富水软弱破碎的特点,力求做到预防为主,制定出"钎探深、预注浆、管超前、半断面、留核心、短进尺、弱爆破、强支护、紧封闭、勤测量"的施工指导原则。

由于九号断层前后围岩的集中涌水和坍方频率增加,给全断面施工带来困难,因此采用上下半断面顺序开挖法施工。即在上半断面贯通后,再开挖下部半断面,在围岩和支护变形达到基本稳定后,修筑二次衬砌。

1)上半断面施工技术措施

(1)超前探水:开挖前,用台车钻5~7个15m深的钻孔探水,以防突水。对探孔富水地段,进行截水加固围岩。

(2)堵水加固注浆:在地下水十分发育的九号断层破碎带进行上半断面开挖。为了堵水及加固地层,防止断层突泥涌砂,在开挖前需进行堵水及加固地层注浆。九号断层由于已开挖超前导坑进行排水降压,因此堵水注浆只在开挖断面周边形成一定厚度的半封闭截水圈,使地下水不致侵入开挖面,以防变形过大或造成坍方。因此,选择周边半封闭浅孔预注浆进行堵水加固围岩。与常规的全断面深孔预注浆方案相比,其优点是:长段短作,钻孔容易,能利用凿岩台车代替钻机钻孔,灵活方便;注浆范围小,注浆孔少,材料消耗少;注浆压力低,施工安全;可利用喷射混凝土封闭作业面作止浆岩盘,不需灌注混凝土止浆墙,工艺简单,易于现场操作。

周边半封闭浅孔预注浆每段长为8m,开挖6m,预留2m作下段注浆的止浆岩盘。在渗透性较小、浆液扩散困难地段或岩层极其破碎地段,则缩短注浆段长度到5~6m,相应开挖长度缩短至4~5m。注浆方式采用全孔一次压入式。这种方式工艺简单,重复钻注量小,可以用相对较高的压力注浆,能把浆液压入较小的裂隙,效果较好。

采用上半断面周边孔半封闭浅孔预注浆,在九号断层核心部位共进行了16个循环,共计注浆长96m。经检查分析,效果良好。主要表现在堵水率高,总堵水率达到84%以上,个别循环高达100%。从96m注浆段的开挖情况看,除个别零星散水外,无大股涌水,从而为开挖提供了安全的条件。注浆堵水效果见表5-17。

注浆堵水效果汇总表 表5-17

注浆段号	段长(m)	注浆孔数(个)	注浆前钻孔出水量(m^3/d)	注浆后开挖面出水量(m^3/d)	堵水率(%)	备注
1	8	9	467	353	24.4	试验段,孔数未打够
2	8	19	1 500	158	89.5	个别孔未封闭好,有的丝扣打坏未能达到注浆终压
3	8	21	1 480	145	90.2	喷混凝土厚薄不匀,掌子面有漏浆现象
4	8	14	255	22	91.4	由于上一循环超长开挖引起流水坍方,此段为处理坍方注浆
5	8	21	952	44	95.5	
6	8	18	0	0		
7	8	17	0	0		
8	8	19	0	0		
9	8	27	31	23	26	由于超长度开挖、引起坍方,导致堵水率降低
10	8	34	21	13	38	注浆后,在注浆范围外打管棚,引起漏水量增大
11	8	37	7	1.4	80	
12	6	20	0	0		与第16注浆段重叠搭接
13	8	17	7.89	0	100	根据出水位置布孔
14	7	16	21.96	1.50	93	个别孔未注好
15	4.5	16	15.08	2.89	84	注浆段开挖5m后出现289m^3/d涌水
16	7.5	15	56.29	1.09	98	个别孔未注好

(3)开挖方法:采用环形开挖预留核心土,以增大掌子面的稳定性。

(4)初期支护:适应地质情况的变化,选用有效的初期支护形式,其主要技术为超前支护,是预防围岩坍方的重要手段。Ⅳ级围岩采用锚、网喷,较差的地质选用超前锚杆和钢架支撑;Ⅴ级围岩采用超前管棚、钢架、网喷(必要时增加法向锚杆)联合支护;Ⅵ级围岩支护形式基本和Ⅴ级相同,管棚管间距0.3m,钢架采用H175型钢,钢架间距小于1m,涌水量大,围岩极破碎地段,辅以周边半封闭浅孔预注浆;在Ⅵ级围岩断层地段,初期支护予以特别加强,钢架支撑间距缩小至0.75m,管棚采用ϕ48mm钢管,外插角10°~15°,长度5~7m(施作一环可开挖2.25m),用模筑混凝土替代喷混凝土,厚度为50~70cm,并增设30~70cm厚的临时仰拱(H175型钢并灌注混凝土),使初期支护及时封闭成环。

(5)开挖弱振动爆破措施:为减小爆破对围岩的扰动,爆破施工采取短进尺、弱爆破。严格控制装药量,采用周边眼不装药或少装药的办法,做到爆破成型好,防止爆破造成局部失稳而带来的坍方。

2)下半断面施工技术措施

上半断面贯通后,由于采用了一整套强有力的支护形式,围岩及支护均处于稳定状态;下半断面开挖时,由于围岩再次受到扰动,致使应力重新分布,支护承受的侧向变形压力增大,拱脚尤为突出,拱脚松动,钢拱支撑压力会突然释放,造成过大的变形,如处理不当,将造成上半断面初期支护破坏,带来严重后果。因此,应做到快速支护,防止坍方,并加强测量,监控围岩及支护的变形,确保施工安全。具体措施为:

(1)拱脚基础加固:Ⅳ、Ⅴ级围岩钢架支撑段,均应锚固拱脚,每榀钢架两侧各施作2根ϕ42mm锁脚锚杆,锚杆长度5m,尾端与钢拱支承焊接牢固,以加强拱部的稳定,防止钢架支撑下沉。Ⅵ级围岩和Ⅴ级围岩富水破碎带,采用ϕ55mm钢管代替锚杆锁脚,并注入水泥—水玻璃双液浆加固拱脚。

(2)堵水加固注浆:下半断面堵水加固注浆在上半断面初期支护完成后进行,采用径向固结注浆,把地下水堵截在注浆固结圈以外,并由固结圈承受压力。

注浆结束后,原初期支护较大涌水处涌水量剧减,且对改良地层、提高围岩的承载能力效果良好。由于堵水注浆,使二次模筑衬砌混凝土质量得到保证。

(3)施工方法:Ⅳ级围岩无钢架支撑地段,采用短进尺、弱爆破开挖,锚喷支护;Ⅳ、Ⅴ级围岩钢架支撑地段,采用拉中槽,正面单侧交替推进刷帮方法开挖;Ⅳ级围岩和Ⅴ级围岩富水段,采用短拉中槽,单侧交错短刷帮开挖;Ⅵ级围岩和Ⅴ级围岩富水段,采用短拉中槽,单侧交错短刷帮开挖;Ⅵ级围岩碎石夹泥地段,采用单侧正面交错开挖。

对于埋深大、水压高、涌水量大、地质复杂、围岩极为破碎的九号断层,按一系列正确的方案施工,保证了施工顺利进行。

实例五　刺桐关三号隧道

刺桐关三号隧道,全长1 649m,为单线电气化铁路隧道。隧道平面沿反向曲线进洞,迂回于半径为450m、曲线长2km多的刺桐关灯泡形展线上。设计纵坡为0.89%、0.79%单向连续下坡。

隧道通过的主要地层:中元古界的板岩,浅灰色、灰白色、深灰色砂质、泥质、硅质变质结构,板岩构造,节理裂隙发育,风化严重。

隧道地层经历长期多次复合构造运动,岩体破碎,风化裂隙及构造节理甚为发育。板岩中普遍含裂隙水,在粉砂质板岩、泥质板岩及硅质板岩相互接触带,以及断层带两侧与褶皱轴部处,地下水更集中。隧道整个洞身处在地下水位高出拱顶42~72m的含水层内,洞内裂隙散水和集中股水时大时小,持续不断,涌水量多在200~300m^3/d,地表沟谷有常年流水。

围岩划分:砂质板岩及硅质板岩节理发育,地下水量小的地段有819m,为Ⅳ级围岩;硅质板岩,薄层夹片状泥质板岩,地下水量少,但受断层影响较大,节理发育,为Ⅴ级围岩;砂质板岩,受构造影响强烈,节理发育至很发育,有地下水,也为Ⅴ级围岩,长819m;泥质板岩,处于断层带内,受构造影响强烈,节理极发育或硅质板岩,薄层夹片状泥质板岩,地下水发育,定为Ⅵ级围岩,长280m。

1)施工方案及主要施工技术措施

针对隧道围岩富水软弱破碎的特点,制定了以堵截地下水为先决条件,以强支护保安全的施工指导原则。在施工中,根据各种地质条件和水文条件制订相应的施工方案。

Ⅳ级围岩虽然岩体破碎,但地下水少,相对而言围岩有一定的自稳能力和自稳时间,故采用正台阶法开挖,以锚、网、喷为支护措施,及时施作。开挖时,严格控制药量,以减小爆破引起的对围岩的扰动。

Ⅴ级围岩采用正台阶法施工,隧道上部以小导管超前支护,并预注浆,对地下水进行截堵,采用弧形导坑预留核心环状开挖,以减小对开挖工作面稳定的影响。开挖后及时架设钢架,挂钢筋网、喷射混凝土联合支护。

VI级围岩采用长台阶法施工,隧道上部选择深孔注浆进行堵水加固围岩,开挖前先作小导管超前支护,采用弧形导坑预留核心土环状开挖,开挖时以风镐、十字镐人工凿岩为主,配合局部松动爆破。开挖后及时架设钢架,挂钢筋网、喷射混凝土联合支护。

2)深孔注浆

(1)针对刺桐关三号隧道施工中固结断层破碎岩体和堵截地下水的需要,结合地质、水文情况,确定注浆加固范围、注浆压力、注浆量和浆液配比。

注浆范围:对断层破碎带注浆扩散半径选定为1.5m,加固范围为开挖轮廓线外3.0m。

注浆段长度及钻孔注浆方式:结合施工进度要求和小半径曲线上隧道施工条件,以及前进式钻机试钻和注浆后效果分析,注浆段长度定为20m。钻孔与注浆采取5m分段,钻孔5m长即开始注浆,注浆结束后又钻孔。这样交替循环进行,直至完成全长20m注浆。

注浆材料:注浆目的是堵水加固岩体,根据施工条件,并通过试验,确定选用水泥—水玻璃双液注浆,水泥选择52.5级普通硅酸盐水泥,水玻璃型号为III型,模数为2.9。两种材料均在当地采购。

配合比:水灰比0.8～1.2,水玻璃浓度为29～35Be,水泥浆与水玻璃浆体积比1∶0.58～1∶1,凝胶时间1min12s～2min12s。

(2)注浆施工程序:①设止浆墙(坍方地段灌注1.0m厚混凝土墙,原岩段采用网喷10cm混凝土封闭)及预埋孔口管,孔口管长1.5～2.0m;②双液注浆加固孔口管周围及填充墙背,注浆压力暂时控制在0.6～0.8MPa;③钻孔注浆,根据设计分段长度钻孔后,用水泥浆注浆,压力为2～3MPa,当开始段漏浆液时,改用双液注入封口,注浆顺序自下而上,先两侧后中间,初始压力0.4～1.0MPa,终压3～4MPa,钻孔和注浆时做好记录,便于分析前方地质变化情况;由于双液注浆很难渗入岩体细小裂隙,全部注浆完毕后,在弧形导坑底部左、中、右各钻一排水孔降低水位,疏干开挖面,一般注浆段长20m,排水孔深15m。

为保证注浆段开挖顺利,开挖长度即为排水孔长度,即20m注浆段开挖15m,余5m作为下一注浆段止浆岩盘。

注浆设备见表5-18。

注浆设备表 表 5-18

序号	机具名称	规格及型号	数量	备注
1	往复式泥浆泵	BW—250	2台	衡阳探矿机械厂
2	液压钻机	YZ—150	1台	重庆煤研院
3	灰浆搅拌机	HJ—200	1台	云南大姚机械厂
4	通风机	14kW	1台	
5	斗车	$0.7m^3$ V型	2个	
6	铠装管	ϕ80mm	20m	
7	高压钢丝管	ϕ50mm	40t	
8	高压橡胶垫圈	10MPa	15个	
9	水表	普通	1只	
10	法兰盘	ϕ100mm	24只	
11	普通泥浆泵	$>\phi$100mm	1台	抽水及废浆液

全隧共进行了11次深孔注浆，共计185m长，注浆地段均收到令人满意的效果。开挖段内无水或出水很小，并且开挖后明显看到松散岩体被浆液胶凝，含泥较多且密实地段通过高压劈裂挤压，形成一些直径0.2m的胶凝体"柱子"，"柱子"周围岩体裂隙被渗透固结的浆液填充，岩体的完整性得到改善。

刺桐关三号隧道施工实践，证明在地质构造复杂、软弱破碎、地下水发育的围岩中，采用深孔注浆堵水加固围岩，结合小导管超前、钢架、网、锚、喷联合支护措施是有效可行的。特别在一般方法难以治理的较大范围内固结地层和截堵地下水，从而改善围岩的自稳条件，效果明显，创造出正常施工的作业环境。

施工要点二 排水方法

一般施工中的排水方法有利用重力的自然排出的排水钻孔、排水坑道以及利用井点的强制排水方法。

1. 排水钻孔与排水坑道

排水钻孔一般是根据钻孔长度进行分类的，表5-19是一个分类基准。

排水钻孔的分类　表5-19

类别	长　度	工　法	有无岩芯	施工位置	采用机械
A	大于500m	双重管方式	无~有	从断面外	旋转式,55kW级
B	300m左右	双重管方式	无~有	从断面外	旋转式,30~55kW级
C	30~60m	无岩芯方式	无	从掌子面中心	旋转式,30kW级
D	10~30m	无岩芯方式	无	从掌子面中心	冲击式
E	3m左右	无岩芯方式	无	从掌子面中心	冲击式

表5-20是各种工法的基本特征及适应情况。

排水钻孔工法的特征及适应情况　表5-20

类别	工法特征	适应情况
A	·能够确实地获得长距离的钻孔； ·在固结的围岩中能够取岩芯	·几乎没有前方围岩的地质资料，地质调查的意义大的场合； ·需长时间排水的场合
B	·是排水对策的主流，通常设在交叉作业区间，反复进行钻孔； ·掘进速度快； ·与普通方法比较，掘进速度快，有可能取岩芯	·伴随涌水的地带较长，预计涌水连续的场合； ·地质变化急剧的地点，预测前方有大滞水层的场合； ·配合排水，采取岩芯的场合
C	·作业停止时可以钻孔； ·多与B的钻孔同时实施	·在实施长尺排水钻孔的区间，判断有残留水的场合； ·预测滞水层区间长度在50m以内的场合； ·连续出现问题的地层，掌子面涌水量多的区间； ·掌子面前方的围岩状况没有充分把握的场合
D	·采用风钻钻孔； ·视围岩状况，不能确保按计划钻孔	·在掌子面附近有小规模滞水带的场合
E	·开人力钻孔	

(1)排水钻孔的设置场所

从洞内进行施工时，钻孔的设置场所，在短台阶法中可考虑设在上半断面和下半断面。在短尺钻孔的场合，从进入到撤出约需2~3d，考虑到滞水层的距离，从上半断面施工是经济的。但施工后的排水效果有一定问题。在需要追加钻孔的场合，有必要从掌子面下方的位置施工。

长尺钻孔的场合，使用大型机械，开挖时间随着长度的增加而增加，因此，要确保下半断面有一定空间。此时，为了尽可能地避免作业间的干扰，应在断面外进行开挖(图5-26)。

(2)钻孔长度

钻孔长度应根据开挖目的、调查需求以及搭接长度等决定。图5-27是津轻隧道的施工实例。计划长度是200m，目的是降低主洞两侧的地下水位。

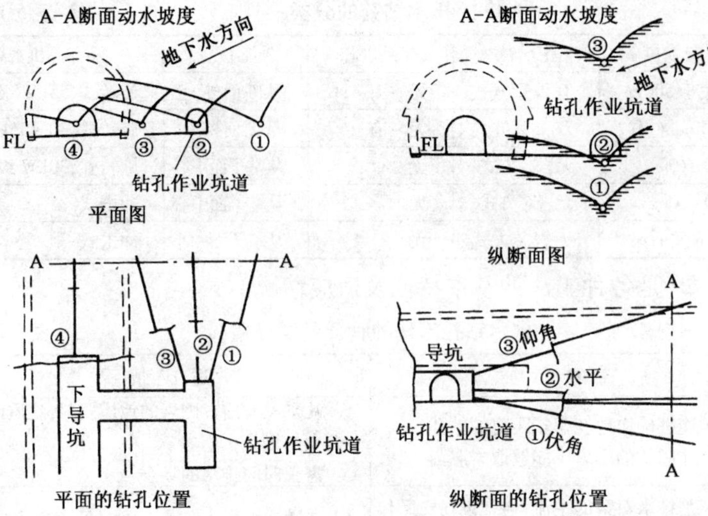

图 5-26　排水钻孔的设置

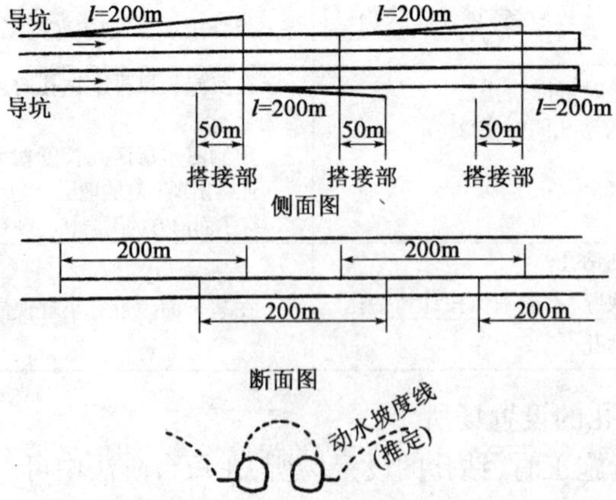

图 5-27　排水钻孔施工示例

(3)钻孔的方向

对应滞水层的分布状态，要研究最有效率的钻孔方向。在短尺钻孔的场合，最好按距滞水层最短的距离设计，距离比较大的场合，会降低其效果，应尽量靠近隧道。在长尺钻孔的场合也是一样，一般向上 2° ~5°，向外 2° 的施工场合比较多。

实例一　岩岭隧道

该隧道长 5 994m，施工中遇到 $20m^3/min$ 的大量涌水。施工中首先采用超前钻孔调查掌子面前方的状况，因发生涌水，采用了注浆、迂回坑道及排水钻孔等对策（图5-28）。同时在掌子面后方设置了图5-29所示的排水设备。

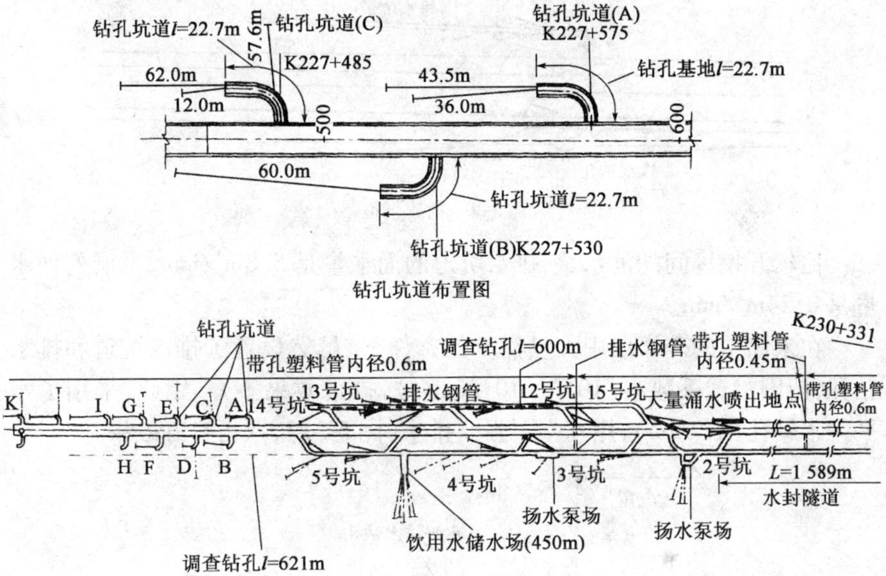

图5-28　排水钻孔等对策

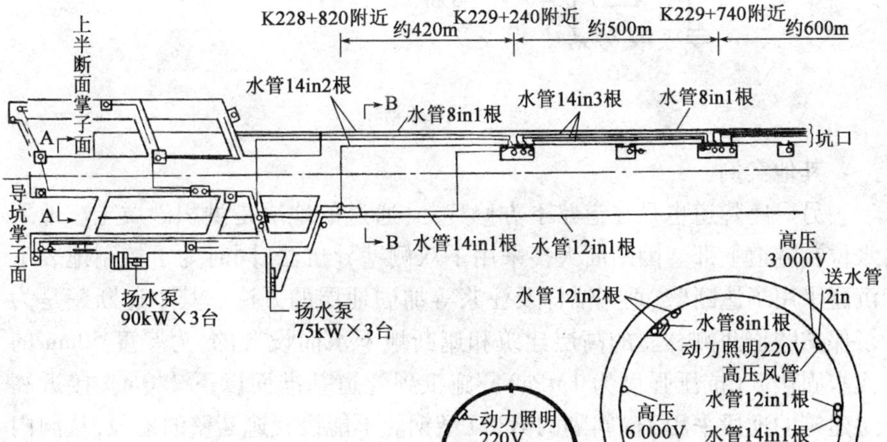

图5-29　各种排水设备

注：1in＝2.54cm。

实例二　中山隧道

中山隧道长14.83km，地质条件是未固结的围岩，伴随有高水压（水头约

200m)。开挖比较困难。施工中采用排水方法,设置排水坑道和排水钻孔,在掌子面前方设置长300~400m的超前钻孔排水并设置排水坑道(图5-30)。

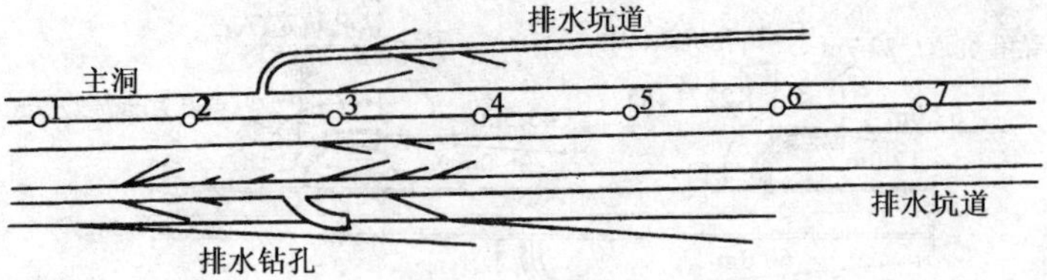

图5-30 排水坑道

比较开挖区间的涌水量,排水坑道的涌水量是5.8m^3/min,主洞的涌水量是0.24m^3/min。

在未固结的碎岩层中大量涌水的条件下,虽然设置了排水坑道和排水钻孔,但因渗透系数小(10^{-4}~10^{-5}cm/s),排水效果不好,因此,采用了水平排水钻孔(长55m),用真空泵强制排水(图5-31),取得良好效果。

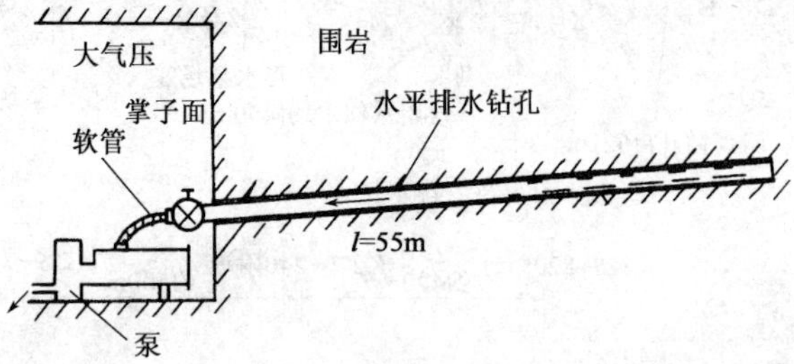

图5-31 排水钻孔

其他实例

另一座隧道也是在道路下方修建的,通过的地层是洪积砂质土。地下水位在隧道上部。因断面大多采用了双侧壁导坑法,同时为了控制地表下沉还采用了遮断壁、垂直锚杆及注浆等加固地层的方法。其中遮断壁是为了保护隧道两侧林立的高层建筑和遮断地下水而设置的,为厚度50cm的泥水固化壁(抗压强度为1MPa)。施工到隧道基准面以下2.0m。接近高层建筑的地段采用1m间隔的H300型钢。不能设置遮断壁的地段,从洞内进行注浆。结果隧道周边的松弛范围只有2~4m。

加久藤隧道(长6 213m)通过地下水极为丰富的裂隙发育的砂岩、黏板岩和安山岩,采用了平行导坑。为了确保施工安全和主洞的正常施工,采取了以下措施。

· 从平行导坑向主洞上部打排水钻孔,用以降低地下水位,在一定程度上也可以了解地质状况。

·开挖排水坑道：用以扩大排水的效果。

·注浆：用以阻挡地下水流入隧道。注浆材料采用水玻璃＋水泥，注浆率为5%。

采取上述措施确保了本区段的施工安全。

图5-32是涌水区间的施工对策图。图5-33是涌水状况图。

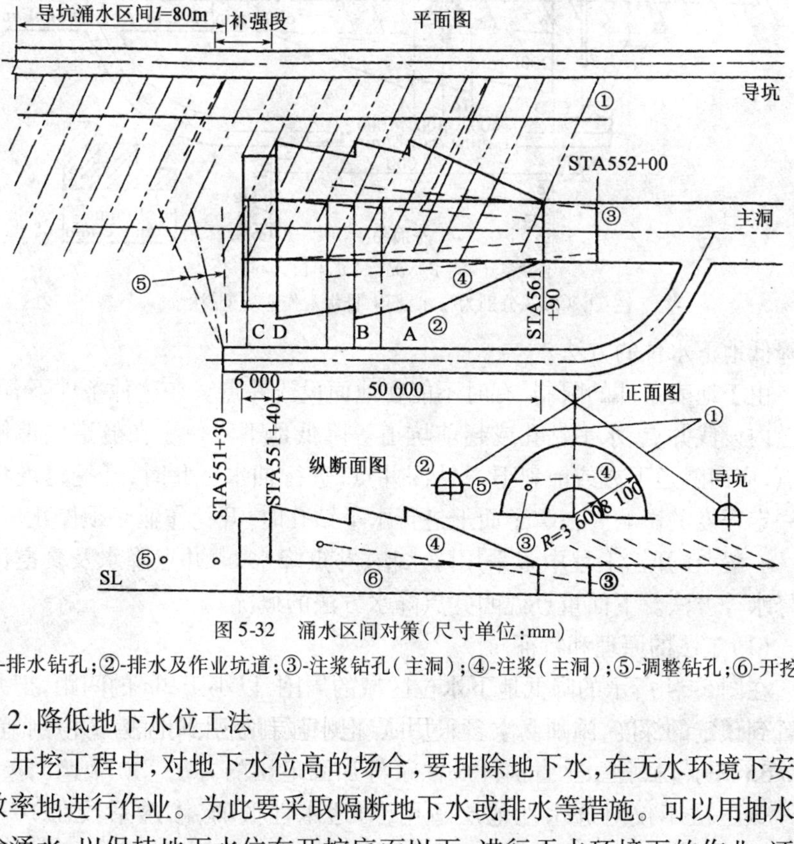

图5-32　涌水区间对策(尺寸单位:mm)

①-排水钻孔;②-排水及作业坑道;③-注浆钻孔(主洞);④-注浆(主洞);⑤-调整钻孔;⑥-开挖

2. 降低地下水位工法

开挖工程中，对地下水位高的场合，要排除地下水，在无水环境下安全有效率地进行作业。为此要采取隔断地下水或排水等措施。可以用抽水泵排除涌水，以保持地下水位在开挖底面以下，进行无水环境下的作业；还可以强化地层，保持地层的稳定。

围岩的透水性大，掌子面有涌水，可能产生崩塌时，可单独采用降低地下水位法或与其他方法并用。

这种方法适用的土质从粉砂至砂砾层，渗透系数在$10^{-1}\sim10^{-4}$cm/s范围内。

一般说，降低地下水位的方法有：从地表降低地下水位的方法；从隧道

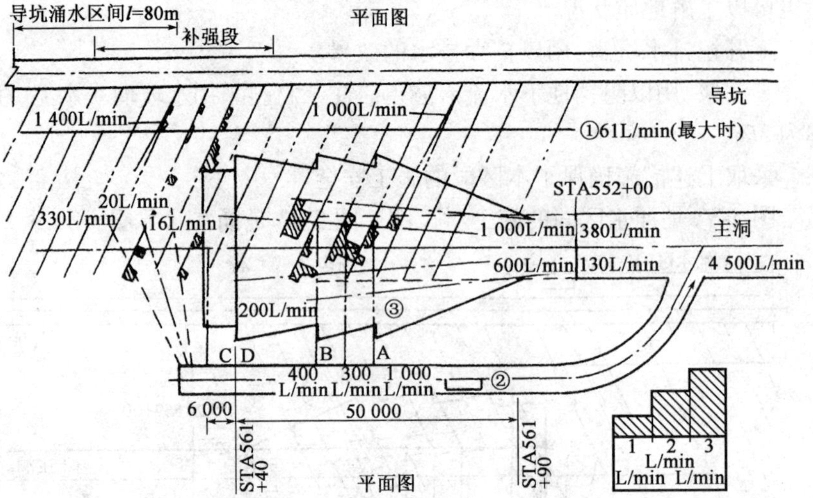

图 5-33 涌水状况(尺寸单位:mm)

注:①、②、③分别为排水钻孔、排水及作业坑道、注浆。

内降低地下水位的方法。

由于地表条件的限制,有时不能在地面设浅井点。在这种条件下,可在隧道内设浅井点、水平钻孔或超前坑道等降低地下水位。在隧道内部修深井点,应向隧道下方或前斜下方钻深井点,进行抽水。此时,开挖速度将受到一定程度的影响。在掌子面上进行水平钻孔时,开挖作业必须停止。

一般,在开挖工程中多采用降水槽、井点降水、深井点降水及真空深井点降水等方法。下面重点说明井点降水方法的概况。

(1)工法的原理和特征

在图 5-34 所示的降低地下水位区域的周围,以小于 2m 的间距,把井点设置到预定的深度,施加真空,通过井点把水强制吸引到地表。井点布置如图 5-35 所示。

该工法不仅对透水性地层适用,对透水性低的、渗透系数在 10^{-2} ~ 10^{-5}cm/s 的砂质地层也适用。必要时,可在井点中间增打井点,机动性也好。因为是真空吸引,1 段配置的降低水位的能力大约是 6m 左右,因此在深层开挖时,应设置多段。也可以与后面所述的深井点方法同时采用。

采用井点降水方法,可以于施工前进行降水,是极为有利的。如地层是在疏干状态,掌子面比较稳定,在砂质地层中可以防止贯孔、涌砂等现象的发生等。

(2)构造

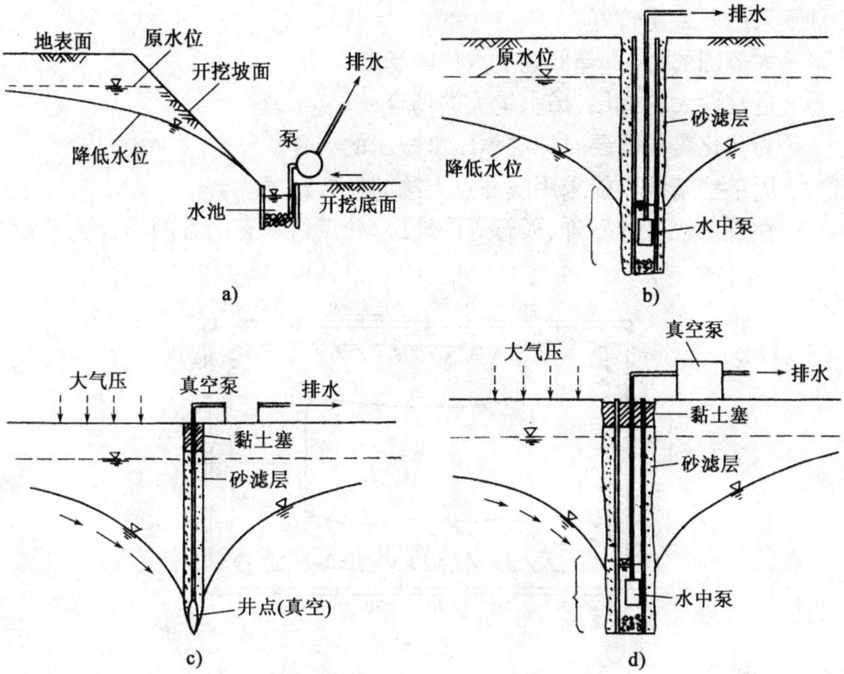

图 5-34　降低地下水位法的原理

a)排水工法;b)浅井点工法;c)深井点工法;d)负压—深井点工法

所谓井点就是一个吸水器具,直径 50 ~ 60mm,长度约 0.7m。井点设置在地中时,要安装出水管,通过出水管送入 0.3 ~ 0.7MPa 的压力水,从井点的前端射水。也就是说,通过井点前端的射水,开挖土砂,向地中贯入,同时利用吸力进行吸水。

施工中井点中安装长 5 ~ 7m、直径约 38mm 的出水管,如图 5-35 所示,在排水区域的周围以 1 ~ 2m 的间距射水并向地中贯入。井点和出水管间的空隙用砂充填形成过滤层,在地表为保持真空要覆以黏土层。井点间距一般采用 0.5 ~ 2m,长约 9m,1 个井点的扬水量为 10 ~ 20L/min,但也有到 60L/min 的。井点布置见图 5-36、图 5-37。

如图 5-38 所示,在需降水的区域的周围,设置几个直径 20 ~ 80cm 的井点,用水中泵一起扬水。持续扬水就能够将地下水位降到预计的位置。因是采用水中泵扬水,地下水位降低的高度是没有限制的。因为是重力排水,在渗透系数大的砂砾地层中不适用。因井点的直径比较大,设置比较麻烦,而且费用也高,工期也长。设置间距一般为 10 ~ 20m。深井点工法在下列条件下采用效果比较好：

· 大范围的、大量降低地下水位的场合；
· 透水性大的地层，扬水量大的场合；
· 为防止贯孔需要对深层承压水减压的场合；
· 因某些条件不能采用浅井点方法的场合；
· 在混入较多的砂砾、孤石等的地层，井点射水有困难的场合。

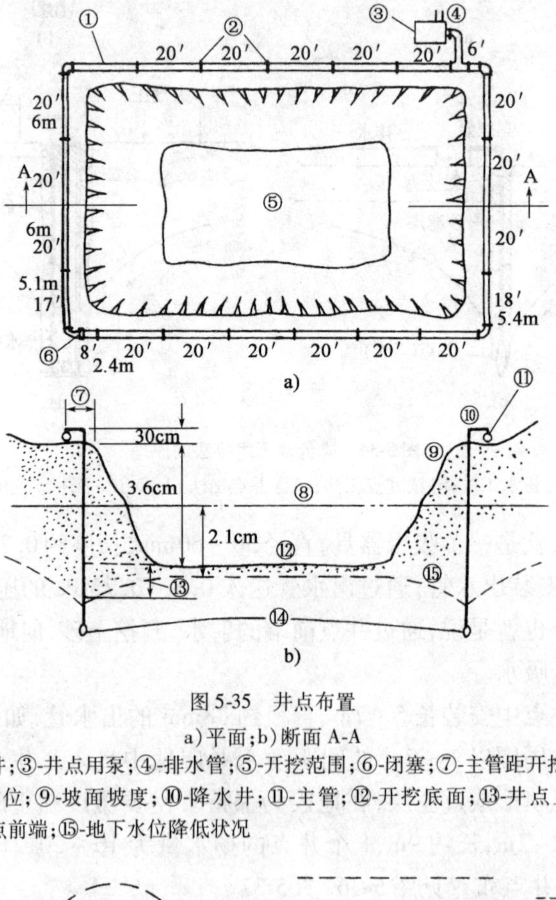

图 5-35　井点布置

a）平面；b）断面 A-A

①-主管；②-降水井；③-井点用泵；④-排水管；⑤-开挖范围；⑥-闭塞；⑦-主管距开挖坡面 60 ~ 100cm 安设；⑧-原地下水位；⑨-坡面坡度；⑩-降水井；⑪-主管；⑫-开挖底面；⑬-井点上端距开挖底面 90cm 设置；⑭-井点前端；⑮-地下水位降低状况

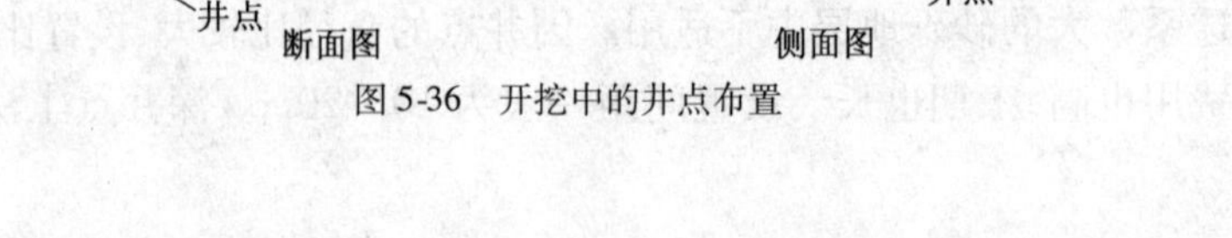

图 5-36　开挖中的井点布置

六甲隧道距洞口1 230m的区间是含有未固结的砂和砂砾的地层，涌水使掌子面不能自稳，开挖极为困难。通过图5-39的增设导坑和左右的调查坑道，进行井点降水，井点间距1m。此区间长700m，共设井点3 031个。

扬水泵的功率为25kW，一台泵平均接续60～70个井点。井点孔径116～86mm，深约5m。

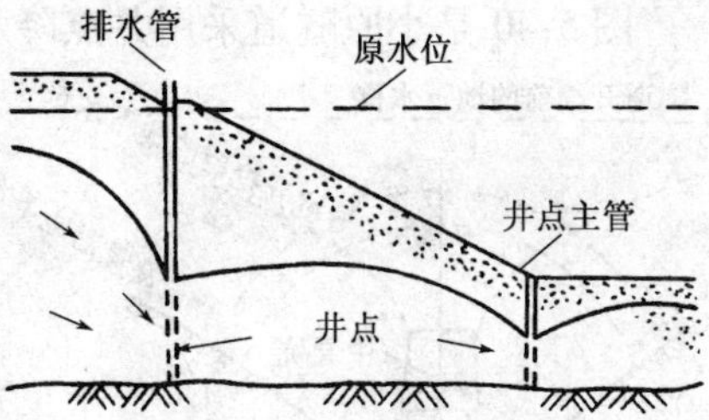

图5-37　深井点与浅井点的布置

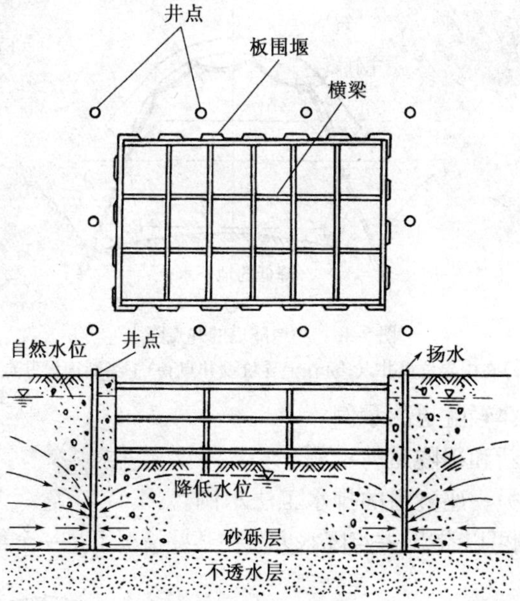

图5-38　深井点法

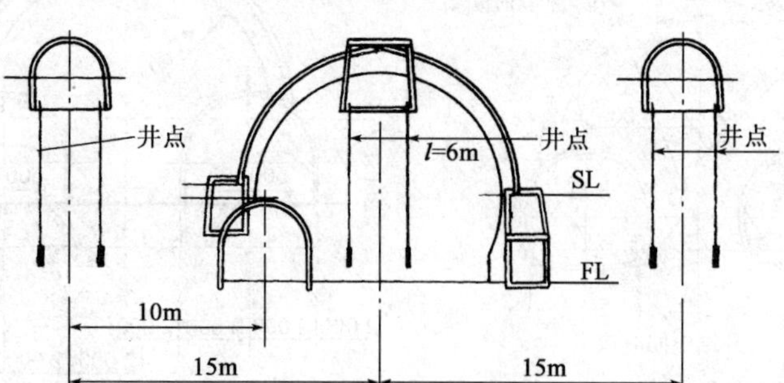

图5-39　六甲隧道的降低地下水位法

图 5-40 是小原隧道采用井点降水的示例。

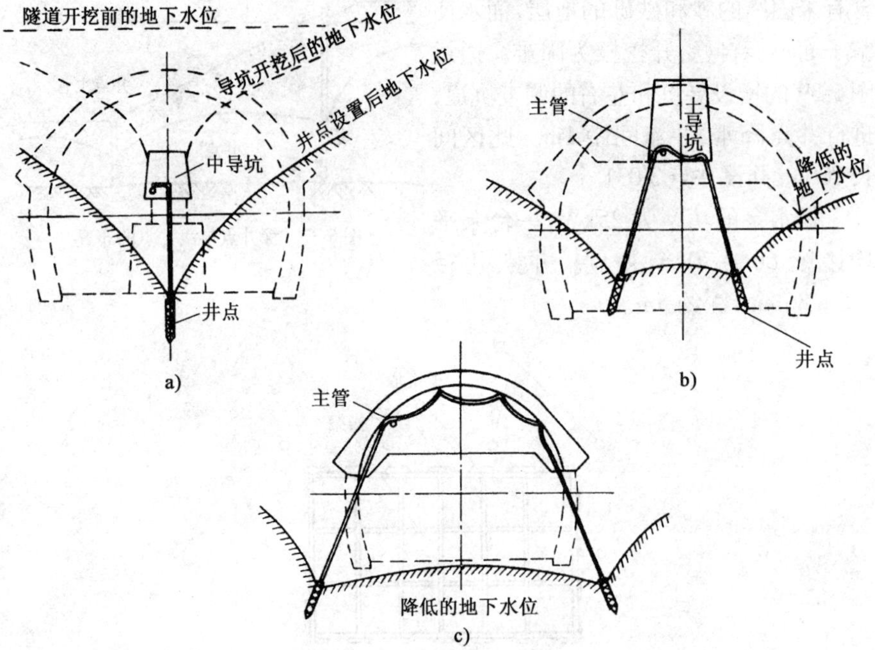

图 5-40 小原隧道的井点降水

a)在中导坑设井点;b)在上导坑设井点;c)下半断面设井点

图 5-41 是津轻隧道的示例。

图 5-42 是新和田隧道的示例。

图 5-43 是另一座隧道的排水工法示例。

从上述实例可以看出,井点降水方法在某些情况下是一个很有效的方法。

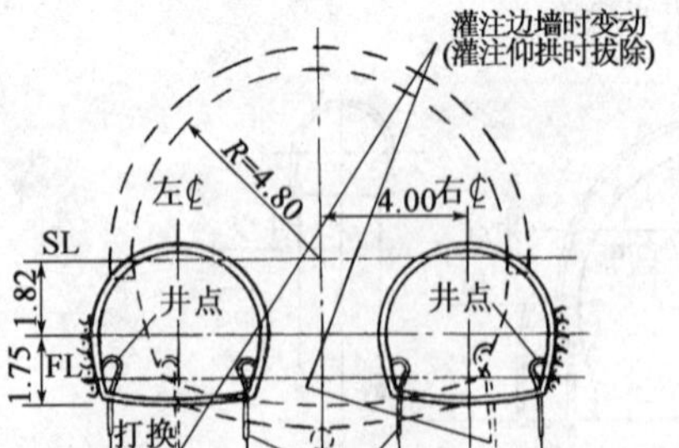

图 5-41 津轻隧道的井点法(尺寸单位:m)

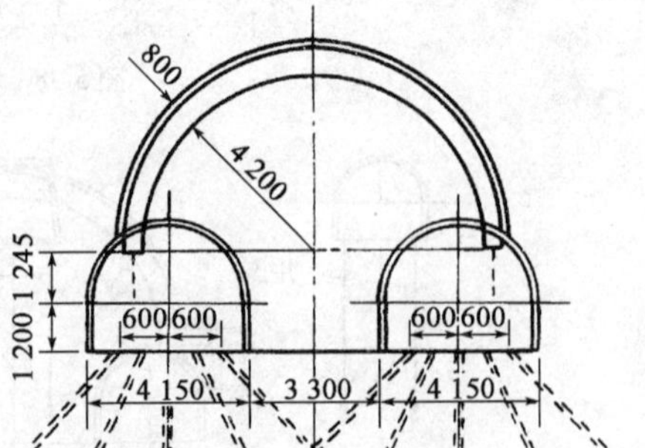

图 5-42 新和田隧道的井点法(尺寸单位:mm)

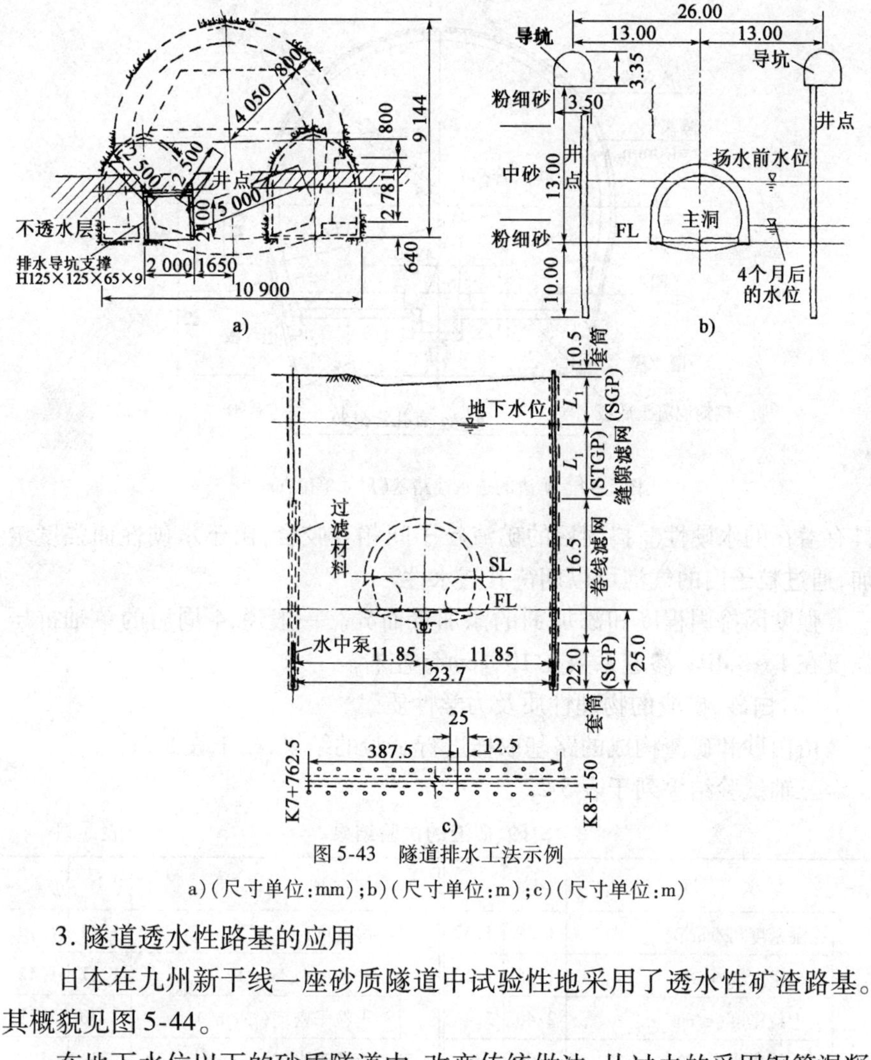

图 5-43　隧道排水工法示例

a)（尺寸单位：mm）；b)（尺寸单位：m）；c)（尺寸单位：m）

3. 隧道透水性路基的应用

日本在九州新干线一座砂质隧道中试验性地采用了透水性矿渣路基。其概貌见图 5-44。

在地下水位以下的砂质隧道中，改变传统做法，从过去的采用钢筋混凝土仰拱改为采用透水性高的材料，做成透水性的路基，把隧道周边的水位降低到路基以下。为此，在试验施工前，进行了大量的试验研究。如在列车反复荷载作用下的耐久性和透水性试验，并研究了大型捣固机械的捣固效果和施工管理方法等。

（1）矿渣

矿渣是炼钢时高炉产生的高炉矿渣，经大量的压力水急剧冷却，成为粒状的产物。矿渣的颗粒有许多气泡呈灰黄色的玻璃质，质轻、透水性好而且

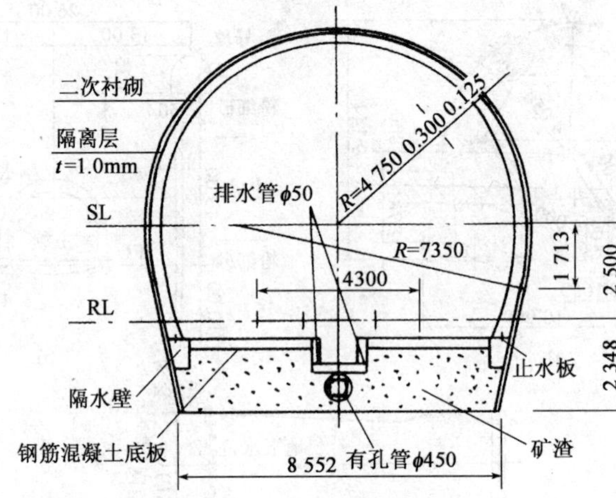

图 5-44 矿渣的透水性路基(尺寸单位:mm)

具有潜在的水硬性。捣固后的矿渣粒子间相互咬合,由于水硬性而强度增加,通过粒子内的气泡可以期待其透水性。

强度因捣固程度和添加剂的添加量而异。一般说,4 周后的单轴抗压强度在 1 ~ 3MPa,渗透系数在 10^{-3}cm/s 左右。

(2)白砂、矿渣的物理性质及力学性质

由白砂和矿渣构成的路基取样进行试验的结果,列于表 5-21。

三轴试验结果列于表 5-22。

白砂、矿渣的试验结果 表 5-21

项目			1	2	项目			1	2
白砂	湿密度(g/cm^3)		1.59	1.57	矿渣	湿密度(g/cm^3)		1.43	1.70
白砂	干密度(g/cm^3)		1.15	1.12	矿渣	干密度(g/cm^3)		1.17	1.42
白砂	土粒密度(g/cm^3)		2.40	2.46	矿渣	土粒子密度(g/cm^3)		2.70	2.71
白砂	天然含水率(%)		39	39	矿渣	天然含水率(%)		22	19
白砂	空隙比		1.09	1.20	矿渣	空隙比		1.30	0.91
白砂	粒度	砾成分(%)	8	14	矿渣	粒度	砾成分	12	48
白砂	粒度	砂成分(%)	74	67	矿渣	粒度	砂成分	85	50
白砂	粒度	粉砂成分(%)	16	14	矿渣	粒度	粉砂成分	3	2
白砂	粒度	黏土成分(%)	2	5	矿渣	粒度	黏土成分	—	—
白砂	粒度	匀质系数	8.1	30.2	矿渣	粒度	匀质系数	3.2	5.3
白砂	粒度	曲率系数	0.85	3.02	矿渣	粒度	曲率系数	1.17	0.87

三 轴 试 验 结 果　表 5-22

试验		1	2	试验		1	2
白砂	黏聚力(MPa)	0.00	0.01	矿渣	黏聚力(MPa)	0.03	0.12
	抗剪角(°)	43	40		抗剪角(°)	35	43

(3)足尺模型试验

采用两种结构(图 5-45、图 5-46)进行了足尺模型的振动试验。

共振试验结果示于图 5-47。从试验经过看,第一种结构的频率在 14 ~ 16Hz(相当于新干线 130 ~ 150km/h 的速度)和 20Hz(相当于 190km/h)附近,位移振幅是主要的。第二种结构,频率在 20 ~ 21Hz(相当于 187 ~ 197km/h)和 28 ~ 30(相当于 260 ~ 280km/h)Hz 附近,位移振幅是主要的。

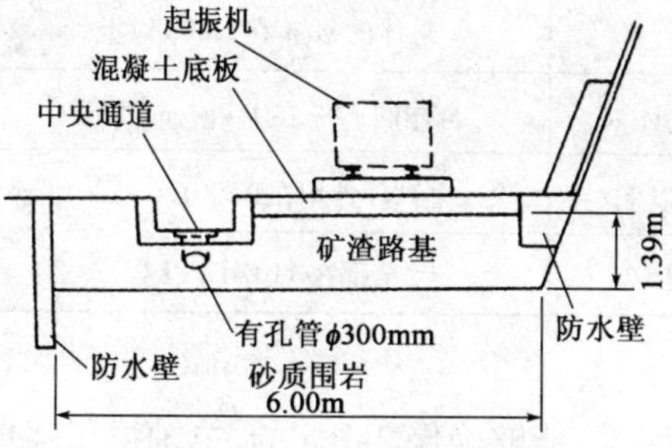

图 5-45　路基模型试验结构

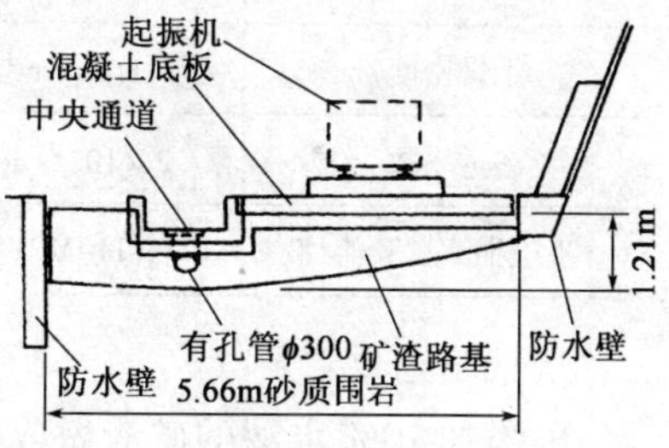

图 5-46　路基模型试验结构

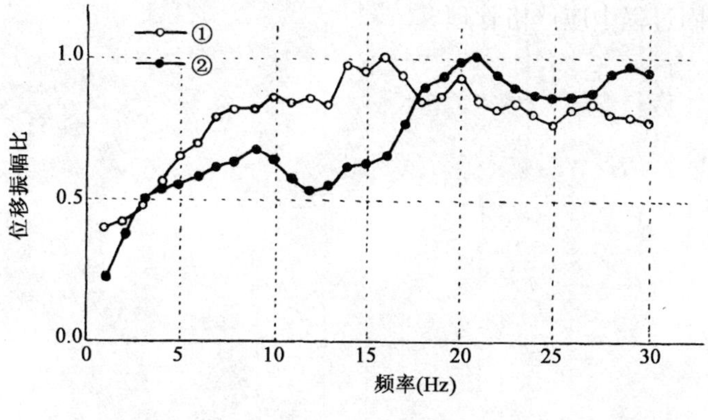

图 5-47　共振试验结果

试验的反复荷载为200百万次，如隧道年通过列车600万t，则约相当于10年的反复次数。

现场透水试验结果列于表5-23。

渗透系数值(cm/s) 表5-23

试验	1	2	试验	1	2
白砂	1.7×10^{-3}	4.3×10^{-4}	矿渣	7.7×10^{-2}	2.4×10^{-3}

(4)隧道内施工试验

施工试验结果列于表5-24。

施工试验结果 表5-24

项目	目标值	结果
单轴抗压强度	2MPa以上	总体的90%在2MPa以上
干燥密度	$1.4g/cm^3$以上	全体的77%在$1.4g/cm^3$以上
渗透系数	$2\times10^{-3}cm/s$以上	除一个试件外均在$2\times10^{-3}cm/s$以上
平板加载试验值	110MPa以上	全部在110MPa以上

从试验结果看：

·添加10%水泥的矿渣做成的路基，能够确保2MPa的、单轴抗压强度$1.4g/cm^3$以上的干密度和$2\times10^{-3}cm/s$的透水性。

·在200百万次反复荷载作用下，下沉量极小。

·捣固过程中应严格管理。

第六部分　地下水控制对策

——结构的防水和排水

在地下水控制对策中，必须分清两个概念：一个是施工中的防排水；一个是结构的防排水。前者是确保施工安全的，后者是隧道运营环境所要求的。施工中的防排水，也就是我们在“地下水控制对策——施工中的止水和排水”中所说的止水和排水。此处我们说明结构的防排水问题。

隧道结构的防排水问题，无疑是目前争论最多的一个问题：是以“堵”为主，还是以“排”为主；是以“自防水“为主，还是以“外防水”为主。围岩中，即衬砌背后的地下水要不要从隧道内排出；隧道内的排水沟的作用是什么。这一系列的问题，都还在争论之中。

在建国初期，我们修建的铁路隧道，是以混凝土自身的防水性能和向衬砌背后压浆为主要的防水方法的。只要工艺到位，就可以满足结构防水的要求。今天，由于防水板的出现，隧道的防水技术有了发展，因此基本上取消了衬砌背后压浆，而用防水板取代。其负面效果，就是忽视了提高混凝土自身的防水功能。应该说，在很多情况下，是不需要防水板防水的，仅仅用混凝土自身的防水功能就可以满足防水的要求。

防水的一个基本原则，就是不容许地下水流进隧道内，而应从隧道背后排出，即要在衬砌背后设置通畅的排水设施。而隧道内的排水沟等，则是为排出洞内清洗水、雨水等而设置的。

因此，在结构的防水问题上，没有什么以“堵”为主，还是以“排”为主的问题。不管是排水型的隧道，还是非排水型的隧道，地下结构在任何情况下都要满足结构防水的要求。

一般说，在环境没有要求的情况下，隧道都采用排水型的（图 6-1a），只有对环境影响比较显著，或会造成较大范围的水理条件变化的场合，才设计成非排水型（防水型）的隧道（图 6-1b）。非排水型隧道与排水型隧道的不同之处，就在于衬砌要承受较大的水压力，隧道衬砌的背后有地下水存在。

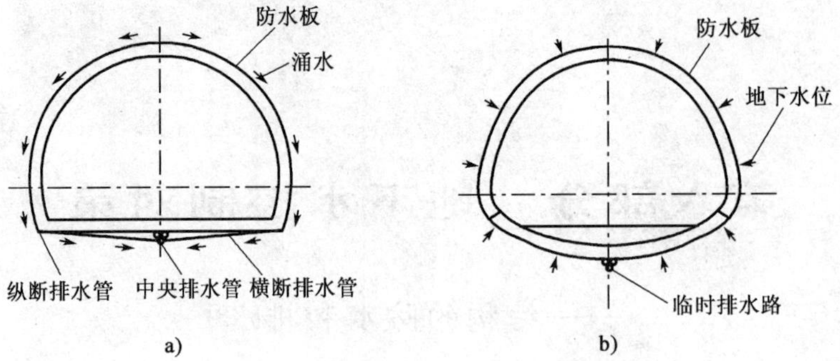

图 6-1 排水型和非排水型(防水型)隧道

a)排水型隧道;b)防水型隧道

应该指出:由于环境要求的提高,非排水型隧道的设计,越来越得到重视,这是时代的要求。因此应加强非排水隧道设计的研究。

一般说,隧道结构的防水应根据结构的性质、重要性等,按表 6-1 设定防水等级。

不同防水等级的适用范围 表 6-1

防水等级	适用范围
一级	·人员长期停留的场所; ·因有少量湿渍会使物品变质、失效的储物场所及严重影响设备正常运转和危及工程安全运营的部位; ·极重要的战备工程
二级	·人员经常活动的场所; ·在有少量湿渍的情况下不会使物品变质、失效的储物场所及基本不影响设备正常运转和工程安全运营的部位; ·重要的战备工程
三级	·人员临时活动的场所; ·一般战备工程
四级	·对渗漏水无严格要求的工程

电气化铁路隧道、地下铁道区间隧道、城市公路隧道、公路隧道等属有少量湿迹基本不影响设备正常运转和工程安全运营的场所或部位,一般定为二级。地下铁道车站顶部属少量湿迹会严重影响设备正常运转和危及工程安全运营的场所和部位,一般定为一级。

在一般情况下，防水等级的标准可参考表6-2的规定。

地下工程防水等级标准　　表6-2

防水等级	标　准
一级	·不允许渗水，结构表面无湿渍
二级	·不允许漏水，结构表面可有少量湿渍； ·工业与民用建筑：总湿渍面积不应大于总防水面积（包括顶板、墙面、地面）的1/1 000；任意100m^2防水面积上湿渍不超过1处，单个湿渍的最大面积不大于0.1m^2； ·其他地下工程：总湿渍面积不应大于总防水面积的6/1 000；任意100m^2防水面积上的湿渍不超过4处，单个湿迹的最大面积不大于0.2m^2
三级	·有少量漏水点，不得有线流和漏泥沙； ·任意100m^2防水面积上的漏水点数不超过7处，单个漏水点的最大漏水量不大于2.5L/d，单个湿渍的最大面积不大于0.3m^2
四级	·有漏水点，不得有线流和漏泥沙； ·整个工程平均漏水量不大于2L/(m^2·d)；任意100m^2防水面积的平均漏水量不大于4L/(m^2·d)

此外，地下工程的防水设防要求，应根据使用功能、结构形式、环境条件、施工方法及材料性能等因素合理确定。

明挖法修建的地下工程的防水设防要求应按表6-3选用。暗挖法地下工程的防水设防要求应按表6-4选用。

明挖法地下工程防水设防　　表6-3

工程部位		主体						施工缝					后浇带				变形缝、诱导缝						
防水措施		防水混凝土	防水砂浆	防水卷材	防水涂料	塑料防水板	金属板	遇水膨胀止水条	中埋式止水带	外贴式止水带	外抹防水砂浆	外涂防水涂料	膨胀混凝土	遇水膨胀止水条	外贴式止水带	防水嵌缝材料	中埋式止水带	外贴式止水带	可卸式止水带	防水嵌缝材料	外贴防水卷材	外涂防水涂料	遇水膨胀止水条
防水等级	一级	应选	应选一至二种					应选三种					应选	应选二种			应选	应选二种					
	二级	应选	应选一种					应选一至二种					应选	应选一至二种			应选	应选一至二种					
	三级	应选	宜选一种					宜选一至二种					应选	宜选一至二种			应选	宜选一至二种					
	四级	宜选	—					宜选一种					应选	宜选一种			应选	宜选一种					

暗挖法地下工程防水设防 表 6-4

工程部位		主体				内衬砌施工缝					内衬砌变形缝、诱导缝				
防水措施		复合式衬砌	离壁式衬砌、衬套	贴壁式衬砌	喷射混凝土	外贴式止水带	遇水膨胀止水条	防水嵌缝材料	中埋式止水带	外涂防水涂料	中埋式止水带	外贴式止水带	可卸式止水带	外贴式止水带	遇水膨胀止水条
防水等级	一级	应选一种			—	应选二种					应选	应选二种			
	二级	应选一种				应选一至二种					应选	应选一至二种			
	三级	—		应选一种		宜选一至二种					应选	宜选一种			
	四级			应选一种		宜选一种					应选	宜选一种			

隧道的防水技术，主要有两大类：一类是提高混凝土自身的防水功能，即混凝土的自防水；另一类是结构的外防水技术，其中包括背后注浆、防水板及喷膜防水层等。

施工要点一　自防水技术

衬砌的自防水包括两个方面：一个是采用防水混凝土；另一个是处理好各种施工缝、变形缝等的防水。

(1)在地下工程中，一般应采用防水混凝土。防水混凝土的关键是提高混凝土的密实度，同时防止混凝土的初期开裂，特别是贯通开裂。因此应通过调整配合比，掺加外加剂、掺和料配制而成。一般说，防水混凝土的防水性能是按抗渗等级确定的。在一般情况下，防水混凝土的抗渗等级不得小于 S6。防水混凝土的施工配合比应通过试验确定，抗渗等级应比设计要求提高一级(0.2MPa)。

(2)防水混凝土的环境温度，不得高于 80℃；处于侵蚀性介质中防水混凝土的耐侵蚀系数，不应小于 0.8。

(3)防水混凝土结构底板的混凝土垫层，强度等级不应小于 C15，厚度不应小于 100mm，在软弱土层中不应小于 150mm。

(4)防水混凝土结构，应符合下列规定：

·结构厚度不应小于 250mm；

·裂缝宽度不得大于 0.2mm，并不得贯通；

·迎水面钢筋保护层厚度不应小于 50mm。

(5)防水混凝土使用的水泥，应符合下列规定：

·水泥的强度等级不应低于32.5MPa；

·在不受侵蚀性介质和冻融作用时，宜采用普通硅酸盐水泥、硅酸盐水泥、火山灰质硅酸盐水泥、粉煤灰硅酸盐水泥、矿渣硅酸盐水泥，使用矿渣硅酸盐水泥必须掺用高效减水剂；

·在受侵蚀性介质作用时，应按介质的性质选用相应的水泥；

·在受冻融作用时，应优先选用普通硅酸盐水泥，不宜采用火山灰质硅酸盐水泥和粉煤灰硅酸盐水泥；

·不得使用过期或受潮结块的水泥，并不得将不同品种或强度等级的水泥混合使用。

(6)防水混凝土所用的砂、石应符合下列规定：

·石子最大粒径不宜大于40mm，泵送时其最大粒径应为输送管径的1/4；吸水率不应大于1.5%；不得使用碱活性集料。其他要求应符合《普通混凝土用碎石或卵石质量标准及检验方法》(JGJ 53)的规定；

·砂宜采用中砂，其要求应符合《普通混凝土用砂质量标准及检验方法》(JGJ 52)的规定。

(7)拌制混凝土所用的水，应符合《混凝土用水标准》(JGJ 63)的规定。

(8)防水混凝土可根据工程需要掺入减水剂、膨胀剂、防水剂、密实剂、引气剂、复合型外加剂等外加剂，其品种和掺量应经试验确定。所有外加剂应符合国家或行业标准一等品及以上的质量要求。

(9)防水混凝土可掺入一定数量的粉煤灰、磨细矿渣粉、硅粉等。粉煤灰的级别不应低于二级，掺量不宜大于20%；硅粉掺量不应大于3%；其他掺合料的掺量应经过试验确定。

(10)防水混凝土可根据工程抗裂需要掺入钢纤维或合成纤维。

(11)每立方米防水混凝土中各类材料的总碱量(Na_2O当量)不得大于3kg。

(12)防水混凝土的配合比，应符合下列规定：

·水泥用量不得少于320kg/m^3；掺有活性掺和料时，水泥用量不得少于280kg/m^3；

·砂率宜为35%～40%，泵送时可增至45%；

·灰砂比宜为1:1.5～1:2.5；

·水灰比不得大于0.55；

·普通防水混凝土坍落度不宜大于50mm；防水混凝土采用预拌混凝

土时，入泵前坍落度宜控制在120mm±20mm，入泵前坍落度每小时损失值不应大于30mm，坍落度总损失值不应大于60mm；

·掺加引气剂或引气型减水剂时，混凝土含气量应控制在3%~5%；

·防水混凝土采用预拌混凝土时，缓凝时间宜为6~8h。

防水混凝土配料必须按配合比准确称量。计量允许偏差不应大于下列规定：

·水泥、水、外加剂、掺和料为±1%；

·砂、石为±2%。

(13)使用减水剂时，减水剂宜预溶成一定浓度的溶液。

(14)防水混凝土拌和物必须采用机械搅拌，搅拌时间不应少于2min。掺外加剂时，应根据外加剂的技术要求确定搅拌时间。

防水混凝土拌和物在运输后如出现离析，必须进行二次搅拌。当坍落度损失后不能满足施工要求时，应加入原水灰比的水泥浆或二次掺加减水剂进行搅拌，严禁直接加水。

(15)防水混凝土必须采用高频机械振捣密实，振捣时间宜为10~30s，以混凝土泛浆和不冒气泡为准，应避免漏振、欠振和超振。

掺加引气剂或引气型减水剂时，应采用高频插入式振捣器振捣。

(16)防水混凝土结构内部设置的各种钢筋或绑扎铁丝，不得接触模板。固定模板用的螺栓必须穿过混凝土结构时，可采用工具式螺栓或螺栓加堵头，螺栓上应加焊方形止水环。拆模后应采取加强防水措施，将留下的凹槽封堵密实，并宜在迎水面涂刷防水涂料。

(17)防水混凝土的养护是至关重要的。在灌注后如混凝土养护不及时，混凝土内水分将迅速蒸发，使水泥水化不完全。而水分蒸发造成毛细管网相互连通，形成渗水通道；同时混凝土收缩增大，出现龟裂，使混凝土抗渗性急剧下降，甚至完全丧失抗渗能力。如果养护及时，防水混凝土在潮湿环境条件中或水中硬化，能使混凝土内的游离水蒸发缓慢，水泥水化充分，水泥水化生成物堵塞毛细孔隙，因而形成不连通的毛细孔，提高了混凝土的抗渗性。因此，防水混凝土终凝后应立即进行养护，养护时间不得少于14d。

(18)防水混凝土的冬期施工，应符合下列规定：

·混凝土入模温度不应低于5℃；

·宜采用综合蓄热法、蓄热法、暖棚法等养护方法，并应保持混凝土表

面湿润,防止混凝土早期脱水;

·采用掺化学外加剂方法施工时,应采取保温保湿措施。

防水混凝土要起到防水作用,除混凝土本身具有较高的密实性、抗渗性外,还要求混凝土施工后不开裂,特别是不能产生贯通开裂。为了防止或减少混凝土裂缝的产生,在配制混凝土时,加入一定量的钢纤维或合成纤维,可有效地提高混凝土的抗裂性。近年来的工程实践已证明了这一点。

施工要点二　施工缝、变形缝的防水

防水混凝土自身的防水性能是比较好的,只要完全按照施工工艺操作,就是可以获得满意的防水混凝土。但如果施工缝、变形缝等防水薄弱环节处理不好,防水混凝土就会失去防水作用。因此,做好施工缝、变形缝的防水是极为重要的。

(1)首先,防水混凝土应连续浇注,宜少留施工缝。当留设施工缝时,应遵守下列规定:

·墙体水平施工缝不应留在剪力与弯矩最大处或底板与侧墙的交接处,应留在高出底板表面不小于300mm的墙体上。拱(板)墙结合的水平施工缝,宜留在拱(板)墙接缝线以下150~300mm处。墙体有预留孔洞时,施工缝距孔洞边缘不应小于300mm。

·垂直施工缝应避开地下水和裂隙水较多的地段,并宜与变形缝相结合。

施工缝防水的构造形式见图6-2。

施工缝的施工应符合下列规定:

·水平施工缝浇注混凝土前,应将其表面浮浆和杂物清除,先铺净浆,再铺30~50mm厚的1∶1水泥砂浆或涂刷混凝土界面处理剂,并及时浇注混凝土;

·垂直施工缝浇注混凝土前,应将其表面清理干净,并涂刷水泥净浆或混凝土界面处理剂,并及时浇注混凝土;

·选用的遇水膨胀止水条应具有缓胀性能,其7d的膨胀率不应大于最终膨胀率的60%;

·遇水膨胀止水条应牢固地安装在缝表面或预留槽内;

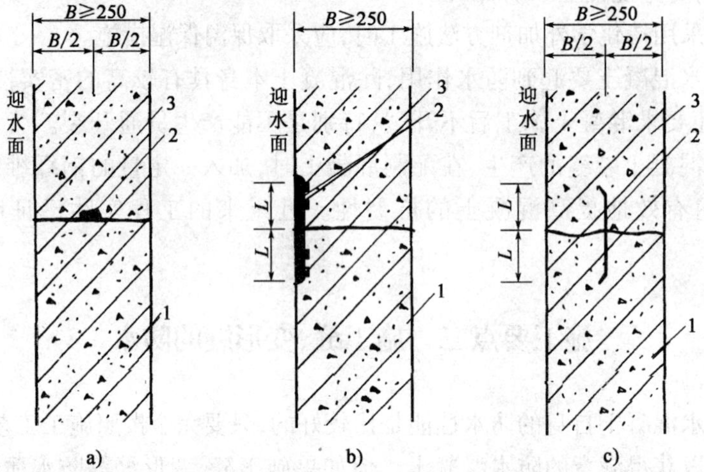

图 6-2 施工缝的防水基本构造(尺寸单位:mm)

a)施工缝防水基本构造(一)	b)施工缝防水基本构造(二)	c)施工缝防水基本构造(三)
1-先浇混凝土;	外贴止水带 $L \geqslant 150$mm	钢板止水带 $L \geqslant 100$mm
2-遇水膨胀止水条;	外涂防水涂料 $L = 200$mm	橡胶止水带 $L \geqslant 125$mm
3-后浇混凝土	外抹防水砂浆 $L = 200$mm	钢边橡胶止水带 $L \geqslant 120$mm
	1-先浇混凝土;	1-先浇混凝土;
	2-外贴防水层;	2-中埋止水带;
	3-后浇混凝土	3-后浇混凝土

·采用中埋式止水带(图 6-2)时应确保位置准确、固定牢靠。

在日本,为了解决施工缝防水问题,采用一种宽约 500mm 的肋式防水板(图 6-3)设置在施工缝部位(图 6-4),不仅可以防水,而且能够承受一定的水压。

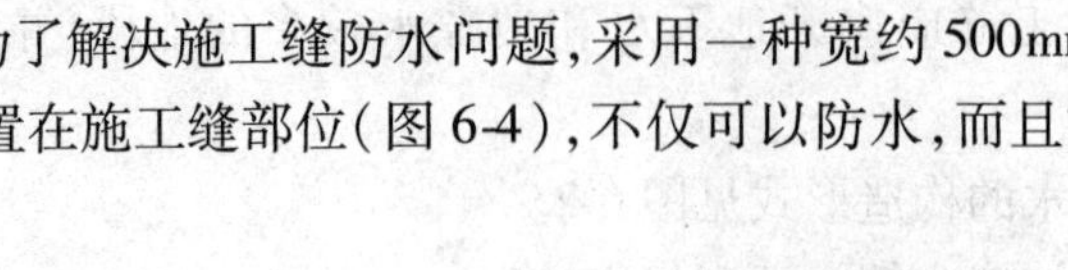

图 6-3 肋式防水板(尺寸单位:mm)

(2)变形缝应满足密封防水、适应变形、施工方便、检修容易等要求。

用于伸缩的变形缝宜不设或少设,可根据不同的工程结构类别及工程地质情况采用诱导缝、加强带、后浇带等替代措施。

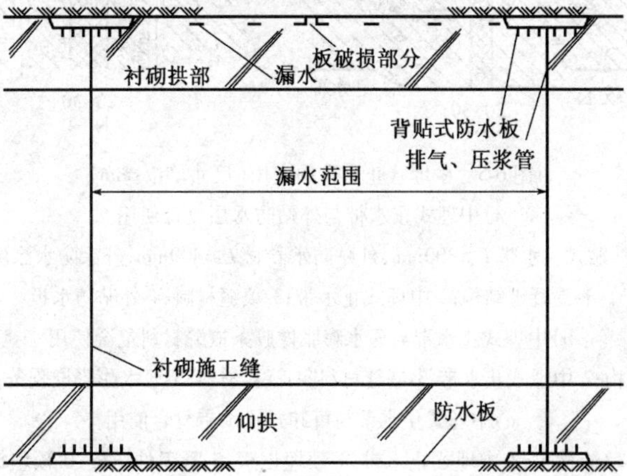

图6-4　肋式防水板的设置

变形缝处混凝土结构的厚度不应小于300mm。

用于沉降的变形缝其最大允许沉降差值不应大于30mm。当计算沉降差值大于30mm时,应在设计时采取措施。

用于沉降的变形缝的宽度宜为20～30mm,用于伸缩的变形的宽度宜小于此值。

变形缝的防水措施可根据工程开挖方法、防水等级等确定。变形缝的几种复合防水构造形式见图6-5。

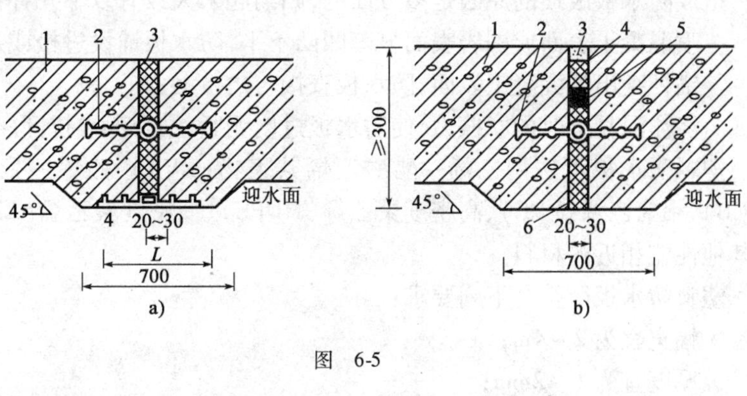

图　6-5

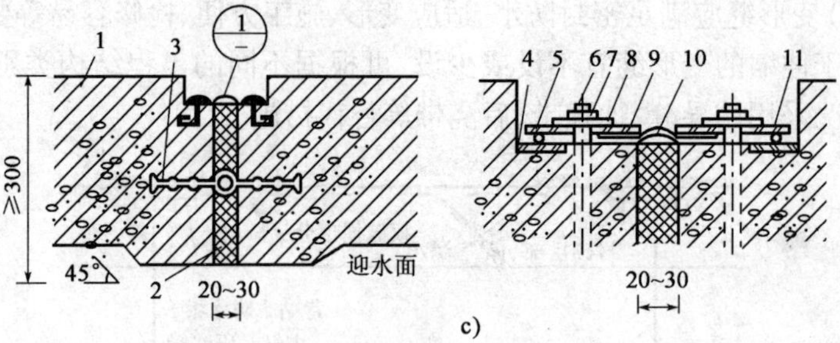

c)

图6-5　中埋式止水带的应用(尺寸单位:mm)

a)中埋式止水带与外贴防水层复合使用

(外贴式止水带 $L \geqslant 300$mm,外贴防水卷材 $L \geqslant 400$mm,外涂防水涂层)

1-混凝土结构;2-中埋式止水带;3-填缝材料;4-外贴防水板

b)中埋式止水带与遇水膨胀橡胶条嵌缝材料复合使用

1-混凝土结构;2-中埋式止水带;3-嵌缝材料;4-背衬材料;5-遇水膨胀橡胶条;6-填缝材料

c)中埋式止水带与可卸式止水带复合使用

1-混凝土结构;2-填缝材料;3-中埋式止水带;4-预埋钢板;5-紧固件压板;6-预埋螺栓;7-螺母;8-垫圈;9-紧固件压块;10-Ω形止水带;11-紧固件圆钢

施工要点三　防　水　板

设置防水板是保证隧道防水功能的重要措施。自从在隧道中采用防水板技术以来,隧道的防水功能有所强化,但存在的问题也不少。其中突出地表现在防水板铺设质量上,如破损严重、接头不密实、铺设过紧过松等,极大地影响了防水功能的发挥。许多隧道建成后,漏水现象十分严重。这与防水板施工有密切关系。

造成防水板破损的原因是多方面的,归纳起来大致有以下几种情况:

·喷混凝土表面或围岩表面显著凹凸不平,防水板铺设过松或过紧;

·锚杆突出喷混凝土表面,防水板直接与之接触;

·浇注混凝土时的摩擦力,使防水板过度绷紧,结合部被拉开。

塑料防水板可选用乙烯—醋酸乙烯共聚物(EVA)、乙烯三聚物沥青(ECB)、聚氯乙烯(PVC)、高密度聚乙烯(HDPE)、低密度聚乙烯(LDPE)类或其他性能相近的材料。

塑料防水板应符合下列要求:

·幅宽宜为2~4m;

·厚度宜为1~2mm;

· 耐刺穿性好；

· 耐久性、耐水性、耐腐蚀性、耐菌性好；

塑料防水板物理力学性能应符合表 6-5 的规定。

塑料防水板物理力学性能　　表 6-5

项目	拉伸强度（MPa）	断裂延伸率（%）	热处理时变化率（%）	低温弯折性	抗渗性
指标	≥12	>200	≤2.5	-20℃无裂纹	0.2MPa/24h 不透水

几种常用的塑料防水板的基本性能列于表 6-6。

几种常用塑料防水板的性能　　表 6-6

项目＼品种	ECB	EVA	LLDPE	LDPE	HDPE	P 型 PVC 优等品
	Q/SSJ · J02.01—1999					（GB 12952—91）
拉伸强度（MPa）	≥15.5	≥20	≥20	≥16	≥20	≥15
断裂延伸率（%）	≥560	≥600	≥600	≥500	≥600	≥250
热处理变化率（%）	≤2.5	≤2	≤2	≤2	≤2	≤2
低温弯折性	-35℃无裂纹					-20℃无裂纹
抗渗透性	0.2MPa/24h 无渗水					不透水

防水板自身的质量是可以得到保证的，因此提高防水板防水能力的关键是施工。

1. 背面修整

喷射面凸凹显著时，正确地决定板的富余长度是很难的。板的长度不足会产生断裂和分离，也有可能卷入混凝土中。同时，板的背后和混凝土间会有空隙，这种空隙是很难用混凝土填充的。富余长度不足的影响在拱顶部特别明显。反之，富余过长，拱顶部因板的挠度也是产生空洞原因之一。衬砌厚度不足，在多数场合是因板的富余长度过度不足造成的。

因此，最重要的一点是在张挂防水板前，将凹凸不平的围岩表面通过喷混凝土“填平补齐”。其表面平滑的大致标准是 30～40cm 间的凹陷深度最好小于 5～6cm（图 6-6），即原则上凹部的矢跨比要小于 1/6。如设置格栅或钢支撑，不要在两榀支撑间留有较大的凹槽（图 6-7a），而应予以喷平（图 6-7b）。

突出喷混凝土面的锚杆头部，是板破损的重要原因，应加以处理。这个问题常常在施工中被忽视。板张挂前，可采取以下方法进行处理。

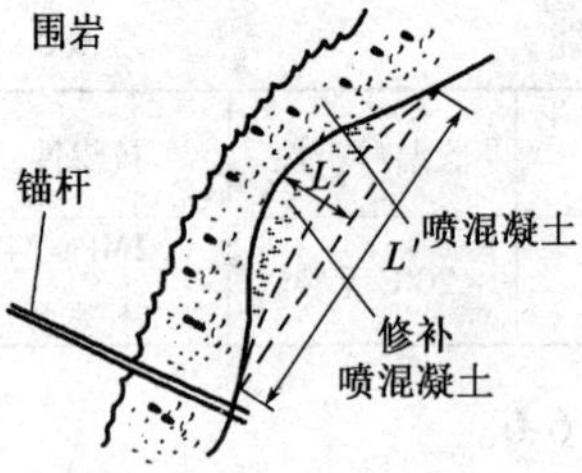

图6-6　喷混凝土凹凸表面的修整

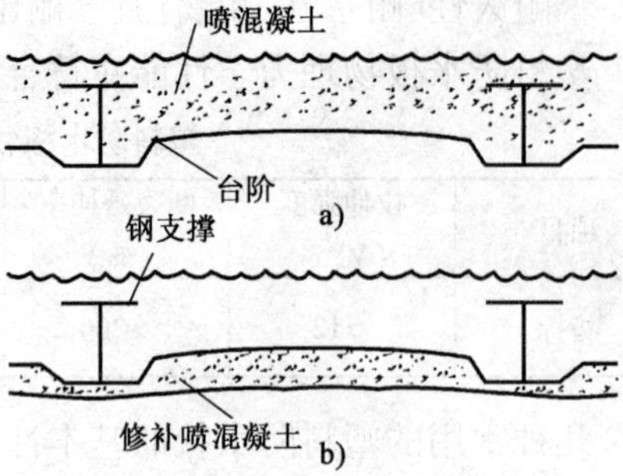

图6-7　两榀支撑间的喷混凝土处理

(1)切断处理:这是最简单,采用最多的方法。如图6-8所示,切断锚杆头部并用砂浆和缓冲材等处理。

(2)加设帽盖:用经过加工的帽盖(金属的、树脂的),套在锚杆的头部,如图6-9示。图6-10是两种帽盖的形状和安装示例。应该说,这种方法是与锚杆商品化联系在一起的。

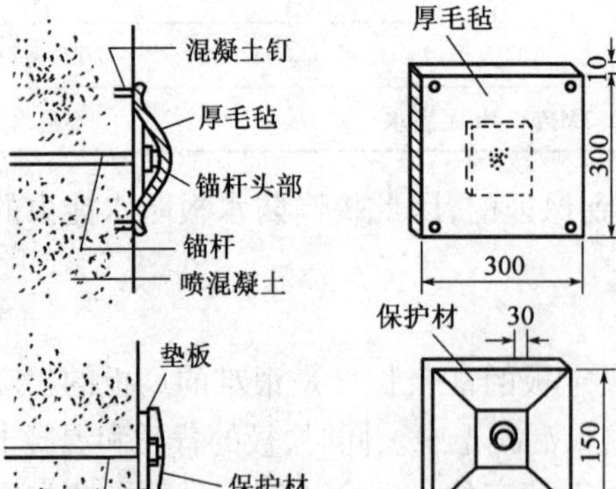

图6-8　锚杆头部切断处理(尺寸单位:mm)

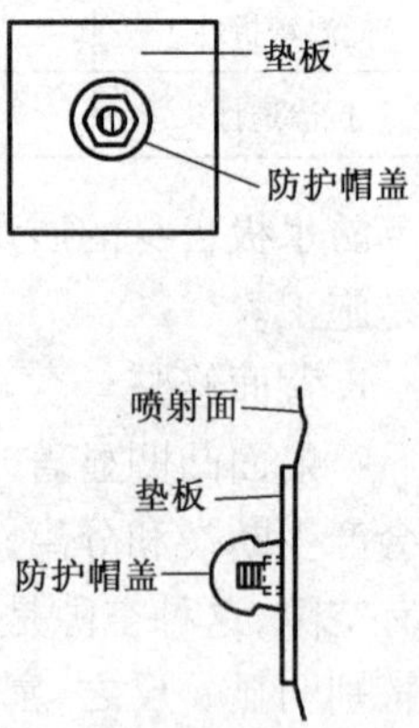

图6-9　锚杆头部的帽盖

涌水不仅妨碍混凝土灌注,也会造成混凝土品质的下降。因此,在铺设防水板的同时,灌注混凝土前要进行导水等排水处理。其方法有:

·变更配比,增加水泥用量和速凝剂;

·干喷时,可先喷射干拌和料,而后慢慢增加单位水量,直到用规定的配比喷射;湿喷时用能够获得高黏性的配比,提高黏着性;

·对有限的地点的涌水,可采用导水管一边处理一边喷射(图6-11);

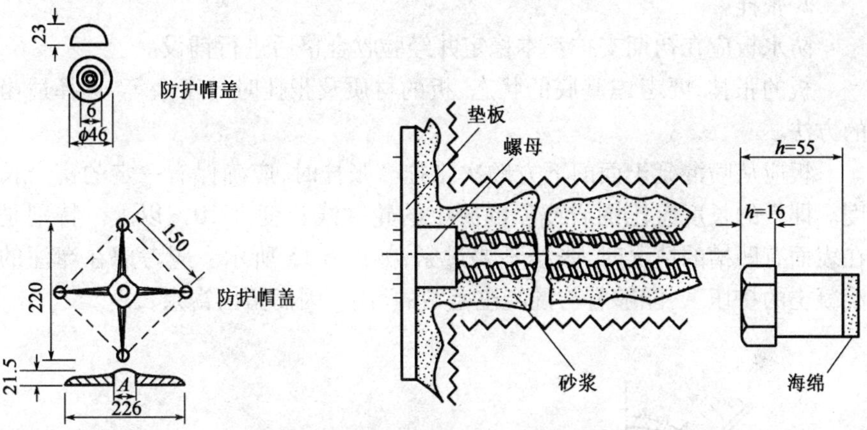

图 6-10　锚杆头部处理的方法(尺寸单位:mm)

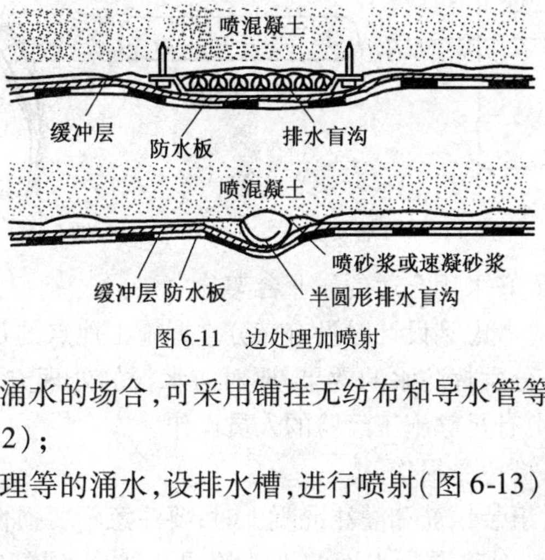

图 6-11　边处理加喷射

· 对大面积涌水的场合,可采用铺挂无纺布和导水管等材料,一边导水一边喷射(图 6-12);

· 从岩体节理等的涌水,设排水槽,进行喷射(图 6-13);

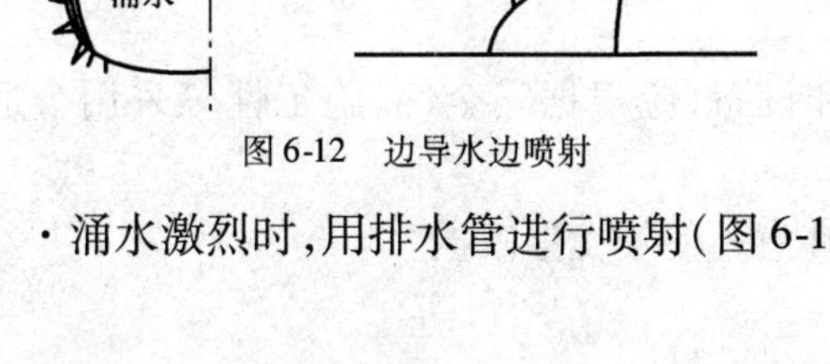

图 6-12　边导水边喷射

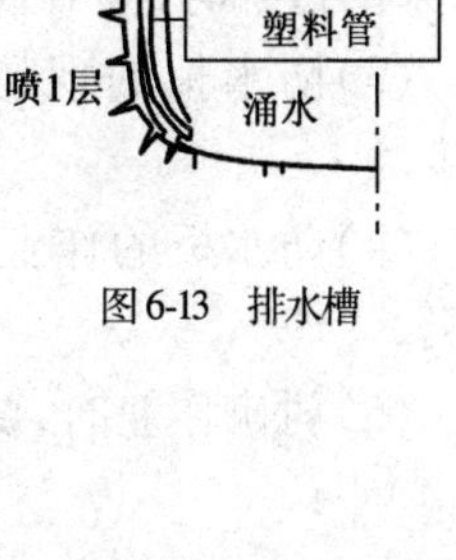

图 6-13　排水槽

· 涌水激烈时,用排水管进行喷射(图 6-14)。

2. 张挂

防水板应在初期支护基本稳定并经验收合格后进行铺设。

板的张挂,要考虑基底的状态、板的材质及张挂时的富余等,选择适当的方法。

板应从喷混凝土面的下方顺次张挂。张挂时,应确保有一定的富余长度。即板的长度应比围岩或喷混凝土的轮廓线长度大 10% 以上。特别是在表面有凹槽的情况时,张挂不要过紧,如图 6-15 所示。应考虑在灌注的混凝土的挤压下,能够有与混凝土密贴的可能,因而留出富余长度。

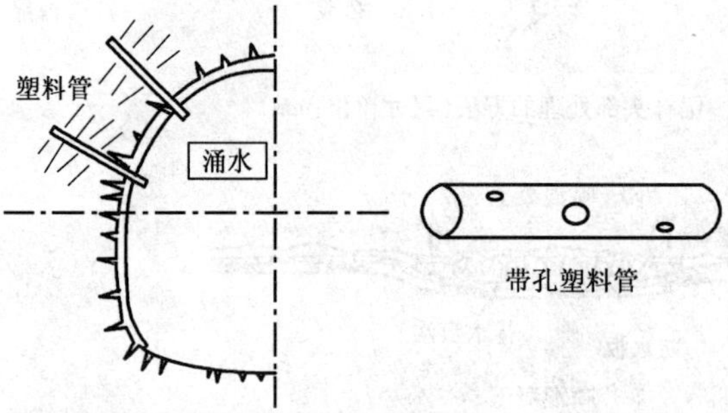

图 6-14 排水管喷射

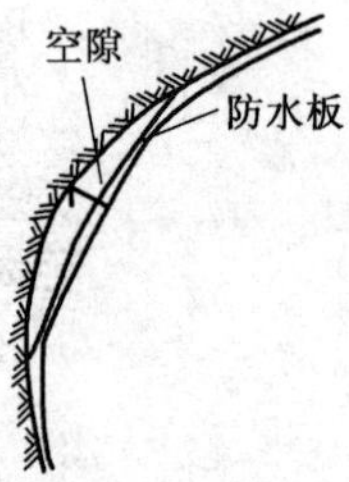

图 6-15 张挂防水板过紧

板的张挂,最好采用合适的作业台架。

防水施工,应考虑到设计时没有充分掌握施工地点的状况,因此应缜密地进行。为了充分发挥防水的效果,要对防水板的处理方法和结合方法进行研究,而且要由有足够施工经验的人员操作。

3. 保护防水板免受损伤

防水施工后组装钢筋和灌注混凝土时,要注意不要损伤防水板。

(1)施工前应对喷混凝土面的极端的凹凸部分、锚杆的头部及集中涌水地点的导水等进行适当的处理。

(2)安装防水板时,应确保与既有防水板的接合和与基底的密贴;同时,采用钉子时,应对板的破损部分进行适当的处理。

(3)防水板的现场接合,应确实地获得充分的止水性和均匀的结合强度。

(4)防水板的作业台架和设备,应根据安全性、施工性等采用合适的机具。

(5)衬砌作业时,要特别注意不使板发生破损。

(6)做好局部处理。

4.防水板安装

防水板的安装,通常使用混凝土打钉机进行。防水板有单一的防水板和与背后缓冲材复合的防水板。复合防水板的安装方式:可采用先将防水板和背后缓冲材加工好的一体施工方式,或者先安装背后缓冲材再安装防水板的分离施工方式。

(1)一体施工方式

内钉方式是由防水板和缓冲材加工复合防水板,用混凝土钉把背后缓冲材钉好的方式。

内钉方式,因钉没有贯穿防水板,防水效果好,但有喷混凝土面的凹凸难于整平的缺点,因此安装时要注意整平。

外钉方式是预先在准备打混凝土钉的地点做好防水处理(钉孔),而后在该处打入钉子的方式。可以边整平边安装。

不管采用那种方式,钉子都不要突出,要确实地打入。安装的施工实例见图6-16。

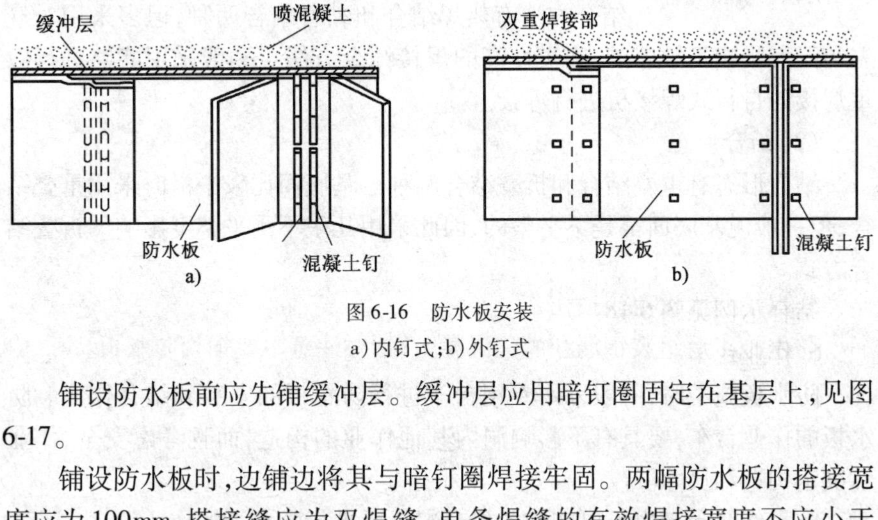

图6-16　防水板安装

a)内钉式;b)外钉式

铺设防水板前应先铺缓冲层。缓冲层应用暗钉圈固定在基层上,见图6-17。

铺设防水板时,边铺边将其与暗钉圈焊接牢固。两幅防水板的搭接宽度应为100mm,搭接缝应为双焊缝,单条焊缝的有效焊接宽度不应小于10mm,焊接严密,不得焊焦焊穿。环向铺设时,先拱后墙,下部防水板应压住上部防水板。

防水板的铺设应超前衬砌混凝土的施工,其距离宜为5~20m,并设临时挡板,防止机械损伤和电火花灼伤防水板。衬砌混凝土施工时应符合下列规定:

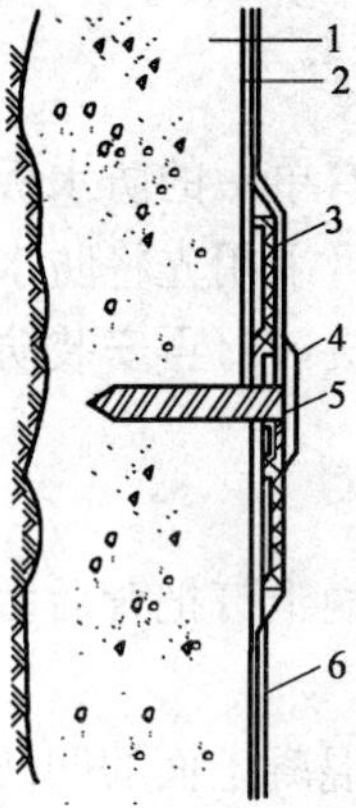

图6-17 暗钉圈固定缓冲层示意图
1-初期支护；2-缓冲层；3-热塑性圆垫圈；4-金属垫圈；5-射钉；6-防水板

·振捣棒不得直接接触防水板；

·浇筑拱顶时应防止防水板绷紧。

局部设置防水板防水层时，其两侧应采取封闭措施。

(2)分离施工方式

一体施工方式是预先加工好复合防水板，其中防水板的伸长，会受到背后缓冲材的制约，易于在防水板背面留有空隙，而先安装背后缓冲材，可有效解决此类问题。

此外，缓冲材和防水板分别安装，与复合防水板相比，易于施工，但安装时比较费事。

5. 防水板的结合

防水板在隧道横断面方向是沿全长铺设的，但其纵断方向，要根据质量和作业性，采用宽度1～2m的防水板，相邻的防水板要在现场结合。最近，为提高防水功能和施工的合理化，开始采用宽度为4m的防水板。

(1)结合方法

结合方法有热焊结合和黏着结合两种，但多采用对气温和湿气影响不敏感的、确实性高的焊接结合方法。一般采用能够进行双重焊接的自行式焊接机进行焊接。

(2)结合形态

结合形态有重叠结合和折叠结合两种。基底面比较平滑时采用重叠结合，但一般说基底面都是不平整的，因此采用几乎不受平整度影响的折叠结合方式。

结合示例见图6-18。

6. 作业台车

防水板施工时，一般采用专用台车进行防水板的安装和结合作业。防水板的作业台车，要具有不影响洞内其他作业的构造，而且考虑安全、作业性决定构造和尺寸。

防水作业台车也可以在装备提升装置后进行防水板的作业。

7. 防止防水板在模板安装和混凝土灌注时的损坏

防水板在衬砌模板移动和安装时及混凝土灌注时也可能使防水板破损，要加以注意。

(1)堵头板施工时的防水板破损

堵头板一般在现场都采用木板加工而成，在与防水板接触时也可能使

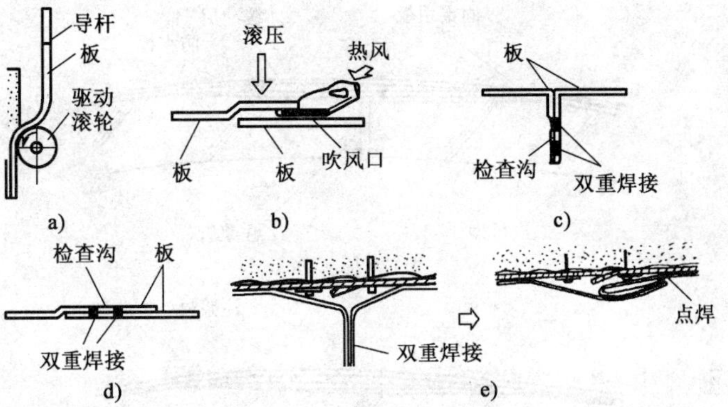

图 6-18　防水板结合例

a）焊机的场合；b）手动焊机的场合；c）折叠结合；d）重叠结合；e）折叠结合的处理

其破损，因此在板之间要配置缓冲垫。

采用气囊式的堵头板，可以较好地解决这个问题。

(2)防止灌注时的防水板破损

采用混凝土泵灌注混凝土时，在灌注孔附近涌出的混凝土，直接接触防水板，也可能使防水板破损，要进行必要的防护。

采用捣固器时也要注意防水板的可能破损。

(3)防止悬吊夹具固定地点的漏水

衬砌采用钢筋加强时，在防水板的内侧配置钢筋，要固定好。一般说，贯穿防水板的钢筋要采用夹具，但也有非贯穿的。施工示例见图 6-19。

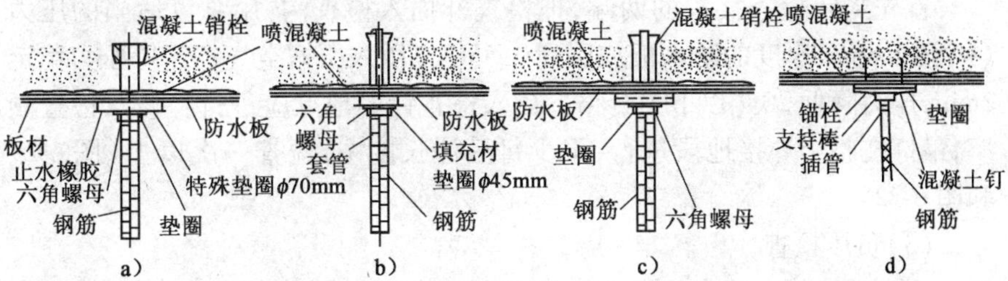

图 6-19　吊钢筋夹具地点的施工示例

8. 铺设质量检查

防水板铺设质量的检查是非常重要的一个施工环节。我们常常在这方面注意不够，而导致“劳而无功”、“功亏一篑”。

为了保证防水板与二次衬砌间不留有空隙，必要时，应进行充填压注（图 6-20），特别是在拱顶附近。一般压注管在拱顶附近，沿轴向每隔 2 ~ 3m 设置一个，二次衬砌养生后，开始压注。

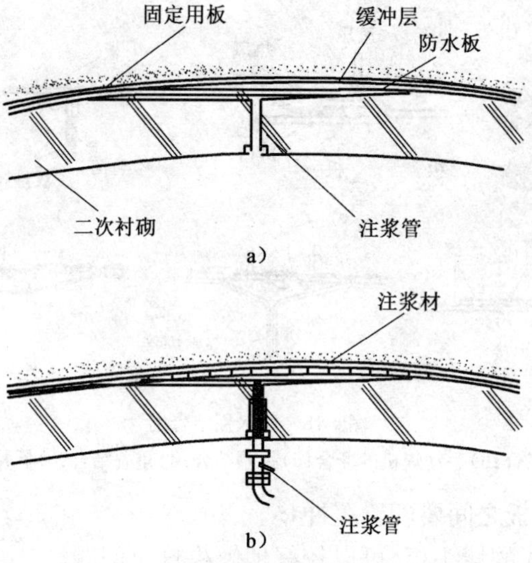

图 6-20　控制注浆示意

施工时,要掌握施工状况,重点检查损伤和不良地点。检查的方法有以下几种。

(1)目视检查

根据目视,判定防水板表面有无损伤和焊接不良地点,发现异常时,应进行补修。

(2)压缩空气检查

首先封闭检查接头的两端,把检查针插入检查沟,用泵以适当的压力(一般0.8mm厚度的防水板加压到0.5MPa)压入压缩空气。保持压力稳定2min,压力降低20%以下为合格。插入检查针的地点应进行补修。检查频率,最好在整个焊接地段进行,至少每灌注长度中,检查一次以上(图6-21和图6-22)。

(3)负压检查

检查方法是在检查处涂上能够发泡的检查液,并安装真空半圆盖,用真空泵形成一定的负压[0.8mm厚度的防水板,负压约6 667Pa(50mmHg)左右],如果不产生气泡就说明没有漏气。检查频率,原则上对所有补修地点进行(图6-23、图6-24)。

防水板安装时,要充分进行涌水时的基底处理。同时灌注混凝土时,不要损伤防水板。防水板的端部处理、与排水设施的接续、模板设置时的堵头板的结合等都要进行适当的处理和确认。

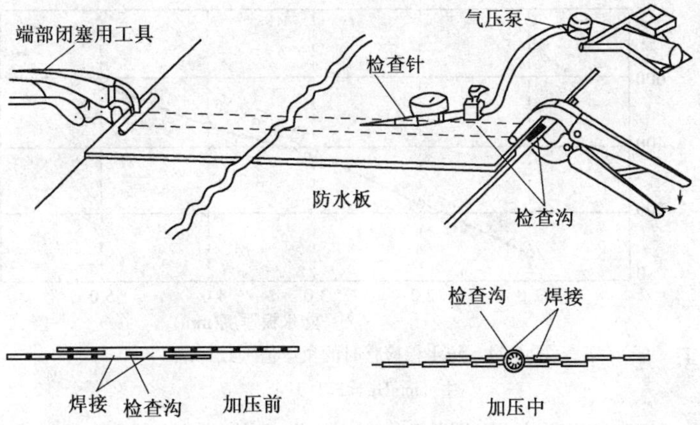

图 6-21　压缩空气检查

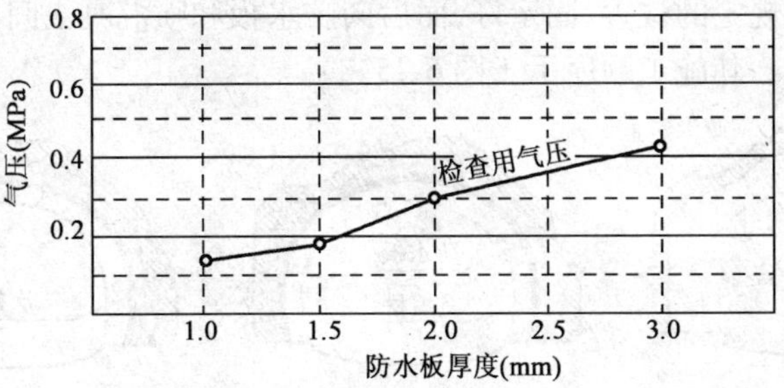

图 6-22　防水板结合部检查时压缩空气压力的大致标准

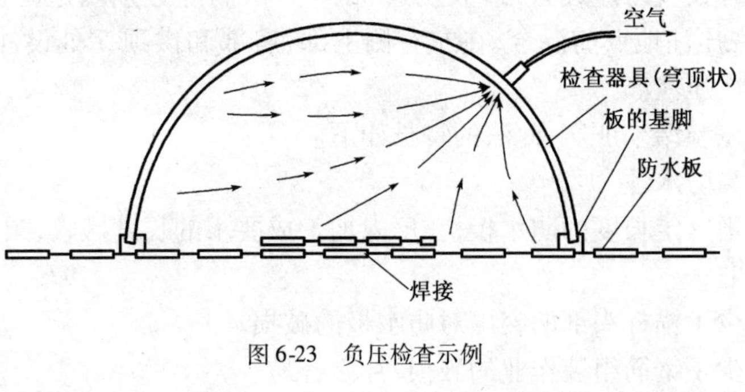

图 6-23　负压检查示例

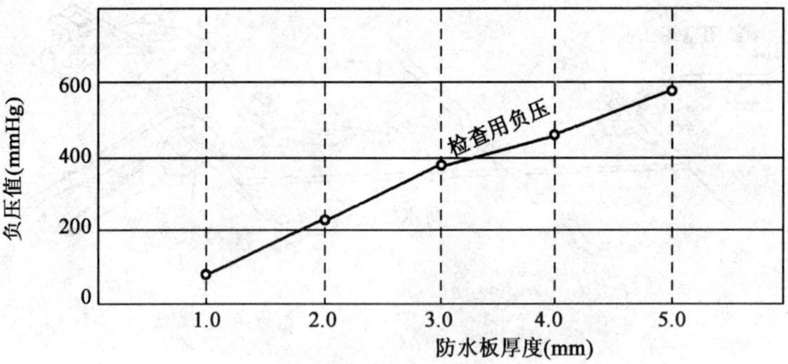

图 6-24 防水板检查时的负压值大致标准

注:1mmHg = 133.3Pa。

日本,为了改进防水板的铺设工艺,近期在修建东京都最后一条通向筑波的一些铁路隧道中采用了一种改进的防水板铺设方法。此法是把防水板直接铺设在防水板台车上,焊接成要求宽度的防水板;并用活动模板台车把防水板设置在规定的位置,固定好,而后向防水板和喷混凝土间的空隙灌注回填的充填材。其施工顺序示于图 6-25。

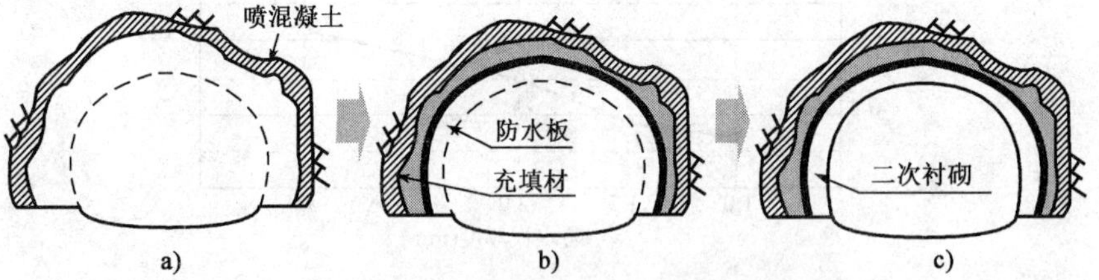

图 6-25 施工顺序

a)喷混凝土;b)设置防水板、回填注浆;c)浇注衬砌混凝土

向防水板和喷混凝土间压注的充填材是用盾构隧道的经过改良的充填材。在洞外设置压注设备,最大压送 450m。从洞外分别压送固化的 A 液和 B 液,在压注地点前混合,在左右侧上部、肩部和拱顶 5 处设注浆管,从下向上依次压注。

工程试验结果证实,此法的特长如下。

1. 提高防水性

· 可把一定长度的防水板,在厂内加工成要求的长度搬入,减少了现场的焊接作业;

· 减少了锚杆头部的突出对防水板的破损;

· 减少了钢筋组装作业的破损,补修容易;

· 因为防水板与喷混凝土是密着的,能够形成确实的防水屏障。

2. 提高补砌混凝土的品质

· 拱厚一定而且均匀；

· 提高衬砌与喷混凝土的隔离作用；

· 不妨碍防水板侧的混凝土充填，形成与混凝土密着的构造。

3. 降低成本

· 与过去的防水板铺设方法成本基本相同；

· 即使降低防水板的品质，防水效果也是充分的；

· 不需要修补喷混凝土地凹凸部，对掌子面循环无影响；

· 能够适应不同情况（全断面、半断面等）的防水要求。

4. 降低作业环境、周边环境的负荷

· 防水板的铺设可以采用人力或机械的，作业强度低；

· 实现了防水板从焊接到铺设、回填压注一体化施工。

施工要点四　喷膜防水层

目前，地下工程防水工艺多采用防水板防水，其材料一般采用高分子防水片材，如各种类型的塑料板、橡胶板和无纺布等。用钉子将防水板或无纺布钉在壁面上，灌注混凝土衬砌而成。该方法施工复杂、效率低，需打眼悬挂，板与板间需热合或冷合，施工精度不高。归纳起来，防水板防水有如下的缺陷：

(1) 本身的材质不能和混凝土密贴，难满足堵水的要求，安设时的冲击、背面突起物等易将防水板扎破，导致漏水。

(2) 要求防水面平顺整齐，如遇壁面混凝土有较大空洞和凹凸场合，二次衬砌挤压防水板受拉伸，易使防水板断裂破坏。

(3) 板与板间的接合部，是防水板的薄弱环节，对施工精度要求高，稍有不慎，会导致整个防水体系失效。

因此，各国都在寻求新的防水方法，日本、美国、德国等国家的学者先后提出用喷射成膜法消除防水板的缺点，一种质量均匀、无接头、耐久性优越、施工快速方便、整体性好、药液喷射成膜的方法已经在一些国家研究成功，并付诸实践，取得了不少的宝贵经验。在不断完善我国地下工程防水技术的同时，应该把这项技术作为一项重要的内容予以关注。

日本最近在日置公路隧道（长 1 185m）的修建过程中，为消除防水板的缺点，采用了均质的、无接头的、耐久性能好的、能快速施工的喷射防水膜防水，获得成功。我们在内昆铁路的一座隧道中，也曾进行过类似的试验施工,效果良好。下面简要介绍该方法。

1. 概况

喷膜法是以丙烯酸盐水溶液为主成分,加入氧化剂(A剂)和还原剂(B剂)制作而成,两种溶液在喷嘴内混合后,用喷射方法在喷混凝土面上形成具有防水和隔离功能的薄膜。

喷射方法有手动和自动两种方法,对标准的公路隧道,可采用专用的箅工机械自动喷射。

本方法的原理和流程见图6-26和图6-27。

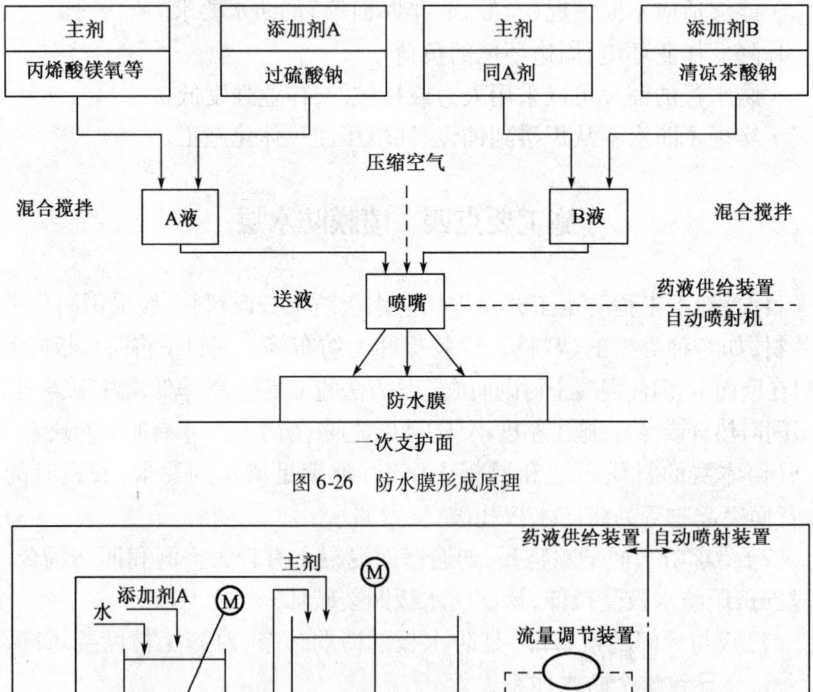

图6-26 防水膜形成原理

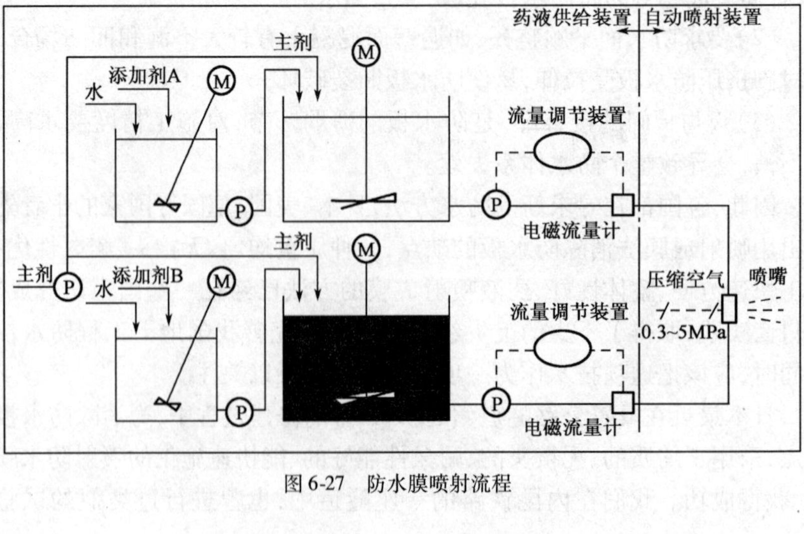

图6-27 防水膜喷射流程

2. 喷膜法的特点

该法对施工条件无特殊要求，适应性很广，主要特点是：

(1)在壁面凹凸显著、湿润状态情况下，喷射面上也能形成均匀的薄膜；

(2)无接头，整体性好；

(3)作业人员的技术熟练程度对质量的影响小；

(4)采用自动喷射机械时，省力、省时；

(5)喷射面有锚头突出时，不会降低作业效率；

(6)容易适应复杂部位的形状。

3. 喷膜法的作用

(1)防水功能

防水膜的主剂主成分丙烯酸盐是不溶解性、不透水性的凝胶体，因此，如能确保3mm厚的薄膜，就可充分确保防水效果。试验表明，此防水层与无防水层比较，参透系数提高一个数量级(水压0.5MPa，试验时间400h，参透系数3.4×10^{-12}cm/s，600h是1.1×10^{-12}m/s，混凝土是1.0×10^{-11}cm/s)，防水性好，经过一年以上的追踪调查，证实防水层无任何异常，性能稳定。

(2)排水功能

在仅有少量渗透水的情况下，不设其他排水设施，防水膜就可防水。而在渗水量较大的场合，在喷射防水膜之前，要设置排水设施，在涌水地点按5~10m间隔铺设横断方向的排水材排水，涌水从排水管内排出，如图6-28、图6-29所示。

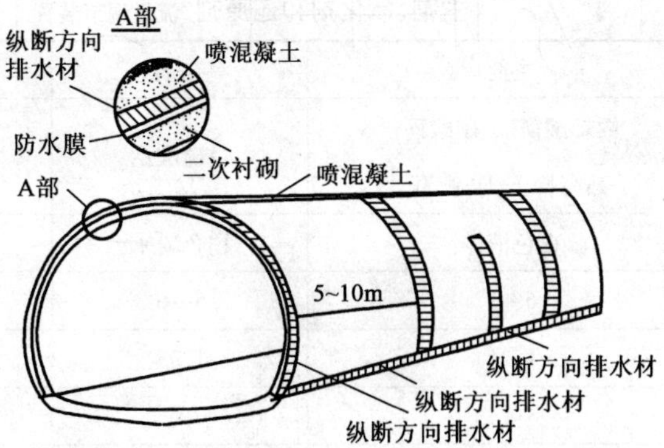

图6-28　排水材料的设置

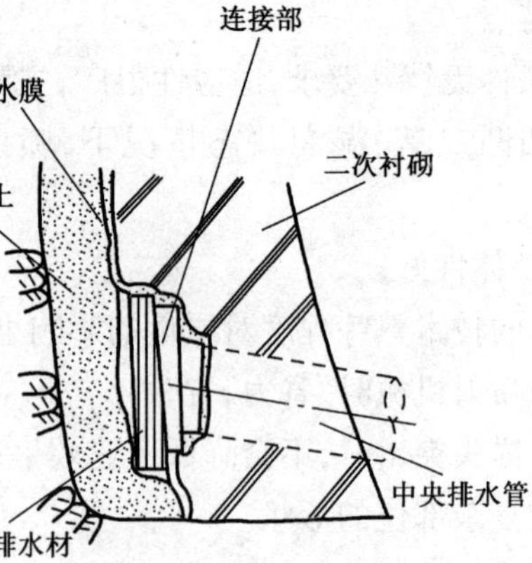

图 6-29　纵向排水材的连接

(3)隔离缓冲功能

防水膜与防水板不同,是均质的单一材料,极易变形,3mm 厚的薄膜可显著缓和喷层和围岩的衬砌的约束力。为了证实防水膜的隔离缓冲功能,在实验室条件下,用塑料管内喷混凝土对防水膜、防水板和无防水层的 3 种情况进行了比较试验,试验结果见表 6-7。

混凝土开裂情况　表 6-7

隔离材料	防水板	防水膜(厚 3mm)	无防水层
开裂情况	无	无	3 个月后发生

4. 喷膜法使用的药剂

采用的药剂的性质见表 6-8。

主剂、氧化剂和还原剂　表 6-8

项目	主剂	氧化剂 A	还原剂 B
组成	丙烯酸镁氧、碳酸钙 熟高岭土、HEC 等	过硫酸钠	清凉茶酸钠
外观	白色液体	白色粉末	白色粉末
pH	6 ~ 7	5 ~ 6	6 ~ 7
相对密度	1.24	1.35	0.90
臭味	微	无	无
水溶液	自由	易溶	易溶

5. 喷膜法施工的基本条件

(1)作业机械

喷膜法使用的主要机械有:喷射装置(包括药液供给装置和自动喷射机)、空气压缩机、载货汽车、高空作业车、水泵、搅拌机等。其中,除药液供给装置和自动喷射机需要研制开发外,都是通用机械。

药液供给装置(图 6-30)放在专用车上,用人力沿轨道移动。

自动喷射机的形状,构造见图 6-31。该装置可沿轨道自行移动。

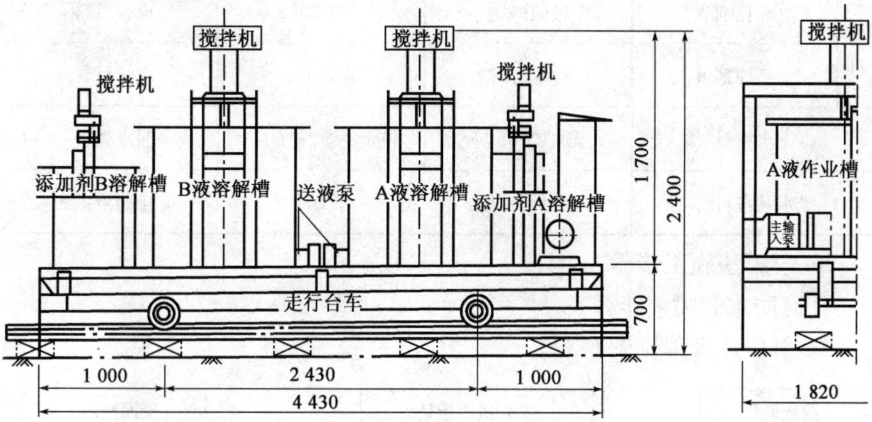

图 6-30 药液供给装置(尺寸单位:mm)

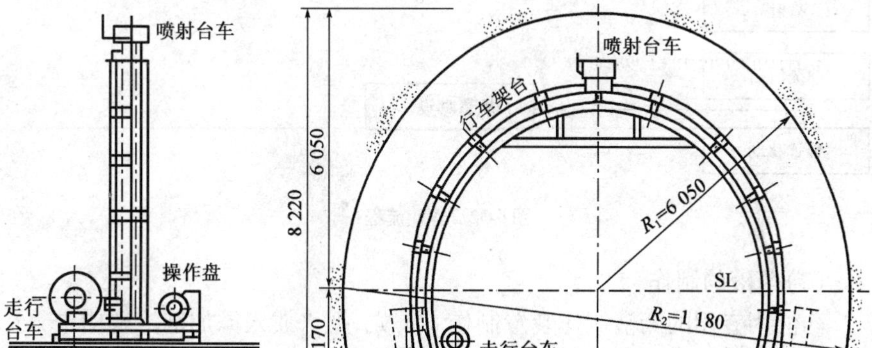

图 6-31 自动喷射机(尺寸单位:mm)

(2)使用材料

除喷射材料外,还有壁面的整形材料(砂浆)和排水材料。各种材料的概况见表6-9。

使用材料表 表6-9

材料		名称、成分等	规格	用途
喷射材料	主剂	主分成,丙烯酸镁氧等	200g	
	氧化剂A	过硫酸钠	袋装25kg	成膜材料
	还原剂B	清凉茶酸钠	袋装1kg	成膜材料
排水材料		无纺布BS等	50m一卷,宽60cm	漏水处理
排水被覆材料		各种夹具	厚2mm	防止药液损失

6. 喷膜法施工步骤

(1)防水膜喷射步骤

喷射作业流程见图6-32。

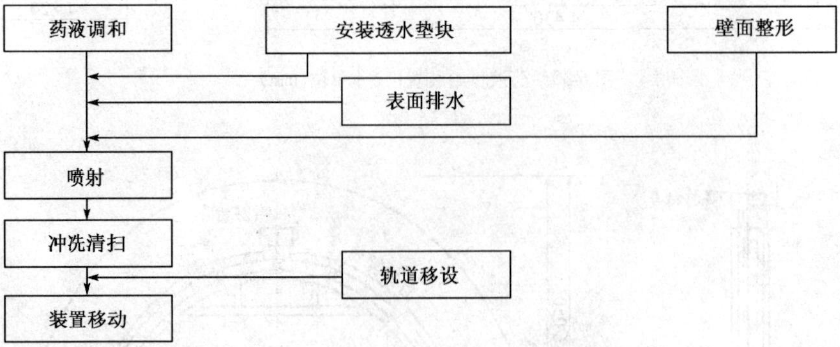

图6-32 作业流程

(2)药液的制作

药液用专用的药液制作装置制作。首先,把水放入添加剂溶解槽中,分别投入添加剂A和B,并搅拌。与此同时,用搅拌机搅拌主剂,用泵依次送到A、B液制作槽中。添加剂溶解后,分别用泵把其移送到A、B液制作槽中,并搅拌之。一批药液的标准制作量、材料使用量、搅拌时间等如表6-10所示。

药液一批制作材料用量、搅拌时间等　　表 6-10

药液	制作量(L)	添加剂					A、B液		
		药剂		水量(L)	制作量(L)	搅拌时间(min)	主剂量		搅拌时间(min)
		种类	质量(kg)				容量(L)	质量(kg)	
A	350	过硫酸镁氧	35.5	66.0	78.1	30	271.9	335.1	3
B	350	清凉茶酸钠	4.0	36.0	38.7	30	311.3	383.8	3

(3)喷射方法

喷射方法有用自动喷射机的机械喷射方法和操作员手持喷嘴人工喷射的方法。在标准断面时,可采用专用的喷射台车进行喷射,自动喷射方法省时、省力,可有效地进行施工管理。人工喷射方法一般使用在非标准断面、修补等场合。

①机械喷射方法

机械喷射是基本的喷射方法。自动喷射机的喷射轨迹,基本上是:

a. 摇动喷嘴,摇动宽度(在衬砌表面 30 ~ 80cm 内变动)范围内,沿隧道轴向反复移动;

b. 移转喷嘴台车,除左侧下方 1.5m 外,沿全周横向移动;

c. 一边喷射,一边移动喷嘴台车,走行台车在一定宽度内,沿隧道轴向移动。

在上述操作中,喷嘴台车的速度、反复次数和走行台车的一步移动宽度,要与药液供给装置的送药流量配合好,以控制防水膜的厚度。

喷嘴的移动参数和送药流量的标准数值示于表 6-11。喷射空气压力在走行台车上为 $P = 0.4 \sim 0.5$MPa。喷嘴的前端和一次衬砌的距离,调整在 45cm 左右。

喷 嘴 移 动 参 数　　表 6-11

时期		喷嘴摇动		喷嘴台车		走行台车	喷嘴角度变换		送药流量	备注
		转速(r/min)	角度(°)	速度(cm/s)	次数	移动宽度(cm)	横向	轴向	A+B液(L/min)	
前半部	1	30	40	6.2	2	20	0	0	5.0	6方向
	2	40	40	4.7	2	30	0	0	4.5	
后半部	1	25	30	4.7	1	25	0		3.5	
	2		0	4.7	1	20	0		3.0	

②人工喷射方法

人工喷射是辅助的喷射方法,在复杂部位,机械喷射不到的部位、不平整部分、钢支撑、锚杆头部等,可采用人工喷射方法。顶部喷射通常在高空作业车上进行。

送药量一般比机械喷射要多些，$Q = 2.0 \sim 3.0L/min$。

7. 喷膜法的管理

在施工过程中，要做好衬砌表面的排水，其中包括：纵向排水和横向排水，同时也要做好喷射前衬砌表面的整形和补修。在施工中，尚未发现喷射时的回弹和粉尘的发生。

在施工中要建立合理的管理体制。施工管理和质量管理的重点是膜厚的管理，现采用的膜厚为3mm。为保证成膜均匀及其厚度，应严格控制送药流量和速度，这就需要控制好喷嘴台车、走行台车、喷嘴摇动速度之间的相互配合。防水膜的质量管理主要是对形成膜的药液的剂量和配比的测量，在每次喷射中，要严格加以标定。管理流程图见图6-33。

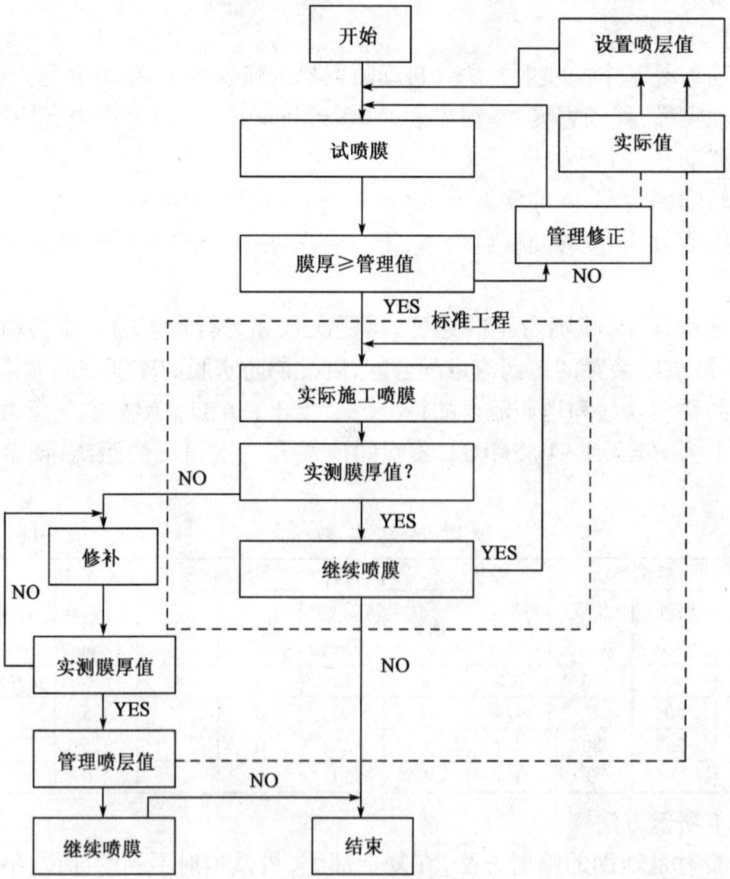

图6-33 膜厚管理方程图

8. 防水膜的性质

(1)防水膜的物理性质

对实验室条件和实际工程取样作了不同的比较试验,其试验结果见表6-12、表6-13。

实验室条件下防水膜的物理性质　表6-12

试验项目	试验结果
抗拉试验	抗拉强度:1.11MPa;延伸率:510%
抗裂试验	抗裂强度:0.51MPa
疲劳试验	不产生裂纹的伸缩次数:>6 000 次
透水试验	在0.3MPa水压下,6h的透水量:0

实际工程取样防水膜的物理性质　表6-13

项　　目	试验结果
抗拉强度	抗拉强度:1.08MPa;延伸率:475%
抗裂强度	0.64MPa
疲劳试验	不发生龟裂的伸缩次数:>6 000 次
透水试验	参透系数:7×10^{-12}cm/s(1 000h以上)

(2)防水膜的耐久性

防水膜的凝胶体在化学上是稳定的物质,通过长期透水效果确认试验,在长达一年的试验中,对防水膜无影响,特别是处于混凝土衬砌和喷层之间,可以长期保持其性能。

(3)实际施工的防水膜的防水性能

在施工完毕的工程中取出直径约150mm、厚度约70mm的三组(无防水膜、膜中有钉孔、膜中无钉孔)试件进行透水比较试验,其试验装置见图6-34。图6-35是透水量与时间的关系图,表6-14是测定的参透系数。

取样试件的参透系数　表6-14

试件($t=70$mm)	无防水膜	膜中有钉孔	膜中无钉孔
参透系数(cm/s)(600h)	1.0×10^{-11}	1.1×10^{-12}	1.1×10^{-12}

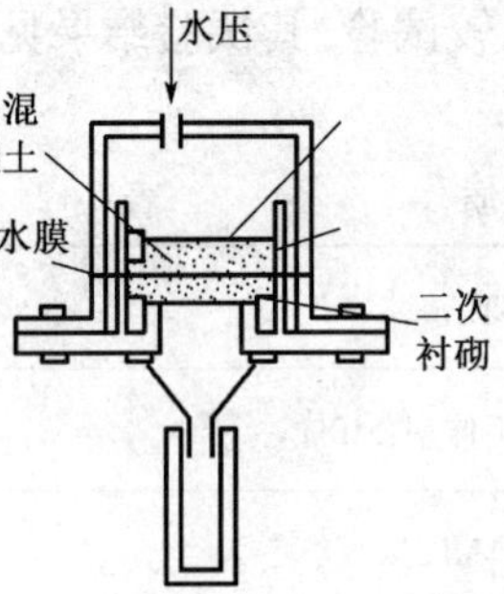

图 6-34 透水试验

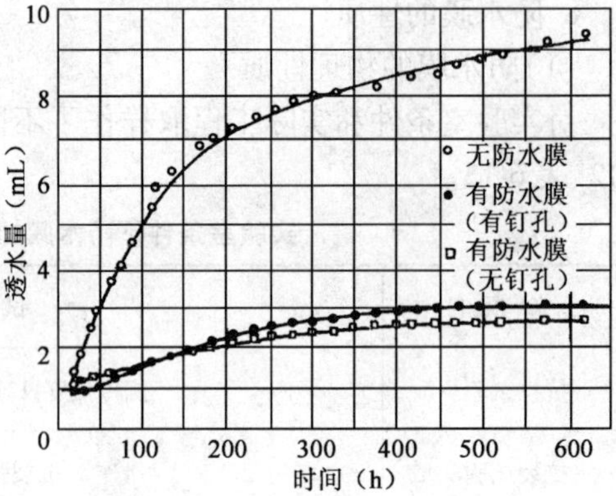

图 6-35 透水量与时间的关系

9. 喷膜法的安全性

(1)药液的安全性

防水膜材料的安全性见表 6-15。

防水膜材料的安全性 表 6-15

药液材料 / 项目		主剂					氧化剂	还原剂
		丙烯酸镁氧	己二烯酸	熟高岭土	碳酸钙	HEC	过硫酸钠	清凉茶酸钠
毒性	LD_{50}	2 590	无急性毒性	无急性毒性	无急性毒性	>5 000	178	5 000
	方式	口				口	静脉注射	静脉注射
皮肤腐蚀性		无	无	无	无	无	无	无
有毒气体		无	无	无	无	无	无	无
引火性		无	无	无	无	无	无	无

(2)施工中的粉尘浓度

对施工中产生的粉尘实际测定，通风量 890m^3/min 的条件下，粉尘浓度：最大 0.7mg/m^3，最小 0.20mg/m^3，平均 0.43mg/m^3。

(3)防水膜对混凝土的影响

防水膜不溶于水，且化学稳定性较好。因此在同混凝土接触的状态下，对混凝土的硬化不产生影响，对强度影响较小。如图 6-36 所示，将本法中的主剂混入水泥浆液中(配合比：水泥∶砂 = 1∶4，$W/C = 0.5$)的试验结果与普通喷射水泥混凝土的比较，其强度关系在 28d 后非常接近。

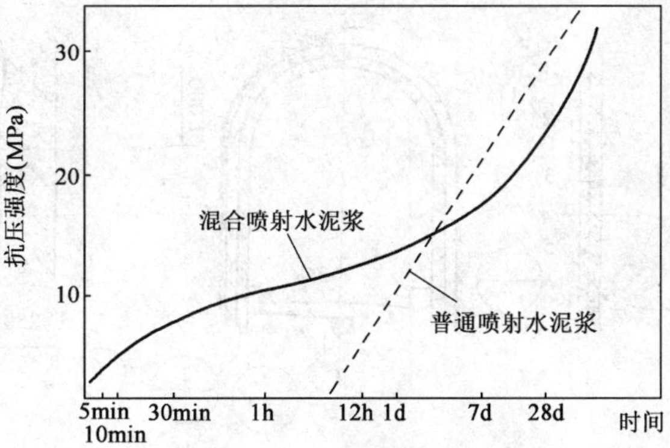

图6-36　强度关系曲线

施工要点五　隧道排水

在排水型隧道中必须做好衬砌背后的排水系统，使水流通畅地排出。一般说，隧道衬砌排水系统的构造见图6-37。

衬砌背后的围岩渗漏水可通过盲沟、盲管（导水管）、暗沟导入基底衬砌背后的排水系统中排出。

采用盲沟排水时，盲沟的设置应符合下列规定：

(1)盲沟宜设在衬砌与围岩间，拱顶部位设置盲沟困难时，可采用钻孔引流措施。

(2)盲沟沿洞室纵轴方向设置的距离，宜为5～15m。

(3)盲沟断面的尺寸应根据渗水量及洞室超挖情况确定。

(4)盲沟宜先设反滤层，后铺石料，铺设石料粒径由围岩向衬砌方向逐渐减小。石料必须洁净、无杂质，含泥量不得大于2%。

(5)盲沟的出水口应设滤水箅子或反滤层，寒冷及严寒地区应采取防冻措施。

采用盲管（导水管）排水时，盲管（导水管）的设置应符合下列规定：

(1)盲管（导水管）应沿隧道、坑道的周边固定于围岩表面。

(2)盲管（导水管）的间距宜为20m，当水较大时，可在水较大处增设1～2道；盲管（导水管）与混凝土衬砌接触部位应外包无纺布。

排水暗沟可设置在衬砌内，宜采用塑料管或塑料排水带等。

基底排水系统由纵向集水盲管、横向排水管、排水明沟、中心排水盲管

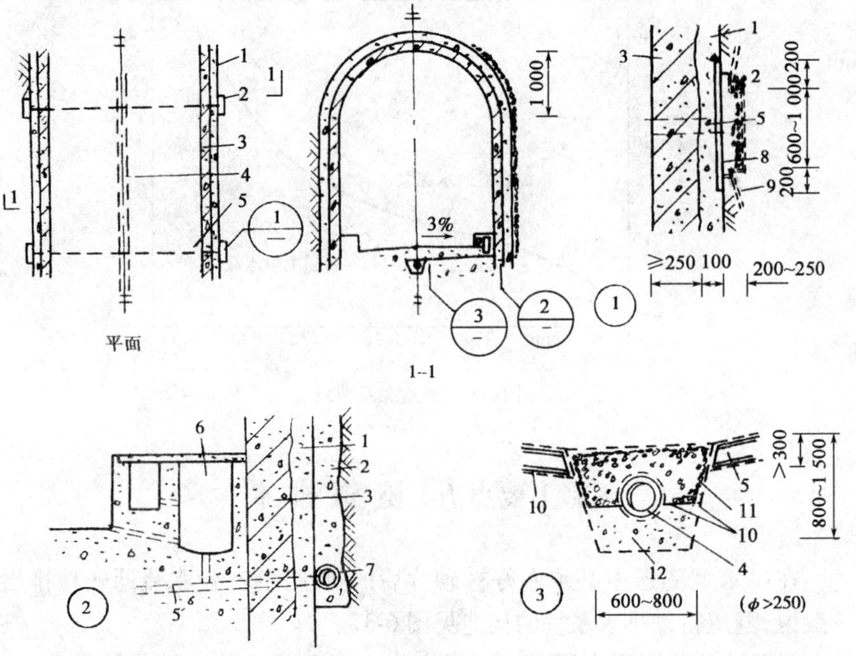

图 6-37 衬砌背后的排水构造(尺寸单位:mm)

1-初期支护;2-盲沟;3-主体结构;4-中心排水盲管;5-横向排水管;6-排水明沟;7-纵向集水盲管;8-隔浆层;9-引流孔;10-无纺布;11-无砂混凝土;12-管座混凝土

组成。

纵向集水盲管的设置应符合下列要求:

(1)应与盲沟、盲管(导水管)连接畅通。

(2)坡度应符合设计要求,当设计无要求时,其坡度不得小于 0.2%。

(3)宜采用外包加强无纺布的渗水盲管,其管径由围岩渗漏水量的大小决定。

横向排水管的设置应符合下列要求:

(1)宜采用渗水盲管或混凝土暗槽。

(2)间距宜为 5 ~ 15m。

(3)坡度宜为 2%。

排水明沟的设置应符合下列规定:

(1)排水明沟的纵向坡度不得小于 0.5%。铁路、公路隧道长度大于 200m 时宜设双侧排水沟,纵向坡度应与线路坡度一致,但不得小于 0.1%。

(2)排水明沟的断面尺寸视排水量大小按表 6-16 选用。

排水明沟断面　表6-16

通过排水明沟的排水量(m^3/h)	排水明沟净断面(mm)	
	沟宽	沟深
50以下	300	250
50~100	350	350
100~150	350	400
150~200	400	400
200~250	400	450
250~300	400	500

(3)排水明沟应设盖板，排污水时应有密闭措施。

(4)在直线段每50~200m及交叉、转弯、变坡处，应设置检查井，井口须设活动盖板。

(5)在寒冷及严寒地区应有防冻措施。

中心排水盲管的设置应符合下列要求：

(1)中心排水盲管宜采用无砂混凝土管或渗水盲管，其管径应由渗漏水量大小决定，内径不得小于中250mm。

(2)中心排水盲管的纵向坡度和埋设深度应符合设计规定。

缓冲排水层选用的土工布应符合下列要求：

(1)具有一定的厚度，其单位面积质量不宜小于280g/m²。

(2)具有良好的导水性。

(3)具有适应初期支护由于荷载或温度变化引起变形的能力。

(4)具有良好的化学稳定性和耐久性，能抵抗地下水或混凝土、砂浆析出水的侵蚀。

一般说，伴随隧道开挖多会出现涌水。此时如在衬砌背后滞留涌水，会在衬砌背后形成过大的水压，造成衬砌的开裂，对隧道结构产生不良的影响。特别是开裂处的漏水能够降低衬砌的耐久性，也会促进隧道内设施的腐蚀和冬季结冰，对列车的运行造成威胁，也增加了维修管理的难度。这些危害在施工中可能出现，在运营后也可能出现。因此，使衬砌面不漏水，就必须采取适当的排水措施。

通常，涌水沿防水板背后流下，到衬砌背后下部集中后，通过导水导入中央排水管，排出隧道外。这些通道，即使一部分被土砂和混凝土等堵塞，就会破坏导水功能，对衬砌和路基产生不良影响。因此，在留意排水结合部的同时，要注意混凝土灌注时不要损伤排水材料，也不要被游离石灰堵塞。

在衬砌背后下部设置的集水管（带网格孔管），要用防水板包裹后充分固定并小心施工。在灌注混凝土时，不要使其堵塞，要充分保持其排水功能。

集水管和导水管的结合部位易漏水，因此要采用防水板和橡胶等确保其充分的防水性。

中央排水管及导水管是永久性结构物，施工后的检查和补修都极为困难，因此，要对基础的稳定性、确保排水坡度、管路结合的确实性、良好的过滤材料等，给以充分的注意。在进行铺底混凝土施工时要注意不要堵塞盲管。图6-38是背后集水管和其端部的处理示例。

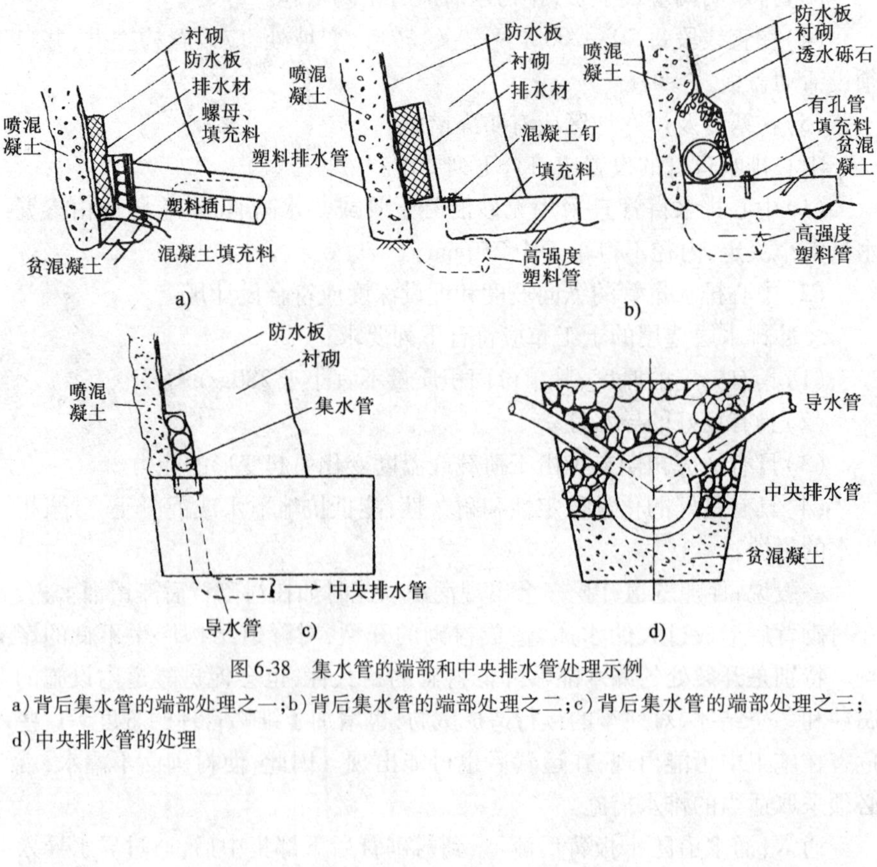

图6-38 集水管的端部和中央排水管处理示例

a）背后集水管的端部处理之一；b）背后集水管的端部处理之二；c）背后集水管的端部处理之三；d）中央排水管的处理

第七部分　实现内实外美

——支护、衬砌技术要点

对坑道稳定性和支护的基本认识

隧道施工的质量主要表现在两个方面:一个是对围岩的损伤到什么程度;一个是支护和衬砌支护效果发挥到什么程度。这两个问题是我们在整个施工过程中都不能忽视的。作为工程技术人员,在技术上的主要任务,就是要千方百计地把围岩的损伤程度控制在最小限度之内,同时,关注支护和衬砌的质量,充分发挥其支护效果。

这里,我们主要说明后一个问题。

从根本上说,在坑道开挖过程中,都要回答一个关键性的问题,即:围岩具有多大的自支护能力,是否需要人工支护,用什么类型的人工支护和怎样支护。因为在坑道工程中,如何保证坑道的暂时稳定(施工期间)和长期稳定(运营期间)始终是一个基本的、关键性的问题。而要做到这一点,就要从理论上、实践上理清坑道稳定性、围岩分级与支护结构之间的相互关系。

1. 坑道稳定性

这里所谓的坑道稳定性是指一定尺寸的坑道,在不加任何人工支护条件下的稳定状态。以单线铁路隧道为例,坑道的尺寸大约高 6.0m、宽 5.0m。

根据铁路隧道施工实践,隧道开挖后的稳定状态分为以下 4 类。

(1)坑道充分稳定

如前所述,在坚硬($R>60$MPa)、整体(裂隙间距大于 1.0m)、耐风化的围岩中(如坚硬的花岗岩、石灰岩等),坑道开挖后,由于岩体强度高、岩体完整、不易松弛,坑道在长时间内有足够的自稳能力和自支护能力,因而无需任何人工支护而能维持稳定,无坍塌、偶尔有掉块。在特殊情况下会出现岩爆现象。

(2)坑道稳定

在大块状构造的岩体及整体状的中硬岩($R>30$MPa)中开挖坑道时,坑道会因爆破、岩块结合松弛而产生局部掉块,但不会引起坑道的坍塌,坑道是稳定的,围岩具有一定的自支护能力。但是,层间结合差的平缓岩层,顶板可能弯曲、断裂,此时应采取局部人工支护或轻型的全面人工支护。

(3)坑道暂时稳定

大多数坑道都属于这个类型。在具有碎(石)块(石)状构造的围岩中,坑道开挖后常常呈现出不同程度的坍塌现象,坍塌后的坑道常呈拱形,处于暂时稳定状态。暂时稳定的时间,有长有短。在外界(如爆破、支撑顶替、回填不及时等)和内部(如地下水等)条件影响下,如不及时采取人工支护会,坑道进一步丧失稳定。因此,在这种围岩中,必须采取各种类型的人工支护措施。

(4)坑道不稳定

在块石土、堆积土等围岩中,坑道在不支护条件下是难于开挖的,随挖随塌,常常要先支后挖。围岩无自支护能力,或自支护时间极短,即需要采取稳定掌子面的辅助施工方法,如管棚、小导管等超前支护。坑道的坍塌发生迅速、影响范围大,在浅埋条件下,有时可塌到地表面或在地面形成沉陷盆地。在有水的情况下,土体流动造成极大荷载。在这种情况下,需要采取专门的人工支护措施和特殊的施工方法来保证坑道的稳定。

由此可见,坑道围岩状态不同,坑道开挖后的稳定状态也不同,从而采取控制稳定的技术措施也是不同的。

2. 坑道支护

依上所述,与坑道稳定性分级相对应的控制坑道稳定性的支护措施,也可进行分级。

从性质上看,坑道支护主要分为自支护和人工支护两部分。自支护是指围岩自身所具有的支护能力;而人工支护则指在自支护能力不充分的条件下,人为采取的支护措施。两者共同构成了坑道的永久支护体系。

坑道的自支护,前面的坑道稳定性分级,就是这种研究的一个实用而确实的方法。自支护的能力是由围岩自身条件所决定的,是客观存在的、固有的、自然的围岩特性。这种特性在开挖过程中,视开挖方法的优劣,会受到一定的损伤,从而降低了固有的自支护能力。为了尽可能地减少这种损伤的程度,除了在开挖上采取一定措施外,更为主要的是,通过人工支护的方法,来提高围岩的自支护能力或控制这种自支护能力的降低。这就是采用人工支护的根本目的和要求。

人工支护通常又分为一次支护(初期支护)和二次支护(衬砌)两大类。

在施工期间为了保证施工安全、减少坑道围岩松弛、及时控制地压的发展,更主要的是为了控制围岩自支护能力的降低,从而更充分地利用围岩自身的自支护能力,常常需要对坑道进行初期支护,也就是一次支护。它是在施工过程中采用的支护措施,在这个意义上,也可以称作施工支护。一次支护的力学特性,使它不仅在施工期间能够维护坑道的稳定或暂时稳定,还能够与二次支护一起发挥永久支护的作用。在现代的隧道施工中,一次支护主要采用喷混凝土、锚杆等支护方法,这既能够在施工期间维护坑道的稳定,控制围岩自支护能力的降低,又能够作为永久支护结构一部分。

另外,也要认识到,当仅采用喷混凝土、锚杆及钢支撑等一般人工支护方法仍不能保证坑道的稳定时,还需要采取辅助的支护措施。这种措施,在支护的意义上看,也是一种人工支护方式,如小导管注浆、各种超前支护、管棚、锁脚锚杆、围岩注浆等支护方式。这是提高围岩自支护能力的重要措施。一般说,这种人工支护的措施,多数是在地质条件差的情况下采取的,而在设计中,常常忽视了其可能产生的支护作用,仅仅作为临时的支护措施。

二次支护,也是人工支护的一种类型。在目前的设计原则中,二次支护是隧道运营期间和一次支护一起,维护坑道的长期稳定和耐久性的基本结构,又称为永久支护或衬砌。

根据地质条件和施工实践,二次支护的功能可分为以下两种情况考虑。

(1)在施工阶段,基本上是不承载的。即:在初期支护变形基本收敛后,才施作二次支护的情况。一般说,在不采用超前支护的地质条件的情况下,都可以按照不承载的原则进行设计和施工。

(2)在有些情况下,如需要控制地表面下沉、控制较长时间内初期支护变形不收敛,特别是先行修筑仰拱的情况下,二次支护在初期支护变形没有收敛的情况下就要修筑。在这种情况下,二次支护也需要在施工期间发挥其作用,承受相应的荷载。一般说,在采用超前人工支护的情况下,二次支护应按承受一定荷载的情况进行设计和施工。

应该指出,两种支护手段都是重要的,在选择时必须通盘考虑。

依上所述,坑道支护可作如下分类(图7-1)。

实质上,坑道的支护措施常常采取自支护和人工支护的组合形式。原则上,在充分利用和发挥围岩自支护能力的条件下,可配合采取不同的人工支护方式,共同地对坑道进行有效的支护。

根据坑道稳定性的分级和构筑支护方式的组合情况,人工支护类型大致分为以下 4 类。

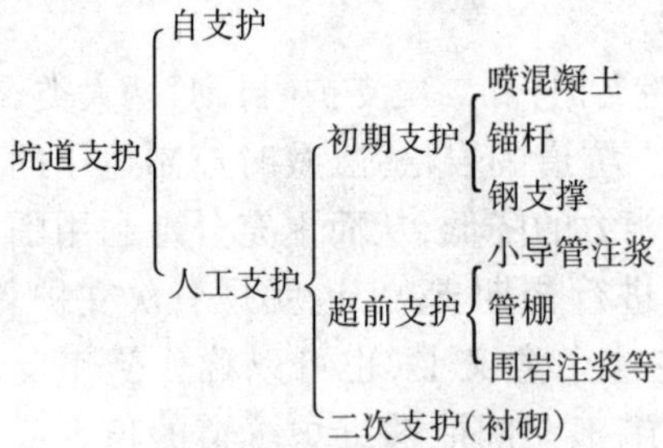

图 7-1　坑道支护分类

(1)饰面支护或防护支护:利用围岩的自支护能力。

(2)构造支护:利用围岩的自支护能力,为防止围岩在长期使用过程中自支护能力的降低,而采取的构造上的措施。

(3)承载支护:由围岩自支护能力和一般人工支护构成,二次支护是不承载的。

(4)特殊承载支护:由围岩自支护能力、一般人工支护和超前支护构成,二次支护是承载的。

饰面支护应用于坑道充分稳定的情况。它的作用是封闭岩面、防止围岩风化。一般在围岩表面喷射 2 ~ 3cm 的水泥砂浆或小于 5cm 的喷混凝土。在确保围岩无风化和局部掉块的情况下,亦可不加人工支护。

构造支护是指仅仅按结构的最小厚度设置的支护,它应用于坑道稳定的情况。这种支护受到的荷载很小(或者说,基本上是不承载的),故依计算得到的厚度值很小,施工很难做到。因此,构造支护厚度多视施工的可能,或者按具有最小承载力的要求,采用最小值,如采用喷混凝土时,通常采用 5 ~ 8cm。当可能发生局部掉块时,也可设置一定长度的局部锚杆。

承载支护是具有一定承载能力的支护,它应用于坑道暂时稳定的情况。根据荷载的性质、方向、大小、分布等的不同,其类型与构造也多种多样。这种支护的厚度多由计算得到。目前在铁路隧道中,这种情况的一次支护多采用厚 10 ~ 15cm 的喷混凝土和一定长度的系统锚杆,二次支护基本上采用混凝土衬砌。

特殊承载支护应用于坑道不稳定的情况。由于荷载大,且具有特殊性(如膨胀、偏压等),多要采用“先支后挖”的支护措施及强有力的一次支护。此时一次支护通常采取“先支后挖”的超前支护措施(如小导管等),同时采用厚15～25cm的喷混凝土、一定长度的系统锚杆或特殊锚杆、格栅或钢支撑等。特别需要说明的是，在这种围岩条件下，有时二次支护也要承受一定的荷载。

3. 围岩分级

铁路隧道的围岩分级，是把具有不同坑道稳定性和支护结构的围岩组合到一起进行分级的一种方法。

根据铁路隧道的施工实践，目前采用的围岩分级、坑道稳定性和支护类型之间的大致关系如表7-1所示。

围岩分级、坑道稳定性和支护级别间的大致关系 表7-1

围岩级别	I	II	III	IV	V	VI
稳定性级别	充分稳定	稳定	暂时稳定		不稳定	
支护级别	饰面	构造	承载		特殊承载	

上述分析是针对单线铁路隧道而言的。双线铁路隧道或双车道公路隧道、大断面坑道的情况时，原则上基本相同，仅在支护结构的参数和构成上有些差异。

前面已经说明，作为工程技术人员，在技术上的主要任务，就是要千方百计地把周边围岩的损伤、松弛控制在最小限度之内，同时，关注支护和衬砌的质量，充分发挥其支护效果。这里，我们主要说明后一个问题，也就是如何做到“内实外美”。

我们要求隧道初期支护和永久衬砌做到“内实外美”，这也是我们评价衬砌施工质量的重要指标。而“内实外美”主要决定于隧道初期支护和衬砌的施工质量。应该说，由于隧道施工条件和施工环境的限制，隧道内的施工条件比露天的施工条件要差，有一定的难度。因此，隧道工程技术人员要经常想到这一点，是很重要的。

众所周知，所谓的“内实外美”是我们对隧道混凝土衬砌的一个质量要求：“内实”是衬砌内在质量的体现，“外美”是外观质量的体现。这里重点谈“内实”。

所谓“内实”，就是隧道初期支护和衬砌应当具有在设计耐用期间内的强度、耐久性、使用性和可靠性外，要切实做到“四密实（贴）”，即**混凝土密实，喷混凝土密实，初期支护与围岩密实**（贴）**和二次衬砌与初期支护密实**（贴）。

从总体上看,只要严格按照施工工艺施工,初期支护和衬砌强度是完全可以保证的。而在施工中经常出现的一些问题是:衬砌厚度不足、衬砌背后留有空洞、回填不密实,二次衬砌与初期支护不密贴和衬砌过早开裂以及漏水等。这些问题的出现,有多方面的原因,如:施工中出现异常事故(如大坍方、突泥、突水等),处理作业极度困难;抢进度,忽视质量;监理缺乏有效的监控方法;更有甚者是偷工减料造成的。在技术上,因混凝土配比不当,而出现蜂窝麻面、强度不足,施工缝处理不当而漏水、防水板破损、衬砌表面不平整以及先拱后墙的施工方法等等。因此,在施工中要重点关注这些问题。

施工要点一　普通喷射混凝土

在矿山法中,喷混凝土作为围岩开挖后的主要支护构件起着相当大的作用,然而在实际工作中,技术人员却常常忽视它的存在和作用。因而,时常发生喷射量不足、喷射厚度不均匀、喷射配比不合适以及基底处理不当等现象,使喷混凝土不能充分发挥其应有的作用。这实质上是对喷混凝土的作用缺乏足够的认识所造成的。因此,在喷混凝土施工中,提高对喷混凝土支护作用的认识,是极为必要的。

作为隧道支护构件的喷混凝土的支护作用(如表7-2所示),简要归纳为以下几点。

(1)首先,要认识到喷混凝土是唯一地能够与围岩大面积的、牢固接触的一种支护方式,是其他方式所不能代替的。从力学意义上说,它既能传递径向应力也能够传递切向应力。

(2)喷混凝土与岩层的附着力可以把作用在喷混凝土上的外力分散到围岩上,同时也提供了隧道周边的裂隙和节理等以剪切阻力保持块体的平衡,防止局部掉块,在隧道壁面附近形成一承载环。在裂隙多的硬岩中这种效果是比较大的。

(3)比较厚的喷混凝土是作为一个连续构件支护围岩的,给予约束围岩变形的支护力(内压),使围岩保持近于三维的应力状态,控制了围岩的应力释放。同时,因早期铺设仰拱使断面临时封闭,更好地发挥了支护效果。这种效果在软岩和土砂围岩中是显著的。

(4)具有能够将土压传递到钢支撑和锚杆上的作用。

(5)填平围岩的凹面,覆盖弱层,防止应力集中,而加强了软弱层。

（6）开挖后，因立即被覆壁面，具有防止围岩风化、止水和微颗粒流出等的效果。

喷混凝土的作用效果　　表 7-2

喷混凝土的作用效果	概　念　图
1）与围岩的附着力、抗剪的支护效果 喷混凝土和围岩的附着力，可分散作用在喷混凝土上的外力，同时加强隧道周边的裂隙的抗剪能力，并可在壁面形成承载拱。在裂隙发育的硬岩等作用效果大	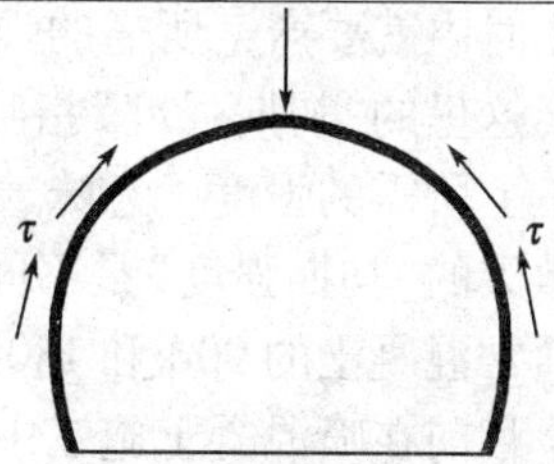
2）内压、闭合效果 因喷混凝土作为一个连续的构件支持围岩，可约束围岩的变形，给围岩以支护力（内压），使围岩保持三轴的应力状态。此外早期采用仰拱使断面临时闭合，也发挥了支护效果。此效果在软岩和土砂围岩中大	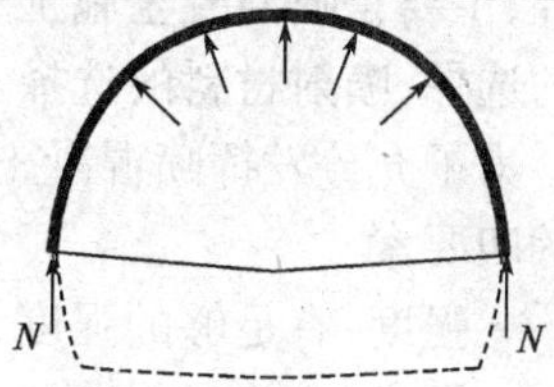
3）外力分配效果 作为传递土压到钢支撑、锚杆等上的构件而发挥作用	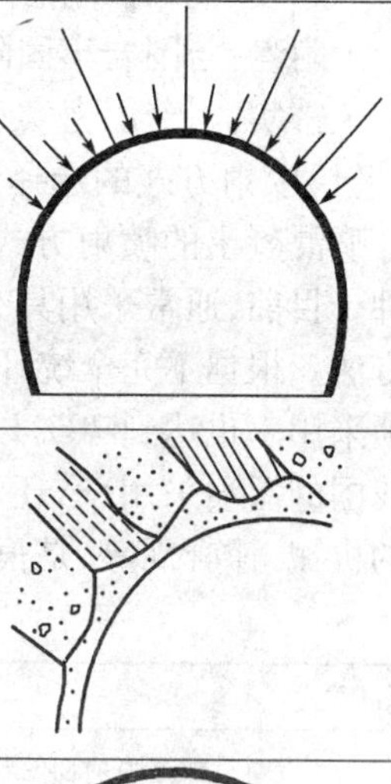
4）软弱层补强效果 填平凸凹不平处、跨越软弱层，而防止应力集中，补强软弱层等	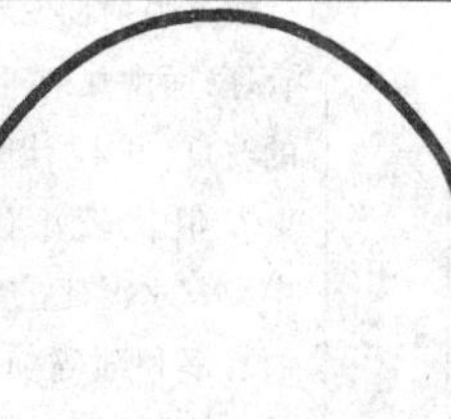
5）被覆效果 开挖后，因及早被覆壁面，可防止围岩风化、止水、微粒子流失等	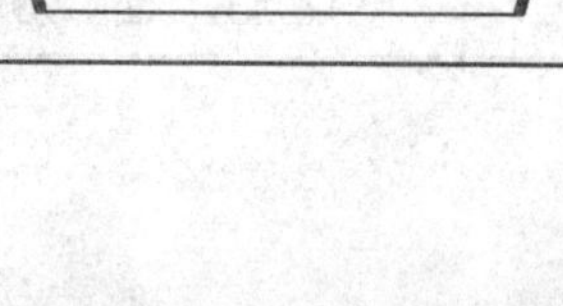

能够发挥上述效果的喷混凝土，要求具有初期强度特性、长期强度特性、防止喷射后围岩崩落的良好的附着性、施工性等优良的品质，考虑隧道洞内的温度、湿度、爆破振动等，到目前为止，多采用水泥用量比较多、添加速凝剂的特殊的混凝土。特别是，作为支护构件的喷混凝土，要求在喷射后数小时内就要产生所需的强度，故确保混凝土这种品质是极为重要的。

这里的"初期强度"指喷射后能够支持自重和随掌子面推进的荷载的施工上所需的强度。意味着24h龄期的抗压强度，这与通常的混凝土灌注后数天的"初期强度"是不同的。"长期强度"是指28d龄期的抗压强度，不是通常混凝土的90d和180d的强度。

目前在喷混凝土施工中出现的问题，除了对喷混凝土支护的认识不充分外，主要是喷混凝土施工工艺上还存在一些不可忽视的问题，如：喷射方式的选择、喷射材料的选择、喷射配比的确定、喷射厚度的检查和控制等。

为了充分发挥喷混凝土的支护效果，最重要的是要解决好喷混凝土施工的四要素。

· 强度：有足够的强度，特别是初期强度；

· 厚度：要确保附着层的厚度，或者使喷射表面平滑；

· 附着：与围岩牢固附着成为一体，相互间就能够传递力和变形；

· 密实：附着层密实、均质、耐久。

(1)喷射方式的选择

喷混凝土的喷射方式，从拌和方法、压送方法看，大体上分干式和湿式两种。目前，通常采用具有比较大的生产能力的，能够喷射新浇混凝土的湿喷方法。根据不完全统计，目前，欧洲国家绝大多数采用湿喷方式，日本的湿喷采用率也达到70%以上。目前，在隧道施工中，湿喷已成为主流方式，而我国的湿喷采用率，还不到20%。因此，大力开发和研制与湿喷技术有关的机械、速凝剂等，是很必要的。表7-3是两种喷射方法的比较。

喷射方法的比较 表7-3

项目方式		干 喷 法	湿 喷 法
混凝土性质	配比管理上的特性	根据喷射面的状况，W/C是在喷嘴处管理，而由喷射工决定W/C。由于机械的改良，可以让W/C有微小的变动。W/C值比较小（45%～55%）。配比中，水/水泥比的调整会影响集料的表面水率和喷嘴前添加的水量。喷射手的熟练程度也有影响	由于机械性能的提高和改善，可以喷射低坍落度（降低W/C）的混凝土。喷射混凝土是用拌和设备制造的，接近通常灌注混凝土的情况。要对混凝土的坍落度、空气量、强度等进行管理。也要注意对喷射量、喷射压力的管理

续上表

项目方式		干喷法	湿喷法
混凝土性质	强度特性（初期强度）	加水后的混凝土即可喷射，因 W/C 比较小，对初期强度有利。 回弹中粗集料比较多，因此单位水泥用量也多	为确保施工性，W/C 稍大些，初期强度也稍低些
	表面状况	由于喷射后强度出现的快，喷射面比较平滑	由于喷射后强度出现稍迟，喷射有毛刺（钢纤维突出）
施工性	压送能力	水平：150 ~ 200m 垂直：100 ~ 150m	水平：100m 垂直：30 ~ 50m
		不管哪种方式，压送距离最好短些	
	施工能力	5 ~ 12m^3/h	8 ~ 20m^3/h
其他	粉尘	现状无很大差异	
	回弹	现状无很大差异	
	涌水对策	因水量可以调整，在一定程度上可以适应较大范围	因水量不能调整，适应范围很小
	拌置时间	根据水量，最好在 2h 内	根据水量，最好在 1h 内
	作业性	机械、管路可用空气清扫	机械、管路要完全用水清洗

干喷方式，是在水泥和集料拌和后加入速凝剂，用压缩空气压送，在喷嘴处加压力水喷射的方式。在喷嘴处是干拌和料与水混合，W/C 可以小些。混凝土的品质，受到喷射手的熟练程度和能力的左右。同时，粉尘和回弹较多。但材料的压送距离比较大。

而湿喷方式，与通常的混凝土制造相同，事先将包括水压内的各种材料正确地计量、充分地拌和，而后用压缩空气或泵压送，在喷嘴处加速凝剂的方式。与干喷方式比，混凝土的品质管理比较容易，粉尘和回弹小，但用压缩空气压送，不能长距离的输送。同时，湿喷方式，拌和后放置时间的管理是很重要的，特别是，最近引人关注的高强度或低粉尘的喷混凝土施工更要求进行严格的施工管理。

湿喷方式与干喷比较，在施工能力方面是有利的，适合于大断面隧道的喷射施工。

图7-2是两种作业方式的系统图,各有特点,应根据现场规模、状况和喷射量分别使用。因此,选择喷射方式时,要充分研究喷射厚度、隧道长度、断面大小、开挖方法及涌水的有无等。对于涌水,一般说干喷比较好,对于速凝剂的添加位置,液体速凝剂和粉体速凝剂是不同的。

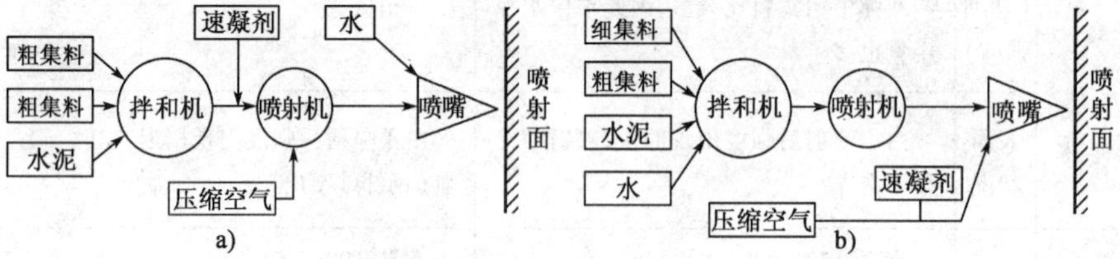

图7-2 喷射方式的系统图

a)干式;b)湿式

(2)喷混凝土的配比设计

在配比设计中,大家一定要分清楚从喷射口出来的混凝土配比和附着在围岩表面上的配比,是不一样的。前者可以称为喷射配比,后者称为附着配比。设计规定的喷混凝土强度,如C20、C25等,应该是由附着配比决定的。但因现场对附着配比管理比较困难,因此一般都按照设计配比进行管理。一般说,为了满足附着配比(即设计配比)的要求,就不得不改变现场配比(喷射配比)的参数。例如表7-4所列的关系,就是这种考虑的示例。

喷射前后喷混凝土强度的对应关系 表7-4

喷射后喷混凝土强度	C30	C35	C40	C45	C50	C55
喷射前喷混凝土强度	C38	C43	C48	C54	C60	C65

也就是说,现场配比应适当提高喷混凝土的强度等级,以确保附着在围岩表面的喷混凝土的设计强度。

与喷混凝土强度、耐久性、水密性、抵抗开裂性、保护钢材的性能有最大关系的是:水灰比、单位水量及单位水泥量,还有使喷混凝土在短时间凝结的速凝剂用量。即:单位水量、单位水泥用量和速凝剂用量支配着喷混凝土的品质。在适合作业的范围内,单位水量越小,则获得要求品质的混凝土的必要的单位水泥用量、速凝剂用量越少,是经济的。同时喷混凝土的开裂也将减少。另外,使用单位水量多的喷混凝土,单位水泥用量和速凝剂用量也要增加,是不经济的。同时压送管的压送状况变差易产生脉动和材料离析。特别是,增加速凝剂用量,对长期强度的增长有影响。

在集料中,细集料是喷混凝土构成材料中占最大容积的材料,其品质对回弹等施工性影响极大。一般说，颗粒越粗，回弹越多，反之，过细则喷管内的阻力越大，易引起堵塞。作为细集料采用河砂最合适，但因不易获得，也可使用海砂、山砂、碎砂等。粗集料率一般在2.3～3.1。

粗集料的粒径越大越经济，但回弹过多，易引起堵塞。粗集料粒径最大一般在10～15mm，在湿喷中最好采用10mm。

通常在对碱性集料反应有害的场合，应采取合适的措施，如使用低碱型水泥、能够确认有控制反应效果的高炉水泥、火山灰混合水泥等，使混凝土中碱的总量（换算为 Na_2O）控制在 3.0kg/m³ 以内。但是喷混凝土要使用速凝剂，碱的总量通常在3.0kg/m³ 以下，从早期强度的观点看，使用水泥的类型是有限制的。因此，喷混凝土采用的集料，要采用对碱性集料反应无害的材料。

在喷混凝土中使用速凝剂的目的是提高作业效率、减少因自重而剥落、促进混凝土凝结。使用速凝剂是为了支护构件及早获得必要的强度和促进混凝土硬化能够承受爆破的震动。

速凝剂对喷混凝土的初期强度、长期强度影响很大，增加添加量可以减少回弹，早期的强度也高。但是，如图7-3所示，添加量超过某一限度后，凝结时间非但没有缩短，强度也会降低。

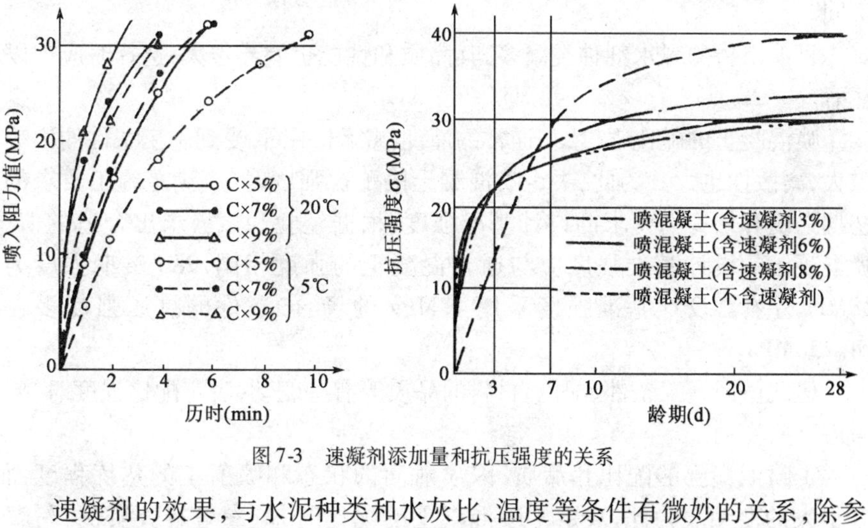

图7-3　速凝剂添加量和抗压强度的关系

速凝剂的效果，与水泥种类和水灰比、温度等条件有微妙的关系，除参考其他现场的使用经验外，应进行试验研究最佳的速凝剂的种类、添加量。

速凝剂的种类在日本湿喷方式多采用矿物系的粉体。最近一种没有碱性的液体速凝剂也已投入使用。速凝剂的种类见图7-4。

- 速凝剂
  - 粉体
    - 矾土系（矿物系）
    - 硫铝酸钙系（矿物系）
    - 铝酸钠钙系（矿物系）
    - 铝酸盐系
  - 液体
    - 铝酸盐系
    - 水溶性铝酸盐系

图 7-4　速凝剂种类

硅灰是一种以非晶质的 SiO_2 为主成分的球形超微粒子的混合材料。采用硅灰的喷混凝土在欧美等国家是用来补修衬砌的，在提高其品质的同时，作业性也有了很大的改善。在日本，隧道中采用硅灰的也很多，也承认有改善的效果。近年在隧道施工中，由于采用硅灰，控制了速凝剂的添加量，出现了高强度高耐久性的喷混凝土，可以作为永久性的衬砌。混合硅灰后可以改善喷混凝土的性能。即：

·提高品质：强度增大、提高水密性和抗冻害性能；

·提高施工性：改善压送性能、减少回弹；

·改善作业环境：减少粉尘。

采用湿喷方式时，为了获得合适的和易性，多采用减水剂、AE 减水剂、高性能减水剂。由于使用这些混合剂，混凝土的和易性得到改善，减少了单位用水量，提高了抗冻害性，也改善了水密性，优点很多。但是，这些混合剂的效果，根据使用的水泥、集料的品质、混凝土配比、施工方法等的不同而不同。

目前市售的减水剂种类繁多，其品质和性能也差异很大，选择时应加以注意。

喷混凝土的配比强度，与通常的灌注混凝土不同，受到施工条件的影响极大，离散性也大。为此，决定喷混凝土的配比强度时，应满足施工要求的初期强度和结构物要求的设计基准强度，根据经验和试验求出合适的值。喷混凝土的设计基准强度应与通常混凝土的强度相同，28d 龄期强度为 18MPa 左右。设计基准强度采用 18MPa 的场合，试件的抗压强度多在 24～36MPa。

但此值因施工条件、配比、材料的品质等有些变动，决定配比强度时，要考虑这些变动。

①喷混凝土的配比和品质，因喷射面的状态和喷射工的熟练程度而有很大的变动。为此，决定干喷混凝土的配比时，应参考有关实例、附着的混凝土品质、经济性、作业性等决定。干喷混凝土的作业性，要考虑以下项目：

·压送中不产生闭塞和脉动；

· 回弹及粉尘少;

· 喷射混凝土不产生剥离、剥落及流淌。

日本1990年12月调查的43件干喷的混凝土配比结果,求出配比的各项目的平均值,列于表7-5。

干喷的喷混凝土配比的平均值 表7-5

项 目	配 比	项 目	配 比
粗集料最大尺寸	10~15mm	水灰比(W/C)	53%
细集料率(s/a)	61.6%	速凝剂添加量(C×%)	6.7%
单位水泥用量(C)	359kg/m³		

速凝剂的使用量应根据围岩条件、喷射位置、气温等施工条件增减。但使用量超过某一限度不仅效果不大,而且对长期强度的增长也有一定影响,因此应根据试验及工程实践决定添加量。

②湿喷混凝土的配比除与干喷混凝土的情况同样考虑外,还要根据粗集料的最大尺寸、坍落度及配比强度决定。但在泵送的场合,要根据压送性决定混凝土的坍落度。坍落度小,压送性能差,闭塞的可能性大,因此,坍落度多取8cm以上。

调查的193件湿喷的配比结果列于表7-6。

湿喷的喷混凝土配比的平均值 表7-6

项 目	配 比	项 目	配 比
粗集料最大尺寸	10~15mm	水灰比(W/C)	56%
细集料率(s/a)	62%	速凝剂添加量(C×%)	5.9%
单位水泥用量(C)	360kg/m³		

一些国家和部门采用的喷混凝土配比列于表7-7。

喷混凝土的配比实例 表7-7

单 位		水泥用量 C(kg/m³)	坍落度 (cm)	最大集料尺寸(mm)	W/C (%)	s/a (%)	速凝剂 C×(%)
日本铁道公团(铁道)	干喷	350	—	15	45	55	4.5
	湿喷	390	10	10	55	60	4.0
日本道路协会(公路)	干喷	360	—	15	45	55	5.5
	湿喷	360	8	15	55	60	5.5
日本道路协会(高速公路)	干喷	360	—	15	56	62	7.0
	湿喷	360	8	15	56	62	7.0

(3)金属网

金属网在软岩和土砂围岩中能够提高附着力,在膨胀性围岩中能够防止剥落、提高柔性,在节理和龟裂多的硬岩中能够提高抗剪性能和柔性。同时,在有腐蚀的场合,也有采用玻璃纤维、炭纤维和尼龙纤维等非金属系的高强度纤维网的施工实例。

金属网的网格尺寸通常采用100mm×100mm或150mm×150mm,线径采用3.2~6.0mm。但在土砂围岩中也有采用1cm×1cm的金属网的例子。

应该指出:金属网的线径不宜过粗,以利于随喷混凝土表面铺设。同时,加快铺设速度,最好事先根据隧道尺寸,预制成网片,成片铺设。

(4)喷射面的事前处理

喷射基面的处理对保证喷混凝土与围岩紧密接触(附着)是非常重要的。因此喷射的第一步是:为确保喷射作业的安全和喷混凝土与围岩成为一体,要事先把可能落下的浮石等仔细地清除。有涌水时不仅使喷混凝土的附着性降低,水混入后也会降低混凝土的品质,在硬化前,喷混凝土会流失,硬化后混凝土背后会因水压作用而造成开裂和剥离。因此,要进行排水处理。在寒冷地区的洞口附近施工的场合,要注意冻结。

第二步是:对围岩表面凸凹显著的部位填平补齐,为防水板的张挂创造良好的条件。

第三步是:设置金属网或钢筋时,如固定不好,喷射作业中会发生移动,也会因金属网振动而产生开裂。因此设置的金属网、钢筋等必须用混凝土钉、锚栓、锚杆、钢支撑等充分固定好。

喷混凝土与干喷或湿喷无关,因添加速凝剂而急剧硬化。因此,在速凝剂添加后尽早喷射是很重要的。

(5)拱部和侧壁的喷射作业

①从喷嘴中喷出的混凝土以适当冲击速度,与壁面成直角喷射时,压密性最好。喷射成斜角时,会损伤已喷射的混凝土部分,回弹和剥离也多。喷射距离(喷嘴到喷射面的距离),应根据材料的冲击速度和材料的附着性进行调整。

②一次喷射厚度,因喷射面的位置及干湿状态、喷射材料的不同、速凝剂的种类及添加量、喷射方式的不同和喷射手的熟练程度等而异,但厚度应以材料不剥离、不流失为准。最好在先喷的混凝土硬化后再喷下一层混凝土。

③回弹量与喷射方式、施工位置、空气压力、喷射的配比、集料的最大尺

寸及平时厚度等而异。最好采用适当的配比和施工方法，来减少回弹量，提高喷混凝土的质量。特别是在纤维混凝土的场合，纤维的回弹也多，更要注意喷射压力和配比。

(6)涌水地点的喷射作业

涌水集中或量大的地点，可采用图7-5的方法进行处理。

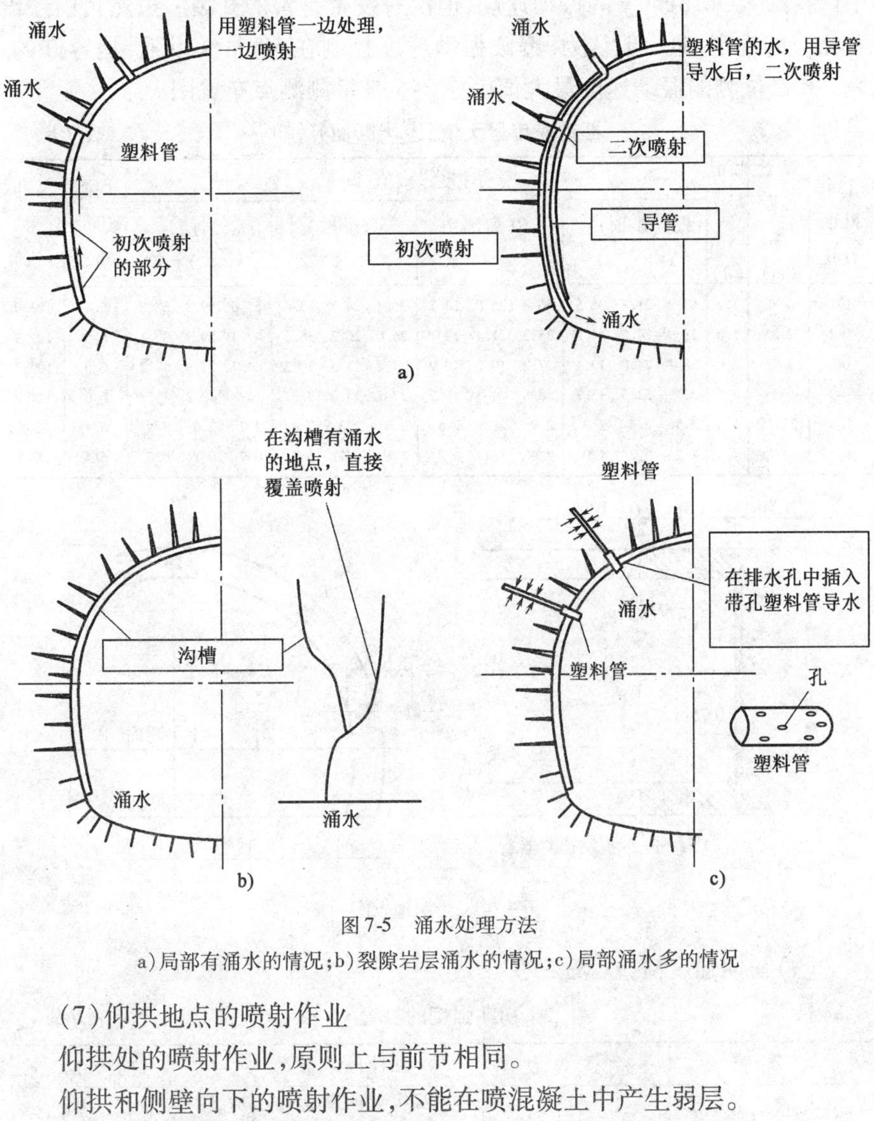

图7-5　涌水处理方法

a)局部有涌水的情况；b)裂隙岩层涌水的情况；c)局部涌水多的情况

(7)仰拱地点的喷射作业

仰拱处的喷射作业，原则上与前节相同。

仰拱和侧壁向下的喷射作业，不能在喷混凝土中产生弱层。

(8)爆破对喷混凝土的影响

一般说，喷混凝土是靠近掌子面喷射的，会强烈地受到爆破的影响。特别是对低龄喷混凝土。日本曾进行爆破对喷混凝土影响的试验研究，其结果可以作为参考。

在一座断面积为76m²，采用台阶法施工的公路隧道中，一次爆破炸药量为80～132kg，喷混凝土距掌子面0.75m，龄期1.5d。爆破后在喷混凝土中产生最大56.3cm/s的振动速度，但没有发生有害的开裂。虽然目前还没有相应的规定，但一般认为，爆破振动速度控制在50cm/s以下，是容许的。表7-8是量测的振动速度最大值。图7-6是量测测点布置图。

振动速度最大值（上半断面开挖） 表7-8

上半断面开挖	掌子面距离(m)	喷混凝土材龄(d)	振动速度最大值(kine)												掏槽药量(kg)	总药量(kg)
			A(拱顶)			B(肩部)			C(侧壁)			(岩层)				
			X	Y	Z	X	Y	Z	X	Y	Z	X	Y	Z		
U-1	0.75	1.5	53.2	21.7	38.5	56.3	25.5	24.7	36.4	24.7	23.4	65.6	99.8	58.8	5.4	123.0
U-2	2.25	1.8	23.9	24.0	14.2	35.1	21.4	18.1	26.0	20.2	15.3	47.3	29.4	37.1	6.6	109.9
U-3	3.75	2.0	28.7	24.0	12.1	27.2	19.2	10.9	24.6	14.3	10.3	24.7	21.4	17.2	6.0	109.3
U-4	5.25	2.5	33.2	32.3	15.7	20.8	20.8	11.5	27.7	14.0	9.3	16.8	12.2	11.3	6.6	121.9
U-5	27.75	6.0	2.9	2.4	2.9	2.9	2.8	2.5	2.9	2.3	2.9	2.2	2.6	2.4	6.4	83.5
U-6	30.75	7.6	1.2	0.7	1.0	2.4	1.1	0.7	1.8	0.7	0.8	0.7	0.7	0.7	6.4	80.0

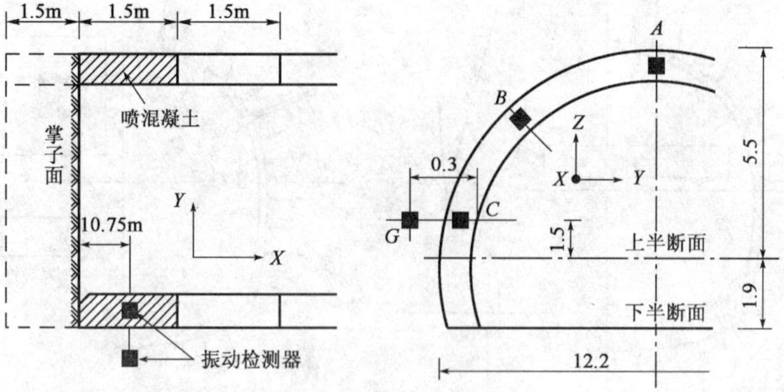

图7-6 量测地点图

(9)初期强度检查（表7-9）

初期强度的检查 表7-9

项　目	检 查 方 法	时期·次数	判定基准
喷混凝土初期强度	国标	施工开始前及施工中，所定配比条件变化的场合	不在规定值以下

喷混凝土与一般混凝土相比其离散性比较大，在初期强度检查中要加以注意。

喷混凝土一般不用圆柱模打试件，原则上向板内喷射混凝土取试件进行试验。

日本铁道公团和日本道路公团的检查示例列于表7-10。

强度试验的检查时期、次数和判定基准（设计基准强度18MPa） 表7-10

机 关	时期、次数	判定基准
道路公团	每50m一次	1d抗压强度在5MPa以上 28d抗压强度在18MPa以上
铁道公团	开挖初期每20m一次，而后每50m一次	3h抗压强度在1.5MPa以上 1d抗压强度在8MPa以上 28d抗压强度在18MPa以上

（10）喷射厚度等的检查

喷射厚度及混凝土变异的检查，根据表7-11进行。

喷射厚度等的检查 表7-11

项　目	试验、检查方法	时期、次数	判定基准
喷射厚度	检查钉、钻孔检测等	施工中急施工完成后	应在设计厚度以上
喷混凝土的变异		同上	不产生有害的开裂等

测定喷射厚度的方法有埋置检测钉的方法和喷射后向刚喷射的混凝土中插入检测钉的方法以及喷射后钻孔检测的方法。

喷射厚度的检查时期、次数列于表7-12。

喷射厚度的检查时期、次数和判定基准示例 表7-12

机关	试验、检查方法	时期、次数	判定基准
道路公团	钻孔检测	每20m设1个检测断面，拱部设5个，侧壁左右各设1个，共7个	在设计喷射厚度以上
铁道公团	钻孔检测、检测钉	同上	设计厚度为最小厚度时：检测厚度大于设计厚度； 设计厚度为平均厚度时：检测厚度的平均值大于设计厚度

施工要点二　钢纤维喷射混凝土

钢纤维喷混凝土在工程实践中应用得越来越多。特别是挪威法出现后,钢纤维喷混凝土作为单独支护结构的作用也越来越明显。挪威法(简称 NTM)的最大特点就是采用湿喷钢纤维混凝土作为永久支护。最初开发的钢纤维喷混凝土是用来稳定开挖表面或支护膨胀性黏土、岩爆或膨胀性等地质条件而采用的。在预计有大变形的围岩时,喷混凝土的抗弯强度和韧性指数是非常重要的。在小变形的围岩中,抗压强度是比较重要的。不管何种情况,都必顺考虑与岩体的黏附性。黏附性视岩类、围岩的矿物成分会有很大的变化。所以,要特别注意。

20 世纪 70 年代初,挪威就开始采用湿喷混凝土。当时为使喷射成为可能,采用了较高的水灰比,这样,混凝土的质量就出现了问题,为此干喷占据了主要地位。

20 世纪 70 年代中期,引入硫化剂后,湿喷得到了极大的发展,而且可以供应低成本、高质量的混凝土。

湿喷混凝土主要是由标准的波特兰水泥、最大粒径 8 ~ 10mm 的集料、硅粉、硫化剂、超硫化剂及速凝剂等构成。混凝土通常,根据指定的最终强度,混合成 50 ~ 60MPa 的强度。作隧道衬砌时,通常指定为 C35 ~ C45,修复时,最高采用 C55。速凝剂的添加量,1m^3 混凝土为 15 ~ 25L,平均为 20L。水泥和硅粉与水的比值是 0.40 ~ 0.45,坍落度是 15 ~ 20cm。硅粉(水泥质量的 8% ~ 10%)的使用,主要是为了保持与岩体表面的黏附性。混凝土采用商品混凝土,速凝剂用喷嘴添加,回弹在 10% 左右,实际上多在 1% ~ 6%,是比较低的。

隧道开挖时,为稳定隧道拱部,要求采用短时间能喷射大容量的喷射机械,为满足此要求,挪威各会社开发了完全自动化的喷射机械装置。目前使用长 20 ~ 40mm 厚 0.5mm 的钢纤维。

湿喷钢纤维混凝土的优点是:

(1)用活塞泵可有 25m^3/h 的喷射能力;

(2)5% ~ 10% 的回弹率,比干喷低得多;

(3)不产生钢纤维的回弹,使用 40mm 的钢纤维时,也能控制回弹;

(4)混凝土质量均一,通常可达到 55MPa 的强度,在特殊作业时,可达 100MPa;

(5)环境条件好,粉尘少;

(6)作业安全;

(7)水灰比小,透水性低;

(8)不需要防腐蚀处理,可防止电解和加速腐蚀。

①钢纤维喷混凝土主要在通过韧性发挥其作用,在隧道洞口段和断层破碎带或膨胀性围岩等围岩恶劣的场合、大土压作用的地点和隧道交叉段、扩大段等构造上产生很大应力的地点等使用。混入纤维后与金属网一样可起到防止剥落的效果。钢纤维喷混凝土的配比、制造及施工方法可参照有关规范的规定。

一般采用的钢纤维,其长度在40mm以下、纤维直径为0.3~0.6mm,长径比为40~60。混入率在0.5%~1.0%。

②其他纤维有聚丙烯纤维、尼龙纤维、碳纤维等,这些纤维的力学性能有的是钢纤维不具备的。在实践中聚丙烯纤维采用较多,与钢纤维比较其密度为0.91kg/cm^3,比较轻,材料运送、混入比较容易。

纤维喷混凝土有钢纤维、玻璃纤维、尼龙纤维等。钢纤维喷混凝土是纤维喷混凝土的应用最多的一种。纤维喷混凝土与普通喷混凝土的最大区别是:

· 弯曲拉伸及抗剪强度大;
· 最大强度后的残留强度大;
· 峰值强度后的变形能力及韧性大,开裂发生后也能传递拉力;
· 耐冲击、抗冻融性好。

因此,纤维喷混凝土可以极大地改善普通喷混凝土的物性。因此在发生很大荷载和变形的隧道洞口和断层破碎带、膨胀性围岩、弯曲应力大的扁平断面、隧道分叉地段、发生复杂应力的地段等,使用效果是很明显的。

采用纤维喷混凝土,可以控制开裂的发生,即使发生开裂,横切开裂面的纤维也可以负担一部分拉力,使开裂的发展受到控制,不会产生急剧的承载力降低,从而防止了喷混凝土的剥离和剥落。采用纤维喷混凝土,还可以省略金属网,使作业简化,提高了作业的安全性。

施工要点三　高强度喷射混凝土

最近几年,以降低成本和提高喷混凝土的功能为目的的高黏性、高强度喷混凝土技术获得了很大的发展。采用高黏性、高强度喷混凝土一方面可以减小衬砌的厚度,甚至取消二次衬砌,又可以改善喷混凝土与围岩的黏结性,提高喷混凝土的密实度,从而改善了喷混凝土的支护功能等。

日本从20世纪90年代就开始进行了一系列的施工试验,研究高黏性、高强度喷混凝土的应用,取得了一定的成果。我国在这方面也进行了卓有成效的工作。如隧道工程局在小浪底水电地下工程中,就成功地采用了高强度喷混凝土的技术,获得成功。

这里所谓的高黏性、高强度喷混凝土是指在喷混凝土中添加各种结合材料、混合剂、石灰石微粉末等而形成的喷混凝土。其技术特性如下:在喷混凝土中添加微粉末,在增加单位粉体表面积的同时,可大幅度地减少剩余水分,因此使各粒子间的结合力增加而黏性提高。添加微粉末的喷混凝土,因黏性的增加,压送变得容易。

根据施工试验结果,添加硅灰和石灰石微粉末后使回弹率降低了20%~30%。粉尘发生量降低18%~30%。同时,喷混凝土强度也获得了改善,特别是初期强度提高较大。表7-13列出在施工试验中的强度试验结果。

抗压强度试验结果 表7-13

工点	配比	拌和	初期强度(MPa)		长期强度(MPa)		
			3h	24h	7d	28d	90d
1	不添加	一次	2	7	24	40	49
	添加		1	7	24	45	53
	改善率		0.50	1.00	1.00	1.13	1.08
2	不添加	一次	2	9	26	39	43
	添加		3	9	27	48	54
	改善率		1.50	1.00	1.04	1.23	1.26
3	不添加	分批	2	13	25	40	45
	添加		3	16	30	49	59
	改善率		1.50	1.23	1.20	1.29	1.31
4	不添加	分批	1	6	19	31	—
	添加		1	9	36	54	—
	改善率		1.00	1.50	1.89	1.74	—
5	不添加	分批	3	11	21	36	41
	添加		2	13	27	46	52
	改善率		0.50	1.18	1.29	1.28	1.27
6	不添加	分批	3	10	19	31	37
	添加		3	15	23	40	50
	改善率		1.00	1.50	1.21	1.29	1.35

各龄期的抗压强度平均值的离散性也变小了，质量更加稳定。从拌和方法看，分批拌和比一次拌和的强度高。

高黏性、高强度喷混凝土的配比条件参见表7-14。

喷混凝土的标准配比　　表7-14

粗集料最大尺寸（mm）	坍落度范围（cm）	水结合材比 $W/(C+SiF)$（%）	细集料率 S/a（%）	单位水泥用量 C（kg）	细集料（石灰石微粉）（%）	混合剂料		
						速凝剂（$D\times\%$）	硅灰（$D\times\%$）	减水剂（$D\times\%$）
10～15	6～16	55～60	60～65	342	15	4～7	5	必要量

注：D—结合材总量，取360kg。

决定配比的条件为：结合材采用水泥和硅灰（SiF），单位结合材取360kg，硅灰置换5%的结合材；石灰石微粉末置换细集料混入，置换15%的细集料；石灰石微粉末应含有95%以上的 $CaCO_3$；混合剂采用高效减水剂。各种材料的特征见表7-15。

使用材料的特征　　表7-15

材　料	特　征
水泥	普通波特兰水泥；相对密度：3.16；比表面积3 270m^2/g
细集料	相对密度2.62；粗粒率：2.28
石灰石微粉末	相对密度：2.70；比表面积4 270m^2/g
硅灰	相对密度：2.20；比表面积：$24.3\times10^4 m^2/g$
减水剂	FTN－30
速凝剂	T－5
粗集料	相对密度：2.64

实例一　寒风山隧道

隧道长5 432m，为双车道公路隧道。主要地质条件是泥质片岩，埋深较大，最大达900m。采用台阶法施工，无轨运输。为了克服大埋深引起的大变形，在施工中采用了高强度喷混凝土。其主要措施是在喷混凝土中添加硅灰。喷混凝土的设计强度从标准情况的28d龄期的强度18MPa，根据不同埋深分别把7d的强度提高到25MPa、29MPa。其配比列于表7-16。

配　比　表7-16

配比	设计基准强度（MPa）	坍落度（cm）	含气量（%）	细集料率（%）	W/C	单位用量（kg/m^3）			高性能AE减水剂（%）
						C	W	S_iF	
1	$\sigma_{28}=18$	10	4	62	59.7	360	215	—	$C\times0.7$
2	$\sigma_7=25$	20	4	70	59.7	360	215	25	$C\times2.5$
3	$\sigma_7=29$	29	4	70	53.8	400	215	25	$C\times2.5$

在喷混凝土厚度为30～40cm及各种支护手段配合下，通过量测证实收到了控制变形的效果。

实例二　鞍手山隧道

在该隧道进行了高强度喷混凝土的试验。试验采用了高强度用的速凝剂和高性能的减水剂，共喷射了350m的试验区间。试验的目标品质列于表7-17。

目 标 品 质　表7-17

配　比	设计基准强度（MPa）			目标强度（MPa）
	3h	1d	28d	28d
高强度配比	（2以上）	10以上	36以上	50MPa
以前配比		5以上	18以上	

试验采用的材料列于表7-18。

试 验 材 料　表7-18

材　料	规　格
水泥	普通波特兰水泥
细集料	河砂，相对密度=2.58，FM=2.96
粗集料	碎石：$G_{max}=13mm$ 相对密度=2.68，FM=5.96
速凝剂	硫铝酸钙系速凝剂及矾土系速凝剂
高性能减水剂	PEG（聚乙烯乙二醇脂）系高分子化合物

喷混凝土的配比列于表 7-19。

喷 混 凝 土 配 比　　表 7-19

系列	W/C（%）	s/a（%）	G_{max}（mm）	单位质量（kg/m^3）				
				W	C	S	G	AD（$C\times\%$）
1-1	45	60.5	13	203	450	991	673	0.9
2-1	45	60.5	10	203	450	991	653	1.0
2-2	45	63.5	10	203	450	1040	603	1.0
2-3	45	57.5	10	203	450	942	702	1.0
4-1	61	60.5	13	220	360	1040	705	—

各种配比的喷混凝土初期强度的试验结果示于图 7-7。用 $W/C=45\%$ 配比的喷混凝土，获得了目标强度 3h 在 2MPa 以上，24h 在 10MPa 以上的高强度。与旧方法的比较，24h 强度提高了 2 倍。

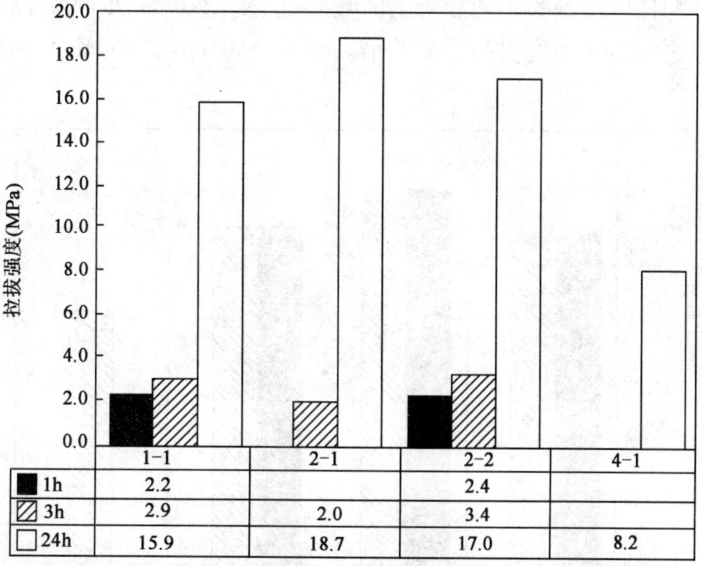

	1-1	2-1	2-2	4-1
1h	2.2		2.4	
3h	2.9	2.0	3.4	
24h	15.9	18.7	17.0	8.2

图 7-7　量测地点图

喷混凝土的长期强度试验结果示于图 7-8。满足了目标强度 σ_{28} = 50MPa 以上的要求，7d 强度也达到 40MPa，91d 以后的强度也较高。

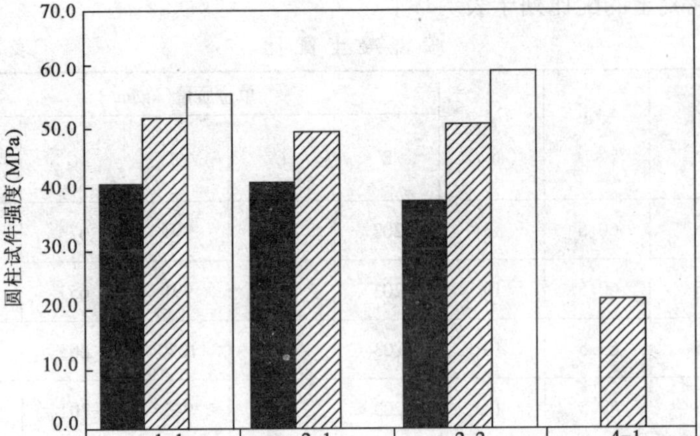

	1-1	2-1	2-2	4-1
7d	40.4	41.1	38.1	
28d	51.9	50.1	50.7	22.2
91d	55.6		59.6	

图 7-8　喷混凝土长期强度

各种配比的喷混凝土和混凝土的强度试验结果示于图 7-9。高强度混凝土比过去的 28d 强度提高了 1.5 倍。$\sigma_7 = 35\text{MPa}$，$\sigma_{91} = 55\text{MPa}$，两者相差无几。

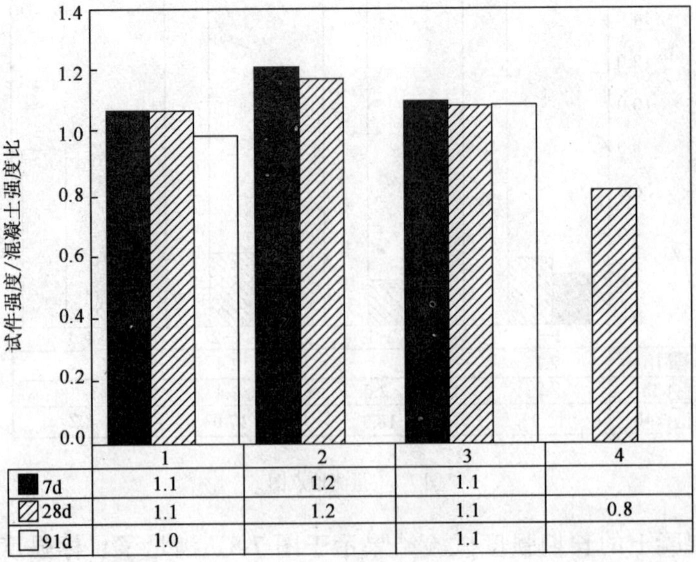

	1	2	3	4
7d	1.1	1.2	1.1	
28d	1.1	1.2	1.1	0.8
91d	1.0		1.1	

图 7-9　混凝土强度比

与过去相比，回弹率减少7%～15%。粉尘量为3.0～4.3mg/m^3。

与过去比成本节约50%。但因喷射厚度的减小、开挖量也随之减少，总成本减少。

在施工上需注意一个问题，就是张挂防水板时打钉子比较困难。

施工要点四　锚　　杆

锚杆是隧道施工过程中维护围岩稳定，保证施工安全的重要支护手段之一。施工完成后，在一定程度上，它还可以作为永久支护结构的一部分发挥作用。因此，在施工中，如何保证和检查锚杆的施工质量，是极为重要的。但从目前的施工状况看，锚杆长度不足、不配置垫板、布置不合理、砂浆充填不密实，甚至“长锚短打”的现象也时有发生。造成这种现象的原因虽然是多方面的，但主要还是对锚杆在隧道施工中的作用认识不足，不能完全按照要求施工，而且缺乏有效的检测手段。

归纳起来，目前锚杆施工中应该注意的几个问题是：

· 建立有效的锚杆质量检测方法，及时检测；

· 不能忽视锚杆拉拔试验的作用；

· 合理确定锚杆的参数，充分发挥群锚的作用；

· 进一步认识锚杆与围岩之间的关系；

· 大力提高锚杆的商品化程度等。

锚杆的作用效果，归纳列入表7-20。

锚杆的作用效果　　表7-20

锚杆的效果	概　念　图
· 悬吊效果 把因爆破而松动的岩块固定在没有松动的围岩上，防止掉落。在裂隙发育的围岩中与喷混凝土并用，效果增大	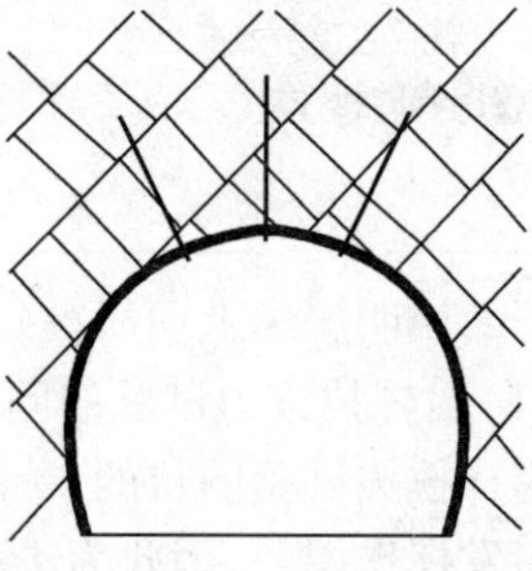

续上表

锚杆的效果	概　念　图
·梁效果 对隧道周边的层状围岩,使分离的层理面叠合而形成叠合梁。因锚杆的叠合效果可使层理面传递剪力,作为组合梁而发挥效果	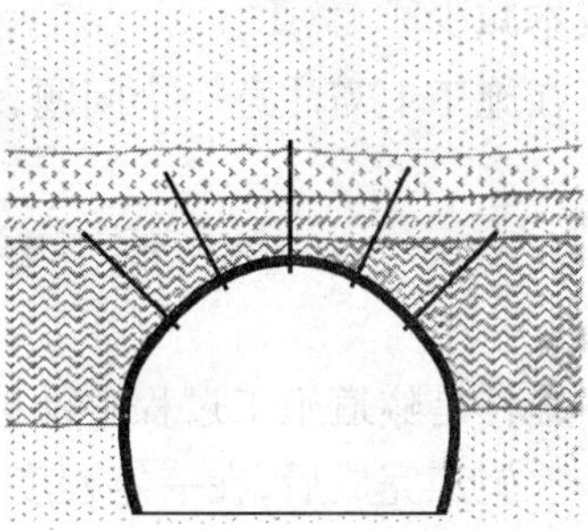
·内压效果 锚杆轴力通过喷混凝土作用在隧道壁面上,发挥了内压效果,使隧道附近保持三轴应力状态。这抑制了隧道周边围岩的塑性化和扩大,同时也发挥了抑制隧道净空位移的效果	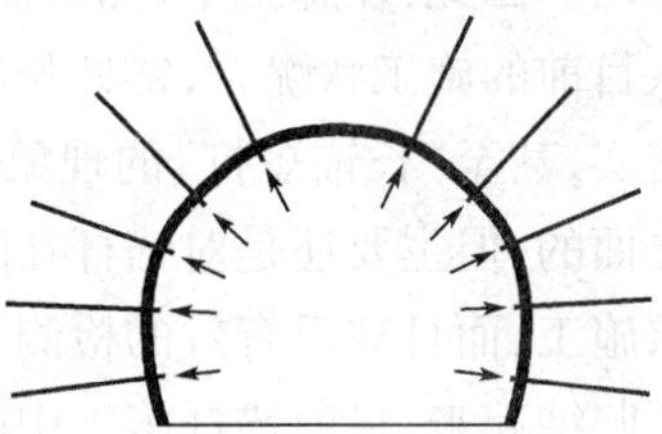
·拱效果 由于系统锚杆的内压效果,对一体化的围岩,形成了承载拱,提高了隧道周边围岩的承载能力,也发挥了抑制隧道净空位移的效果	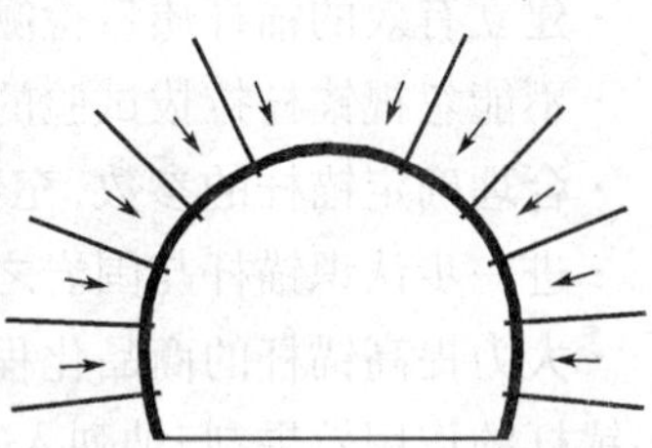
·围岩改良效果 围岩内插入锚杆后增大了围岩自身的抗剪强度,围岩屈服后的残余强度也增大了。因此,锚杆能够改善围岩的特性	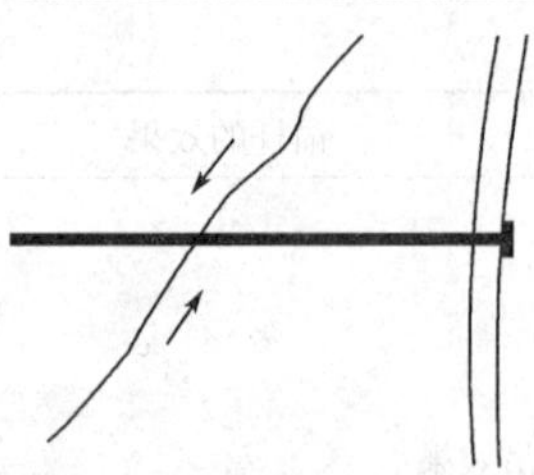

下面说明解决上面所提到问题的措施和途径。

(1)锚杆拉拔力试验的问题

锚杆拉拔试验的目的:一般采用的全长锚固型锚杆,是因围岩位移产生轴力而发挥作用的,因此为了充分发挥锚杆的支护效果就必须要确保有必要的锚固力,拉拔试验是在施工前或施工初期阶段,为了确认围岩能够具有充分的锚固力而进行的，并根据拉拔承载力来选择锚杆的种类和锚固方式。

锚杆的锚固力受到锚杆和锚固材的附着力和锚固材和围岩的附着力两方面的影响。具体地说，就是受到锚杆的材质和表面形状、锚固材的强度、围岩的强度、孔壁的状况及锚固材的充填状况等的影响。

围岩产生的位移是通过锚固材作用在锚杆上的，而两者中附着力小的决定了锚杆的锚固力。

一般采用的锚杆和锚固材的附着力比锚杆的屈服承载力多数大得多，但锚固材和围岩的附着力有时因围岩强度、孔壁状况和锚固材的充填状况，而不能获得充分附着力的情况也不少。特别是在软弱围岩和土砂围岩中施设锚杆的场合，必须要确保锚固材和围岩间的附着力。

拉拔试验一般采用测定锚杆拉拔时的头部位移用荷载—位移曲线来评价拉拔力。拉拔力规定与锚杆的屈服承载力同值。拉拔试验及锚固材的管理基准列于表 7-21。

在实际工作中应注意进行拉拔试验的时期。因为，试验时期越晚，锚固材的强度越大，即使锚固材充填不充分，也会获得与锚杆承载力同等程度的附着力。因此，事前要根据锚固材的龄期进行拉拔试验，以确定合适的试验时期。

拉拔试验及锚固材的管理基准　　表 7-21

项　目		日本土木学会(1996 年)	日本道路公团(1998)	日本铁道公团(1996 年)
拉拔试验	试验频率	·开挖初期阶段每 20m，而后每 50m 实施； ·1 断面取 3 根(拱顶、拱部、边墙各 1 根)	·施工开始前一次 3 根； ·品质改变时一次 3 根； ·施工中，每 20m 一次 3 根	·开挖一次阶段(从开挖开始到 200m)每 20m，而后每 50m 实施； ·1 断面取 3 根(拱顶、拱部、边墙各 1 根)，每 20m 一次
	规定值评价方法	根据事前试验设定的拉拔承载力，达到 80% 为合格	施工后 3d，达到 95kN(锚杆屈服承载力 110kN)、150kN(锚杆屈服承载力 170kN)	·根据事前试验设定的拉拔承载力，达到 80% 为合格； ·拉拔承载力，按锚固材龄期(3h、6h、12h、24h、72h)进行拉拔试验，决定判定基准

续上表

项目		日本土木学会(1996年)	日本道路公团(1998)	日本铁道公团(1996年)
流动值	试验频率	·施工开始前一次； ·施工中，以必要的频率进行； ·每次品质改变时进行一次	·施工开始前一次； ·品质改变时一次； ·拌和开始前一次	每20m一次
	规定值评价方法		150mm ± 20mm（砂浆）	先行充填型：230mm左右； 后充填型：30秒左右
抗压强度	试验频率	·施工开始前一次； ·施工中每50m一次； ·品质改变时一次	·施工开始前一次； ·品质改变时一次； ·每50m一次	·开挖初期阶段（从开挖开始到200m）每20m，而后每50m实施
	规定值评价方法		龄期1d:10MPa以上	龄期3d:10MPa以上

(2)在什么情况下采用锚杆

能够发挥锚杆效果的围岩条件，一句话，就是能够发挥支护效果的围岩。为此，要具备以下条件：

·锚杆和围岩间要有适当的锚固力；

·在不连续围岩中锚杆要横切不连续面设置；

·在连续性围岩中，在设置锚杆的范围内，围岩位移差要大。

不满足这些条件的围岩，锚杆的作用是比较小的，甚至没有效果。例如以下条件的围岩：

·在含水的黏性土中，锚固材和围岩间产生滑动，锚固力有时不充分；

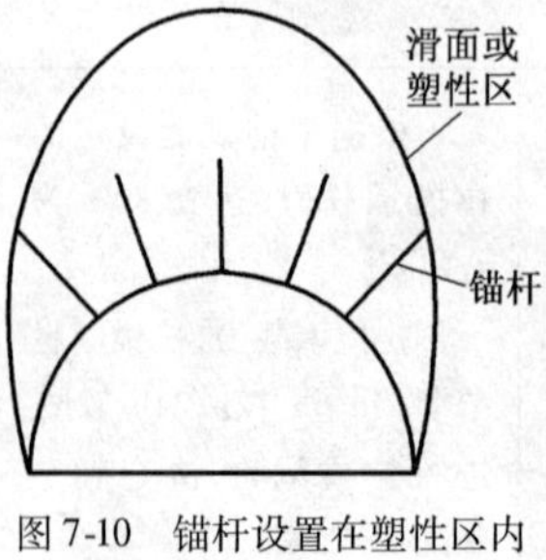

图7-10 锚杆设置在塑性区内

·松砂等因围岩的强度小，也不能获得锚固力，但如对围岩进行改良，也有可能产生效果；

·在连续性围岩中，变形小，几乎也不产生塑性变形的围岩。但在这种围岩中，因主要是不连续面支配围岩的动态，作为不连续面的对策，也会产生一定的效果；

·塑性区域超过锚杆设置范围以外的场合；但此时可加长锚杆长度(图7-10)；

· 围岩破坏，在产生的滑面内设置锚杆的场合（图 7-11）；
· 锚杆产生压力的场合；
· 在不连续性围岩中，锚杆没有横切不连续面的场合（图 7-12）。

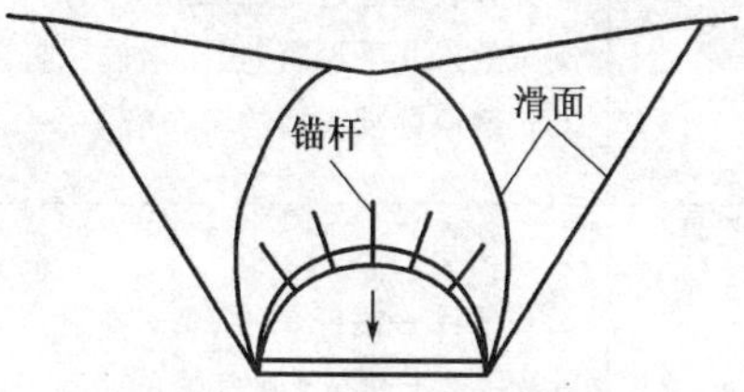

图 7-11　锚杆设置在滑动面内

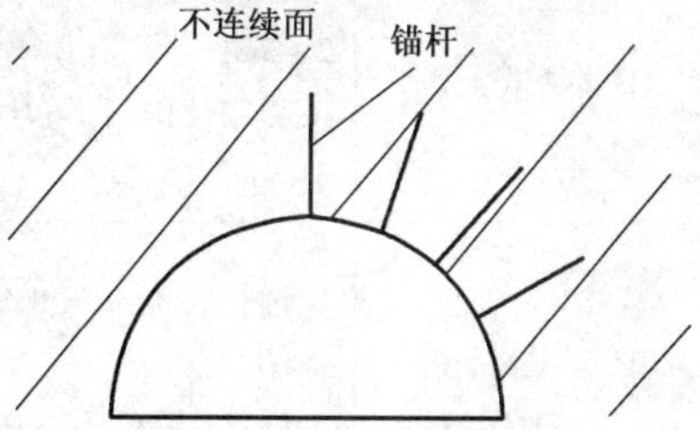

图 7-12　锚杆没有横穿不连续面

（3）如何发挥锚杆的群锚作用

锚杆是属于点状支护的类型。除了随机配置的锚杆外，绝大多数都应呈网状配置，以便发挥群锚的作用，这是非常重要的。因此，锚杆的配置参数（长度、间距）要注意符合群锚的工作原则。

要想充分发挥锚杆的效果，就必须发挥群锚的作用，也就是说要解决好围岩条件和锚杆长度、间隔的关系。决定锚杆长度、间隔时应考虑的围岩条件如下：

· 连续性、不连续性的程度；
· 不连续面的分布特性（间隔、宽度、方向等）；
· 塑性区域产生的范围。

定性地说，如图 7-13 所示，设置间隔与不连续面间隔关系较密切，设置长度则与塑性区域（围岩强度）关系较密切。

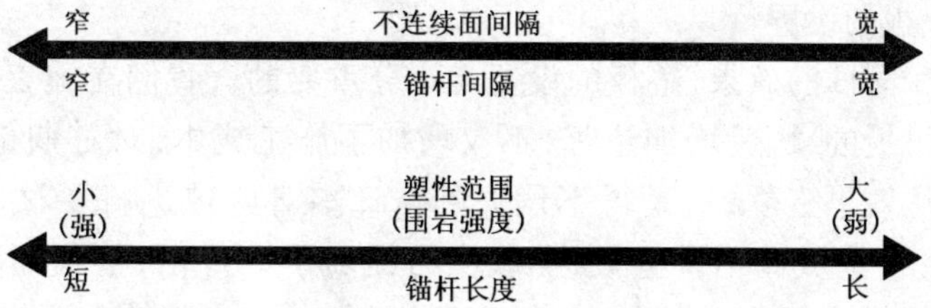

图 7-13　锚杆定性布置的原则

表 7-22 列出一些设计采用的锚杆参数以供参考。

锚杆参数的大致标准 表 7-22

单 位	锚 杆 参 数	备 注
日本铁道公团	一般围岩：$D = 22\text{mm}$，$L = 2 \sim 3\text{m}$； 膨胀性围岩等：$D = 25\text{mm}$，$L = 3 \sim 4\text{m}$	锚杆长度超过塑性区域 2 倍后，支护效果几乎没有差异，增设锚杆的长度取标准锚杆的 1.5 倍
日本道路公团	锚杆长度：$L = W/3 \sim W/5$ 或 $L \geqslant t$； 设置间隔：$0.5L \sim 0.7L$	式中：L—锚杆长度；W—隧道宽度；t—掌子面与支护完成的距离
日本道路协会	硬岩：$L \geqslant 2P$，$L \geqslant 3S$，$L \geqslant (1/3 \sim 1/5)B$	式中：L—锚杆长度；P—锚杆间隔；S—节理平均间隔；B—隧道开挖宽度
T. A. Lang	形成均匀压缩带的条件：$L/p > 2$； 形成窄压缩带的场合：$L/p = 1.6$； 没有形成连续压缩带的场合：$L/p = 1.33$	式中：L—锚杆长度；p—锚杆间距
铁路隧道设计规范	按单线、双线和围岩级别规定	
公路隧道设计规范	按单线、双线和围岩级别规定	

(4)垫板的设置

要发挥锚杆的效果，垫板的设置是十分重要的。我们在施工中，多数是不设置垫板的，因为增加垫板，不仅增加了施工成本，对工期也有一定影响。但从效果上看，这是得不偿失的。日本对此曾进行了试验研究，试验表明：设垫板比不设垫板，加载应力提高了 2.5 倍；垫板面积越大，头部轴力提高也越多。例如，垫板面积增加 1 倍，头部轴力可提高 1.25 倍。其次，有垫板时，锚杆轴向应变的最大值的位置，向内部移动，这说明锚杆的三维约束效果得以发挥。图 7-14 是有垫板和无垫板的的轴力分布的变化。从图中可以看出，有垫板时，锚杆的口部也发生了轴力，而且轴力的最大值也增加了10%～20%。由此可见，垫板的作用是不容忽视的。在锚杆施工中，必须设置垫板，这在规范中也有了明确的规定。

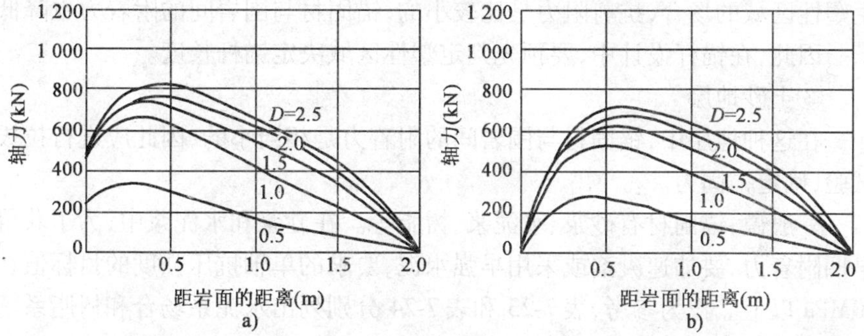

图7-14　有无垫板的比较

a)有垫板；b)无垫板

垫板的形式是多种多样的（图7-15），应根据围岩条件和锚固力的要求决定。

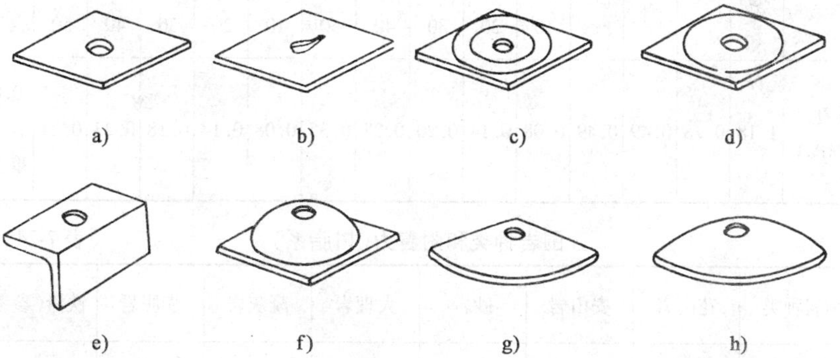

图7-15　垫板形式

(5)围岩种类与锚固材附着力的关系

前面已经说明，锚杆的锚固力决定于锚杆和锚固材间的附着力和锚固材与围岩间的附着力，但前者一般是没有问题的，问题在于后者。因此了解锚固材和围岩间的附着力与围岩的关系是很必要的。

①硬岩和中硬岩

在硬岩和中硬岩中，一般产生锚杆屈服的破坏形式。这说明锚固材与围岩间锚固力是充分的。

②软弱围岩

在软弱围岩中，锚固力是由锚固材和围岩间的抗剪阻力决定的。在产生塑性区域的场合，抗剪阻力是比较小的，锚固材与围岩间的附着力也降低了。因此，在锚杆设计中，要预先判定塑性区域决定锚杆长度。

③土砂地层

在这种地层中，锚固材与围岩间的附着力是相当小的，因此应进行拉拔试验，确定锚固力。

一般说，锚固材有砂浆、水泥浆、树脂等。在砂浆和水泥浆中，为了获得早期附着力，要加速凝剂或采用早强水泥，要求的单轴抗压强度的目标值在30MPa以上。作为参考，表7-23和表7-24分别列出水泥系场合和树脂系场合的附着力。

围岩种类和附着力（水泥系） 表7-23

围岩种类	岩层				砂砾					砂					黏性土
	硬岩	软岩	风化岩	土	N值					N值					
					10	20	30	40	50	10	20	30	40	50	
附着力（MPa）	1.18	0.78	0.49	0.49	0.08	0.14	0.20	0.27	0.35	0.08	0.14	0.18	0.23	0.24	$0.8c$（c：凝聚力）

围岩种类和附着力（树脂系） 表7-24

围岩种类	花岗岩	安山岩	砂岩	大理岩	凝灰岩	膨胀岩	铁棒（参考）
附着力（MPa）	14.0	15.5	16.7	8.6	4.9	0.5	11.4

（6）锚杆长期耐久性问题

众所周知，锚杆的材料是铁，铁会因氧化而生锈，同时除生锈以外，也会因与围岩某些化学成分反应而腐蚀。腐蚀后锚杆断面积会减小、承载力会降低，与锚固材的附着力也会降低等。但一般大家都没有考虑锚杆的生锈和腐蚀问题。目前的设计观点是：锚杆作为永久结构还没有得到确认，最终还是用衬砌来保证隧道结构物的安全。但从国外的实践看，也有考虑锚杆长期耐久性的。例如，S. Wallis 就把锚杆区分为有长期耐久性的永久锚杆和没有长期耐久性的临时锚杆两类（表 7-25）。临时锚杆是在离掌子面一定距离（3 ~ 10m）范围内设置的，而永久锚杆则是在此距离以外设置的。

临时锚杆和永久锚杆的不同　　表 7-25

分　类	临 时 锚 杆	永 久 锚 杆
旧称呼	临时	永久
新称呼	一次	二次
责任	施工单位	设计单位
作用时期	开挖后到隧道完成	施工后，半永久的
设置位置	掌子面附近（距受爆破影响的 3 ~ 10m 范围内）	距掌子面较远的位置，不受爆破影响的距离以外
锚杆类型	机械式、摩擦式、通常锚杆	永久锚杆（采取防腐蚀的锚杆）

（7）锚杆的商品化问题

我们在锚杆施工中，最大的问题是锚杆的商品化问题。可以说，在许多国家，锚杆已经是一种商品，只要选择合适，拿过来用就可以了。而我国的锚杆，目前绝大多数是就地用钢筋自制的，因此，质量的离散性相当大、施工工艺也不能标准化，不能充分发挥锚杆的支护效果，有时就成为一种计价的“摆设”。当然，也有一些商品化的锚杆开始工厂化的生产，但仍没有完全得到业主、设计和施工人员的认可。其原因之一就是商品锚杆的成本高，因此，大力降低锚杆的制造成本，提高商品化的速度，以彻底改变锚杆施工的现状显得非常重要。

（8）锚杆的配置

围岩条件是各种各样的，锚杆的配置也是各种各样的。图 7-16 为在不同地质条件下的锚杆典型配置示例。

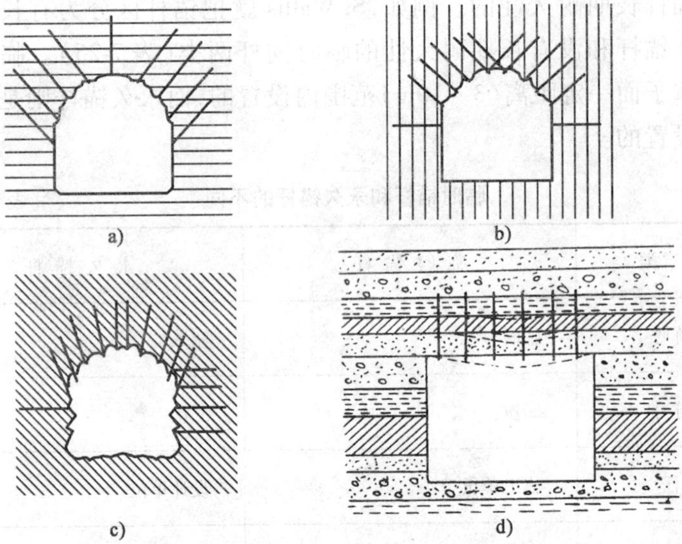

图 7-16 锚杆典型布置

a)水平岩层的锚杆;b)垂直岩层的锚杆;c)倾斜岩层的锚杆;d)水平层的垂直锚杆

施工要点五 格栅与钢支撑

格栅昨钢支撑统称为刚架。钢支撑系采用 L、U、I 型钢和旧钢轨等,加工成所需要的形状,用拼装方法使用于地下工程的一种刚性较大的支护结构,而格栅是由钢支撑发展而来,它是由钢筋焊接而成的构架,是隧道及地下工程中有发展前景的支撑形式。格栅喷混凝土支护的应用也越来越广泛,成为在软弱地层中重要的支护手段之一。

格栅与钢支撑,我们都归为构件支撑一类,但两者的力学作用是完全不同的。前者,只有与喷混凝土并用,才能发挥其支护作用,而且不能立即发挥承载作用;而后者可以立即、独立地发挥承载作用。因此,需要采用钢支撑的,决不能用格栅代替。两者的比较列于表 7-26。

钢支撑与格栅的比较 表 7-26

支撑形式	优 点	缺 点
钢支撑	·架设后能够立即承载,充分发挥其力学作用; ·加工比较容易,但需要较大的加工设备; ·安装及构件连接比较简洁、方便	·背后的混凝土不易填充密实,留有空隙; ·质量大,架设安装困难; ·钢支撑的变形与混凝土变形不协调,混凝土易开裂

续上表

支撑形式	优 点	缺 点
格栅	·喷混凝土完全包裹格栅,整体性好,背后不易留下空隙; ·加工容易,且不需要大型加工设备; ·质量小,易于架设安装; ·因具有一定的柔性,能够适应围岩的变形	·必须与喷混凝土配合,才能发挥其力学作用; ·在围岩变形大的场合,不能有效地控制围岩的变形

1. 格栅

1)格栅的构造

格栅是由普通建筑用钢筋(多采用16Mn钢)经冷弯成形后焊接而成,其形状可根据使用要求和坑道轮廓而定。图7-17是格栅最基本的、常用的形式,有圆形、半圆形、马蹄形、门形等。从格栅的断面形式看,有图7-18的各种形式,如三边形、四边形。一些隧道采用的格栅形式见图7-19。

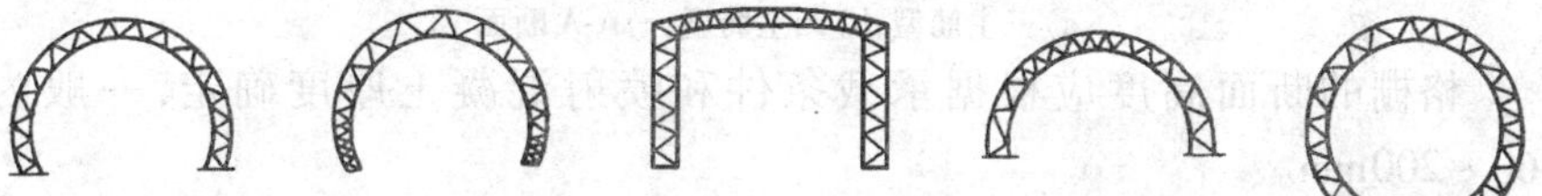

图7-17 格栅的形状

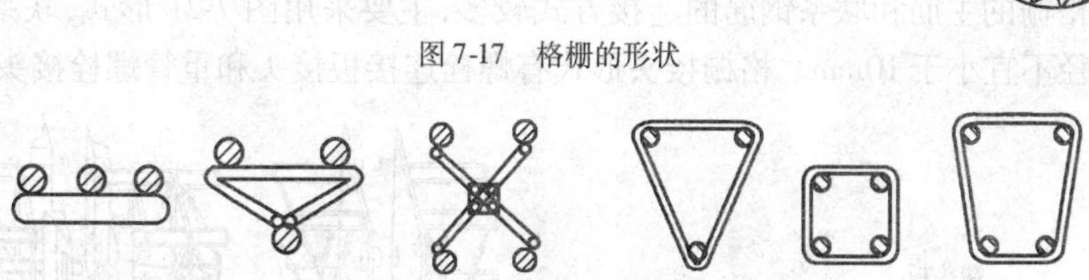

图7-18 格栅的断面形式

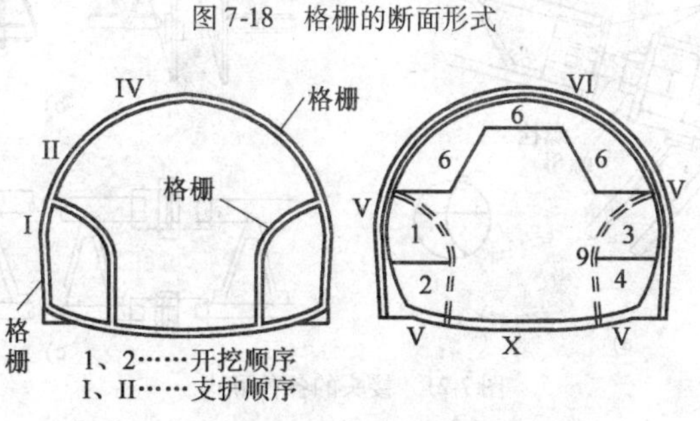

图7-19 格栅应用示例

格栅断面目前采用较多的是由 3 根或 4 根主筋组成的三主筋型和四主筋型两种形式(图 7-20)。其中四主筋型采用最多,该形式的 4 根主筋型的每根钢筋相同,在等高情况下,其抗弯和抗扭惯性矩大于三主筋型,故多用于软岩、土砂地层的双线隧道。三主筋型是由上面双筋和下面单筋组成,上主筋面积尽量与下主筋总面积相等,多用于单线隧道。

主筋直径不宜小于 22mm,并宜采用 20MnSi 或 A3 钢筋。

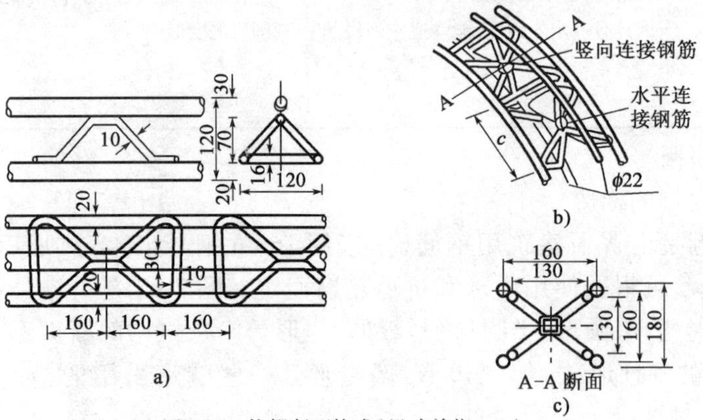

图 7-20 格栅断面构成(尺寸单位:mm)

a)三主筋型;b)四主筋型;c)A-A 断面

格栅的断面高度应根据承载条件和喷射混凝土厚度确定,一般为 160~200mm。

格栅的主筋和联系钢筋的连接方式较多,主要采用图 7-21 形式,联系钢筋直径不宜小于 10mm。格栅接头形式有螺栓连接板接头和重管螺栓接头。

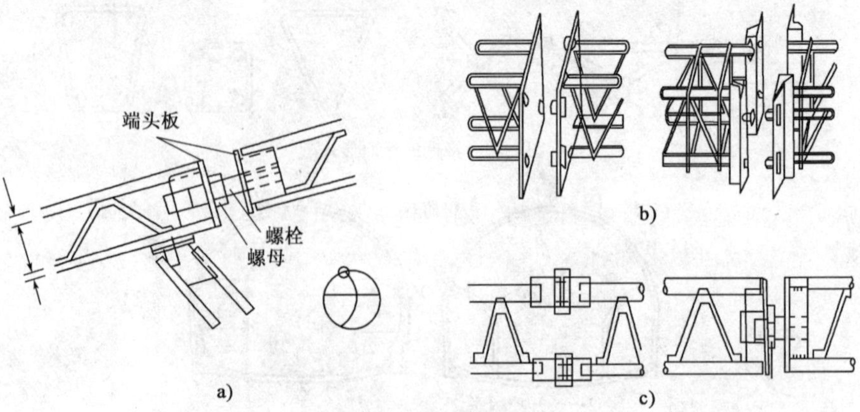

图 7-21 接头的各种形式

a)螺栓连接;b)连接板形式;c)三主筋型的连接

螺栓连接板接头。连接板焊于主筋上。通过螺栓将两段钢架连接板紧密地连在一起[图7-21b)]。

套管螺栓接头。套管螺栓直接套在主筋上,将两段钢架连接在一起[图7-21c)]。

格栅段长、节间距在满足隧道分部开挖、便于安装的要求时,宜加大格栅架分段长度,以减少接头。拱部格栅段长宜为2~3m。为了保证主筋和加强筋的局部稳定,满足施工工艺要求,节间距不宜过长。一般可取两倍格栅高度。

格栅与钢支撑一样,也是分段加工的,在架设时再组装成型。格栅支护的接头是整个结构的薄弱环节,必须加强。图7-21是一些接头的基本形式。为增强格栅钢架的整体性,在各格栅间应设置纵向连接构件。

格栅在国内外地下工程中的使用情况表明:格栅不但具有传统钢支撑的功能,还克服了传统钢支撑的许多缺陷,显示出传统钢支撑所不具有的优越性,其具体特点如下。

(1)格栅的刚度适中,容许围岩适度变形,又能及时提供支护阻力,限制围岩过大的变形,以防止崩塌。

格栅的刚度在施工过程中是变化的。在安装初期,没有喷射混凝土前,基本上是不能承载的,钢架是柔性的;当喷射一定厚度的混凝土后格栅钢架与喷混凝土一起承受荷载,并提供一定的支护阻力;当混凝土喷射到设计厚度时,刚性增大,提供的支护阻力也随之增大。因此格栅的支护阻力是随施工过程而一步一步地提供的。这是钢支撑所不能比拟的。

(2)节约工程造价。因为格栅是由普通钢筋加工而成,材料来源广泛、加工工艺简单、不会因切割、弯曲、焊接加工等工艺流程而使成品价格增加。更为重要的是,使用格栅比使用钢支撑节约钢材。一般可节约15%~20%,从而降低工程造价。国外资料表明:采用钢格栅比采用钢支撑,可节省大约60%的劳动强度和支护费用。

(3)质量轻、便于施工安装。格栅钢架质量轻,架设安装时,工人劳动强度不大,且处处有可抓之处,搬运轻便,适合现场的条件和设备条件。

(4)使用灵活,可随时调整其设计尺寸。地下工程中地质情况复杂多变,由于格栅制作十分容易,因此可随时调整结构形式和断面尺寸等参数,以适应复杂多变的地质情况。

(5)能很好地随混凝土一起与围岩密贴,支护效果好。格栅钢架能完全被混凝土紧密包裹而成为一体,形成类似的钢筋混凝土结构。喷混凝土能充满格栅及其与围岩的所有空隙。而钢支撑的背面常常不能完全充填密实,从而使支护不能很好地与围岩共同作用。

(6)便于与其他支护手段配合使用。格栅能很容易地与锚杆、钢丝网、超前小导管等支护手段配合使用,提供支护效果。

格栅的适用范围与钢支撑的适用条件是一致的。主要用于:

(1)自稳时间很短的围岩,在锚杆或喷混凝土支护发挥作用前,可能发生围岩失稳或坍塌危险时;

(2)浅埋、偏压隧道,当早期围岩压力增长快,需要提高初期支护的早期强度和刚度时;

(3)在难以施作锚杆、喷射混凝土的砂卵石、土夹石或断层泥等地层,大面积淋水地段,以及为了抑制围岩大的变形而增加支护抗力时;

(4)当需要施作超前支护,设置格栅作为超前锚杆(或超前小钢管等)的支承构件时;

自稳时间短,初期变形大的地层,对地面下沉量有严格限制的情况。

根据《铁路隧道构筑法技术规则》(TBG 108—92)规定,采用格栅钢架支护的适用条件见表 7-27。

采用格栅的适用条件 表 7-27

围岩级别	单线隧道	双线隧道
IV	—	必要时设置
V	必要时设置	拱部、边墙、仰拱
VI	拱部、边墙、仰拱	通过试验确定

日本规定,在隧道断面积为 20 ~ 100m^2 条件下,格栅的采用条件是:裂隙发育,岩体破碎的硬岩;软岩强度比较小和极小的情况;膨胀性围岩;土砂围岩(埋深小的情况)。

2)格栅的施工

格栅的施工必须注意三点。第一点是格栅的力学作用是逐渐发挥出来的,在没有喷混凝土之前是不能单独承载的,随着混凝土的喷射和硬化,才开始与喷混凝土共同地发挥其作用。因此,架设格栅后应迅速地喷射混凝土。第二点,必须用喷混凝土充分填充并与围岩紧密接触。最后一点,当有锚杆时,必须让格栅和锚杆连接在一起,形成共同的承载体系。

格栅分委托加工和现场加工。委托加工时要向加工单位提供各项设计和技术要求,组织对成品的检验,合格后方能进场。

格栅质量的好坏直接影响到结构的安全和稳定，要把好各道加工工序的质量关。

(1)准备

格栅所用钢材进场时按批量和型号分批试验。检验内容包括对标志、厂家、品种、数量、外观检查，并按规定抽样做力学性能试验，进口钢材还需做化学试验分析，符合要求才能使用。

钢筋工、电焊工持须证上岗，以保产品质量。

(2)加工

经对格栅设计图重新确认无误后，进行实地放样，先加工一榀完整的格栅现场拼装，检查其尺寸、焊接等，符合要求后再批量加工。

一榀完整的格栅由几片组成，有直线型和曲线型两种。直线型比较简单，按设计截取主筋长度再进行加工。曲线型格栅较复杂，外侧两根主筋比内侧要长。下料准确度应达到3‰以上。

设置格栅加工平台，根据格栅线型制作加工模具，将主筋放置模具上固定好，调整主筋间距至设计要求，焊架立筋保持主筋间距，再绑箍筋，箍筋搭接长度≥30d，并与4根主筋焊连成整体，同时焊格栅腹筋。4根主筋与连接板翼板搭接焊，垂直于端头板。

格栅加工完，对成品尺寸、质量进行检查，发现问题，及时解决处理，保证产品合格；然后编号，按顺序码放。

(3)格栅运输

在运至掌子面过程中，为使格栅不变形，应轻搬轻放，不能乱扔，或用重物敲打，注意保护。

(4)格栅架立

首先中线要准确，掌子面有明显的中线标记，避免格栅偏离中线造成严重的超欠挖现象。

架格栅时，每个断面一侧至少测5组支距，与设计支距相比较，差值超过10mm，应进行调整。架仰拱格栅时，沿边墙距底板一定距离拉1根横线，依据此线，测3组数据，边墙2组，中线1组，与设计比较，差值超过20mm，应进行调整。格栅应与隧道中线垂直，现场设交叉十字线控制。格栅架立要符合设计和技术规范要求。

隧道土体开挖了一个循环进尺时，应检查开挖断面净空，合格后立即架格栅，每片格栅之间的连接直接影响到结构安全，要做到上下主筋、螺栓孔对齐，穿上螺栓，拧紧。

各片格栅拼装完并检查无误后，焊接纵向连接筋，纵向连接筋用材同格栅主筋，其环向间距一般为1～1.2m。

在架立时，还应注意以下几点。

①格栅必须与锚喷支护联合使用，应保证格栅主筋（或钢拱架）与围岩之间的混凝土厚度不于40mm；

②格栅（钢拱架）的纵向间距，一般为0.6～1.2m，且不宜大于1.2m，两榀格栅之间应设置直径为20～22mm的钢拉杆，沿格栅（钢拱架）每1～2m设1根；

③接头是格栅的施工薄弱处，因此应尽量减少接头数量。

④格栅接头通常用连接板和螺栓连接，并要求易于安装；

⑤为防止格栅承载下沉，格栅下端应设在稳固的地层上，或设在为扩大承压面的钢板、混凝土垫块上，格栅底脚埋入底板深度不应小于15mm，当有水沟时不应高于水沟底面；

⑥开挖下台阶时，为防止格栅拱脚下沉、变形，根据需要在拱脚下可设纵向托梁，把几排格栅连为一整体。

2. 钢支撑

钢支撑为刚性拱架，以往我国多用工字钢、旧钢轨制造。这种支撑的刚度和强度大，可作临时支撑并单独承受较大的围岩压力，也可设于混凝土内作永久衬砌的一部分。在软弱破碎围岩中需要立即承载的场合使用较多，用以代替格栅。但这类钢支撑与喷射混凝土黏结不好，与围岩间的空隙难于用喷射混凝土紧密充填，导致钢支撑附近喷射混凝土易于出现开裂。

工字钢垂直和水平方向不是等强度和等刚度的，容易横向失稳、扭曲破坏。钢管钢架断面的各向强度和刚度相同，抗压、抗扭曲强度高，钢管内充填砂浆或混凝土时，其强度更高。

钢支撑的支护效果列于表7-28。

钢支撑的作用效果 表7-28

钢支撑的作用效果	概　念　图
①岩块保持效果 因钢支撑域与围岩密着设置，可因构件的弯曲承载力和抗剪承载力防止局部岩块崩落	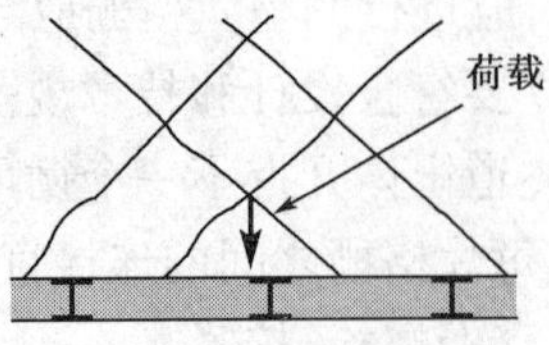

续上表

钢支撑的作用效果	概　念　图
②软弱层补强效果 开口裂隙和规模小的软弱层等是围岩的薄弱处，因用钢支撑支持，能够降低围岩内不连续面和软弱层的影响	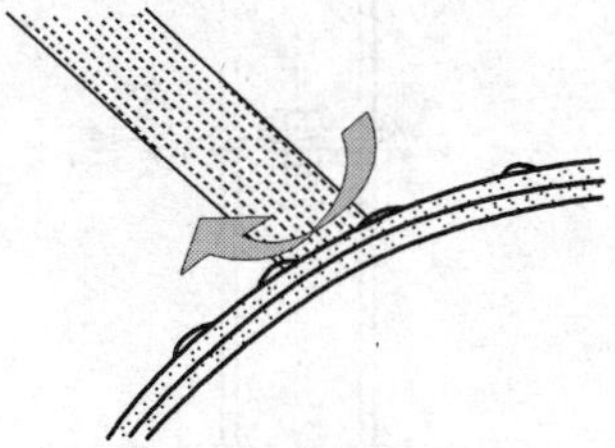
③内压效果 在难于形成承载拱的软岩和土砂围岩中，钢支撑的反力可以作为约束隧道径向位移、并使开挖面附近保持三轴的状态，提高了围岩的承载力	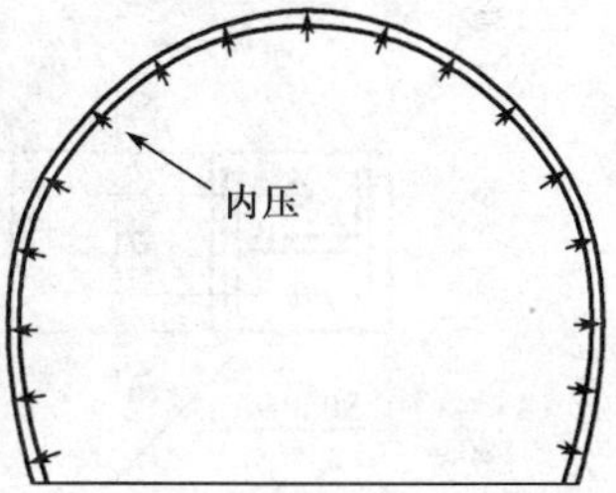
④喷混凝土补强效果 喷混凝土在初期材龄时的变形系数比较小。易于变形，同时强度也小，但与钢支撑成为一体后，支护全体的刚性、韧性都得到提高； 喷混凝土强度形成后，与围岩成为一体，在隧道轴向形成一个连续的拱形结构，使隧道和周边围岩得以稳定	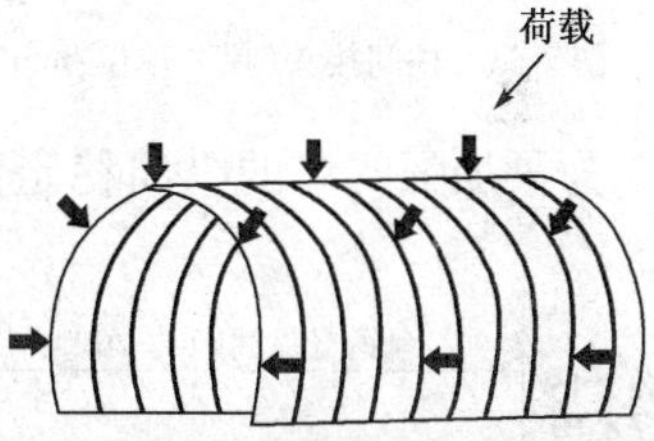

钢支撑与格栅不同，是用 10 ~ 20 号工字钢或 11 ~ 24kg/m 轻轨或 38kg/m、43kg/m 钢轨或 ϕ100 ~ 180mm 钢管等制造的。因此，工地需要有一定的加工条件和比格栅更为严格的工艺要求。特别是对接头和底板等构造，要给以足够的关注。图 7-22 是拱顶接头的一般构造，图 7-23 是柱与柱的接头构造，图 7-24 是支撑底脚的底板构造等，都需要精心加工和制造。

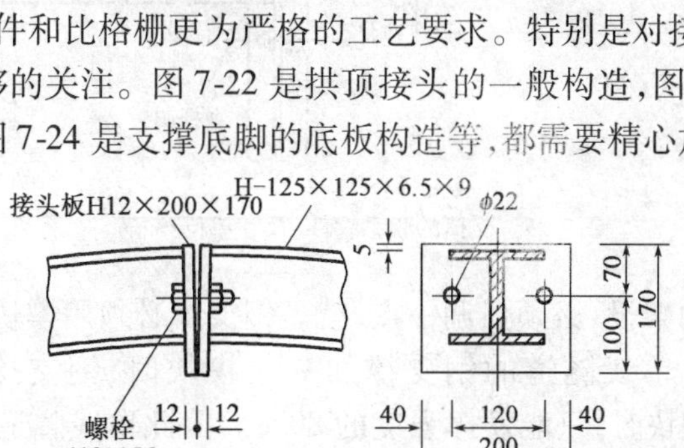

图 7-22　拱顶接头（尺寸单位：mm）

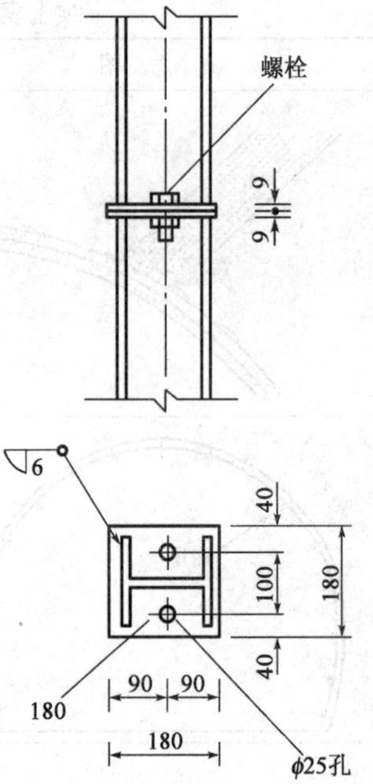

图 7-23　柱间接头（尺寸单位：mm）

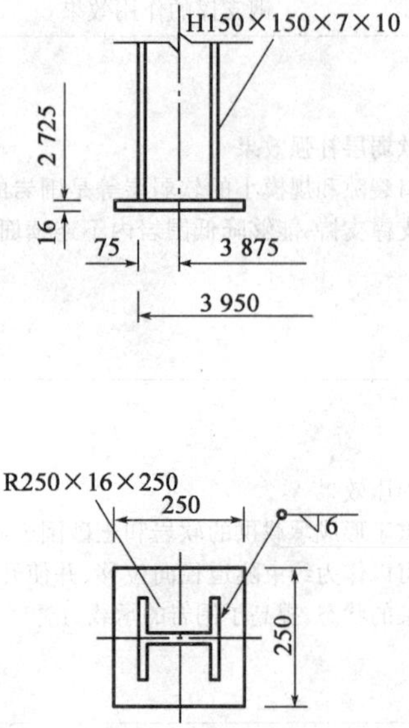

图 7-24　支撑底（尺寸单位：mm）

为了加强支撑的纵向稳定和刚度，必须各在支撑间设置联系构件（图 7-25）。

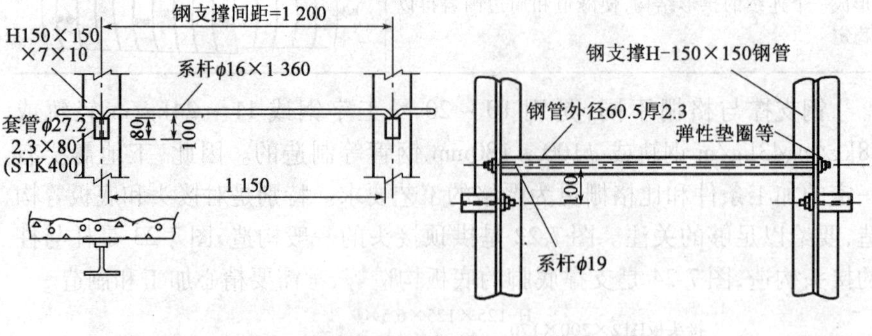

图 7-25　支撑的联系构件（尺寸单位：mm）

对钢支撑的架设，必须强调一点，就是钢支撑必须用楔块与围岩楔紧。从试验资料看，单线隧道的钢支撑加 9 个楔块时，钢支撑强度可发挥 100%，加 5 个楔块时，只能发挥强度的 80%。因此单线隧道的钢支撑，楔块数量最好不少于 7 个。

钢支撑的节段数目，应尽量少些。据双线隧道上半断面钢支撑试验，分成两节（在对称和偏压荷载作用下）较分成4节承载能力提高近一倍。考虑施工要求，拱部和边墙部分宜分成4～6节。

在有钢支撑的地点，喷射厚度比钢支撑薄的场合，确保支撑和壁面接触的连续性是困难的。其喷射最好采用图7-26a）的方式。

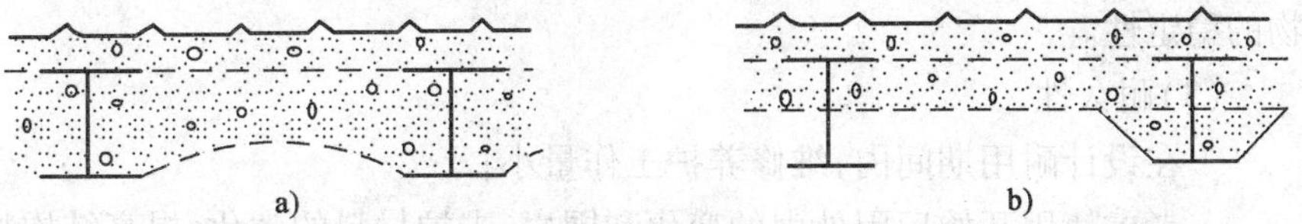

图7-26　喷混凝土的修整

a）合适的；b）不合适的

钢支撑的架设等工艺要求，与格栅基本相同。无论是钢支撑或是格栅，在使用过程中，要牢记三点：与围岩紧密接触；纵向有联系构件；底脚要牢固。这三点对充分发挥格栅和钢支撑的支护作用，至关重要。特别是当坑道超挖较大时，如何处理钢支撑或格栅背后的空隙是个难题。目前业内有些做法是不可取的，居然用碎石或其他异物去充填超挖的空间，而后在其表面上喷混凝土，把其隐蔽起来，这样做的结果后患无穷。

施工要点六　混凝土衬砌

应该说，由于隧道施工条件和施工环境的限制，隧道内混凝土施工比露天的混凝土施工有一定的难度，也有其特点。例如拱顶部位的混凝土灌注、捣固与边墙的混凝土灌注、捣固就有不同。衬砌背后空洞的回填也是一个重要因素。因此，在隧道内进行混凝土施工时，必须充分理解隧道内混凝土施工的特点，才能获得满意的衬砌的施工质量。隧道工程技术人员要经常想到这一点，是很重要的。

众所周知，所谓的“内实外美”是我们对隧道混凝土衬砌的一个质量要求。“内实”是衬砌内在质量的体现，“外美”是外观质量的体现。因此，深刻地理解“内实外美”的内涵是非常重要的。

一个良好的衬砌的质量应符合以下要求。

（1）使用性

· 强度充分、漏水少、水密性好；

· 使用中的检查、维修等作业性好。

(2)可靠性

·在隧道变形没有收敛的状态下修筑衬砌时,给予隧道稳定必要的约束力;

·衬砌施工后,发生水压、上覆荷载等外力时,用衬砌加以支持;

·考虑地质的不均匀性、支护质量的离散性、锚杆的腐蚀等,增加结构物的稳定性。

(3)耐久性

·在设计耐用期间内,维修养护工作量小;

·考虑使用开始后因外力的变化和围岩、支护材料的劣化,提高结构物的耐久性。

在这方面我们存在的主要问题有:

·衬砌背后充填不密实,甚至留有空洞;

·衬砌厚度不足,有的严重不足;

·衬砌初期开裂普遍存在;

·防水质量欠佳,渗水、漏水现象时有发生;

·基底处理不彻底,运营不久便屡屡出现翻浆冒泥现象。

出现这些问题主要与施工技术和施工管理有关。当然隧道工程中存在的问题是多方面的，有设计、施工方面的，也有业主、监理方面的，有深层次上的问题，也有表面上的问题。但总的来看，混凝土施工也存在技术上的问题，因此，这里以隧道混凝土施工技术为对象，来阐述施工上的问题和解决途径。

在衬砌施工中有两种方法是经常采用的，就是先墙后拱法和先拱后墙法。前者是目前大多数隧道施工中采用的。后者是在软弱围岩的隧道中，采用台阶法（包括上半断面分部开挖法）中采用的。从施工实践看，在先拱后墙法中出现的问题不少。边墙与拱脚的连接质量控制不好，拱部悬臂过长引起的纵向下沉，边墙施工时引起的拱脚下沉等而造成衬砌开裂等，这些都是施工方法自身的缺点所形成的，也是很难避免的。目前，《铁路隧道设计规范》（TB 10003—99）已规定，原则上不容许采用先拱后墙法，“衬砌作业宜采用先修仰拱，后修边墙和拱圈的由下而上的修筑方法”。

先墙后拱法和先拱后墙法从表面上看,仅仅是拱、墙的施工顺序不同而已,但实质上,其力学动态是完全不同的(表 7-29),施工过程中的支护效果也是不同的。

两种方法力学动态的比较　　表 7-29

比较项目	先墙后拱法	先拱后墙法
断面封闭	及时封闭	封闭不及时
整体性	衬砌整体性好	整体性差
防水性	无拱墙施工缝，自防水性好。防水板一次铺设，质量易于控制	有拱墙施工缝，自防水性差，防水板铺设整体性差
施工性	拱墙一次施工，施工性好	拱墙分别施工，施工性差，在软弱地质条件下，墙可能采取跳槽开挖，更加恶化了施工性
仰拱施工	可先于拱墙修筑或同时修筑	仰拱只能后修
衬砌变异	混凝土灌注，易发生干燥收缩和温度开裂	台阶过长时，拱部悬臂段过长，易于弯曲下沉，形成横向开裂。开挖下半断面时，易于引起拱脚下沉，形成纵向及剪切开裂
使用性	—	拱墙刹肩处，质量不易控制，易漏水； 外观欠佳

根据以上叙述，在隧道施工中，尽可能地采用先墙后拱法修筑衬砌，已成为当前衬砌施工的主流。

从总体上看，只要严格按照施工工艺施工，混凝土衬砌质量是完全可以保证的。但在施工过程中，也经常出现衬砌厚度不足、衬砌背后留有空洞、衬砌过早开裂以及衬砌漏水等问题。之所以出现这些问题，有多方面的原因，如施工中出现异常事故（如大坍方、突泥、突水等）处理作业极度困难或因抢进度而忽视质量；质量监理缺乏有效的监控方法；更有甚者是偷工减料造成的。在技术上，因混凝土配比不当，而出现蜂窝麻面、强度不足、施工缝处理不当漏水、防水板破损、衬砌表面不平整以及先拱后墙的施工方法等。

1. 严格按照施工工艺施工

衬砌混凝土的质量，受到施工方法的极大影响。特别是混凝土的现场内的运输、灌注、捣固、养生等的方法对混凝土的性能影响很大，因此，应仔细研究混凝土的运输、灌注、捣固、养生等各个作业环节。严格按照设计要求及现场试验的结果进行操作。

混凝土灌注的标准方法是采用混凝土泵，混凝土输送器因易产生离析，这里不推荐使用。不得已采用时，压力应经常保持低压，并进行适当的灌注管理。

混凝土的灌注，应根据灌注部位的不同，严格按以表7-30的标准进行作业。

混凝土的灌注方法及标准　表7-30

位　置	项　目	标　准
仰拱、边墙及拱下部	从吐出口到灌注面的落下高度	1.5m以下
	灌注1层的高度	40～50cm
	流动距离	不流动
拱顶部	灌注方式	向上灌注
	流动距离	10m左右

拱顶部的混凝土，目前没有一个适当的捣固方法。但是，拱顶部的混凝土要进行适当的捣固，使之成为一体化的、密实的、品质均一的混凝土。因此，拱顶部的混凝土，应根据施工状况，尽可能地进行一定限度的捣固。为了拱顶部的充填更为密实，可采用不需要捣固的自充填型的高流动性的混凝土。但高流动性混凝土的侧压变大，初期强度的发现较晚，会延迟脱模的时间，使用时要注意。局部采用高流动性混凝土时，因使用较少，应注意与普通混凝土边界的一体性等问题。表7-31列出各部位的混凝土的捣固方法。

混凝土的捣固方法及标准　表7-31

位　置	项　目	标　准
仰拱、边墙及拱下部	捣固方法	内部捣固器
	捣固器插入间隔	50cm左右
	捣固器的插入深度	下层混凝土中10cm
	1处的振动时间	5～15s
拱顶部	捣固方法	不捣固

隧道内，除洞口附近外，一般湿度比较高，温度也比较稳定。没有日照的作用，也几乎不受风的影响。在这样的状态下，只要能够保持洞内的湿润状况，一般说就不需要附加的养生条件。养生的方法和标准，可参考表7-32的要求。

混凝土养生方法及标准　表 7-32

项　目	标　准
养生方法	湿润养生
养生时间 （平均气温 15℃）	普通波特兰水泥:5d 早强波特兰水泥:3d 低热波特兰水泥:7d

2. 控制混凝土的配比，保证混凝土具有良好的施工性能

混凝土的施工性能指和易性、坍落度、流动性以及施工时的强度等。因此，在施工过程中，应根据施工条件、构造条件、环境条件等，使之具有符合运输、灌注、捣固等作业的施工性能。例如，隧道的拱部是很难进行充分捣固的地点，不得已可考虑采用让混凝土流动的灌注方法，但要选择材料难于离析的配比。特别是泌浆的多少对拱顶部背后产生空隙的大小有影响，因此，应尽可能地选定泌浆小的配比。为此，要比普通混凝土的细集料率多些，水泥用量和混合材等的粉体量也要增加，形成富有黏性的混凝土。高流动性混凝土是以流动的灌注为前提的，因流动几乎不会产生材料的离析，可研究在有材料可能离析的场合中采用。

适合作业的坍落度因衬砌的形状、尺寸、部位及补强材的配置、混凝土的运送、灌注及捣固方法等而异。仰拱的混凝土一般采用的坍落度是 8cm。边墙及拱部比一般的混凝土结构物的坍落度大些，多采用 15～18cm。即使如此，拱部混凝土与一般结构物不同，其捣固作业是十分困难的。为此，可采用坍落度更大一些的混凝土，但只增加单位水量的大坍落度的混凝土，虽然灌注作业容易些，但泌浆多，粗集料与砂浆易分离，会产生蜂窝和空洞等缺陷。从防止材料分离方面看，最好采用合适的混合剂，尽量减小单位水量。

采用流动剂和高性能减水剂后，用坍落度 12cm 的混凝土的单位水量，可以得到坍落度 18cm 的混凝土。因使用高性能减水剂，坍落度即使达到 18cm，与一般混凝土相比黏性有所提高了，泌浆量也减小了，对混凝土的品质几乎没有什么损害。但是，坍落度超过 18cm 后，砂浆和粗集料易分离，而逐渐损害混凝土的品质。为此，采用流动剂和高性能减水剂的场合，坍落度的上限值最好不超过 18cm。

混凝土运送时间长的场合，会使坍落度降低很大，因此应考虑运送中坍落度降低，来决定混凝土的材料和配比。

用泵输送混凝土时，不要造成管内堵塞，在计划的压送条件下，确保要求的压送量。同时应保证压送前后的混凝土的品质没有很大的变化。

对拱部及边墙混凝土，为改善和易性，应比一般混凝土的细集料率大2%。

混凝土施工时应具有必要的强度。脱模时，混凝土应具有能够承受自重和施工附加荷载的必要强度。

应该说，混凝土脱模时的强度还有许多不明确的地方，但至少要达到能够承受自重和施工时附加荷载的必要强度，这是大家公认的。一般混凝土结构物可参考有关标准，但目前为了迅速倒用模板，多采用早期(1～2d)脱模。为此，脱模时的强度根据隧道形状等，多以2～3MPa为大致标准。在隧道形状特殊时，应根据计算，考虑足够的安全系数设定脱模时的强度。脱模时的强度试验的养生条件应与实际条件一致。

3. 合理的混凝土配比设计

(1)混凝土配比强度应大于设计基准强度

我们在设计中规定的混凝土强度决定了混凝土的设计基准强度，并不是指现场的配比强度。但在施工中为了保证混凝土的设计基准强度，其配比强度应根据设计基准强度、现场必要的脱模强度及混凝土品质的离散性决定。日本规定混凝土配比强度应根据现场混凝土抗压强度试验值，但其低于设计基准强度 f 的概率不大于5%的条件决定。

衬砌混凝土的要求强度因围岩特性、衬砌形状、支护类型及作用在衬砌上的荷载而异，除特殊场合外，设计基准强度一般取18～24MPa。素混凝土取18MPa，钢筋混凝土取21～24MPa。最近在大断面隧道中，采用30MPa以上的设计基准强度。

现场混凝土的品质，一般受到集料、水泥等品质的变动、计量的误差、拌和作业的变动等而有一定程度上的变化。因此，为了保证衬砌任何部位的混凝土抗压强度不过度地小于基准强度，视现场的施工条件，混凝土的配比强度应大于设计基准强度。一般，隧道衬砌多在12～20h脱模，因此，必要的配比强度应同时满足所要求脱模时的强度和设计基准强度。

脱模后没有进行充分养生的场合，应选定配比强度大的配比，来确保所要求的品质。

(2)水灰比

水灰比应根据抗压强度、抗冻害性、对化学作用的耐久性、水密性等决定，原则上应小于65%。

(3)单位用水量

单位用水量在作业容许的范围内，应尽可能地小，通过试验加以确定。

混凝土单位水量原则上应小于175kg/m³。

获得需要坍落度的混凝土单位用水量，因粗集料的最大尺寸、集料的粒度及粒形、混合材料的种类、混凝土空气量等而异，应根据采用的材料通过试验确定。衬砌混凝土除仰拱外，充分捣固是很困难的，如果不比通常混凝土坍落度大，灌注时，就容易产生缺陷，试验时要充分考虑这种情况。

混凝土单位用水量原则上应在175kg/m³以下。一般应在表7-33的数值以下。超过175kg/m³的场合，应采取变更配比、采用高性能减水剂和流动剂等措施，以确保质量。作业比较困难的场合，也不要增加单位水量，应利用高性能减水剂、硫化剂来增大坍落度。在夏季施工的场合，为了补偿运送过程中坍落度的减少，出厂时的坍落度要大些，但即使这样单位水量也不要超过175kg/m³。

单位水量的限界推荐值　　表7-33

粗集料最大尺寸(mm)	单位水量的上限(kg/m³)	粗集料最大尺寸(mm)	单位水量的上限(kg/m³)
20～25	175	40	165

(4)粗集料最大尺寸

从获得经济的混凝土角度出发，一般采用尽可能大的粗集料是有利的。但是，衬砌有不能充分捣固的部分，用太大的粗集料是不合适的。因此，要控制粗集料的最大尺寸。一般说，粗集料最大尺寸，为构件最小尺寸的1/5、钢筋最小间距的3/4及覆盖层的3/4以下，而且应符合表7-34的有关规定。

粗集料最大尺寸(mm)　　表7-34

混凝土种类	粗集料最大尺寸
素混凝土及 钢筋混凝土的仰拱	40 不超过构件最小尺寸的1/4
钢筋混凝土	20或25

施工要点七　模　　板

模板是钢模板或预制板、支持骨架(拱架)、移动平台及其附属品的总称。

目前采用的模板有移动式和组装式两种。移动式如图7-27所示，是把支持骨架和钢板或预制板一体化，并搭载在移动台架上，又被称为活动模板。组装式是每次灌注都要组装、拆除拱架和钢板，通常也称为固定式模板。我们在模板使用上，存在的主要问题是模板整体刚性不足，易于变形和跑模。另外，在堵头板、厚度检测等附属装置上也不配套。为了降低造价，常常使用小尺寸的简易模板，造成混凝土表面不平整，混凝土灌注口部在混凝土表面上明显突现等影响"外美"的现象也时有发生。

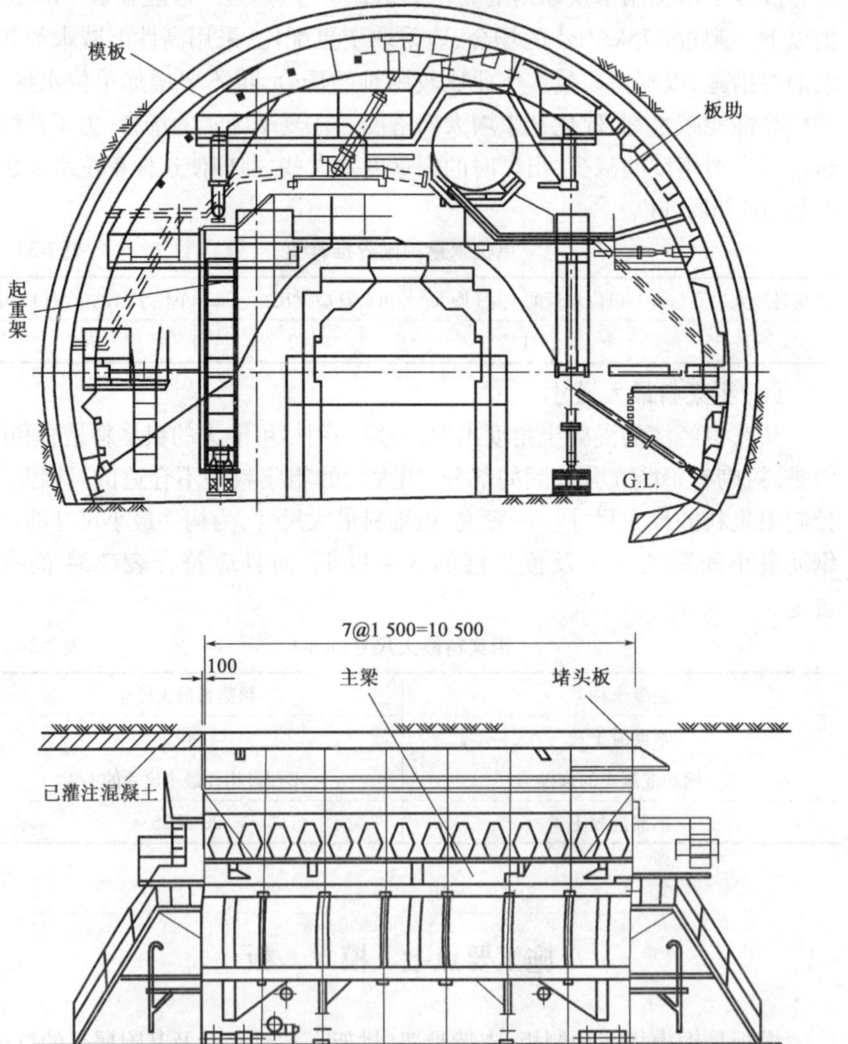

图 7-27 移动式模板示例

解决方法与途径如下。

首先，不管使用哪种类型的拱架，都要按设计图的形状、尺寸制造，并具有设计的强度和刚度。模板架立的精度，直接影响隧道净空的尺寸的精度，因此灌注前要充分地确认其精度。

模板长度因衬砌施工进度、混凝土灌注能力、曲线的曲率等而异，一般多采用9～12m。当然加长模板长度对进度是有利的。一般矿山法修筑的隧道衬砌厚度通常为30～50cm，模板越长，混凝土的温度收缩、干燥收缩的开裂就越容易发生，因此，模板长度（一次灌注长度）多采用10.5m。

其次，考虑混凝土的充填性、施工性，决定灌注口和检查窗的位置和数量。

拱顶部，在距已灌注混凝土侧0.75m的位置，设仰角45°～60°的向上灌注口，在中央或堵头侧设交替的灌注口。

检查窗是为了确认边墙及拱下部的混凝土灌注、捣固状况而在适当位置设置的。窗的大小通常为45cm×45cm以上。图7-28是检查窗设置图。

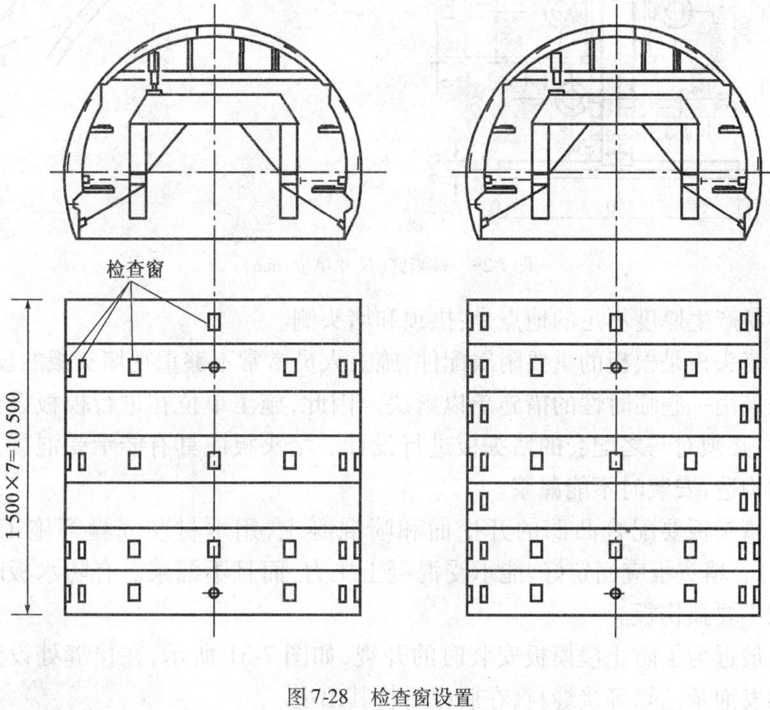

图7-28　检查窗设置

为了确认衬砌厚度,在模板上应设置检测钉。此检测钉在该部分会留有空隙,其构造如图 7-29 所示,要伸到板的位置。

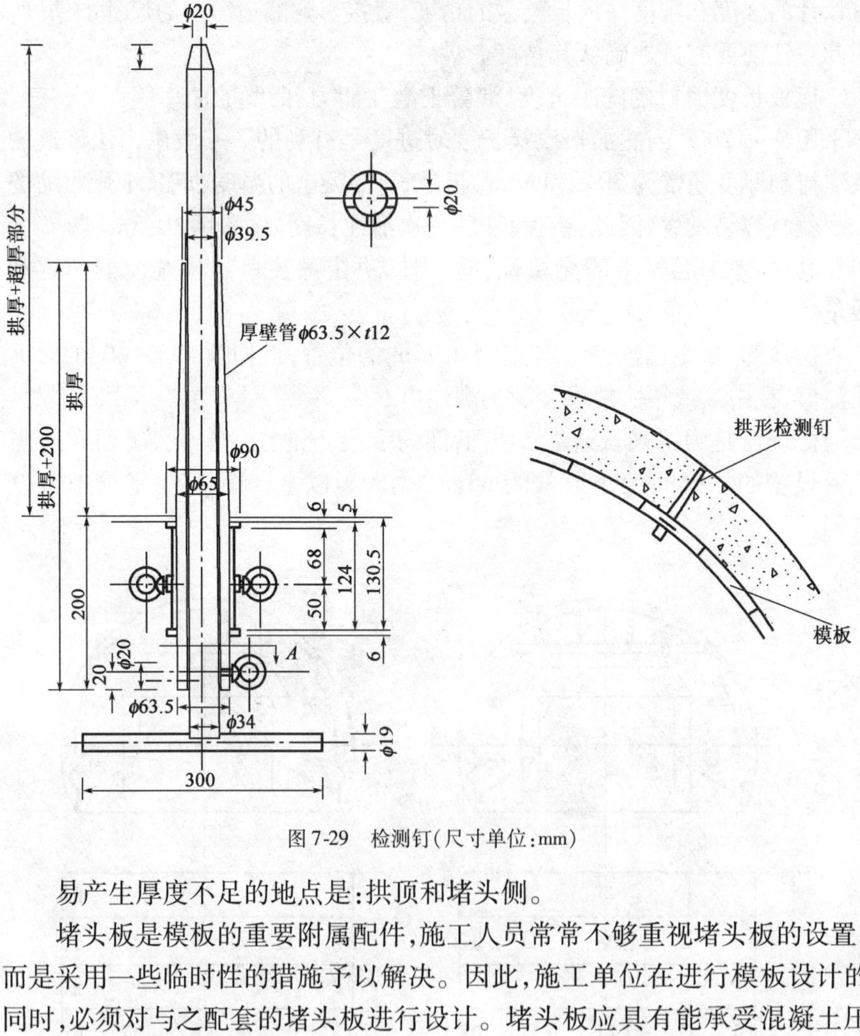

图 7-29 检测钉(尺寸单位:mm)

易产生厚度不足的地点是:拱顶和堵头侧。

堵头板是模板的重要附属配件,施工人员常常不够重视堵头板的设置。而是采用一些临时性的措施予以解决。因此,施工单位在进行模板设计的同时,必须对与之配套的堵头板进行设计。堵头板应具有能承受混凝土压力的构造,安装时不能漏浆。

堵头板要配合凸凹的开挖面和喷混凝土,用木材和气囊等施工(图 7-30)。堵头板应固定好,能承受混凝土压力,而且不漏浆。有防水板时应注意不要损伤板。

最近为了防止模模板安装时的开裂,如图 7-31 所示,在接缝处设置橡胶和发泡苯乙烯等接缝材,在脱模后将其出去。

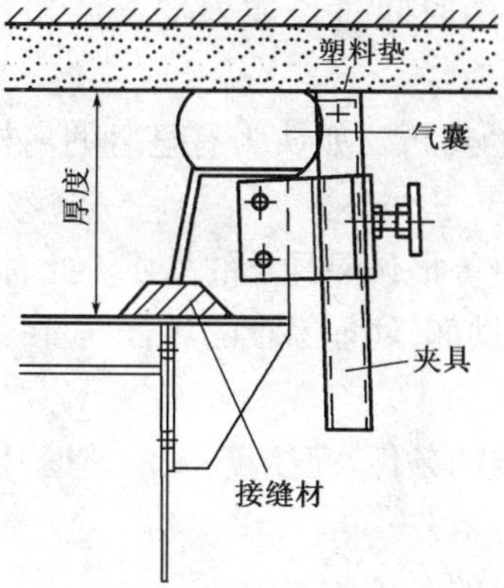

图 7-30　堵头板

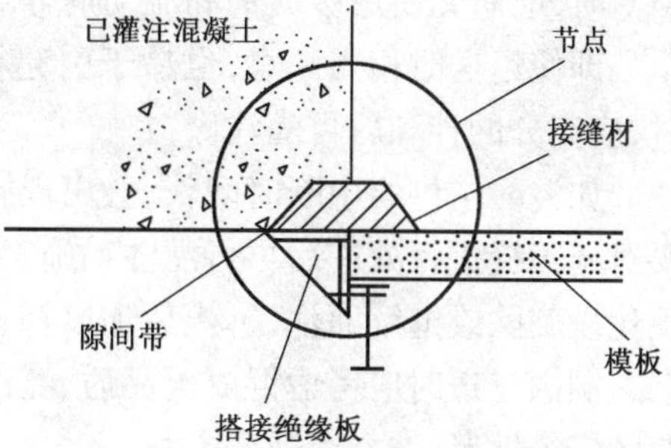

图 7-31　接缝

拆模时间对衬砌进度影响极大。拆模过早混凝土会发生开裂、堵头的混凝土会倒塌、附着在模板上的混凝土会剥离等。拆模时混凝土的强度与隧道大小、形状、衬砌厚度、施工条件等有关，但至少要达到能够承受混凝土自重及施工中的荷载的强度才能拆模。

承受混凝土自重的强度在拱形隧道中一般达到 2～3MPa，可认为是安全的。而在需要更早拆模的场合，隧道形状、尺寸特殊的场合，应通过 FEM 计算等分析衬砌中的应力，并取一定的安全系数设定拆模时的强度。

决定拆模时间时，要掌握养生条件、试件的强度发现特性等，并确认是否达到拆模时的强度。

施工要点八　混凝土的运送、灌注、捣固及养生

混凝土施工的基本作业包括运送、灌注、捣固及养生。这四种作业都与混凝土的质量有关，哪一种作业出问题，都会影响全局。

1. 运送

混凝土拌和后应迅速运送，立即灌注，充分捣固。

混凝土应尽可能地在接近拌和状态的情况下运送、灌注。为此，运送时间要短、不使混凝土材料分离、空气量变化和坍落度下降等，而且要采用经济的方法进行。

从拌和到灌注完成的时间限度，与混凝土配比、材料、温度、湿度、运送方法等有关。从拌和到灌注完成的时间，原则上，在外部气温超过 25℃时

为1.5h,在25℃以下时不超过2h。如运送的时间过长或外部气温超过25℃时,应研究使用缓凝剂和流动剂等。

即使运送时相当注意,也易于引起材料的离析。如认为有显著的离析时,应充分的拌和后再灌注。

如混凝土供给中断时间长,会出现施工缝等损伤混凝土的品质。此时,要对施工缝进行处理后再行灌注。施工缝在拱部,处理困难的场合,应在其硬化后破除或继续灌注,拆模后加以补强。

洞内运送时应考虑混凝土品质、灌注地点的条件、灌注量、灌注速度、作业的安全性等,选择合适的方法。

把混凝土运送到现场,应采用有搅拌设备的车辆。

采用商品混凝土时,应按有关规定办理。

2.灌注

(1)混凝土灌注前

混凝土灌注前,要按设计图确认模板和防水板,背后排水或钢筋等均按设计配置,并确认在灌注混凝土中模板等不会移动,设置好检测钉。应确认是否配备好各种灌注设备及人员。一般说,先灌注仰拱的灌注顺序如图7-32所示。

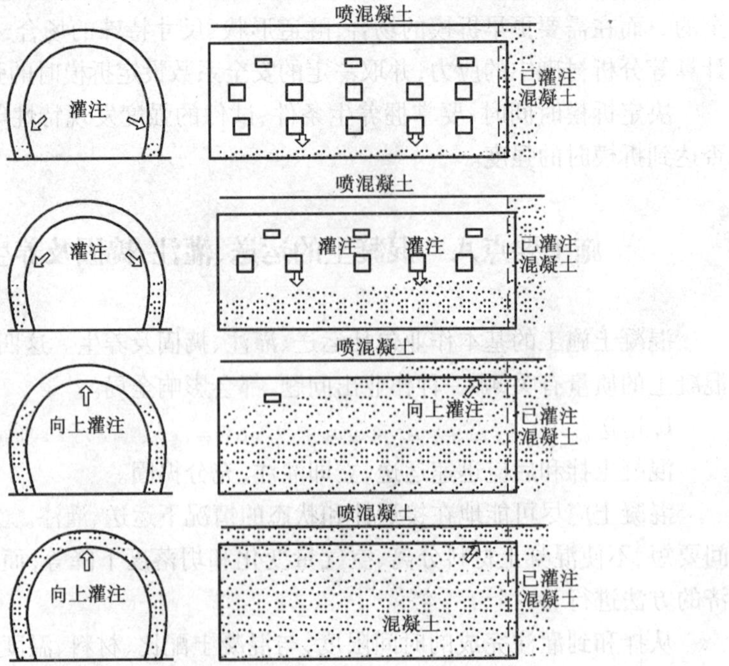

图7-32 仰拱的灌注顺序

运送设备、灌注设备上可能附着旧砂浆和混凝土，有时会混入到混凝土中。模板中也可能留有木片和铁片等，为了不使之混入混凝土中，事先要进行清扫。

有仰拱的隧道，仰拱和边墙的灌注缝是结构上的弱点，要确认灌注缝是否符合设计的要求，也要同样注意边墙和拱部的灌注缝。

(2)仰拱混凝土灌注

从仰拱开挖到灌注混凝土之间，隧道是处于最不稳定的状态，根据情况开挖仰拱边墙会产生挤出和下沉，围岩条件差时，应迅速灌注混凝土。用仰拱闭合断面时，可采用喷混凝土一次闭合的方法和用混凝土直接闭合的方法，根据围岩状况、量测结果等确定。通常都采用直接用混凝土闭合的方法，但位移量或位移速度大，需要早期闭合的场合，最好采用喷混凝土一次闭合的方法。在比较良好的围岩中，没有必要急于进行断面闭合，可在不妨碍掌子面开挖作业的距离上，施设仰拱。

一次灌注长度，在围岩差的场合，要短些。灌注位置最好与拱部灌注位置一致。在膨胀性围岩和围岩强度小的场合，于开挖下半部时开挖仰拱，开挖后迅速灌注仰拱混凝土。

边墙和仰拱的灌注缝，是隧道结构上的弱点，施工时要清扫喷混凝土面，清除回弹物。即使地下水较小的围岩，也要进行充分排水后，才能灌注混凝土。

(3)边墙和拱下部(除拱顶部)的混凝土灌注

混凝土灌注前应清除模板内的水，管路中残留的砂浆会降低流动性，有损混凝土的品质，清除前不能灌注混凝土。

混凝土灌注速度比模板设计时预定的速度快，会造成左右混凝土的灌注高度差，模板会产生变形和移动。灌注速度和左右混凝土灌注高度差不能超过模板设计时预定的值。

混凝土落下会产生离析和蜂窝。为此，灌注边墙的检查窗应设在合适的高度上。

模板长度一般是10.5m左右，从中央检查窗灌注约有5m的流动距离。混凝土流动中粗集料会因沉降而离析，为防止离析最好采用分支管和有变换阀用2~3个检查窗进行灌注。高流动性混凝土只从中央检查窗进行灌注。

泌浆水混入混凝土中后会形成低品质层，从而降低衬砌的均匀性和一体性;其次,已灌注混凝土面会存在泌浆水,附着在模板上形成水泡。因此,泌浆水应用设在堵头板上的排水孔进行排除。

从检查窗进行灌注时,可从邻接的检查窗和上面的检查窗进行捣固。因此,灌注检查窗依次向高位置变更到尽可能高的位置之前,最好用检查窗进行混凝土的灌注。

(4)拱顶部混凝土灌注

拱顶部分的混凝土灌注,一般采用图7-33的向上灌注方式。向上灌注方式比引拔方式的混凝土充填性要好,也可采用充填性更好的挤压方式(活塞方式)。

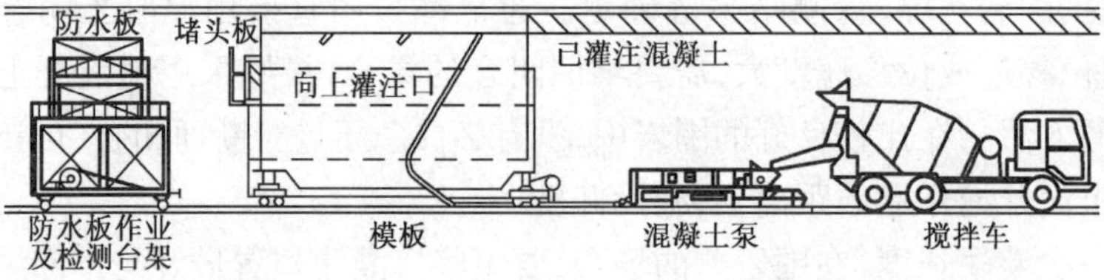

图7-33 向上灌注拱顶施工方式

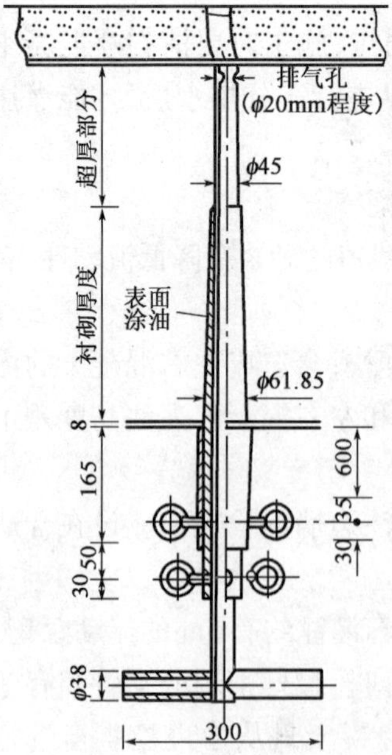

图7-34 拱顶部的排气孔
(尺寸单位:mm)

拱顶部分的混凝土灌注,重要的是不要产生离析、各个角落不残留空隙、堵头处能够完全充填。因此,混凝土要连续灌注,并从堵头板的开口处排除泌浆水和空气。

为了确实地充填拱顶部分,可以研究采用高流动性混凝土,高流动性混凝土是具有自充填性的,材料难于离析。此外,通常混凝土多少会产生泌浆而在拱顶背后产生一些小空隙。高流动性混凝土几乎没有泌浆,因泌浆引起的空隙是不会出现的。

向上灌注口一般距已灌注好的混凝土侧0.75m。灌注口离开已灌注好的混凝土侧越远,其流动是复杂的,靠近已灌注好侧的拱部易产生空隙。因此,灌注口最好靠近已灌注好的混凝土侧。为了减少空隙中的空气,可在已灌注好混凝土侧设置排气孔(图7-34)。

因事故而中断灌注时,混凝土的流路会发生改变,从而产生空洞和厚度不足。防止这种缺陷的基本方法是向模板内连续地灌注混凝土。

模板上通常设置1或2个交替用的灌注口。

灌注口的封堵一般有以下3种方式(图7-35):百叶窗方式;油缸方式;潜望镜方式。

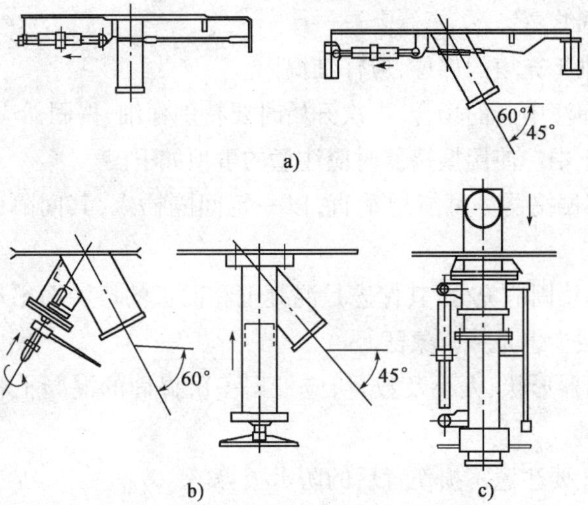

图7-35　向上灌注口的封堵方式

a)百叶窗方式;b)油缸方式;c)潜望镜方式

(5)灌注缝

灌注缝应具有设计规定的位置和构造。设计没有规定的灌注缝,应充分研究其位置、方向、施工方法等。

混凝土供给长时间中断后再灌注混凝土时,该部分将形成施工缝而成为混凝土的弱点。特别是素混凝土,将是开裂和剥落的原因之一。因此,混凝土灌注一旦中断,应设置水平灌注缝。此时,灌注缝的位置会影响衬砌的结构、功能,应充分加以研究确定。根据水平灌注缝的位置,为防止以后的剥离,可采用插筋。

水平灌注缝应尽可能地采用水平的直线。灌注混凝土时,应完全清除旧混凝土面上的杂物、品质差的混凝土及松动的集料粒等,并充分地吸水。

3.捣固

捣固用内部捣固器是有效的,因此,原则上采用内部捣固器。内部捣固器要使用适合衬砌混凝土灌注的,有时也采用模板振捣器的。使用模板振捣器,混凝土表面平滑美观,但有时会使气泡增加,应加以注意。模板振捣器是使模板全体振动,混凝土灌注达到拱部以后使用,对灌注的混凝土会产生不利影响,使用时要加以注意。拱顶部分不能使用内部振捣器的部分,要注意不要产生品质下降、厚度方向分离等缺陷。应研究开发适合拱顶部分混凝土的捣固装置。

混凝土难于充填的部位,应仔细捣固。

混凝土灌注中断的场合,再次开始时要特别仔细,捣固器应确实地插入下层的混凝土中。使用振捣器时应注意的事项如下。

(1)内部振捣器尽可能地垂直,以一定间隔插入,其间隔一般在60cm以下。

(2)振动捣固应充分,其标志是混凝土和面板的接触面出现水泥浆线。混凝土容积减少也是一个象征。

(3)振捣器形状、大小及数量,应根据一次捣固的混凝土容积决定,并留有备用数量。

捣固作业要注意不损伤背后的防水板等。

4.养生

衬砌混凝土灌注后,应保持硬化所需的温度及湿度,不要受到有害作用的影响,在适当的时期内进行充分地养生。隧道贯通后,因通风而使温度、湿度降低,必要时应采取适当的措施。

为满足要求的耐久性、水密性等品质,以及不产生有害的开裂,灌注后一定时间内,要在适当温度下保持充分的湿润状态。

由于拆模早,不能期待衬砌在模板状态下的充分的养生效果。但是,在隧道内,除洞口附近外,温度是稳定的,湿度也比较高。衬砌的背后是围岩,露在大气中的只有一面,也几乎不受日照和风的影响。从混凝土表面水的散失比屋外结构少得多。因此,在隧道内只要确保这种状态,就不需要另外的养生。

没有充分硬化的混凝土受到振动、冲击时,会产生开裂和损伤,因此在爆破法中,掌子面和混凝土灌注地点要保持适当的距离。

隧道贯通后通常会有风流产生,隧道内的温度、湿度将下降。如混凝土在低龄状态,必要时要设置防风板。

施工要点九 质 量 检 查

质量检查是施工管理的重要内容之一。我们在一些规范和规定中，对混凝土衬砌的质量检查，已经有了明确的要求，但在工程实施中，却得不到认真地贯彻和执行。此外，缺乏有效的检测手段，特别是施工过程中质量检查的有效手段，更是欠缺。这一点上，我们与国外的差距是比较大的。

混凝土的质量检查包括：表面状态的检查、形状尺寸的检查、强度检查等。

1. 表面状态的检查

表面状态的检查，应对露出面状态、开裂的有无、施工缝的状态等用目视及器具进行。基于目视检查结果必要时应进行打击声检查。

2. 形状、尺寸的检查

衬砌完成后，要确保规定的净空尺寸、厚度，并检查背后有无有害的空洞。

衬砌厚度的检查，基本上用检测钉进行。检测钉应考虑隧道坡度、灌注方法等，在施工上可能残留空隙的位置处设置。用检测钉检测的方法如下：

(1) 检测钉在混凝土灌注时安设在模板上规定的位置，混凝土灌注完成后 4～5h，解除附着，混凝土硬化后取出检测；

(2) 厚度不足时，应另外用孔径 32mm 的钻孔确认厚度不足的范围；

(3) 检测钉和钻孔的遗迹，原则上应处理。

形状、尺寸的判定基准因隧道的使用目的而不同，需个别规定。检查结果确认不能确保厚度的场合判定为不合格，应采取适当措施。

在矿山法中，一般拱顶部分的混凝土背后留有空隙。产生空隙的场合，应采用各种方法（电磁波、超声波等），调查空隙的范围和大小，必要时要进行回填压注等对策。

3. 强度检查

强度检查以采用回弹仪等非破坏检查方法为标准。检查结果不能满足强度性能的场合，视需要进行补强。

4. 覆盖层检查

表面检查的结果，认为覆盖层有不足的征兆时，应用非破坏检查方法进行覆盖层的检查。检查结果不合格处,应采取必要的措施。

施工要点十　衬砌背后空洞及回填

从最近一些已建成的隧道发生的事故看,衬砌厚度不足和背后空洞的存在,是造成事故的主因。例如,某隧道的衬砌厚度只有设计厚度的1/3到1/2,更有甚者,还不到1/2。同时在衬砌背后留有大量没有充分回填的空洞,有的空洞,甚至人员可以在里面爬行。这种情况多数是在地质条件突变,发生坍方等场合发生的。有自然的因素,但更多地是人为的因素。厚度不足和背后空洞的存在,对隧道的承载特性有不可忽略的影响。日本对此曾进行了大量的模型试验,研究在不同荷载状态下衬砌厚度、背后空洞等与结构物承载力之间的关系。试验得出的结论如下:

(1)同样厚度的衬砌背后有空洞,其承载力在同样位移($u=2$mm)的条件下,有空洞时降低到无空洞的1/3以下;

(2)拱部厚度不同时,其承载力的变化是很大的,在同样位移条件下,如满足设计厚度的承载力为1,则衬砌厚度为设计厚度的3/4时,其承载力为0.4,衬砌厚度为设计厚度1/2时,承载力仅为1/10;

(3)背后空洞的范围越大(以背后空洞范围60°和100°作比较),最终承载力也降低,但差异不大,两者相差10%左右;

(4)背后空洞范围60°时,有无回填和用硬质材料和软质材料回填的比较。从试验结果看,如用硬质材料回填时的承载力为1,用软质材料回填时的承载力为0.8,而不回填的仅为0.1左右;

明确背后有空洞的场合,都要采用回填压注的方法予以充分的填充。

不管是新建隧道还是运营中的隧道,隧道衬砌背后和围岩之间,存在空洞时,都会促进围岩的松弛,使衬砌产生弯曲应力,而损伤衬砌的功能,降低其承载力,这已经得到理论和实践的证实。切实地回填背后的空洞,是上策。但从施工的可靠性看,切实地充填空洞是有难度的。难就难在缺少能够满足切实充填性的材料。

因此,最近开发出一些新的回填材料,其最大特征是不但具有自稳性和充填性,还具有一定的流动性。这里所谓的一定的流动性,是指在一定的压力以上,回填材料易于变形,可充填到空洞中,而在一定压力以下,流动性会大大降低的性能。为此,可以防止材料向空洞以外逸出,实施限定压注。此外还具有以下特征：

(1)遇水离析和稀释小；

(2)比重小，对衬砌的荷载小；

(3)现场易于处理；

(4)施工和材料的成本低。

新开发的材料有以下几种。

(1)气泡砂浆

表7-35为其配比。在通常的气泡砂浆中加入可塑剂(特殊的铝酸盐)，就可能限定压注。是目前采用较多的材料。

气泡砂浆配比 表7-35

砂浆(1000L)						可塑剂(40L)	
空气量(%)	水泥(kg)	水(kg)	砂(kg)	特殊气泡剂(kg)		AP-2(kg)	稀释水(kg)
				AP-1	稀释水		
43	300	214	600	1.3	21.5	23.5	28.2

(2)吸水性材料

其配比列于表7-36。表中的混合剂是由高吸水性的树脂和速凝剂构成的，采用此混合剂可实施回填地点的限定压注。此材料是单液的，施工设备可以缩小。

吸水性材料的配比(kg/m³) 表7-36

水泥	膨润土	吸水性混合剂	水
336	250	8.5	793

(3)JETMS材料

其配比列于表7-37。本材料是双液的。*A*液就是过去的气泡浆液，*B*液是天然的黏土矿物构成的可塑剂。其特征是没有采用特殊的药剂，是一种无机材料，在流水的条件下也能够施工。

JETMS配比(kg/m³) 表7-37

A 液			B 液	
*A*材(固化材)	水	气泡(L)	*B*材(可塑剂)	水
300	150	155	80	565

这些材料不管哪一种都具有相同的物性，流动性80~120mm，强度为0.5~1.5MPa(28d)。

目前,自充填混凝土作为特殊混凝土越来越受到人们的关注。所谓自充填混凝土就是灌注时不需要捣固、施工工程不受人为因素的影响,可靠性高的混凝土;水粉体比在30%左右,灌注后产生下沉及开裂的可能性小,可以控制炭化和盐分的浸透的,具有长期的耐久性。采用这种混凝土的结构物,能够排除施工的初期缺陷,从而降低维修管理的费用,也是比较经济的混凝土。在配比上由于需增加单位粉体量,为控制水化热要采用粉煤灰和高炉矿渣、石粉等混合材。

目前在隧道施工中,采用的普通混凝土的水灰比约在64%,单位用水量175kg,单位水泥用量约273kg,坍落度15cm,粗集料最大尺寸40mm。因要在模板和围岩的狭小空间内灌注,坍落度要大,从拱顶灌注孔灌注的混凝土,以最大10m速度移动。加上粗集料尺寸大,常常产生混凝土充填不足、材料离析等现象。特别是在拱顶易于泌浆形成空隙。

采用自充填混凝土有以下优点:

· 因黏性高,不易产生离析,可获得稳定品质的衬砌;

· 新鲜时流动性大,能够确实充填凸凹不平的喷混凝土;

· 几乎不产生泌浆,拱部的混凝土品质得到保证;

· 因粉体量大,脱模后混凝土表面美观。

但与普通混凝土比,模板受到的压力比普通混凝土大,因此要加强模板。

日本在平山公路隧道中采用的自充填混凝土的品质规格列于表7-38。

表7-38

品质管理项目	规格目标值	品质管理项目	规格目标值
坍落流动值	65±5cm	空气量	4.5±1.5%
漏斗通过时间	10~20s	性质确认	U形试验器

其配比列于表7-39。

自充填混凝土的配比 表7-39

项　目	符　号	单 位 量	材　料
水灰比	W/C	46.7%	
水粉体比	W/P	32.0%	
水粉体容积比	V_W/V_P	93.6%	

续上表

项　　目	符　　号	单　位　量	材　　料
细集料率	s/a	52.0%	
单位水量	W	170kg/m^3	
单位水泥量	C	364kg/m^3	高炉水泥
混合材	石灰石粉	167kg/m^3	石灰石粉
细集料	细砂	372kg/m^3	海砂
	粗砂	490kg/m^3	陆砂
粗集料	G	780kg/m^3	石灰岩碎石
混合剂	高性能减水剂	9.03kg/m^3	高性能减水剂

采用Y形管两边墙同时灌注。灌注速度1.75m/h，从2.5m、4.0m、拱顶孔顺序灌注。并在距下端0.65m、2.4m、4.15m、5.9m的位置设传感器测定模板上的压力（图7-36）。量测的结果示于图7-37。与普通混凝土的比较示于图7-38，可以看出，模板上的压力比普通混凝土大些。

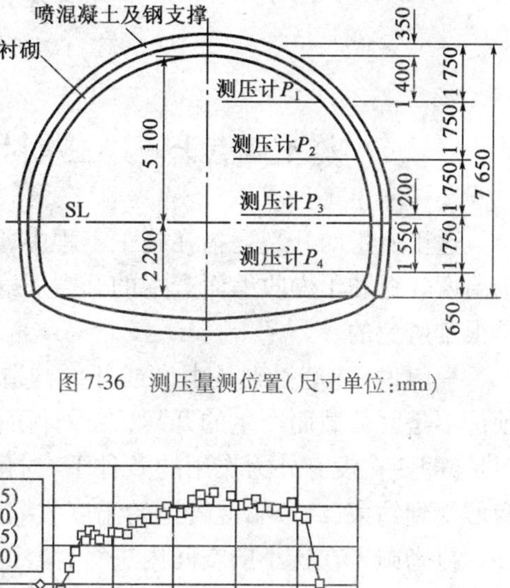

图7-36　测压量测位置（尺寸单位：mm）

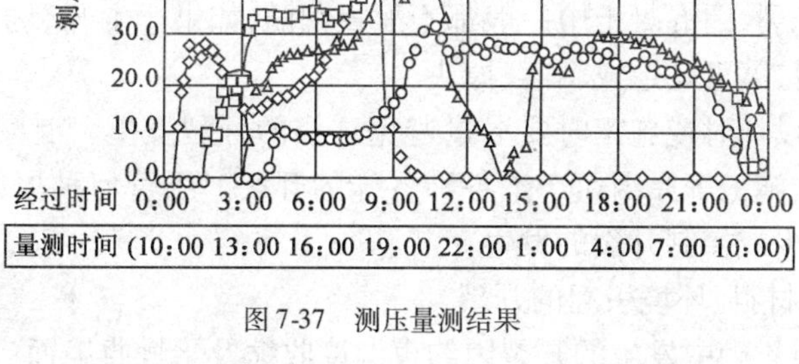

图7-37　测压量测结果

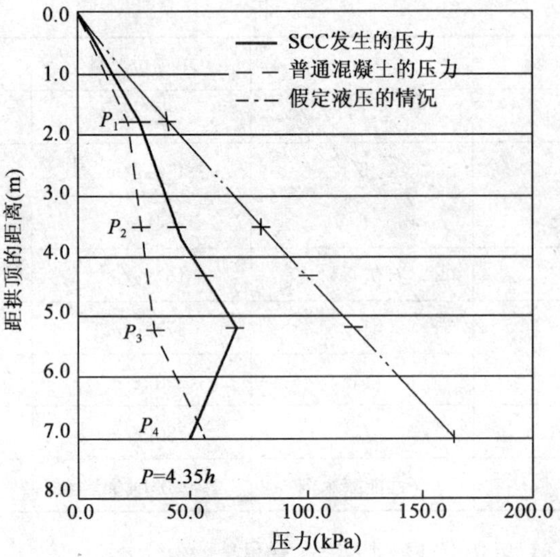

图 7-38　模板测压比较

施工要点十一　二次衬砌的开裂与治理

这里所指的开裂是指在施工工程中,不是因外力而造成的开裂,而是由于温度收缩和干燥收缩而产生的开裂。这种在施工过程中产生的开裂有时是很难避免的。

一般说,隧道衬砌是由拱或环形构造为主体的受压构件构成的,因此,预计不是因荷载而产生的开裂,在设计阶段一般都不采取防止开裂的对策。但是,即使在没有外力作用的条件下,衬砌因全周的外缘与喷混凝土接触,变形受到约束,约束了混凝土的温度收缩和干燥收缩,有时也会产生拉伸开裂。衬砌施工在狭小的空间内进行,灌注和捣固等作业很受局限,如果施工不慎就会产生开裂或缺陷。

这些开裂,因混凝土中一般都不配置钢筋,如果产生开裂扩大、劣化,呈三维状态时,就可能造成剥落、掉块。

因此,设计时或施工时要尽量避免这样的开裂发生。混凝土衬砌会因材料、环境、施工等原因而产生各种各样的开裂。不管何种原因,都要采取对策,来减少或控制开裂的发生。

(1)因材料、环境引起的开裂

混凝土衬砌中发生的开裂因约束温度收缩及干燥收缩而产生的开裂模

式示于图7-39。

模式①的开裂易在拱顶部附近及拱下部范围内发生,大约沿隧道纵向呈直线分布。

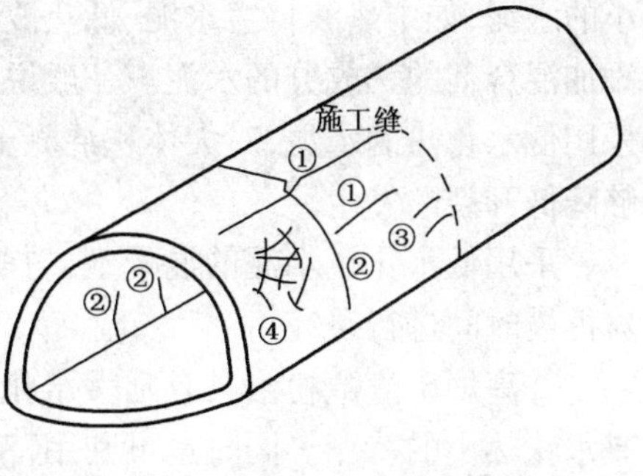

图7-39　材料、环境引起的开裂模式

模式②的开裂是与隧道纵向成直角方向分布的,易在起拱线和变断面处附近,几乎以规则的间隔产生的,但也有沿隧道全周发生的。

模式③是在施工缝附近,沿隧道纵向发生的,长度比较短,间隔规则。

模式④是随机方向的开裂或呈龟甲状或网目状分布,易于在拱部发生。

这些模式的开裂,也有贯通整个衬砌厚度的。在模式④的开裂中,有与游离石灰不同的胶状物析出时,可能是碱性集料反应所致。

这些开裂都是伴随温度收缩和干燥收缩而产生的,但几乎都达不到显著损伤衬砌功能的程度,从防水和耐久性角度看,如有贯通的开裂,或形成三维交差的开裂有可能掉块的场合,就应该采取对策。

主要对策是重新选择材料和配比,以及缓和约束收缩变形的措施。

(2)施工方法引起的开裂

因施工方法产生的开裂模式示于图7-40。

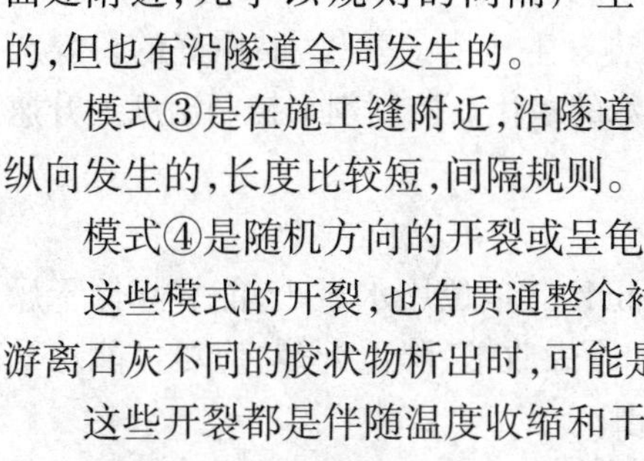

图7-40　因施工引起的开裂模式

模式⑤的开裂是在施工缝附近,沿已灌注好的混凝土的上部的模板接触面,因安装或拆除模板时的过大压力而发生的。

模式⑥是在盾构衬砌中发生的。

模式⑦的开裂是沿水平方向或混凝土流的方向分布的,易在捣固难的拱上半部或在灌注中断的界面上发生。

模式⑧是在混凝土表面不易发现而在断面内部的局部发生的,是因模板下沉或模板与混凝土附着不良等原因造成的。

下面阐述解决方法和途径。

(1)混凝土材料

①一般山岭隧道的衬砌混凝土多采用波特兰水泥。为了控制起因于水

泥的水化热的温度收缩引起的开裂,在可选择的水泥中,应尽量采用水化热小的水泥,如中热波特兰水泥、低热波特兰水泥、高炉水泥等,目前也开发出添加混合剂的三成分的水泥。一般说,衬砌厚度在20~50cm,是比较薄的,采用低水化热的水泥,对大体积混凝土没有显著的效果,但在一定程度上能够降低开裂的发生。

采用低水化热水泥的混凝土,初期强度比普通波特兰水泥发现较迟,应对拆模时间进行研究。

②高炉矿渣微粉末具有延缓水化热发生速度的效果,品质好的粉煤灰有水化热小的特点。同时也可利用特殊的水化热控制剂来控制温度上升速度和温度上升量。

(2)混凝土配比

混凝土的发热量与单位水泥量成正比。单位用水量小,能够降低干燥收缩。因此,为降低混凝土温度上升和干燥收缩、降低开裂,应尽可能地采用单位水泥用量、单位用水量来确定配比。

(3)混凝土养生

隧道洞内,除洞口外一般湿度比较高,温度也比较稳定,没有日照作用,也几乎不受风的影响。因此隧道内保持有适合混凝土养生的湿润状态,一般不需要附加的养生。但是,隧道贯通后的通风等使环境发生变化的场合,应设置防风板。

在因温度应力而发生开裂的场合,应根据条件,采取措施使混凝土构件内外的温度差不要过大,使构件的温度下降速度和干燥收缩不要过大。如设置养生门或在灌注区间的前后覆盖养生板等。

(4)设置隔离层

山岭隧道一般都使喷混凝土和衬砌间分离,不约束衬砌的收缩变形,这已为实践所证实。一般说,要设置隔离层,但有漏水的场合,最好设置防水材。此对策虽然不能够完全控制温度及干燥收缩引起的开裂,但可以极大地减少开裂。因此,以降低混凝土开裂为目的,在喷混凝土和衬砌间采用的隔离层,应确保其品质。

采用防水板的场合,防水板可以起到背后隔离层的作用,通常就不使用隔离层。隔离层的施工方法有张挂法和喷射法,一般采用张挂法。

隔离层应富有变形跟踪性和柔软性,施工时不能破损。但是,隔离层主要是防止在混凝土灌注后早期发生的温度收缩和干燥收缩引起的开裂,因此并不要求板的连续性和长期的耐久性。隔离层使用初期阶段采用厚

0.2mm的薄的聚氯乙烯板，但最近为确实地防止开裂开始采用厚一些的板，如0.4mm的EVA板和厚1mm的聚乙烯板，但如能够确认作为背后约束材的性能，也可采用其他材料。

（5）设置开裂诱发缝

在衬砌拱的上半部易于产生隧道轴向开裂，在一次灌注长度大的场合易于产生隧道环向开裂。特别是，喷混凝土和衬砌间没有降低背后约束材的场合，更为显著。此种开裂从材料和配比上采取对策是比较困难的，因此，在一定间隔设断面缺损部分，来诱发开裂，从而开展其他部分的开裂，对开裂部分进行事后处理。这种方法是比较容易的。开裂诱发缝的间隔受到隧道断面尺寸、衬砌厚度、灌注温度的影响极大。一般说，沿隧道轴直角发现的缝，从仰拱到拱顶的高度为H时，以$H \sim 2H$为大致标准。开裂诱发后为防止漏水，应进行补修。

（6）掺入纤维系补强材

即使衬砌发生开裂，但没有扩大到有害的宽度，对衬砌的功能的影响是不大的。为了控制开裂宽度，应采用耐腐蚀好的钢纤维、尼龙纤维、碳纤维等短纤维混入混凝土中，是比较有效的，但其配比和强度特性等应通过试验等确认。

（7）设灌注施工缝

为防止安装模板时，灌注周边发生的开裂，在灌注部应设施工缝。即在已灌注混凝土与模板重叠部分，设置比缝深度高些的橡胶和发泡苯乙烯或海绵等接缝材充当模板，这样就能够防止已灌注混凝土端部过大的荷载的作用。

第八部分　实现内实外美

——施工过程中的质量控制

从既有隧道的使用情况看,隧道质量不容乐观,有诸如衬砌厚度不足,衬砌背后存在空洞,混凝土和喷混凝土质量的离散性较大,隧道底部处理不彻底,先拱后墙易形成的衬砌隐患等问题。造成这些现象的原因是多种多样的,解决这些问题要从设计、施工多方面共同努力,但其中最主要的是要加强施工阶段工程质量的经常性监视与控制。

从隧道建成后的状态看,存在的问题主要有:

(1)衬砌背后存在一定规模的空洞或空洞回填不密实,例如有的隧道衬砌背后的空洞很大,甚至可以达到人在其中爬行的程度;

(2)衬砌厚度不足,这个现象比较普遍,有的衬砌实际厚度不到设计厚度的1/2,严重地削弱了衬砌的承载能力;

(3)衬砌中存在施工中产生的开裂;

(4)混凝土强度离散性大,有的强度不足;

(5)基底处理不当,在振动的作用下,出现翻浆冒泥。

这些问题应该是我们在施工阶段进行质量监控的重点。

目前的施工质量监控工作,除了施工单位自行检查外,主要是由施工监理按常规的方法进行,并且大都是"马后炮"的方法,即使出现问题也难于处理。由于施工监理缺乏在施工过程中检测施工质量的有效监控手段和方法,使得一些工程的质量得不到有效的控制,这也是目前一个不可否认的实际情况。因此,要加强施工阶段质量控制,就必须具备有效的施工阶段质量检测方法。

因此,开发和引进一些检测方法和设备是十分必要的。

针对隧道施工中存在的问题,对于施工阶段的检查,不是指在施工完成后,而是在施工过程中的检查。例如,目前评定混凝土衬砌强度的方法是常规的留取试件然后在28d后进行强度测试,这种方法的缺点就是不能及时发现混凝土强度的问题,这也就不可能及时地对问题进行改进。因此,必须强调施工过程中的**“及时检查、及时发现、及时改进”**的“三及时”原则，只有这样才能把混凝土质量及其离散性控制在所要求的范围之内，这也是一些国家在质量控制上所采用的基本方法。

针对隧道施工中存在的问题，在施工阶段的检测技术上应该重点解决以下几个关键技术问题。

施工要点一　隧道表面状态检测方法

隧道表面状态指衬砌开裂状态及衬砌内轮廓的变形状态。

在隧道施工过程中，常常出现一些开裂，这些开裂有的是致命性的，有的是可以忽视的。因此对衬砌的开裂必须进行测定，以便判断其对衬砌承载能力是否有影响，影响到什么程度等。

造成衬砌开裂的原因多种多样，在前面的混凝土施工要点中已经作了说明，可以参考。

1. 衬砌表面开裂的检测方法

衬砌开裂是隧道最常见的变异现象，观察开裂的形态、规模、模式等对推定荷载、变异状况、变异程度等是很重要的。

开裂的调查主要是通过目视来观察衬砌表面出现的开裂、剥离、剥落或漏水的状况，描述开裂的位置、长度、宽度、错台等。观察开裂采用的器具有：

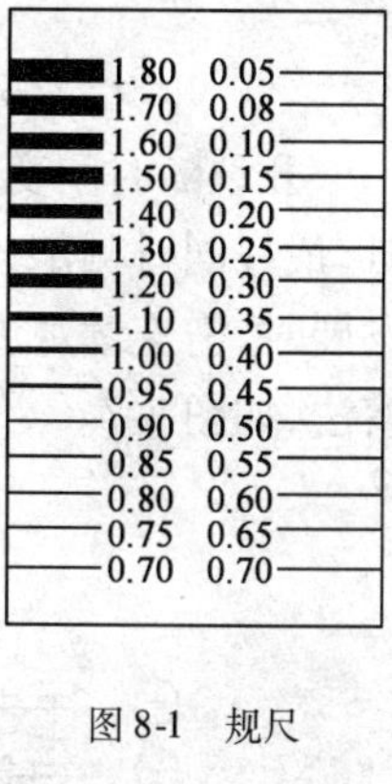

图 8-1　规尺

尺度测定：规尺（图 8-1）、游标尺等；

开裂宽度测定：带刻度的放大镜、开裂规尺；

开裂记录：相机、摄影机；

记录用纸：变异展开图纸、观测结果记录纸等。

开裂的简易调查是使用简易的计量器具进行的，调查方法如图 8-2 ~ 图 8-5 所示。如在开裂的前端设标志（图 8-2）；在开裂处设砂浆饼进行观察（图 8-3）；设置开裂计（图 8-4）；设置标点量测（图 8-5）等。

开裂的发展是随季节的温度变化而变化的，因此测定开裂的同时要测定温度的变化。为判定开裂有无发展，通常要进行一年以上的观测。

详细地调查开裂的发展，需设置开裂位移计或三向应变计，准确地量测开裂的宽度及错台。开裂方向和深度的调查，对判定变异的原因很重要。

开裂宽度的变化采用开裂位移计测定；错台测定中主要测定开口、错台的位移；开裂深度、方向的测定采用钻孔、超声波等方法。

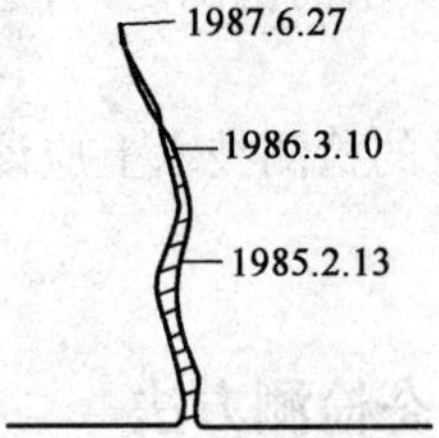

图 8-2 标志

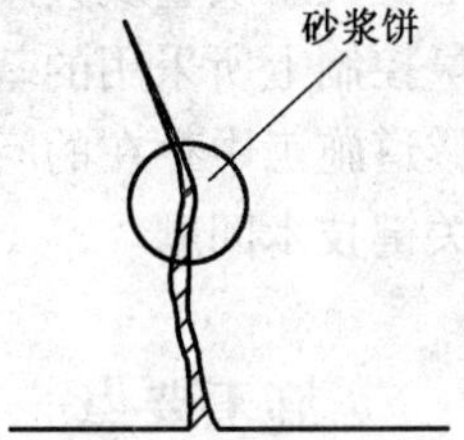

图 8-3 砂浆饼

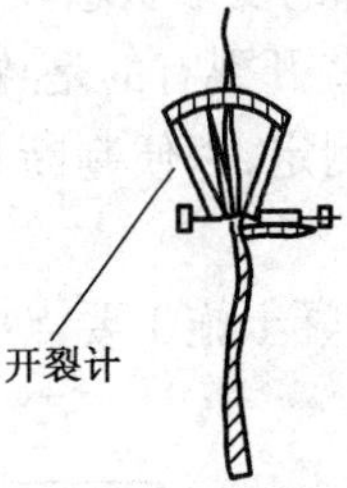

图 8-4 开裂计

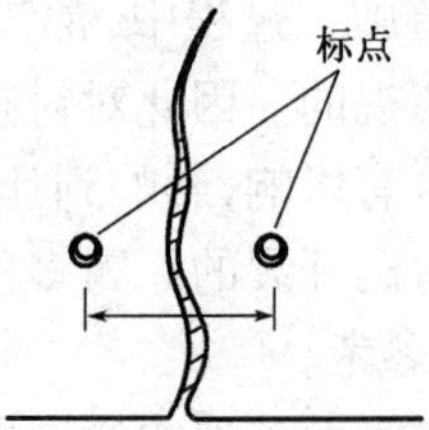

图 8-5 标点

开裂随时间变化的测定可采用开裂位移计(图 8-6)；出现开裂或错台时，最好同时测定开口和错台；开裂宽度因温度变化，时开时闭，因此判断其发展时，需连续观测一年以上。开裂深度和方向的测定方法可采用钻孔观察法，如图 8-7。

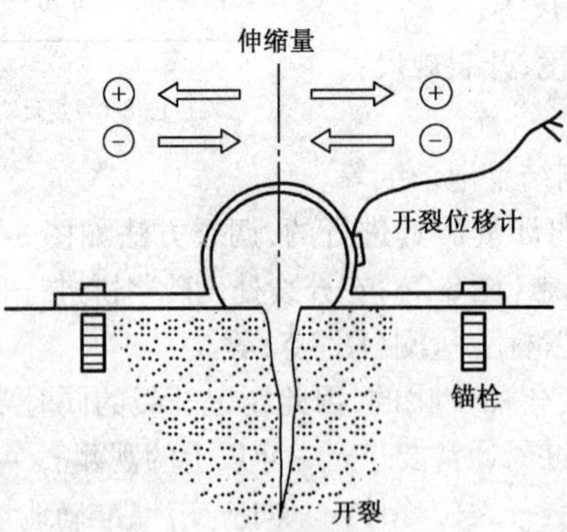

图 8-6 开裂位移计

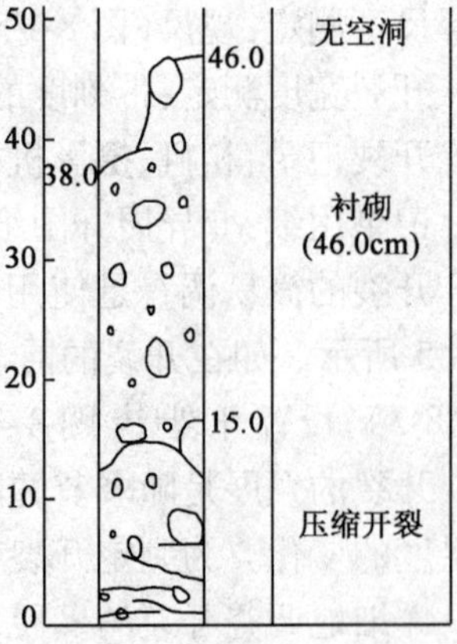

图 8-7 岩心观察

测定频率及调查期间的大致标准如下：测定频率在设置后 3 个月内，1 次/1月；设置 3 个月以后 1 次/3 月；测定期为 1 年左右。

图 8-8 是开裂宽度的实测数据实例。

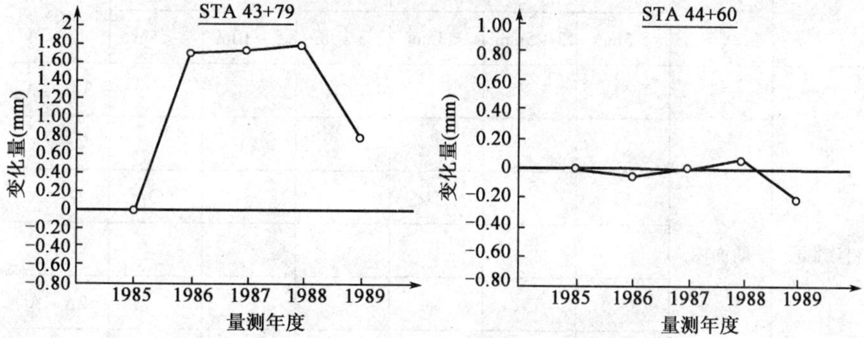

图 8-8　开裂宽度的实测数据

对检测的开裂要及时进行判定，判断其影响程度，以决定是否采取相应的措施。

开裂有的是继续发展的，有的是停止发展的，这对判断开裂的影响是至关重要的。日本对有发展性质的开裂的判定标准列于表 8-1，没有发展性质的开裂的判定标准列于表 8-2，可供参考。

表中的开裂是以水平方向或剪切开裂为主要对象的，横断方向的开裂，可按降 1 级进行判定。同时，0.3～0.5mm 以上的开裂密度，超过200cm/m^{2}时，要提高 1 级进行判定或采用分级中较高的级别判定。表中所列 3A、2A、A、B 等，是日本对衬砌损伤程度的分级标准。

有发展性质的开裂的判定标准　　表 8-1

地点	位置	开裂				判定分级
		宽度		长度		
		>3mm	<3mm	>5m	<5m	
衬砌洞门	断面内	○		○		3A～2A
		○			○	2A～A
			○	○		A
			○		○	A

注：○指选中该列项。

无发展性质的开裂判定基准 表 8-2

地 点	位 置	开 裂						判定分级
		宽 度			长 度			
		>5mm	3~5mm	<3mm	>10m	5~10m	<5m	
衬砌洞门	断面内	○			○			3A~2A
		○				○		2A~A
		○					○	2A~A
			○		○			2A
			○			○		2A~A
			○				○	A
				○	○	○	○	A~B

注:○指选中该列项。

最近开始采用全方位的数码相机、激光摄影系统等方法编制展开图,取得了一定的效果。

对显著的变异,在进行目视观察、素描的同时,可辅以摄影观察,作为客观地掌握变异状况的资料。在摄影时,要记录摄影地点的里程、摄影部位(拱、墙等)、摄影方向(左右、上下等),同时最好能把判断对象大小的比较物(人物、折尺等)摄入画面。

此外,可采用360°旋转的照相机进行全方位摄影记录,对掌握整体状况是很有效的。

作为补充目视观察、素描记录的技术,近年对衬砌表面连续摄影的方法,并对其结果进行图像处理的技术已经确立。该技术不仅记录了图像数据,也可以用来进行健全度的判定。

从方法上看,主要有两种方法,一种是用激光照相的方法,一种是用CCD 相机摄影的方法,两种方法的概况与特征见表 8-3。

激光照相与 CCD 相机摄影方法的概况和特征 表 8-3

摄影方法	激光照相	CCD 相机摄影
摄影概况	用激光照射衬砌表面,用光检测器检测反射光的浓淡,一边移动一边记录变异的浓淡图像	用光源照射衬砌表面,用 CCD 一边移动一边记录变异的浓淡图像

续上表

摄影方法	激光照相	CCD相机摄影
特征	·光传感器的感度高； ·不需要焦点配合； ·用各自的光传感器，可取得重合的图像，不需要图像的配合； ·摄影时，需要衬砌表面具有50lx照度的环境	·摄影时需有均匀的照明； ·不需要焦点配合； ·各自取得图像范围，需要重合； ·摄影速度的高速化比较容易实现； ·不影响隧道内其他作业

利用能够检测0.1°C温度差的红外线摄像机，检测衬砌的温度差，判断衬砌的剥离状态和开裂状态。该法比锤击检查精度高，对深度10cm左右的剥离可以判断出来。

2. 衬砌变形的检测方法

隧道断面形状的检测目前普遍采用激光断面测试仪，它同时可以测定净空断面的位移，精度可以满足要求。

净空位移的测定方法很多，但多采用收敛计量测，这些方法大家比较熟悉，可参阅有关文献资料。下面仅就近几年发展起来的采用数码相机进行净空位移和形状量测的技术加以说明。

目前一些国家在隧道及地下工程中，采用数码相机摄取隧道断面的有关数据，如变形数据等，就可以比较方便、可靠地进行隧道净空变形观测。这是一项具有高科技含量和较好发展前景的技术，即信息技术在地下工程中的具体应用。该方法设备简单，仅仅需要一台或数台较高分辨率的数码相机及相应的附属配件即可。如日本京都大学提出的用数码相机进行隧道净空位移量测的研究成果，其精度达到1mm，满足了隧道净空位移量测的要求。此外，采用数码相机进行衬砌及支护表面开裂的观测，推定衬砌及支护的受力状态，也取得了一定的成果。由此可见，数码相机画像处理方法在隧道中的应用，是有重要影响和意义的。目前此方法风靡日本，日本许多会社投入巨额资金纷纷开发此系统，例如日本清水建设(株)开发的能够有效的、以足够精度进行隧道净空三维量测的系统，其概貌如图8-9所示。用装配有软件的笔记本电脑和小型CCD相机，利用图像解析技术，就可以准确地检测到正确的位置。

视准作业时只要把微机画面上的十字线作为基准标点和量测标点对准就可以了，与过去用视准望远镜的方法相比，不会产生人为误差，也不麻烦。

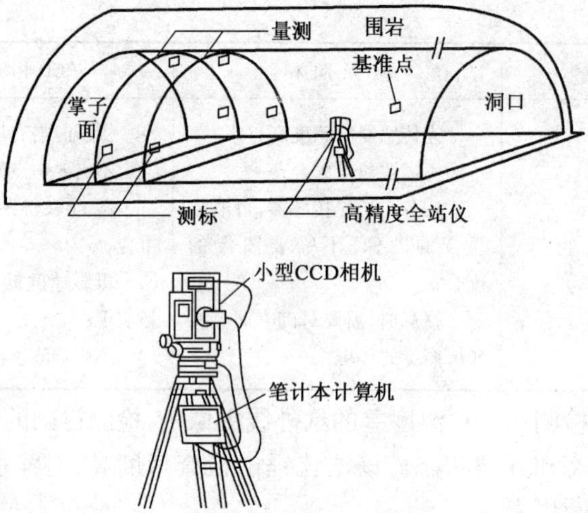

图 8-9 CCD 数码相机 + 全站仪

量测精度在距离 100m 的地点进行测定,误差在 1mm 以内。收敛量测的确认作业需要较长时间,此时可以大大缩短确认作业的时间。

日本京都大学和飞岛建设(株)合作开发的精密摄影测量系统软件,可以处理从各种角度进行摄影的照片,求出设在对象物上的标点的三维坐标。

事先在对象物上设置标点,而后从各种角度进行测定,最后根据照片图像的视差的不同,认识表达的位置,并自动地计算出三维坐标。对长度为 7m 的对象物从 100m 远处进行摄影时,误差在 2 ~ 3mm 以内。

其测定概貌如图 8-10。

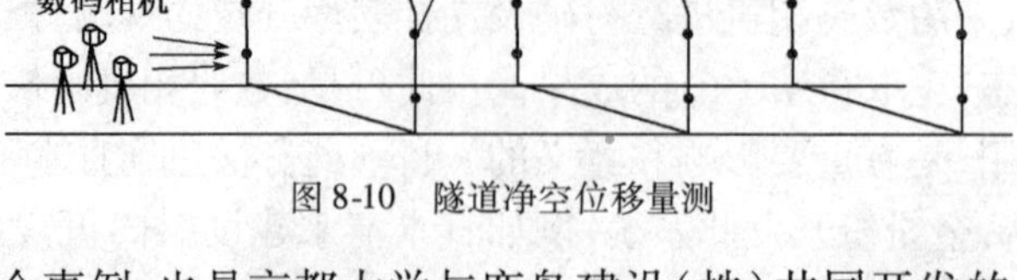

图 8-10 隧道净空位移量测

还有一个事例,也是京都大学与鹿岛建设(株)共同开发的。在壁面上设置多个反射标点,这些标点事前最少已知 4 个,而后可在任意位置进行摄影。将数据输入微机,认识各标点的位置,而后根据各标点的相对位移进行解析,求出壁面的形状和位移的分布,其精度在 0. 1mm 以内,其测定概貌如图 8-11。

此外，早稻田大学与大林组（株）也合作开发出一种已经实用化的系统，首先在壁面设置标点，随着开挖，用CCD相机进行摄影，把摄制的照片在微机上修正，并计算与量测基准点的移动量，输出形状和尺寸、位移值。该法使用时即使量测点增加，只要在一次量测的范围内，也不会增加量测作业。其概貌见图8-12。

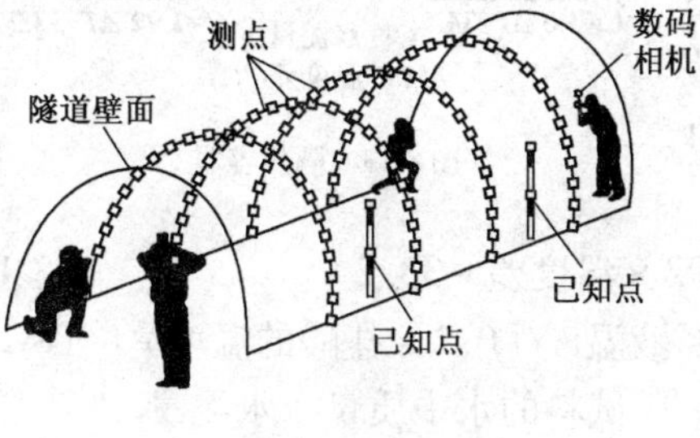

图8-11　测定概貌

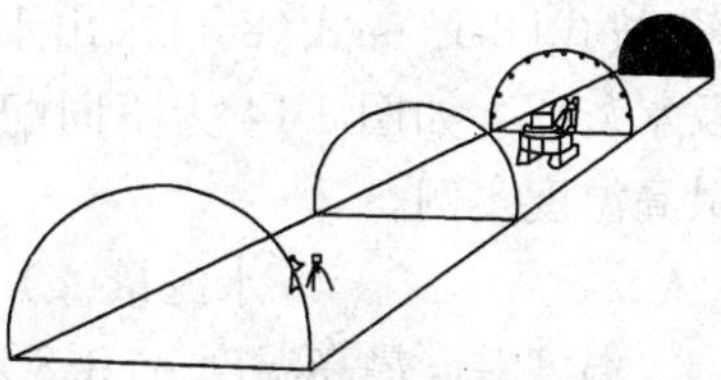

图8-12　测定概貌

总之，世界各国已广泛地开展利用摄影和图像处理方法，进行隧道净空位移量测，评价隧道稳定性和支护效果，发现变异等。这主要是因为摄影方法相对简单、可靠、客观，图像处理技术可根据解决问题的需求和实际情况进行软件的研制，因此，这是一种很有发展前途的技术，在很大程度上可以消除人为的主观判定的误差，促进了隧道施工技术的发展。

施工要点二　混凝土及喷射混凝土强度的检测方法

1. 衬砌质量及强度的早期检测方法

为了保证混凝土达到预期的强度，在混凝土浇筑初期阶段采用适当的方法进行判定是很重要的，也是一个极为现实的问题。因为经过一定时间后如果判定不合格，对其进行处理是很困难的。早期判定方法主要有两类，一类是以水泥量和水灰比测定值为指标的试验方法，一类是以促进水化反应的强度试验方法。

1）水灰比等早期判定方法

对未硬化混凝土的水灰比、单位水泥量等决定混凝土硬化后力学特性的指标进行测定有物理方法和化学方法，溶解热法就是其中之一。

所谓溶解热法就是利用盐酸的反应热测定砂浆试件的水灰比指标，用这个指标来推定混凝土28d的抗压强度。该方法的大致过程如下：取通过5mm筛子的混凝土砂浆试料约200g，用200L的杯子取出试料，测定试料的空中质量；而后用一定量的水稀释、搅拌，停置5min后让试料沉淀；然后再加水，测定试料的水中重量；把试料放进一个简单的隔热容器（图8-13）中，加入盐酸使之反应，根据此时产生的发热量与水泥量成正比的关系，按式（8-1）~式（8-4）求出水泥量及水灰比。如图8-14为不同配比的最高温度实例。

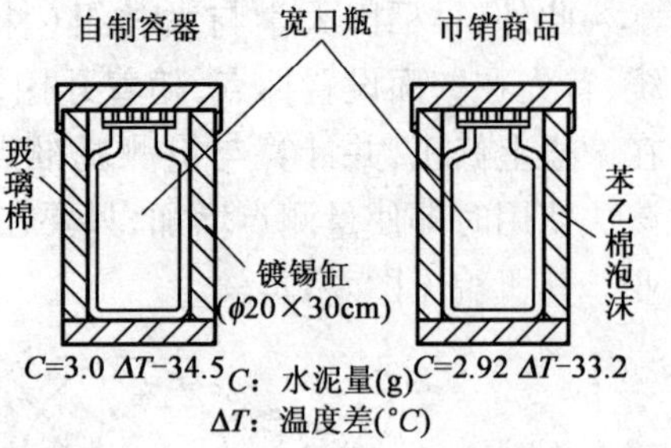

图8-13 隔热容器

$$水泥量(g)=2.92\times温度差-33.2 \tag{8-1}$$

$$温度差=最高温度-(0.8\times稀释液温度+0.2\times盐酸的温度) \tag{8-2}$$

$$水量(g)=(试料的空中质量)-[(试料的水中质量-水泥量\times\frac{水泥比重-1}{水泥比重})\times\frac{细集料比重}{细集料比重-1}+水泥量] \tag{8-3}$$

$$水灰比(\%)=水量/水泥量\times100 \tag{8-4}$$

用此方法测定需25min左右，精度在2%以内。

这种测定混凝土早期强度的方法，实质上就是测定混凝土拌和物水灰比等与强度有关的参数，而后根据计算预测其28d强度，如预测值与设计值有出入时，可立即更改混凝土的配合比参数，这种方法在日本、欧洲等国家采用较多。

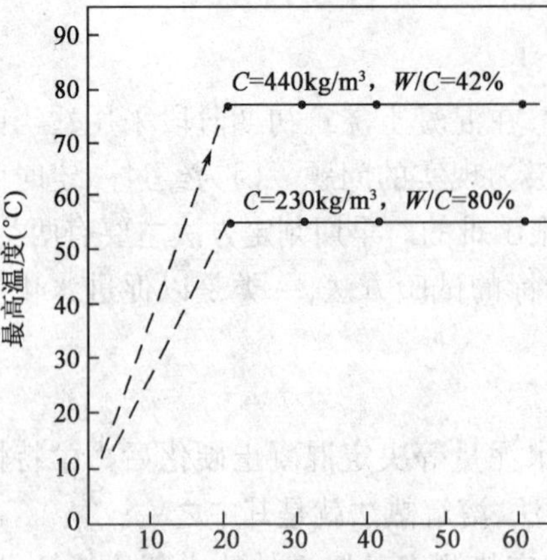

图8-14 不同配比的最高温度

2）促进强度试验的方法

这是直接测定早期强度的一种方法，可靠性比较高，但需要时间较长，有的需3h、有的需24h，也有48h的。可根据需要选择。

例如快速硬化强度试验方法的过程如下：取未硬化试料5kg，这是用5mm筛子取得的，均匀拌和后取出500g；将6g的速凝剂混入试料中，拌和后立即放进模型内做好试件；在高温养生槽中养生50min后取出，进行试验；并用式（8-5）求出混凝土强度。

$$\sigma_c = p\sigma_m + q \tag{8-5}$$

式中：σ_c——推定的混凝土抗压强度；

p、q——预先通过试验决定的常数；

σ_m——快速硬化后的抗压强度试验值。

3）衬砌强度无损检测方法

（1）回弹法

衬砌强度简易测定可采用混凝土回弹仪，利用回弹硬度来大致推定混凝土的强度，回弹仪的概貌见图 8-15。

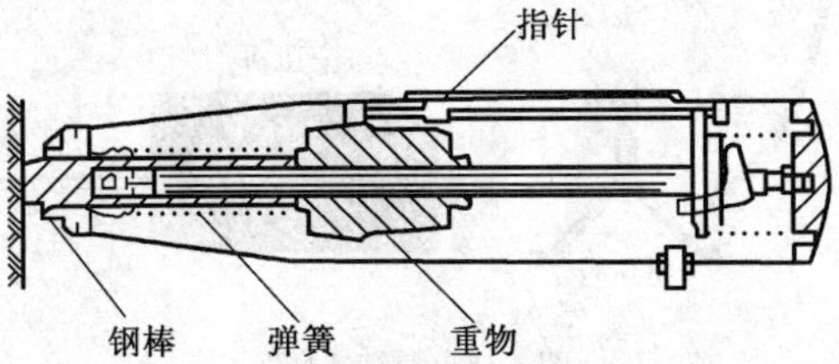

图 8-15　回弹仪

为保证定数据的可靠性，一个部位的测定次数应不少于 20 次（图 8-16），取偏差小的 20 个点的平均值作为回弹度 R，并按式（8-6）求出回弹强度 F。

$$F = 13R_0 - 18.4 \tag{8-6}$$

式中，$R_0 = R + \Delta R$，修正值 ΔR 视打击方向由图 8-17 求出，单位 MPa。

（2）射钉法

该系统系引进日本原装气压射钉枪强度测试系统，其检测原理为，在恒

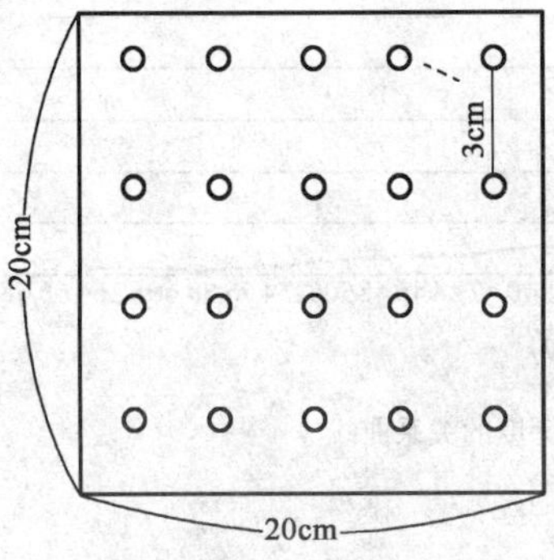

图 8-16　回弹硬度测定位置

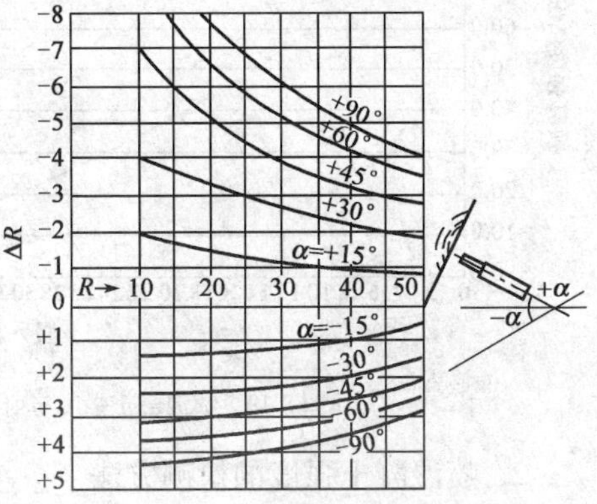

图 8-17　打击方向的修正值

定空气压力下将经过特殊标定的射钉打入所检测的混凝土内，由其射入深度标定公式推算其强度。气压射钉枪系统如图 8-18 所示。整个系统由射钉枪、空压计、空压管、空压机、数显深度游标卡尺等组成。

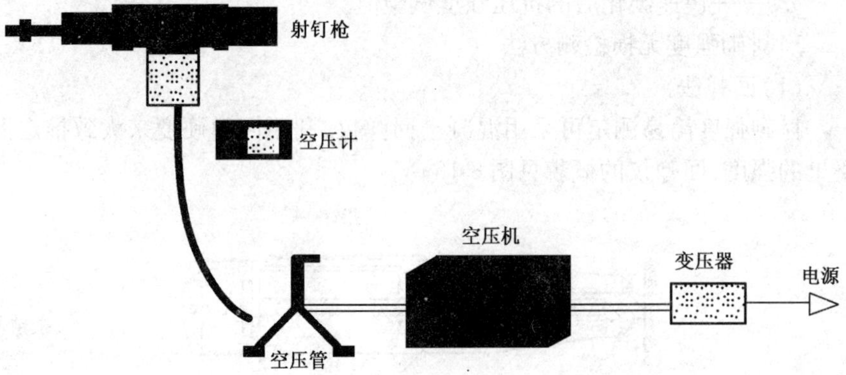

图 8-18 射钉法概况

射钉枪是该检测系统的主要组成部分之一，用于混凝土强度检测。射钉是经过特殊标定的合金钢钉，其形状尺寸和机械性能离散性很小，根据检测强度范围的不同，射钉分为射钉 *A* 和射钉 *B* 两种，射钉 *A*：10 ~ 30MPa，射钉 *B*：10MPa 以下。图 8-19 是混凝土强度与射钉贯入深度的关系曲线。

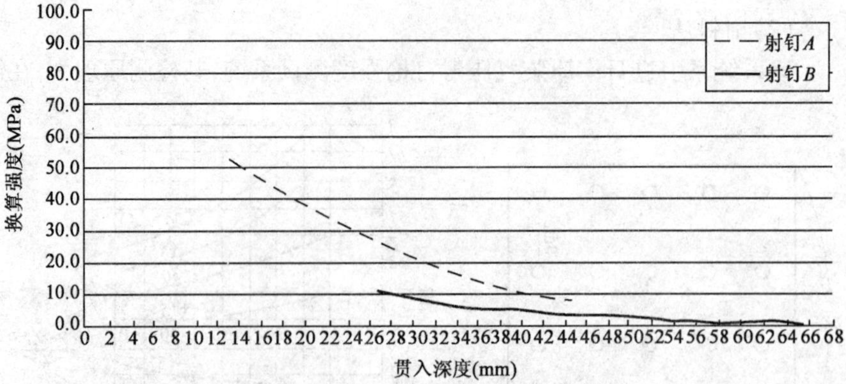

图 8-19 喷混凝土强度与射钉贯入深度的关系曲线

2. 喷混凝土强度的检测方法

喷混凝土初期强度的快速测定，日本多采用上面所介绍的“射钉法”，效果是相当好的。

施工要点三　衬砌厚度及背后空洞状态的检测方法

衬砌内部和背后状态是隐蔽的，从表面上看不出来，为此，人们开发出许多具有实用价值的检测方法。其中最常用的方法有打击声法、电磁波法，此外还有超声波法、弹性波法和红外线法，下面主要介绍前两种方法。

1. 打击声法

该法采用打击衬砌表面，通过打击衬砌时，在有空洞与无空洞、有剥离与无剥离时声音的不同来判定有无空洞或剥离。这本来是一个古老而传统的方法，凭感觉在大范围进行简便的检查，最近几年由于电子技术的发展，打击声法获得了很大的发展。

打击声法检查的同时也可把剥离部分敲落，因此在以下的调查项目中应用较多：

(1)有无剥离；

(2)有无压溃；

(3)衬砌有无块状化；

(4)衬砌表面的劣化状态；

(5)衬砌内部的缺陷；

(6)极端厚度不足或背后有无空洞。

健全的衬砌打击声是清音，有变异的衬砌是浊音。以下是打击声方法的一个例子(图 8-20)。

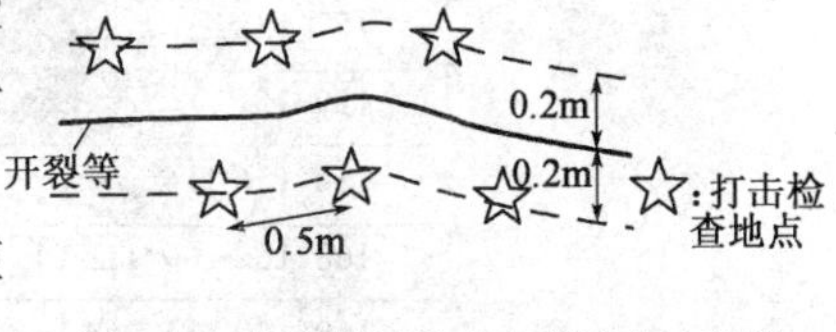

图 8-20　打击声法检查的实施方法实例

(1)为了判定内部状态，用锤子在 1 个地点锤击 3 次以上；

(2)锤击间隔在 50cm 左右；

(3)在开裂的 0.2m 以内范围内进行；

(4)记录变异展开图。

图 8-21 是打击声法检查的实施状况，图 8-22 是打击声检测的结果。

但打击声检查也存在以下问题：

(1)很难掌握衬砌内部的状态；

(2)记录检查结果的作业需要时间；

(3)易产生人为的误差；

图 8-21 打击声法检查的实施状况

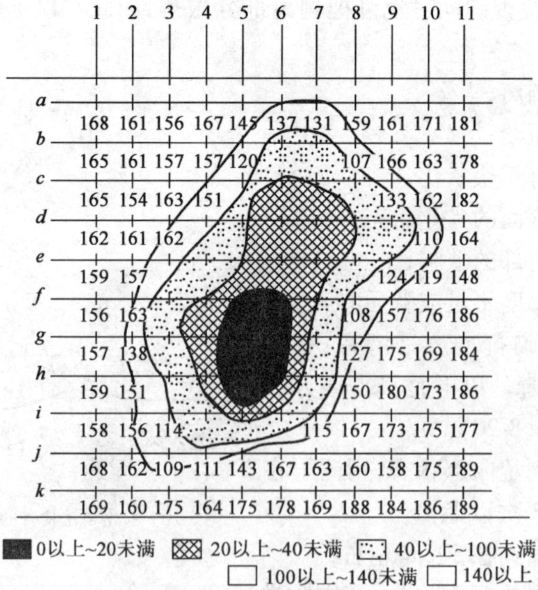

图 8-22 打击声检测背后剥离的状态

(4)衬砌拱顶的检查非常困难。

为此,目前正在开发自动打击声检查系统,并已经开始实用化,图 8-23 是自动打击声检查系统的模式图。

佐藤工业开发的隧道衬砌自动打击声检查装置见图 8-24。

采用能够检测出加振力的脉冲锤,根据锤击声的不同,获得客观判断的结果。脉冲锤和麦克风一体化的打击声检测装置,可设置在台车上的走行

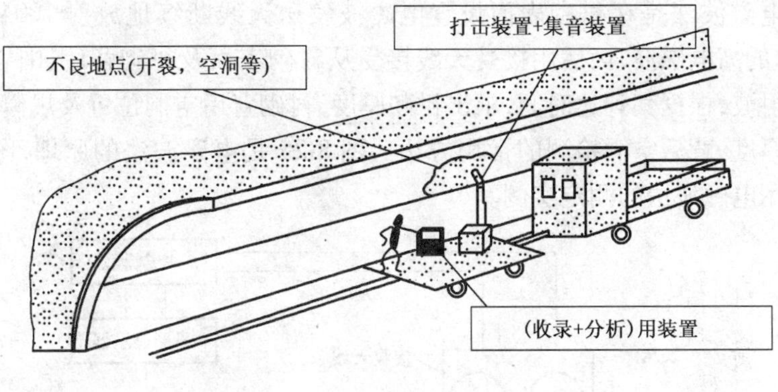

图 8-23　自动打击声检查系统(模式图)

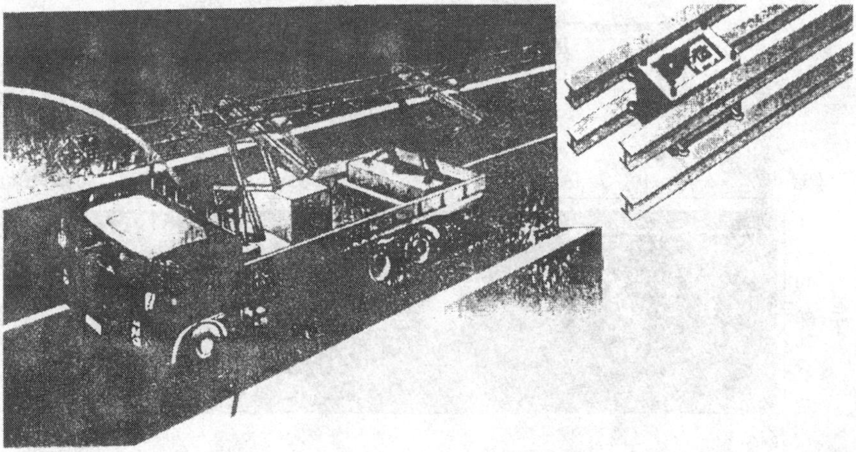

图 8-24　自动打击声检测装置

钢轨上,能够沿隧道纵向 12m、圆周方向 2.5m 的范围内移动。一次可检查约 $30m^2$ 的面积,可瞬时解析打击声,自动判断变异地点。钢轨能够伸缩、倾斜,可检查任意形状的隧道。面积 $60m^2$,按 50cm 间隔打击,共 240 个点的测定时间约 40min。

2. 电磁波法

电磁波法又称为地质雷达法,在国内外隧道衬砌厚度和背后空洞状态的检测中应用较多,是一个比较成熟的检测方法。

电磁波法是在衬砌表面设置电磁波发送天线断续地放射 100MHz ~ 1GHz 的高电磁波，而后用接受天线接受从衬砌表面及衬砌背后、围岩表面的反射波，根据其到达时间，求出衬砌厚度、衬砌背后空洞位置及规模，它是衬砌厚度、背后空洞检测的常用方法。图 8-25 是电磁波法的原理，图 8-26 是采用电磁波法的测定实例。

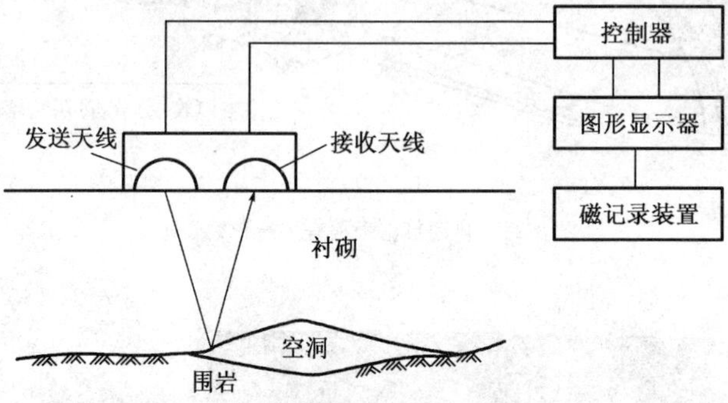

图 8-25 电磁波法的原理

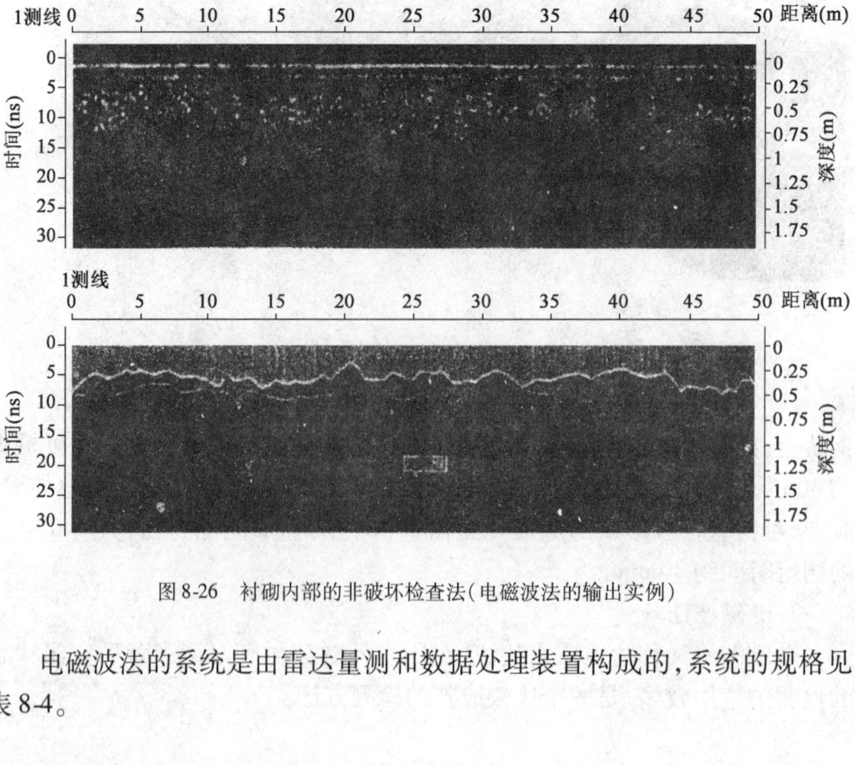

图 8-26 衬砌内部的非破坏检查法(电磁波法的输出实例)

电磁波法的系统是由雷达量测和数据处理装置构成的，系统的规格见表 8-4。

雷达量测系统的主要规格　　表 8-4

系统	量测速度	最高 2km/h
	量测范围	衬砌厚度:0～80cm(最大 1.5m);空洞深度:0～150cm
	量测量程与质量	深度:1.5m;天线部分:8kg;操作部分:60kg
雷达量测部分	送信波	频率:800MHz
	量测速度	PRF:1MHz;最高:4km/h
数据解析	解析	详细解析:测线长每 1m;一般解析:测线长每2～5m
	输出	隧道纵向断面图、隧道横断面图、每 1m 的衬砌厚度、空洞深度、空洞体积

量测的输出结果实例见图 8-27 和 8-28。

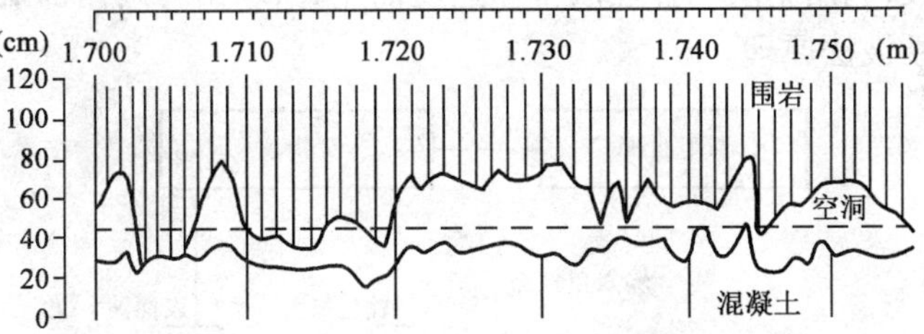

图 8-27　隧道纵向断面图

除了上述两种方法以外,还有超声波法、弹性波法等,在一定场合也可以应用。

3. 超声波法

这是利用发振子和受振子从超声波的速度和波形检测混凝土强度、开裂深度、剥离的方法,超声波测试主要有以下几种方法。

(1)固定好发振子,一边向某方向移动受振子,求出超声波的初动到达时间,根据得到的时态曲线求出开裂处的不连续时间,再测定有开裂的传播时间,就可以计算开裂的深度。

(2)求出健全地段混凝土中的超声波传播速度,然后根据测定的有开裂地段的传播时间,求出开裂深度。

(3)根据超声波的反射走时,求衬砌厚度。

其测定原理见图8-29。

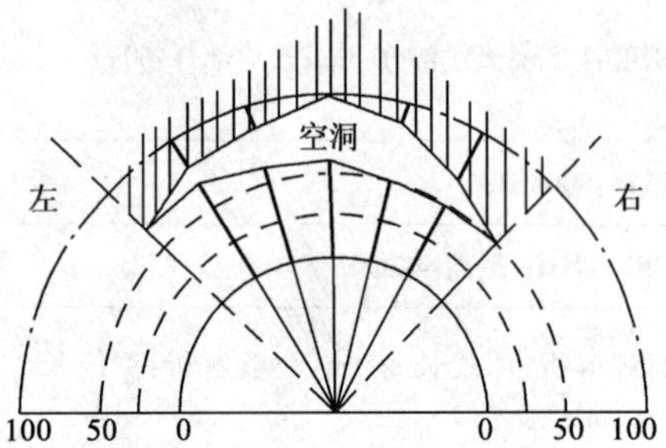

图8-28 隧道横断面图

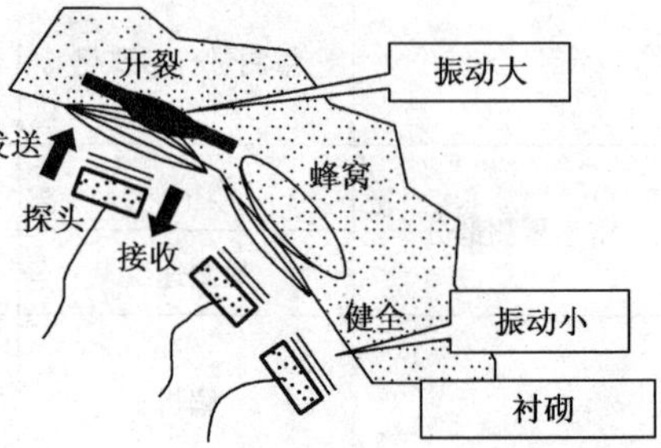

图8-29 利用超声波原理的测定示意图

4. 弹性波法

该法在原理上与电磁波法类似,但是它用锤击衬砌表面输入弹性波来代替电磁波,利用物质的弹性波传播速度的差异,求出衬砌内部缺陷。如图8-30为弹性波法原理。

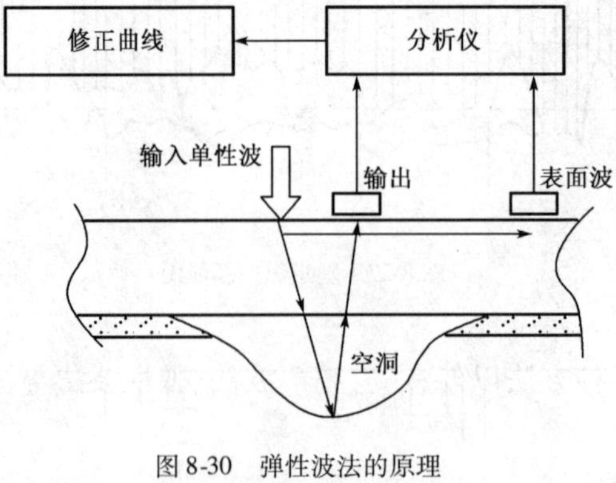

图8-30 弹性波法的原理

5. 红外线法

红外线法是采用红外线相机对壁面温度分布进行摄影和图像处理,检测有无剥离、地下水的方法。

结构物内部有剥落存在时,将与健全部分产生温差,因此可以根据结构物表面的温度分布的热图像,判断剥落地点(图8-31)。对判断剥离的评价可根据图8-32进行。图8-33是热红外线检测剥离的原理。

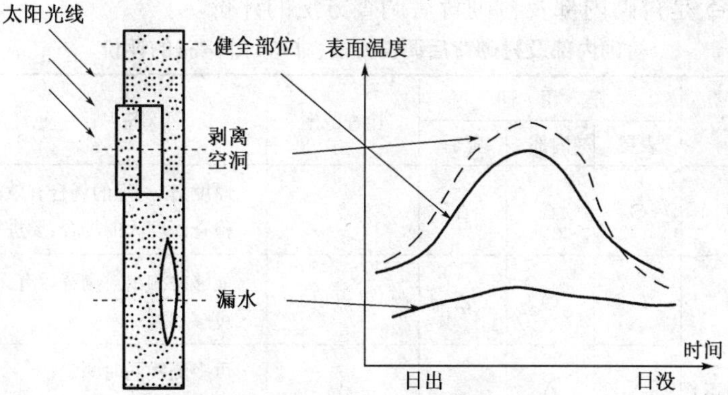

图 8-31　红外线图像检测剥落的原理

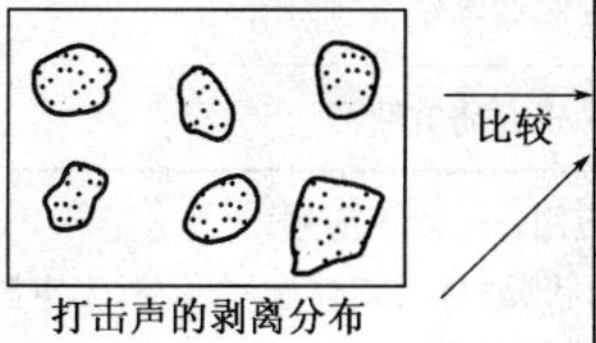

时间、部位的判别整理

时间	9	10	11	12	13	14	15
左上	○	○	○	○	○	○	△
右上	△	○	○	○	○	○	△
中间	△	○	○	○	○	○	△
右下	△	○	○	○	○	○	△
左下	△	○	○	○	○	△	×

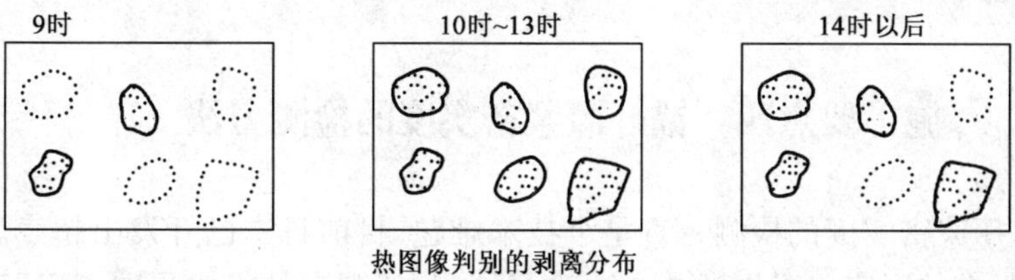

图 8-32　热图像判断剥离的评价

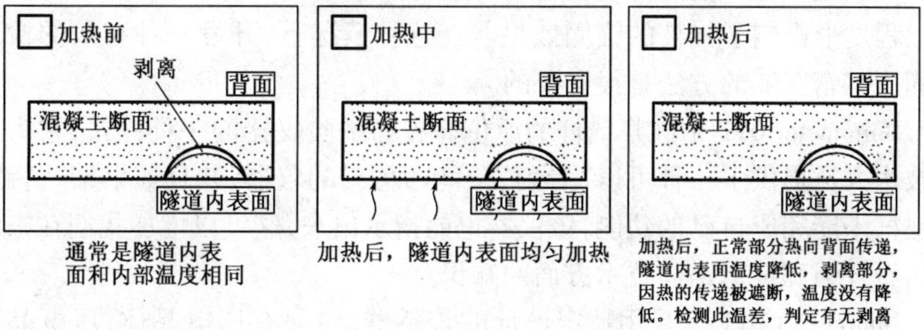

图 8-33　热红外线剥离检测原理

表8-5是衬砌内部及衬砌背后调查方法的评价。

衬砌内部及衬砌背后调查方法（非破坏检查）的评价　　表8-5

方法	适用性			检查范围	备注
	表层	内部	背后		
打击声	○	△	△	点	·厚度薄、一定的场合有效； ·检查深度大的场合，要进行研究
超声波	○	○	△	点	·能够检测出衬砌背后有无空洞； ·可移动型
电磁波（雷达）	△	△	◎	线	·可多测线同时测定； ·检查速度2～3km/h
冲击弹性波	△	○	△	点	·已实用化； ·可移动型
音响弹性波	△	○	△	点	·开发中
热红外线	○	△	△	面	·车载系统，已应用
中性子	△	△	—	点	·正在研究阶段

注：①◎：已广泛利用；○：已实用化，但需要改进；△：试验应用；—：难于应用；

②表层指衬砌表面附近部分的状况；内部指衬砌内部的状况；背后指衬砌厚度、有无空洞、大小等。

施工要点四　锚杆灌浆密实度的检测方法

锚杆压浆密实度的检测一直是个技术难题，目前日本已开发出超声波检测装置，有的国家也采用锤击方法进行检测，从现有技术水平看，都还存在一些问题。从目前的施工状态看，锚杆压浆密实度是不理想的，因此，在很大程度上影响了锚杆的锚固效果。在这种情况下，开发一种有效的检测锚固压浆密实度的方法是很必要的。

Boltometer 011是砂浆锚杆的原位非破坏试验仪器的一种样式，它为工程技术人员提供了一种可以“看到岩石里面去”的仪器，并且如果某一特定的锚杆未能完成自己的功能，该仪器也能指示出来，这可以增加我们在一般性岩石补强和特定锚固技术方面的知识。

Boltometer 011是采用特定设计的传感器，包含有压电晶体，压电晶体被安装在靠近锚杆的自由外端部位。该晶体作为激发点，将弹性波传入锚杆。弹性波在锚杆中传播的时候,部分能量将转移至水泥浆直至岩石中,因此将减小弹性波的振幅。在锚杆的内部端点上,弹性波会被反射,反射波可以在锚杆的外部端点上用该压电晶体作为接收器加以监测。如果锚杆周围的水泥浆质量良好,并且覆盖了锚杆的全长,那么反射波的振幅将比水泥浆多孔或缺失时的振幅小得多。

由 Boltometer 传感器记录到的高振幅的反射波将表明水泥浆性能较差,通过对参考锚杆振动试验记录到的弹性波的振幅进行分析,可以对水泥浆的性能和现场锚杆的性能进行分级。

另外,激发时刻和接收反射波时刻之间的时间间隔可以用于计算到反射点之间的距离。

Boltometer 只是设计用来测试砂浆锚杆的,它已被成功地应用于许多钢筋和管式锚杆的测试之中,并且在下列条件下使用可以确保实现其最佳功能:

(1)钻孔直径为 25 ~40mm;

(2)锚杆直径为 20 ~30mm;

(3)锚杆长度应大于 0.8m;

(4)水泥注浆长度小于 4.0m;

注:锚杆外端部必须平滑以保证传感器接触良好。

在经过液压千斤顶校核的 Boltometer 进行现场试验所得的结果的基础上,提出了一种对砂浆锚杆的实用的分级建议,如表 8-6 所示。Boltometer 将根据建议的分级体系自动显示出相关的锚杆等级。

分级体系 表 8-6

等级	Boltometer 信号	估计的锚杆性能
A	无反射波	最适宜
B	较小弯曲波反射	有所削弱
C	较大弯曲波反射	不足
D	有压缩波或很大弯曲波反射	非常弱或不存在 *

注:* 锚杆可以通过液压千斤顶的方法拔出(有时大锤的重击或振动也可能使锚杆松动)。

砂浆锚杆的状态和锚杆等级之间的关系如下。

(1)锚杆等级 *A* 对应于具备最适宜功能的锚杆。例如:具有优良质量的连续的水泥浆(较低的水灰比)和沿杆体方向无损坏或裂缝。

(2)锚杆等级 B 对应于性能稍微有所减弱的正常的锚杆。例如:或者水泥浆没有能够覆盖住锚杆的全长,或者强度有所降低(较高的水灰比)。

(3)锚杆等级 C 对应于性能不足的锚杆。例如:水泥浆数量和质量的重大削弱或锚杆的重大损坏。

(4)锚杆等级 D 对应于性能有重大削弱或根本不存在任何性能的锚杆。例如:水泥注浆的全长小于0.6m或锚杆存在至少一处的重大损坏。

等级的划分是根据信号迹线是否及如何通过分级线来进行的。有两条分级线,分级线1(CL_1)在分级线2(CL_2)的下面。分级是按如下方式进行的:

在显示屏的左上角,如果有压缩波,则会出现一个 C。如果有弯曲波,则会显示一个 F。在 C 或 F 的下方,将显示锚杆等级(为 CLA、B、C 或 D)。垂直轴线的左方将出现 x_1 或 x_5,表明垂直方向的放大倍率。在水平轴线的下方将出现长度标记,每20cm将出现一个标记符号。

水平轴线的上方的两条平行线是分级线,Boltometer使用这些线进行分级。

在这种模式下,可以设置分级线的位置。弯曲波有两条线,压缩波也有两条线。界限模式下的这些线和数字之间的相互关系如图8-34所示。

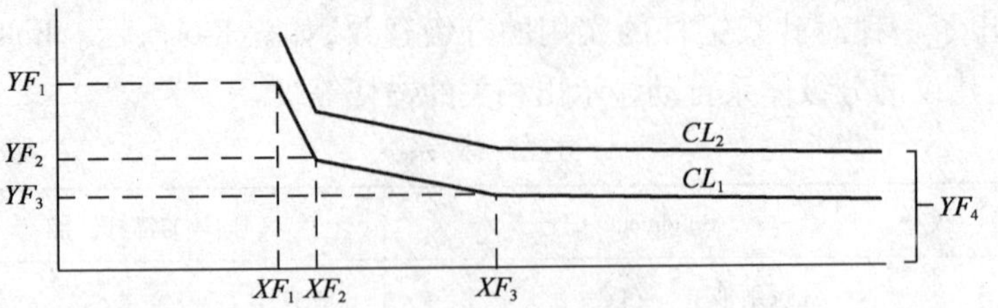

图8-34 锚杆等级判定模式图

当弯曲波信号和压缩波信号都完全在 CL_1 线的下面时,锚杆等级为 A。

当一种或两种波信号通过 CL_1 线,且没有信号通过 CL_2 线时,锚杆等级为 B。

当有一种且只有一种波信号通过 CL_2 线时,锚杆等级为 C。

当弯曲波信号和压缩波信号都通过 CL_2 线时,锚杆等级为 D。

从等级为 A 的锚杆中获得的弯曲波信号的时间历程应显示有很高的衰减率,很少的杂波,正常情况下应没有或只有一次很小振幅的回波。该回波来自于锚杆的内端点。因此锚杆的长度可以通过 X 轴线上标明的距离很容易的估计出来。

对等级为 B 的锚杆,信号的衰减率也很高,杂波水平也有点高,但是仍然只应有一次回波来自于锚杆的内端点。等级为 B 的锚杆的该明显回波通常可以用来精确地确定锚杆的长度和性能。

等级为 C 的锚杆图形上可能有几个回波。第一个回波可以用来确定最大的回波是否真的来自于锚杆的内端点,或者来自于水泥浆的缝隙。在后一种情况下,在远一点的地方经常可以看到有另外的回波。几个回波意味着水泥浆是不均匀的。

等级为 D 的锚杆通常显示带有较大回波的信号。一个很大的压缩波的回波意味着大部分水泥浆已经缺失了。

量测步骤介绍如下。

①将锚杆的外端部处理平滑、干净(主要表面上不出现如周边斜坡的

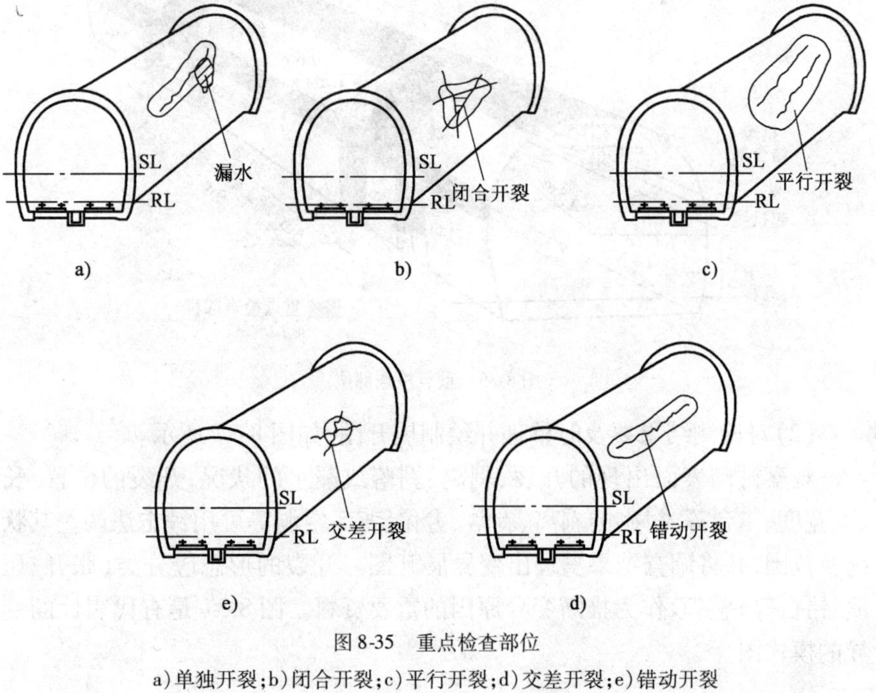

图 8-35 重点检查部位

a)单独开裂;b)闭合开裂;c)平行开裂;d)交差开裂;e)错动开裂

部分)。

②在锚杆的端部薄薄地涂一层接触涂料(或油脂)。

③使传感器紧紧地靠在锚杆的端部(注意:撞击或将传感器置于其他的机械振动状态下将可能对压电元件产生永久损坏)。

④测量工作完成之后,部分记录到的信号将在显示屏上显示。分级工作完成之后,结果也将在显示屏上显示。

⑤显示的内容可以打印出来。

Boltometer 由电池供电。要对电池进行充电,只需将电池充电器连接到 Boltometer 的右边的接合器上。在充电过程中,电池充电器上的发光二极管会发光。如果电池被完全耗尽,则需要 14h 才能充满。

在检测中应该注意以下几个问题。

(1)要在最容易发生问题的部位进行检测。如打击声方法,要特别明确重点检查部位(如图 8-35、图 8-36),并要求按 50cm 间隔进行检查。

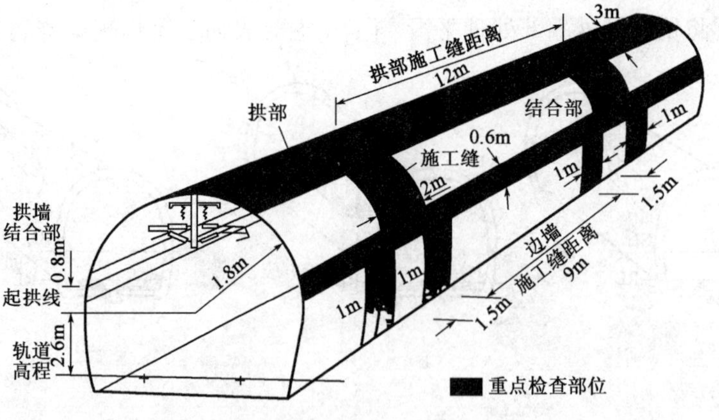

图 8-36 重点检查部位

(2)对检测结果要及时整理并绘制展开图,如图 8-37 所示。

观察衬砌表面出现的开裂、剥离、剥落或漏水的状况,开裂的位置、长度、宽度、错台等,衬砌的剥离、剥落、劣化、背后空洞等可用锤击法调查其状况及范围,并将调查结果整理出变异展开图。开裂的形态应分类(张开、压溃、错台等)整理,作为推断变异原因的重要资料。图 8-37 是有代表性的变异的模式图。

施工状况	地质条件	黏板岩、砂岩等			
	开挖工法	台阶法			
	衬砌厚度	600	600	600	450~500
	钢支撑、间距(mm)	150~200H	—	@810~1 330	175~200H　@810~900
	有无仰拱	有(500mm)			
	距进口的距离(m)	0　10		20	30　40　50

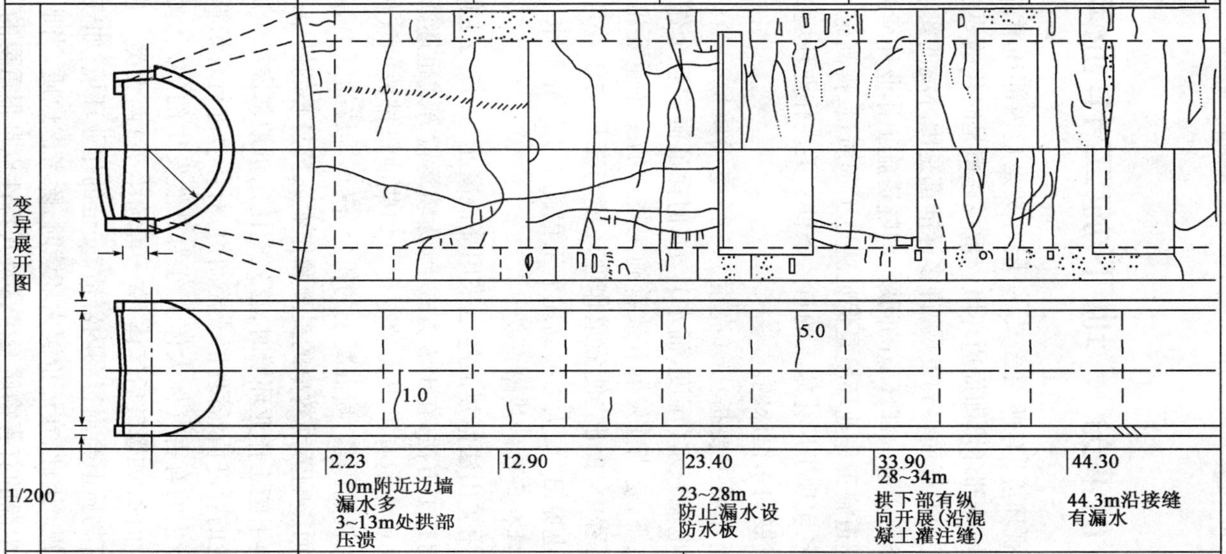

开裂	按外部条件变化的判定	2A	A
	按材质劣化的判定	2A	B
	按漏水等的判定	A	B
	判定分级	2A	A

图8-37　变异展开图

第九部分　地下施工作业环境

所谓“重视环境”有两层含义，一层含义是指内部环境，即施工作业环境，另一层是指外部环境即周边环境。重视环境是时代的要求，许多环境技术都是因时代的变迁而得到发展，许多标准都是因环境的要求而制定。

本部分介绍隧道内部环境的问题，即隧道施工作业环境。

良好的隧道施工作业环境是保证隧道工程质量、提高施工效率、维护施工者身心健康、实现工厂化施工的重要条件。关注作业环境，已成为发展地下工程技术发展的永恒课题。

隧道作业环境主要指：光（亮度）、气（空气质量）、尘（粉尘）、声（噪声）、电（杂散电流）、水（湿度、涌水）。如何保证洞内整个作业环境能控制在规定标准之下，是当前发展和改善施工技术的一个重要出发点。日本在隧道及地下工程中，提出“使隧道作业环境与工厂的作业环境一致”的要求，一些国家也提出“要大力提高地下工程施工工厂化的水平”就是基于这一点提出的，具有重要的战略意义。

近几年，用矿山法修建的隧道采用喷混凝土、锚杆为主体的施工方法，已成为标准的施工方法，在出渣方式上，无轨运输方式也逐渐增多，因此，地下施工中的作业环境有了很大的变化。如柴油机排放的气体，特别是 NO_x 已成为不容忽视的因素；喷混凝土的粉尘、汽车排放的烟尘等都使洞内环境条件恶化，从而影响劳动效率的提高和作业人员身心的健康。

在评价地下施工作业环境时，首先应该定量地掌握产生的有害因素，其次是规定相应的容许值、管理值或控制值，对环境进行现场管理。

隧道内产生的有害气体大体上分为自然发生的（如天然瓦斯、缺氧空气）和人为发生的（如爆破后气体、掌子面粉尘等）两大类。还有一些因素，虽不产生有害物质但会损害洞内舒适、安全的作业环境，如气温、湿度、风压等，也不容忽视。因此，在评价洞内环境时，除考虑地质、当地条件及作业方法外，确认发生源的有害物质发生量及其特性也是很重要的。

与过去以排除 CO 为主的施工通风年代相比，现在的隧道施工中，有害气体的对象也有了较大的变化，大型柴油机的 NO_x 发生量比 CO 发生量大，因此，在采用无轨运输时，通风对象是 NO_x。

在现代地下施工中，粉尘已成为恶化洞内环境的重要因素，不容忽视。在隧道内发生粉尘的作业有钻孔和爆破作业、机械开挖作业、喷混凝土作业、装渣运渣作业等。在这些作业中发生的粉尘量，主要是开挖岩石的微小粉尘，喷混凝土中的粉尘以及柴油机排放的烟尘等。在上述作业中喷混凝土作业产生的粉尘量最多。在这些粉尘中，对人体有害的是游离硅酸，其粒径小于7.07μm，因此在通风量计算及除尘装置的选择中，都是以此为基础的。柴油机排放的烟尘应与爆破后粉尘、喷混凝土粉尘一起作为复合粉尘加以处理。

与隧道作业环境有很大关系的基本因素还有温度、湿度及风速，如果这些条件不合适，就会降低作业效率，使灾害发生率上升，也会危及施工人员身心健康。

在隧道内影响温度的因素有：隧道埋深、地热、温泉、各种施工机械释放的热量、混凝土的硬化热以及硫化矿物和炭质物的氧化热等。通常在气温为15～20℃、湿度为40%～50%的环境中作业，是最舒适的。但人体对外部气温有相当的调节适应能力，再配合以衣物的调节要达到舒适的温湿环境，其变化范围是很大的，因此，气温最好控制在28℃以下。

一般说，隧道内湿度通常在70%～90%之间变化。

隧道内的风速是由把柴油机排放的气体、粉尘、爆破后气体、天然瓦斯等稀释到安全浓度所需风量决定的。国际隧协规定的最小风速为0.17m/s，国外一些国家规定为0.2～0.3m/s。在有可燃性瓦斯时，如果风速不大于0.5m/s，就很难排除停滞的甲烷气体。

为使洞内形成一个能满足作业安全、提高工效的舒适环境，最根本的措施是消除和减少发生源。许多技术的开发都是与此有关，如少粉尘、低回弹的喷混凝土技术，无粉尘、无回弹的喷混凝土模喷技术，水封爆破技术，集装箱运输及管道运输技术等，这些技术的应用，对改善洞内环境起到了重要的作用。

在发展少污染或无污染技术的同时，目前采用的基本措施是通风和集尘。通风是把隧道内有害气体、粉尘、污染的空气排出洞外，或者送入新鲜空气稀释它，所以要在考虑隧道形态、规模、施工方法等条件后，从强制通风方式中选择最合适的通风方法。

集尘是改善隧道作业环境的重要措施，一定要改变“重通风、轻集尘”的观念。在隧道中集尘可采用多种方法，如洒水、喷雾等，但最有效的方法是采用集尘机,即在粉尘发生源附近设置集尘机,在粉尘未扩散前有效地扑集粉尘。但是,隧道中的粉尘有的是局部的,有的是在整个隧道内的,因而有效地扑集粉尘、处理粉尘比较困难。由于这些限制条件,在隧道施工中选择满足下列条件的集尘机:轻量;小型;对微小粒径(小于7.07μm)的粉尘扑集率高(至少在95%以上);高湿度下能连续使用;构造简单;检查维修方便;设备费用、维修费用较低等。

对粉尘来说,只用风管通风法来稀释是不能彻底解决问题的,最好的方法是在粉尘未扩散前,把污染空气直接导入集尘机中加以清除。为了把含有粉尘的空气诱导到集尘机里,可把小型集尘机安装在风管内,采用通风集尘一体化的系统技术,这是目前隧道施工通风技术发展的重要趋势。

为了改善洞内的作业环境,确保安全和提高作业效率,隧道内施工照明要有确保充足亮度的设备,尤其是为了防止劳动灾害、确保洞内视线,与通风一样是不可缺少的。除直接进行作业的各工作面和通道的最暗处要有足够的照明外,也要有不妨碍正常通行的照明以及保持轨道维修、车辆调车等作业所需的照明。

在有瓦斯危害或缺氧的场合,如何预测和防治瓦斯、缺氧等的危害,也是极为重要的。

洞内运输道路的好坏,不管是有轨的,还是无轨的,对车辆运行效率、维护洞内的良好环境以及提高生产效率都具有重要的意义。

施工中为了确保安全、卫生的作业环境,必须将因钻孔、爆破、装渣、喷射所发生的粉尘,爆破后产生的有害气体,内燃机车的排烟、废气,围岩中发生的可燃性气体、有害瓦斯、缺氧空气等除去,就必须采取必要的措施。

洞内作业环境恶化的原因主要有:

(1)钻孔、爆破、装渣及喷射作业产生的粉尘、有害气体;

(2)内燃机车的废气及排烟;

(3)有机溶剂产生的有害气体;

(4)天然发生的可燃性气体、有害瓦斯及缺氧空气;

(5)高温、高湿等。

作为通风对象的主要项目可分为:

(1)可燃性气体:甲烷(CH_4)等;

(2)有害气体:一氧化碳(CO)、氮氧化合物(NO_x);

(3)吸入性粉尘、排烟;

(4)缺氧空气;

(5)高温、高湿。

通风计划应考虑以上项目的事前调查结果,隧道断面、延长等的规模,开挖、支护、衬砌等的施工方法,使用机械,进度等,选定通风方法、计算通风量以及选择通风设备。

作为一个高素质的技术人员,应该对隧道内可能发生的各种有害气体及其性质、来源、发生量以及国家对这些有害气体的控制标准等,有比较明确认识。因此下面首先介绍一些这方面的常识。

各种有害气体的发生量因炸药及内燃机车排烟的状态、车辆走行状态及其他各种条件而异。例如,炸药有害气体的发生量如表9-1所示。

炸药及内燃机车的有害气体发生量　表9-1

炸药种类		有害气体	标准发生量(m^3/kg)
2号硝铵炸药		CO	8×10^{-3}
其他硝铵炸药		CO	11×10^{-3}
含水炸药	浆装炸药	CO	2×10^{-3}
	乳化炸药	CO	5×10^{-3}
ANFO		CO	30×10^{-3}

据此表计算稀释这些有害气体的通风量,并根据通风量,考虑通风方式、机械效率等,进而决定通风管直径、通风机容量。一般来说,因为CO的发生量较多,洞内原则上不要使用柴油和LPG机车。

表9-2表示有害气体、可燃性瓦斯的容许量。表中的法规限制值是决定有无危险的,而ACGIH值是作业人员每天作业中,几乎不受影响的值。因此,在设计通风设备时,最好以ACGIH值为准。

通风差的场合,空气中的氧消耗或者缺氧空气的发生,作业人员会产生缺氧症,因此要采取措施使氧浓度在容许浓度(18%)以上。特别是在砂砾层中的隧道,当使用压缩空气方法和不能进行通常通风的坑道中,要充分注意。

为了防止高温、高湿对健康的影响,要采取通风、空调等适当调节温湿度的措施。

洞内有害气体、可燃性瓦斯等一览表 表 9-2

瓦斯	瓦斯特性			预计的影响	法规限制值	ACGIH限制值
	比重	色、味等	爆发极限值（容量%）			
CO	1.0	无色、无臭	12.5~74	中毒、爆炸	100ppm	25ppm
NO_2	1.5	赤褐色、青黄色、硝烟臭		中毒		3ppm
CO_2	1.5	无色、无臭		缺氧	1.5%	5000ppm
H_2S	1.2	无色、腐蛋臭	4.3~45	中毒,爆炸	10ppm	10ppm
SO_2	2.3	无色、硫磺臭		中毒		2ppm
CH_4	0.6	无色、无臭	5~15	爆发	1.5%	

开挖、装渣、弃渣、喷混凝土等作业时，会产生大量的粉尘，长时间吸入后有可能引起矽肺病。

在隧道施工中的粉尘浓度，因地质条件、施工方法、使用机械、通风方式等因素而变化，为了改善洞内环境，要长期地测定粉尘浓度，切实地掌握粉尘的实际状况。

日本规定的粉尘容许浓度的有关规定见表 9-3。

粉尘的容许浓度 表 9-3

1. 含游离二氧化硅 10% 以上的粉尘，按下式计算：
   吸入性粉尘，$M = 2.9/0.22Q + 1$；
   总粉尘，$M = 12/0.23Q + 1$。
   M——容许浓度（mg/m^3）；Q——粉尘着二氧化硅含有率（%）。
2. 其余各种粉尘

粉尘种类		容许浓度（mg/m^3）	
		吸入性粉尘	总粉尘
第 1 种粉尘	滑石、铝、矽藻土、硫化矿、活性炭、黑铅等	0.5	2
第 2 种粉尘	游离二氧化硅不满 10% 的矿物性粉尘、氧化铁、煤炭、石灰岩、大理石、木粉等	1	4
第 3 种粉尘	其他的无机粉尘和有机粉尘	2	8

噪声不仅使人感觉不舒适，也会恶化生理功能。长时间在噪声中工作，是造成听觉疾病的原因之一。听力下降的程度，声音越大下降越大，暴露时间越长下降越大。同时即使声音大小相同，高频的比低频的有害性要大。因此，日本为保护听力，制定了如表9-4的噪声容许标准。

听力保护的噪声容许标准　　表9-4

中心频率(Hz)	容许标准(dB)					
	480min	240min	120min	60min	40min	30min
250	98	102	108	117	120	120
500	92	95	99	105	112	117
1000	86	88	91	95	99	103
2000	83	84	85	00	90	92
3000	82	83	84	86	88	90
4000	82	83	85	87	89	91
5000	87	89	92	97	101	105

我国《工业企业噪声卫生标准》(1979年)规定了新建企业的噪声卫生标准为：若工作时间为8h，噪声不超过85dB；若噪声达到88dB(A)，工作时间只能在4h内听力才能得到保护。《铁路工程设计技术手册·隧道》中规定，噪声不大于90dB。

我国铁路、厂矿、企业及国家的有关劳动卫生标准规定，隧道内施工作业段的空气质量必须符合下列卫生标准。

(1)粉尘浓度

空气中粉尘浓度的允许值，与空气中游离的二氧化硅含量有关，根据《铁路工程设计技术手册·隧道》(1995年版)及国务院颁布的《关于防止厂矿企业中矽尘危害的决定》中规定：每立方米空气含有10%以上游离二氧化硅(SiO_2)的粉尘为2mg；含游离二氧化硅在10%以下时，不含有害物质的矿物性和动植物性的粉尘为10mg；含游离二氧化硅在10%以下的水泥粉尘为6mg。

(2)洞内空气成分(按体积计)

铁道部颁发的《隧道施工技术规范》及我国矿山安全规程规定：凡有人工作的地点，氧气的含量不应低于20%，二氧化碳含量不得大于0.5%。

(3)有害气体允许浓度

①一氧化碳(CO)浓度(行业标准):空气中一氧化碳浓度不得超过24 ppm(30mg/m^3)。施工人员进入开挖工作面时,浓度可允许到80ppm(100mg/m^3),但必须在30min内降至30mg/m^3。

②氮氧化物(换算成NO_2)浓度:我国矿山安全规程及《铁路隧道施工技术规范》(合订本)规定(行业标准):氮氧化物不得超过0.000 25%,质量浓度不超过5mg/m^3。

(4)洞内温度

隧道内气温不宜超过28℃。

(5)洞内风量要求

每人每分钟供给新鲜空气不少于3m^3,内燃机械每千瓦供风量不宜小于3m^3/min。

(6)洞内风速要求

钻爆法施工,全断面开挖时应不小于0.15m/s,坑道内不小于0.25m/s,均不大于6m/s。

这些标准可以作为隧道施工环境的评价标准。

施工要点一　长距离独头坑道施工通风

在隧道施工通风中我们目前存在的最主要的问题是:当隧道长度超过一定长度后,例如4km,在公路隧道中就更多地采用了巷道通风方式,即采用平导的辅助通风方式。这在双洞双车道的条件下,还是可以的,但对双车道双向行驶的隧道来说,就是一个极大的浪费,或者是技术上的落伍。造成这种现象的原因是因为目前的隧道掘进独头通风的长度受到一定的限制,从而不得不采用这种方式,而挪威在修建长达24.5km的双向行驶的公路隧道中,并没有采用平导的通风方式。因此,我们必须在技术上提高坑道独头掘进的通风长度。

我国修筑的长达18.4km的秦岭铁路隧道,已建成通车,在修建中一个重要的成果就是解决了独头长达9.0km的施工通风技术。

这里主要介绍秦岭特长隧道的施工通风技术。

秦岭隧道Ⅱ线平导分进,出口工区相向掘进。进口工区长9 506m,从进口起,全部为11‰上坡,开挖断面28m^2;出口工区长8 950m,从出口起,纵坡依次为3 350m的3‰上坡、200m的8.5‰下坡和5 400m的11%下坡,

开挖断面 $28\sim31m^2$。由于进、出口工区施工条件和机械设备配套模式各不相同，因此，其施工通风方式虽然都以管路压入式为主，但是通风系统布置和通风设备选型配套也有所不同。

1. 平导进口工区通风系统

平导进口工区一直采用有轨运输模式，施工机械设备配置如下：施工初期采用瑞典H178型三臂台车打眼，国产LE—20D立爪装岩机装渣，8t电瓶车牵引、$8m^3$ 梭式矿车出渣；后来改用引进的TH568—10型门架式三臂台车打眼，ITC312H4型挖装机装渣，JMD—24型内燃机车和CLAYTON型18t电瓶车牵引国产 $14m^3$ 梭式矿车出渣。

根据平导进口工区快速掘进、作业单一和采取有轨运输的特点，通风的重点是尽快排除开挖爆破产生的有害气体和粉尘，使开挖工作面的空气质量尽早达到作业人员的工作要求。据此，在独头掘进9 km的施工中采用的通风方案和通风参数如下。

通风设计的主要参数取值为：开挖工作面所需风量 $\geq450m^3/min$，风管平均百米漏风率1.2%，风管摩阻系数0.018，工作面爆破通风后30min，工作面环境指标符合国家标准。

通过国内外隧道施工通风的大量调研，并结合平导进口的施工工况，鉴于平导施工只有开挖这道工序，风管的安装维护不受衬砌作业干扰，加上近年来大风量、高风压的轴流风机和高强度低摩阻的软风管技术性能有很大提高，为长管路通风提供了条件，因此确定采用能耗最低、维修管理方便的管路压入式为主的通风方案(图9-1)。

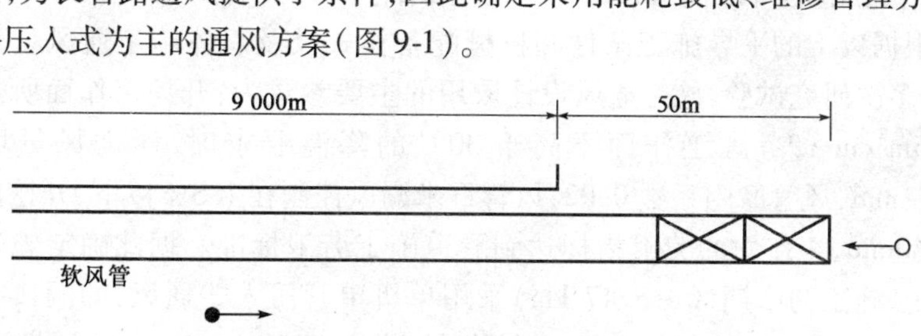

图9-1　施工通风距离9 000m的压入式通风方案

通风系统的布置分两个阶段组织实施，第一阶段为0～6km，这时尚无通风斜井，系统配置为洞口外安装1台日本生产的PF—110SW55型轴流通风机（设计风量1 000m^3/min，全压4 900Pa，功率 $2\times55kW$），配直径1.3m软风管进行单机单管压入式通风。新鲜空气自洞外经风机风管进入开挖面,污浊空气沿洞身排出洞外。第二阶段是距进口 4.2km 的通风斜井打通后,采用管路巷道混合式通风。系统布置为在平导距洞口 4 120 m 处,安装一台 PF—110SW55 型风机,使用直径 1.3m 软风管,进行管路压入式通风,将平导进口进入的新鲜空气压入开挖面,污浊空气自洞身经斜井,由安放在斜井内的另一台 PF—110SW55 型风机抽排出斜井外(只开一级电机)。

平导进口分两个阶段布置通风系统和配置设备,其通风效果是良好的。

对第一阶段的通风系统,随掘进长度的延伸,先后进行 11 次现场通风测试。当掘进长度 6 200 km、风管长度 6 050km 时,测试的结果为:风管百米漏风率 0.886%,百米静压损失 67.64Pa.爆破后 30min,工作面作业环境指标符合国家标准。第二阶段的通风效果,在掘进至 9 km 时进行了一次较全面的测试,结果如下:作业面风量 420m^3/min,全程平均百米漏风率 1.03%。爆破通风 31min 后,工作面 CO 浓度 26.72mg/m^3(2.38ppm),粉尘浓度1.44mg/m^3,完全符合国家标准。

2.平导出口工区通风系统

平导出口工区施工初期(0~3.5km)采取无轨运输模式,即钻孔台车打眼(平均一次开挖长度 5m 左右,一次爆破用药量 420kg),ITC312H4 型挖掘装载机装碴,4 台 VOLVO 型 20t 自卸车运碴;施工中后期(3.5~8.95km)采用有轨运输模式,运渣改用 19m^3 国产大矿车,由 3 台 CEL—2000DCL 型内燃机车(每台 145kW)牵引。距洞口 1.48km 处增设一个高 156m、直径约 2.5m的通风竖井,以抽出方式辅助通风排烟。

根据以上的平导施工条件和机械配备模式及及总体施工通风设计方案,经多次研究试验,施工通风设计取用的主要参数为:开挖工作面所需风量 525m^3/min,考虑工作面不高于 30℃ 的降温要求时,所需风量增至 750m^3/min,风管摩阻系数 0.02,风管百米漏风控制在 1.3% 以下,开挖面爆破后 40min,工作面的劳卫指标达到隧道施工劳卫标准。据此确定施工通风系统,施工初中期(0~5.47 km)采用单机单管压入式通风,即洞口布置一台既有的 93—1 型风机(铭牌风量 2 000m^3/min,实际供风量 1 200m^3/min,风压5 000Pa,功率 2×110kW),配直径 1.3m 塑胶帆布软风管,施工后期(5.47~8.95km),曾对分段接力压入式、压入与吸出混合式及单机单管压入式三套方案进行比较(如图 9-2)。

在工程实践中,加强了通风管理,尤其在"防漏降阻"上采取了有效措施,如严防风管接头漏风,局部破损部位及时粘补,管路安装做到平、顺、直等,使风管百米漏风率控制在 1.3% 以下,加上风管模型试验成果提供了依

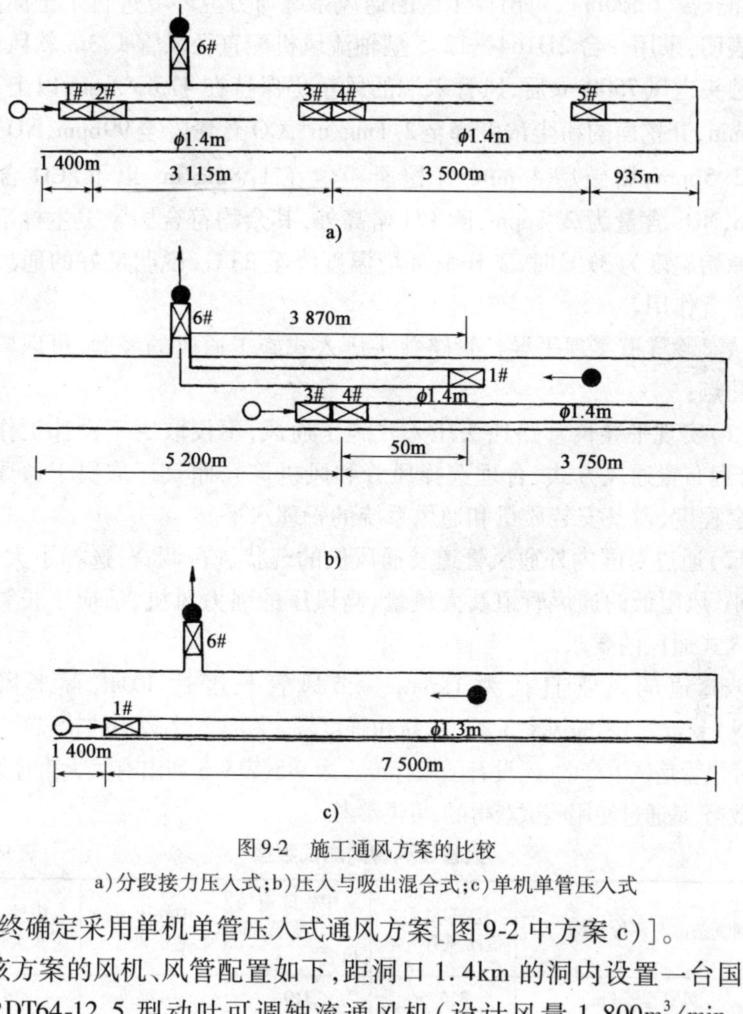

图 9-2　施工通风方案的比较

a）分段接力压入式；b）压入与吸出混合式；c）单机单管压入式

据，最终确定采用单机单管压入式通风方案［图 9-2 中方案 c）］。

该方案的风机、风管配置如下，距洞口 1.4km 的洞内设置一台国内研制的 2DT64-12.5 型动叶可调轴流通风机（设计风量 1 800m^3/min，全压 5 000Pa，功率 2×110kW），配直径 1.3m 软风管（与风机相连的 730m 采用镀锌铁皮硬管，以承受风机起动时的气锤压力）直至开挖面。该方案的气流通路如下，新鲜空气从洞口进入风机，经长管路直接送入工作面；爆破烟尘及洞内污浊气体经竖井排出（竖井上口地表装设一台最新研制的 DT54—12.5 型动叶可调单级轴流风机向外抽风，其设计风量 2 400m^3/min，全压 2 080Pa，电机功率 110kW）。

这种长管路压入式送风与竖井抽风相结合的通风系统，实际通风效果是良好的。在平导即将贯通前夕（累计开挖长度 8 725m，单机独头管道送风管路长度 7 500m），对出口工区的通风系统与劳卫环境进行了全面测试，结果表明：采用一台 2DT64—12.5 型轴流风机配直径风管 1.3m 软风管，压入式独头送风 7500 m 后，风管末端的风量仍保持在 $473m^3/min$ 以上，爆破后 40min，开挖面的粉尘浓度降至 $2.1mg/m^3$，CO 含量降至 99ppm，NO_x 含量降至 2.5ppm；爆破后 45min，开挖面粉尘在 $1.8mg/m^3$ 以下，CO 含量为 72ppm，NO_x 含量为 2.1ppm，除 CO 略高外，其余均符合国家卫生标准。在围岩原始温度为 31℃时，工作面环境温度降至 23℃，说明良好的通风对降温有显著作用。

从秦岭隧道实现平导长管路独头压入式施工通风的经验，可以归纳出以下几点：

(1)实现平导长管路独头压入式施工通风，不仅取决于设计工作质量（如合理布置通风方式、合理选择风管和风机等），而且还取决于通风设备的配套程度、设备安装质量和通风系统的管理水平。

(2)通过对国内外通风管道及通风机的现状进行调查，选择了大直径、漏风小、风阻低的通风管道及大风量、高风压的强力风机，适应了长管路独头压入式通风的要求。

该隧道的风管直径为 1.3m，一节风管长度达 100m，百米风阻为 $0.251N \cdot s/m^2$，百米漏风率 3.237%，抗拉强度较大和伸长率较小的软风管。因为大直径风管是试生产的，还没有国家标准。表 9-5、表 9-6 列出有关大直径风管的一些数据，是通过使用测试获得的，可供参考。

大直径风管的测试数据 表 9-5

测试条件与评价指标		江苏阜阳产负压风管	中铁隧道局 PVC 增强布风管	中铁十五局维纶布风管	中铁一局维纶布柔性风管
测试条件	风管全长(m)	856.5	310	424	367
	管径(m)	1.3	1.3	1.3	1.3
	断面(m^2)	1.327	1.327	1.327	1.327
	接头(个)	34	31	13	17
评价指标	有效风量率(%)	64.91	89.32	94.15	82.82
	百米漏风率(%)	4.05	3.237	2.683	4.68
	百米风阻($N \cdot s^2/m^2$)	1.71	0.251	0.435	0.67
	百米静压损失(Pa)	593.29	13.64	167.23	171.59
	摩阻系数	9.79×10^{-3}	1.425×10^{-3}	1.82×10^{-3}	3.53×10^{-3}

风管材料物理性能试验结果　表 9-6

检验项目		中铁十五局	中铁隧道局	桂林橡胶厂
1	风管材料涂敷厚度(mm)	0.5	0.51	0.5
2	耐寒性(−25℃)	无折损 无裂痕	无折损 无裂痕	无折损 无裂痕
3	耐热性(80℃)	无裂纹 无发黏	无裂纹 无发黏	无裂纹 无发黏
4	径向扯断强度(N/50mm^2)	1 845	1 317	1 610
5	径向伸长率(%)	20.1	11	5.1
6	纬向扯断强度(N/50mm^2)	697	897	—
7	纬向伸长率(%)	15	12.9	—

注:试验项目参照 MT 164—87 和 GB 5572—85 进行。

(3)组织专门的通风工班,建立健全管理制度,加强通风的日常管理,勤检查、常维护,保证风机正常运转。实践表明,管道式通风的好坏与管理工作水平密切相关。

(4)保证风管接头严密,避免车刮炮崩,以防止漏风或尽量减少漏风。计算和实践表明,防止漏风是充分发挥机械通风效果的关键。管道漏风主要是由于风管破损所引起的。防止漏风的具体做法可采用如增加每节风管长度以减少接头数量,重视风管连接质量,保证接头的严密性,及时修补破损和更换风管等。

尽量采用大直径风管以减少沿程阻力,同时风管安装必须做到平、顺、直,以减少通风管道的局部阻力。

(5)对于施工所产生的粉尘应进行综合治理,除采用常规的机械通风、湿式凿岩、放炮喷雾、出渣洒水、冲洗岩帮、个人防护外,还可采取局部净化的处理方法,控制尘源所产生的粉尘扩散等措施,可大大改善工作面的环境质量。

施工要点二　集尘机与施工通风技术

应该指出,在隧道施工环境中,我们存在"重通风、轻集尘"的倾向,因此隧道内的粉尘问题长期得不到根本的解决,使洞内的粉尘量严重"超标",这个问题必须得到重视,从技术上去解决。

工程实践已经证实,单纯地依靠通风的方法是不能从根本上解决洞内的粉尘问题的,必须辅以集尘机进行扑尘,这是国外普遍的做法,这也是我们在通风与集尘技术上与国外一个不小的差距。

1. 集尘机的选择和设置方法

1)集尘机的选择

隧道施工中使用的集尘机是在粉尘扩散前用于有效捕集粉尘的,但是隧道施工中发生的粉尘,有的是局部发生的,有的是全部发生的,所以要想有效地集尘和处理,往往是很困难的。由于这些现状的制约,在隧道施工中要选定能满足下列各项要求的集尘设施:

· 轻型、小型的集尘机;

· 捕捉细颗粒(7.07μm 以下)效率高;

· 在高湿度下能连续使用;

· 构造简单、容易维修;

· 设备费、维修费较少。

目前我国还没有适合隧道施工用的集尘机,铁路系统曾开发出适合隧道施工的集尘机,但没有得到推广。

2)集尘机的设置方法

即使集尘机本身具有很高的处理能力,但如不能有效地吸引隧道洞内产生的粉尘,也不会成为一个有效的设备。因此,要选定能迅速地把产生的粉尘集中到集尘机吸入口处的最佳设置地点,同时要与风管通风更好地配合。

把集尘机设置在开挖掌子面和喷混凝土作业附近的方法见图 9-3。

用集尘机进行循环处理的方法有吸入或吹出两种循环方式。在吸入方式中为了有效地吸引掌子面附近发生的粉尘,吸入风管口要设在距离掌子面(3~4)d(d 为风管直径)以内,当有困难时可采用吹出方式。在吹出方式中为了有效地扩散、稀释粉尘,吹出风管开口要设在距掌子面 $5D$(D 为隧道直径)之内。

另外,与通风协调时也可采用送风和排风的组合方式。

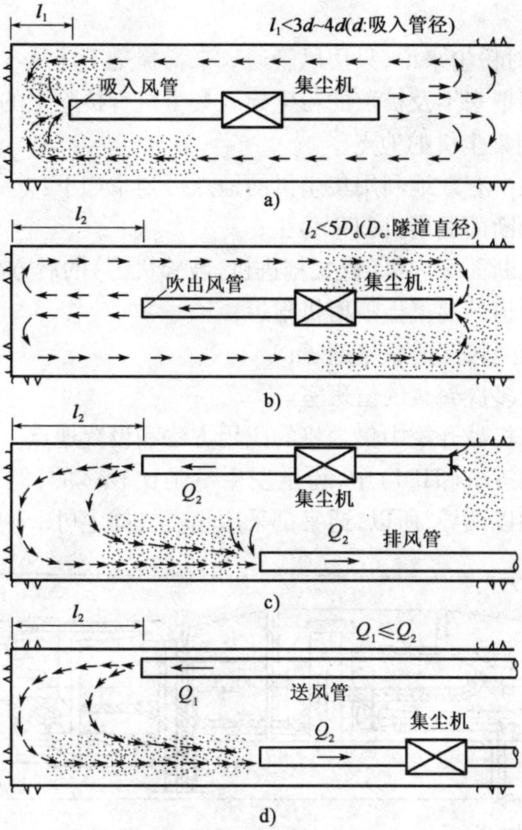

图9-3　集尘机的布置方法

a)吸入循环方式;b)吹出循环方式;c)排风式+集尘机;d)送风式+集尘机

送风方式是把洞外的新鲜空气送到掌子面处,给掌子面以新鲜空气,被污染的空气则排出洞外。所以,在与送风方式组合使用时,可有效地防止粉尘向掌子面后方扩散,此时集尘机处理的风量 Q_2 最好比送风量 Q_1 大一些为宜。

在排风方式中,由于吸引掌子面处粉尘的效果较差,一般按局部通风进行送风,但在掌子面后方的粉尘发生量多,适用于把除尘的空气送到掌子面的情况[参见图9-3b)]。

从上述应用方法看,应选择容量与隧道开挖断面积相适应的集尘机。此外,吸入口周围的空间应尽可能地封闭,而且不要把集尘机后方的新鲜空气过多吸入。总之,为了把含有粉尘的空气诱导到集尘机,要研究与风管通风法的送风式有效组合并决定集尘机的设置地点。换句话说,更有效地捕集浮游的粉尘,把变得干净的空气大量地返回洞内是极为重要的。

这样一来,对粉尘来说,只用风管通风来稀释是不能从本质上解决问题的。同时要采用把来不及扩散的粉尘导入集尘机直接除尘的方法。

3)有效利用集尘机的地点

在隧道施工中有效地利用集尘机的地点可列举如下:

· 装载在全断面掘进机(TBM)上;

· 设在自由断面掘进机(臂式掘进机、破碎机等)的后方台车上;

· 小断面隧道的混凝土喷射机附近;

· 采用坑道通风法的联络通道;

· 作业人员多次聚集的值班室。

下面介绍在机械开挖中集尘机的应用方法和设置地点。

在全断面掘进机(TBM)中,粉尘发生量是比较多的,但在构造上可不使粉尘扩散并加以诱导,所以,通常都采用集尘机捕尘(图 9-4)。

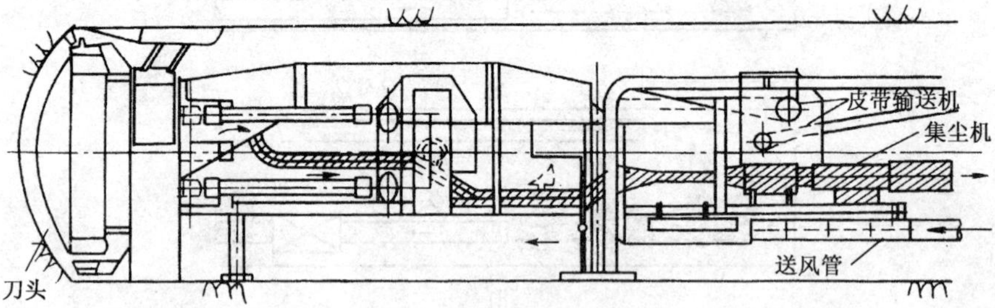

图 9-4 TBM 掘进机中集尘应用实例

此外,在臂式掘进机中,可在切削头处洒水以抑制粉尘的发生,同时,如图 9-5 所示,在后面设置集尘机捕尘。

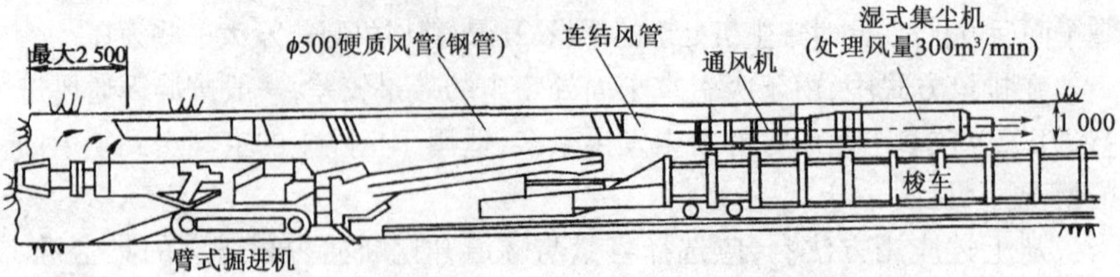

图 9-5 自由断面掘进机中集尘应用实例(尺寸单位:mm)

在某一大断面隧道的上半断面的开挖中,集尘机的布置实例见图 9-6。

在某小断面隧道中,设在距洞口 2 000m 远的 300m 区间内进行喷

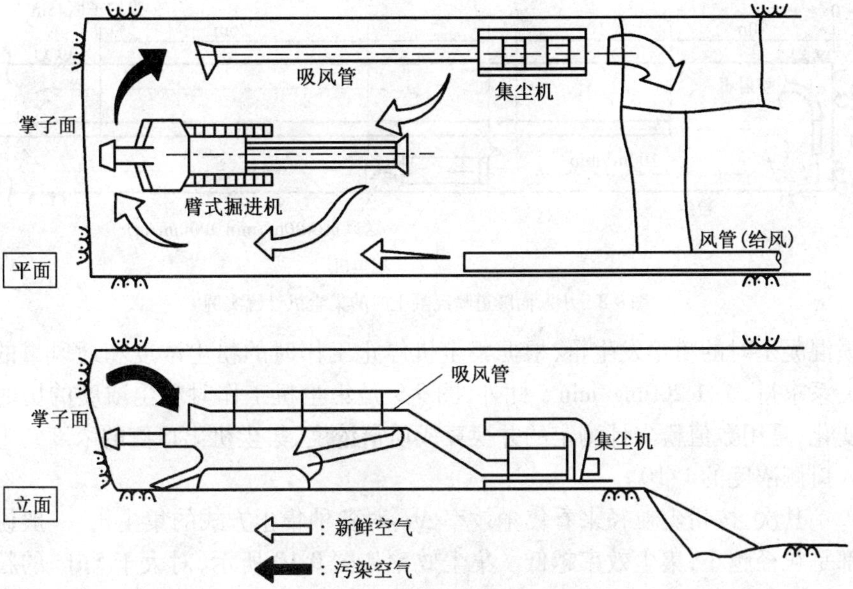

图 9-6　集尘机设置实例

混凝土作业。隧道施工状况是在断面积 24m² 坑道中采用喷射机械手(IGM—76)进行喷射作业。喷射时的粉尘主要发生在喷嘴及喷射面附近,在喷射机附近,添加速凝剂作业等处也多少发生一些粉尘(参见图 9-7)。

如图 9-8 所示,集尘机在距掌子面后方 22m 处,风管通风的前端距掌子面约 10m。测定各自风量结果,当通风量为 100m³/min 时,集尘机的处理风量为 390m³/min,所以集尘机的处理风量中有 290m³/min 风量可投入再循环。

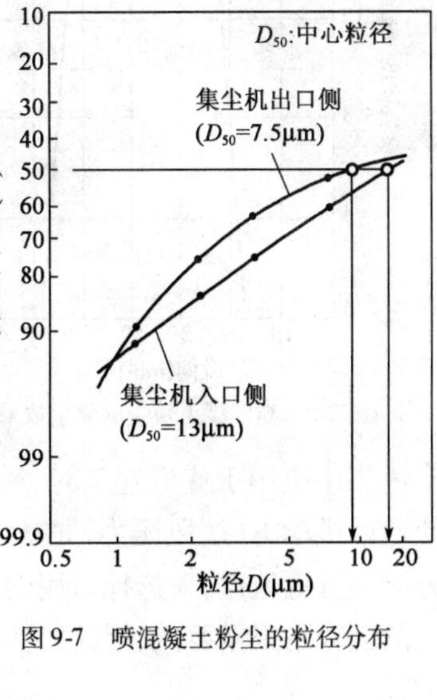

图 9-7　喷混凝土粉尘的粒径分布

作业环境的改善效果可通过在集尘机后方设测点,用 3 滤纸式质量浓度计测定集尘机工作或不工作时的作业环境的粉尘浓度,其结果是:

· 工作时:1.25mg/m³;

· 不工作时:12.20mg/m³。

作业环境得到了很大的改善。此时,

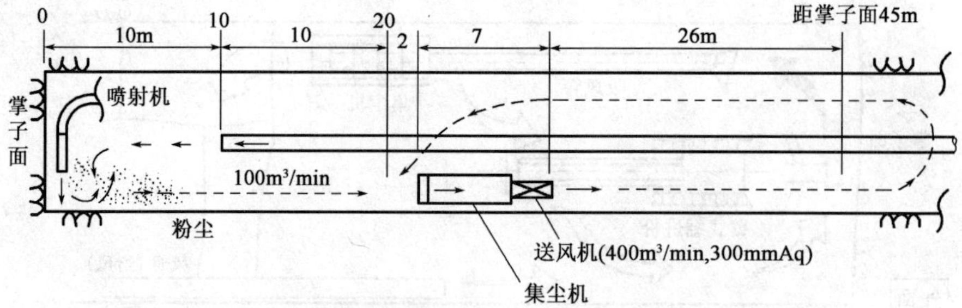

图9-8 小断面隧道喷混凝土时的集尘机设置实例

喷混凝土时的粉尘发生量,根据集尘机停止工作时的粉尘浓度和通风量的关系求得,为1 200mg/min。此外,图9-9是集尘机工作时粉尘浓度的历时变化,是用数值粉尘计测定的并换算成质量浓度,集尘机出口侧的浓度约为入口侧浓度的1/10。

其次,按粉尘粒径来看集尘效率$\Delta\mu$,对各种集尘方式的集尘机,一般说都是粒径越小,集尘效率越低。集尘效率如图9-10所示,对大于5μm的粒径,$\Delta\mu$在99%以上,小于0.3μm的粒径,$\Delta\mu$约在75%以上。湿式洗涤型集尘机的入口侧的平均粒径是4.4μm,出口侧是0.14μm。

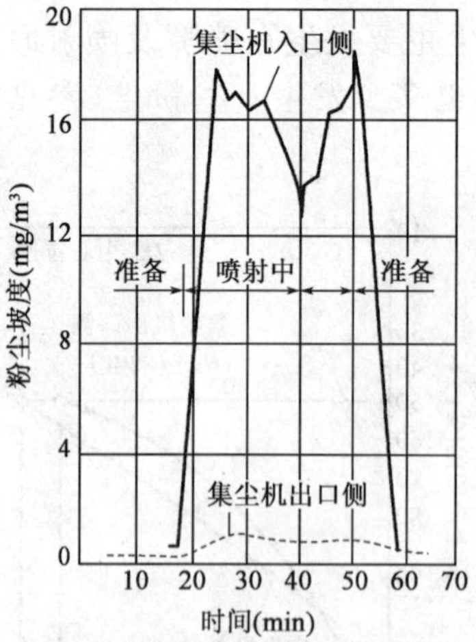

图9-9 喷混凝土粉尘的集尘效果

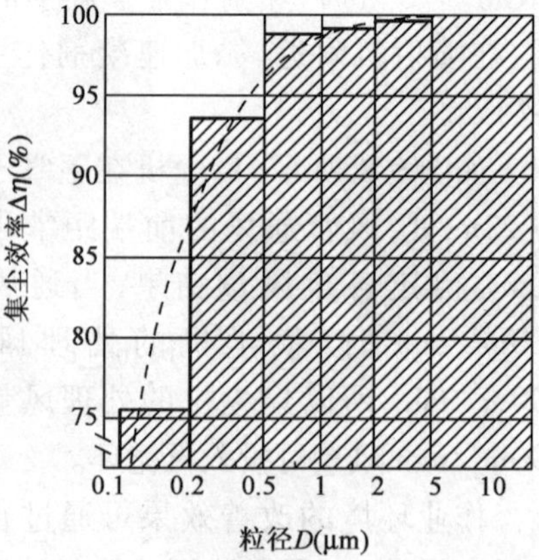

图9-10 粉尘粒径与集尘效率

集尘机用于隧道施工时,最大的问题是小型化问题,大幅度地小型化会使通风机动力(送风压力)增大和降低集尘效率。为此,在工地使用时,要充分研究设置地点,来选择适用的集尘机。此外,在隧道中采用集尘机时,与通风的配合是很重要的,因此要注意适当的组合及更有效地吸引粉尘的方法。

2. 集尘机—巷道施工通风系统

不管是利用平导或上导，导坑贯通后，都可采用配有集尘机的巷道通风系统（图 9-11）。日本在第二名神高速公路的栗东隧道（2 636m，开挖断面积约 155.6m²）中，采用了此系统。该隧道是采用小断面掘进机先行开挖上导坑，而后在上导坑中，隔一定距离设置集尘机，进行施工通风，获得了良好效果。

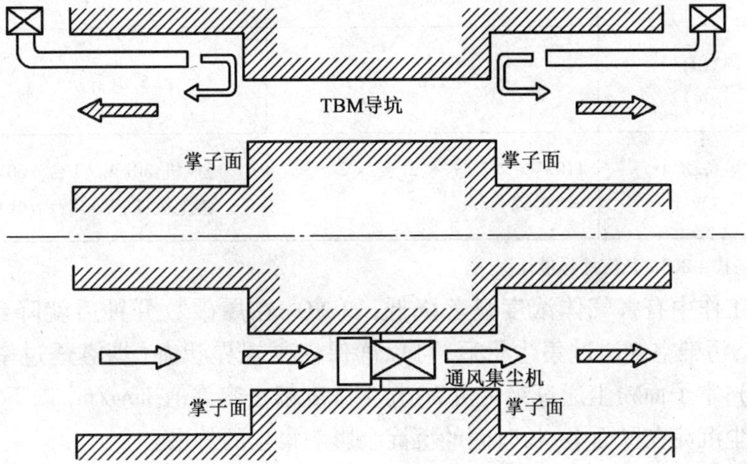

图 9-11 集尘机巷道施工通风

施工中的集尘机是以消除爆破和出渣时的粉尘、喷混凝土作业时的粉尘以及施工车辆的煤烟等为集尘对象的，在粉尘没有沉淀前，消除飘浮的粉尘。为了在导坑内设置集尘机，集尘机的尺寸应尽可能地小些。该集尘机的处理风量为 2 200m³/min，通风机的动力为 30kW，集尘的动力为 2kW，集尘机的外形见图 9-12。

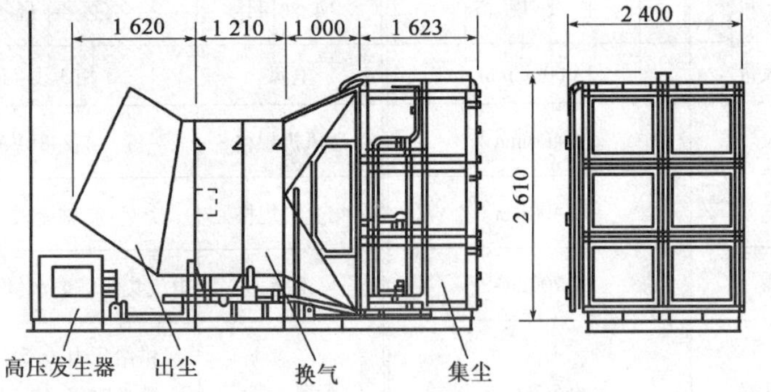

图 9-12 集尘机外形（尺寸单位：mm）

根据东名隧道的比较,采用此系统的效果如表9-7所示。

风管通风与集尘机巷道通风的比较　表9-7

通风方式	风管通风	带集尘机的巷道通风
通风机	2 000m^3/min×500mm水银柱 2台×2洞口=4台	2 000m^3/min×60mm水银柱 2台
风管直径(m)	1.6	5.0(导坑)
装备动力(kW)	110kW×2连×2台×2洞口=880kW	通风机:30kW×2台=60kW 集尘机:2kW×2台=4kW

注:按4 000m长度的隧道计算。

工作中有害气体浓度显著降低,如NO_2在爆破数分钟后就降到1~2ppm;污染空气通过集尘机后,可以确保恢复视界状态(烟雾透过率小于50%);掌子面粉尘通过集尘机后,粉尘浓度都在容许值1mg/m^3以下,但部分粉尘沉淀在壁面上,长时间的沉淀会影响集尘的效果。

3. 车载型集尘机施工通风系统

集尘机系统,由集尘机本体、送风机、高压发生盘和控制盘、风管等构成,均安装在载重4t的汽车上,其基本构造示见图9-13。

该系统在3个隧道中进行了实验应用,集尘效果最高达86%,该系统的主要规格列于表9-8。

车载型集尘机规格　表9-8

项目	主要规格	项目	主要规格
处理风量	2 000m/min	电源	3相3线440V
全长	6 400mm	送风机规格	47/48kVA
全宽	2 400mm	集尘机规格	轴流式
全高	2 700mm	洗净	电气集尘需要水量:约2m/次
质量	约5 200kg	附属机器	供给压力:0.5/0.9MPa; 洗净时间:约50min自动洗净喷嘴

集尘机系统设置在掌子面后方约 100m 的地方，排气方向面向洞口。伴随掌子面的移动，车载型集尘机也随之移动，风管也随之延长。通风设备采用最大 2 000m^3/min 的通风机，设置在洞口，用直径 1 400mm 的风管向洞内送风。

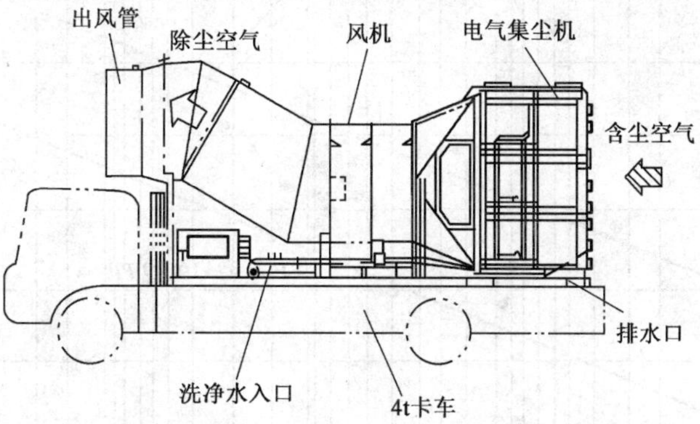

图 9-13　车载型电气集尘机

施工要点三　振动与噪声

隧道施工中的噪声发生源主要有：

(1)开挖爆破时的噪声；

(2)空气压缩机、通风机等机械设备的噪声；

(3)自卸卡车运渣时运行车辆的噪声，渣石掉落的噪声；

(4)材料放置处装卸支撑作业的噪声等。

隧道内的噪声与洞外不同，在同等水平条件下，因洞内空间的限制，更为严重一些。

下面以通风机为对象，说明防止噪声的一些方法。

洞内通风机的噪声会给作业人员以不舒适感，从而降低作业效率及涣散注意力，从而诱发车辆事故等。因此，在通风机上要安放消声器以降低噪声的影响。

此外，设在隧道洞口附近的通风机，为了不形成噪声公害，要把风机设在消声箱内，或设在隧道洞内。

通风机的噪声水平可以通过风机的参数推求出来，如距通风机吸入口相当叶片外径的距离（最短距离 1.5m）处的噪声 SPL（dB），可用日本机械学会提出的公式求出。

在隧道施工中，低风压、大风量的轴流式风机使用最多，轴流式风机的容量和噪声水平的实测示例如图 9-14 所示。

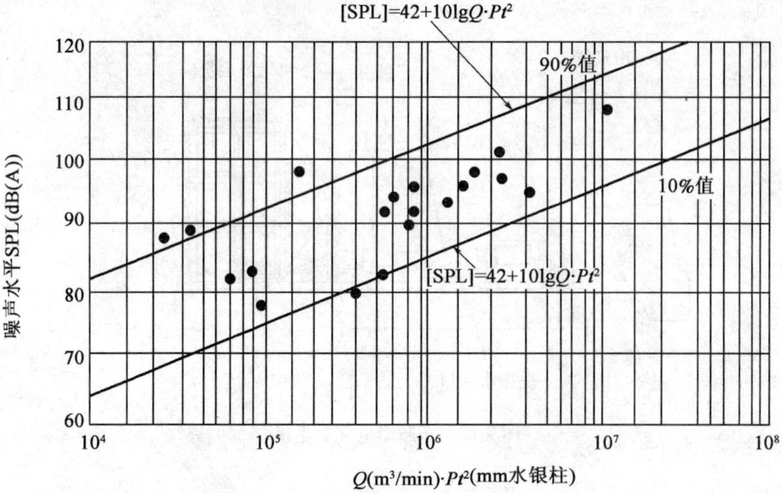

图 9-14　轴流机的容量和噪声水平

改善隧道内噪声环境使作业人员的听觉（难听限值[NRN80]，噪声水平 80dB 以上连续暴露 8h）不产生危害。

通风机的噪声因在风机前后设消声器而大幅度降低。消声器安装前后频率差大约为 200Hz。频率 250Hz 以上的区域，根据吸声材料（玻璃棉）的吸声特性可有效地消声 10 ~20dB。最近已生产出一种带有消声器的通风机。图 9-15 是可消声量 30dB 左右的防噪声型的轴流风机示意图。

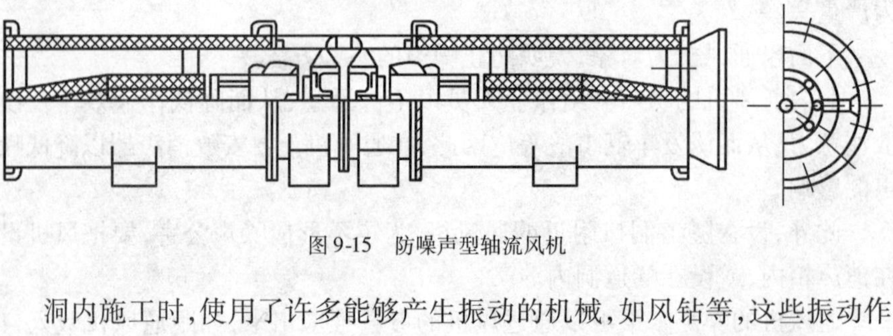

图 9-15　防噪声型轴流风机

洞内施工时，使用了许多能够产生振动的机械，如风钻等，这些振动作用在作业人员的手、腕等处，会造成神经末梢、手腕骨和关节的变形等。

为防止振动影响，应尽可能使振动减少或者选择带有防振装置的机械、工具，同时对作业时间也要进行管理。

施工要点四　照明及视线的改善

1.照明问题

在谈隧道施工中的问题时，大家很少提及照明问题，是不是在照明上没有问题，还是照明问题比较简单而不值得一提。实际上，为了改善隧道内的作业环境、确保施工安全和提高作业效率，隧道内的照明是极为重要而不能忽视的问题。确保有足够亮度的设备，尤其是为防止劳动灾害的发生，确保洞内有良好视线，它与通风一样是不可缺少的条件。

在最近的隧道工程中，大型机械的使用越来越多，施工速度也向高速化方向发展，出渣用的自卸汽车的速度也提高了，为此，不仅在进行直接作业的掌子面，而且在衬砌已完成地段也要确保足够的照明，力求防止灾害的发生，因此“轻视或忽视照明”的倾向必须克服。

照明有对直接作业地点的暂时的、局部的照明和不进行作业的通道等的长期的、大范围的照明两种。

掌子面等地点的直接照明，为了使作业安全而有效率的进行，必须确保充足的亮度，必要亮度要在70lx以上。在进行浮石、挑顶等作业时，要增设移动式照明，以增加亮度。使用这些照明器具时，要尽可能使其明暗差别小，而且无眩目感。移动式照明器具，要设置适当并经常进行检查。

通道区间，为确保作业人员通行的安全，要有足够的亮度。保持整个区域均匀的亮度是不容易的，但最暗部位也要有10lx以上的照明。目前，因隧道断面大，通常40W的日光灯每10m设置一个。

隧道内作业中的粉尘、烟雾等发生时，局部地点可能照明不足，电压下降也会使照明不足，因此要特别加以注意，在危险地点要设警戒标志灯。

停电时也要确保照明，因此要设置预备灯、紧急灯以及怀中灯和携带式照明器具等。

(1)所需亮度

所需亮度视作业地点的状况、作业内容、通道的状态及车辆运行密度而定，但作业人员经常作业的地点的照明必须符合安全卫生规则的规定（表9-9）。

此外,日本隧道技术标准规范还有下述规定。

①各掌子面等进行直接作业地点的照明期望标准值为70lx;

②通道最暗处的照明期望标准值为10lx。

亮度规定　表9-9

作业内容	照度(lx)	作业内容	照度(lx)
精密作业	>300	粗放作业	>70
普通作业	>150		

照明时应注意的事项列举如下:

· 为了确保作业所需的亮度,要使固定照明和移动照明协调;

· 为了维持环境所需的亮度,要进行环境的维护及通风等的管理。

采用的照明方法要根据作业地点的各种作业方法加以选择。

(2)照明计算

在规划照明时,要充分考虑隧道内的条件选定合适的照明率、维修率,并用式(9-1)进行照明计算。计算式中的亮度是照明面积内的平均值。

$$N = (E \cdot A / F \cdot U \cdot M) \tag{9-1}$$

$$E = (F \cdot U \cdot N \cdot M) / A$$

式中:N——灯数;

E——所需亮度(lx);

A——照明面积,隧道宽度×灯间距(m^2);

F——灯光束或射光束(探照灯)(m);

U——照明率或利用率;

M——维修率。

照明计算是为了决定保持所需亮度的灯的数量而进行的,在作业地点及通道处,根据计算求出所需灯数并进行设计,在计算中要研究照明灯具的规格,并根据现场条件决定照明率或利用率。

通道照明率U表示到达地面的有效光束的比例,决定于光源、灯具、安装位置及顶板、壁面、路面的反射率。一般,在衬砌地段,$U=0.5 \sim 0.3$,未衬砌地段取$U=0.3 \sim 0.2$。

采用探照灯时,利用率U为射光束范围内的照明面积的比值,可按表9-10决定。

照明面积的比例和利用率的关系 表 9-10

照明面积的比值	利用率 U	照明面积的比值	利用率 U
>1/2	0.75~0.95	<1/4	0.40~0.60
1/2~1/4	0.60~0.75		

维修率 M 是反映长时间使用后光束减小和灯具污染、反射板污染等使亮度降低的修正系数,可采用表 9-11 的取值。

照明灯具的维修率 表 9-11

维修程度	维修率 M	维修程度	维修率 M
易于维修	0.75	维修困难	0.50
普通	0.65		

(3)计算示例

①通道(衬砌地段)

在图 9-16 的位置上每隔 6m 设一 10W 日光灯(光束 3 000m),求其平均亮度,设照明率 $U=0.5$,维修率 $M=0.65$。

$$\frac{F \cdot U \cdot M \cdot N}{A}=\frac{3\,000 \times 0.5 \times 1 \times 0.65}{10} \times 6=16 \text{ lx}$$

同样条件下的实测值如下:

· 通道灯的正下方:25lx;

· 通道灯中间:20lx;

· 隧道的中央处:15lx;

· 相反侧的暗处:5lx。

②通道(未衬砌地段)

在图 9-17 的位置上每隔 5m 设 1 个 100W 白炽灯(光束 150m),求其平均亮度,设照明率 $U=0.3$,维修率 $M=0.65$。

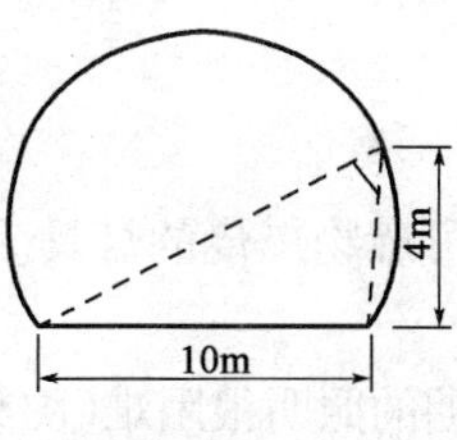

图 9-16 计算示例

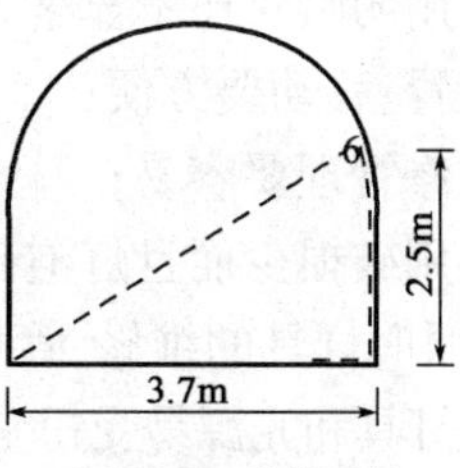

图 9-17 计算示例

$$E = \frac{1500 \times 0.3 \times 1 \times 0.65}{3.7} \times 5 = 16 \text{ lx}$$

③掌子面处

在图 9-18a)的位置上设 2 个 300W 探照灯(射光束 1 000m),求掌子面处的平均亮度,设利用率 $U=0.75$,维修率 $M=0.75$。

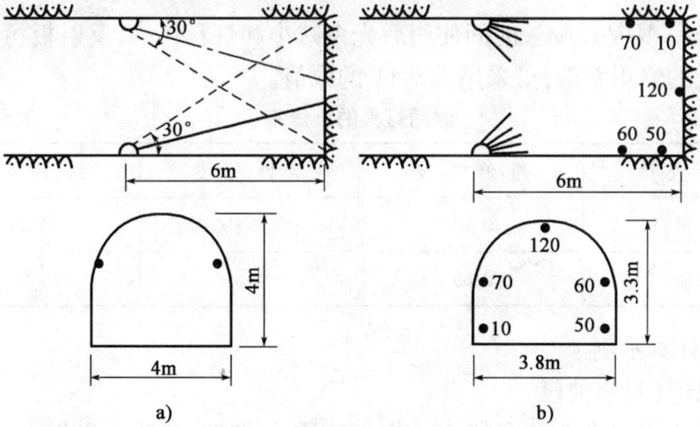

图 9-18 隧道掌子面的亮度(单位:lx)

a)照明计算例;b)照明的实测值

$$E = 1\,000 \times 0.75 \times 2 \times 0.75/14 = 80 \text{ lx}$$

在类似条件下的实测值见图 9-18b)。

(4)照明灯具

照明灯具有白炽灯、探照灯、日光灯、水银灯及钠灯等,视环境条件、施工方法等选定最合适的灯具。

对光源的构造和特性,要视现场条件选定合适的照明灯具。

选定隧道内的照明灯具时,要注意以下各点:

①要获得作业安全所需的亮度,即不妨碍通道正常通行的照明,保持轨道维护、车辆调车、摘挂作业所需的照明;

②采用明暗对比不显著,而且不会晃眼的方法;

③设置、移动要方便;

④维修管理要容易;

⑤选用破损少而且灯泡破损或放热不会使可燃物燃烧的灯具。

(5)照明灯具的维修、管理

照明灯具和光源易受粉尘等污染,维持长时期的照明很困难(图 9-19)。

一般说,由于照明灯具污染会使光束损失,但在隧道内这种光束损失会大大加大，所以，要充分了解现场状态，在适当时期内对光源、灯具加以更换或清扫。

在维修、管理照明灯具时，要注意以下各点，力求保证照明：

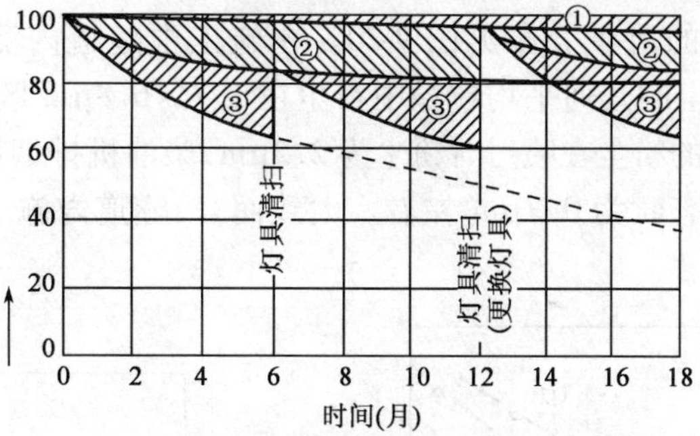

图9-19　因污染的减光曲线

①-因顶部、边墙污染的衰减；②-因光源光束的减光；③-因器具污染的衰减

①发现破损或不合适的照明灯具时，要迅速更换；

②照明灯具、光源要定期清扫；

③作业地点要保持适宜的亮度，配置时不要产生阴影、晃眼等。

2. 粉尘对视线的影响

(1)粉尘浓度和透光率

本部分介绍对隧道施工照明有很大关系的粉尘浓度和视线的关系。光照射到粉尘层后，投射光的一部分向四周散射，一部分被吸收，剩余的则透过，穿过粉尘层的光强的减少是因散射及吸收所致。投射光强度(I_0)和透过光强度(I)的关系，可用式(9-2)表述。

$$\frac{I}{I_0} = e^{-\tau L} \tag{9-2}$$

式中：I/I_0——光透过率；

τ——减光系数(1/m)；

L——光路长度(m)。

减光系数 τ 与粉尘浓度成比例，故可用式(9-3)表述。

$$\tau = \frac{C_w}{p \cdot K} \tag{9-3}$$

式中：C_w——粉尘浓度(g/m^3)；

p——粉尘真密度(g/cm^3)；

K——系数(cm^3/m^2)。

所以光透过率和粉尘浓度的关系用式(9-4)表示。

$$\frac{I}{I_0} = e^{-\frac{C_w}{p \cdot K} \cdot L} \tag{9-4}$$

(2)粉尘的粒径分布

粉尘粒径的质量分布见图9-20。在施工中隧道内测定的分布见图9-21。这些粉尘的几何平均粒径中粉尘在1.7~6.8μm区间,焊尘在2μm以下。隧道内的粉尘在喷射时粉尘为2.2μm,柴油机排烟和岩石钻机的粉尘处于混合状态时为0.7μm左右。大致而言,隧道内施工的粉尘粒径在1μm前后的居多。

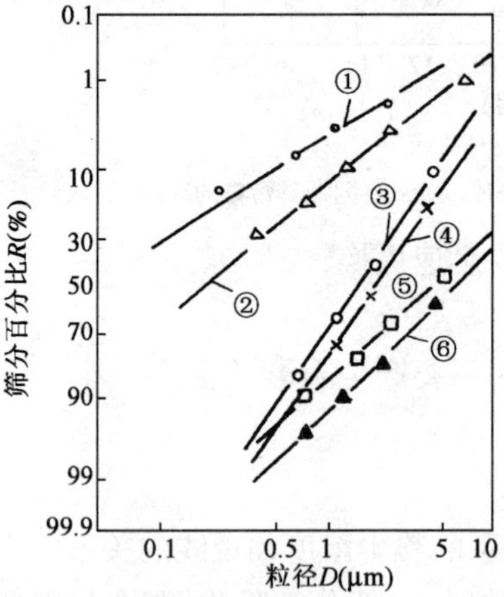

图9-20 粉尘的粒径分布
①-汽油燃烧烟;②-柴油机排烟;③-硅砂;④-水泥;⑤-碳黑;⑥-粉煤灰

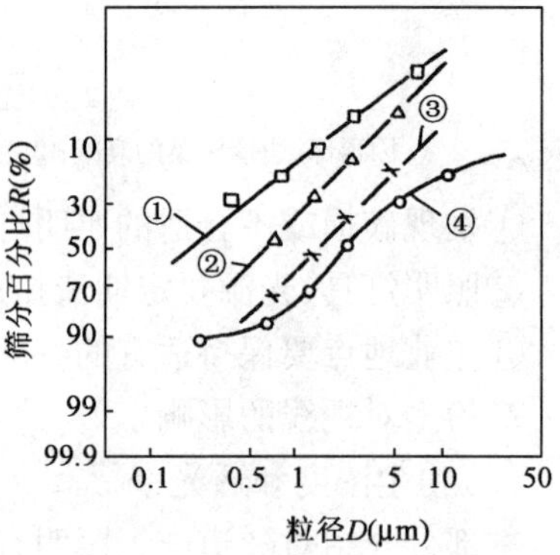

图9-21 隧道内的粉尘粒径分布
①-柴油机排烟;②-柴油机和钻孔岩粉的混合;③-开挖时粉尘;④-喷混凝土粉尘

(3)减光系数和K值

粉尘的减光系数和粉尘浓度的关系见图9-22。减光系数和粉尘浓度大致成正比,如粉尘浓度为10mg/m^3,粉煤灰的减光系数最小(0.004l/m),柴油机排烟的减光系数最大(0.1l/m)。K值因粉尘的屈折率、光的波长的不同而不同,但最大的支配因素是粒径。图9-23表示各种粉尘的几何平均粒径和K值的关系。在图9-23中,粒径大于1μm的集合平均直径与K大致成正比。

(4)视线的改善

影响视线的主要因素有:粉尘浓度、粒径分布、颗粒的屈折率、光的波长等造成的减光系数,粉尘散放辉度,视对象的大小,视对象和背景的辉度对比,背景辉度等。

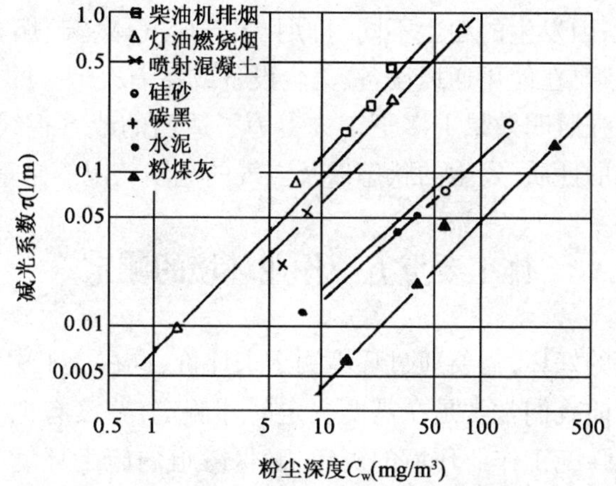

图9-22　粉尘浓度与减光系数的关系

图9-24表示视对象为黑体时，视线V和粉尘浓度C的关系。据此，当粉尘浓度越高，视线则成反比例减小一半，所以用通风方法降低粉尘浓度对视线的改善有很大效果。

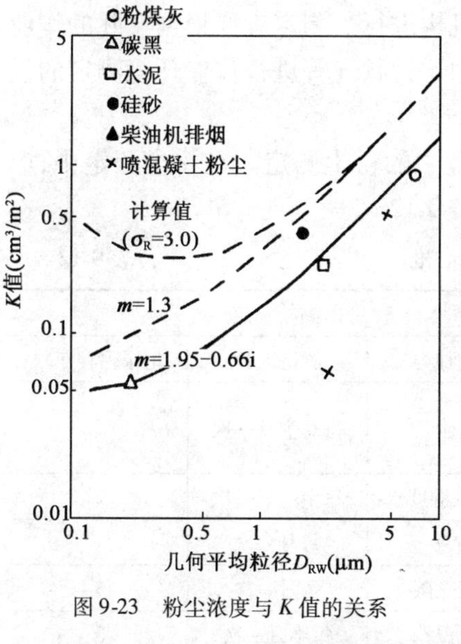

图9-23　粉尘浓度与K值的关系

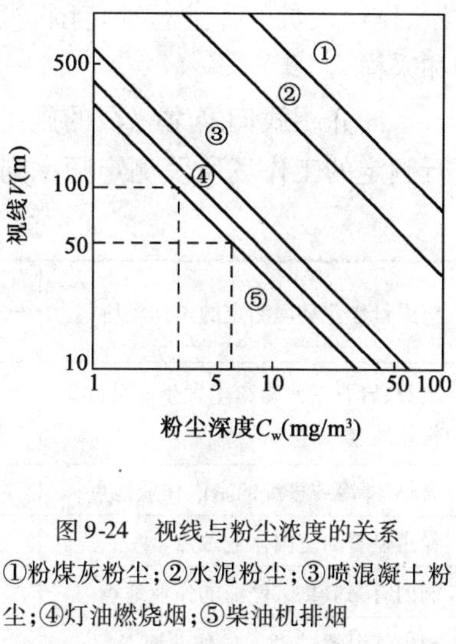

图9-24　视线与粉尘浓度的关系

①粉煤灰粉尘；②水泥粉尘；③喷混凝土粉尘；④灯油燃烧烟；⑤柴油机排烟

此外，在0.5～1.0lx以上的颗粒中，光的波长λ越长，光的衰减量越小。所以，采用作业人员眼力最大感度的$\lambda = 500\mu m$的照明光，如钠灯等，对改善视线是有效的。

一般来说,因发生的粉尘不同(排烟、爆破后气体、雾、烟雾等),处置措施也不相同,故要在使用通风设备、集尘设备或在消灭烟雾的方法及对有害性小的粉尘加强照明效果上多下工夫。为了适当的改善视线及作业环境,了解掌握粉尘的性质、发生的状态以及空气的流动状况等是重要的。

施工要点五 作业环境的测定

作业环境的好坏,需要通过环境测定来评价,这在施工中是一项十分重要的作业。目前我们常常是在需要测定时才测定,并没有把它作为一个工序来考虑。加强施工作业环境的测定,确保隧道内施工环境与工厂的作业环境一致,应该是我们施工技术人员追求的目标。

了解、掌握作业环境,要根据一定标准定期地进行测定来评价作业环境状态,并用简便方法经常进行作业环境验证。此外,对特定的作业环境,在法律上具有环境测定的义务。

作业环境的测定,要正确而客观,故要依测定标准进行。对特定的作业要有具备作业环境测定资格的人员或机构进行。测定者要根据实际的作业方法、作业人员的作业行动范围、机械的运行状况等进行作业环境测定的设计和采样。

下面介绍我们经常忽视的施工环境中的粉尘测定。在粉尘测定中,应进行测定的工作场所及测定频率列于表9-12。

测定标准 表9-12

应进行作业环境测定的工作场所	测定		
	测定种类	测定次数	记录保存年限
土石、岩石或矿物粉尘发生显著的室内作业地点	粉尘	每6个月一次	5
暑热、寒冷或多湿的室内作业地点	气温、湿度	每半个月一次	2
噪声显著的室内作业地点	噪声	每月一次	
洞内有二氧化碳停滞的作业地点	二氧化碳	每月一次	3
洞内气温超过28℃的作业地点	气温	每半月一次	3
洞内有通风设备的作业地点	通风量	每半月一次	3
在缺氧危险地点进行作业的场所	空气氧浓度	每次作业开始前	3

为了正确的了解隧道空气中粉尘浓度的实态，以便建立确保舒适作业环境的改善措施，应将测定结果长期保存。

在隧道内进行有粉尘发生的作业时，要根据下述的重点进行粉尘浓度测定并记录。

测定对象：

· 钻孔、爆破作业；
· 机械开挖作业；
· 装渣及运输作业；
· 喷混凝土作业；
· 混凝土拌和及灌注作业；
· 注浆作业；
· 盾构的掘进作业。

测定分为开始时测定、定期测定及随时测定三种，即：

· 开始时测定，原则上在洞口到掌子面的距离达到100m处进行；
· 定期测定，每月两次；
· 随时测定，必要时进行。

开始时测定是为了了解隧道内作业环境中空气粉尘浓度实态及求出施工后进行定期测定所需的 K 值。开始时测定可采用相对浓度测定方式的散光式数值粉尘计（或压电式粉尘计）进行测定。同时，在测点中取1个以上测点用质量浓度测定方式的气体取样器进行测定以求出 K 值。此外，还要进行游离二氧化硅含量的测定。

测定范围根据研究作业人员的行动范围及粉尘分布确定。

各种作业的测点的平面设置方法，按以下原则进行。

（1）隧道内测点设置，纵、横向间距最好不同，但纵向或横向间距可按等间距在平面上画线，以纵横线的交点作为测点，见图9-25a）、9-25b）。

（2）在地下发电站等施工现场比较宽大的情况，可以中央为原点，在平面上划出纵横等间距的线，以其交点为测点[图9-25c）]。测点被开挖机械等覆盖，在该点上没有作业人员的位置除外[图9-25d）]。

（3）测点高度。因测定作业人员呼吸区的粉尘浓度，故取底板上0.5～1.5m，进行多种测定时，要使操作人员避免吸入沉积粉尘。

（4）并行测定，要在不妨碍运输机械的运行处，大约位于中央位置的1个以上测点，用数值式粉尘计（或压电式粉尘计）和空气取样器同时取样，时间在10min以上。当低浓度不能取出可称量的粉尘量时，可用滤纸进行取样。

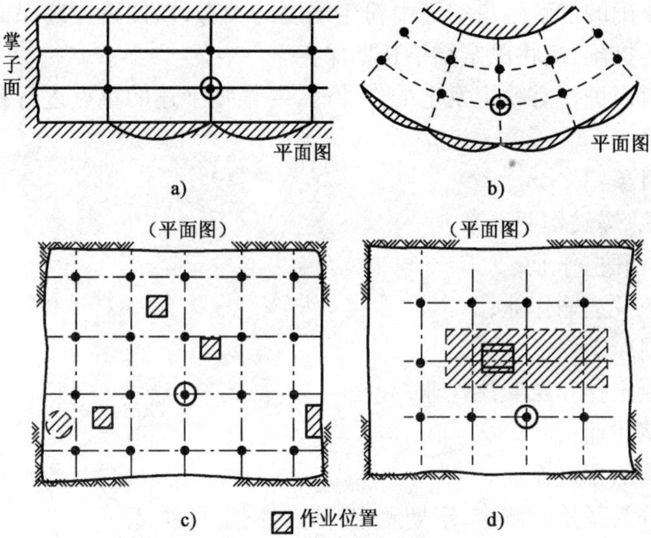

图 9-25　测点平面设置方法

(5)按粉尘作业的测点设定标准，以混凝土喷射作业、拌和作业及压浆作业为例，见图 9-26。

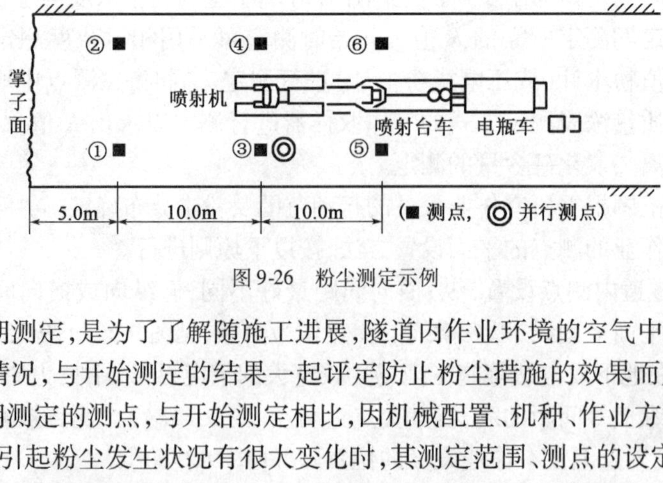

图 9-26　粉尘测定示例

定期测定，是为了了解随施工进展，隧道内作业环境的空气中粉尘浓度的变化情况，与开始测定的结果一起评定防止粉尘措施的效果而定期进行的。定期测定的测点，与开始测定相比，因机械配置、机种、作业方法等的变更，没有引起粉尘发生状况有很大变化时，其测定范围、测点的设定，可以开始时的测定方法为准设定，同时以距洞口 100m 的测定开始地点为起点，每隔 300m 设一测点进行定点测定。

随时测定是在当方法变更时，或岩质有显著变化以及隧道内粉尘状态有显著变化时，为修正 K 值及游离二氧化硅含量而进行的，其方法与前述开始时测定方法一样。

粉尘测定流程见图 9-27，它表示用空气采样器和数值式粉尘计或压电式粉尘计等进行开始时测定、定期测定和随时测定时，从中央右侧的定期测定开始。

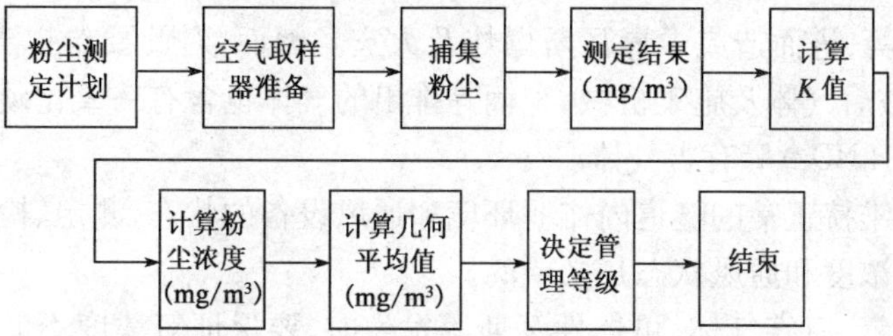

图 9-27　粉尘测定流程

测定及分析可采用表 9-13 的仪器。

粉尘测定使用的分析仪器　　表 9-13

测定、分析仪器	开始测定及随时测定	定 期 测 定
空气取样器	○	
数值式或压电式粉尘计	○	○
电子天秤或直式天秤	○	
X 射线衍射仪	○	○
干燥器	○	○
热线式风速计	○	
湿度计	○	

注：○指选中该项。

为了掌握作业环境的实态，要计算出粉尘浓度的几何平均浓度、几何标准偏差。

(1)几何平均浓度 M。当粉尘浓度的测定值为 C_1、C_2、$\cdots C_n$ 时，求出，并计算：

$$x_i = \lg C_i,$$

$$\bar{x} = \frac{1}{n}(x_1 + x_2 + \cdots + x_n)$$

则

$$M = 10^{x} \tag{9-5}$$

(2)几何标准偏差 σ。按下式计算：

$$\lg\sigma = \sqrt{\frac{1}{n-1}\sum_{i=1}^{n}(x_i - \bar{x})^2} \tag{9-6}$$

施工要点六　瓦斯隧道的有害气体防治

在隧道施工过程中,有时产生缺氧、一氧化碳(CO)、硫化氢(H_2S)、甲烷(CH_4)等,进而造成中毒瓦斯爆炸及火灾。因而,对此要给以充分注意。此外,爆破后气体及施工机械、车辆等排出的气体也含有一氧化碳(CO)、氮氧化合物(NO_x)等有害气体。

为了维持正常的隧道内作业环境和通风设备的状态,测定、检查这些有害物质的浓度和通风状态是必要的。

有缺氧、有害气体、可燃性瓦斯等发生时,要保证氧浓度不低于容许浓度(18%),有害气体、可燃性瓦斯不超过容许浓度,所以,应根据需要应用合适的方法进行气体浓度的测定,采取改善通风、禁用火具、机械防爆、待避及禁止入内等措施。

有害气体的测定,应在掌子面、装渣处、混凝土衬砌处等作业密度大的地点,根据实际情况,选定合适时间进行。例如,预计有甲烷涌出时,要在爆破作业之前、之后和作业交替时进行测定,为使测定值有连续性,要设置专门测定人员进行测定。

有害气体的测定的结果,当确认为危险或有害状态时,应立即请作业人员退避并排除有害气体;重新开始作业时,要由测定结果确认安全后方可进行。

为了防止测定人员在测定时受到伤害,要注意以下几点:

(1)熟知有害气体的性质和危险性;

(2)预计有甲烷等可燃性气体涌出时,绝对禁携带火柴、打火机等引火工具;

(3)预计有硫化氢等有害气体涌出时,要使用硫化氢用防毒口罩或空气呼吸器;

(4)排烟、粉尘多时,要使用粉尘口罩;

(5)有缺氧空气时要使用空气呼吸器,同时,要设监视人员。

有害气体测定时,应注意下列事项:

(1)使用测定仪器,要熟读使用说明书;

(2)测定前一定要检查仪器有无故障;

(3)要考虑送风或压气的影响,选择合适地点进行测定;

(4)测定结果有疑问时应重新测定;

(5)测定结果应按测定表要求进行填写,并正确地向负责人报告,同时接受其指示;

(6)在测定表上应记载测定日期、测定方法(仪器种类)、测定地点(测点的地质、施工进展状况等)、测定条件(外气及测点温度、湿度等)、测定结果(有害气体、粉尘、氧浓度及通风量、通风流的分布、通风管的漏风状态等)、测定人姓名、基于测定结果的改善事项(建议等)等,并保存好。

一般说,在测定前应对有无有害地层进行调查。

(1)甲烷类碳氢化合物(烃)类有害气体,大体分为油田瓦斯、煤田瓦斯、水溶性瓦斯三种,在隧道中多遇到油田瓦斯和水溶性瓦斯,其主要成分几乎都是甲烷。

油田瓦斯层的分布地域大部分在新第三纪中新世的绿色凝灰岩、页岩、泥岩层,此外断层、褶皱附近的空隙地层也多出现。

水溶性瓦斯在地下滞水层中受高压而溶解,由于地下水向地表面流出而减压、分离而涌出,此种气体在新第三纪鲜新世、第四纪层的原层堆积的平原地区多有出观。

甲烷当浓度较大时会稀释隧道内的氧气而处于缺氧状态,同时也会有燃烧、爆炸的危险。

(2)缺氧地层多存在于含有第一锰盐类的地层,其地层呈青绿(青灰)色和黑色。

(3)腐泥层的存在,因土中的细菌作用,会产生甲烷、硫化氢等。

(4)涌出二氧化碳的地层,有大量含有现场附近或河流上游的碳酸钙($CaCO_3$)的地层存在时,可分解二氧化碳(CO_2),有稀释隧道内氧气的危险。

(5)不透气层的存在,有不透气层存在时,其砂砾层中不滞水是很少的,有产生缺氧的可能性。

在现场,大致调查有害因素的主要方法有以下几种:

(1)由土样判定

下述情况可认为是缺氧层:

·样品外侧呈红色,中侧为青绿色或黑色时;

·用氧还原电位计测定,显示有还原性时;

·在试样中插入探针,用氧浓度计测定氧浓度在21%以下时。

此外,从试样中散发有臭鸡蛋臭味时,即有硫化氢存在,同时也可能有甲烷存在。

(2)从河流、井、涌水等判定

下述情况，因含有铁分，缺氧可能性大：

·涌水处地层呈有铁锈似的红色时；

·在水样中放入绿茶（丹柠）静置半天左右，有异变时。

此外，在水样中混入稀释酸后产生气泡时，有可能含有碳酸钙，此气泡多为二氧化碳（CO_2）。

表9-14列出测定氧、甲烷、二氧化碳及硫化氢等气体浓度的仪器种类及特性。

测定仪器及特性　表9-14

（a）可燃性瓦斯测定仪器及特性

测定方法	测定原理	主要特征	
		优点	缺点
接触燃烧法	因热线的接触燃烧而使温度变化	·对低浓度瓦斯检测感度大； ·其他不燃性气体影响小； ·CO的影响小	·湿度有影响； ·不能测定高浓度瓦斯
光干涉计法	因光屈折率之差产生干涉移动	·精度高、体积小、易校正； ·可测定低浓度至高浓度	·气压有影响； ·没有选择性
热传导度法	因热传导度之差使热线温度变化	·精度高、安全； ·测定范围大	·低浓度瓦斯检测感度小； ·CO、温度、湿度有影响； ·没有选择性

（b）氧测定器的种类

仪器名称	测定原理
检测管式	氧化反应的变色长度
电化学式	有原电池式、极谱式、氧离子电池式
磁气式	利用氧的常磁性
热传导度式	利用氧和其他气体的热传导度之差
光学式	利用氧和其他气体光的屈折率之差
安全灯	火焰长度的变化
气体色谱式	利用氧和其他气体的吸附性的不同
各种气体分析装置及其他	吸收氧的测定方法

在可能发生有害气体的隧道中进行作业时，要定期地进行测定，一般说法规或规范上规定的都是最低限度的措施，因此要视现场状况建立监视体

制，下面举出几点：

(1)每天对开挖地点及周围围岩进行以下观察并做好记录：

·地质及围岩状态；

·有无含水和涌水及其状态；

·有无可燃性瓦斯及其状态；

·有无高温气体和蒸气及其状态。

(2)有害气体浓度的测定，视情况在作业中要经常进行，尤其是作业人员离开作业地点后又开始作业时，例如即使离开很短时间也要确认是在管理浓度以下。

(3)从地层中涌出的甲烷等气体是接近100%的高浓度，在与空气混合、稀释的过程中必然会出现爆发范围内的浓度，这一点一定要认识到。

(4)在日常的测定中，气体浓度低时，作业人员比较习以为常，如停止通风或减少风量时，往往认为没有有害气体，在这种情况下，要增加测定次数，采取适当措施。

(5)要注意气压有很大变动时的情况。

(6) 力求发现易于滞留高浓度有害气体的区域。

(7)地下施工中的通风、集尘设备，视地下工程的种类、规模有很大不同，因此，最好设置安全管理人员、卫生管理人员，尤其是预计有可燃性瓦斯、缺氧空气等危险气体涌出的现场，要配有具有相应资格的人员管理，以期保证安全。

作业细则要规定通风设备与安全设备的维修管理、环境测定的方法，或对应有害气体浓度的处理方法，以及防尘口罩、空气呼吸器的使用方法、步骤等，并通过安全教育使作业人员了解。

对有害气体自动报警器、可燃性瓦斯的自动电流中断装置、空气呼吸器等救生用具要适时进行检查，使之处于正常的工作状态。

作业人员都要熟知通风设备发生故障时和自动报警器检知气体而响铃时，以及发生爆炸、火灾的紧急状态时的联络方法，避难须知等。

实例一　中梁山隧道

中梁山隧道位于成渝高速公路上，近重庆郊区，为双洞双车道隧道，左洞长3 165m，右洞长3 108m，横穿中梁山背斜。

该隧道通过二叠系上统龙潭组，煤层为优质无烟煤，瓦斯平均含量为$30m^3/t$，最大相对涌出量达$181.09m^3/t$，最大绝对涌出量达$50m^3/min$，瓦斯压力达4MPa。长期以来，一部分煤层瓦斯沿断层、溶洞与溶隙及裂隙向相邻岩层空隙释放和转移，且受中梁山背斜构造影响，大量瓦斯存于相邻岩层的节理裂隙之中。

中梁山煤层位于隧道路面设计高程以下约30m处，隧道瓦斯涌出仅与二叠系上统龙潭组上段炭质页岩、细砂岩、灰岩和长兴组灰岩中的空隙有关，主要受F1、F3、F断层及次生小断层、小溶洞、溶隙、裂隙的控制，这些断层破碎带及影响带空隙极为发育，且直接与下伏煤层相通，是瓦斯大量涌出的地段。

1.施工方法

瓦斯逸出段施工：右洞西口从K346+747开始按《煤矿安全规程》管理，所有机电设备均采用防爆型，并用超前小导坑施工，开挖面前方打超前探孔以探明地质情况和释放瓦斯，结合强力通风使瓦斯浓度降到1.0%以下，而在右洞导坑扩大及左洞全断面开挖时均因通风后瓦斯浓度可以降到0.2%以下，施工仍用大型非防爆机械掘进，保证了施工安全、施工进度和工期。

导坑开挖：导坑位于隧道顶部，严格采用湿式凿岩、手持风钻打眼、5段电雷管及煤矿安全炸药进行爆破，且使用镶有不产生火花的合金金属铲以人工装碴、轨道式人力推动U形斗车运渣，在大断面适当地点设置倒渣场。

超前探孔：在煤系地层及断层带，使用XY—2B型和ZY100—150矿用钻机，在导坑或全断面一定位置工作面钻2个孔径65~87mm的孔，钻孔方向略偏向隧道底，最大孔长达49m，取岩芯分析判断地质情况。

由于溶隙、裂隙发育且连通性好，因此导坑及超前钻孔释放了左右洞的大部分瓦斯（约11.25m^3）；摸清了需要的通风量和风速等指标，为瓦斯段全断面施工通风提供了参数；探明了断层具体位置、岩性、溶洞与溶隙、节理裂隙的发育程度，释放了大部分高压地下水，为以后全断面掘进提供了方便；导坑贯通后改善了通风条件，使瓦斯浓度降到0.3%以下，节约了通风费用，并为导坑扩大、利用非防爆施工方案创造了条件，从而减少了设备投资，提高了工作效率，缩短了工期。

2.施工中瓦斯涌出的特征

(1)导坑瓦斯涌出特征

在进入煤系地层的超前钻孔中，IIK346+905处发生大涌水，水喷出孔口7~8m远，其流量为25m^3/h；IIK346+905.3处出现涌瓦斯现象，涌出量为0.8m^3/min；IIK346+907.7处发生喷瓦斯，导坑内烟雾迷漫，遥测仪测得导坑瓦斯浓度为5%（孔口瓦斯浓度达50%以上），但加强通风（双机通风有效风量 750m³/min）后，导坑瓦斯浓度降至 0.4%，其涌出量达 2m³/min 且持续了 72h，再往前钻进时涌出量降到 0.6m³/min。在 IIK346 +910 断面的钻孔中，IIK346 +916 处孔中出现了雷鸣般的响声，每 3s 喷射一次水和瓦斯，瓦斯涌出量为 1.4m³/min。

在导坑掘进中，煤系地层及断层带瓦斯涌出现象最严重，打炮眼、放炮、通风导坑瓦斯涌出量分别为 3 ~ 5m³/min、6 ~ 7m³/min、1 ~ 2m³/min，而导坑内瓦斯浓度一般为 0.2% ~0.5%，有时达 1% 以上。长兴组灰岩段瓦斯涌出除 F 断层带比较严重外，只是在次生小断层、溶洞溶隙、裂隙及与飞仙关组接触带等处发生瓦斯涌出。

导坑掘进到中梁山背斜东翼非瓦斯段时，独头瓦斯浓度为 0；但因瓦斯段仍有瓦斯涌出，导坑回风道瓦斯浓度呈缓慢下降趋势，至导坑贯通时瓦斯浓度才降到 0.1%。从导坑开挖直至贯通，导坑瓦斯总涌出量达 $11.25 \times 10^4 m^3$。仅瓦斯涌出严重的两个超前钻孔排放的瓦斯就占整个导坑涌出总量的 18.1%，为导坑安全掘进创造了良好的条件。

（2）全断面掘进瓦斯涌出特征

大量瓦斯通过溶隙、裂隙在导坑预先得到释放，因此，同样地层在左洞通过时（以及右洞导坑扩大时）瓦斯涌出不很严重，虽然超前钻孔孔口瓦斯浓度仍达 10% 以上，但整个掘进工作面在通风前瓦斯浓度仅为 0.2% ~0.3%，用两台局扇通风后瓦斯浓度很快得到降低，工作面瓦斯浓度 0.01% ~0.04%，回风流瓦斯浓度 0.02% ~0.04%，平均为 0.03%，瓦斯涌出量 0.24m³/min，该段瓦斯涌出总量只占导坑的 13% 左右。

3. 通风系统

采用巷道式通风系统，该系统以右洞巷道进风，左洞巷道回风，在进风流中安装风量为 800m³/min 的 MFAl00P2—SC3 对旋轴流式通风机，将风送入左、右洞供其工作面用风，并在回风巷左洞口架设 2 道风门、1 条风渠，安装风量为 3 865 ~ 4 080m³/min 的 F250、NO. 20C 防爆轴流式通风机抽风。巷道式通风的风量较大，可保证进左洞工作面及总回风道的瓦斯浓度控制在 0.3% 以下，另在左、右洞独头段使用局扇接 800mm 风管，进行独头巷道通风，将右洞导坑回风瓦斯浓度控制在 1% 以下。

4. 瓦斯监测

（1）瓦斯遥测断电：瓦斯遥测设备的主机置于人行横通道，探头挂放于掘进工作面的回风流中，声光报警箱置于洞口检查岗内，仪器的报警点选为 0.3% CH_4，仪器主机至声光报警箱和探头的距离均不得超过 1 000m。当瓦斯浓度超限仪表发出报警信号后，即自行切断除风机以外的其他电源，同时暂停施工。

(2)报警仪定点悬挂监测：报警仪悬挂于右洞导坑齐头和起点、瓦斯严重涌出点、人行横通道、左右洞污浊风流的汇合处、通风机及机电设备和开关处，以便随时掌握瓦斯变化情况。

(3)手持仪表洞内巡回检测：由监理、施工、救护人员组成的瓦斯检测组手持光涉仪或报警仪，在打钻前、装药前、放炮前后以及其他任何时间，对掘进工作面、超挖空间、总回风流、机电设备及开关附近、溶洞与溶隙、裂隙和采空区、大小断面交汇处的上部、衬砌台车内部、各类洞室和通道、局部通风不良地段等易积聚瓦斯的地方进行检测，发现异常现象及时处理和报告。

(4)风量、氧气和有害气体的检测：根据施工实际情况，在每道工序放炮后，应对风量、氧气、二氧化碳、一氧化碳、二氧化氮等有害气体进行检测。

5. 二次衬砌

采用带仰拱(或加厚铺底)的全封闭式衬砌，沿衬砌外周边(包括底部)铺设聚乙烯塑料板及无纺布，在衬砌混凝土中添加气密剂(硅灰)，并在环向工作缝中加设橡胶止水带，隧道底塑料板以下之垫层比一般地段加厚20cm，在瓦斯严重涌出地段，拱圈混凝土厚达1m，仰拱混凝土厚达1.3m。

6. 主要安全规定

(1)掘进工作面风流中瓦斯浓度达到1.5%时，必须停止工作、切断电源、撤出人员，进行处理；掘进工作面内局部积聚瓦斯浓度达到2%时，附近20m内必须停止工作、切断电源，进行处理。

(2)导坑放炮时停止导坑内一切作业，并将人员撤至洞外，30min后瓦斯检测人员进入测量瓦斯浓度，达到要求后工作人员方可进入。

(3)进导坑必须使用矿灯、全棉工作服，严禁携带火柴、打火机等物品，灯头、开关、灯泡等照明器材必须采用防爆型。

(4)对所有参加该隧道施工的人员进行瓦斯知识和防止瓦斯爆炸的安全教育。

(5)组织特别救护队和急救、抢救设备。

(6)洞内设置避难所，安装直通洞外电话，建立瓦斯预告牌，并将瓦斯测定情况及时向各级主管部门汇报。

中梁山隧道中部背斜核部地段出现瓦斯并沿断层、溶洞溶隙、裂隙大量涌出，通过瓦斯地段则辅以超前钻孔、导坑掘进释放瓦斯等方法施工，严格监测,强化巷道式通风以降低瓦斯浓度,防止瓦斯爆炸,并采用带仰拱或加厚铺底的全封闭式衬砌封闭瓦斯,保证了施工安全,节省了投资,行之有效。

实例二　华蓥山隧道

华蓥山隧道位于广渝高速公路广安至邻水之间,处于华蓥山脉中段,地势中间高,东西两侧低,地面高程一般为 450 ~ 1 200m,相对高差 800m 以上,地表为北东向展布的条状岩溶山地和岩溶槽谷为主的岩溶地貌。隧道分左、右洞,轴线间距 40m,左线长 4 705.95m,右线隧道长 4684m,全部位于直线上,纵坡为人字坡,3% 上坡和 11% 下坡,净高 7. 03m,净宽 10.5m,施工断面 100m^2,高 10m,宽 12.5m。

隧道穿过的地层存在的主要工程地质问题是煤层瓦斯及围岩裂隙瓦斯涌出和采空区影响的垮塌及突涌水问题。煤层瓦斯情况如下:隧道穿过二叠系龙潭组煤系地层,主要煤层 K_1 为复合煤层,总厚度 3.75m,煤层走向与隧道夹角 86°,倾角 60°,瓦斯压力 1.87MPa,瓦斯含量 8.94m^3/t。全断面揭煤时最大瓦斯涌出量为 17.68m^3/min,炮后正常瓦斯涌出量为 5.7m^3/min;小断面揭煤时最大瓦斯涌出量为 3.66m^3/min,炮后正常瓦斯涌出量为 1.36m^3/min。煤层有突出危险,属一般突出危险(倾出、压出类型)。在茅口灰岩段,围岩裂隙瓦斯涌出可达 2 ~ 3m^3/min。

1. 施工方法

隧道按瓦斯隧道组织施工,全断面光爆开挖为主,在揭煤地段及局部软弱围岩地段采用台阶法,简易台车风枪钻孔,人工装药,导爆管或电雷管引爆,机械装渣,汽车运渣。

2. 突出危险预测

在工作面距煤层 10m 垂直布置 4 个钻孔,孔径 50 ~ 75mm,进入底板 0.5m,详细记录岩芯资料,初步探明 K_1 煤层产状为走向 39°,倾向 309°,倾角 55° ~ 60°,煤层厚度 3.4m,隧道与煤层走向夹角 86°。探孔同时也起瓦斯排放的作用。在打预测孔过程中对以上数据作进一步校对,为保留岩柱尺寸提供准确依据。

在工作面距 K_1 煤层 5m 垂距时,进行瓦斯压力测定及打钻取煤样法进行有关瓦斯参数的全面测定,包括煤的瓦斯放散初速度 A_P、坚固性系数 f、钻屑瓦斯解析指标、瓦斯涌出初速度、煤层吨煤瓦斯可解析量。隧道揭煤断面大、煤层厚度大,工作面采取上下断面开挖,预测孔和测压孔都布置在上断面,4 个预测孔和 2 个测压孔,控制开挖周边外 2 ~ 3m 范围,钻孔穿透煤层全厚,并进入煤底板 0.5m。由于揭煤点位的 K_1 煤层在其邻近煤矿无预测资料借鉴，按煤矿防突细则规定相关预测参数临界值作为本次评定 K_1 煤层突出危险程度的主要依据，同时参考国内外有效判断煤层突出危险性的经验，如表 9-15。

预测 K_1 煤层突出危险性单项指标临界值 表 9-15

煤层突出危险性	煤层破坏类型	ΔP	f	P (MPa)	钻屑解析指标	
					Δh_2 (Pa)	K_1
突出危险	III IV V	10	0.5	0.74	≥166 湿煤； ≥200 干煤	≥0.4 湿煤； >0.5 干煤

对 K_1 煤层区域性突出危险性预测的两个综合指标 K、D 值进行测算作为辅助参数。当 $D \geqslant 0.25$、$K \geqslant 20$ 时判断 K_1 煤层具有突出危险。

实测瓦斯压力值 P 为 0.04MPa，低于临界值 0.74MPa，也低于国内外各种经验公式计算的煤层突出的最小瓦斯压力值(0.21 ~ 1.25MPa)；预测的 K_1 和 Δh_2 分别为 0.057Pa 和 30Pa，小于临界值 0.5 和 200Pa；钻孔瓦斯涌出初速度为 0；打钻过程中未发生动力现象；煤的坚固系数 f 在 0.25 ~ 0.35 之间，平均为 0.31，说明煤的强度较低，煤层松软，瓦斯放散初速度 ΔP 在 7 ~ 13 之间，平均为 9.5，部分超过临界值 10。综合指标 $K = \Delta P / f$ 超过临界值 20，$D = -4.96$ 低于临界值。综合以上可确定隧道前方的煤层存在煤与瓦斯突出的威胁，煤层松软，在防止坍塌方面应引起足够重视。

3. 瓦斯排放

(1) 阻截排放钻孔，在工作面距 K_1 煤层垂距 5m 处打排放钻孔，孔径 75mm，穿透煤层，见煤点分布在开挖周边外 2 ~ 3m 处，钻孔间距 3m，使之沿隧道周边形成 2 ~ 3 圈呈弧形排列在打排放孔前，在隧道断面中布置 2 个测压孔检验排放效果。

(2) 阻截排放钻孔与煤孔松动爆破结合，根据排放效果，视单孔自然排放瓦斯量及钻孔瓦斯涌出量的衰减状态，通过煤层瓦斯压力值的观测，若大于 0.74MPa，在排放孔的煤孔段进行松动爆破，增大煤层瓦斯的排放和地应力的卸压。

(3) 多排钻孔排放，孔径 75mm，穿透煤层，见煤点间距 2m，控制隧道断面及周边 4 ~ 6m 的排放范围。

按防突细则规定，检验孔 4 个，隧道中间一个，其他 3 个位于隧道上方和两侧，终孔位置应位于两个措施孔中间。各预测指标的检验结果都在突出危险临界值以下，认为措施有效，反之无效，采取补救措施，直至检验合格时方可揭煤。

4. 揭煤施工

揭煤是在采取安全防护措施的前提下，一次性放炮揭开煤层（采用毫秒雷管激发非电塑料导爆管的大并联起爆方法雷管 71 发一次起爆），并加强过煤期间的支护，防止坍塌。采用上、下断面台阶式揭煤，上断面揭开后，掘进 20m，有利于下半断面瓦斯排放，上断面先一次揭开煤层，煤层中采用双壁导坑和周边开挖法。

过煤段的支护技术施工程序为锚（管）超前、注浆、开挖（揭煤）；初喷混凝土（4cm）、挂钢筋网、架钢支撑、设定位锚杆、复喷混凝土（23cm）、围岩监控量测。

5. 施工通风

隧道施工通风采用了射流通风技术及低噪、节能、变极多速风机及多功能空气引射器等新设备，以一种新的通风模式和内燃出渣机械，安全顺利地通过了高瓦斯煤层。

出口预计在 K35 + 708 穿越煤层，通风采用洞口压入式，在左右两线洞口各设两台风机，每洞设两路抗静电、抗燃烧的 300mm 软风管向开挖面送风直至贯通，当隧道穿越煤层时，为使瓦斯浓度低于 0.75%，在大断面长距离排放过程中，瓦斯不积聚，采用射流风机产生的风流来加大横通道以后的风速，实现出碴的无轨运输。该系统没有防隔爆要求。每座隧道的两台风机中都有一台多速风机，能在不同转速下运行，产生不同的风量。采用上下半断面开挖时，采用多功能空气引射器供风。

华蓥山隧道煤层瓦斯压力高，煤层松软有突出危险，施工中采用进行突出危险预测，钻孔排放瓦斯，揭煤加强支护，施工通风采用新模式等措施，使内燃出渣机械安全顺利通过了煤层。

第十部分　控制施工对周边环境和结构物的影响

在前面我们提到重视环境有两层含义，一是指内部环境，即施工作业环境；另一层是指对外部环境，即对周边环境的影响。重视环境是时代的要求，许多环境技术都是因时代的变迁而得到发展，许多标准都是因环境的要求而制定。

本节说明隧道施工对外部环境的影响。对周边环境的影响主要指：

·因各种原因引起的地表下沉；

·水理条件的变化，枯水、水位降低、水质污染等；

·对周边结构物的影响；

·对社会、生活环境的影响。

在地下施工中，如对外部环境可能造成影响，就要预测对外部环境影响的场所、规模、时间及现象等，有问题时，就要采取措施防止外部环境恶化，并对已经恶化的外部环境进行修复等，这个问题在城市修建地下工程时尤为突出。

在城市或其周边修筑隧道工程时，对保持自然状态平衡的地层环境会造成影响，即使在运营中，因地下结构物的存在，也会有与建设时期不同的影响，这种影响必然会使外部环境发生变化。

(1)这里首先要明确隧道施工和运营时可能产生的对外部环境的影响的主要因素，这些因素汇集在表10-1中。

产生外部影响的主要因素　　表10-1

划分		主要因素
自然环境	地下环境（地层环境）	地层变异、地下水变动、地下水水质、土壤污染、地下生态系、地层空气质量等
	地上环境	大气污染、恶臭、噪声、振动、地表水水质、热、地上生态系等
社会环境		景观、交通问题、开挖土处理等

注：自然环境和社会环境相互间是有关联的，如大气污染就是一例。

隧道施工对外部环境有着怎样的影响,其影响是否在容许范围之内,必要时应采取何种对策,即环境保护的基本观点是什么。如前所述,因隧道的修建对外部环境的影响从建设一开始到运用结束后都是存在的,因此,环境保护理应在整个时期内考虑。

表10-1所示的外部环境因素不是独立存在的,在地层环境中,如接近软弱地层的地下水位的降低会造成压密下沉,而受压密下沉直接影响的就是地面下沉(地层变异),根据当地条件,又可能造成管线的下沉或损伤,这些都是相互关联的。

(2)其次就是要规定出这些影响的容许值,一般说,环境影响因素出现后,影响的容许值基本上是根据法规的规定确定的。

一般说,容许值是随时代的社会背景和当地条件而变化的,但还是能够确定出一个对生活环境不产生影响的范围值,例如,表10-2和表10-3就是日本建筑学会规定的建筑结构出现压密下沉场合的容许下沉值。

容许相对下沉值(压密下沉的场合)(单位:cm)　表10-2

结构类型	混凝土结构	钢筋混凝土结构		
基础形式	连续基础	独立基础	连续基础	筏基
标准值	1.0	1.5	20	2.0
最大值	2.0	3.0	4.0	4.0

容许最大下沉值(压密下沉的场合)(单位:cm)　表10-3

结构类型	混凝土结构	钢筋混凝土结构		
基础形式	连续基础	独立基础	连续基础	筏基
标准值	2	5	10	10
最大值	4	10	20	20

施工要点一　地层变异和地下水变动

在外部环境保护中,地层中的地层变异及地下水变动是隧道施工中共同的环境因素。在地层中,视深度和地质条件,土压、水压一般是处于平衡状态的,但建设地下结构物后,这种平衡被破坏,使地层、地下水环境发生变化。

1.地下水变动、地层变异的机理

图10-1是关于随涌水发生的地下水变动和地层变异的机理概念图,表10-4是地下开挖、地下结构物和地下水动态的关系。

如图 10-1 的情况,会产生地下水位降低和地层的压密下沉,根据表 10-4,因地下设施的存在或施工,会造成地下水的流况变化和地下水的变动。表 10-5 是地下水变动和地层变异现象和原因的汇总。

图 10-1 为涌水引起的水位、水压降低和地层压密、收缩模式。

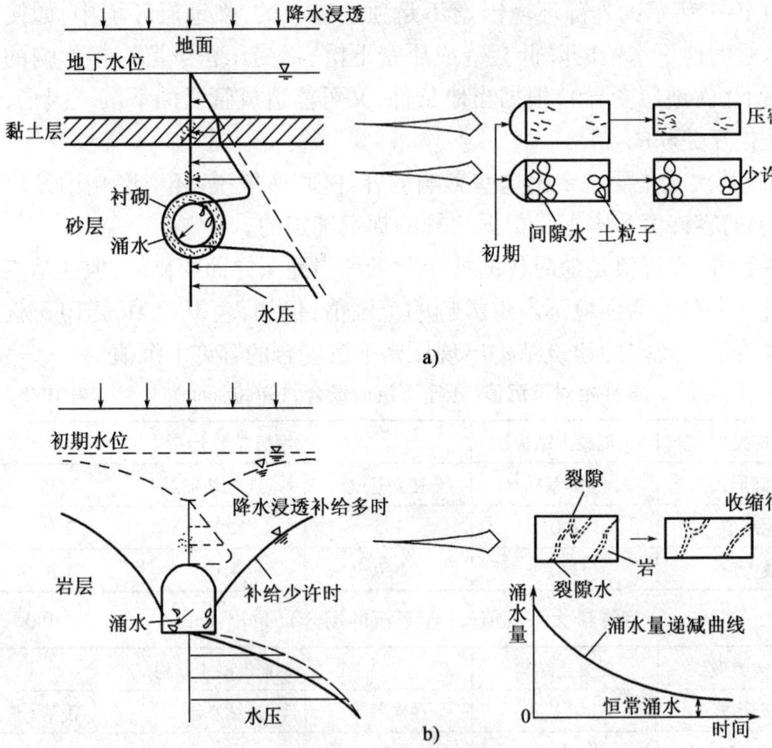

图 10-1 涌水引起的水位、水压降低和地层压密、收缩模式

a)土层;b)岩层

2. 地下水变动和地层变异影响的预测

地下水变动和地层变异的预测,有以下四种方法,可根据目的、状况不同分别采用。

(1)量测预测

根据实测的地下水位或地层下沉值等,定量地进行预测,在施工中可采用反分析和经验数据,对后续作业进行指导,这是施工中和施工后最具有代表性的方法。

(2)经验预测

该方法采用由过去的经验推定的经验公式或经验值进行预测。

(3)理论预测

地下开挖与地下水的关系　　表10-4

地下开挖的情况	影响预测
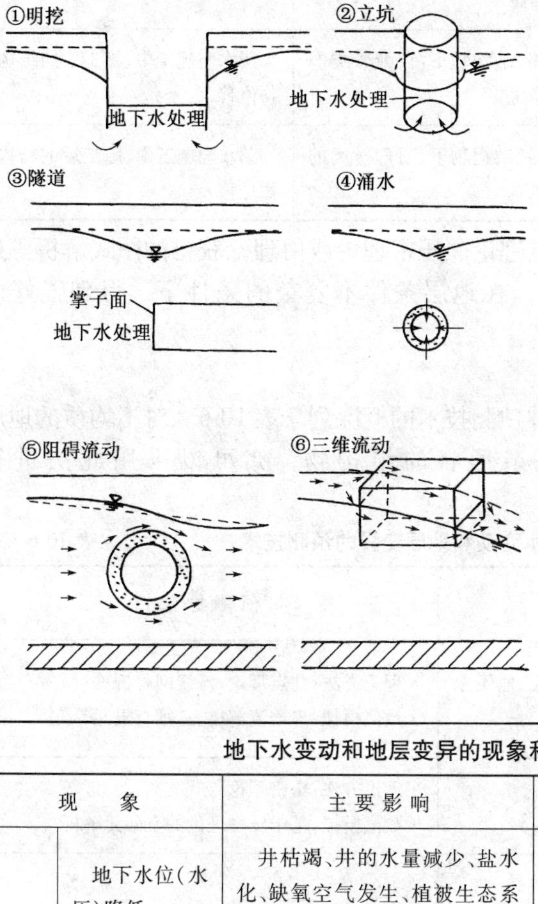	·施工中对地下水的影响是短期的，完成后将是长期的； ·据点施工对地下水的影响可达到几百米到几公里的范围； ·线状结构物的场合，可达线路两侧几百米的范围； ·地形、地质和开挖的规模不同，对地下水的影响是不同的

地下水变动和地层变异的现象和原因　　表10-5

现　　象		主要影响	主要原因
地下水变动	地下水位(水压)降低	井枯竭、井的水量减少、盐水化、缺氧空气发生、植被生态系变化	施工时的抽水、漏水、运行中的漏水
	地下水位(水压)上升	湿地化、水田湿田化、结构物上浮、植被生态系变化	结构物的存在、施工时的复水
	地下水流动方向变化	流况变化	结构物的存在、施工时的复水
地层变异	漏水	与地下水位降低相同	结构物和遮水不足

续上表

现象		主要影响	主要原因
地层变异	地层压密下沉	道路、结构物下沉,配管类的功能障碍	地下水位(水压)降低
	地面下沉	道路、结构物下沉,配管类的功能障碍	漏水与施工中、施工后的结构物位移
	开挖时的侧向位移	道路、结构物下沉,配管类的功能障碍	漏水与施工中、施工后的结构物位移

根据各种理论，如井点理论、压密理论或由理论获得的图式解析等进行预测，该方法计算简便，在地层条件不复杂的条件下，得到很好的应用。

(4)数值模拟预测

应用计算机技术，各种预测技术的概况列于表10-6。对不均质的地层和复杂边界条件以及复杂形状的结构物，亦可以采用此法进行预测。

地下水变动和地层变异的预测技术 表10-6

现象	预测内容	预测方法
地下变动水	地下水位(水压)降低、地下水流动量	· 理论方法:井点理论、流线网解析等; · 数值模拟:渗透流解析、三维有限元等
地层变异	地层压密下沉	· 理论方法:压密理论; · 数值模拟:基于压密理论的有限元解析
	地层的地面下沉、开挖时的侧向位移	· 理论方法:隧道净空、地中位移、地面下沉等预测式; · 数值模拟:弹性、弹塑性、黏弹性等解析

3. 地下水变动和地层变异的对策

根据以上预测方法，预计出现超过容许值的不良影响时，应采取积极对策，保护环境。地下水变动和地层变异的主要技术对策见表10-7。

地下水变动和地层变异的主要技术对策　表 10-7

现象		主要对策
地下水变动	地下水位(水压)降低	止水工法(止水壁、支护结构的止水性、压注等)、再灌水工法
	地下水位(水压)上升	抽水减压降低地下水位工法、透水壁、导管工法
	地下水流动方向变化	根据具体情况采用地下水位降低或上升的工法
	漏水	止水补强
地层变异	地层压密下沉	地层改良、结构物补强
	地面下沉、开挖时侧方位移	支护结构补强、地层补强、填土碾压等

4. 地上环境的预测技术和对策技术

地上环境的预测与对策技术见表 10-8。这主要是采用类似于地上设施同样的技术。

地上环境的预测与技术对策　表 10-8

因素	预测技术	对策技术
大气污染	扩散理论、模拟、风洞试验	燃烧改善、有害物质处理控制技术、除尘(集尘技术)、排烟脱硫(脱硫技术)
恶臭	基于大气扩散的预测方法	洗净法、燃烧法、吸着法、化学脱臭法、土壤酸化法、生物脱臭法等
噪声	比例模式、现场声源、数值模拟、图解法等	声源对策、结构物自身的对策、遮蔽物对策等
振动	简易法、统计法、数值模拟、模型试验	振动源对策、结构物自身的对策、距离衰减对策

5. 水质污染、土壤污染的预测技术和对策技术

目前采用的主要预测与对策技术表 10-9。

水质污染的预测与对策技术 表10-9

因素	预测技术	对策技术
水质污染	数值模拟、水理模型试验、现场试验	各种水处理技术、净水技术、污染物质封存技术、抽水等
土壤污染	数值模拟、水理模型试验、现场试验	各种排水处理、污染物质封存、污染土壤防止飞散等
热	热传递理论、数值模拟、模型试验	用结构体遮蔽
微生物	培养试验	与水质和土壤污染类似
生态系	水和大气的移行计算、采用动植物的移行系数计算	环境,特别是媒介的限制
氡气、放射能	以原子能设施的评价方法为准	稀释、通风等

应该说,这个领域的问题较多,水质污染经常采用数值模拟的预测技术,但在移动过程中的化学与生物反应就比较困难,微生物的预测也是很困难的。

施工要点二　控制对周边结构物的影响

目前,接近既有结构物进行山岭隧道施工(以下简称接近施工)的实例越来越多,因此,接近施工技术已成为隧道施工技术的一个重要构成部分。接近施工与一般施工不同,必须在设计、施工各阶段中考虑对既有结构物的影响。

在接近施工中,究竟采用什么样的措施,与既有结构物和新设结构物的位置关系、影响程度、既有结构物的种类和重要程度等有密切关系,在设计施工中必须慎重地加以研究。

日本在接近施工中,以既有结构物的铁路隧道与新建工程的位置关系分为表10-10和图10-2所示的各种类型,并规定了相应的影响范围,作为设计施工的基准,对指导接近施工有一定的参考价值。

下面简要说明在接近施工中的一些施工要点。

1. 接近施工的类型

图 10-2 和表 10-10 是出现接近施工的几种分类及其特征。

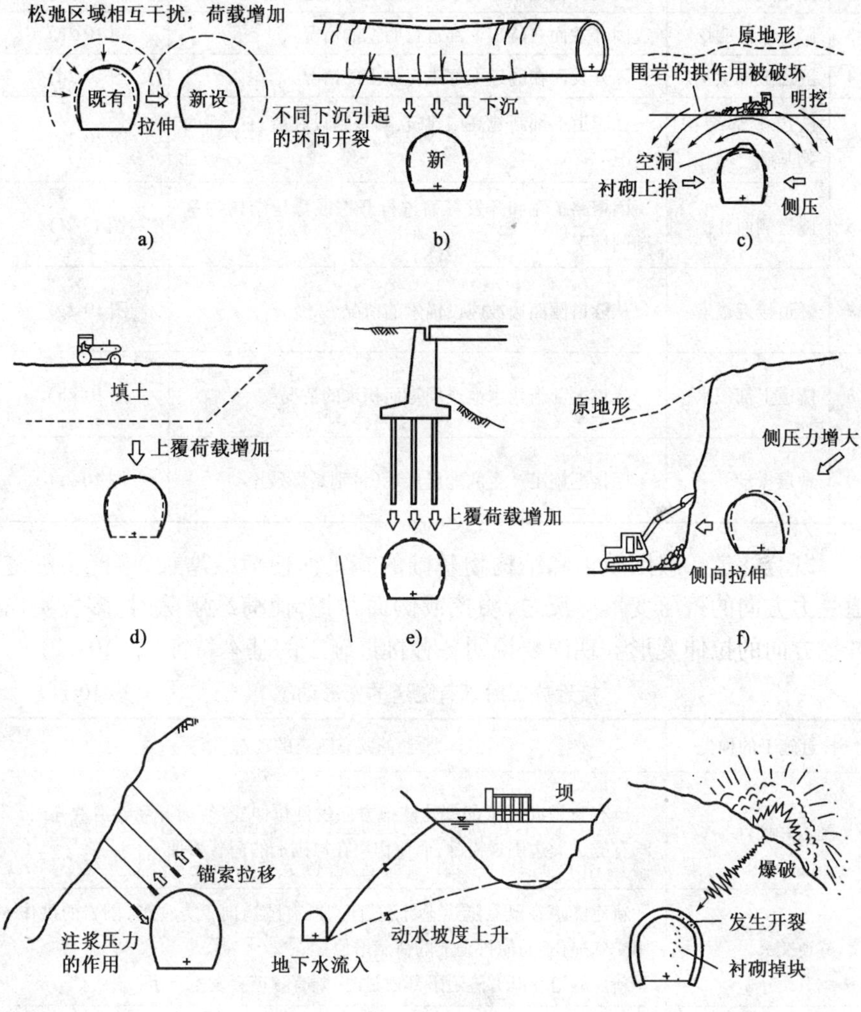

图 10-2　接近施工的分类

a)隧道并设；b)隧道交叉；c)隧道上部明挖；d)隧道上部填土；e)隧道上部有结构物基础；f)隧道侧面开挖；g)隧道接近锚索；h)隧道上部积水；i)地层振动

接近施工的分类 表 10-10

No	分　类	特　征	图　号
1	隧道并列	与隧道平行新建隧道，增加复线时多出现此情况	图 10-2a)
2	隧道交叉	从既有隧道上部或下部横断既有隧道的情况	图 10-2b)
3	隧道上部明挖	因开发而在隧道上部进行明挖的情况	图 10-2c)
4	隧道上部填土	因开发而在隧道上部进行填土的情况	图 10-2d)
5	隧道上部结构物基础	在隧道上部新建高层建筑，其基础设在隧道上部的情况	图 10-2e)
6	隧道侧面开挖	因道路扩宽和开发等而进行开挖或修建结构物基础的情况	图 10-2f)
7	隧道接近锚索	从隧道侧面边坡施设锚索的情况	图 10-2g)
8	隧道上部积水	隧道上部新建水池或坝等而积水的情况	图 10-2h)
9	地层振动	因接近施工产生的地层振动（特别是爆破振动）	图 10-2i)

既有隧道一般因填土和结构物基础的施工而使荷载增加，多产生沿隧道受力方向的挤压变形。反之，明挖或侧面开挖，使荷载解除时，多发生向开挖方向的拉伸变形。现简要说明各种接近施工的基本特征（表 10-11）。

接近施工时既有隧道的变形动态 表 10-11

接近施工的种类	预计的既有隧道的动态
隧道并列	既有隧道向接近的新建隧道方向发生拉伸变形；因并列隧道的施工，既有隧道周边围岩松弛，而使作用在衬砌上的荷载增加
隧道交叉	新建隧道在既有隧道上部通过时，既有隧道向上方变形，围岩的拱作用受到损伤，而使衬砌上的荷载增加； 新建隧道在既有隧道下部通过时，既有隧道会发生下沉
隧道上部明挖	因隧道上部开挖，土压被解除，对垂直荷载来说，侧压变大，拱顶会向上变形； 埋深小时会损伤拱作用，使衬砌的垂直荷载增加； 开挖对隧道来说如是非对称的情况，衬砌会受到偏压作用

续上表

接近施工的种类	预计的既有隧道的动态
隧道上部填土	因隧道上部填土,作用在衬砌上的垂直荷载增加; 埋深大时,增加荷载被分散,影响变小; 填土不均匀时,衬砌会受到偏压作用
隧道上部结构物基础	基础开挖时,与隧道上部开挖一样,但程度有所不同;上部结构物施工时,与上部填土一样,上部荷载增加
隧道侧面开挖	隧道向开挖方向发生拉伸变形
隧道接近锚索	因接近隧道钻孔,使隧道周边围岩松弛;导入锚索预应力时,会产生位移
隧道上部积水	动水坡度上升,产生水压作用或漏水量增加
地层振动	接近工程施工使用大量炸药时,受到动荷载的作用,衬砌发生开裂,并可能发生剥离脱落

2. 影响范围的划分(或称接近度的划分)

影响范围的划分,要根据许多条件作出判断,这些条件是:

· 接近施工的种类;
· 接近工程的规模;
· 接近施工的设计、施工方法;
· 与既有隧道的位置关系;
·(原)地形、地质条件;
· 既有隧道衬砌的力学健全度;
· 对策的可能性;
· 其他。

在接近施工中,要对可能影响的范围进行划分是很困难的,日本主要是根据既有结构物与新设结构物的位置关系划分为:无影响范围、注意范围和需采取措施的范围。除无影响范围外,都要根据对既有结构物的检查、量测等进行设计。

根据接近度的划分,应采取措施的内容见表10-12。

接近度的划分与措施的内容 表 10-12

接近度划分	划分内容	措施内容
无影响范围	不考虑新设结构物施工对既有结构物影响的范围	一般不需要采取措施
注意范围	通常不会产生有害影响,但有一定影响的范围	一般以采用合适的施工方法为对策,并根据既有结构物的位移、变形量等推定容许值,再决定是否采取其他措施,为施工安全,要对既有结构物和新设结构物进行量测管理
需采取措施范围	产生有害影响的范围	必须从施工方法上采取措施并根据既有结构物的位移、变形量来研究影响程度,而后采取相应措施。同时对既有结构物和新设结构物进行量测管理

这样就可以根据接近工程位于哪一个"范围"来决定施工前调查、影响预测、对策、安全监视、施工方法、应采取的对策等。表 10-13 列出了在各种影响范围内的对策。

接近程度的范围和对策 表 10-13

范围	对策		
无影响范围	现状调查	既有隧道结构调查	目视检查,确认状况
		地层调查(地形与地质)	资料确认
		接近施工概况	设计、施工、位置关系确认
	影响预测	经验方法	不需要
		解析方法	不需要
	对策	既有隧道对策	不需要
		新建工程侧对策	不需要
		地层	不需要
	安全监视	结构物稳定	必要时实施
		轨道管理	不需要
		建筑限界	不需要
	施工记录	接近工程的概况	希望加以保存
		安全监视结果记录	不需要

续上表

范围	对　策		
注意范围	现状调查	既有隧道结构调查	结构调查
		地层调查	资料确认
		接近施工概况	不需要
	影响预测	经验方法	不需要
		解析方法	不需要
	对策	既有隧道对策	不需要
		新建工程侧的对策	按影响最小考虑
		地层对策	不需要
	安全监视	结构物稳定	必要
		轨道管理	必要
		建筑限界	必要
	施工记录	接近工程概况	必要
		安全监视结果记录	必要
需采取措施范围	现状调查	既有隧道结构调查	详细调查
		对策调查	必要
		接近施工概况	设计、施工、位置关系确认
	影响预测	经验方法	调查类似工程
		解析方法	必要
	对策	既有隧道对策	为确保安全采取必要对策,也可以考虑改变新建计划
		新建工程侧对策	
		地层对策	
	安全监视	结构物管理	必要
		轨道管理	必要
		建筑限界	必要
	施工记录	接近工程概况	必要
		安全监视结果记录	必要

3. 影响范围划分基准

根据接近工程的种类，主要是根据既有隧道与新建结构物的间隔来进行其接近度的划分。这里所谓"间隔"，是指既有隧道衬砌外面到接近工程的最小距离。接近度判断时采用的D(隧道外径)值，指既有隧道衬砌的外面的垂直高度、水平宽度中的最大值。在隧道并列、隧道交叉的情况时，采用新建隧道的外径D。

1)隧道并列

因新建复线或新建公路隧道与既有隧道需并列时，既有隧道会向新建隧道方向发生拉伸位移、变形。接近施工时，因新建隧道的施工，会使既有隧道周边的围岩松弛，使既有隧道衬砌上的荷载增大。

并列隧道对既有隧道的影响，决定于两个隧道的间隔、两个隧道的相对高度的位置关系、新建隧道的大小、新建隧道的施工方法(特别是开挖方式)、地形和地质条件(地层的软硬、埋深等)、既有隧道衬砌的结构的健全度等。

表10-14、图10-3为隧道并列时接近度的划分及示意，表10-14适用于新建隧道并列在既有隧道左右的情况，即从既有隧道横断面中央水平线向上下方向引45°线新建隧道在此范围内并列的情况。在此线的上方或下方新建隧道时，应按隧道交叉的情况处理。隧道间隔小于$0.5D$时，预计对隧道结构有重大影响，应慎重处理。

接近度的划分(隧道并列)　　表10-14

两座隧道的位置关系	隧道间隔	接近度的划分
新建隧道比既有隧道高	$<1D$	需采取措施范围
	$1\sim2.5D$	注意范围
	$>2.5D$	无影响范围
新建隧道比既有隧道低	$<1.5D$	需采取措施范围
	$1.5\sim2.5D$	注意范围
	$>2.5D$	无影响范围

注：D-新建隧道的外径。

新建隧道采用爆破法施工时，应另外研究爆破振动的影响。

表10-14的地质条件是以洪积的粉砂岩等为基础的，在地质情况好或不良时，应加以修正，修正系数为：

· 稳定的硬岩、软岩，-20%；

· 洪积砂层、黏性土层等，+20%；

· 不稳定的围岩(膨胀性围岩、等)，+40%。

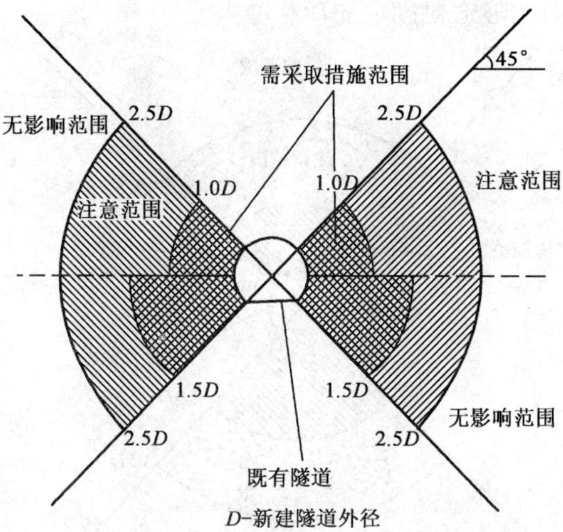

图 10-3　接近度的划分(隧道并列)

表 10-14 的既有隧道衬砌是指比较健全的(B、S、C),如有变异发生(AA、A_2、A_1)应加以修正。

如上述修正条件都存在,修正值应相加,例如,新建隧道在既有隧道的侧上方,围岩有膨胀性,既有隧道衬砌的健全度为 AA 的无影响范围是:

$2.5D \times [1 + (0.4 + 0.2)] = 4.0D$,即应修正为 $4.0D$ 以上。

2)隧道交叉

新建隧道在既有隧道上方交叉时,既有隧道会向上拉伸变形和位移。在非常接近时,会损伤既有隧道的拱作用,而使既有隧道的衬砌荷载增大。此外,也可能受到新建隧道内活荷载的影响。

反之,新建隧道在既有隧道的侧下方时,既有隧道会发生下沉。非常接近时,既有隧道会产生不均匀下沉,有可能发生超过高度管理基准的轨道变异。

隧道交叉对既有隧道的影响决定于以下条件:两个隧道的间隔、两个隧道的相对位置关系、新建隧道的大小、新建隧道的施工方法、地形和地质条件、既有隧道衬砌结构和健全度等。

表 10-15、图 10-4 为隧道交叉时接近度的划分及示意,利用表 10-15 时应与注意表 10-14 有相同的修正说明。

3)隧道上部明挖

因新建道路、宅地开发等而在隧道上部进行明挖时,隧道由于明挖而减轻荷载,发生向上方的拉伸变形与位移,引起残留的埋深变小和损伤;隧道周边的拱作用，而使隧道衬砌上的荷载增大。

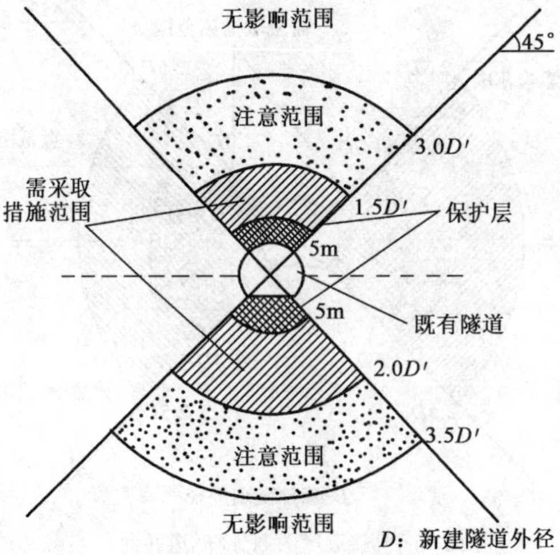

图 10-4 接近度的划分（隧道交叉）

接近度的划分（隧道交叉） 表 10-15

两座隧道的位置关系	隧 道 间 隔	接近度的划分
新建隧道在既有隧道的上方	1.5*D*	需采取措施范围
	1.5*D*～3.0*D*	注意范围
	3.0*D*	无影响范围
新建隧道在既有隧道的下方	2.0*D*	需采取措施范围
	2.0*D*～3.5*D*	注意范围
	3.5*D*	无影响范围

上部明挖对既有隧道的影响主要决定于以下条件：原埋深和残留埋深的比、残留埋深的大小、明挖平面的宽度、明挖前后的地形、明挖的施工方法（是否使用炸药、平面的施工顺序、一次明挖的厚度）、地质条件、既有隧道的结构和健全度等。

因各种条件的影响是不同的，故很难预测，但除了在很窄范围（隧道外径以内）和很宽范围（如距隧道中心45°连线以外的范围）进行的明挖外，在通常的范围内进行明挖时，接近度的划分见表 10-16 接近度的划分，示意见图 10-5。

接近度的划分（隧道上部明挖） 表 10-16

残留埋深比 h/H	接近度的划分
<0.25	需采取措施范围
0.25～0.5	注意范围
>0.5	无影响范围

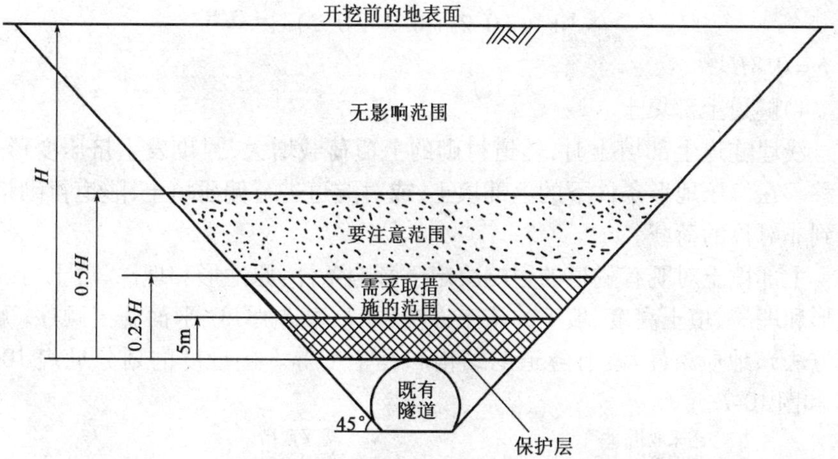

图 10-5　接近度的划分(隧道上部明挖)

表 10-16 在隧道外周 45°连线范围以内进行明挖的情况时使用,在以外范围进行明挖时,可参考隧道侧面开挖的判定表(表 10-17)进行评价。表 10-16 预计开挖前后的地形是平坦的,如地形是偏压地形或开挖后会形成偏压的情况,应采用解析方法进行判断。

残留埋深比是指明挖后残留的埋深 h 与原埋深 H 之比(h/H)。原则上隧道的保护层以残留 5m 厚度为宜。

如图 10-6 所示,隧道斜上方的开挖量较大时,也应考虑隧道侧面的残留埋深比。

表 10-6 的值在下列条件时应加以修正。

①开挖范围显著小,或显著大时,应加以修正:

·开挖范围显著小时(小于隧道外径),-20%;

·开挖范围显著大时(比隧道外周下面 45°连线范围大),+20%;

②隧道地质条件的修正:

·硬岩,-20%;

·砂层、黏性土层、强风化层等,+20%;

·当隧道健全度不属于 B、S、C,而为 AA、A_2、A_1 时,应修正 +20%。

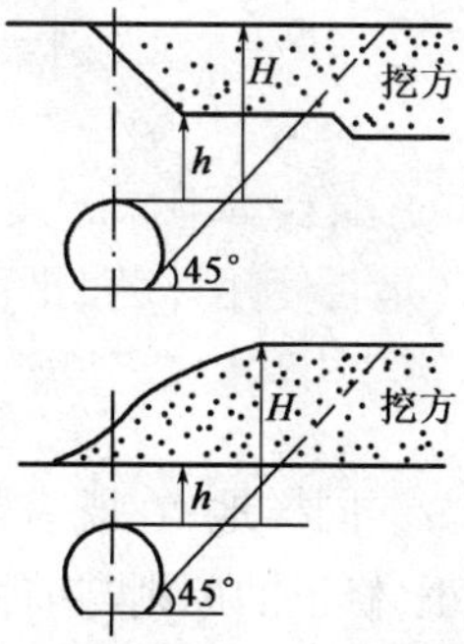

图 10-6　隧道上部明挖的情况

上述条件同时存在时,修正值应合计。如开挖范围极宽、风化显著的凝灰岩、既有隧道的健全度为 AA 时的无影响范围的残留埋深比为:

$$0.5\times[1+(0.2+0.2+0.2)]=0.8$$

即 $h=0.8H$。

4)隧道上部填土

浅埋隧道上部填土时,隧道衬砌的上覆荷载增大,衬砌发生挤压变形、位移。在偏压地形条件下的上部填土,或对隧道进行偏压填土,隧道衬砌将受到非对称的荷载。

上部填土对既有隧道的影响决定于影响条件:原地形和埋深、填土后的地形和埋深、填土高度、填土的施工方法(一次填土厚度、平面施工顺序、碾压方法)、地质条件、既有隧道的结构和健全度等。接近度的划分见表10-17和图10-7。

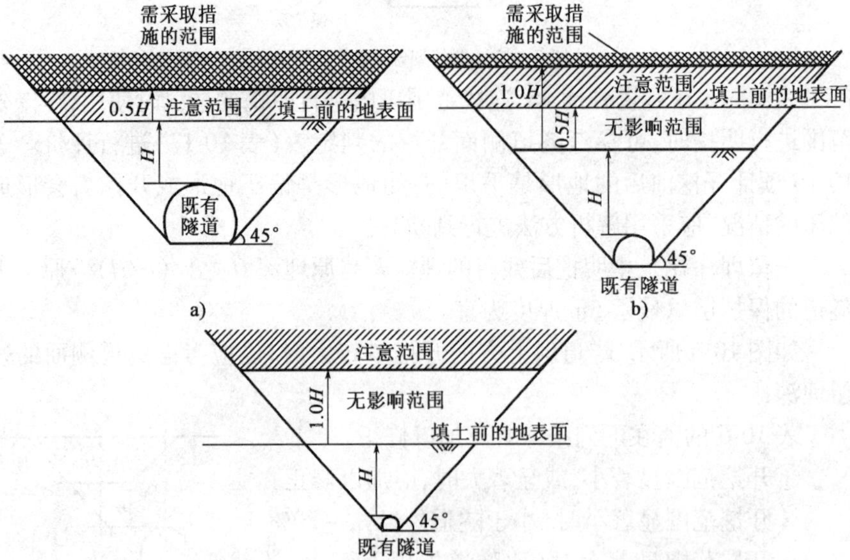

图10-7 接近度的划分(隧道上部填土)

a) $H<D$;b) $D\leqslant H\leqslant 3D$;c) $H\geqslant 3D$

同样地,在既有隧道健全度不同,或地质条件变化时,应对数值进行修正,修正的原则与前面相同。

5)隧道上部有结构物基础

隧道上部新建结构物,而将基础设置在隧道上部时,支持基础的荷载通过围岩作用在衬砌上。此时,基础的前端没有进入作为保护层的隧道上部5m范围内,而以在此5m平面上荷载增加的程度来划分接近度(如表10-18)。

接近度的划分(隧道上部填土)　　表 10-17

原埋深 H	填土高度比 $\Delta H/H$	接近度的划分
$<D$	>0.5	需采取措施范围
	<0.5	注意范围(填土荷载小于1时,为无影响范围)
$D\sim3D$	>1.0	需采取措施范围
	$0.5\sim1.0$	注意范围
	<0.5	无影响范围
$>3D$	>1.0	注意范围
	<1.0	无影响范围

接近度的划分(隧道上部结构物基础)　　表 10-18

隧道上部5m以上的预计增加荷载	接近度的划分
<1	无影响范围
1~4	注意范围
>4	需采取措施范围

荷载增加的程度决定于地层中应力分布的计算方法,可根据图10-8进行概略预测,如预测的荷载增加超过10kN/m^{2}时,或出现局部集中荷载作用时,应慎重研究处理。

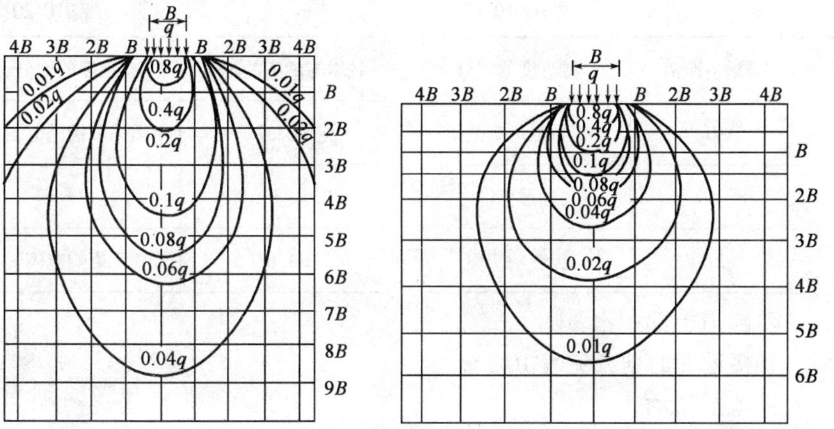

图10-8　基础的荷载分布

a)带状荷重;b)正方形荷重

B-基础宽度;q-荷载值

隧道地质条件为软弱地层时,应修正-25%。

既有隧道健全度不属于 B、S、C,为 AA、A_2、A_1 时,应修正-25%。

6)隧道侧面开挖

在既有隧道的侧面开挖时,会发生向开挖侧的变形和位移。其影响决定于地形条件、地质条件、开挖规模、既有隧道的健全度等。接近度的划分和示意见表10-19和图10-9。

7)隧道接近锚索

为加固坡面而需在隧道附近实施锚索时。因钻孔使水流入隧道,或因压浆使隧道受到压浆压力,锚索锚固时也会使隧道周边围岩产生位移。其影响决定于锚索与隧道的距离、锚索的施工方法、锚索的预应力大小、地形和地质条件、既有隧道衬砌的结构和健全度等。接近度的划分见表10-20。

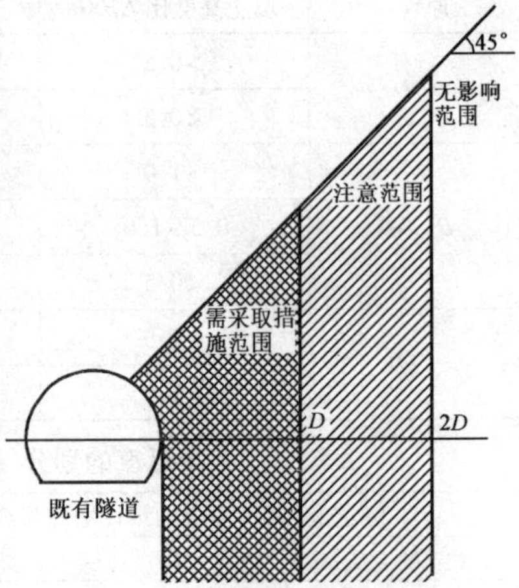

图10-9 接近度的划分(隧道侧面开挖)

接近度的划分

(隧道侧面开挖)

表10-19

与隧道的距离	接近度的划分
<D	需采取措施范围
1~2D	注意范围
>2D	无影响范围

接近度的划分

(隧道接近锚索)

表10-20

锚索与隧道的距离	接近度的划分
<0.5D	需采取措施范围
0.5~1.0D	注意范围
>1.0D	无影响范围

8)隧道上部积水

其接近度的划分见表10-21。

9)地层振动

接近施工的地层振动因与既有隧道的位置关系、使用炸药、地形和地质条件而有很大的不同,因此,表10-22的划分是根据振动源与隧道的距离来划分接近度的。

爆破振动速度的限制值规定如下。

既有隧道的健全度 AA:2cm/s;

既有隧道的健全度 A_2、A_1:3cm/s;

接近度的划分

（隧道上部积水）表 10-21

积水规模	接近度的划分
坝的大规模积水（10 000m^3 以上）	需采取措施范围
中规模积水（100～10 000m^3）	注意范围
小规模积水（小于 100m^3）	无影响范围

接近度的划分

（地层振动）表 10-22

与隧道的距离	接近度的划分
$2D$ 以下	需采取措施范围
$2\sim5D$	注意范围
$5D$ 以上	无影响范围

既有隧道的健全度 B、S、C：4cm/s；

衬砌有可能掉落的开裂和涂有薄的防水砂浆时：2cm/s；

采取防止掉落的措施时：4cm/s。

10）城市条件下接近施工的影响范围划分

近年，由于土地价格上扬、城市土地用地不足等原因，城市急剧向郊区扩大，土地高度利用，接近既有结构物进行施工的接近工程大量涌现。近期的接近工程与过去的比较，不仅工程规模大，而且与既有结构物的间隔距离小，因此要求对既有结构物的影响进行预测，同时提出相应的对策。其接近度的划分见图 10-10。

在结构物基础附近修筑地下结构物时，对基础的影响究竟如何，我们通过一个计算实例加以说明。为简单起见，取地层的强度是均匀的，$f_k=500$kPa，结构物宽设定为 20m，此时的承载力是单轴抗压强度的 5.14 倍，即 2 570 kPa，如果在其周边进行开挖或修筑地下结构物，原地层的承载力会发生变化，这种变化就反映了开挖或地下结构物的影响。在不同情况下，地层承载力的变化见图 10-11 和表 10-23。

开挖引起的地层承载力的变化　　表 10-23

情　况	q_u（kN/m^2）	q_u/f_k	q_u/q_{u0}
A	2 710.8	5.42	1.000
B	1 350.8	2.70	0.498
C	2 518.9	5.04	0.929
D	505.6	1.01	0.187
E	1 728.0	3.46	0.637
F	1 101.4	2.20	0.406

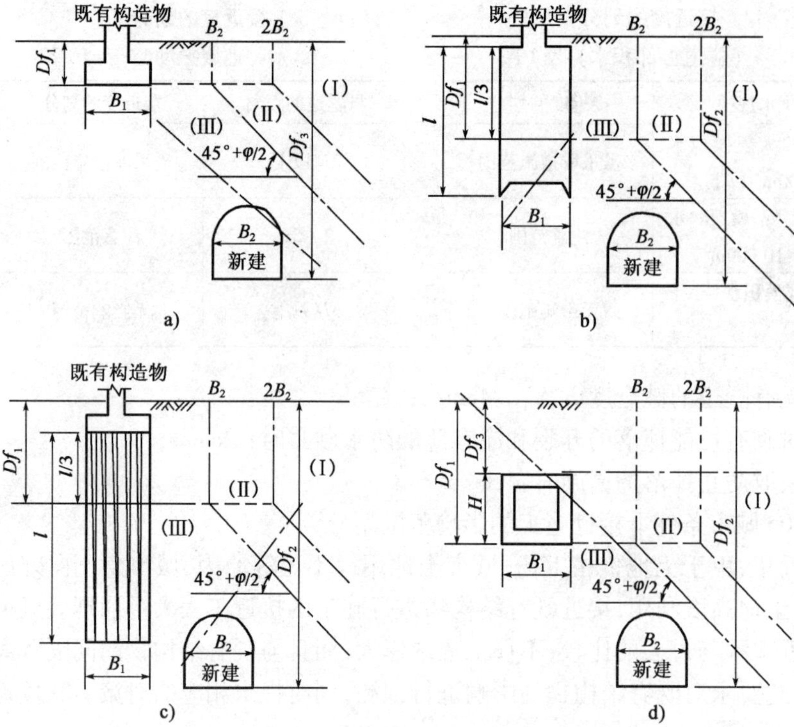

图 10-10　城市条件下的接近度划分

a)浅基础;b)深基础;c)桩基础;d)地中构造物

I-无影响范围;II-注意范围;III-需采取措施范围

首先在情况 a)中,因没有进行任何开挖,是原始情况,其承载力是 2 710.8 kN/m^2,比理论值大一些,而在其他情况中,都因开挖而有不同程度的减少。例如 d)的情况,直接在基础正下方 10m 深处开挖一宽 20m、高 5m 的地下结构物,地层的承载力只有 505.6 kN/m^2,大大降低;而当离基础 20m 进行开挖时,其承载力为 1 101.4 kN/m^2,承载力有所提高。

这些事例充分说明,接近施工已成为地下施工的一个重要分支,我们应在实践中不断地积累经验,逐渐地形成我们的技术和基准。

4. 接近施工的施工前调查

1)既有隧道结构调查

正确地掌握既有隧道的结构是十分必要的,应根据接近度的划分、既有隧道的健全度来进行调查工作。

对于无影响范围，应根据档案资料确认结构状态，并目视检查该处的状况，既有隧道的健全度为 AA、A_2、A_1 时，要以注意范围的基准进行调查。

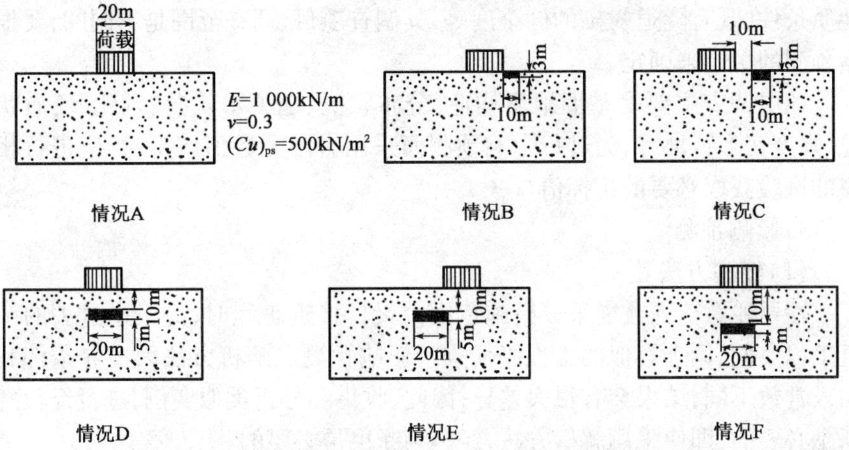

图 10-11　开挖对地层承载力的影响研究

对于需采取范围，应根据结构物的档案、施工记录等确认结构的状态，并进行相应的目视检查。根据这些资料尚不能明确判断时，应采用钻孔等方法进行实地衬砌结构调查。如既有隧道的健全度为 AA、A_2、A_1 时，应以需采取措施范围的标准进行调查。

对于需采取措施范围，要对以下项目进行详细的隧道结构调查，正确地掌握衬砌结构及其状态。既有隧道的健全度为 AA、A_2、A_1 时，要明确其变异的原因、变异状况、发展状况等。

衬砌结构调查的项目有：

· 衬砌材料：混凝土、喷混凝土、砌块、石头；

· 衬砌厚度：设计厚度及实际厚度；

· 衬砌结构：先拱后墙、先墙后拱、有无钢筋、支护情况、仰拱；

· 衬砌状况：开裂、漏水、接缝情况；

· 衬砌背面：有无空洞、有无回填、地质状况；

· 净空断面；

· 排水：涌水量、堆积物等。

既有隧道的调查范围从接近工程方面看，从注意范围和无影响范围的边界，应到 $2D$ 左右的外侧位置。

2）地层调查

对于接近工程的预测,充分掌握既有隧道、新建隧道结构物周边及中间地层的物理、力学特性是很有必要的。

调查工作根据接近度的划分来进行,但因接近施工的种类、规模、地形、地质条件、既有隧道衬砌的健全度等,其调查项目、调查范围是不同的,要根据预测的影响来确定。

地层调查主要是掌握地质构造、分布状况、地下水状况、风化、变质状况、强度变形特性等,为进行影响预测而采用有限元数值解析时,应进行相应的试验获取必要的指标值。

3)影响预测

(1)经验方法

在要注意范围或需采取措施范围内设计接近工程时,应根据过去的接近工程实例,调查类似的工程以便进行影响预测。解析方法因边界条件和输入常数不同,结果会有很大差异,因此,收集和分析类似实例,进行经验判断是必要的,即使采用解析方法,经验判断也是必要的。

评价和分析类似实例时,应注意以下几点:

·接近施工的种类;

·接近施工的工程规模;

·接近施工的设计、施工方法;

·与既有隧道的间隔、位置关系;

·原地形、地质情况;

·既有隧道结构的健全度;

·管理体制和管理基准;

·接近工程的工程概况;

·安全监视的量测结果等。

(2)解析方法

解析方法有:

·考虑既有隧道对地层对动态的影响及隧道和地层的相互作用,视既有隧道和地层为一体的解析方法;

·预计地层变形规模很大,既有隧道的存在对地层形态没有影响,或采用三维近似表现时,把采用其他方法求出的既有隧道变形,作为强制变形输入的方法;

·预计既有隧道的刚度相当大,隧道几乎不产生变形时既有隧道作为荷载输入的方法。

采用解析方法进行预测时应注意以下几点：

·解析方法的选择；

·解析范围和边界条件；

·输入常数；

·衬砌状态；

·解析结果的评价；

·对策、安全监视的反馈；

·解析作业的主体——对无影响范围、注意范围可以以接近施工侧的解析结果进行影响预测，但对需采取措施范围的接近施工影响分析，应以既有隧道侧为主。

(3)容许值

表10-24列出容许值的大致标准。

衬砌应力增加的容许值标准　表10-24

既有隧道的健全度	拉应力的增加(MPa)	压应力的增加(MPa)
AA	0.3	1
A_2A_1	0.5	2
B、C、S	1	5

对爆破振动，视衬砌的健全度，振动速度的容许值见表10-25。

振动速度的容许值　表10-25

既有隧道的健全度	容许振动速度(cm/s)	既有隧道的健全度	容许振动速度(cm/s)
AA	2	B、S、C	4
A_2、A_1	3		

5. 接近施工的对策

1)既有结构物的对策

在隧道的接近工程施工中，在下列情况下，既有隧道应采取相应的对策：

·在需采取措施范围内进行接近施工时；

·在注意范围内进行接近施工，但变形显著、衬砌可能有掉块的不测事件发生时；

·其他认为有必要的情况。

对策的种类有基本对策、以增加衬砌承载力为目的的加强对策及以修复劣化衬砌开裂为目的的维修对策几类。

基本对策有：

·回填压浆；

·防止衬砌掉块措施，如设金属网、挡板、压注砂浆和树脂等。

加强对策有：

·拱架加强；

·内衬加强；

·内表面加强；

·锚固加强；

·横撑加强；

·改建等。

维修对策有：

·剥离可能掉落的浮块；

·表面清扫；

·整理排水沟；

·防止漏水等。

2)接近工程侧的对策

不得不在需采取措施范围和注意范围进行施工时，为减轻对既有隧道的影响，要研究改变新建工程的计划或增加新的对策，其措施见表10-26。

接近工程侧的对策 表10-26

接近工程的种类	基本方法	具体方法
隧道并列	控制开挖引起的围岩位移	改变开挖方式； 改变分部尺寸； 改变衬砌、支护的结构
隧道交叉	控制开挖引起的围岩位移	改变开挖方式； 改变分部尺寸； 改变支护、衬砌结构
隧道上部明挖	均匀除去荷载	改变开挖方式； 改变开挖顺序； 控制挖方厚度

续上表

接近工程的种类	基本方法	具体方法
隧道上部填土	均匀加载	改变填土的顺序； 改变填土的厚度
隧道上部结构物基础	均匀加载； 控制开挖、灌注的影响	改变基础形式； 改变工法
隧道侧面开挖	均匀除去荷载； 控制开挖引起的围岩位移	改变开挖方式；改变开挖顺序；改变挡土、坡面的坡度
隧道接近锚索	除去直接的影响	改变锚索配置；改变施加预应力的顺序
隧道上部积水	控制积水的影响	调整积水量；改变防水方法
地层振动	控制振动	采用控制爆破； 研究其他（非爆破）方法

3）中间地层的对策

一般采取强化、改良地层的方法如压浆法、冻结法等，也可采取隔断影响的方法如地下连续壁、管棚、钢管桩等。

6. 安全监视

1）观察、量测计划

（1）观察量测项目

观察量测的项目通常有以下四项：

·衬砌表面的观察；

·净空位移量；

·路基（包括轨道变异）及拱顶下沉量；

·开裂的发生和变化；

（2）各观察量测项目

观察量测项目包括：衬砌表面观察、净空位移量、路基及拱顶下沉量、开裂的发生和变化、衬砌应变、地中位移、倾斜、锚杆轴力、拱架应力、隧道涌水等的测定等。在各项目中分别按调查目的、调查手段、调查范围、整理方法、注意事项等加以说明。

(3)注意水平和管理标准的设定

在进行接近工程施工之前,应根据各观察、量测项目设定注意水平,作为进行影响评价的大致标准。

注意水平的大致标准原则上按表10-27分为3个等级。

注意水平及措施 表10-27

注意水平	措施	大致标准
1	确认量测值、引起注意	容许值的1/2
2	加密量测频率、研究对策	容许值的3/4
3	立即停止施工、研究新的对策	容许值

2)爆破振动的管理

爆破振动与列车振动和地震相比,具有高频率的特性,因此,把振动速度换算为加速度时,会达到很大的数值,这样一来,用振动加速度来推断结

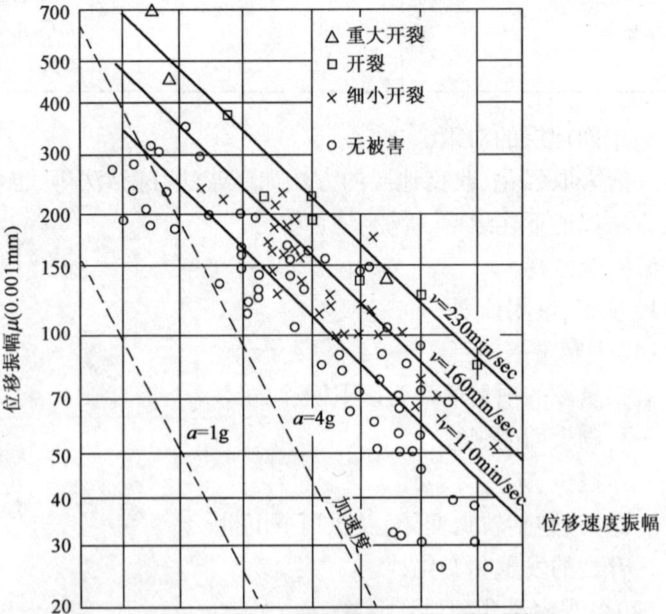

图10-12 爆破振动和结构物被害的关系

构物的受害限界,采用地震级是不行的。图 10-12 是爆破振动和结构物受害的关系,因此,在爆破振动管理时,应以振动速度为基准。

爆破振动基本上受爆源的距离和炸药用量、地层条件的控制,此外,炸药的整理和爆破模式也有影响。因此,应在施工前进行以下调查工作:

· 爆破模式;

· 地质状况;

· 装药状况,即炸药、掏槽、装药量、起爆方法、堵塞状况等。

(1)爆破振动和结构物的伤害

图 10-13 是位移速度振幅和结构物伤害的关系,大致是超过 5 ~ 10cm/s 后结构物受到就会各种伤害。

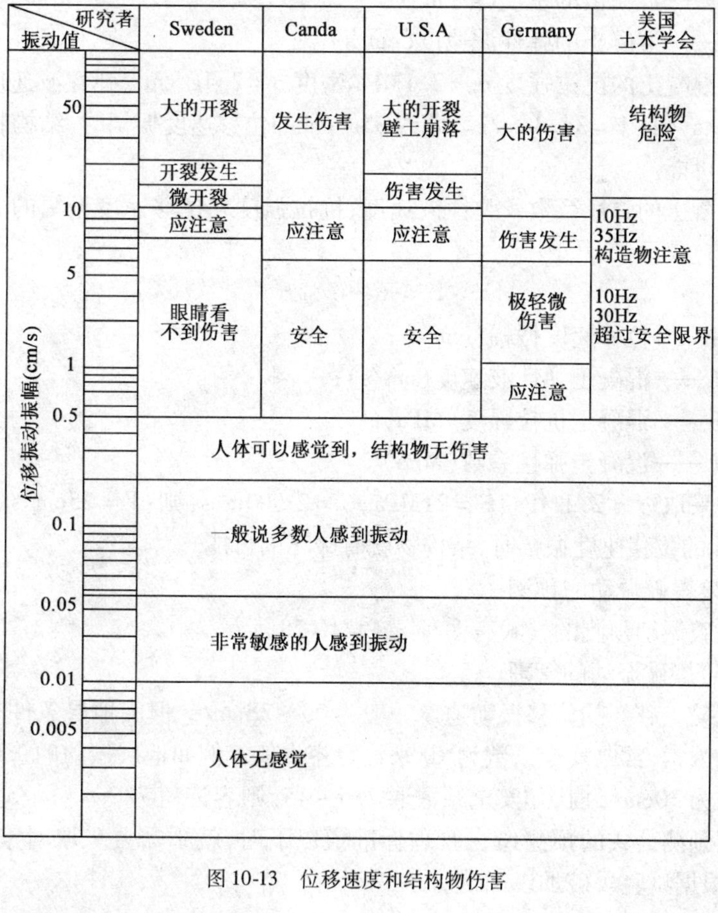

图 10-13 位移速度和结构物伤害

表示地层条件的一个指标是弹性波速度 C,它与位移速度振幅 V、应变量 ε 的关系,可以用式(10-1)表示:

$$\varepsilon = V/C \tag{10-1}$$

结构物所处的地层越软,影响越大。

爆破振动造成的结构物受害的大致标准可以通过式(10-2)、式(10-3)进行判断。

混凝土衬砌的弹性波速度及密度、抗拉强度和位移速度振幅的关系用式(10-2)表示:

$$V = \sigma\rho \cdot C \tag{10-2}$$

式中:V——爆破的位移速度振幅(cm/s);

σ——混凝土的抗拉强度(MPa);

ρ——混凝土的密度(g/cm^3);

C——混凝土的弹性波速度(cm/s)。

设混凝土的抗拉强度 $\sigma = 2.1$MPa 密度 $\rho = 2.4g/cm^3$、弹性波速度 $C =$ 2 500m/s,则:$V = 34.3$cm/s。即约 35cm/s 的位移速度振幅时,结构物就有破坏的可能。

混凝土的弹性系数及弹性波速度、抗拉强度和位移速度振幅的关系如式(10-3)表示:

$$V = C \cdot \sigma / E \tag{10-3}$$

式中:V——位移速度振幅(cm/s);

C——混凝土弹性波速度(cm/s);

σ——混凝土抗拉强度(MPa);

E——混凝土弹性系数(MPa)。

如采取 $\sigma = 2.1$MPa、$E = 21$MPa、$C = 2\ 500$m/s,则:$V = 25$cm/s。即约 25cm/s 的位移速度振幅时,结构物就有破坏的可能。

(2)爆破振动的预测

爆破振动预测的公式有多种,如表 10-28 所示。

(3)爆破振动的管理

混凝土破坏的位移振动速度一般为 25 ~ 35cm/s,但因地层条件有许多不确定因素,常取安全系数为 10 来设定容许值。例如地层振动的管理标准值规定为 30cm/s 时,如安全系数取 7.5 ~ 15,则容许值为 2 ~ 4cm/s。因此如根据预测公式的预测值在管理标准值以下时,就不需要采取对策,超过时,应根据试验爆破加以确认。

爆破引起的地层振动传播推定公式　表 10-28

推定式提出者		推　定　式	成立条件	备　注
位移速度振幅最大值	伊　藤	$V=K\cdot W^{2/3}\cdot D^{-2}$		$K=250\sim1\,000$ 胶质狄纳米特； $K=15\sim21$ 黑色火药
	旭化成(株)	$V=K\cdot W^{2/3}\cdot D^{-n}$	$30<D<1\,500$ $10<W<3\,000$	$K=500\sim1\,000$ 掏槽爆破； $K=300\sim500$ 扩大爆破； $K=200\sim500$ 台阶爆破； $n=2.0$ 爆破地点及物体间的地质是岩层的情况； $n=2.5\sim3.0$ 爆破地点及物体间是黏土的场合
	日本化业(株)	$V=K\cdot W^{3/4}\cdot D^{-2}$	$5<D<3\,000$ $0.2<W<4\,000$	$K=450\sim900$ 掏槽爆破；$K=200\sim500$ 扩大爆破； $K=300\sim700$ 底部爆破； $K=100\sim300$ 大断面台阶爆破； $K=300\sim2000$ 松动爆破
	日本油脂(株)	$V=K\cdot\left(\frac{D}{\sqrt{W}}\right)^{-1.5}$	—	$K=80\pm40$ 隧道爆破:狄纳米特； $K=60\pm20$ 隧道爆破:控制爆破炸药； $K=20\pm10$ 隧道爆破:混凝土破碎抗； $K=50\pm30$ 明挖爆破:狄纳米特； $K=45\pm25$ 明挖爆破:控制爆破炸药； $K=15\pm10$ 明挖爆破:混凝土破碎机
	吉川他	$V=K\cdot W^{3/4}\cdot D^{-2}$	—	$K=100\sim700$
位移振幅最大值	烟中	$A=400\cdot K\cdot W^{2/3}\cdot D^{-2}$ $A=5.2\cdot K\cdot W^{2/3}\cdot D^{-2}$	$15<D<250$ $250<D<1\,500$	$K=7.0$ 表土层以厚的场合； $K=2.5$ 薄； $K=1.0$ 无表土层的场合
	U·S·B Bureau of Mines	$A=30.1\cdot K\cdot(e^{-0.00469D+0.0143})\cdot W^{\frac{2}{3}}$	$152<D<1\,829$ $454<W<4\,536$	$K=0.1$ 无表土层的场合； $K=1$ 表土层厚度一般(波长的 1/4~1/2 场合)； $K=3$ 表土层厚(波长的 1/2 以上)

注:①尺寸单位:m；

②V:振动速度(cm/s)；A:最大振幅(μ)；K:系数 W:装药量(kg)；D:爆炸距离(m)。

(4)减轻爆破振动的对策

减轻爆破振动的对策有：

- 改变炸药、雷管种类；
- 调整炸药量；
- 增加掏槽爆破的自由面；
- 限制一次爆破长度；
- 实施多段爆破、分部爆破。

第十一部分　动态施工中的若干问题

所谓"动态施工"，广义上讲是指隧道施工过程中的地质条件是不断变化的，其力学动态也是不断变化的，因此，施工过程中围岩暴露出的状态就不可能是一成不变的，从而采取的隧道施工对策就随之变化。我们在施工过程中采用的各种施工方法和技术，都是为了适应这种"动态"变化。隧道施工的各种决策都要在施工阶段的地质技术，施工阶段的量测技术和施工阶段的质量控制技术的基础上进行管理，这就是动态施工的基本含义。

首先要认识围岩，了解围岩。这在前面我们已经作了比较详细地说明。

其次，动态施工的基础条件就是要认识和了解施工中发生的各种"动态"的实质，如岩爆、大变形等，同时也要清楚地认识到我们采取的施工手段和方法，会引起力学动态怎样的变化，它们的效果如何。这通常是通过量测、观察等手段完成的。因此，在动态施工中，量测、观察起到的作用是不能忽视的一个重要环节。

真正地实现"动态施工"，需要严格、科学的施工管理和高素质的、技术密集型、应变能力强的队伍。因此，不断地提高施工管理的水平和建立适应技术发展和动态施工的高素质、技术密集型的队伍异常重要。

最后应该指出，动态施工与动态设计是不可分离的。设计单位提供的设计，在没有通过实践检验前，始终是具有预设计的性质，而真正的设计是在施工过程中完成和完善的。我们应该而且必须在施工体制上去适应这种需求，把施工中的设计权逐步地转移到承包人一方，为实现真正意义上的动态施工创造条件。

施工要点一　隧道施工的动态管理

过去我们在隧道施工中基本上也是按照"动态施工"的思想，进行隧道的设计和施工的，但因获取信息手段发展的迟缓、信息传输系统的不完善以及隧道施工环境和管理体制的限制等原因，并没有实现真正意义上的"动态施工”。近段时期，由于信息技术、通信技术以及各种获取信息手段和方法的迅速发展，特别是设计施工体制的改革，给真正实现隧道的“动态施工”创造了良好的条件。

例如，在渝怀铁路新建的一些隧道中，就强调实现真正的“动态施工”管理体制，并建立了相应的“动态施工组”。意大利的 Vaglia 隧道设计与施工中，采用了 ACD-RS(Analysis of Controlled Deformation in Rocks and Soils)系统，该系统用于控制岩土体变形，对该隧道的围岩从调查阶段的地质调查信息中，来正确掌握地质条件的变化，在设计阶段则根据地质条件的工程划分级别，给出标准，最后根据开挖时发生的应力、应变特性，给出适合该地质条件的施工方法和支护结构。

最近日本建设省对动态施工系统给出的定义是：在工程建设的调查、设计、施工、维修管理的实施过程中，以施工为重点，利用在各过程中获得的与施工有关的电子情报和从各种作业中获得的电子情报，根据使用机械和电子仪器、量测仪器的组合加以连动控制或实现电子网络的一元化施工管理，以提高整个施工的生产性。这是一个立足于电子技术和信息技术的建设工程生产管理系统，它监控了设计、施工及运营管理全过程。

在这个思想的指导下，日本的一些会社也在开发“动态施工”的应用系统。例如佐藤工业(株)开发的“SIT 系统”，它是一个把洞内的量测数据、测量数据、机械和运输车辆的运行数据、通信数据等情报信号，用单一的通信线路进行传输，实现洞内施工的一元化管理。西松建设(株)也开发了“隧道综合管理系统”，该系统是由情报化施工、设计支援和质量管理、隧道形状管理四个子系统构成的，其中情报化系统是由 TSP(弹性波探查)、DRISS(钻孔探查)、TDEM(电磁探查)3 个掌子面地质超前预报技术组合而成；设计支援系统则由过去的施工实际情况和支护模式、辅助工法等构成；同样地，在 TBM 的掘进管理中也开发了类似的系统。日本地层科学研究所的“隧道量测和掌子面情报快速管理系统”，操作简单、判断迅速，并能够显示出掘进情况、掌子面情报、量测结果等，也可以表示初期位移速度、施工管理标准值等。总之，欧洲、日本等国已纷纷开始隧道工程动态设计系统的开发和研制，有的已开始产业化应用，对促进产业现代化，提高生产效率、降低成本、减少风险都起着十分重要的作用。

应该指出，这些系统，都是企业自主开发的，是把现代技术融合到施工管理中的必然趋势。我国的施工企业也应该充分认识这种自主开发的巨大作用，它能给企业带来巨大的效益。

1. 系统的构成

从目前已经开发的系统看，一个完整的动态施工管理系统应该是一个能够收集传输信息、分析与评价、决策以及实施作业的系统，即由以下子系统构成：

· 信息收集和通信子系统；

· 信息整理、分析和评价子系统；

· 决策及实施子系统。

这几个子系统有机地构成了一个用电子网络联系在一起的大系统，该系统的示意见图 11-1。

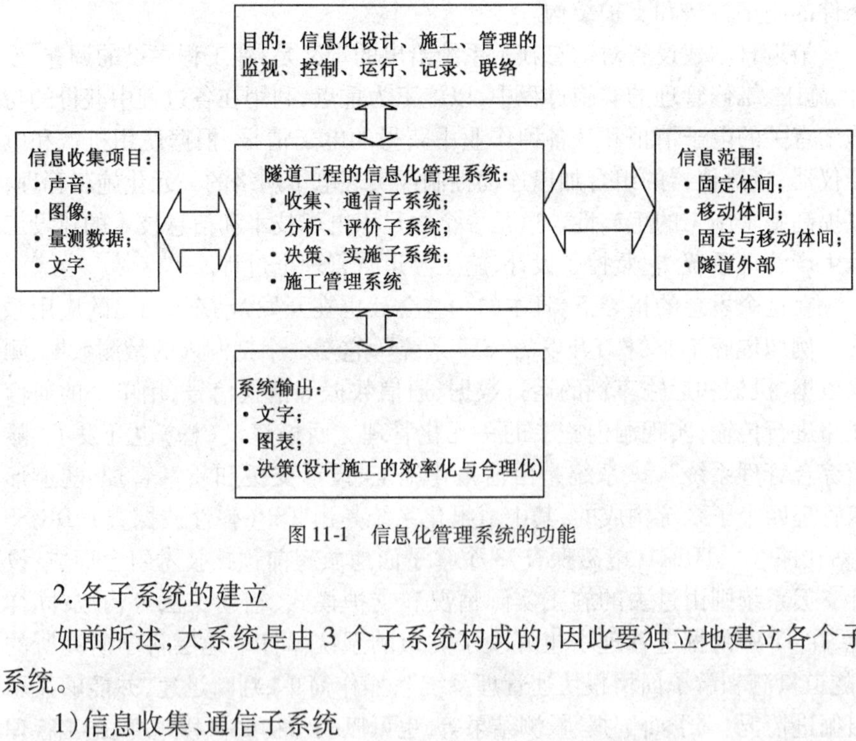

图 11-1 信息化管理系统的功能

2. 各子系统的建立

如前所述，大系统是由 3 个子系统构成的，因此要独立地建立各个子系统。

1）信息收集、通信子系统

信息应包括隧道设计、施工文件、竣工文件及各种图表、超前地质预报、施工监控量测、掌子面地质素描、地下水及掌子面涌水量、施工管理（质量、进度、材料消耗、成本核算等）、工程实验及试验、运营过程的病害监控及整治等信息。信息采集应尽可能地采用信息技术，如数码相机，以便能够将信息及时可靠、原样地传递到计算机中。

信息的形式是多种多样的，它包括声音、图像、数据、文字、图表等，而且应以最简洁、最方便计算机进行处理的形式表示。

信息通信即将各种信息传送到计算机程序系统的通信系统，是本系统的关键技术之一，信息通信系统的功能见图 11-2。

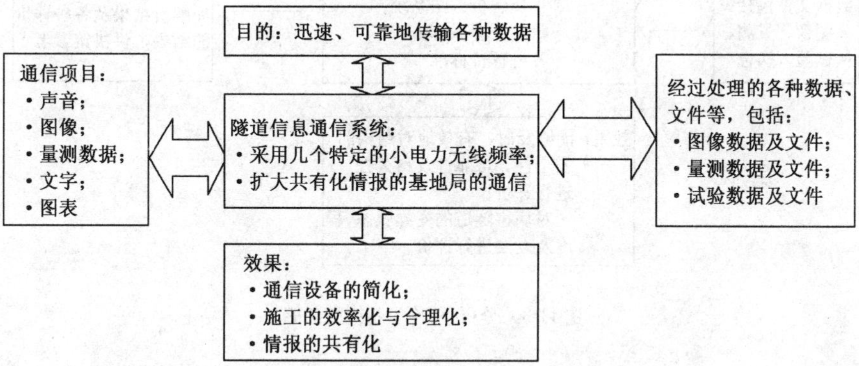

图 11-2　情报化通信系统的功能

2）分析、评价子系统

本系统对各种信息进行分析，根据分析结果做出评价，其重点在于：

· 超前地质预报信息的分析和评价；

· 量测数据的分析和评价；

· 设计变更的分析和评价；

· 施工管理数据的分析和评价；

· 隧道病害监控数据的分析和评价等。

分析、评价子系统的示意见图 11-3。

3）决策、实施子系统

本系统在分析、评价的基础上作出决策并予以实施，此系统在某些情况下，可能要采用专家系统的方法编制。

系统的实施部分应包括设计反馈系统和施工反馈系统两部分，前者是把决策建议反馈到设计中的系统，而后者则是根据决策建议反馈到施工中实施的系统。有时需要设计后才能实施，有的可以直接反馈到施工中实施，这两种情况应分别予以考虑。

决策、实施系统的功能见图 11-4。

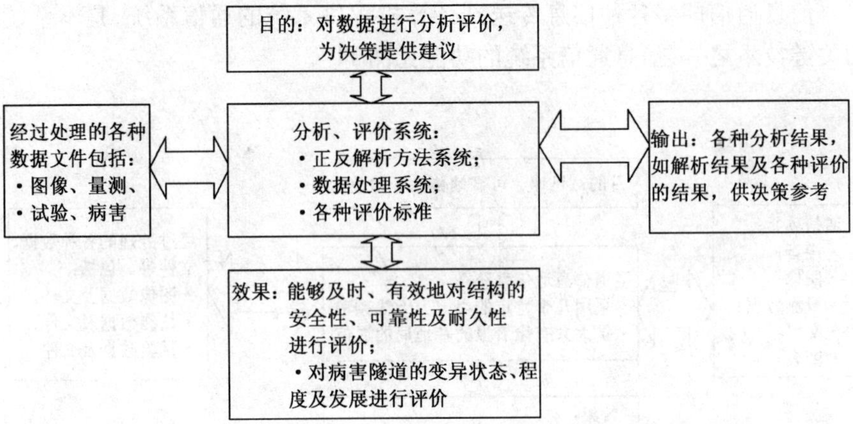

图 11-3　分析、评价子系统的功能

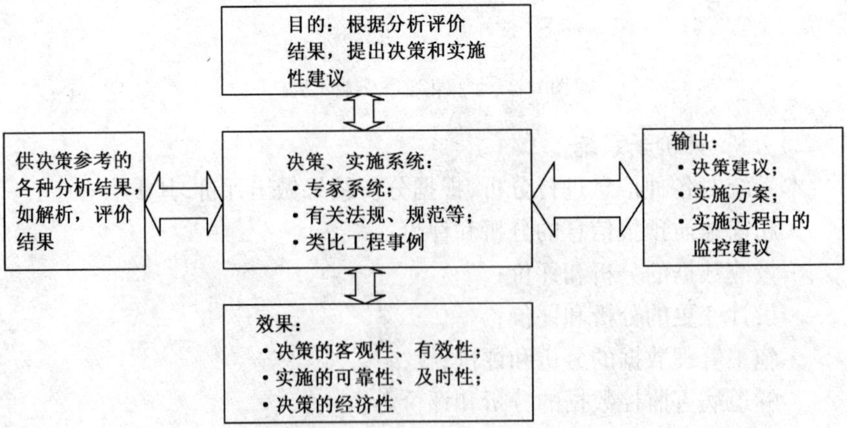

图 11-4　决策、实施系统的功能

3. 信息获取方法

为了能够实现信息的公共性，应该对获取信息的方法做出规定。超前地质预报信息由以下方法获取：

·TSP 方法；

·超前钻孔方法；

·掌子面地质雷达方法；

·数码相机超前地质预测、掌子面围岩级别判定等。

监控量测信息由以下方法获取：

· 隧道断面激光测试仪；

· 数码相机断面位移测试方法；

· 空隙水压计；

· 一般测试方法，如数值收敛计；

· 光纤维量测衬砌应力、应变的技术。

实验或试验数据由以下方法获取：

· 掌子面取样进行室内试验；

· 掌子面直接进行试验的方法，如回弹仪、射钉枪等方法；

· 空隙水压计、涌水量测试等。

质量控制数据由以下方法获取：

· 衬砌厚度检测、喷混凝土厚度检测；

· 混凝土、喷混凝土的强度试验；

· 锚杆密实度测试仪；

· 背后空洞检测方法，如锤击法等。

隧道施工中的病害数据由以下方法获取：

· 隧道开裂的测绘；

· 开裂数据的采集；

· 背后空洞的测试；

· 衬砌厚度的测试等。

但不管采用何种方法，最好首选电子仪器测试方法，以便能够在计算机上进行信息的通信、传输、处理等作业。

4. 分析、评价及决策方法

同样地，在本子系统中应该对采用的解析方法、评价方法及标准以及决策方法作出统一规定，以便能够进行比较和分析。

解析方法：

· 位移、应力的反分析方法；

· 荷载—结构模式解析方法；

· 二维、三维 FEM 分析方法。

决策方法：

· 专家系统方法；

· 病害、施工事故诊断方法；

· 类比方法。

评价方法：

·模式化方法；

·标准对应方法；

·标准模式方法等。

从我国目前技术现状出发，应该逐步地、有目标地实现上述系统的开发和研究。

施工要点二　量测与观察

当前隧道施工的最大特点就是把量测、观察技术和方法引进到施工中，并作为施工中一个重要而不可缺少的环节予以实施，其目的之一就是要根据观察、量测等得到的资料对已开挖的区间和掌子面前方的围岩状况进行预测，并反映到施工中去。

对于观察的方法，我们在认识围岩、了解围岩中已经详加说明，这里仅对量测方法中的一些问题作进一步地说明。

1.量测项目的选择

量测项目的选择要充分考虑各个量测项目的作用。我们通常把量测项目分为两大类，即日常施工管理所必须进行的量测项目和考虑围岩条件而需要增补的项目。目前的问题是在施工中如何根据围岩的状态来选择应该实施的项目。例如在硬岩中，洞壁位移量测究竟有多大的意义就值得商榷，而在软岩和土砂围岩中，它的作用是非常显著的。

表11-1列出了在各种围岩条件下量测项目的重要性，可以在选择实施项目时参考。

围岩种类和量测项目的重要性　　表11-1

量测项目 围岩种类	必测项目				增补项目						
	洞内观察	净空位移	拱顶下沉	拱脚下沉	洞外地中位移 地表面下沉	洞内地中位移	锚杆轴力	衬砌应力	钢支撑应力	锚杆拉拔试验	围岩试件试验	洞内弹性波
硬岩	◎	○	○		△	* △	* △	△	△	△	△	△

续上表

量测项目 / 围岩种类	必测项目				增补项目							
	洞内观察	净空位移	拱顶下沉	拱脚下沉	洞外地中位移 地表面下沉	洞内地中位移	锚杆轴力	衬砌应力	钢支撑应力	锚杆拉拔试验	围岩试件试验	洞内弹性波
软岩	◎	◎	◎	◎	△	*△	*△	*△	△	△	△	△
软岩（有大塑性地压发生）	◎	◎	◎	◎	△	◎	◎	○	○	△	○	△
土砂	◎	◎	◎	◎	◎	○	○	*△	○	○	◎	△

注：◎-必须实施的项目；○-可以实施的项目；△-必要时实施的项目；*-根据量测结果认为对于判断减少支护量有重要影响的项目。

2. 管理体制及标准值的设定

在量测中最重要的是要有一个标准，以便评价设计、施工是否妥当，并根据标准进行施工管理。管理标准值中有根据构件强度测定锚杆轴力的，也有评价隧道周边围岩稳定性，基于解析、经验，并在施工中不断修正的。因此，应根据不同的量测项目，规定合适的标准值。

管理标准值多数是按有量测可能的净空位移值、位移速度、岩石变形等加以规定，以确保围岩稳定，不能使围岩强度和支护功能急剧丧失（考虑初期支护的承载力富裕），能够确保衬砌厚度线在位移内收敛等为前提条件设定的。在埋深小和膨胀性围岩的条件下，对地表面下沉和地中位移、锚杆轴力等也要设定管理标准值。

应该指出，在不连续性围岩中，量测结果不一定能够完全反映围岩的动态，应结合洞内观察的结果设定管理标准。

设定管理标准值时，基本上考虑对隧道周边围岩不要产生有害的松弛为前提，但明确地推定发生有害松弛的位移值是很困难的，要进行多方面的研究才行。

标准值的设定可以采用以下方法。

(1)参考类似工程实例设定

参考过去的工程实例,并考虑围岩条件、断面大小、施工方法、支护构件的数量等确定标准值。表 11-2 是日本铁路隧道的净空位移管理标准值,可供参考。

净空位移值的管理标准 表 11-2

围岩级别＼净空位移值	单　线	双线、新干线
I_S 或特 S	大于 75mm	大于 150mm
I_N	25 ~ 75mm	50 ~ 150mm
II_N ~ V_N	小于 25mm	小于 50mm

注:I_S、特 S、I_N、II_V ~ V_N 请参照第二部分表 2-19。

(2)根据解析方法设定

采用 FEM 解析等方法,求出位移值作为管理标准。

(3)根据极限应变设定

调查试件的极限应变,作为开挖中的隧道达到该应变时的标准值。

表 11-3 是拱顶下沉的管理标准值。

拱顶下沉的管理基准值(单位:cm) 表 11-3

管理等级＼围岩级别	硬　岩	中 硬 岩	软　岩
I	0.3 ~ 0.5	0.5 ~ 1.0	1.0 ~ 3.0
II	1.0 ~ 1.5	1.5 ~ 4.0	4.0 ~ 9.0
III	3.0 ~ 4.0	4.0 ~ 11.0	11.0 ~ 27.0

注:①位移标准值是开挖引起的总位移,量测拖后时应注意;

②本标准是指埋深大的情况,埋深小时,要采用比表列更小的数值;

③岩块硬、裂隙影响显著的围岩,采用时要加以注意。

(4)根据支护构件的变异设定

喷混凝土、锚杆的变异可以反映当时的荷载、位移情况,因此可以将喷混凝土的破坏应变和锚杆破坏的位移作为大致标准。

(5)综合方法

亦可采用上述各种方法组合的综合方法。

3. 量测管理

量测得到的结果应迅速地反馈到设计施工中去,力求提高施工的安全性和经济性。而把量测结果反映到设计施工中的目的,首先是确认施工的安全性,其次是提高工程的经济性。

前面提到的量测管理标准值,在实际施工中应通过一定的管理体制予以管理。如图 11-5 的设定所示,根据不同阶段的管理等级进行管理。

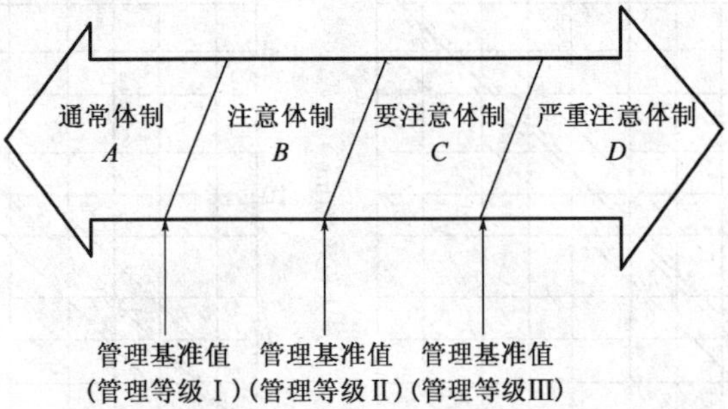

图 11-5　量测数据的评价和安全管理体制的关系

A:通常体制指定时量测、洞内观察;

B:注意体制指加强观察与量测频率,现场检查,引起作业人员的注意;

C:要注意体制指加强观察与量测体制,根据管理标准值预测最终位移值、实施对策;

D:严重注意体制指停止掌子面开挖,解析变异原因及趋势,再研究支护模式等。

设计阶段设定的标准值,可作为施工初期的管理标准,随着施工的进展,应适当修正管理标准值。

(1)净空位移、拱顶下沉和拱脚下沉测定

净空位移和拱顶下沉值是隧道开挖时围岩动态、围岩条件、支护效果的综合体现,是在隧道全长进行的重要量测项目。此项目的量测结果可用以判断周边围岩的稳定性、初期支护是否妥当,以及衬砌、仰拱的灌注时间是否合适等。

在台阶法施工及软弱破碎及土质围岩中,拱脚下沉量测呈非常重要的。它是判定上部围岩是否发生"整体下沉"现象的主要依据。

变更支护模式时,要考虑最终位移的预测值、掌子面观察、掌子面前方围岩的情报、埋深等,并与其他量测结果一起进行综合判断。第二部分表 2-19 是根据工程实测的分析说明围岩级别和净空位移、洞内状况等的关系,可在变更支护模式时参考。在良好的围岩条件下,只用位移值是很难划分的,最好根据掌子面观察来判断。

最大位移速度和最大净空位移值的关系与围岩条件、施工方法有密切关系，是很离散的，但也有一定的相关关系，在施工的初期阶段预测最终位移值是有可能的。在采用台阶法施工的围岩条件中，最大位移速度超过 20mm/d 时，最终位移值是相当大的，因此应及早采取措施(图 11-6)。

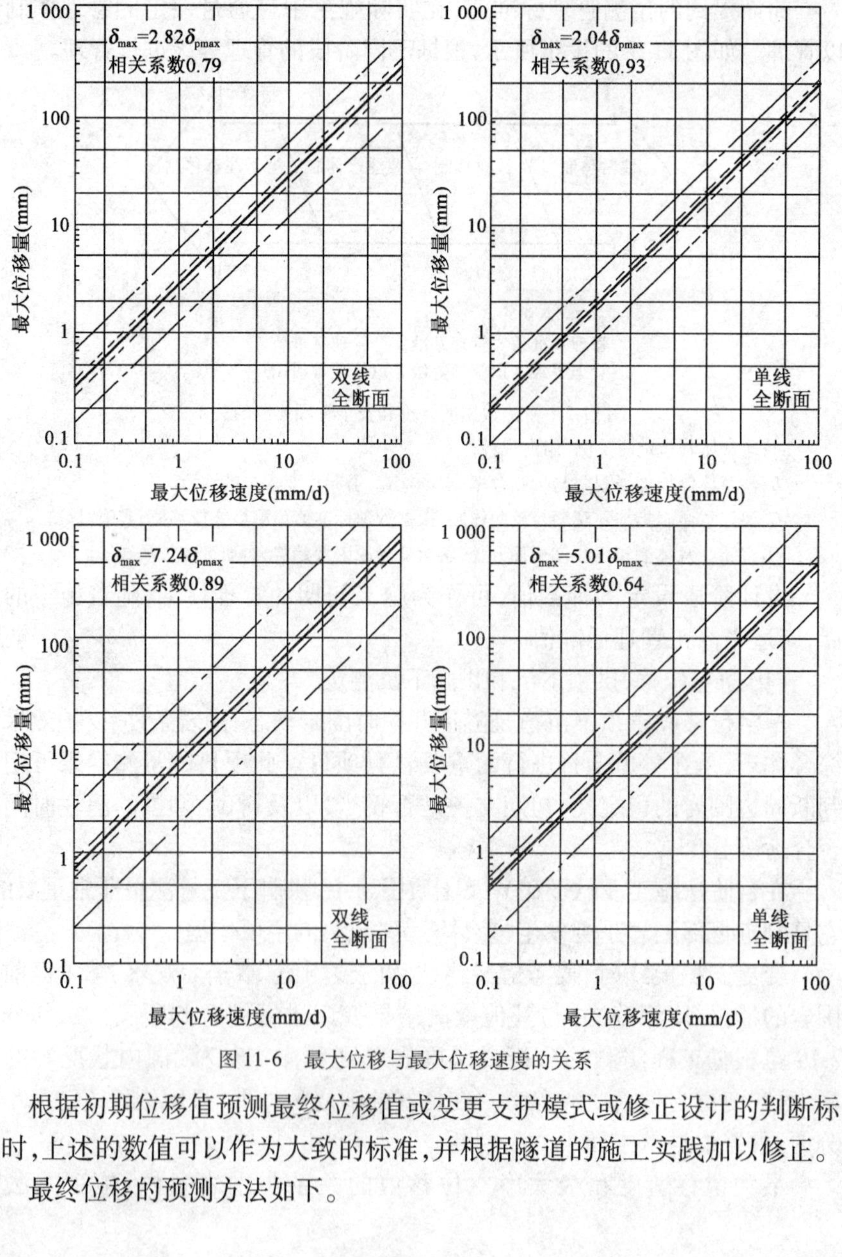

图 11-6　最大位移与最大位移速度的关系

根据初期位移值预测最终位移值或变更支护模式或修正设计的判断标准时，上述的数值可以作为大致的标准，并根据隧道的施工实践加以修正。

最终位移的预测方法如下。

①吉川等的方法

利用量测初期阶段出现的最大位移速度(mm/d)和该点的最终位移值(mm)的相关关系进行预测。

②吉田等的方法

根据开挖3d的位移速度 $X_1 \sim X_3$,按下式求出最终位移值 Y:

$$Y = A + BX_1 + CX_2 + DX_3$$

常数 A、B、C、D 根据量测结果采用重回归分析方法求出。

③近藤等的方法

在任意距离 L 的位移实测值 U_1,同样,取对应 L_k 的位移 U_k。设 $L_k = 2L_1$,则最终位移值 A 可由下式求出:

$$A = U_{\mathrm{i}}^2/(2U_{\mathrm{i}} - U_{\mathrm{k}})$$

拱顶下沉值,对确认围岩稳定性,特别是对预测拱顶崩塌是非常重要的,在埋深小的隧道中应和地表面下沉测定一起进行。

(2)地表面下沉和地中位移测定

地表面下沉、地中位移测定,是在埋深比较小的隧道中实施的,是为了掌握地表面产生下沉及其影响范围或周边围岩的松弛区域而进行的。

从周边围岩稳定性的观点出发,确定评价标准是很难的,但根据下沉曲线的形状和最大下沉值还是可以直接判断周边围岩稳定性的。

此外,接近结构物时的管理标准可采用容许倾斜值,但该值与结构物的种类、用途、构造等有关。根据日本的一些规定,如国铁结构物检查标准提出:结构物的倾斜,不管是横向或纵向,如在1/150以下,就不会影响结构物的功能和构造。

此外在建筑基础结构设计指南中也规定以下的变形角的容许值:

钢筋混凝土结构,1/1 000~2/1 000;

混凝土砌块结构,0.5/1 000~1/1 000。

参考上述标准,以下各值可以作为大致的标准:

钢筋混凝土,2/1 000;

混凝土砌块结构,1/1 000;

木结构,5/1 000。

横断方向的地表面下沉曲线是左右非对称的,出现下沉值异常大的场合,多数是由于偏压地形、接近施工等造成的,因此应增加其他量测项目,仔细研究地形、地质构造等。

下沉值也受到地下水的影响,因此也要注意与地下水、降雨等有关的条件。

(3)地中位移测定

地中位移发生的模式如表 11-4 所示,位移会因围岩条件、施工方法而异。如果不与地质状况及净空位移值一起研究,可能会得出错误的判断,因此,进行综合判断是很重要的。

例如表 11-4 中的 c)图,净空位移值大,但地中位移值小的情况,这是因为地中位移计的基准点设置在松弛区内,没有进行正确的量测所致。

净空位移值比预计的大,松弛区比锚杆长度深时,在研究锚杆轴力中,或是加长锚杆或是增加根数。

反之,净空位移值小,松弛区也小,要研究或是缩短锚杆长度或是减少根数的问题。

地 中 位 移 模 式 表 11-4

地中位移发生模式	发生原因和现象	对　策
a) 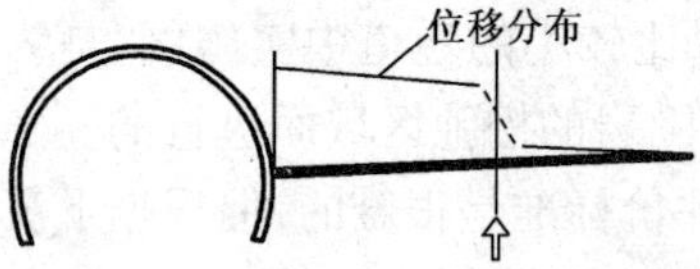	发生不连续面,为松弛区的最大位置	·研究增打锚杆
b) 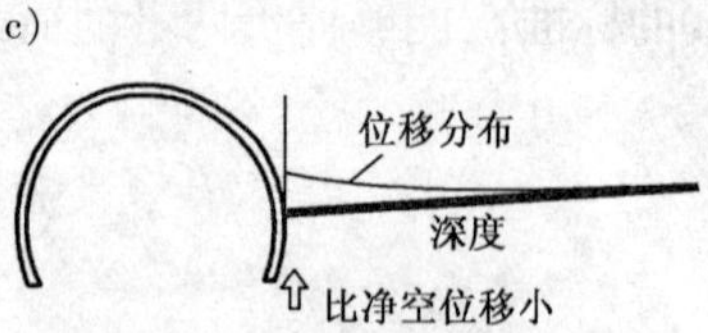	在隧道壁面附近发生松弛区,有产生后期荷载的可能	·修正锚杆长度; ·修正锚杆根数; ·修正支撑尺寸; ·研究改良地层
c) 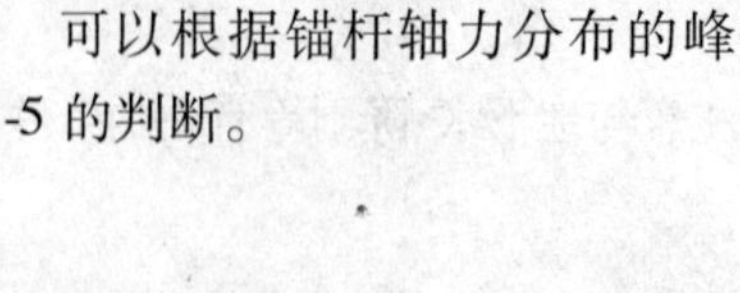	地中位移计的长度不足,端点在松弛区内,不能看作不动点	·修正锚杆长度; ·变更支撑尺寸

(4)锚杆轴力测定

可以根据锚杆轴力分布的峰值位置或峰值的大小,一般可作出如表 11-5 的判断。

锚杆轴力分布模式　　表 11-5

锚杆轴力发生模式	发生原因和现象	对策
a) 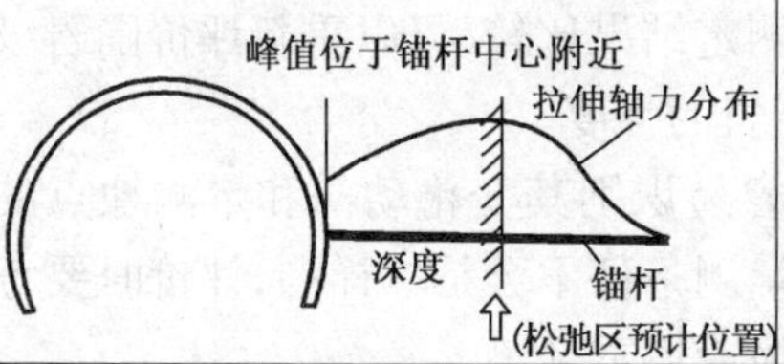	轴力峰值的深度可以作为松弛区。如 a)图的情况,峰值在锚杆中心附近,锚杆深度超过松弛区,长度是适当的	—
b) 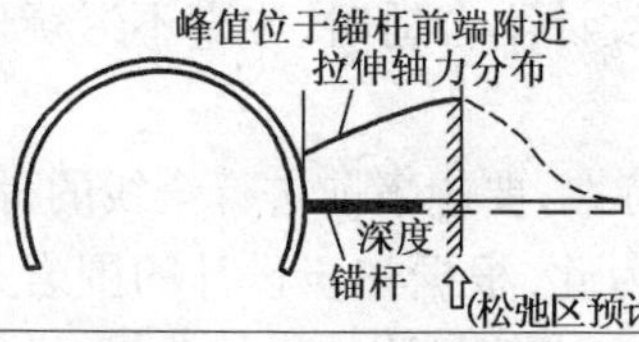	如 b)图的情况,峰值的位置在锚杆的头部附近,可以判断松弛区已达到锚杆的头部	应修正锚杆长度
c) 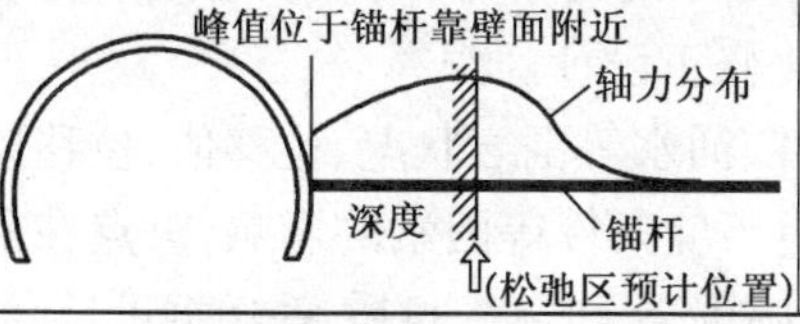	如 c)图的情况,峰值位置相对地靠近壁面附近,可以判断松弛区与锚杆长度相比是比较小的	是不经济的,应修正锚杆长度

(5)衬砌应力测定

衬砌应力的测定,重要的是测定隧道径向的背后土压力和切向的喷混凝土应力。

(6)钢支撑应力测定

根据钢支撑应力测定的结果,可以按钢材的容许应力作为大致标准,来检验已施工区段的支护妥当与否。

综合考虑钢支撑的断面力和喷混凝土的断面力,能够评价两者的荷载负担率,来适当地选定钢支撑的间距、尺寸等。

同时,根据钢支撑应力测定结果可以计算出轴力、弯矩、剪力,并推断土压力的分布状态。

(7)锚杆拉拔试验

锚杆拉拔试验是在施工前的露头处,或是在施工初期阶段进行,求出破断时的抗力,作为设计承载力,来选择材质、形状、锚固方式等。

(8)洞内弹性波测试

洞内弹性波速度测定，主要是在隧道洞内侧壁发射地震波，而后记录该地震波，说明传播（屈折波）的状况，并推断围岩的性质。弹性波速度与净空位移、地中位移的测定结果一起，可以评价松弛区的范围。

此外，与初期的地表面弹性波速度测定结果比较，可以重新评价围岩级别，并与围岩试件试验一起，可以推断围岩的强度。

量测结果是获取到的定量数据，很容易识别其变化动向和量测地点的不同差异，是极为有用的指标。但通常量测条件不会是一样的，评价时要考虑这种量测上的限制，在数据处理上要极为慎重。

4. 设计的修正

施工阶段应基于观察、量测结果，判断预设计不合适时，应毫不迟疑地修正设计。

考虑到地质条件的复杂性和隧道结构的特性，要想事前进行全线的、详细的调查，在技术上、经济上都是有困难的。为此，根据初步设计的围岩条件进行设计，要在施工中根据对掌子面及洞内观察等量测结果的分析，进行必要的修正。特别是量测结果与初期预测有较大差异，而确认必须进行设计变更时，应毫不迟疑地根据围岩的变化修正设计。

支护结构变更的程度，受到地质条件、涌水等围岩状况、位移值、位移速度、位移的收敛性、掌子面的稳定性、周边环境条件等因素的影响，重点在支护构件的变形上，对锚杆数量、形状尺寸、喷混凝土厚度、材质、一次掘进长度、钢支撑的大小等进行局部修正或进行围岩分级、支护模式、变形富裕量、开挖断面形状、施工方法、衬砌厚度等根本性的修改。当量测结果出现与初期预计很大差异时，应补充进行包括掌子面前方钻孔调查在内的地质补充调查。

支护结构的变更，可分为如下所述的两种情况考虑。

(1) 变更未开挖部分的预设计

根据地质调查结果等设计的初期支护模式是标准的支护模式，应根据观察、量测结果和具体的围岩状况进行合理的修正。此时，因围岩条件、位移值和当初预计差异的大小和前方预测的情况等有很大差异，变更的内容和规模也不同，同时，为确保施工的安全与效率，也要修正辅助工法。

(2) 变更已开挖部分的预设计

开挖后位移不收敛时，可增打锚杆、增加喷混凝土厚度、仰拱临时闭合等，要充分研究所增加支护构件的形状、材质等从而采取适当的对策。

同时，要求地表面下沉、对周边结构物的限制收敛到某一限度内时，应分析研究量测结果和当前的支护结构的力学性能，在这种情况下，必要时可采取隔断壁等防护措施。

判断修正的必要性，除根据量测结果外，一般的修正方法和注意事项，列于表11-6。

设计的修正方法和注意事项　　表11-6

现象	修正方法	注意事项
净空位移值比预计大的情况	扩大变形富裕量	·应确认喷混凝土等没有开裂； ·应确认锚杆轴力有富裕； ·应确认变形是收敛的
	增强支护构件	·增加喷混凝土厚度、锚杆长度、根数； ·缩短支护构件间距； ·在破碎带、塑性化显著的围岩，提高支护构件刚性，有时会收到控制变形的效果
	断面闭合	·用仰拱或临时仰拱尽快闭合 ·控制变形是最有效的措施
	加强掌子面及掌子面前方	·掌子面自稳性差的情况，采用超前支护等辅助工法
	变更开挖工法	·即使采用环形开挖和辅助工法也不能使隧道和周边围岩稳定的情况下采用； ·多要变更机械设备，也要研究采用其他辅助工法的可能性
净空位移值比预计小的情况	减少支护构件	·应确认锚杆轴力小； ·与喷混凝土比，应优先减少锚杆数量
	缩小变形富裕量	·以充分的精度进行研究

施工要点三　施工管理

在动态施工中，一个重要问题就是如何提高施工管理的水平，我们考察一支施工队伍的技术管理水平的标志是什么，大家应该有一个明确而一致的认识。其标志是：

·施工井然有序、施工速度均衡、快速；

·施工质量上乘；

·施工成本不断降低:

·施工中无灾害性事故发生或应变能力强等。

提高施工管理水平,在现有条件下,应从以下几方面做起。

(1)人才的发现与培养。隧道施工技术人员必须是“机械、地质、隧道工程、管理”四者都具备的综合性人才,要改变“懂地质、不懂隧道”、“懂隧道、不懂机械”、“懂隧道、不懂地质”或“懂工程、不懂管理”等片面发展的人才。

(2)从劳务型向技术密集型的转化,建立一些具有技术竞争力的专业队伍,如量测、压注、防水等队伍;不断地提高施工的工厂化水平,特别是软弱破碎围岩施工的工厂化水平。

大量的民工是目前施工的主力,在这种情况下,管理好、使用好、培养好这支队伍,就是技术主管部门的重要任务,否则,提高施工技术水平就是一句空话。

(3)把整个施工过程纳入到计算机管理中。前面已经提到,动态施工就是利用在施工过程中获得的与施工有关的电子情报和从各种作业中获得的电子情报,根据使用的方法、机械和电子仪器、量测仪器的组合而实现的一元化施工管理,以提高整个施工的生产性。这是一个立足于电子技术和信息技术的施工管理系统,它监控了设计、施工的全过程,而这一切都是依靠计算机来完成的。

(4)提高作为技术开发主体的思想意识,大力开发新技术,以技术实力求生存。不断地吸收、开发和提高施工技术水平,是非常重要的。

下面就提高施工的工厂化水平和降低工程造价两个问题作些说明。

(一)施工机械配套,提高施工工厂化的程度

应该指出,暗挖法中的掘进机法和盾构法,已经基本上实现了工厂化,因此,无论是施工环境,还是施工质量、施工速度都是矿山法所不能比拟的。如何提高隧道施工的工厂化程度,关键问题就是要解决好隧道施工方法的标准化和模式化。

目前采用最多的施工方法是台阶法,其次是全断面法。在大断面的情况下,单侧导坑法(中隔壁法)和双侧导坑法(眼睛法)采用较多。由于施工机械的开发,施工方法有更多地采用全断面法的趋势,即全断面法和超短台阶法相互结合的全断面施工趋势。因此,隧道施工机械化配套技术,必须考虑施工技术的发展,以适应隧道施工技术发展的需求。例如,大遥山隧道施工的机械化模式,基本上是双线铁路隧道机械化的基本模式,而米花岭隧道则是单线铁路隧道机械化施工的典型模式。“台架模式”是一种以多功能

台架集约开挖与支护作业，并紧跟铺底和衬砌的施工方法，也是一种以全断面法为主，局部不良地段转换为超短台阶法的施工机械配套技术，在单线、双线隧道中均可采用。

1. 隧道施工机械化配套的基本原则

(1)隧道施工机械基本上是由掘进、支护(初期和二次支护)、出渣运输及洞内作业环境的保障设备四大部分构成。这四部分机械和设备的有机配合，就会形成强大的生产能力，但在配套中应将重点放在掘进和支护的机械选择上，因为这是形成生产能力的关键。

在配套方案的研究中，首先要建立基本配置模式，采用者可根据具体条件，适当提高或降低其中某些配置的水准。也就是说，机械化的程度应因地制宜，但都应在基本配置模式的基础上进行，视工程的具体条件和施工单位的机械设备情况，可将机械划分为不同的水平，并按不同水平配置相应的机械。

应该指出，机械配置水平主要是以开挖机械来划分的。二次衬砌的修筑，不管施工方法如何，多数是采用各种类型的模板台车进行，而运输机械则应与开挖机械协调配置。从我国目前的实际情况看，大型施工机械如多臂液压钻孔台车还是比较少的，而隧道的修建数量却大幅度增长，在这种情况下，采用多功能台架或自行研制的门架式钻孔台车是很自然的。同时，发展适应各种条件下的全断面法和半断面法开挖的各种机械是很重要的。

(2)应首先建立配套的目标函数。配套的终极目的是形成一定的、均衡的生产能力，也就是说，在满足工期的条件下，设备最简单、效率最高的配套方案是最佳选择，是我们追求的目标。

在铁路隧道中，配套的目标函数通常是用隧道的月均衡成洞速度(m/月)来表示。实际上成洞速度是不均衡的，开工初期和接近竣工时速度都是比较低的，而在正常施工条件下，有时会出现较高的成洞速度。在地质变化急剧的情况下，成洞速度也不会很高。我国有关单线隧道月均衡成洞速度的统计，也证实了这一点。最近在米花岭、秦岭、云台山等隧道的施工中，单线铁路隧道的成洞速度有了较大幅度地提高。在土质隧道(如大寨岭隧道)中，也创造了较高的成洞速度。

为保证实现均衡速度的目标，配套的生产能力应具有一定的富裕，即：

配套的生产能力 > (1.2 ~ 1.5)均衡的生产能力

月均衡成洞速度既要考虑技术的发展，也要考虑我们的现状，不宜规定得过高。

应该指出，目前单线铁路隧道的单口月成洞速度最高已达到400多米。在钻爆法条件下，达到这一速度是一个很大的成就，其经验应加以总结。

(3)运输设备是保证充分发挥开挖机械和支护机械能力的关键设备，是完成目标函数的基本条件。因此，在配套中必须使运输能力大于开挖能力，为不断提高掘进速度创造条件。

从目前的技术水平看，出渣作业的基本要求是迅速、大容量地将石渣撤离掌子面，使掌子面能及早恢复作业。因此，二次倒运的运输方式和大容量斗车的采用，在国外已成为隧道运输的主流。这一点，在我们研究机械配套方案时应给予足够的关注。

在机械配套中必须改变"轻运输机械、重视开挖机械"的认识。

在单线铁路隧道中采用无轨运输和有轨运输都是可行的。从运输方式看，机械化配套方案要包括两种方案以供选择。因此，研究在何种条件下，选择何种配套方案的问题是十分重要的。

在运输方式上目前采用的有以下几种方式：

①有轨运输方式；

②无轨运输方式；

③集装箱运输方式；

④皮带运输机方式；

⑤管道运输方式。

目前运输方式主要在有轨运输和无轨运输两种方式中选择。在大断面隧道中偏重选择无轨运输方式，在中、小断面或独头掘进长度较大的隧道中，则多选择有轨运输方式。

(4)在不良地质条件下，不论采用何种施工方法，配套机械必须包括能够使铺底或仰拱超前的施工机械。

从各国的施工实践看，隧道仰拱结构对控制隧道变异，减少隧道病害的发生和发展具有重要的作用，但这种作用只有在仰拱与上部结构共同工作时才能得以发挥。在国外除硬岩、中硬岩外，仰拱几乎都是先修或同时修或拖后一定距离修筑的。因此，修建仰拱的方法会影响机械化配套方案的构成，它应成为配置方案中的重要组成部分之一。

过去在隧道配套施工机械中，忽视了仰拱施工机械的配套，这是可以理解的。在土质隧道中，由于仰拱施工的干扰，隧道的施工速度受到严重制约。最近一些工程局在隧道施工中注意了这个问题，使仰拱修筑技术有了一定的发展，这是非常可喜的进展。

仰拱施工的基本原则是:在施工地段建立第二运输平面,以减少对前方作业的影响。这可以采用皮带桥、扣轨等方法加以解决。在有平行坑道的情况下,也可通过改变运输路径的方法解决。在超短台阶法中,采用小型反铲机械进行仰拱开挖也是成功的方法。在大断面隧道中,可以采用左右分修的方法,总之,这个问题是可以解决的。

最近日本在秋间隧道施工中,采用马蹄形全断面(包括仰拱)一次灌注衬砌的模板台车取得了成功,这为在马蹄形断面的隧道中,同时修筑仰拱,提供了一个新的尝试。

(5)在支护机械中,发展湿喷技术很重要。干喷的弊端十分明显,回弹量大、混凝土质量不均匀、粉尘量大、对洞内作业环境影响大、对工人的健康影响大等,都是有目共睹的。改变这一状态的唯一途径是改干喷为湿喷,在西欧等国,目前几乎都是采用湿喷,因此,研制与之相适应的湿喷混凝土机和配套装置是十分必要的。铁科院西南分院研制的 TK961 湿喷机,在这方面迈出了重要的一步。但从我国目前的施工技术发展水平出发,潮喷混凝土技术也应予以关注。目前一些国家研制干湿两用的喷射机械也是值得重视的一个动向。

(6)在地质条件急剧变化的情况下,为保证施工安全,特别是要保证掌子面的稳定,必要时,应采用"先支后挖"技术,即采取超前支护的方法进行施工。目前我们基本上是以小导管注浆、超前锚杆等方法通过,这种方法费时、费力,对开挖速度的影响极大。因此,研究超前预支护或插板式开挖机械,也是必要的,国外在这方面已取得一定的成就。例如铁十六局在二郎山隧道洞口段,采用了德国 KLEMM 的 KR804 型管棚钻机。

2. 充分发挥综合机械化施工的预计能力,加强维修管理,使机械经常处于"备战"状态

必须改变"重使用、轻维护"的观念,应该在施工循环中给出一定的维修养护时间并储备比较富裕的配件,在这方面我们与国外的差距是明显的。

除了机械要经常处于良好状态外,更为重要的是要保证洞内外轨道或道路的良好状态,这也是施工管理水平的一个标志。过去由于"抢工期"、"抢进度",我们经常忽视了对道路或轨道的维修养护,带来了不应有的损失,这个问题在大型机械化施工的条件下尤为严重。

在有轨运输的条件下,轨道类型的选择与车辆的体积及隧道长度(总出碴量)有关,在使用小型车辆时,使用 24kg/m 轨是合适的,但随着车辆的大型化,轨道类型也应随着变化,以满足隧道施工运输快速重载的需要。例

如米花岭隧道和正在施工的秦岭隧道，基本上都是采用38kg/m轨。而在采用大容量矿车时，如目前在一些隧道中采用的$14m^3$、$16m^3$及$19m^3$矿车等，都必须采用重型轨道。研究指出，在这种情况下，采用43kg/m类型的轨道是合适的。

随着重型轨道的出现，与轨道结构有关的问题也必须同步解决，如与轨道配套的道岔结构、调车、线形等。

在无轨运输中，重要的是大型车辆的行驶路面，必须保证行驶车辆在一定质量、速度条件下的安全行驶，并减少车辆行驶中的轮胎磨损。因此，路面结构必须牢固、平整、耐磨损、耐冲击。在隧道施工中，采用超前铺底或先修筑仰拱的方法，可以较好地解决隧道路面问题。

道路或轨道状态的好坏，直接影响机械效率的发挥和综合生产能力的发挥，是不容忽视的。

3. 清楚单一机械及配套机械的机械效率

根据对各种施工机械生产能力的统计分析结果发现，发挥单一机械的生产能力是形成综合生产能力的基础。而配套机械的协调配合则是形成综合生产能力的关键。为了形成均衡的、综合的生产能力，必须首先摸清单一机械在各种使用条件下的生产能力。当前，这只能用统计的方法，把各种施工实例进行数理统计，寻求合理的数据。而对配套机械综合生产能力的统计，也只能在统计已成功的隧道施工数据的基础上进行。因此，确定几个工点进行统计分析是必要的，也就是说，在进行机械效率和配套机械效率的分析中，一定要引进数理方法，不能单凭主观的臆断。

（二）降低工程造价

地下结构，如果仅仅从初期投资的土木工程造价上看，是比较昂贵的。但如综合考虑其投资效果（初期投资、工程的社会效益等）或从可持续发展的观点出发，是比较有发展前景的。

但不管怎么说，土木工程的造价是很可观的。因此，目前许多国家都非常注意如何降低土木工程，当然也包括地下工程的造价问题。例如日本在比较了与美国在一些工程领域中的工程费后明确指出，平均来说日本的工程费比美国高出28%～45%。因此，日本建设省提出削减工程费的指示，并提出从设计阶段开始就采取缩小结构物断面、结构物形状单纯化、构件预制化、材料规格化和标准化及施工技术标准化等五大基本措施。以地下工程为例，在盾构隧道中，减薄衬砌、缩小断面可降低工程费约30%，在山岭隧道中，缩小断面也取得较好的效果。例如新干线隧道，净空内半径从

4.80m 减小到 4.75m；东名高速公路隧道将建筑限界的宽度缩小 1.5m，使开挖断面积从 $230m^2$ 减小到 $195m^2$，从而使工程费减少 15% ~16%。而降低工程费最显著的是东京都的 12 号线小断面地铁，降低工程费达 30% 以上。又如在山岭隧道中，如能控制好隧道断面的超欠挖，就可把隧道工程费降低 3% ~5% 等。

因此，要从根本上解决降低土木工程的工程费问题，要有经济观念和技术保证，特别是地下工程，这一问题尤为突出。从目前技术发展的趋势看，降低隧道工程造价的途径，可从以下几方面进行：

· 减少和控制超欠挖技术；

· 采用高强喷混凝土或纤维混凝土技术，减小永久衬砌厚度或取消二次衬砌技术；

· 施工方法模式化，辅助施工措施标准化技术；

· 减少施工中灾害事故的发生和发展，加强施工地质的预测技术；

· 施工中控制施工质量的技术；

· 良好的施工管理是保证工程质量、降低工程造价的保证。

应该认识到，土木工程的造价是有潜力可挖的，其次是“降造”要形成“双赢”的局面，最后要认识到，只有提高技术水平才能真正地把造价降下来。

(1)土木工程的造价是有潜力可挖的

扩大内需、加大基础设施建设力度，是目前我国经济形势发展中的重大举措。以铁路、公路、城市轨道交通建设为例，今后 5 年的投资总额，将达上万亿元，仅仅今年就将启动 2 000 亿元，是极为可观的。其中隧道和地下工程量更为可观，据不完全统计，近期修建的几条铁路线，隧道平均占线路总长的 10% ~15%，个别地段可达 40% ~50%，甚至超过 50% 以上，而且，长度超过 10km 以上的隧道和三车道、四车道的大断面公路隧道也不断涌现。城市轨道交通的里程也大幅度增加。在这种情况下，如何降低地下工程和隧道工程的造价，是一个重要的课题，也是土木工程领域中具有重大意义的课题。如果造价降低 1%，就是 100 个亿，降低 2% 就是 200 个亿，可见降低造价的意义是不言而喻的。

就我们目前采取的人为的“降造”措施来看，我国工程造价的降低是完全有潜力可挖的。因为业主要求承包人，在承包额的基础上“降造”5% ~20%，有的甚至“降造”30% 以上，这说明造价是可以降低的。

(2)“降造”要形成“双赢”的局面

这里所谓的“双赢”,就是“降造”对业主有利,对承包人也有利,否则,“降造”就是一句空话。

例如,日本规定在承包价确定以后,承包人采取技术措施而降低造价的部分,归承包人所有。这样就鼓励承包人采用技术手段降低工程造价的积极性,这也是为什么日本的地下和隧道技术不断发展的一个重要原因。要实现这一点,就必须彻底地改变我们的投标的体制和方法。

(3)只有技术水平的提高才能真正地把造价降下来

从目前的技术发展趋势看,降低隧道工程造价的基本途径有以下5种。

①缩小结构物断面尺寸

以山岭隧道中盾构隧道为例,在确保必要的功能前提下尽量减小结构物的断面尺寸。例如,日本在盾构隧道中为减小一次衬砌的厚度,采用了高强的薄管片。此外,为减小二次衬砌厚度,采用喷2~3mm树脂的方法,使外径从3.8m变为3.4m,减小0.4m。这样,开挖土方量减少25%,工期缩短40%。在某一公用沟工程中,将二次衬砌省去,节省造价9.9%,当然省略二次衬砌是有条件的。

在山岭隧道中日本铁道公团,在北陆新干线的隧道工程中,将拱部内半径从4.8m改为4.75 m,减小5cm。在舞子隧道的通风横洞(断面积80m^2)中,在一次衬砌(15cm)上,增喷5cm的高强喷混凝土,而取消了厚35cm的二次衬砌。由此可见,缩小断面尺寸、主要与采用新技术、新工艺有关,如采用高强的喷混凝土和混凝土、喷射树脂等。其次在满足净空的条件下,尽可能地缩小隧道内轮廓尺寸,最终减薄二次衬砌或取消二次衬砌。

例如,在增加列车运行密度的前提下,减少列车编组长度,就可以缩短车站和站台的长度。采用宽度小的车辆,也可以减少净空尺寸,从而减少坑道的开挖量。目前我国采用的盾构管片的厚度是35cm,如果证明采用30cm是可行的,还可以降低工程造价。

②结构物形状的单纯化

从实际出发,除地下铁道车站外,隧道的断面形状是比较单纯的。形状单纯化,可使钢筋和模板的架设简单,与之配套的材料也可以标准化和规格化,如采用钢筋骨架和定尺钢筋等。隧道的拱部最好采用单心圆,在公路隧道中,整个上部也最好采用单心圆。对钢筋混凝土衬砌的钢筋,采用顶制的钢筋骨架方式,也可以取得良好的效果。例如,四车道的公路隧道,是采用四车道的大断面隧道,或是采用联拱形四车道断面,就需要进一步研究,从形状单纯化角度看,显然采用形状单纯的四车道断面是合理的,同时也简化了施工程序,实践表明,目前采用联拱隧道的成本是比较高的。

地下铁道车站形式的标准化,也是各国追求的目标,在满足功能要求的前提下尽量缩小车站的规模也是车站设计的主流趋势,这也是"降造"所要求的。

③构件预制化

结构形状单纯化与构件预制化是有联系的。构件预制化,使制造简单,质量可靠,安装方便,且便于采用新材料。

已经实现预制化的构件,尽可能地向大型、长尺寸方向发展。如日本的瓦斯管道的管片宽度从0.2m改为1.2m,使架设时间大为缩短。

在铁路隧道中,仰拱构件预制化是一个方向,特别是在单线铁路隧道中更有发展前景。秦岭隧道的仰拱采用预制仰拱获得了成功。在铁路隧道中研究二次衬砌的构件预制化问题是有重要意义的。

隧道衬砌、明洞等结构物的预制化,是提高结构物质量、降低造价的基本措施,也是许多国家正在研究的课题。下面介绍两个实例。

仰拱:为了降低成本和提高修筑仰拱的速度,在某一公路隧道中采用预制构件修筑仰拱。首先开挖隧道底部后,灌注坍落度为0的混凝土,而后在其上铺设预制的带突起的混凝土板,用振捣器捣固,使其与混凝土成为一体。隧道是双车道的,施工长度约6km,一块板的大小约宽3m,长1.5m。施工后车辆可以立即通行。可以走行满载土砂的总重达39t的卡车。仰拱的下沉量只有3mm。因为不需要设置和拆除模板,比现场灌注混凝土降低成本10%~15%。隧道开挖后能够立即施工仰拱,从而能够控制底部的变形。

衬砌预制板:在山岭隧道的二次衬砌中,也开发出预制板兼模板的技术。预制板是钢筋混凝土板,钢筋从板背后伸出,现场灌注混凝土时使之成为一体。开挖后向岩面喷射混凝土,沿内壁架设钢架(间距1~2m),使用专门机具把预制板用螺栓连接到钢架上。预制板上设有直径10cm的孔,用以灌注混凝土。此法较采用活动模板灌注混凝土的方法能够降低成本20%~30%,并缩短了工期。

④材料标准化和规格化

材料的规格化和标准化是与结构断面的单纯化相联系的。将材料按照设计规格,予以标准化,而在工厂或工地预制好,可大大技术减少架设的时间和材料的无理消耗。例如日本在某一管路工程中,采用高流动性混凝土管片(直径4m),在长1km的隧道中,便节省约4 000万日元。

⑤施工技术标准化和模式化

隧道施工方法的标准化和模式化是提高隧道修建速度和质量，降低工程造价的关键。

目前，在山岭隧道中采用的施工方法，越来越集中在少数几种方法上，如超短台阶法及全断面法、中隔壁法及眼镜法等，因此，使这几种方法标准化和模式化是当务之急。应该指出，目前施工方法混乱、工艺不标准、施工机械不配套等，是使隧道造价增加的重要原因之一。

在城市地下铁道中，目前主要从矿山法、盾构法和明挖法中选择。但在不良地质条件下，不论采用何种施工方法，都必须采用各种辅助工法，这是工程中最难控制造价的部分。

无论从施工工厂化程度还是造价控制的难易程度上看，盾构法均排在首位，其次是明挖法，最后是矿山法。

从造价的高低看，很难比较，因为各种施工方法的应用条件不同。例如地下车站，多数采用明挖法，但不能采用明挖法时，就只有采用矿山法。在区间隧道，盾构法与明挖法可以作比较，一般说，国外的盾构法都优于明挖法，因为国外都把施工对周边环境（交通、生活、结构物危害等）的影响列入造价之中。在我们的国家，可能是明挖法优于盾构法。

在施工中，辅助施工方法常常是不可避免的，特别是矿山法。在设计中，辅助施工方法的选择，对控制造价是极为重要的。

在认识上我提出了三个观点、一句话。三个观点是：土木工程的造价是有潜力可挖的；“降造”要形成“双赢”的局面；只有提高技术水平才能真正地把造价降下来。一句话是：降低造价必须有可靠的技术保证，否则就是一句空话。

此外，减少施工灾害事故的发生、采用合适的辅助工法、加强施工地质的预测和预报、提高施工管理水平等都可在一定程度上降低工程造价，这要在实践中去探索。

第十二部分　坍方、大变形、岩爆

在隧道施工的整个过程中，一旦发生灾害性事故，不仅延误工期、大幅度地提高工程费用，也会出现对人身的伤害；同时如处理不当，也会遗留工程质量后患，给维修养护工作造成极大困难。

从另一个角度看，正由于地质条件是不断变化的，因此根据施工中出现的各种问题，应采取各种应变措施，这是动态施工的一个极为重要的方面。

施工中常常出现的事故有坍方、大变形、岩爆等。

当然，还有一些其他灾害，如突泥突水、瓦斯爆发、有害气体的逸出等。这里重点说明以上几个大家比较关心的，也是比较模糊的几个问题的解决方法和途径。

施工要点一　坍　　方

坍方是最为常见、比较典型的一种事故。造成坍方的原因多种多样，有地质上突发的因素，也有人们认识上的因素，但归根结底，地质因素是决定性的，因此加强施工地质工作是避免和防止坍方事故发生的根本手段。必须改变"地质工作是设计人员的任务，而不是施工人员的事"这一传统观念，把施工地质工作提到应有的高度予以重视，另外也必须改变"不坍方、不赚钱"的观点，树立坍方是可以预测、可以控制的观点，不断培养工程技术人员在不良地质条件下施工的应变能力和处理能力。

1. 坍方实例

下面通过一些工程实例，说明处理坍方的一些方法和原则。

1）成渝高速公路缙云山隧道

缙云山隧道是成渝高速公路东段的两大隧道之一，分为左、右两线，长度分别为2 478m和2 528m。地质主要为灰岩和砂岩，其中灰岩占40%左右，有少量的泥岩和页岩，隧道通过4个断层、5个煤矿采空区，在此段落存在一定浓度的瓦斯，有较大的涌水，最大涌水为20 000～30 000m^3/d，灰岩和砂岩的强度分别为 80 ~ 120MPa 和 50 ~ 90MPa，其中 IV、V 级围岩占 29%，无 I、II 及 VI 级围岩。

缙云山隧道自西向东穿过南北走向的缙云山山脉南部，通过地区受四川运动主压应力作用，形成复式背斜，隧道中部 940m 地段位于背斜轴部的 T_{3L} + T_{3J} 地层上，隧道两端 735 ~ 813m 位于缙云山背斜两翼的 T_{3XJ} 地层上，最大埋深 560m。

该隧道除重庆端（左隧 551m，右隧 289m）采用台阶（上部台阶高度为 5.5m）施工外，其余均采用全断面开挖，爆破采用双空直眼掏槽微差分段起爆的光面爆破，支护以常规喷锚支护为主，在 V 级围岩设格栅，间距 1.0m，部分地段增设钢筋网，在断层破碎带及其附近，采用了超前的小导管注浆和超前锚杆预加固措施。洞内钻眼及装渣运输采用全机械化作业，无轨运输，二次衬砌采用液压台车全断面一次灌注。

（1）坍方的情况

缙云山隧道施工过程中，因地质构造复杂，节理发育，地下水丰富以及断层破碎带的影响，先后发生了 5 次较大规模的坍方，其中以 4 号坍方为最大，长达 22m，宽 10 ~ 14m，坍塌高度 18 ~ 25m，坍方数量达 4 000 ~ 5 000m^3。

（2）坍方发生的原因

坍方发生后，经现场调查和研究，认为引起本次坍方的原因如下：

· 由于岩体破碎、节理发育，致使岩层的层间结合力较低，加上地下水的作用，引起上部失稳、坍塌；

· 坍方段属于 IV 级围岩，离掌子面的距离太大，已达到 85.0m，再加上初期支护的强度可能偏低（因地下水的影响，使喷射混凝土的厚度无法保证），施工时没有安设格栅；

· 在坍方范围内，发现了一条宽度 1.8 ~ 2.4m 的断层，致使出现大规模的坍方。

（3）坍方的处理措施和步骤

· 先加固坍方附近的未坍塌部分，采用喷锚支护和小管棚（直径为 60 ~ 80mm 的钢花管）对未坍塌的边墙及拱部进行加固，以防止坍方的进一步发展和扩大。

· 利用坍方发生后围岩处于相对的暂时稳定状态，抓紧时间沿坍塌面设外层初期支护（如图 12-1），其支护参数如下。

锚杆：L = 3.5 ~ 4.5m，ϕ22mm，间距 1.0m × 1.0m ~ 1.5m × 1.5m；

钢筋网：采用 ϕ8mm 或 ϕ12mm 钢筋，网格间距 20cm × 20cm；

喷射混凝土:分两层,第一层 5.0 ~ 8.0cm,然后施作锚杆和挂网,再复喷第二层 10 ~ 15.0cm;

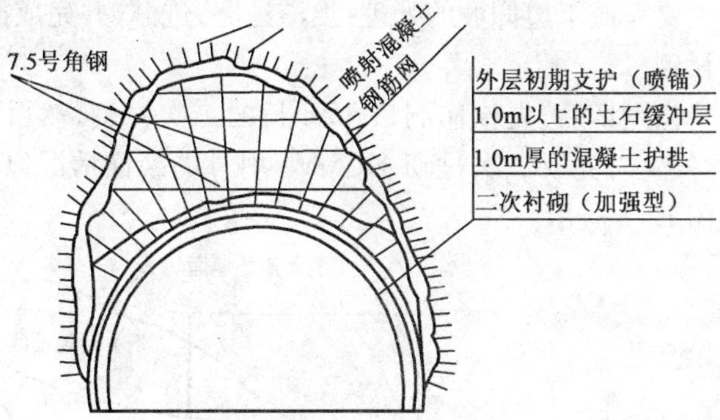

图 12-1　洞口坍方示意图

· 因坍腔的横断面矢跨比 $H/B = 1.8 \sim 2.8 > 0.7$,故不设(也难以设置)内层初期支护,但在坍腔内需设置横向和竖向的支撑杆件,本例中采用 7.5 号角钢横向和竖向支撑两侧及顶部的坍塌面,竖向间距 8.0 ~ 10.0m,纵向间距 2.0 ~ 2.5m,角钢的两端与锚杆头进行焊接;

· 清渣,从洞口向里逐步清渣,同时逐步进行二次衬砌;

· 待二次衬砌完成之后设置防水层,预埋注浆孔;

· 施作 1.0m 厚的混凝土护拱;

· 设土石缓冲层,厚度 1.2 ~ 1.5m;

· 衬砌背后注浆(即填充注浆)。

整个坍方的处理历时 5 个月,从处理效果来看,保证了工程质量和施工安全,但投入的费用和所耗的时间相对大了一些。

2)飞鸾岭隧道南段洞口坍方

飞鸾岭隧道位于福建省境内国道 104 线福州市至宁德市之间,公路双线隧道,开挖断面积为 82.4m^2,全长 3 155m。

隧道的围岩以花岗岩和片麻岩为主,在深埋地段(埋深为 350 ~ 500m)坚硬、致密,节理不发育,仅有少量地下水,岩石的抗压强度达 100 ~ 120MPa。在隧道两端的进出口,长度分别为 186m 和 274m,为 Ⅳ、Ⅴ 级围岩,岩层以强风化的花岗岩为主,同时夹有砂、黏土及亚砂、亚砂土层,厚度 0.2 ~ 1.0m不等,另外在风化的花岗岩中,存在一定量(大约 30%)的孤石,其直径为 0.2 ~ 1.2m 不等。

该隧道于1995年元月进洞施工，由于施工单位进度较慢，施工设备迟迟不到位，致使业主于1995年12月初要求其退场，更换施工单位进场继续施工。前期主要完成了边仰坡的处理，出渣道路，进洞，并完成掘进43.0m，但并未施作衬砌。

新施工单位进场后，先施作洞口43m长的二次衬砌，然后再继续向前掘进，至坍方发生时完成二次衬砌41.5m。坍方的断面情况以及与掘进的进展情况如图12-2所示。

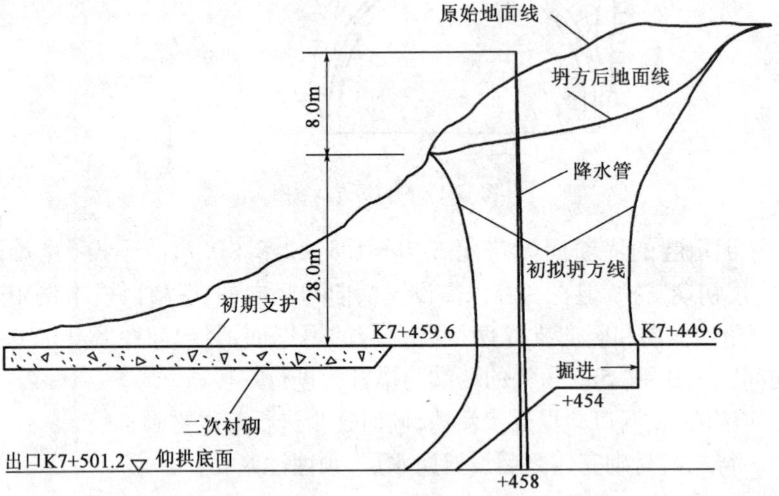

图12-2 坍方的断面形状及处理示意图

(1)坍方的发生情况

坍方发生在洞口附近，长越10m，南段洞口的围岩级别为V级，全风化花岗岩(含亚砂、亚黏土)，结构松散，稳定性差，遇水完全失稳，该段地下水较多，隧道底部和上部均有渗水。

在洞口右侧，距隧道中线1.8m处，拱部有一降水管，拱部地下水沿降水管周边大量渗下，左侧4.0m拱部有较大裂隙水渗出，初步分析是地质钻孔所致。

坍方的具体情况如下：

·1996年2月28日19时25分，围岩出现声响，在喷层上出现裂纹，在距开挖面5~6m的拱部首先发生掉块，当时正在进行复喷，随后裂纹逐渐扩大，其中最大的一条裂纹长达6~7m，宽度达1~2cm，斜穿拱顶至起拱点。

·在19时49分时，工人们正在对出现裂纹的地方进行喷射混凝土加强时，于K7+455处的降水管附近突然发生坍塌，估计数量有$2.0m^3$左右，工人们立即撤出，大约2min后，随着"哗啦"一声巨响，整个靠近开挖面10m长度的初期支护包括格栅全部垮塌下来，并一直坍塌至地表，形成冒顶坍方，地表形成9.0m×15.0m的凹形漏斗，在坍口周围35m半径范围内出现大量裂缝，已做好的排水沟出现多处拉裂，坍方高度达32.0m，坍方数量为$3\ 760m^3$。

(2)坍方的主要原因

通过各方在现场进行察看和分析后，大家一致认为造成本次大规模坍方的原因有以下几点：

·该段的地质为强风化的花岗岩，从洞内的坍体表面观察来看，大约80%已完全风化成砂黏土，其粒径为0～3.0mm，其余为孤石，最大直径为0.8m左右，这样的松散结构，其结合力主要依靠砂粒之间的摩擦力，整体稳定性极差；

·地下水丰富，在开挖过程中，就经常出现大量的渗漏水，特别是风化花岗岩这样的松散结构遇水后，其自稳时间几乎为零，特别是在K7+455处的降水管，把垂直上方的地下水都引入了洞中，致使发生冒顶的大型坍方；

·支护措施存在一定的问题，针对这样的地质条件，应采取适当的超前支护措施，如管棚、预注浆加固等，另外，采用台阶法施工时，上台阶的格栅直接放在砂土层中，很容易引起下沉，从而导致整个初期支护的整体稳定性下降，应采取诸如设置纵向托梁的方法，尽量控制下沉位移。

(3)坍方的处理情况

坍方的处理方案具体内容如下。

①坍方处理的总原则

·安全，坍方的处理必须安全可靠，做到万无一失；

·快速，即处理时间要最短，要求2个月内完成；

·保质，即保证工程质量，不得留有任何隐患；

·节约，即整个坍方处理费用要最低。

②坍方处理的要点

·地表处理，并做好防排水，防止坍方的扩大；

·洞内坍体注浆固结，形成整体受力壳(环)；

·坍方段的开挖及支护。

③坍方处理的具体措施

地表处理:

·采用喷射混凝土和锚杆挂网,封闭地表;

·用黏土堵塞裂缝,用M10水泥砂浆修补截、排水沟裂缝,并设置变形观测点;

·在坍体稳定3d后,清刷坍口松动土方,刷方、夯填后打设地表注浆管(ϕ42mm,$L=5.0$m),灌注水泥砂浆,然后采用喷锚网封闭坍口,局部用砂袋回填仰坡上方的凹部;

·按设计坡率分台阶清刷仰坡,进行减载;

·清理隧道两侧排水沟,并在临近坍体处设集水坑集中抽水,仰坡顶设钢管降水井并不断抽水;

·设止浆墙,采用浆砌条石,厚度1.5m;

·安设ϕ70注浆导管,长2.5m;

·循环注浆,每次注浆长度4.0m,分三次完成,注浆厚度应保证洞内坍体以设计拱顶高程以上3.0m的松散体全部固结,注浆压力1.0~1.5MPa,要求固结强度达到2~3.0MPa,注浆材料选择单液浆,渗水较多处采用双液浆。

坍方段的开挖及支护操作如下。

·先施作超前支护,采用ϕ42mm小导管预注浆,长4.0m,间距0.5m;

·采用弧形导坑预留核心土法开挖,先开挖一侧,完成初期支护后再开挖另一侧,开挖高度1.5~2.0m,开挖长度为每一循环1.0m,开挖后立即进行喷锚支护,并安设格栅。具体参数为:锚杆ϕ22mm,长3.5m,喷射混凝土厚25cm,分2~3次完成,格栅间距0.8m,格栅钢架之间采用ϕ22mm的钢筋纵向连接,格栅的底部采用22号槽钢纵向连接;

·弧形导坑完成后,采用挖马口的方法,分别开挖左、右两侧边墙,边墙开挖后,立即进行喷锚支护并将格栅拱顺接下来,形成整体;

·边墙开挖完成以后,最后开挖核心土,如图12-3所示;

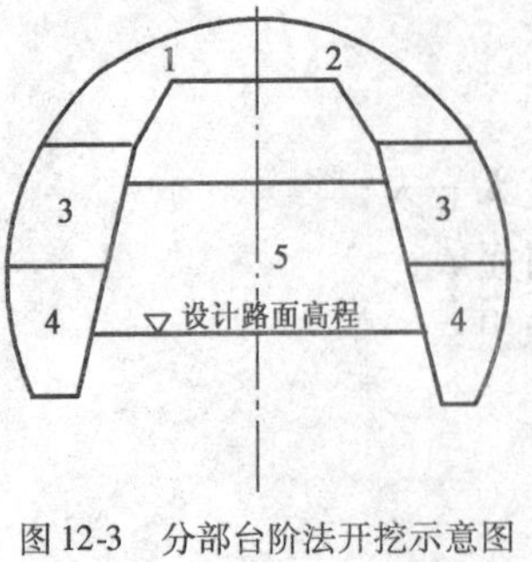

图12-3 分部台阶法开挖示意图

注:1、2、…5为开挖顺序

·二次衬砌,采用先墙后拱法施工,每环

混凝土的灌注长度控制在2.0～4.0m。

(4)坍方处理过程中采取的应变措施

①由于在风化花岗岩中的注浆效果不理想,从开挖出来的坍体来看,并未形成2.0～3.0MPa的注浆固结体,而是浆液呈树枝状分布,注进的浆液呈薄片状,对整个坍体而言不能形成完整的注浆固结体,但仍起到了一定的“挤压致密”作用。因此在进行分部开挖时拱顶及拱脚的下沉变形仍较大,为此采用了临时预应力仰拱技术,严格控制下沉,形成闭合环受力,效果较好。

②由于坍体中渗漏水仍然较大,使开挖后的喷射混凝土厚度很难达到25cm,实施中采用以格栅厚度(22～25cm)为界立模,将喷混凝土变成模注混凝土,使施工过程变得简单、快速,而且保证了质量。

③拱部坍体虽经过了两次注浆(第一次是通过注浆导管的整体注浆,第二次是超前小导管注浆),但仍未形成注浆固结体,理由同前。开挖时为了避免拱顶的局部坍塌,增加了密排的超前锚杆(即采用ϕ22mm,长3.5m,间距0.3m,仰角15°～30°),每开挖2.0m,施作一排,这样确保了拱部的稳定和施工的安全。

3)大秦线西坪隧道

西坪隧道为双线铁路隧道,全长298m,位于半径为700m的圆曲线上。由于隧道靠近车站而引起的线间距加大,加之隧道本身的曲线加宽,使毛洞开挖跨度达13.67m。

隧道埋深较浅,洞顶覆盖厚度在6～36m,隧道洞身范围的地层主要有以下几层。

·第四系上更新统冲、洪积的新黄土,半干硬～可塑,具有直立性及大孔隙。表面局部具湿陷性,其湿陷系数为0.277,该层底部含少量角砾和碎石,此层分布在洞顶以上至地面。

·第四系中更新统冲、洪积的老黄土,卵石土及碎石土,分述如下:①老黄土呈棕褐色,半干硬～可塑;含碎石、角砾为10%～40%,局部为碎石、角砾夹层,厚0.3～1.0m。老黄土有膨胀性,其自由膨胀率为43.7%～84.0%,膨胀压力为0.12～0.326MPa;②卵石土,潮湿、中密,卵石呈圆形或圆棱状,一般为0～80mm,并含漂石,卵、漂石含量为70%,含土20%～25%,局部夹薄老黄土;③碎石土,潮湿,中密,碎石、块石含量为60%～75%,土含量20%～30%,局部夹有砂层,砂层厚0.3～1.8m。

第四系中更新统各类地层呈水平状成层分布，个别地层有尖灭现象，隧道拱部和边墙都碰到此层。

·元古界长城系大洪峪组地层为白云岩与页岩互层。白云岩灰黄色，风化颇重~轻微，呈碎石状。页岩风化严重~极严重，呈砾石状，该层分布在进口一段。

·地质构造，进口端大洪峪组岩层为单斜构造，产状 NE40/46S。节理发育，岩层破碎，DK150+1.67 处有一小的逆断层，产状 NW30/85S，断层呈波状，擦痕明显，破碎带为泥状及角砾状。

(1)坍体情况及坍方原因

该隧道采用复合式衬砌，半断面台阶开挖，并使用了格栅。

当隧道施工距离出口大约 98m 处，发生坍方。此处地表覆盖厚约 30m，坍体土柱高约 22m，地表形成一个直径约 12m、深 7m 的大坑，坑的周围呈环状开裂，裂缝宽度 5~7cm；地表牵动范围约 30m，坍体压垮了已经喷好的初期支护(含格栅)30m。坍方数量为 4 500~5 000m^3。坍方原因分析如下：

·隧道范围内的土体，经过整个雨季，地表水(雨水)渗入，使土中天然含水率增大，从而降低了围岩的强度；

·由于 DK150+370~DK150+404 一段拱部遇到一层 1.2~1.8m 的砂层，施工开挖到此没有采取相应措施加以处理，致使在拱背与围岩间形成空洞，特别是在开挖边墙时，砂层顺着拱背直流而下，使空洞进一步扩大，造成边墙部位的土体塑性区加大；

施工措施不当，不论在拱部开挖，还是边墙开挖，均未采取有力的施工措施，尤其是当边墙开挖后，拱脚悬空时间较长而又没有及时喷锚支护，加之放炮振动的影响，使整个土体骤然失稳而造成坍方。

(2)坍方处理方案选择

鉴于坍体的地质、隧道的跨度及覆盖厚度等情况，分别考虑了清方、管棚注浆及双侧壁导坑等几种方案，进行了全面的技术、经济比较，尤其对施工的难度和技术的可靠性，进行了认真全面分析，从施工单位现有条件及机具设备情况出发，确定了双侧壁导坑法处理坍方，其支护参数选择如下。

格栅：格栅断面形式采用梯形，主筋选用 4 根 ϕ25mm 的螺纹钢筋，格栅间距 40cm(实际上是 50cm)，格栅沿全断面布置，分成 7 片，而侧壁导坑的部分 2 片，钢筋为 ϕ22mm，以适应开挖分块的情况，具体情况见

图12-4。

喷射混凝土：喷层厚度为拱部25cm，边墙20cm，侧壁导坑部位15cm，而且喷层厚度的一半喷早强混凝土，以提高喷混凝土的早期强度，保证支护效果。

锚杆：锚杆采用1.4～1.6m的短锚杆，系统布置于边墙，间距为1.0m，拱顶不设锚杆，仅在拱脚处设三排短锚杆。

除此之外，每榀格栅之间用纵向连接钢筋连接起来，形成以格栅为主要承载的支护体系，各支护参数列于表12-1。

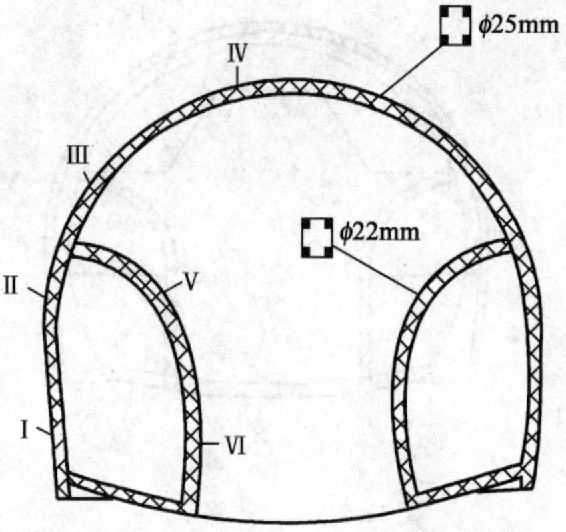

图12-4　格栅图

初期支护参数表　　表12-1

类别 部位	喷混凝土厚度（cm）		格　栅			锚　杆		
	早强喷混凝土	普通喷混凝土	断面形式	间距（cm）	主筋直径（mm）	长度（m）	间距（cm）	直径（mm）
拱部	10	10	梯形	40～50	25	1.2～1.6	纵向40～50 环向100	22
	25							
边墙	10	10	梯形	40～50	25	1.2～1.4	纵向0～50 环向100	22
	20							
侧壁导坑临时支护	5～10	5	梯形	40～50	22	1.2～1.4	纵向40～50 环向100	22
	15							

（3）施工设计与施工过程

采用如图12-5的施工方法和步骤。为了安全还采取了如下措施：

·开挖后加强支护，及时喷混凝土封闭工作面，最初每次开挖进尺40cm，后调整为50cm；

·左、右侧壁导坑必须错开一定距离（5～7m）进行施工，以减少对坍体的过大扰动，而拱部进行环状开挖并及时喷锚；

·在比较松散、破碎地段，先打超前锚杆进行超前支护，开挖后喷10～15cm厚的早强混凝土，以保证支护效果；

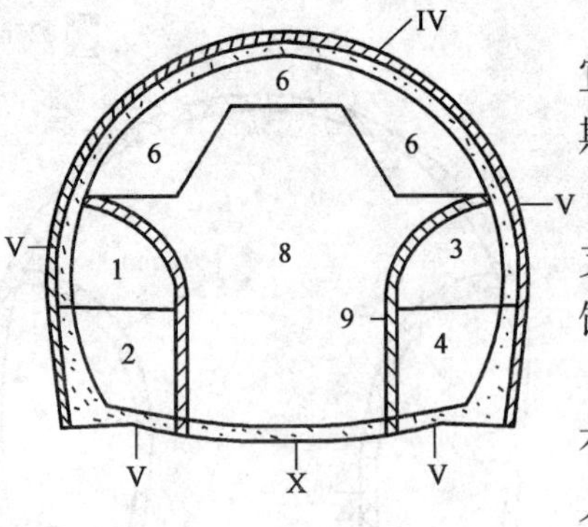

图 12-5　施工步骤示意

·侧壁导坑的上、下两部施工不宜拉得过长，以便尽快使侧壁导坑初期支护闭合，并加设临时横梁；

·加强施工监测，密切注意围岩支护结构的动态变化，将监测信息反馈于施工人员。

实践证明，上述工程措施是行之有效的，它保证了施作的顺利进行和人身的安全。

(4)施工监测

为了给施工和设计提供可靠的信息，根据现有条件安排了下述量测项目。

①变形量测，分别埋设了量测标志进行变形量测，拱部以拱顶下沉量为主，侧壁导坑内以水平收敛为主。为了使量侧工作不受施工的影响，在侧拱顶中线两侧各 1.5m 处埋设标志进行拱顶下沉量测，每 10 ~ 15m 设一组测点。

②格栅钢架内力量测，用钢筋应力计焊接在格栅钢架的主筋上以量测其内力的大小及变化规律。同时，用贴电阻丝片量测主筋中的应变及变化规律，以相互印证。

把量测结果绘制成变形时态曲线及应力、应变时态曲线，同时对应变曲线进行回归，以判断最终变形值。

③量测结果分析与反馈

从变形时态曲线看，一般在开挖并施作初期支护后 7 ~ 10d，变形开始变缓；20 ~ 30d后，变形基本稳定下来。因此确定初期支护 30d 后施作二次衬砌是适宜的。

从变形数值看，拱部断面的拱顶下沉均远远大于侧壁内的拱顶下沉量。拱顶最大下沉量分别为 49.9mm、26.9mm、25.7mm，均未超过预留下沉量，故将预留下沉量改为 5cm 是合适的。

当每天的拱顶下沉量为 5 ~ 10mm 时，均未发生喷层异常，属于正常变形量；当每天变形量大于 10mm 时，往往喷层出现裂缝。如施工中曾经出现过 14.15mm/d 及 12.11mm/d 的变形量，喷层局部严重开裂，裂缝宽度达 1 ~ 2.5mm不等，此时，及时采用增加锚杆、挂网、补喷混凝土等补强措施，也收到满意的效果。

以格栅钢架中主筋内力时态曲线看，8～10d 后内力变化开始变缓，20～30d后基本稳定。应变时态曲线也基本如此，与变形时态曲线大体吻合，但是应变的变化受核心开挖的影响较为敏感。

拱部格栅受力较大，边墙及侧壁导坑的格栅受力很小。同时，拱部埋设的 11 个钢筋计和 7 个测点应变片，只有 147 号钢筋计和 14 号测点达到 -112.53kN 和 -939μ，其余钢筋计及测点均未达到此值，说明格栅有相当的强度储备，支护结构安全、可靠。

以格栅的内应力及应变片性质全部为压力及压应变这一事实分析，喷混凝土的厚度及密实度对格栅支护刚度提出要求，必须采取相应措施，保证有足够的喷混凝土厚度及质量。

总之，综合初期支护的变形、内力、应变量测结果的分析说明，初期支护的各项参数是可行的，初期支护是稳定的，也是可靠的。

4）内昆线侯家湾四号隧道

侯家湾四号隧道，全长 2 228m，隧道纵坡 19.5%，进口端位于 R = 500m 的曲线上，这里气候条件恶劣，地质复杂，溶槽、溶沟发育，其中进口端长达 183m 为埋深 20m 左右的风化极严重的玄武岩破碎层，自稳能力极差，其余地段均为灰岩地质。

该隧道采用复合衬砌，台阶法开挖，先墙后拱法衬砌，初期支护喷 C20 混凝土（厚 25cm），格栅间距为 1m，用 ϕ20mm 钢筋纵向连接。超前锚杆环向间距 0.4m，每根长 3.5m，每环 20 根；系统锚杆长 3m，横纵间距 0.8m × 1m，拱墙设置钢筋网。二次衬砌和仰拱用 C20 混凝土。

（1）坍方情况

在施工中，考虑到围岩比较破碎，分上、下两层台阶开挖，在按设计施作初期支护的情况下，DK346 + 282 ～ DK346 + 299 段 17m 拱部初期支护在事先没有任何迹象的情况下，突然响声大作，一瞬间发生坍塌，初期支护全被压垮，洞内全断面封堵，地表形成直径 8m、深 4m 的口小肚大的坍穴，坍方数量为 3 630m^3。

（2）坍方原因分析

· 降雪和地下水的激发因素，1 月 10 日至 14 日，昭通地区连降大雪，侯家湾四号隧道所处地区积雪厚度达 50cm，由于隧道穿穿越的山体自然坡度近 45°，穿山背进入低凹地形，积水面积大。因此，冰雪融汇渗入土体内，增加了土体重力，降低了土体胶结性，使土体自稳能力降低，造成坍方。

· 地质因素，隧道拱顶上方埋深为 21m，上部为松散的砂黏土，下部为风化破碎的玄武岩，经雪水渗透浸泡，达到饱和状态，失去自稳能力。

· 施工工序安排欠科学，上半断面开挖拉得过长，比下半断面超前85m，做初期支护，却未及时做拱部衬砌，造成松动应力过大，对台阶后部已开挖只做初期支护段形成较大的松散压力，极不安全。

(3)坍方段处理方法

①对坍塌凹部壁施作挂网、锚喷支护，坍塌漏斗地表进行截水，必要时搭遮雨棚，防止地表水灌入坍体内。待洞内处理完后，采用土石夯填到高出原地面，等填土下沉稳定后，用M5浆砌片石铺砌。

②坍体洞内的处理方法：对坍体开挖面轮廓线外加设管棚和小导管注浆进行预加固，固结后进行坍体段的开挖。

· 在坍体段(DK346+282~DK346+299)拱部采用大管棚和小导管注浆，挂钢筋网、格栅并施作喷混凝土初期支护，边墙施以侧壁小导管注浆和锚喷加固；

· 坍体段拱部、边墙初次衬砌设钢轨钢架(1榀/0.7m)，并灌筑混凝土；

· 坍体段按先拱后墙法施工，拱脚内增设钢轨托梁并向坍体内端延伸约10m，防止拱部下沉；

· DK346+282~DK346+385两端10m长范围的衬砌均需加强，拱墙施作钢筋混凝土衬砌；

· DK346+309~KD346+385段的上半断面已开挖且已做初期支护，待坍方处理后立即先做拱部衬砌再进行下半断面开挖，以确保该段安全。

③坍体段施工

· 工艺要求

小导管与大管棚的安装制作：小导管与大管棚的前部都钻注浆孔，孔径分别为6~8mm、10~16mm，呈梅花形布置，尾部留100cm作为不钻孔的止浆段，小导管前端加工成锥形，大管棚分段安装，每段长6m，两段之间用"V"形对焊。前端安装硬质钻头，采用直接撞击法将导管撞击至设计位置。

注浆：浆液水灰比为1:1，外掺速凝剂，注浆开始时，水灰比大，后逐渐变小，注浆压力逐渐升高，当达到设计终压时再注20min，注浆量大致与设计注入量接近。

· 上半断面施工

采用人力或风镐开挖，每次进尺不超过1.2m，紧跟网喷和格栅支护(1榀/5m)，纵向之间用钢筋连接，开挖5m后，施作拱脚加纵向钢轨托梁的钢架二次混凝土衬砌，待上半断面坍体衬砌贯通后再进行下半断面坍体施工。

· 下半断面施工

侧壁小导管注浆加固，为防止右侧坍体产生侧压，开挖支护分三层进行，纵向每次进尺3m，开挖后马上初喷混凝土，紧跟挂网和格栅钢架支撑并复喷，纵向待下半断面开挖6m后，作钢架混凝土边墙衬砌，最后作仰拱。

· 为防止坍方段完工后漏水，在衬砌背后按6m一环预埋稻草绳作引水盲沟，效果较好。

(4)坍方处理效果

钻孔时间从3月6日开始至3月23日结束，共钻孔32个，钻孔深16.72～18.33m，注浆从3月23日16时开始至4月6日21时结束，注浆管安装长度为16～17.5m。注浆时以大于注浆静水压力开始，然后慢慢增大注浆压力，终压值达到0.4MPa时停止，实际注浆量为2 250m^3，与施工设计注浆量2 178m^3基本相符。注浆完毕后，开挖情况显示，坍体玄武岩破碎体及土石松散体凝结成一个整体，相当于一个低强度等级的混凝土整体。拱部也有自稳能力，在施作小导管等初期支护后，经过量测资料分析，坍体处于稳定状态，坍方段再没有变形和下沉，完全达到了预期目的。

此次坍方处理中拱部设计了大、小管棚注浆、喷混凝土及钢筋网等方法，边墙设计为挖井法施工，采取了加强拱部临时支撑，防止拱部下沉的有力措施及竖井护壁。由于挖井法每井只挖2m，存在工作面狭窄，施工不利等因素，加之注浆效果明显及拱部衬砌中增设了钢性托梁，因此实际施工时下半断面开挖采用了拉槽开挖马口法。施工时先打边墙小导管并注浆再开挖马口，边墙临时支撑为加强的初期支护，从实际边墙马口开挖看，注浆后的围岩为一个低强度等级混凝土整体，相当于边墙后先施作了护墙，完全满足稳定的要求，又弥补了挖井法小段衬砌质量较难保证的缺陷。

侯家湾四号隧道进口坍方从2月25日开始处理，5月19日处理完毕后，历经2个半月的时间，在处理过程中，从未发生一起事故，这说明我们选定的处理方法是正确的、合理的。

5)宝成铁路复线新会龙场隧道

新会龙场隧道全长4 275m，单线隧道，主要由页岩、板岩组成，地表有2.0～5.0m的黏土层，围岩级别为III～V级，其中IV、V级围岩占67.5%，岩层的节理发育，十分破碎，有较大的地下水，最大水量达7 000～10 000t/d，另外有4条断层，局部有泥岩夹层，厚度较小，一般为0.2～0.6m。

施工方法：采用正台阶法施工，采用喷锚支护，V级围岩设有格栅，IV级围岩设有钢筋网，喷射混凝土厚度1.0～20cm，锚杆2.0～2.5m。

(1)坍方情况

坍方长24m,距洞口986m,坍方宽度8~25m,坍方于1995年5月13日早上5时30分发生,在右侧拱部首先开始出现局部的坍塌、掉块,喷射混凝土呈小块掉下来,大约15min后,出现了大规模的坍方,整个上半断面的初期支护全部坍下来,并一直坍塌至地表(冒顶)形成一个半径约10.0m的圆形凹槽,坍方高度26.0m,坍方数量为8 100m^3。

(2)坍方的主要原因

·该坍方地段主要是板岩,厚度较薄,一般为0.12~0.15m,且节理裂隙十分发育,层理呈压扭性,层间结合力低,且有大量地下水活动,导致围岩的整体稳定性低。

·坍方地段正好处在断层破碎带之中,从坍体的组成来看,几乎呈碎石状,类似于第四纪的松散堆积层,说明该断层为挤压性断层。

·施工方法不当,当时采用的长台阶法施工,因台阶太长,二次衬砌施作时间太晚。

·由于施工单位计划采用衬砌台车施作二次衬砌,而衬砌台车又迟迟未进场,使初期支护维持的时间已达9个月,换句话说,开挖并施作初期支护后的时间太长,导致围岩及初期支护整体失稳,从而引发了大规模的坍方。

(3)坍方的处理情况

①地表处理。坍方发生后,先用雨篷遮盖坍方口,并做好周围的排水设施。

②洞内坍方,采用注浆对整个坍体进行固结的方法。

·设止浆墙,采用1.0m厚的素混凝土;

·安设注浆导管,ϕ70mm,长3.0m;

·循环注浆,其注浆配合比:水∶水泥∶砂=1∶2∶1.86,注浆压力0.8~2.5MPa,注浆长度每一循环4.0m,注浆扩散半径1.5m,注浆顺序从下至上,最后注拱部以上的整个坍体;

·洞内开挖,采用相当于III级围岩的全断面光面爆破法开挖;

·洞内支护,采用喷锚支护为主,局部设超前小导管、超前锚杆以及钢筋网。喷射混凝土厚度10~15cm,锚杆的直径ϕ22mm,长3.0m,间距1.0m×1.0m;

·二次衬砌:洞内开挖、支护完成以后,二次衬砌采用简易台车紧跟,每次灌筑长度为4.0m。

(4)坍方处理效果

整个坍方处理耗时3个月,然后才恢复正常掘进。通过本次坍方的治理,我们发现在坍体为碎石状的情况下,注浆固结效果良好,浆液的渗透半径较大,在拱部以上的坍体注浆时,浆液顺着坍腔一直上升至地表坍口。一般情况下,采用2.5MPa的压力,高度可以达到30.0m左右,且固结体就像素混凝土一样,强度可达到10.0MPa左右,相当于岩层均匀的III级围岩,在开挖时周边光爆眼的半边眼保留率可达60%~70%。

6)海南省环岛高速公路青岭隧道

该高速公路设计为双线双车道,其中青岭隧道的右洞全长为1 140m,开挖高度为9.8m,开挖宽度13.0m里程YK304+038~YK304+065处爆破时发生了坍方,坍方长度27m,隧道拱顶以上坍塌高空大约40m,坍方数量大约15 000m^3,为特大型坍方。

坍方地段的埋深为75m,岩石为弱风化的英安岩和少量的砂岩和泥岩,洞内地下水不发育,存在着几条断层破碎带。

(1)坍方情况

1998年8月6日上午10时,放炮后开始坍塌,并逐渐发展,至第二天中午,坍塌继续扩大,从地表上看有两个断层,节理面上有少许泥土、破碎,挤压强烈,坍方未坍至地表。坍体内有较大的孤石,直径大约1.0~2.0m,如图12-6所示。

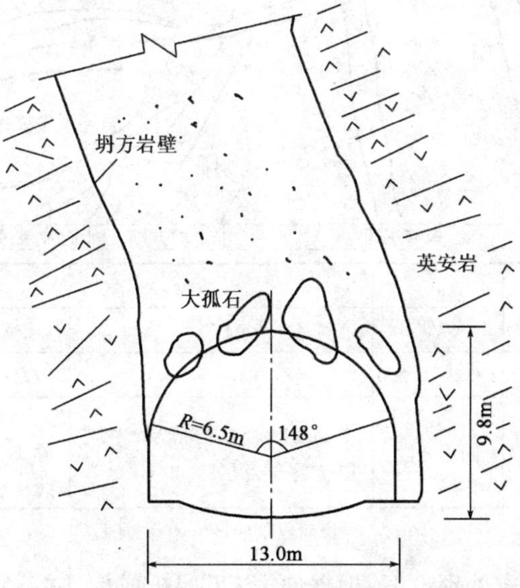

图12-6　坍体大小示意图

坍方后,经研究决定采用超前小导管注浆加固拱部,然后逐步清渣,并采用锚喷网的支护手段进行支护。结果费时 1 个月,开挖掘进 3.0m,出渣达 3 500m^3 时,又再次发生坍方,新的坍渣又淹没作业地段,施工完全无法进行。

(2)坍方的处理方案

为了寻求有效的处理方案,必须先查清地质情况,于是采用物探浅层地震 CT 成像的方法进行探查,发现该处原设计的 V 级围岩的坍体范围分布一条断层破碎带,走向 N340W,同时发现在距离 F4 断层破碎带前方 50.0m 未施工地段有 P5 断层破碎带,这两条断层破碎带与隧道中线斜交角均较小(10°~12°),并呈交叉现象,故坍体的洞身断面全部位于断层破碎带内;断层破碎带的波速 2 000~2 500m/s,波速呈长轴状分布,倾角较陡,属不稳定围岩的松散体~破碎结构;经浅层地震反射时间测试,地震信号频率降低十分明显,主频 26Hz,影响范围达 28m;断层破碎带中充填的岩脉为灰黑色,风化后为灰白色,岩脉裂隙发育,易碎裂为小块岩石,爆破震动后呈粉粒或角砾状,经查证该坍方的原因系由 F4 断层破碎带引起,如图 12-7 所示。

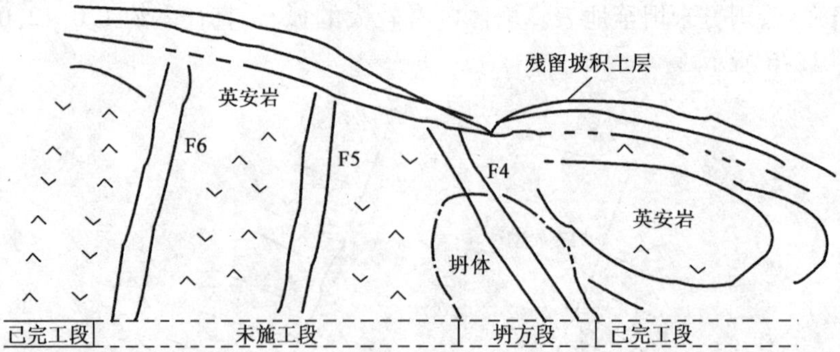

里程				
围岩级别	V	IV	V	IV
波速(km/s)	2 000~2 500	3 000~3 500	2 000~2 500	3 000~3 500
地质构造	同坍方段	层间结合差的薄层、中厚层、软硬岩互层	粉细颗粒夹块体散状结构	基本稳定

图 12-7 地质纵剖面及波速分布图

坍方的第二次处理方案:根据地震 CT 层析成像法探测出的 F4 断层破碎带构造情况的分析和计算,拱部以上整个断层破碎带形成的土柱压力很大，达 1.35MPa，且坍体经两次扰动后非常松散，坍渣为粉细颗粒状的松散体，断层破碎带与坍方地段的纵向呈斜交分布，导致坍体的松散范围较宽。综合上述情况，要确保安全通过坍体，应先对坍体进行适当的注浆固结，然后采用偏心钻具扩孔同步带进钢套管的钻进技术，在拱部设管棚工作室，安设长 30m、ϕ127mm 的长大管棚，一次跨过 27.0m 长的坍体。

(3)坍方的处理情况

①打设管棚前，在拱顶范围内共布置 11 个注浆孔，注单液水泥浆 1 199m^3，最大注浆压力为 5.0MPa。

②注浆完成之后第八天开始施打管棚。

管棚布设在拱部 148°圆心角范围的外轮廓线以上 35cm 处，管棚的中心间距为 35cm，管内设钢筋笼并灌注 M30 水泥砂浆，共布设 45 根，总长1 350m。

管棚采用 MQ—50 型工程锚杆钻机，管棚采用以 D40 或 CK45 地质钢套管机 ϕ127mm，壁厚 $d=4.5$mm，管棚分节长度 2.5m，两节管棚之间设连接管。

③管棚完成之后，开始进行开挖，由于坍体成细颗粒的土状，采用半断面开挖自上而下进行，下半断面采用大型机械作业，安全快速。

④支护，上部开挖后，随即进行喷锚支护，使用格栅钢架，间距 1.0m，并配以钢筋网。

⑤二次衬砌，采用简易衬砌台车进行，每一循环长度 4.0 ~ 6.0m。

(4)坍方处理的效果

由于采用跟管钻进技术安装的长大管棚，具有钢管顺直、管径大，可承受巨大的坍体荷载，使整个处理过程在安全的条件下有序地进行，从开挖到支护及二次衬砌都没有发生过任何意外的安全质量事故。整个坍方处理耗时 4 个月(其中注浆耗时 20d，管棚施工耗时 38d，开挖、支护、衬砌耗时 63d)。

青岭隧道坍方的处理成功，说明了采用“注浆 + 长大管棚”技术是处理大型坍方比较有效的技术手段。

2. 总结

上面列举的一些坍方实例，都是属于大型坍方，处理的方法各异，但都是成功的，可以在处理类似坍方的事故中参考。

从上述实例中可以看出，一般说在下述地质条件下，如施工不当，就会发生不同程度的坍方。

·在断层破碎带中,视断层规模,从小规模崩塌到大规模崩塌都有发生;在断层处,视其破碎程度,发生一次崩塌或多次崩塌的情况都有。

·在互层围岩中,通常都发生比较小规模的崩塌。例如,在第三纪的砂岩、页岩互层中,因少量涌水,固结度低的砂岩层会流出,残留的泥岩部分将呈块状崩落。崩塌的程度因砂岩层的固结度、层理面的间距、层理面的固结度、砂岩层中的水量、水压等而异,崩塌会因涌水而加剧。

·在强风化的围岩中,会产生比较大的崩塌,有涌水时崩塌规模会更大。

·由于层理面产生崩塌的围岩,可发生中等规模到大规模的崩塌,视层理面的强度和掌子面状况、涌水等,会在数小时内发生几次崩塌。

·在砂质围岩中,多发生比较小规模和中等规模的崩塌。

·有突发涌水或大量涌水的场合等。

其次,导致坍方的原因虽然是多种多样的,但除了自然因素外,工程和人为的原因仍占有相当比重,所以如果在施工管理和技术上认真地改善,则可以使坍方事故得到有效控制。坍方若在施工方面去分析,如在断层带内拉中槽,抢工期心切,忽视地质因素;不良地质条件下长距离不衬砌,片面追求进尺;破碎岩层中不设超前支护;出现坍方迹象时不采取或被动采取辅助措施;支护不到位,能省的就省等,这些都是造成坍方或使坍方扩大的原因。

造成这些现象的主要原因是施工过程的管理存在一定的问题,日本的一个隧道灾害统计分析(表12-2),更加明确了施工管理的重要性。

隧道施工灾害发生原因 表12-2

因　素	发生原因	发生比例(%)
人的因素	不按规章施工	19
	对情况判断的失误	4
	检查不充分	12
	技术不熟练	44
	指导不力	5
	其他不安全行为(危险行为,不安全位置等)	9
物的因素	施工机械	3
	安全调配	11
	周边配置不合适	1
	作业环境不良	4
	其他原因	2.5
不可抗拒的因素		3

由于管理上的失误引起的坍方，较普遍和典型的事件有：

· 地质资料不详，设计质量不理想；
· 设计意图理解不透、不全面，甚至错误；
· 施工方法制订欠详，措施欠缺；
· 技术交底不清；
· 忽视对操作者的技术素质的质量意识培训；
· 现场指导不力；
· 材料及构件供应质量差、不及时；
· 施工制度、责任制度不健全；
· 工序不衔接；
· 监测信息得不到重视；
· 不进行或进行了地质预报而得不到重视；
· 作业无标准或标准不全面；
· 不按设计要求执行，随意加大开挖进尺，修改爆破参数；
· 不按要求施设超前支护，导管间距拉大，长度缩短，注浆量减少；
· 不按设计要求施设锚杆，长度缩短，固结不实，外锚端不处理；
· 喷射混凝土质量不理想，不计量，喷射混凝土厚度不够，喷射不及时；
· 钢支承架设不规范，连接质量差，间距拉大；
· 监测不按设计进行布点和提供信息；
· 地质超前及地质预报不按设计要求进行和提供信息；
· 操作违章。

如某铁路双线隧道施工，II 类围岩地区设计支护形式为“网 + 喷 + 钢 + 钢拱架”，实际操作时，由于严重的违章操作、钢支承空间位置严重错误、连接质量低劣、间距拉大、取消边墙钢支撑、喷射混凝土厚度不够及背后回填不够等，导致了长达 23m 的大坍方。

又如某铁路单线隧道钻爆法施工中，技术交底对开挖参数有详细明确的规定。由于班组收入和月累进尺相关，实际操作中，班组擅自拉大开挖进尺且加大炸药数量，导致了已支撑地段长达 9m 的坍方。再如某铁路单线隧道设计中，进口端 II 类围岩长度 100m，其后均为 III 类以上围岩地段，然而，施工实践表明，进口端 100mII 类中约有 50m 为 I 类围岩，且有明显的偏压存在，II 类围岩实际长度远不止 100m，约 500m。由于设计时地质资料严重失实，给以后的工作带来了极大困难，I 类围岩地段设计强度不够且未考虑偏压影响，导致了初期支护大面积严重变形，不得不进行大量拆换工作，浪费了大量宝贵时间。

施工要点二　大　变　形

根据国内外隧道施工的实践总结，在下述条件下，施工过程中发生大变形现象，是必然的。

· 挤压性围岩的挤压变形；

· 膨胀性围岩的膨胀变形；

· 断层破碎带的松弛变形；

· 高地应力条件下软弱围岩的大变形等。

它们的共同特征是：断面缩小、基脚下沉、拱顶上抬、拱腰开裂、基底鼓起等。变形初期不仅变形的绝对值很大，而且位移速度也很大，如不加控制或控制不及时，就会造成不可预计的后果。例如我国宝中线的大寨岭、老爷岭、老头沟隧道以及穿越煤系地层的家竹箐隧道等就出现了类似的大变形情况。这种情况在国外的隧道施工中，也是屡见不鲜的，如日本的惠那山公路隧道、Tauern、Arlberg 等隧道都是典型的工程事例。在修建二郎山隧道、华蓥山隧道等在断层破碎带、黏土质页岩、高地应力等条件下，也出现较为严重的大变形现象。

但应该如何理解大变形这种现象，大变形是如何产生的，大变形发生的基本条件和规律是什么，各种工程措施控制大变形的效果如何，如何保证在大变形条件下不遗留后患，设计和施工应采取的基本原则等，这一系列问题都需要认真地加以研究和解决。我国在治理隧道大变形现象上积累了一定的经验，如大寨岭、家竹箐等隧道的治理工作，因此，总结和深化已经取得的经验，改善设计和施工质量是十分必要的。

为了解决大变形给隧道施工带来的问题和确保围岩稳定及作业安全，各国针对大变形的现象进行了许多试验性和工程性研究，并在工程施工过程中采取了许多措施。现举一些较典型的国内外工程实例加以说明。

1. 日本杯山隧道

杯山隧道处于第三纪的流纹岩和同类的凝灰岩中，一部分已矿化成变质黏土，具有一定的膨胀性。在膨胀性围岩地段，原则上采用台阶法施工。

一般说，产生膨压现象的主要原因有三点：

· 围岩的吸水膨胀；

· 埋深压力使围岩破坏和塑性变形；

· 潜伏应力的释放。

本隧道因围压强度比极低，黏土矿物中含有大量的蒙脱土，故主要由上述后两点引起复合现象。

根据量测结果，净空位移显著增大的地点，底脚下沉比拱顶下沉大，即支撑底脚下围岩的破坏是位移增大的直接原因。而底脚下沉，根据锚杆量测结果可能是因锚杆数量不够所致。因此施工的基本方针是尽快施以内压（支撑）约束位移，为防止塑性区扩大适当增加锚杆数量。

膨胀性围岩地段的变异及其对策列于表12-3。

变异及对策　表12-3

项　目	变　异	对　策
拱顶坍方	拱顶坍方深1~2m	基本上采用$L=3$m的超前导管，拱顶坍方危险性比较大的地点改为4m或6m
支撑下沉	因单轴抗压强度极低，可能下沉，底脚下沉最大达50mm	采用加垫板的支撑
侧壁挤出	侧壁挤出多出现在一侧支撑下沉较大，喷层开裂，锚杆垫板变形显著	增打锚杆，上半断面仰拱及早闭合
掌子面挤出	日变形量很大，最大达199mm	采用正面喷混凝土和正面锚杆
上半断面坍方	因有涌水，掌子面坍方不断	填土、喷混凝土、坍方空洞用泡沫砂浆填充
底鼓	仰拱开裂、上浮	仰拱中设钢底梁（H—200型），并和下半支撑联结

2. 日本中佐久间隧道

本隧道长约424m，中间有一段泥岩破碎带，距洞口约158m，为单轴抗压强度为1MPa的软弱绿色泥岩。随着开挖，既有支撑产生不均匀下沉，为此采取垫板支撑、下半断面及早闭合等措施，但是，泥岩的黏土化愈加显著，单轴抗压强度降低到0.3~0.5MPa，净空位移也大为增加，侧壁挤出，支撑变形显著。

此时造成上半部支撑下沉、闭合仰拱破坏，从而使下半部的喷层破坏，支撑底脚挤入，为此采用以增打锚杆为主的措施。同时，为及早闭合，缩短了台阶的长度（改为15m）。

此种泥岩的单轴抗压强度、变形模量等都是很小的，为 0.362 ~ 0.725MPa 间，并具有一定的膨胀性。

在本地段发生的变异，根据量测，在支撑一段出现超过 50mm/d 的水平位移。用仰拱闭合后位移收敛，而后又发生临时仰拱破坏。其发生的原因是围压强度比较小，含有黏土矿物，仰拱刚性不足。此处的单轴抗压强度为 0.36MPa，围压比为 0.44。受到剪切破坏的围岩产生塑性流动并挤出。

为此采取了增加底脚地层支承力的基本措施，并初次采用高压喷射搅拌工法，即在底脚处用超高压(40 ~ 60MPa) 一边钻孔一边拌和形成桩体。拌和材料为水泥浆液，改良体的强度达 1.75 ~ 11.9MPa，满足了底脚加固的要求。

3. 日本岩手隧道

岩手隧道长 25.8km，断面积约 $64m^2$，地质为凝灰岩及泥岩互层，单轴抗压强度为 2 ~ 6MPa，天然含水率为 30% ~ 50%，是很大的。

施工中采用了 12 种支护类型，按钢支撑尺寸可分为 5 种，见表 12-4。

施工支护类型 表 12-4

支护类型		钢支撑		喷层	锚杆	
原设计	P-1	25-H	间距 1.0m	20cm	长 3.0m	12 根
实施设计	P-2	150-H	间距 1.0m	20cm	长 4.0m	20 根
	P-3	200-H	间距 1.0m	25cm	长 4.0m	20 根
	P-4	150-H	间距 1.0m	25cm	长 4.0m	20 根
	P-5	200-H	间距 1.0m	25cm	长 4.0m	26 根

开挖初期采用 P-1 类型，但由于净空位移的急剧增大，距掌子面 3*D* 处已达 230mm，故依次修改支护类型，而后位移减小到 130mm，但还未收敛，最后采用 P-5 型才使 3*D* 处的位移变为 70mm，而且位移开始收敛。P-5 支撑在上半底脚处，设有加劲肋使荷载变得均匀。

在该地质条件下，随着开挖，掌子面不断坍塌，是一个特征，坍塌的岩块有超过 4m 的。为此，为确保作业安全及掌子面稳定，开挖过后立即正面喷混凝土和打超前锚杆。

为控制位移，增打锚杆、增喷混凝土也是一个有效的办法。

在主洞发生约 50mm 的底鼓，为此在仰拱中增加了防止开裂的钢筋，二次衬砌也增加了防止开裂的钢筋。

①*D* 指隧道直径，以后文中出现同此含义。

在这一段施工中净空位移和拱顶下沉都是很大的，上半断面的净空位移为100～400mm，最大可达411mm，下半断面的净空位移最大为200mm，拱顶下沉为10～100mm。

4. 日本中屋隧道

中屋隧道长1 260m，断面积54.2m^2，距洞口约340m，出现软弱黏土层和强风化的凝灰岩。量测结果表明，拱顶下沉及净空位移在NO2087.5处达132mm和215.3mm，锚杆轴力达180kN，为此采取增喷、增打锚杆，上半断面临时仰拱闭合及确保300mm的变形富裕。

变形的发生状况及治理对策列于表12-5。

变形发生状况及对策　　表12-5

时间	掌子面位置	状　况	对　策
11.4	NO2098	左侧拱肩喷层开裂，锚杆垫板变形	增喷混凝土，增打锚杆，依次变更变形富裕（100→150→200→250mm）
11.7	NO2093	位移发展	扩大增喷、增打锚杆的范围
11.13	NO2087.5	实施 *B* 项量测	临时仰拱闭合
11.20	NO2079	位移停止，衬砌应力超过4MPa	掌子面稳定
11.24	NO2068	左肩出现褐色玄武岩	从NO2068起，每次仰拱都要闭合
12.1	NO2056	灰色黏土层出现	超前导管和正面喷混凝土

隧道的量测结果列于表12-6。

各阶段的位移值　　表12-6

项　目	位　置			平均值
	NO2101.5	NO2095.5	NO2087.5	
初期位移速度（mm/d）	36.0	9.0	10.9	18.6
1*D* 位移值（mm）	65.7	81.8	56.4	67.7
上半断面位移值（mm）	192.7	215.3	165.9	191.3
最终位移值（mm）	250.9	257.1	200.5	236.2
变形倍率	1.30	1.19	1.21	1.23

根据此次施工的经验,对以后的支护类型做了如下改进:

·根据锚杆轴力的量测结果,轴力达 180kN,而且一部分锚杆破断,故要加密锚杆间距;

·根据地中位移量测结果,除拱顶外,锚杆要加长,从 4m 改为 9m;

·喷层应力超过 7MPa 地点,为防止因开裂而掉块,要加厚喷层;

·上半断面的临时仰拱的曲率要加大;

·向底部和底脚打锚杆;

·为及早闭合,缩台阶长度到 15m。

5. 日本新宇津隧道

在 NO53 地段产生大变形的原因是遇到了膨胀性凝灰岩,此段长约 88m,为能顺利通过,主要采取了下述措施:

(1)增打锚杆

例如在 NO51. 35 ~ 53. 95 一段,下半断面开挖后 10d 左右,锚杆垫板发生变形,为此在该地段附近增打长 6. 0m 的锚杆 33 根,锚杆的变形停止。又如在 NO50 处,位移达 174. 6mm,为此增打 15 根长 6. 0m 的锚杆。

(2)临时仰拱

在 NO49. 6 处,3d 的位移达 74mm(净空位移)和 44mm(拱顶下沉),隧道的稳定处于危险的状态,为此用临时仰拱使断面及早闭合,临时仰拱的施工效果在加强措施中是最有效的。

(3)下半断面、仰拱同时施工

为尽力控制下半断面开挖引起的变形,最好使最后断面一次施工,以确保稳定。

(4)加强钢筋

在施设加强的地段,为确保长期稳定,最好在二次衬砌中加设加强钢筋。

(5)超前锚杆或钢筋

在破碎带中为防止上半断面塌落,可向掌子面前方打超前锚杆或钢筋,(长 3 ~ 5m)。

(6)正面锚杆

同样地,为约束掌子面的变形,可向其正面打锚杆,长度不小于两倍进尺,每个断面上打 15 根左右,亦可正面喷混凝土。

6. 奥地利陶恩隧道

陶恩隧道是位于奥地利西南部的公路隧道,全长 6 400m,开挖断面积

90～105m^2。

该隧道位于显著变质的岩带内，如片岩、千枚岩等，采用台阶法施工，主要岩层为绢云母、千枚岩夹绿泥石，抗压强度 $R=0.4\sim1.7$MPa，洞内无地下水活动，隧道的埋深为600～1 000m，原始地应力16～27.0MPa，侧压力系数近似为1.0，围岩强度比0.05～0.06。

陶恩隧道设计时，由于对挤压性围岩缺乏经验，采用的初期支护参数较小，如锚杆的长度仅为4.0m，因此，施工时产生了很大的收敛变形，变形值达到50～80cm，最大位移达120cm，隧底隆起20cm，变形速度一般为5～10cm/d，最大速度达到20cm/d，变形收敛时间为300～400d。

由于设计的初期支护参数偏小，如在NO1150处，最初采用4m长的锚杆，25cm的喷层，36kg/m的钢拱支撑，但拱顶发生1.2m的位移，而后把锚杆改为6m，并初次采用纵向伸缩缝，缝宽20cm，间隔3m，支撑也是可缩的，并在隧底增加了隧底锚杆，但喷射混凝土的厚度仍保持25.0cm不变，通过补强后，对大变形起到了一定的控制作用，但已完成的地段，其洞壁已严重侵入二次衬砌的净空，只能采取扩挖的办法处理，增加了施工的难度，同时又具有一定的危险性。此时的净空收敛为20～25cm，要再大时，要增打9m长以上的锚杆。

7. 奥地利阿尔贝格隧道

阿尔贝格隧道也是一座公路隧道，全长13 980m，开挖断面为90～103m^2，该隧道的地质情况是：岩石主要为千枚岩、片麻岩，局部为含糜棱岩的片岩、绿泥岩，岩石的抗压强度1.2～2.9MPa，隧道的埋深平均为350m，最大740m，原始地应力13.0MPa，围岩强度比0.1～0.2。

隧道采用自上而下的分部开挖，先开挖弧形导坑，施作初期支护，然后再开挖台阶（分左、右两次分别进行），最后检底。

本隧道的地质条件比陶恩隧道还差，在一段很差的地段，每米长度用了总长达500m的锚杆，拱部变形达50～60cm。

阿尔贝格隧道的设计初期支护为喷射混凝土厚20～25cm，锚杆长6.0m，同时安设可缩钢架。

由于该隧道是在陶恩隧道之后施工的，因此，设计时初期支护就比较强，采用6.0m的长锚杆，但由于岩层的产状不利以及锚杆的长度仍不够，施工中支护变形仍然很大，拱顶下沉量达到15～35cm，最大水平收敛达70cm，变形速度达11.5cm/d，后来采取将锚杆的长度增加到9～12.0m的办法，才使变形得到了控制，变形速度降为5.0cm/d，变形收敛时间为100～150d。

从本隧道的施工经验中可以得到下述结论：

(1)使用适当长度的锚杆是重要的，最初使用了长度不充分的、短的锚杆，但在加强时，使用了很长的锚杆。锚杆长度从6m到9m再到13m，才使围岩稳定下来，从力学角度看，锚杆长度最好超过1.5倍的塑性区宽度。

(2)要加强量测。

8. 日本惠那山隧道

惠那山隧道是日本的一座公路隧道，全长8 635m，开挖断面宽12.0m，高10.5m，于1978年开工，1985年竣工。

隧道的围岩以风化花岗岩为主，其中断层破碎带较多，局部为黏土，岩体节理发育、破碎，岩石的抗压强度1.7～4.0MPa，隧道的埋深为400～450m，原始地应力10～11MPa，围岩强度比0.1～0.33，侧压力系数近似为1.0。

惠那山隧道设计初期支护采用喷射混凝土，厚25.0cm，锚杆长6.0m，MU-29可缩钢架，间距1.0m。

惠那山隧道原设计时已估计到可能产生大变形，故设计采用6.0m长的系统锚杆，但施工时仍然发生了大变形。

在地质最差的地段变形最大，拱顶最大下沉93.0cm，边墙最大收敛112.0cm，有600m^2面积的喷射混凝土侵入模筑混凝土净空，需进行扩挖。

根据这种情况，采取增补9.0m和13.5m的长锚杆，并重新喷护20cm厚的钢纤维混凝土后，结构才得以基本稳定，少数地段经297d收敛速度仍降不下来(12～22mm/月)，最后决定提前施作二次衬砌。

该隧道在通过大断层时，采用的措施是：

· 上半断面的拱脚处扩大、加强；

· 增大长锚杆；

· 修正仰拱形状；

· 设置底部横撑；

· 采用可缩式支撑。

9. 中国家竹箐隧道

位于南昆线上的家竹箐隧道，全长4 990m，其中大变形地段长为390m，开挖断面为82.5m^2(高10.4m×宽9.34m)，单线，于1992年12月开工，1997年竣工。

隧道南段为玄武岩，北段为灰岩，中部3 890m为砂、泥岩及煤系地层。煤系地层长1 157m，属二迭系上统龙潭组，为钙质、泥质胶结的砂岩夹泥岩，其中厚度0.5m以上煤层有26层，总厚度48m，煤巷长907m。煤系地层岩石的抗压强度1.7MPa，隧道的最大埋深404m，原始地应力8.57～16.09MPa，侧压力系数1.88，围压强度比为0.2～1.0。

设计的初期支护采用喷射混凝土厚12.0cm，锚杆长3.0m，有格栅，模筑二次衬砌混凝土厚18.0cm。

(1)大变形发生情况

家竹箐隧道的支护变形有一个发展的过程，从1995年4月开始，正洞掘进进入山体压力显著增大的地段，刚通过17号煤层时，发现在长20m地段的喷锚支护时，尽管喷射混凝土厚12.0cm，工字钢(14号)钢架间距加密为30cm，并设置有3.0m长的系统锚杆，拱部仍发生了严重的变形，最大下沉量达317mm。以后随着开挖面向前推进，支护变形的程度及范围不断扩大，至同年7月，大变形的范围由初期的40m扩大到170m，变形量达到80～90cm，钢架严重变形挠曲，喷层开裂，并与钢架脱离，至同年9月，大变形的范围进一步扩大，分别向南、北两端延伸达到295m长，变形量达到100cm左右，而且当初侵限扩挖地段的洞壁又产生了新的下沉和内移。到1995年2月底，大变形最严重的地段，拱顶下沉240cm，侧壁内移160cm，隧底上隆80～100cm，原来可以行人的正洞上半断面高度减小到不足1.0m，人员只能弯腰屈膝才能通过。但在一般的地段，由于及时对侵限支护进行扩挖，所以变形的最大下沉量一般不大于100cm，侧壁内移一般不大于60cm，隧底上隆不大于80cm。

(2)大变形的整治

针对家竹箐隧道发生的大变形情况，经共同研究，并吸取国外整治大变形的经验，提出了“加固围岩，改善变形、先柔后刚、先放后抗、变形留够、底部加强”的整治原则，具体措施如下。

①用8.0m长的系统锚杆加固地层。家竹箐隧道采用了ϕ32mm的自进式锚杆。由于塑性区厚达6.0m，故锚杆的长度应稍大于塑性区的厚度，因此取为8.0m。由于如此长的锚杆在小净空的坑道内无法施工，故决定采用逐段接长的自进式锚杆，该种锚杆自带钻头，在发生坍方时仍能钻进就位，且杆体中空、砂浆从锚头涌出，尾部又带有止浆塞，可保证注浆饱满，注浆压力可达到2.0MPa，浆液压入岩层裂隙范围大，加固围岩的效果优于普通锚杆。

②改善隧道形状，加大边墙曲率。根据实测，水平地应力是垂直地应力的1.88倍，而单线隧道窄而高的形状对结构受力是不利的，决定把隧道边墙内半径由9.34m改小到4.94m，结构内力才得到改善。

③施工支护采用先柔后刚、先放后抗。为了使初期支护能适应大变形的特点，上半断面的喷射混凝土在纵向预留三道纵缝，每道纵缝宽20cm，采用可缩性U形钢架，同时将喷射混凝土分两次进行，第一次喷20cm厚，待变形后期再喷15cm厚，总厚度为35cm。

④加大预留变形量。为了防止喷层变形后侵入二次衬砌的净空，预留变形量加大为：拱部45cm，边墙25cm，隧底20cm，这样开挖断面积增大$11.2m^2$，达到$93.7m^2$。

⑤提高二次衬砌的刚度。主要是通过以下两种措施实现。

·加大二次衬砌的厚度，将原设计的一层变为两层：内衬厚55cm，总厚度为80cm。两层之间为塑料薄膜瓦斯隔离层。

·提高衬砌材料的强度，内、外衬砌均采用C30钢纤维混凝土，外衬中还增加了受力钢筋。

⑥加强仰拱。仰拱混凝土的厚度与拱部一致，并增大曲率。

上述的锚杆、喷射混凝土以及可缩钢架的加固范围为隧道的四周，即拱部、两侧边墙和隧底。

(3)整治后的效果

经采用上述措施后，大变形得到迅速整治，衬砌施工后，结构完好，未出现任何开裂现象，经预埋的应力、应变计测试，有足够的安全储备。

10.宝中线上的大寨岭隧道

大寨岭隧道全长3 136m，最大埋深约170m，隧道穿越大寨黄土塬，进口位于洞沟旁老百姓住的窑洞下面，出口位于三岔沟右岸两条冲沟交汇处的小土梁下。

隧道穿越黄土梁，洞身除出口约80m范围为Q_2老黄土地层外，其余均为Q_1砂黏土地层，Q_1砂黏土结构紧密，质地坚硬，硬塑，天然含水率14.9%~26%，隧道围岩分类为Ⅳ、Ⅴ类。

隧道通过大寨塬，塬面平坦开阔，均为耕地，塬顶最大高程1 540m，塬周缘黄土冲沟极为发育，沟床狭窄，两岸陡峻，岸坡多为滑坡，错落溜坍体。塬表层为第四系上更新统风积新黄土(Q_1)，厚3~11m；中层为第四系更新统冲洪积老黄土(Q_2)，中央数层古土壤薄层，厚50~80m；下层为第四系更新统冲洪积砂黏土(Q_1)，含砂砾石，结构紧密，土质较均匀，节理发育，液限为29.1%~35.7%，属非膨胀土，但具有一定的膨胀性。隧道进口218m，出口318m，地段为Ⅱ类围岩，其余2 600m围岩为Ⅲ类围岩。

隧道采用复合衬砌，初期支护及二次衬砌的有关设计参数如表12-7。

大赛岭隧道施工设计参数表　表 12-7

起止里程		DIIK159+632 ~ DIIK159+850	DIIK159+850 ~ DIIK162+450	DIIK162+450 ~ DIIK162+768	备　注
围岩级别—长度		V 级—218m	IV 级—2600m	V 级—318m	
初期支护	C20 喷混凝土厚度	15cm	10cm	15cm	
	ϕ6mm×ϕ6mm（环×纵）钢筋网	拱墙设	拱墙设	拱墙设	网格 20cm×20cm
	ϕ22mm 锚杆	L=2.5m 100cm×80cm（环×纵）	L=2.0m 120cm×100cm（环×纵）	L=2.5m 100cm×80cm（环×纵）	系统锚杆，V 级 24.4 根/m，IV 级 16.5 根/m
二次衬砌	拱墙 C20 素混凝土厚度	35cm	30cm	35cm	
	仰拱 C15 混凝土厚度	40cm	35cm	40cm	
	仰拱 C20 混凝土厚度	（长 63m）40cm	无	（长 18m）40cm	
预留变形量		10cm	7cm	10cm	

隧道进、出口分别于 1990 年 12 月 20 日及 25 日开工，进口位于老百姓住的窑洞下，窑洞室内地坪距洞顶开挖线仅 2.5m。进深 27m 处，洞顶埋深 20m，出口位于岔沟（流水沟）交会处土坡上，洞顶埋深 8.0m，进深 30m 处埋深 18.0m，两口进洞段均属浅埋地段。

（1）隧道开挖及支护情况

施工时先对洞顶 2 倍洞径范围设地表预加固锚杆，锚杆长 L=3.5m，间距 1.0m×1.0m 交错排列，洞门仰坡刷至起拱线后，沿洞体开挖线外 0.2m 设双层水平超前锚杆，长 3.5m，锚杆尾端用环筋联结成支承构架，按先拱后墙法完成了洞口段的施工，洞身地段按短台阶法施工，上台阶用风镐开挖，架子车运土倒在下台阶，下台阶以 0.6m^3 电动反铲（WY60A）挖装，配合 3m^3 梭矿有轨运输，自制构件衬砌台车进行二次衬砌，每 12h 完成一个开挖、出渣、喷锚、仰拱开挖灌筑作业循环，每天基本完成两个循环，施工作业程序如图 12-8 所示。

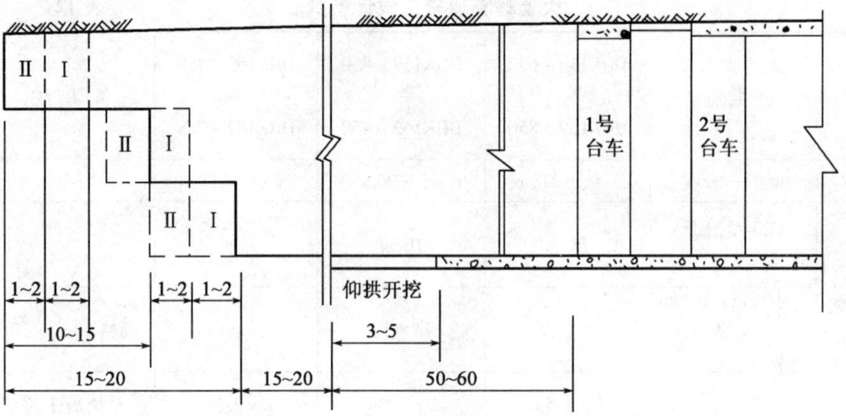

图 12-8 隧道施工作业程序图(尺寸单位:m)

(2)监控量测

施工中按照设计文件要求进行了支护状态观察和地表下沉、拱顶下沉、周边收敛及围岩内部位移五项监控量测,现场监控量测项目及量测方法如表 12-8。

大寨岭隧道现场监控量测项目及量测方法 表 12-8

序号	量测项目	量测方法、工具	点位布置	量测频率
1	支护状态观察	裂纹观察、描述	初期支护表面	1 次/d
2	拱顶下沉	钢尺、水平仪抄平	每 10m 一个断面	1 次/周
3	周边位移	JQ—85 型收敛计	每 5 ~10m 一个断面设二对测点	1 ~2 次/d
4	围岩内部位移	三点式位移计、百分表	按设计文件要求办理	1 次
5	地表下沉	水准尺、水平仪抄平	同上	1 次/15d

隧道施工开始后,根据施工量测得到的数据进行分析,判断施工设计的初期支护参数不能抑制围岩变形,围岩与初期支护变形无稳定趋势,经多次研究,对初期支护进行多次修改与调整。如隧道进口段的Ⅴ级围岩地段初期支护参数,调整为预留变形量 100mm,锚杆长由 2.0m 改为 2.5m,间距由 1.2m×1.0m 改为 1.0m×1.0m(环×纵),喷层厚度改为 15cm,增设格栅

等，并采用硫铝酸盐早强水泥进行初喷与SF早强锚固药卷施作锚杆等加强措施，以达到提高初期支护的早期强度，增强初期支护的刚度，抑制围岩与初期支护变形，使之向稳定的趋势发展，但这些措施实施后均未获得明显效果，说明经过调整后的支护参数仍然没有达到抑制围岩变形的要求。

通过对大寨岭隧道施工量测资料信息分析，隧道开挖后变形速率较大，开挖5d后的变形率大于5mm/d时，很难获得收敛的变形曲线，施工中再不采取措施必将引起围岩的失稳导致坍方。因此提出开挖5d后变形收敛速度应小于5mm/d作为引起施工注意的警戒值。作为施工单位除认真搞好监控量测和切实按设计要求和质量要求施工外，应将有关量测资料及时反馈给设计单位，作为设计的参考依据，合理地修正设计参数以达到安全合理施工。大寨岭隧道施工量测资料分析表明，二次衬砌的施作时间"水平收敛(拱脚附近)速度小于0.2mm/d，或拱顶位移速度小于0.15mm/d"的要求，很难满足。因此在施工中二次衬砌的施作时间可不受此条限制，应在围岩和初期支护基本稳定并具备下列条件时施作：

· 隧道周边位移速率有明显的减缓趋势；

· 施作二次衬砌前的收敛量已达总收敛量的80%以上；

· 初期支护表面没有再发展的明显裂缝。

根据现有量测数据分析，周边总收敛量的80%大致定量指标为Ⅳ级围岩40mm，Ⅴ级围岩60mm，可作为参考标准，施工单位应认真做好量测和分析工作，对量测数据进行回归分析，以推算最终位移值和掌握不同地段的位移变化规律。土质隧道在开挖后的极短时间里变形很快，要求量测点的布设和初始读数尽可能早地进行，由于土质隧道不需要爆破，用机械和人工开挖，这就有可能在一次开挖循环之后即安装测点和测初始读数，时间可控制在12h或更短的时间内，这样能够较准确掌握围岩的全部变形过程及其规律。

11. 日本隧道

该隧道主要是处于砂页岩互层，而且以泥岩为主，夹有炭质页岩和凝灰岩的地质条件下。该隧道采用上半断面超前的短台阶法施工，随围岩条件的恶化，施工经历了以下三个阶段：

(1)增打锚杆，但没有取得应有的效果；

(2)增加系统锚杆和早期修筑仰拱，虽然改变了锚杆支护的模式，但变形继续增大，修筑仰拱后，位移开始收敛，为此，在此地段采用栈桥方式，早期修筑仰拱，取得良好效果；

(3)设定变形富裕量,取消系统锚杆,重新设定变形富裕量。

此隧道的净空位移量超过350mm,在上下断面的开挖中,都采用修筑临时仰拱的措施。临时仰拱厚为20cm,与拱部相同。上半断面的临时仰拱,在拱脚处进行了加强处理。变形富裕量上半断面为20cm,下半断面为10cm。

12. 日本新夏隧道

该隧道处于含有大量蒙脱土的泥岩和砂岩、凝灰质砂岩中,埋深在中间地段仅为200m左右。为此,根据施工情况,在拱顶处增加了2根锚杆。水平位移以10mm/d速度发展,超过了变形富裕量的危险线(120mm)。因此,上半断面采用长6.0m的锚杆加强。但在开挖下半断面时,变形又急剧发展,大大超过变形富裕量200mm。锚杆拉断、垫板变形及喷混凝土开裂。为此,采用修整断面近似圆形,局部反复开挖,再次喷混凝土和打锚杆,同时在底部也打锚杆(12根),终于使变形稳定下来。

13. 日本锅立山隧道

隧道全长9 117m,单线,贯穿丘陵地带,施工中遇到强大的膨胀压力和可燃性气体,施工极为困难,超前导坑采用掘进机开挖,注浆作为辅助方法。

(1)东口施工

东口原采用短台阶法开挖,施工中临时仰拱隆起80~100cm,净空位移增加30~50cm,改用导坑超前的短台阶开挖,上半断面及导坑采用挖掘机,下半断面采用反铲,导坑开挖长度3~4m,台阶长15m左右。顺利开挖50m左右,随着地层恶化,导坑、临时仰拱及正洞支撑变形频繁发生,又改变开挖方法,采用中央导坑超前的施工方法。

导坑分上下两部分由人力开挖,工作面的挤出量起初为每循环50~100cm,后出现200~300cm的挤出量,支撑压曲变形,污泥状泥土及气体喷出,人工开挖困难。

(2)中口施工

1989年1月11日从中口起用掘进机开挖中央导坑,开始由于是在以前进行过注浆的区域内进行,工程进展顺利,但注浆区域过后工作面挤出剧增,发生拱顶崩塌,掘进机刀盘被卡住不能工作,挤压速度又大于切削头退后的速度,掘进机在距导坑出口约65m处被迫退出来,坍方体一直坍到正洞还未停止。采用堆2 000袋水泥、喷30cm混凝土构筑的简易挡土墙,仍被破坏,最后设置了厚3m的钢纤维混凝土挡土墙才止住挤出,结果累计坍体长度约100m。

为了稳定开挖面，采用了注浆加固的辅助方法，经过比较，每一循环(50cm)的挤出量注浆前为55～60cm，注浆后减少到35～45cm，每循环作业时间由50h减为40h，并减少了向工作面的喷混凝土量，证明注浆取得了加固山体的效果。

为保持断面形状，采取把马蹄形断面改为圆形断面的措施，为早期闭合，采用了短台阶法施工。上半断面的临时仰拱厚为20cm，靠近掌子面施工。为防止底鼓，在底部打了5根长3.0m的锚杆。为抵抗拱脚处的大轴力，一侧都采用了4根长4.0m的锚杆加强。

上述工程事例充分说明，在上述地质条件下，隧道施工过程中发生大变形现象是不可避免的，同时是可以控制的。

发生大变形的地质条件可以归纳为：

· 显著变质的岩类，如片岩，千枚岩、炭质页岩、泥岩等；

· 膨胀性凝灰岩；

· 软质黏土层和强风化的凝灰岩；

· 凝灰岩和泥岩分互层；

· 泥岩破碎带和矿化变质黏土；

· 软弱围岩在高或极高地应力的场合等。

它们共同的力学特征是：

· 岩层的单轴抗压强度低；

· 围压比(地应力/单轴抗压强度)大；

· 自然含水率大；

· 具有一定的膨胀性等。

在大变形条件下，为确保围岩稳定和作业安全，通常采取的技术措施为：

· 采用能尽早闭合的短台阶法施工；

· 在一般支护结构模式条件下，采用拱脚加强(增喷混凝土、大长锚杆等)、临时仰拱闭合、缩短开挖进尺等局部措施；

· 在基本模式的锚杆中，在拱脚及边墙部位打长锚杆加强；

· 修正马蹄形断面为蛋形，甚至圆形断面；

· 必要时，底部也要打锚杆等。

总之，大变形的处理措施，根据国内外的施工经验，归纳如下：

(1)加强稳定掌子面的辅助措施

· 正面喷混凝土和锚杆；

· 打超前锚杆或钢筋。

(2)加强基脚的措施(即首先要把底鼓和侧壁的挤入控制住)

· 向底部地层注浆加固;

· 向两侧打底部锚杆;

· 支撑加底板及加劲肋;

· 设底部横撑或临时仰拱。

(3)防止断面挤入的措施

· 增打加长锚杆,主要在两侧,锚杆长度一定要超过围岩塑性区范围才有效果;

· 设底部横撑,打底部锚杆,修筑仰拱,这是极为重要的工程措施;

· 缩短台阶长度,及早闭合;

· 下半断面、仰拱同时施工;

· 设纵向伸缩缝,采用可缩性支撑。

(4)防止开裂的措施

· 采用湿喷钢纤维混凝土;

· 设加强钢筋;

· 设纵向伸缩缝。

(5)建立日常量测管理体制及管理标准

· 监测初期位移速度;

· 最终位移值的预测;

· 建立控制标准值。

(6)加强施工地质测试

· 预测和预报掌子面前方的地质状态 ;

· 建立地质数据库,及时反馈;

· 各种岩类的特性试验数据的测试。

这些措施应综合使用,相互补充,并视具体情况具体采用。同时,这些措施也是一般性的,当条件变化很大时,还要采用一些特殊的辅助施工措施,如压浆加固、改良岩体等措施,此处从略。

施工要点三　岩　　爆

在高地应力区,岩层比较完整、坚硬时,出现岩爆现象是不足为奇的。我国的南盘江天生桥水电站引水隧洞、渔子溪水电站引水隧洞、太平驿水电站引水隧洞以及正在修建的锦屏水工隧洞、关村坝铁路隧道等都发生过不同程度的岩爆。日本的关越隧道、英国的格兰萨索公路隧道等,在施工中都遇到了强烈的岩爆现象。

（一）国内外隧道工程发生岩爆的实例

1. 成昆线的关村坝隧道

关村坝隧道全长6 107m,是发生强烈岩爆较早的铁路隧道之一。该隧道穿越小瓦山边缘,隧道洞身主要穿过震旦系洪春坪硅质灰岩,层理接近水平,以薄层至中厚层为主,石质较均匀,单轴极限抗压强度 $R_b=120\sim140$MPa,最大埋深 $H=1650$m,最大初始地应力 $\sigma_{max}=35.0$MPa,最小地应力 $\sigma_{min}=26.2$MPa,昆明端于1965年1～3月岩爆较严重,当时由于缺乏经验,曾多次发生人身事故,威胁施工安全,影响施工进度。通过实地调查后,了解到如下两种情况。

第一种:岩石爆裂时,有烟状粉末散出,声响较大,爆落的石块较小,一般为几厘米长宽的碎屑薄片,也曾出现过一次块度达50cm×37cm×8cm的岩块,常与开挖断面成明显角度弹射出来,几乎与岩石的开裂同时发生。这种弹射多发生在导坑顶部和扩大的牛角弯处。

第二种:岩石的爆裂声响较小,爆裂的石块需经过一段时间后才从母岩弹射或自由下落,块度较大,常见于导坑的顶部,也有在两侧壁发生的。

岩爆大多发生在钻爆以后2～3h内的开挖工作面及其附近的顶板与牛角弯处,但也有距工作面较远的地方;岩石表面平整,有薄层面或有软弱面较易发生,如沿矽质结核处,有斑状方解石和方解石细脉处,沿黑灰色碎屑软弱面和板状薄层面处等;溶孔较多,表面凹凸不平和有水地段则一般不易发生。已衬砌地段未发生因岩爆而造成衬砌开裂的现象。

昆明端1965年1～3月份发生的部分岩爆情况见表12-9所示。

岩爆实例　　表12-9

序号	日期	里程	坠落块石尺寸（m×m×m）	爆裂部位及说明
1	1月17日	K261+347.69	3.5×1.5×0.11	5号横通道与平导交叉处,顶部岩石较破碎
2	1月22日	K261+274.19	2.0×1.1×0.15	正、导齐头,顶部稍有凸出,敲击无空响

续上表

序号	日　期	里　程	坠落块石尺寸 (m×m×m)	爆裂部位及说明
3	1月23日	K261+493.2	2.5×1.1×0.25	扩大右侧牛角弯处，虽经找顶，岩石仍然突然爆裂
4	2月28日	K261+455.19	8.5×1.1×0.35	扩大左侧顶部，发生强烈岩爆，此处经常发生且很剧烈
5	3月3日	K261+089.29	4.2×3.0×0.15 2.5×3.0×0.15	下导齐头附近顶部，发生较大面积的岩爆，顶面有方解石结晶体的软弱面
6	3月13日	K261+285.19	0.5×0.37×0.08	挑顶左侧牛角弯处，突发爆裂声，与垂直轴成15°方向，弹射出薄片状石块
7	3月21日	K261+068.19	薄片	平导齐头附近发生剧烈岩爆，打垮支架，岩爆石块呈薄片状，表面光滑

经过反复实践，对岩爆的防护除加强安全技术教育以外，改进扩大开挖的办法，勤检查、勤找顶以及浇水，并采用金属锚杆挂网的支护办法，效果较好，保证了施工安全。

2. 日本关越隧道

关越隧道是日本的公路隧道工程，全长10.9km，沿线地质主要是石英闪长岩和角页岩，采用钻爆法全断面开挖，断面积为85.0m^2，由于该隧道附近有清水、大清水及新清水三座铁道隧道在施工中发生过岩爆，因此预计本隧道在通过类似地质地段时，也将会有岩爆发生。隧道于1977年8月从南、北两洞口开始掘进，于1987年5月在距北端隧洞口4 327m，埋深730m的区段发生了关越隧道第一次岩爆，大约45m^3的岩块从掌子面突出。接着在距洞口4 327~5 449m约1 122m的段落内，岩爆频频发生，就记录到的山鸣、岩爆共发生了1 433次。对关越隧道发生的这一大规模岩爆状况做了详细的调查和记录，其主要特征描述如下。

(1)山鸣、岩爆在石英闪长岩中频频发生，而在角页岩中几乎不发生。对于石英闪长岩和角页岩混合带，仅发生在岩性交界处的石英闪长岩中。山鸣、岩爆特别集中的区间的岩性都是石英闪长岩。

(2)岩爆与有无涌水密切相关。在几乎没有涌水的北段工区经常发生，而涌水多的南段工区，则几乎没有发生过岩爆。

(3)山鸣、岩爆绝大多数发生在掌子面上。根据记录发生在掌子面上的岩爆次数为1 417次，侧壁只有16次，其中15次发生在右侧，且大都发生在掌子面后方5～10m的位置。

(4)山鸣、岩爆在掌子面的发生位置大致是左侧多，即使在超前的辅助坑道中也是如此，而且发生岩爆记录多的地段，在已建成的三条铁路隧道中都反映出这一特点。

(5)山鸣、岩爆在刚刚爆破后激烈，随时间的推移而逐渐平稳下来，但也有由于找顶和钻孔而再次出现的。

(6)与开挖断面小的辅助坑道（断面积21.3m^2）比较，在正洞中（断面积为84.2～86.0m^2）岩爆较激烈。

(7)岩爆区段的覆盖层厚度为750～1 050m，但覆盖厚度与岩爆的剧烈程度并不成对应关系，与所测出的初始应力的大小、方向的对应关系也不明显。

3.二滩电站的左导流洞

二滩电站左导流洞全长1 087.5m，最大开挖高度35.2m，开挖宽度18.7m，开挖面积为628m^2，最大埋深为170～200m，最小为51.5m，主要岩体为坚硬致密的玄武岩和灰色正长岩，围岩级别为I级和II级。岩石的单轴抗压强度R_b=170～220MPa，地质构造较好，除局部地段有断层（宽度仅0.5～0.7m）和较小破碎带外，大部分是节理不发育的整体岩层，层厚大于1.0m，局部地段有裂隙水，规模一般为10～40t/d。该区域为地应力较高的地区，围岩的初始地应力为：最大主应力52.5MPa，最小为31.6MPa，采用钻爆法施工。开挖的方式是先在距拱顶4.5～5.0m处开挖一面积为50m^2的小导坑（属于前期工程），之后再顺次进行拱部的扩挖（高度为9.0～10.0m），然后是I部台阶开挖（高度6.0～7.0m）、II部台阶开挖（高度5.5～6.5m），如图12-9所示。

该导流洞处于偏压状态，如图12-10所示，因而岩爆具有一定的特征，其主要特征如下：

·岩爆发生的部位多集中在靠江侧（图12-10中的*AB*段和*BC*弧段），起拱点附近最为强烈；

·在接近断层涌水带之前，较频繁发生；

·距开挖掌子面的距离一般在2.0～10.0m范围以内；

·时间短者2～3d，时间长者达两个月；

·在工作面上有某种程度的节理和龟裂现象发生；

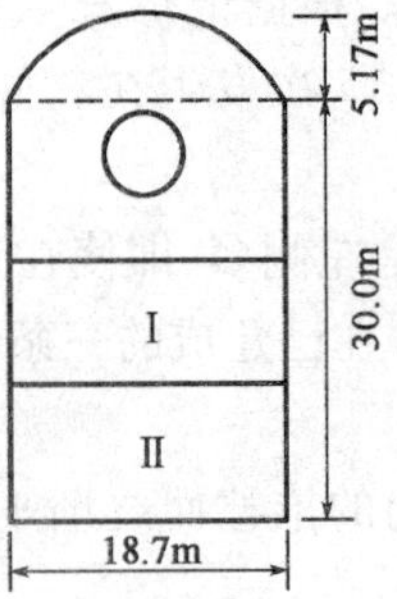

图 12-9 导流洞断面图

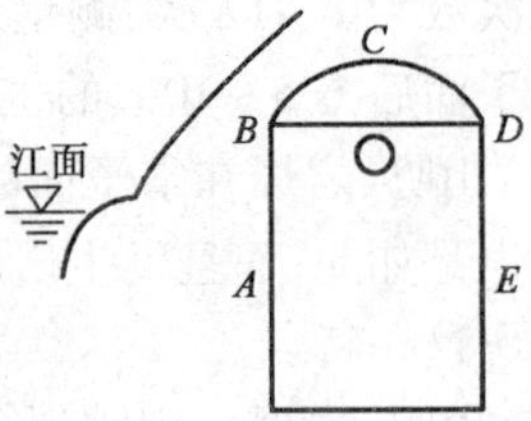

图 12-10 偏压状态

·爆破以后最强烈,随时间的推移而减小,但断断续续的山鸣声一般都持续 2 ~ 3d;

·最大岩爆掉块数量达 $5.0m^3$;

·脆裂与片裂两种形式均存在。

由于岩石的强度高,节理不发育,所以喷射混凝土只在局部进行,喷射混凝土分两层,普通素混凝土喷第一层,钢纤维混凝土喷第二层,均采用湿喷。

使用的锚杆既有全导流洞布置的构造型锚杆,也有局部的特殊锚杆,锚杆孔灌注普通砂浆,强度等级为 M30。

构造型锚杆:ϕ22mm,长度为 5.0m、6.5m 两种,间距 2.0m × 2.0m,梅花形布置于拱部。

针对岩爆的锚杆:ϕ22mm,长度为 3.0m、4.0m,主要用于靠江侧边墙和拱部。

钢筋网:采用 ϕ6mm、ϕ122mm 两种,间距 30cm × 30cm,布置于岩爆较强烈的地段。

施工中针对岩爆采取的主要技术措施:

·超前钻孔、灌注高压水;

·短进尺,强支护;

·松动爆破和振动爆破;

·开挖面洒水;

·喷素混凝土和钢纤维混凝土;

·挂设钢筋网、复喷;

·施设短锚杆或加密锚杆。

4. 太平驿水电站引水隧洞

太平驿水电站引水隧洞为有压隧洞,沿岷江左岸布置,隧洞全长

10.5km，断面为圆形，开挖直径为9.6～10.0m，隧洞垂直埋深为80～650m，隧洞穿越的围岩以花岗岩、闪长岩和花岗闪长岩类为主，在主要的岩爆区段则以花岗岩为主，局部地段闪长岩脉和石英岩脉较发育，岩体坚硬致密，新鲜完整，多为整体一块状结构，设计围岩类别为水电Ⅰ、Ⅱ类，大部分地段为无水或少水，岩石的单轴抗压强度 $R_b=150\sim250\text{MPa}$，岩体中储存了较高的岩浆岩残余应力、构造应力和自重应力，厂区地表以下200m深处实测地应力为 $\sigma_1=30.7\text{MPa}$，$\sigma_3=10.2\text{MPa}$，属高地应力地区。

第一次岩爆于1991年9月17日发生在2号施工支洞0+159.8处的掌子面上方，距支洞口360.2m，此处垂直埋深为260m左右，自此至支洞与正洞交叉口段先后又发生了十余次岩爆，弹射弱，规模亦较小，一次爆落岩石在0.5～2.0m^3 以内。

自2号支洞进入正洞施工后，岩爆频率显著提高，规模明显增大，在引水隧洞600m长度的开挖中，累计记录到大小岩爆430余次，并且造成了4次砸坏机械，3次砸伤作业人员和停工停产等严重事故，典型事例如下。

(1)1991年12月12日，K2+246～K2+277段，洞顶靠河侧持续岩爆，爆坑宽3.0～6.0m，深0.5～2.0m，爆落石方量大约60m^3，打断两臂液压台车右臂，停工23d。

(2)K2+010～K2+050洞段，洞顶靠河侧在开挖后数个月内岩爆断断续续，1992年1月10日～3月14日，发生小规模但弹射较远的岩爆；5月2日此处再次发生岩爆，爆落石方约12m^3；8月6日，此处发生大规模强烈岩爆，爆落石方约150m^3，砸毁 ϕ1 200mm的铁皮通风管30余米，造成施工道路堵塞，累计停工达17d。

(3)1992年3月4日，K2+330～K2+412洞段发生岩爆，爆坑最大高度达5.0m，一次爆落岩石200m^3，造成停工65d，在此之前，此段曾发生过十余次零星小规模岩爆。

(4)1992年4月7日，少支洞工区接近正洞0+70靠河侧，在洞顶发生小型岩爆，砸伤洞内作业电工手臂，此处隧洞埋深仅100m左右。

综上所述，岩爆的基本特征如下。

(1)从爆裂声方面来看，有强有弱，有的沉闷，有的清脆；一般来讲，声响如闷雷的岩爆规模较大，而声响清脆的规模较小，有的伴随着声响可见破裂处冒岩灰。声发射现象非常普遍，绝大部分岩爆伴随着声响而发生，即使在施工干扰下，也能听到围岩内部的爆裂声。

(2)从弹射程度上来看，岩爆基本上属于弱弹射和无弹射两类。一般洞室靠河侧上部岩爆属于弱弹射类,其弹射距离不大于2.0m,在0.8～2.0m之间。洞室靠山侧下部的岩爆属于无弹射类,仅仅是将岩面劈裂形成层次错落的小块,或脱离母岩滑落的大块岩石,且可以明显地观察到围岩内部已形成空隙或空洞。

(3)从爆落的岩体来看,岩体主要有体积较大的块体或体积较小的薄片,薄片的形状呈中间厚、四周薄的贝壳状,其长与宽方向的尺寸相差并不悬殊,周边厚度则参差不齐。而岩块的形状多为有一对两组平行裂面,其余的一组破裂面呈刀刃状。前者几何尺寸均较小,一般在45～20cm范围内,后者从数十厘米到数米不等。

(4)从岩爆坑的形态来看,有直角形、阶梯形和窝状形,如图12-11所示。爆坑为直角形的岩爆,其规模较大,爆坑较深,且伴随有沉闷的爆裂声;而阶梯形岩爆的规模最小,时常伴随着多次爆裂声发生,爆落的岩体多为片状或板状;窝状形爆坑的岩爆规模有大有小,在石英岩脉富集处,规模较大,而在岩脉较少处,则规模较小。基本上为一次爆裂长窝状,破坏与声响基本同步。

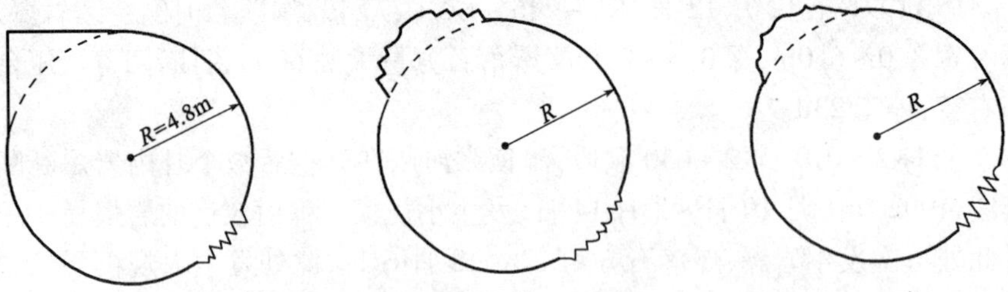

图12-11 三种典型岩爆坑断面形状图

(5)从同一部位发生岩爆次数来看,有一次性和重复性,前者为一次岩爆后不加支护也不会再发生岩爆;后者则在同一部位重复发生岩爆,有的甚至达十多次,对施作锚杆支护的情况下,可以明显地观察到爆裂的岩块悬挂在锚杆上,形状主要为板状和片状。

(6)从岩爆的声响到岩石爆落的时间间隔方面,可分为速爆型和滞后型。前者一般紧随着声响后产生岩石爆落,其时间间隔一般不会超过十秒,且破坏规模较小;后者表现为只闻其声,不见其动,岩爆可滞后声响半小时甚至数月不等,也有少量只有声响而不发生岩石脱离母岩的现象,即只有围岩内部裂纹的扩展而不产生破坏性爆落岩石。

(7)从岩爆坑沿洞轴线方向的分布来看,有三种类型,即连续型、断续型和零星型。前者表现为岩爆坑沿洞轴方向连续展布长达20～100m;第二种表现为岩爆坑以几十厘米至 2m 为间隔成片分布，其沿洞轴分布长度一般在 10～100m 之间，且洞壁上有明显可见的鳞片纹线现象；第三种则表现为小规模的单个岩爆出现。

该引水洞岩爆的分布规律如下：

（1）岩爆均发生在干燥无水的黑云母花岗岩岩体中，强烈而频繁的岩爆则主要分布于下列两种岩层：

·新鲜、完整、坚硬而脆性的整体花岗岩，沿洞轴向以 10～150m 的间隔出现 0.2～4.0m 厚的闪长岩脉，如 1 号～2 号支洞间的正洞区段；

·花岗岩体中分布着大量的石英岩脉，将花岗岩切割成块体结构，且局部存在一些结构面，如 2 号支洞的下游。

在岩体结构面发育，有少量地下水渗滴地段，岩爆的规模及频率都较小，特别是在有地下水出露的地段，几乎不发生岩爆，在闪长岩脉附近的花岗岩体中发生岩爆的频率较高。

（2）发生岩爆区段的洞室垂直埋深在 260～650m 之间，少数发生在垂直埋深为 100m 的地方，如 K0＋700m 处。洞室埋深与岩爆的频率并无严格的对应关系。

（3）岩爆均发生在洞室顶靠河侧（右侧）10～70m 的范围内以及靠山侧（左侧）下部与之相对的部位，而在靠河侧的下部和靠山侧的上部均不发生岩爆。

（4）岩爆发生的频率与暴露时间的关系是：随着开挖面暴露时间的延长，岩爆的频率逐渐降低。大部分岩爆发生在 16d 以内，占总岩爆次数的 90%，在开挖后一天内发生岩爆的次数约为总数的 20%，其中又主要分布在 0～4h 与 15～20h 这两个时段。8d 内发生的岩爆次数约占总数的 62%。也有的个别岩爆是发生在开挖后一至数月的，最长的为 6 个月。

（5）岩爆的发生频率与距掌子面距离的关系。岩爆有两个高发生区，第一个是在距掌子面 2～3m 以内，往后逐渐减少，但至 1 倍洞跨（10m 左右）处逐渐增加，到洞跨 1.2～1.5 倍（12～15m）处形成第二个高发区，随后逐渐减弱。但也有个别距掌子面数百米处发生岩爆的例子，其中最大距离为 560m。

（6）岩爆破坏的厚度，一次岩爆的破坏厚度（即爆坑深度）可以从几厘米到数米不等，就大多数而言，一般在 0.6m 以内，最大破坏厚度达 5.2m，而一次爆落岩石的数量变化较大，最小的为 0.003m^3，最大一次为 200m^3。

5. 日本雁坂隧道

雁板隧道是日本 140 号国道上最长的公路隧道，该隧道全长 6 625m，最大埋深 800m，还设有与主洞平行、间距 25m 的避难坑道。地质状况主要为花岗闪绿岩、砂岩与黏板岩互层。主洞采用上下半断面并进的台阶开挖法,避难坑道按全断面开挖。

避难坑道开挖到991.1m(花岗闪绿岩中)时首次发生岩爆,该处埋深仅200m。爆破后出渣时发生山鸣,同时工作面顶端左拱脚处以薄片状岩块剥落,达1~2m³。这以后的70m地段也断续发生山鸣和岩爆,F6断层带无岩爆发生,其后一直发生山鸣和岩爆。在主洞中,开挖到853m时山鸣开始,到987m时首次发生大规模岩爆。情况同避难坑道类似,也是在工作面顶端左拱脚,一次剥落约2m³薄片状岩块,之后两天山鸣不停,剥落岩片达5m³。在这之后的70.5m区段也有数次岩爆,F6断层后有小规模岩爆发生,山鸣一直不停。雁板隧道的岩爆具有如下特征:

①发生在花岗闪绿岩中;

②在工作面有某种程度的节理和龟裂,岩石坚硬的场合岩爆发生较多;

③发生在未涌水的地段,有水地段一般不发生;

④多发生在避难坑道和主洞工作面的顶端,开挖面也发生了数次;

⑤在断层涌水带前较频繁;

⑥爆破后最强烈,随时间延迟而减弱,大多在2h后平静,断续的山鸣和岩爆最长可持续两天;

·岩爆多发生在埋深200m以上的区段。

雁坂隧道施工时采取的措施如下:

①岩爆发生后立即待避、待机,进行掌子面观察记录;

②对掌子面、侧壁、拱部多次仔细地进行修凿作业;

③采用摩擦型锚杆支护;

④采用钢纤维喷混凝土。

根据隧道中发生的岩爆现象,确定了各阶段的措施,如表12-10所示。

岩爆防治措施 表12-10

项目措施	基本模式	措施Ⅰ	措施Ⅱ	措施Ⅲ
一次掘进长度(m)	2.0	1.5	1.5	1.5
喷混凝土厚(cm)	5	0(掺钢纤维)	15(掺钢纤维)	15(掺钢纤维)
锚杆(m)	3.0	3.0	3.0	3.0
钢支撑			H-150	H-150
超前锚杆(m)				3.0

施工中除采取了待避、停机、多次仔细找顶、安装摩擦锚杆、喷射钢纤维混凝上等措施外,作为岩爆的监测预报,还进行了围岩声发射监测。

监测系统由避难坑道和土洞各自独立的量测系统组成。如图 12-12 所示,作为主洞工作面的监测,将 3 个 AE 传感器(加速度计)安装在避难坑道中主洞一侧的边墙里,间距 24m,中间的传感器靠近主洞的工作面,随工作面的前进将最后面的传感器移至前面。监测避难坑道用的 AE 传感器设置一处,位于距工作面约 30m 的后面拱顶,也随工作面的前进而前进。由传感器接收的声发射信号经前置放大器放大后,再由信号调节器放大,由电—光变换装置变换成光信号,经光纤电缆送至控制室。在控制室,信号由带通滤波器除去杂音后,由土洞和避难坑道用的两台 AE 测定器抽出 AE 参数(事件数、响声下降次数和最大振幅值),分别记录。当 AE 参数数值在任意时间内超过标准值时,在避难坑道和土洞设置的岩爆警报显示板上自动地发出"注意、待避"的警报信号。

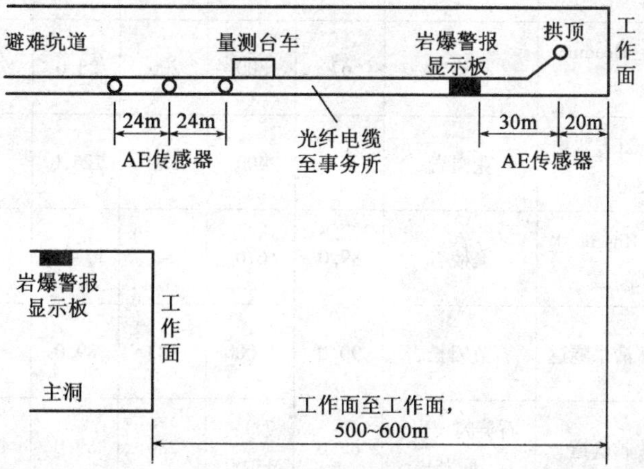

图 12-12　AE 监测系统布置图

为了总结岩爆发生的规律,在表 12-11 中根据可能收集到的资料,列出国内外曾经发生岩爆的一些隧道工程的概况,从中对岩爆发生的条件,或许可以找出一些可供参考的规律。

通过对已发生岩爆的地下工程的施工调查,可初步归纳出以下几点。

①从开挖的坑壁,岩块迅速飞出,严重时,整个掌子面瞬间压坏。

②在世界各地的深矿山中经常发生。

③在非常深的矿山中,也有衬砌瞬间破坏的情况,此时多是附近的矿山开挖所致。

国内外隧道工程发生岩爆的统计表 表 12-11

序号	工程名称	地质条件	断面积 (m^2)	埋深 (m)	R (MPa)	σ_1 (MPa)	σ_3 (MPa)	I_s (MPa)
1	挪威赫古拉(Heggura)公路隧道	前寒武纪片麻岩	38.6	700	100~250	62.5	25	4.5~11.0
2	挪威西马(Sima)电站地下厂房	花岗岩、花岗片麻岩	800	700	180	48.8	19.5	8.3
3	挪威 Sewag 隧道	花岗岩	7.0	130	180	35.0		8.3
4	挪威 Eikesdat 公路隧道	片麻岩	36.0	800	200	30.6	8.8	
5	瑞典 vietas 水电站引水隧道	粉砂岩、石英岩		250	80	50~70		3.6
6	瑞典 Headrace 隧道	石英岩	67	300	200	28.0		8.8
7	瑞典 Juktan 水电站水工隧道	花岗岩		400	180	125.0		8.3
8	瑞典 Ritsem 水电站水工隧道	糜棱岩	89.0	670	82	30~50		3.7
9	日本新清水隧道	石英闪长岩	90.0	1 000	183	89.0		8.0
10	日本关越隧道	石英闪长岩、页岩	85.0	750~1 050	236	89.0	10.7	8.3
11	前苏联拉斯丰恰尔矿	霓霞石、磷霞石		400~620	180	57.0		8.3
12	前苏联基洛夫矿	花岗岩		700~850	200	50.5		8.8
13	美国 CADA 矿	石英岩		2 400	190	64.4		8.3
14	美国 CADB 矿	石英岩		1 900	190	53.8		8.3

续上表

序号	工程名称	地质条件	断面积(m^2)	埋深(m)	R(MPa)	σ_1(MPa)	σ_3(MPa)	I_s(MPa)
15	美国CADC矿	石英岩		1200	189	39.1		8.3
16	成昆线关村坝铁路隧道	硅质灰岩	56.0	1650	120	35.0		5.5
17	西康线秦岭铁路隧道	片麻岩、花岗岩	60.8	1 600	325	86.16		3.6
18	渔子溪电站引水隧道	花岗岩、花岗闪长岩		200~650	160	41.5		7.1
19	天生桥引水隧洞	灰岩、白云岩、砂岩	72~92	400	115	31.2	15.07	5.74
20	四川太平驿水电站引水隧道	花岗岩、闪长岩、花岗闪长岩	78.50	80~650	150~250	30.7	10.2	10.5
21	锦屏水电地质探洞	大理岩、花斑状大理岩	8~9.0	2 100~2 500	110~165	25.6		7.3
22	四川二滩电站导流洞	玄武岩、正长岩	446~628	170~200	150~220	52.5		9.3
23	重庆渝长线铁山坪公路隧道	砂岩、石英砂岩	110~128	480~550	80~110	28.4		5.0
24	四川川藏线二郎山公路隧道	白云岩、灰岩	80~91.0	788.5	120~160	50.0		6.7~7.2

注：R-抗压强度；σ_1-最大主应力；σ_3-最小主应力；I-点荷载强度。

④在埋深700~800m处发生的居多，200m左右也有发生的实例。

⑤视岩质发生的方式不同。例如在日本清水岭下的四座隧道，在同样岩质的情况下，在角岩中就没有发生，而在石英闪绿岩中就发生多次。

⑥有涌水时不发生。

⑦与地层的方向、节理、夹层等相关，例如顺层的发生较多。

⑧岩块的大小不一，但多是扁平的。

⑨岩爆发生在掌子面附近的居多。

⑩在同等地质条件下，采用掘进机施工的发生少，采用矿山法施工的发

生多。

（二）岩爆发生的判据

从一些国家的规定和研究成果看岩爆发生的判据大同小异，这对在隧道勘测设计阶段，根据揭示的地质条件来判断岩爆的发生与否是有参考价值的，起码有一个基本判断依据。一些国家和相关研究成果提出的标准和建议见表12-12。

岩爆的一些判据 表12-12

<table>
<tr><th>岩爆</th><th>瑞士的SIA198号岩体分级标准</th><th>我国工程岩体分级标准</th><th>Russenes 建议</th><th>Barton 等建议</th><th>前苏联H·A·多尔恰尼诺夫的建议</th></tr>
<tr><td>无岩爆</td><td></td><td>$\sigma_c/\sigma_{max}>7$</td><td>$I_s/\sigma_t>0.2$</td><td></td><td>$\sigma_t/\sigma_c\leqslant 0.3$</td></tr>
<tr><td>轻微岩爆</td><td rowspan="3">单轴抗压强度 $\sigma_c>$ 100MPa，内摩擦角 >40°，黏结力 >2.0MPa</td><td rowspan="2">$\sigma_c/\sigma_{max}=4\sim7$</td><td>$I_s/\sigma_t=0.15\sim0.2$</td><td>$\sigma_c/\sigma_{max}>5\sim10$
$\sigma_L/\sigma_{max}>0.33$</td><td rowspan="2">$\sigma_t/\sigma_c=0.3\sim0.8$</td></tr>
<tr><td>中等岩爆</td><td>$I_s/\sigma_t=$
$0.083\sim0.15$</td><td>$\sigma_c/\sigma_{max}=5\sim2.5$
$\sigma_L/\sigma_{max}=0.33\sim0.16$</td></tr>
<tr><td>严重岩爆</td><td>$\sigma_c/\sigma_{max}<4$</td><td>$I_s/\sigma_t<0.083$</td><td>$\sigma_c/\sigma_{max}<2.5$
$\sigma_L/\sigma_{max}<0.16$</td><td>$\sigma_t/\sigma_c>0.8$</td></tr>
</table>

表12-12中符号的意义是：σ_c 为岩石单轴抗压强度；σ_{max} 为最大地应力；I_s 为岩石点荷载强度；σ_t 为坑道周边切向应力；σ_L 为岩石抗拉强度。实际上这些符号的意义是相关的，例如坑道周边切向应力（σ_t）通常是地应力值的2倍，即：$\sigma_t=2\sigma_{max}$。而 I_s 与 σ_c，σ_c 与 σ_L 都是相关的，因此，在评价岩爆发生程度时，主要是采用岩石强度和最大地应力两个指标，这在评价中是必不可少的。

岩石强度指标可通过各种试验予以确定，最大地应力通常是通过实地测试的手段获取。但并不是所有的工程都能够进行地应力测试，因此就不得不借助一些经验数据或直接采用围岩自重应力场中的垂直应力分量作为最大地应力值，即：

$$\sigma_{max}=\gamma\cdot H \tag{12-1}$$

式中：γ——围岩重度；

H——埋深。

根据表12-10中的基本数据和各国的工程实践，并参照表12-11的判据，可以归纳岩爆发生的5个基本条件如下。

(1)岩石单轴抗压强度:$\sigma_c > 80\text{MPa}$(至少 $> 60\text{MPa}$)

表 12-10 中列举的岩石单轴抗压强度应在 60 ~ 80MPa 及以上,多数超过 100MPa。这说明在岩石单轴抗压强度小于 60 的岩石中发生岩爆的可能性是不大的,也就是说,岩爆基本上是在坚硬的硬岩岩体中发生的。

(2)岩质和岩性:坚硬、脆性

在列举的工程实例中,岩爆多数发生在石英岩、花岗岩、正长岩、闪长岩、花岗闪长岩、大理岩、花斑状大理岩、片麻岩等岩体中。这些岩体的共同力学特性是脆性的,即达到峰值强度后,岩石急剧断裂,这可用岩石的脆性指数表示。岩石的脆性指数是岩石峰值强度前的总变形与永久变形之比,比值越大,脆性越高。表 12-13 是按岩石脆性指数划分的岩爆发生强度的标准。

岩石脆性指数与岩爆的关系　　表 12-13

岩石脆性指数	0 ~ 4	3.5 ~ 5.5	5 ~ 7.8	>7
岩爆发生强度	无	弱	中等	严重

(3)岩体结构:完整或基本完整

在列举的工程实例中,岩体结构大都是完整的和比较完整的。因为完整和比较完整的岩体,积聚有很大的弹性应变能量,这是发生岩爆的必要条件之一。

(4)地应力场的应力值:σ_{max} 和 σ_{min}

地应力值是表示岩体内积聚的弹性应变能的具体指标。一般来说,地应力在岩体中是三维存在的,但为简单计,在一般情况下可用地应力中的最大值表示,即最大地应力值越大,积聚的弹性应变能越大,当岩石峰值强度前的弹性应变能的积聚量达到岩石岩爆临界弹性能时,就将发生岩爆。因此,可用下述指标判定岩爆发生的强度。

$\sigma_{max} > 0.25\sigma_c$:　　严重岩爆;

$\sigma_{max} = 0.15 \sim 0.25\sigma_c$:　　中等岩爆;

$\sigma_{max} < 0.15\sigma_c$:　　轻微或不发生。

工程实例中的 σ_{max}/σ_c 比值,多数在 0.1 ~ 0.4 之间,在 0.2 ~ 0.3 之间出现的频率较高。

岩爆的发生与 $\sigma_{max}/\sigma_{min}$ 的比值有关,从工程实例看,都是发生在比值大于 1.5 的情况下,这也可以作为岩爆发生的一个判据。

(5)岩爆的发生与坑道轮廓的平整度有关,例如在上述地质条件下,采用掘进机(TBM)施工的隧道,就可能不发生岩爆,而采用钻爆法施工的隧道就会发生岩爆。这是因为钻爆法在坑道轮廓上造成的超欠挖会造成应力的局部集中,因此,控制超欠挖也是控制岩爆发生的重要措施。

我国一些研究成果也提出一些判定和分级标准,可以作为参考。

在秦岭隧道的岩爆预报、防治技术研究中,建议的岩爆划分标准见表12-14。

秦岭隧道岩爆烈度划分标准　表12-14

岩爆烈度	岩爆特征描述
无岩爆	没有发自岩石的响声,无岩石应力引起的岩爆问题
轻微岩爆	轻微的岩爆活动,新开挖岩壁有噼啪声响,岩石劈裂成板片状,厚度一般小于10cm,个别大于10cm;洞壁表面岩石被劈裂成板状或透镜状岩片松脱坠落,岩爆坑深数厘米至十几厘米,有时仅有岩石爆落的新鲜破裂面;爆坑沿隧道轴向长度小于10m,零星分布
中等岩爆	中等程度的岩爆活动,岩石发出清脆的爆裂声响,似枪声,岩石被劈裂成棱块状、板状、透镜状岩片,厚度5~20cm,个别达30~40cm;洞内重复发生劈裂、剪断,弹射或松脱坠落,形成横断面呈三角形、弧形及梯形的岩爆坑,有相当数量的岩石松脱坠落,偶有小岩片弹射,爆坑一般十几厘米深,最深达150cm;爆坑沿隧道轴向长10~20m,成片状分布
强烈岩爆	剧烈的岩爆活动,爆破后,洞壁、拱部立即发生剧烈的爆裂、崩落、弹射,发出巨大的声响,似炮声或雷声,岩石被劈裂成棱块状、板状、片状,厚度一般大于10cm,最厚可达100cm;爆落岩石数量大,洞壁形成大量超挖局面,洞形不规则;岩爆坑深几十厘米,最深可达200cm,沿隧道轴向长多大于20m,多连续或成片分布

铁道部建议的岩爆划分标准见表12-15。

岩爆强度的综合分级表　表1-15

分项指标／分级	σ_c(MPa)	围岩级别 S	埋深 H(m)	岩石脆性指数 I_s	σ_{max}/σ_c
无岩爆	<80	Ⅳ级以下	<50	<4	<0.15
微弱岩爆	80~120	Ⅱ、Ⅲ级	50~200	3.5~5.5	0.15~0.25
中等强度岩爆	120~180	Ⅱ、Ⅲ级	200~700	5.0~7.5	0.2~0.35
强烈岩爆	>180	Ⅰ、Ⅱ级	>700	>7.5	>0.3

在二郎山隧道设计中，也提出了一个岩爆的划分标准，见表12-16。

岩爆分级表　表12-16

分级	岩爆描述	判据		
		σ_{Hmax} (MPa)	σ_t/σ_c	σ_{Hmax}/σ_v
微弱	岩石个别松脱和破裂，有微弱声响	<30	0.4~0.7	1.0~1.5
中等	有相当数量的岩片弹射和松脱，洞内岩体变形，有随时间发展的趋势，有的岩体有强烈的爆裂活动	30~40	0.7~0.9	1.5~2.0
剧烈	顶板和侧壁发生强烈岩片弹射，甚至有巨石抛射，伴随有巨大声响，周边围岩变形严重，可引起洞室坍塌	40~50	0.9~1.1	2.0~2.0

注：此表适合Ⅴ类及以上的围岩。σ_{Hmax}-最大水平主应力（MPa）；σ_t-围岩切向应力（MPa）；σ_c-围岩单轴抗压强度（MPa）；σ_v-垂直主应力（MPa）。

（三）岩爆的类型、性质和特点

众所周知，岩爆是岩体中聚积的高弹性应变能一种具有代表性的释放现象，岩爆是突发性的，岩体急剧破坏，岩片由岩体表面上突然飞出，而且大部分发生在掌子面附近和边墙上，与坍方、塌顶有明显不同。简单地说，岩爆是坑道周边围岩的应力集中，不能承受这种应力集中的岩石发生突然的脆性破坏，而从自由面弹出的一种现象。

岩爆的特征可从多个角度去描述，目前主要是根据现场调查所得到的岩爆特征，考虑岩爆危害方式、危害程度以及对其防治对策等因素，分为以下三类。

（1）破裂松脱型

围岩成块状、板状、鳞片状，爆裂声响微弱，弹射距离很小，岩壁上形成破裂坑，破裂坑的深度主要受围岩应力和强度的控制。

（2）爆裂弹射型

岩片弹射及岩粉喷射，爆裂声响如同枪声，弹射岩片体积一般不超过1/3m^3，直径5~10cm。洞室开凿后，一般出现片状岩石弹射、崩落或成笋皮状的薄片剥落，岩片的弹射距离一般为2~5m。岩块多为中间厚，周边薄的菱形岩片。

（3）爆炸抛射型

岩爆发生时巨石抛射，其声响如同炮弹爆炸，抛射岩块的体积数立方米到数十立方米，抛射距离几米到十几米。

此外,也有把岩爆分为应变型、屈服型及岩块突发型的,如图12-13所示。

应变型,指坑道周边坚硬岩体产生应力集中,在脆性岩石中发生激烈的破坏,是最一般的岩爆现象;屈服型,指在有相互平行的裂隙的坑道中,坑道壁的岩石屈服,发生突然破坏,常常是由爆破振动所诱发的;岩块突出型,是因被裂隙或节理等分离的岩块突然突出的现象,也是因爆破或地震等而诱发的。

关于岩爆的规模基本上可以分为三类,即小规模、中等规模和大规模,示意于图12-14。

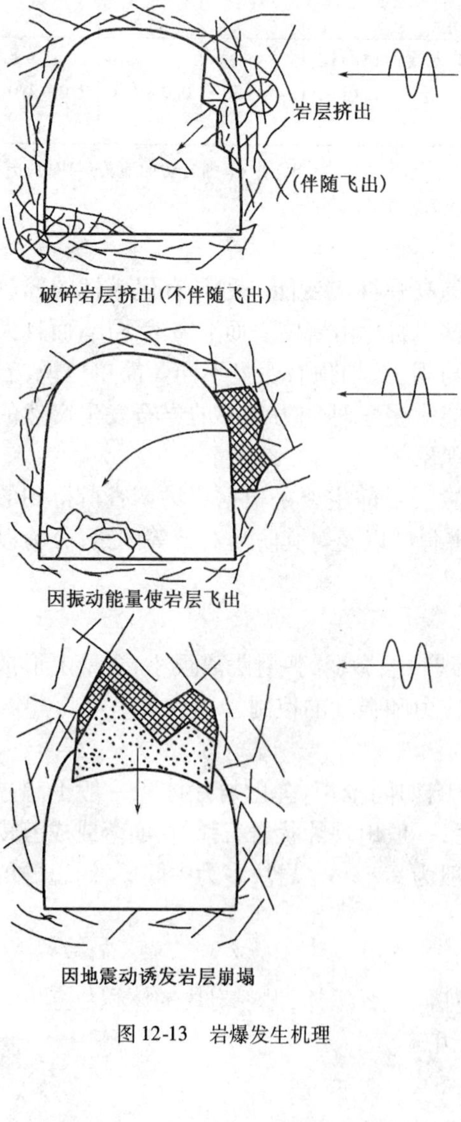

图12-13　岩爆发生机理

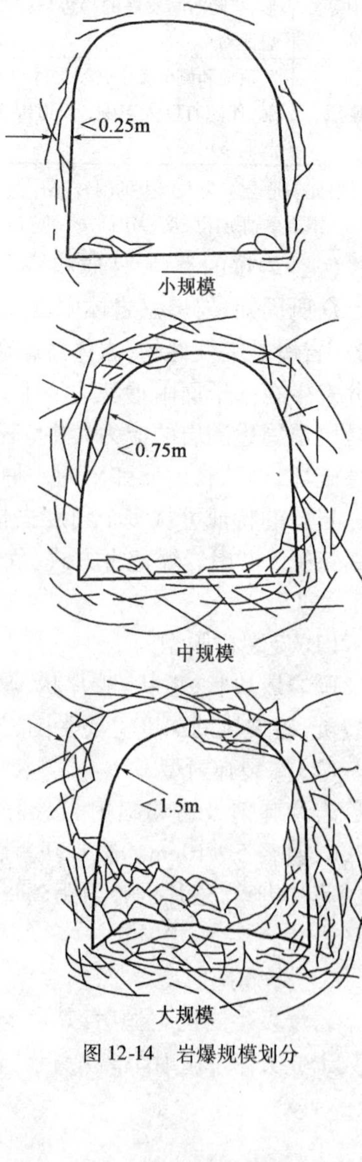

图12-14　岩爆规模划分

小规模的是指在壁面附近浅层部分（厚度小于25cm）的破坏，破坏区域仍然是弹性的，岩块的质量通常在1t以下；中等规模的指形成厚度0.25～0.75m的环状松弛区域的破坏，但空洞本身仍然是稳定的；大规模的指超过0.75m以上的岩体显著突出，很大的岩块弹射出来，这种情况采用一般的支护是不能防止的。

（四）岩爆的防治

通过大量的工程实践及经验的积累，目前已有许多行之有效的治理岩爆的措施，归纳起有加固围岩、防护措施，完善施工方法，改善围岩应力条件以及改变围岩性质等方法。下面结合具体工程实例详细加以阐述。

1.围岩加固措施

该方法是指对已经开挖洞室周边的加固以及掌子面前方的超前加固，这些措施一是可以改善掌子面本身以及1～2倍洞室直径范围内围岩的应力状态，由于加固措施的效应，不仅改变了应力的大小及分布，而且还使洞室周边岩体从双向应力状态变为三向应力状态；二是具有防护作用，可防止弹射、塌落等。

从工程实例来看，目前采取的加固治理措施大致有以下三种。

（1）喷射混凝土及喷射钢纤维混凝土

①喷射混凝土。在清除拱顶部位由于岩爆产生的松动石块之后，施作喷射混凝土覆盖岩爆坑。喷射混凝土具有减弱岩爆的效果，用来保护施工人员和设备的安全，以防止锚杆之间的岩石碎片飞出。其主要作用是将未清除干净的小块石黏结在一起，以免落下伤人。另外，岩面被覆盖后，若岩爆继续发展，也可以从喷层的开裂、剥落上观察出来。在隧道施工中使用喷混凝土，只要喷层厚度足够，一般可以防止继续剥落。

喷混凝土比较便宜和快速，特别是由于计划中的远距离控制的工业机器人用于喷混凝土作业，这种支护方法则更为安全了。

②喷射钢纤维混凝土

在某些情况下，当喷混凝土支护不能满足要求时，则需要采用喷射钢纤维混凝土。喷射钢纤维混凝土具有比普通喷射混凝土大得多的柔性，并且能够承受较大的变形而不使表面开裂。

喷射钢纤维混凝土较喷射混凝土的价格高50%，在应用这种较高强度，尤其是具有较好变形性质的喷射混凝土之后，有可能降低永久支护的费用。同时还希望能减少临时支护锚杆的数量，许多锚杆已有松动，因而不能作为永久支护来使用。

(2)系统锚杆

系统锚杆的作用主要是防止洞室周边及掌子面岩体壁裂、剥落、岩块塌落。施作方法是在拱顶处布置系统锚杆,当掌子面发生岩爆时,须向掘进前方打超前锚杆对掌子面进行加固,锚杆长度一般为两倍的爆破进尺深度。在一个循环的爆破之后仍有一部分锚杆存留在岩体中对掌子面起着加固作用,这就是目前行之有效的膨胀锚杆。

因玻璃纤维锚杆或钢筋树脂锚杆在爆破后没有任何锚杆体存留在锚杆孔中,掌子面处的岩爆仍无法控制。系统布置的膨胀锚杆相对于水泥砂浆锚杆的优点之一就是不需要时间养护。膨胀锚杆总的来说是可靠的,也可以用于承受水压的围岩体中。后来研制出的膨胀锚杆使情况大为改观,爆破之后,锚杆外边的部分被切掉,但仍有 2/3 杆体存留在掌子面岩体中,岩爆可以被控制在对隧道掘进没有干扰的程度。

图 12-15 所表示的就是采用膨胀锚杆控制掌子面岩爆的施工过程。24 根 4m 长的锚杆安设在掌子面上,每一循环钻爆进尺深度为 1.5m,锚杆在爆破时被截断,但仍有 2/3 的杆体存留以保持掌子面的稳定,这使得下一个循环的钻眼作业不受爆破的影响。掌子面在安设锚杆之后同样也施作喷射混凝土。

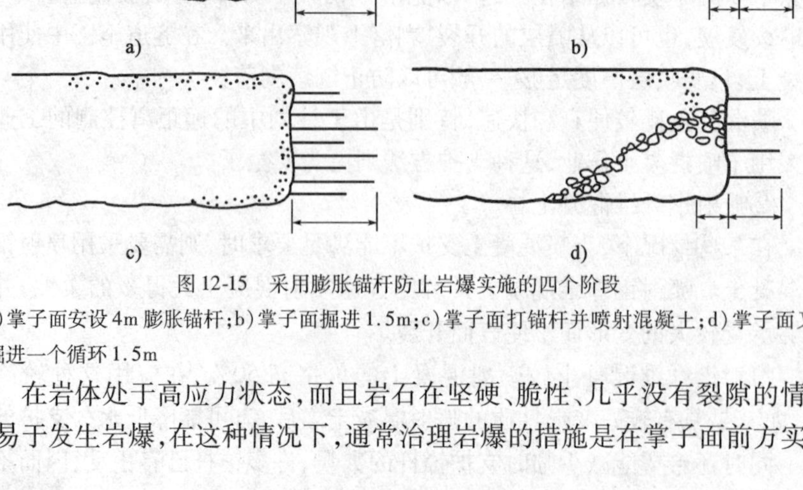

图 12-15 采用膨胀锚杆防止岩爆实施的四个阶段

a)掌子面安设 4m 膨胀锚杆;b)掌子面掘进 1.5m;c)掌子面打锚杆并喷射混凝土;d)掌子面又掘进一个循环 1.5m

在岩体处于高应力状态,而且岩石在坚硬、脆性、几乎没有裂隙的情况下易于发生岩爆,在这种情况下,通常治理岩爆的措施是在掌子面前方实施应力解除爆破，在高应力区形成破碎带，诱使应力发生变化。这种变化使高应力得到了松弛。

但是效果满意的爆破设计需要花费不少时间，这是应力解除法的一大缺点，特别是对于延误工期而需要付出很高代价的隧道工程这一缺点尤为突出。相对来讲，膨胀锚杆具有立即见效的优点，而且不需要任何其他的附加设备。

膨胀锚杆具有稳定围岩的作用，并且可以防止岩爆，这已在工程实践中显示出它的优越性。掌子面岩体中应力被较多数量的锚杆孔部分地解除了，所形成的应力松弛尽管较小，但对于可能发生岩爆围岩体的应力解除是有效的。

另外，由于膨胀锚杆本身的膨胀，对掌子面产生约束力，则进一步加固了围岩体，这种约束力阻止了掌子面及顶板进一步的破坏，同时还防止了来自掌子面剧烈的岩块弹射。

隧道掘进一定不能由于发生岩爆而被延误，掌子面必须在尽可能短的时间内准备好进行下一个循环的掘进，膨胀锚杆是对开挖面周围一种快速、便利的支护手段。

在发生岩爆的情况下，支护必须能够屈服。通常，锚杆破坏是由于超载而使其丧失承载能力。岩爆可能产生相当大的瞬时荷载作用在锚杆上，因此非屈服锚杆则会被破坏，而屈服锚杆则可以滑移并且约束岩块的位移，当位移终止时仍然保持相当的约束力。

膨胀锚杆本身相对来讲是刚性的，如在锚杆垫板下面放置木板，则可承受岩体表面开裂所引起的位移，木板就是屈服构件。

通常情况下，锚杆同喷混凝土联合起来使用，形成锚喷联合加固措施，可以达到更好的加固效果。

(3)钢丝网、钢支撑

在某些特殊情况下，如岩爆发生频繁且较剧烈，通常采用钢丝或钢支撑配合锚喷支护对围岩进行加固。

钢丝网本身也可以作为一种防护设施单独使用，如在钻孔台车上安装钢丝网防护，保护钻孔、装药工人作业的安全。在我国天生桥水电站引水隧洞的施工过程中，在掘进机以及后配套设备上安装了“铁甲”，构成一个“防石棚”，避免了岩爆石块塌落伤人，砸毁机器设备。

以上所介绍的是围岩加固的一些措施，按照岩爆的程度不同，我们分为三种情况来处理，如图12-16所示。

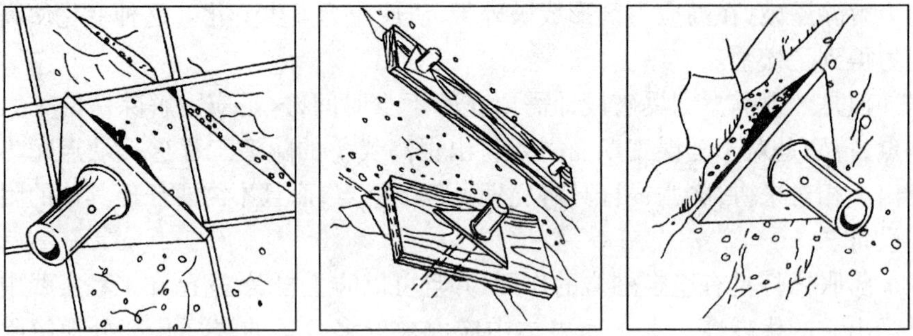

a)　b)　c)

图 12-16　防止岩爆加固措施

a)岩石剥落;b)中等程度的岩爆;c)剧烈岩爆

·岩石剥落,破坏不严重

采用遥控手段在掌子面喷射混凝土;安设膨胀锚杆,按要求使用标准垫板,锚杆长度应为两倍的循环进尺深度,对下一个循环所要爆破的岩体进行预先加固。

·中等程度的岩爆

如同第一种情况喷射混凝土,布置系统的屈服膨胀锚杆,掌子面锚杆长度要求为两倍的进尺长度。在锚杆垫板与岩面之间加设木板,木板将吸收岩体急剧的位移,这种位移可导致锚杆发生破坏,同时木板还将岩体破裂面两侧的锚杆联系起来。

·剧烈的岩爆

系统地布置屈服膨胀锚杆,加钢筋网的喷射混凝土。

以上所推荐的加固措施可作为隧道在实际施工过程中的参考,目的是获得安全的作业条件,防止岩爆,避免由于发生岩爆而延误隧道施工进度。

2.改善围岩应力条件

从强度理论角度看,岩爆是一种破坏,伴随着破坏释放能量而造成振动、抛突、坍落 、堵塞等灾害,因此如果能使围岩应力小于围岩强度就不会发生岩爆。要达到这个目的,可从设计与施工的角度采用下述四种办法。

(1)在选择隧道及其他地下结构物的位置时,应布置使其长轴方向与最大主应力方向平行,这样做可以减少洞室周边围岩的切向应力。

(2)在设计时选择合理的开挖断面形状,以改善围岩的应力状态。

(3)在施工过程中,爆破开挖采用短进尺、多循环,也可以改善围岩应力状态，这一点已被大量的实践所证实。

(4)应力解除法，即在围岩内部造成一个破碎带，形成一个低弹性区，从而使掌子面及洞室周边应力降低，使高应力转移到围岩深部。为达此目的，可以打超前钻孔或在超前钻孔中进行松动爆破，这种防治岩爆的方法也称为超应力解除法。

目前防止岩爆多采用锚杆、喷射混凝土、钢筋网加喷混凝土以及注水软化等方法，工程实践证明这些方法是有效的，但是存在着共同的缺点。首先，实施这些措施是在岩爆发生后或正在发生时进行的，其施工条件危险；其次，这些措施实质是抵制洞室围岩能量释放，然而一旦受到扰动，围岩中的变形能量继续释放，锚杆就会失效，混凝土喷层就会被击穿。显然，这些岩爆发生后再进行处理的办法，是被动的、消极的和非治本的。

超前应力解除法是在施工进程中，一边应力解除，一边掘进，在洞室未开挖之前，使岩体原始应力释放，以便减缓开挖后的围岩应力，使之不发生岩爆或削弱岩爆的方法。

岩爆的发生主要取决于洞壁上最大切向应力 σ_{tmax}，而切向应力的大小又取决于与洞轴方向垂直的平面应力内的两个主应力 σ_1、σ_2(或 σ_x、σ_y)，在这两个应力中，σ_1 又起着决定的作用。如能在洞室附近削弱它对切向应力的影响，就可以达到减缓岩爆的作用。

超前应力解除法是在主应力方向离洞壁一定的安全距离 K，用钻孔爆破的方法形成一个宽度为 δ 的人工破碎带，如图 12-17 所示，以达到在洞室 B 点降低切向应力 σ_t 的作用。

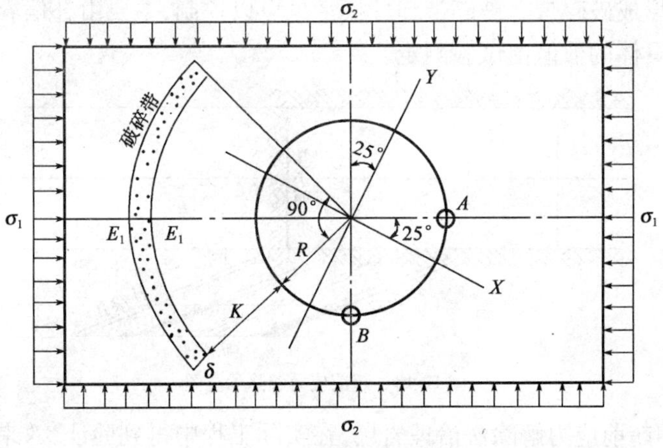

图 12-17　人工破碎带示意图

从影响应力解除效果的因素看,破碎带安全距离 K 的改变对切向应力没有明显的影响,根据施工情况一般取 $K=0.3D\sim0.5D$ 为宜。

破碎带宽度和弹性模量比对切向应力影响较大,计算分析结果表明,应力解除可以明显地改善洞室的围岩应力,使隧洞岩爆部位 B 点的应力降低。但是在 B 点应力降低的同时,A 点的应力升高。应力解除只是起到调整围岩应力的作用,而不是消除它的应力。选择参数必须针对具体情况经过计算后确定,选定实施方案,不能盲目进行,否则可能会顾此失彼,防止了 B 点的岩爆,而引起 A 点的岩爆,这样,应力解除并没有消除岩爆,而只是将岩爆换个位置。

理想的应力解除方案,与当地的原始应力状态、破碎带的宽度 δ、原始岩体和破碎带岩体弹性模量之比均有关,可通过优化计算求得,尽量使 A 点和 B 点的应力调整到基本相同的程度。

通过对掌子面附近应力解除前后 A 点径向位移的分析发现,距离掌子面 $0.4D\sim D$ 时,位移发生急剧变化,这个位置恰恰是岩爆发生频率最高的区段。由此可见,岩爆与洞室周边位移有直接关系,也可以说与岩体的能量释放有直接关系,当弹性变形能接近或达到最大值时发生岩爆。

超前应力解除法的措施是从掌子面起,向前方打超前斜孔,如图 12-18 所示,保持离洞壁一定安全距离 K,形成一个厚度为 δ 的人工破碎带。人工破碎带可用炸药爆破形成,破碎带的宽度由药量来控制。由于这种爆破属于坚硬岩石中的内部爆破,除装药孔外,还需要钻些容积补偿孔,即非装药孔,才可形成破碎带。破碎带弹性模量也可以控制,主要由补偿容积和炸药量而定,具体的数值由试验测定。

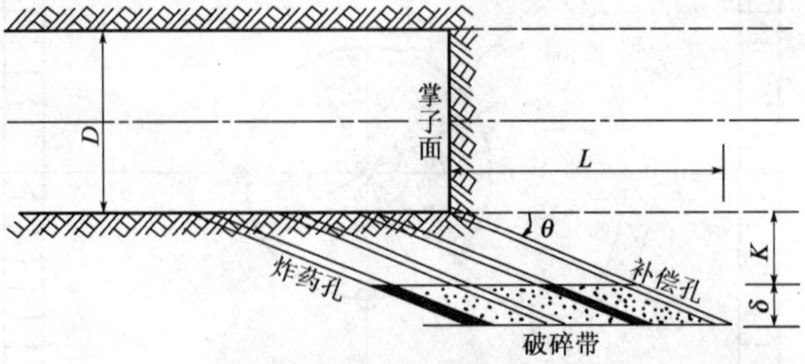

图 12-18　超前应力解除示意图

采用超前应力解除法治理岩爆,在实际工程中得到验证,效果较好。我国西南一水电站引水隧洞工程曾使用过这种方法,该工程隧洞岩爆的临界

应力 $\sigma_{cr}=39.3\mathrm{MPa}$,而最大切向应力为 47.85MPa,超前应力解除可以将应力降低到 40.54MPa,接近于岩爆的临界应力,因此,可以使岩爆烈度大为缓和,或使岩爆停止。

3. 改变围岩性质

在我国煤炭部门,广泛使用对煤层预注水法以改变煤的变形及强度特性,即注水软化的方法。煤试件在浸泡水以后动态破坏时间增加,能量释放率显著下降。根据煤试件在自然状态和浸水饱和状态的动态破坏时间—应力曲线比较的结果,可以看出,浸水饱和煤样的动态破坏时间呈现数量级的增加,根据煤的这一特性对煤层进行预注水来防止冲击地压。

煤层压力注水一般有两种方式:一是煤层开采前压力预注水,使煤体湿润,减缓和消除煤的冲击能力,这是一种积极主动的区域性防治措施;第二种是对工作面前方局部应力集中带进行高压注水,以减缓应力集中,解除煤爆危险,这是一种局部解危措施。

4. 施工安全措施

施工安全措施主要有躲避及清除浮石两种。岩爆一般在爆破后 1h 左右比较激烈,以后则逐渐趋于缓和,多数发生在 1 ~ 2 倍洞室直径的范围以内,所以躲避也是一种行之有效的方法。每次爆破循环之后,施工人员躲避在安全处,待激烈的岩爆平息之后再进行施工。当然这样做要延缓工程的进度,是一种消极的方法。

对于在拱顶部位由于岩爆所产生的松动石块必须清除,以保证施工的安全。尤其是对于破裂松脱型岩爆,弹射危害不大,可采用清除浮石的方法来保证施工安全。

(五)岩爆的监测预报方法

1. AE 法(即声发射监测法)

物体在外力作用下产生变形和破裂的同时,以脉冲的形式释放弹性能,产生应力波,这种现象称为声发射。煤矿监测中发现冲击地压发生前声发射参量出现突变,声发射参数数倍增加,以此作为预报岩爆的手段。

下面以日本雁坂隧道为主,介绍采用声发射监测法预报岩爆的方法。

在该隧道中为了采取防治岩爆的措施而进行了量测调查,其中包括 AE 测试及岩石物性试验。在辅助坑道的衬砌上设传感器,而后记录在主洞掌子面附近发生的 AE。传感器随主洞掌子面的推进而移动。

根据岩石试验,岩爆地段的岩石其静弹性系数比动弹性系数大,脆性也大,这种现象在日本大清水隧道中也有发生。表 12-17 是岩石物性的代表值,图 12-19 是该隧道的 AE 监测系统。

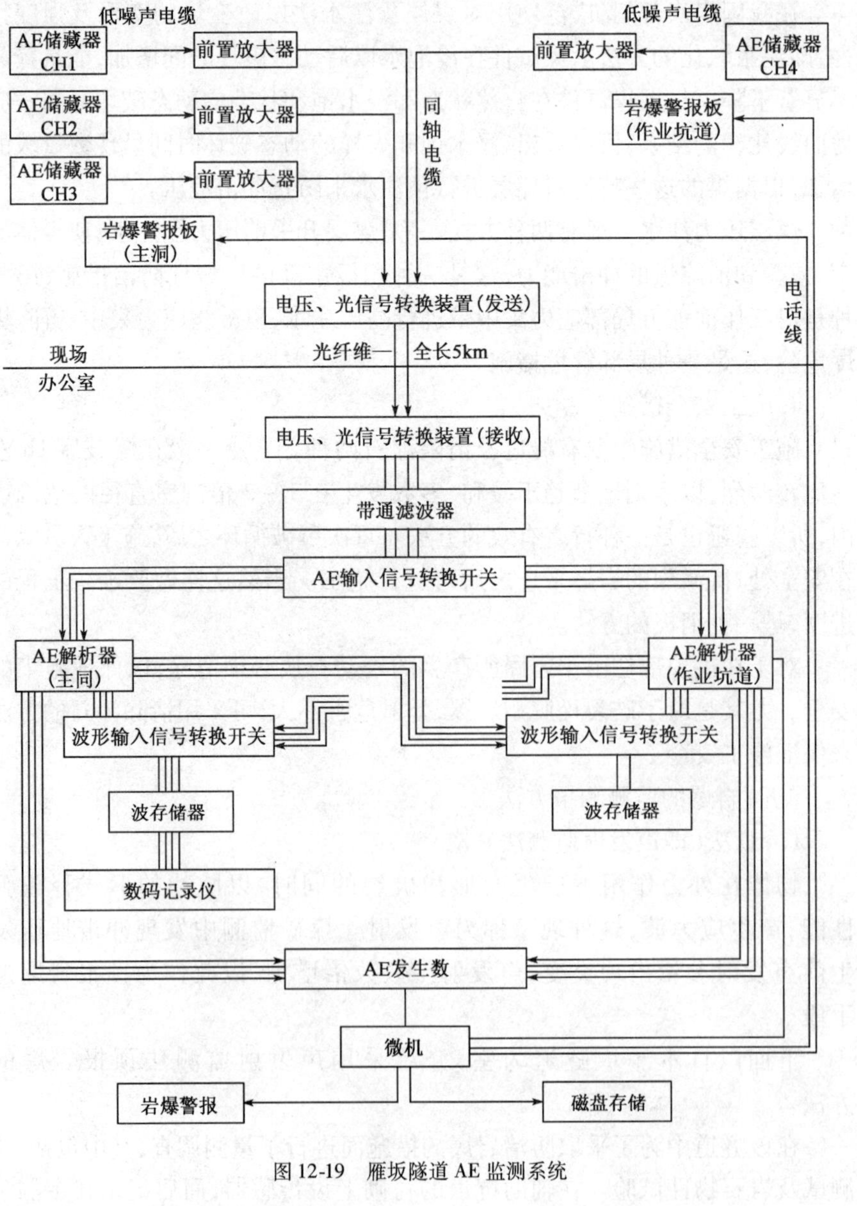

图 12-19 雁坂隧道 AE 监测系统

雁坂隧道岩石物性的代表值

表 12-17

试件	试验个数	岩类	超声波速度(km/s)		动弹性系数(MPa)	动泊松比	单轴抗压强度(MPa)	静弹性系数(MPa)	静泊松比	压裂抗拉强度(MPa)	抗剪强度(MPa)	脆性度	注
			v_p	v_s									
距洞口 4 705m	4	硬闪绿岩	5.17				214.0	4.99×10^4	0.139	11.0	25.1	20.9	
岩石试件 距洞口 4 705m	3	〃	4.02	2.36	3.84×10^4	0.236	164.8	5.00×10^4	0.225	6.91	18.0	24.3	
岩石试件 距洞口 4 855m	3	〃	4.00	2.41	3.96×10^4	0.214	161.5	6.55×10^4	0.195	5.75	16.0	30.5	
距洞口 5 063m	9	〃	3.87				244.4	5.68×10^4	0.196	10.7	25.6	22.8	
距洞口 548m	8	〃	5.32				230.1	5.59×10^4	0.227	12.3	26.6	18.7	
距洞口 142~198	7	〃	6.03	3.30	7.81×10^4	0.28	133.8	7.01×10^4		9.6	17.7	13.9	

本系统是由避难坑道、主洞各自独立的量测系统构成，主洞量测用的AE传感器设在作业坑道靠近主洞的边墙内（三处）。传感器间距取24m、中央传感器设在离主洞掌子面最近处。

整个量测用两台AE解析器抽出AE发生数、最大振幅值等，同时连同AE计数仪把AE参数超过标准值的，自动送到岩爆警报板上。

关于岩爆的危险程度可把掌子面观察和AE参数结合起来考虑，用综合评分法进行评价。

表12-18是AE日报，并给出评价数及岩爆的分级。

AE量测日报　　　　表12-18

年　月　日

AE发生状况

爆破次数	1次	2次
1. AE发生数		
2. AE降低数		
3. AE最大振幅值		

支护点数评价

<table>
<tr><td colspan="2">爆破次数</td><td>1次</td><td>2次</td></tr>
<tr><td rowspan="3">AE发生状况</td><td>1</td><td></td><td></td></tr>
<tr><td>2</td><td></td><td></td></tr>
<tr><td>3</td><td></td><td></td></tr>
<tr><td>掌子面状况</td><td>4</td><td></td><td></td></tr>
<tr><td colspan="2">综合点数</td><td colspan="2">平均=</td></tr>
<tr><td colspan="2">支护</td><td colspan="2"></td></tr>
</table>

加固措施

加固措施	规格	摘要
增喷		
超前锚杆		
增打锚杆		

AE发生状况和掌子面状况的支护点数评价

<table>
<tr><td rowspan="2">点数评价</td><td>AE发生状况</td><td colspan="2">1. AE发生数（爆破后5min，大于5gal者）
AE数 $\times 1.0 \times 0.5 =$ 评价点数
2. AE降低数
（AE降低数 $\div 10$）$\times 0.5 \times 0.5$ = 评价点数
3. AE最大振幅值
AE最大振幅 $\times 0.5 \times 0.5 =$ 评价点数</td></tr>
<tr><td>掌子面状况</td><td colspan="2">4. 爆破后山鸣、岩爆发生状况发生爆发的声响，可见剥离，崩导……50点
发生断续的大规模声响……40点
发生断续的小规模声响，伴有数次大规模声响……30点
只发生断续的小规模声响……20
几乎没有声响发生……0</td></tr>
<tr><td colspan="2" rowspan="5">支护评价</td><td>主洞</td><td>综合点数</td></tr>
<tr><td>$A.B.C.D$</td><td>0～19</td></tr>
<tr><td>A_1</td><td>20～49</td></tr>
<tr><td>A_2</td><td>50～79</td></tr>
<tr><td>A_3</td><td>>80</td></tr>
<tr><td colspan="2">摘要</td><td colspan="2"></td></tr>
</table>

2. 微地震监测系统

在采矿中,矿井在一个固定范围,用多年的地震网监测资料可以找出岩爆产生的地震和各种地质因素与施工因素的相关关系,找出高应力带、岩爆危险区,从而达到预报的目的。

3. 地质断面成像技术

在地下硬岩中进行地震试验,并使用这些结果得到地下异常情况的地质断面图像,目的是为了鉴别和确定高应力集中区域,以便运用应力解除方法防治岩爆。

地震波断面成像是一种资料处理技术,这种处理技术可把岩体周围多个发射与接收器中收集到的地震信号集中起来进行分析,提供两钻孔之间的岩体图像,或画出结构内部的图像,这些图像可直接与地震波经过的岩体情况和质量建立相关关系。

这种技术可非常灵敏地确定现岩体的完整性、质量和各向异性,判定高应力地点。

应该指出,在岩爆的监测方法中,目前应用较多的是 AE 法,它是比较有实用价值的一种方法,其他方法在铁路、公路隧道中,应用起来有一定的难度。因此,当进行监测时,建议首选 AE 法。

第十三部分　大断面隧道和双联拱隧道

施工要点一　大断面隧道

1. 概述

由于经济建设的需求，迫切要求发展交通运输业。国内如作为“世界和平高速公路计划”一部分的京（北京）丹（丹东）国际高速公路（850km），已开始规划；京（北京）广（广州）高速公路，基本与京广铁路线平行，全长2 300km，已开工兴建；哈（尔滨）甬（宁波）高速公路也将兴建（全长3 500km）；我国在2000年之前优先发展的“两纵两横三条路”的重点公路建设已经开始实施。日本也在整建新的高速公路网，如时速达140km/h的第二东名—名神高速公路，长490km，目前正在建设中，第二名神高速公路，按六车道（双孔3车道）的大断面建设，隧道宽度与明线路面宽度相同，在303km的一期工程中隧道占全长20%，都是典型的山岭隧道，隧道的概况见表13-1。

第二东名—名神高速公路的隧道比重　　表13-1

隧道长	座数		
	上行线	下行线	合计
<1 000m	30	29	59
1 000～2 000m	11	12	23
2 000～3 000m	6	6	12
3 000～4 000m	4	4	8
>4 000m	1	1	2
合计	52	52	104

目前我国大断面（三车道）公路隧道已开始修建，如联络重庆市的几条高速公路从一开始就决定采用三车道的大断面隧道，如铁山坪隧道大梅沙隧道、大宝山隧道等都是三车道大断面的。由于三车道公路隧道的断面积

比双车道大得多，例如第二东名公路初期建设的三车道隧道的断面积 113～170m² 比一般双车道的85m²大1.5～2.0倍；而近期为适应140km/h高速度的要求而规划的三车道公路隧道，其断面积达170～200m²，局部断面为达230m² 的超大断面，开挖宽度达23m，较初期三车道隧道断面又增加了1.3～1.5倍；英法海峡隧道分叉处断面的开挖宽度达21.2m，开挖高度达15.4m，开挖断面积为252.2m²；日本的第二布引隧道，在分叉段是从两车道（净空断面积59m²）变化到三或四车道的断面（最大开挖宽度24m、开挖断面积240m²）。因此，在隧道位置的选定、隧道断面形式、隧道衬砌结构、施工方法、初期支护结构模式、参数等，都要加以深入地研究。日本以第二东名—名神高速公路建设为依托，从1990年起开始对超大断面公路隧道修建中的技术关键问题进行大规模的系统研究工作。

这里所谓的大断面隧道的基本划分可参考表13-2和表13-3的划分标准，表13-2是日本的隧道断面划分和开挖断面积的关系，国际隧道协会的断面划分的建议见表13-3。

隧道断面划分和开挖断面积　　表13-2

划　分	开挖断面积（m²）	说　明
标准断面	70～80	双车道
大断面	100～140	有人行道的双车道
超大断面	>140	与路面宽相同的三车道

国际隧协的断面划分　　表13-3

划　分	净空断面积（m²）	划　分	净空断面积（m²）
超小断面	<3.0	大断面	50.0～100.0
小断面	3.0～10.0	超大断面	>100.0
中等断面	10.0～50.0		

目前日本已把大断面公路隧道的修建技术列为重大研究课题予以实施，主要研究的以下主要内容。

（1）扁平、大断面隧道的力学问题。由于车道数的增加，宽度加大，而高度变化不大，使断面变得扁平。因此，大断面隧道就不得不做成具有扁平形状的拱形结构，这样一来，使开挖后的应力重分布变差，底脚处的应力集中过大，因而要求较大的地基承载力，拱顶范围不稳定，会形成较大的松弛地压等。

（2）隧道断面结构的研究。如隧道断面的研究、初期支护结构的研究、衬砌结构的研究等。

(3)施工方法的研究。其中包括基本的施工方法、TBM导坑超前法、不稳定围岩的施工方法及各种辅助工法的研究等。

(4)施工技术的研究。如减小超欠挖技术的研究、长锚杆技术的研究、大容量喷射机的研制、连续出碴运输系统的研究、湿喷钢纤维混凝土技术的研究、不良地质地段的辅助工法研究等。

2. 扁平、大断面隧道的力学问题

扁平、大断面隧道具有扁平的拱形结构，与接近圆形的双车道断面比，具有以下特征。

(1)开挖后的应力重分布变得不利，如图13-1。

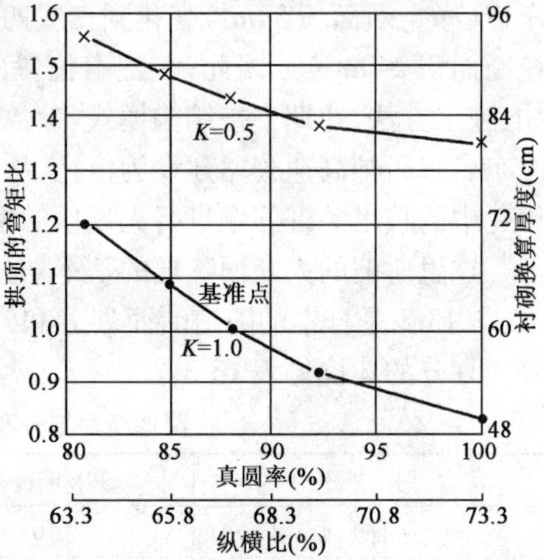

图13-1 拱顶发生的弯矩比（$K=1.0$，真圆率88.2%时设定为1）

大家知道，对圆形断面隧道来说，在弹性介质、静水压力场中，开挖后坑道周边的最大主应力是初始应力的2倍，如围岩的单轴抗压强度比重分布的应力小，隧道周边围岩将出现塑性化，为此，需要强大的支护结构来控制变形。而对扁平的大断面隧道来说，根据有限元解析，开挖后最大主应力为侧压系数$K=1$的初始应力的3倍，$K=0.7$时的4倍，因此与过去的双车道隧道相比，即使是有很大的强度，也会出现塑性化和大的变形。也就是说，侧压系数比1小时，扁平度越大，为保证无支护的自稳条件，就必须要求有较大的围岩强度比。

(2)底脚处的应力集中过大，要求较大的地基承载力

从解析结果的分析看出，开挖后的应力在侧壁处比较大，开挖宽度越大，轴力也越大，特别是侧压系数小时，净空宽度有扩大的可能，因此，底脚的承载力是很重要的。

(3)拱顶不稳定

隧道力学解析通常都是假定连续介质的，这种假定对推断塑性区是合适的，但对直接推断岩块的崩塌无能为力。因此，在水电大型工程中，对大断面洞室多采用块体理论进行解析。例如1994年冬季奥林匹克运动会的冰球场，是在地下岩层中开挖的宽62m、高24m的扁平地下洞室，曾采用多

种方法进行设计。该项研究认为，在开挖宽度为2倍高度的情况下，目前采用的支护结构可以有效地防止岩块的崩塌。

(4)较大的松弛地压

开挖宽度和开挖高度越大，要求产生拱作用的埋深越大，在埋深小，拱作用不能发挥作用时，就会产生很大的松弛压力。因此，预计大断面隧道会作用有较大的松弛荷载。

(5)支护结构的承载力相对较小

跨度越大，扁平形状的拱形支护结构的承载力也小。

这些力学特点，就是大断面公路隧道设计施工的基础。

3. 隧道断面形式的确定

隧道断面形式要满足公路设计规范及防灾标准等条件和规定的隧道建筑限界。

日本新建的三车道隧道标准图的建筑限界如图13-2所示，除满足三车道的要求外，还设置了路肩及两侧监视员通道。建筑限界最大宽度达16.50m(3车道3×3.75m+左侧路肩3.25m，右侧路肩2.0m)，高度为4.8m。此建筑限界是为满足140km/h速度规定的，该建筑限界与一般高速公路隧道四车道的隧道限界相当。此前规定的建筑限界最大宽度为12.75m(三车道3.5m+3.75m+3.5m，两侧路肩1.0m+1.0m)，高度为4.8m。挪威设计标准规定的三车道建筑限界为3.25m+3.25m+3.50m，两侧路肩各为1.0m，总宽度为12.0m，高度为4.6m，见图13-3。总之国外的三车道隧道的断面比我国的大，运行的舒适性和安全性也都要好一些。

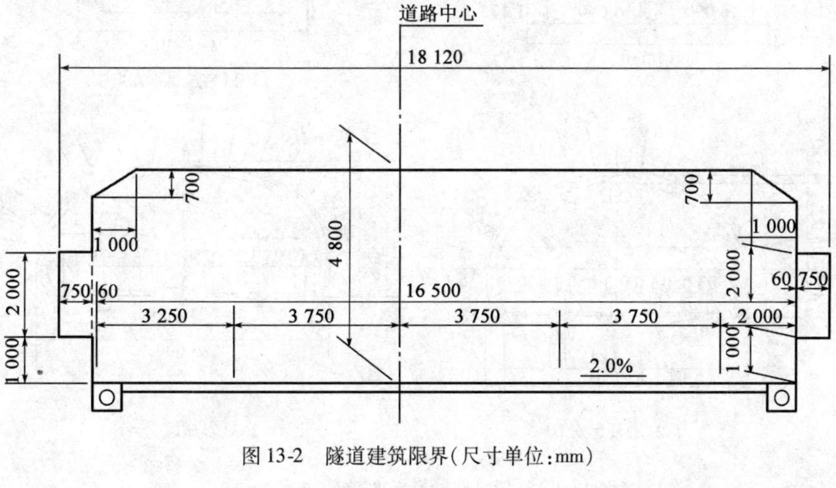

图13-2　隧道建筑限界(尺寸单位：mm)

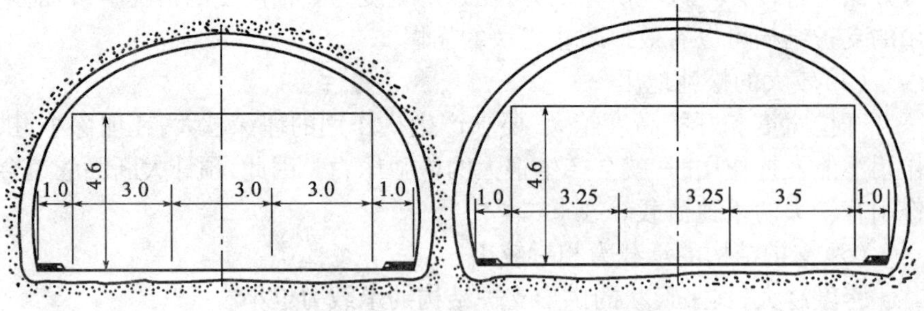

图 13-3 挪威的三车道建筑限界(尺寸单位:m)

日本公路隧道的建筑限界高度一般为 4.8m,因此当车道数增加时,势必增加隧道的宽度,这样隧道就势必成为扁平的形状,这也是大断面公路隧道所以选择扁平形状的原因。

第二东名—名神公路三车道隧道,包括紧急停车带隧道的断面形状示于图 13-4。与 140km/h 速度相适应的隧道标准断面示于图 13-5。

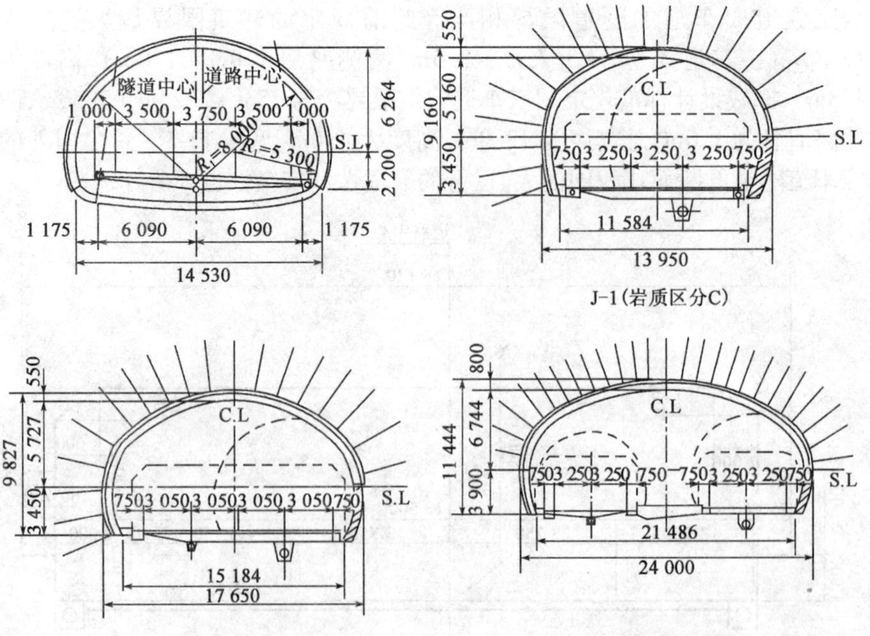

图 13-4 一般公路隧道标准断面(单位:mm)

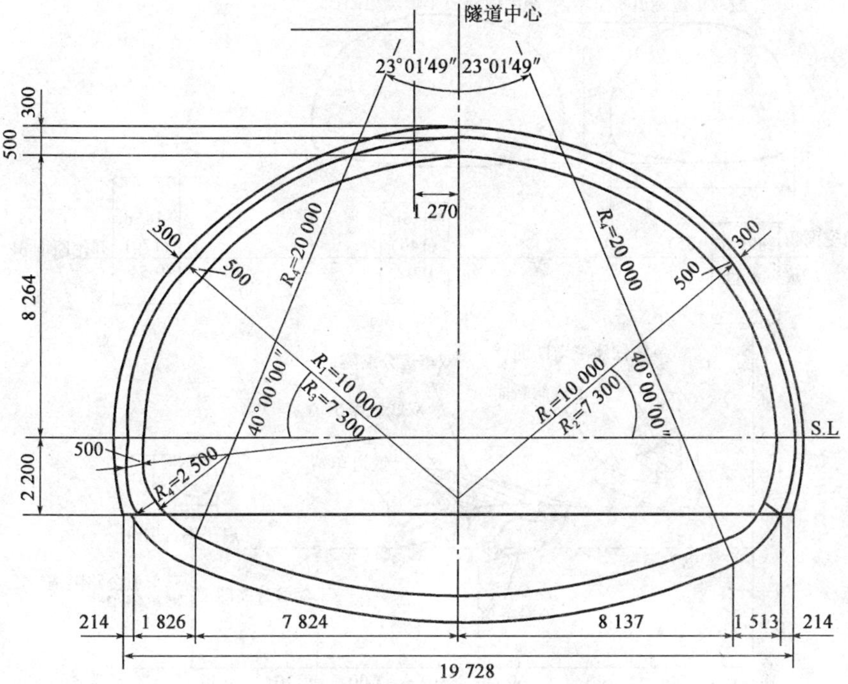

图 13-5　适用 140km/h 的三车道公路隧道标准断面(尺寸单位:mm)

断面的扁平率是大断面隧道的一个重要技术指标,在双车道的情况下,扁平率约为 0.85,在三车道的情况下,大都变为 0.64~0.65。作为参考,三车道隧道断面和扁平率与其他隧道的比较示于图 13-6。

4. 隧道支护结构模式的研究

三车道隧道的支护结构,视围岩状态而异,因其断面积比双车道大得多,故要很好地研究其支护结构的形式和参数。

为了隧道的稳定,支护结构的大致标准如下:

· 锚杆长度应大于隧道直径的 1/3;

· 喷混凝土厚度不小于隧道直径的 1.7%;

· 在经验不足的情况下,三车道的支护规模可通过把双车道的围岩类别降一级作为大致标准来确定。

表 13-4 是日本第二东名—名神公路的初期三车道隧道支护结构基本参数,可供参考。

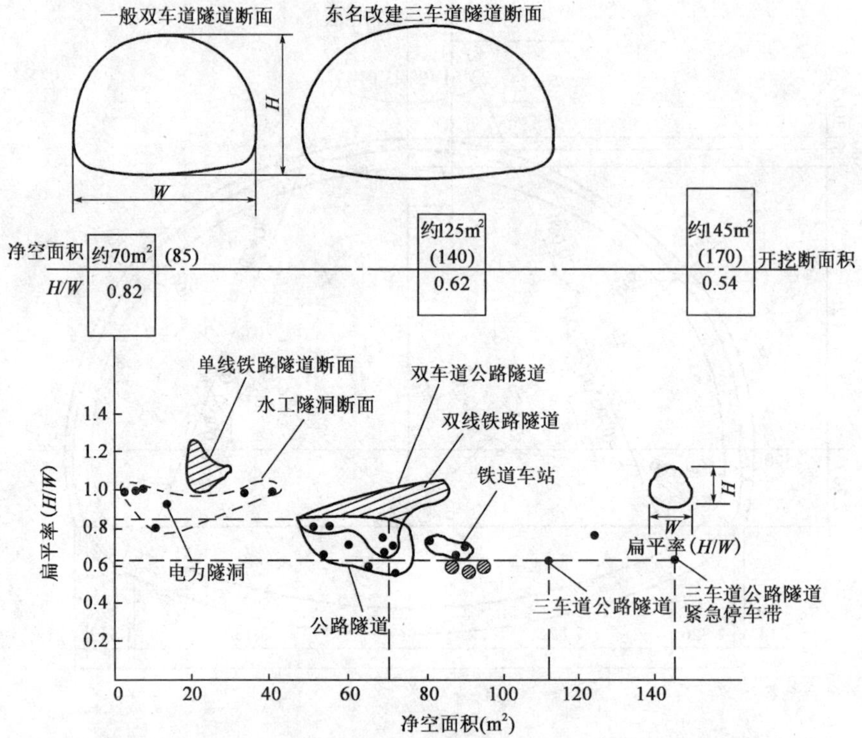

图 13-6 隧道净空断面和扁平率

三车道隧道的支护结构、开挖模式 表 13-4

模式	开挖方法	一次开挖进尺(m)	锚杆长度(m)	锚杆间隔(m)环向	锚杆间隔(m)纵向	钢支撑上半部	钢支撑下半部	钢支撑间隔(m)	喷混凝土厚度(cm)	衬砌厚度拱部(cm)	衬砌厚度仰拱(cm)	变形富余量上半部(cm)	变形富余量下半部(cm)	变形富余量仰拱(cm)	开挖设计断面积(m²)	注
B	上半断面法	1.5	3.0	1.5	1.5	H200		1.5	10	40		0	0	0	113	爆破开挖
CI		1.2	4.0	1.2	1.2	H200	H150	1.2	15	40	50	0	0	0	130	爆破开挖
CII		1.2	4.0	1.2	1.2	H200	H200	1.2	20	40	50	0	0	0	132	爆破开挖

续上表

模式	开挖方法	一次开挖进尺(m)	锚杆			钢支撑			喷混凝土厚度(cm)	衬砌厚度		变形富余量			开挖设计断面积(m^2)	注
			长度(m)	间隔(m) 环向	间隔(m) 纵向	上半部	下半部	间隔(m)		拱部(cm)	仰拱(cm)	上半部(cm)	下半部(cm)	仰拱(cm)		
DI	上半断面临时闭合	1.0	6.0	1.0	1.0	H200	H200	1.0	20	40	50	0	0	0	132	围岩强度20MPa以上、爆破开挖
DII	CD法	1.0	6.0	1.0	1.0	H200	H200	1.0	20	40	40	0	0	0	132	围岩强度20MPa以下、机械开挖
D_{S1}	核心支持法	0.75	6.0	0.75	1.0	H20		0.75	25	45	50	0	0	0	142	洞口段埋深小的地段
D_{S2}	核心支持法	0.8				H25		0.8	25	45	50	0	0	0	140	
E	侧导坑法	0.75				H25		0.75		70	50	0	0	0	153	
CL		1.0	6.0	1.0	1.0	H200	H200	1.0	20	50	50	0	0	0	170	紧急停车带、爆破开挖

从表13-4可以看出，支护结构是与施工方法联系在一起的；结构的一个特点是仰拱的厚度比拱部厚，这是比较合理的；锚杆也比较长；在各种情况下都没有留变形富余量，这可能与断面大有关。

根据三车道隧道的施工实践，按围岩分级的标准设定支护结构，见表13-5。

高速公路隧道标准支护模式 表 13-5

围岩级别	锚杆			钢支撑	喷射混凝土(cm)
	长度(m)	间隔(m)			
		纵向	环向		
B	4.0	1.5	1.5	H－150	15
CI	6.0	1.2	1.5	H－200	20
CII	6.0	1.2	1.2	H－200	25
DI	6.0	1.0	1.0	H－200	30
DII	6.0	1.0	1.0	H－200	30

与表 13-4 比较,支护结构参数有了不同程度的变化,如锚杆长度增加了,而喷射混凝土厚度减小了。

在标准设计范围内,初期支护是确保围岩稳定的,但对扁平隧道,为确保长期的稳定性,也要预计长期的力学稳定性。

与表 13-4 比较,就是在给定的围岩条件下,均设置了仰拱,这是为保证结构总体稳定性而采取的结构措施。

5. 大断面隧道施工方法

隧道的施工方法要根据断面形状、长度、工期、地质、涌水、周围环境等条件,综合确定。双车道隧道施工一般都选台阶法,但三车道隧道,因断面大而且扁平,选择施工方法时要注意以下 5 点:

(1)地形地质的特殊性,如洞口段、埋深小的地段、易变形的地质状况等;

(2)是否有限制条件,如对地表下沉的限制、地基承载力小等;

(3)必要时要与辅助工法配合;

(4)要尽量采用能避免围岩松弛的施工方法,如在泥岩中可采用机械开挖;

(5)因上部断面扁平不能长时间放置,开挖后要及早用临时仰拱封闭。

从目前的施工技术水平出发,适合大断面的开挖方法主要有以下 4 种:

(1)上半断面超前短台阶法;

(2)CD(中壁)法;

(3)双侧导(眼镜)法;

(4)TBM 导坑掘进法。

其中,前三种方法是既有技术的应用,后一种方法是新技术的应用,将在下文中加以介绍。

各种施工方法的概况见图 13-7。

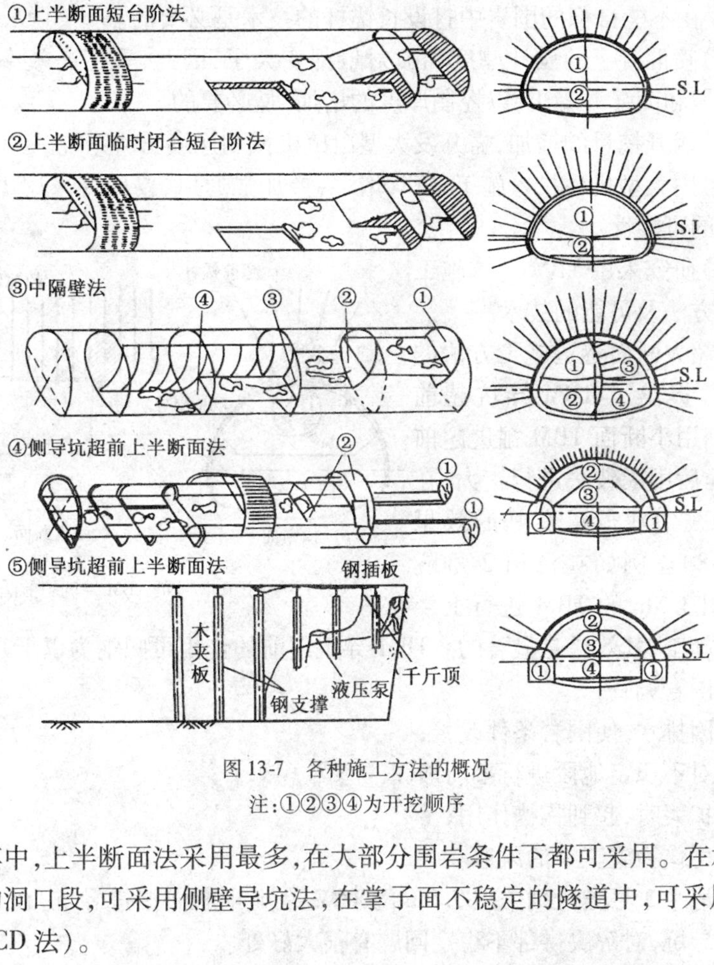

图 13-7　各种施工方法的概况

注:①②③④为开挖顺序

其中,上半断面法采用最多,在大部分围岩条件下都可采用。在承载力不足的洞口段,可采用侧壁导坑法,在掌子面不稳定的隧道中,可采用中隔壁法(CD 法)。

在洞口段、未固结围岩、断层破碎带等不稳定围岩中,特别是在扁平大断面隧道中,因开挖宽度和高度都大,不易于稳定,和拱脚处的应力集中、拱顶弯矩增大等,应尽量控制围岩松弛,为此,采取掌子面的稳定对策是极为重要的。掌子面稳定对策有分割掌子面、缩短一次进尺长度或采取辅助工法。

为有效、安全地进行大断面隧道的施工,要进行技术开发,这些技术包括以下几种。

(1)光面爆破、使装药作业省力化。特别是因下半断面和仰拱的开挖部分所占比重增大,有必要开发适合此部位开挖的技术。

(2)长锚杆是需要的,特别是在孔壁不能自稳的围岩中更为必要,因此,开发在不能自稳的围岩中打设长锚杆的技术是必要的。

(3)喷混凝土的设计厚度和喷射量都变大了,因此,采用高效率、大容量的机械和高强混凝土,以控制厚度的增加,是必要的。

(4)因开挖量的增加,需开发大型出碴机械和连续出渣系统。

(5)因大型机械投入施工,废气增多,要加强通风,要研究采用TBM导坑通风的可能性。

(6)研究采用TBM导坑施工的合理方法及可能的技术。

在超大断面隧道施工方法的研究中,提出了TBM导坑超前法,即利用小断面TBM掘进超前导坑,而后用爆破法进行扩大,在工程实践中获得了良好的效果(图13-8)。例如在汤田2号隧道,采用3.5m的TBM进行上半断面的施工,其效果是显著的。TBM导坑超前的作用可归纳为以下几点:

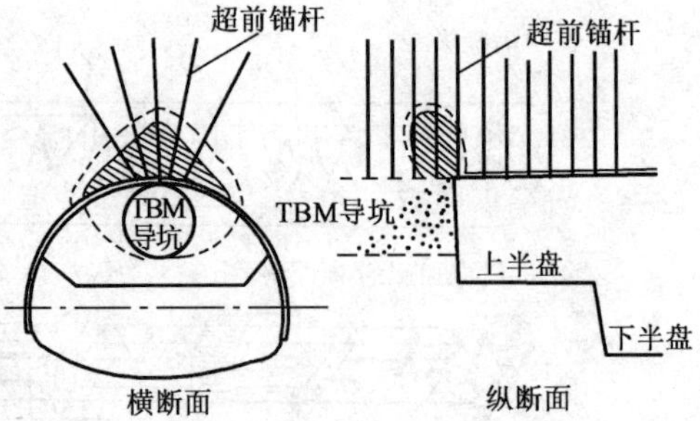

图13-8 汤田2号的TBM导坑超前法

· 围岩调查;
· 因排水,使围岩条件改善;
· 对不稳定地段进行事前加固;
· 扩大时,起到掏槽作用;
· 可作为施工中的风道。

在清水3号隧道则采用5.0m的TBM在上半断面掘进导坑,在上半断面修筑导坑,对解决拱部不稳定问题有很大好处。

根据日本的隧道围岩分级,TBM导坑法适用在比较良好的围岩条件下。从出碴等施工条件考虑,比较合适的长度是1.5km以上,但从经济性考虑最好在5km以上。TBM的掘进速度在100~350m/月。

最近采用的TBM半数以上是全地质型的。在掌子面稳定性容许的范围内,应尽可能采用较大直径的TBM。从工程实践看,为保证掘进速度,以及在导坑内进行围岩加固作业等所需的空间,直径采用5.0m是合适的。现以3.5m、4.5m、5.5m三种直径进行研究,见表13-6。

TBM 直径的比较　表 13-6

项　目	TBM 直径和评价			注
	约 3.3m	约 4.5m	约 5.5m	
地质调查	○	○	○	导坑的重要度高,调查面积广,在实用上导坑直径的影响小
排水导坑	□	□	□	集水面积越大越有利,但在 3.5 ~ 5.5m 范围内,导坑直径的影响小
掏槽效果	□	□	□	在 3.5 ~ 5.5m 范围内,导坑直径的影响小
导坑通风	□	□	□	通风面积越大越好,但在 3.5 ~ 5.5m 范围内,导坑直径的影响小
前方围岩加固	□	○	◎	在通过安全性上,导坑的重要度高,从施工机械的角度看,直径越大越好
导坑内量测	□	□	□	从利用量测数据看,导坑直径的影响小
力学稳定性	◎	○	□	导坑直径越小越好
TBM 的形式	□	□	□	导坑直径的影响小
施工性	□	○	◎	断面越大越好
装配、解体等	○	□	□	

注:◎、○、□表示 TBM 直径对各项目的影响程度为大、中、小。

TBM 导坑的位置大致有上半部、下半部、两侧壁、其他位置几种(图 13-9)。

选择何种位置应根据地质调查、排水、导坑通风等目的,并考虑力学稳定性、施工性等条件决定。

6. 超前支护辅助施工工法

三车道超大断面隧道施工需要解决的问题是掌子面的稳定性和合理化施工(安全而快速的施工)两大问题。对掌子面稳定性起重要作用的超前支护,是确保掌子面前方稳定不可缺少的手段。

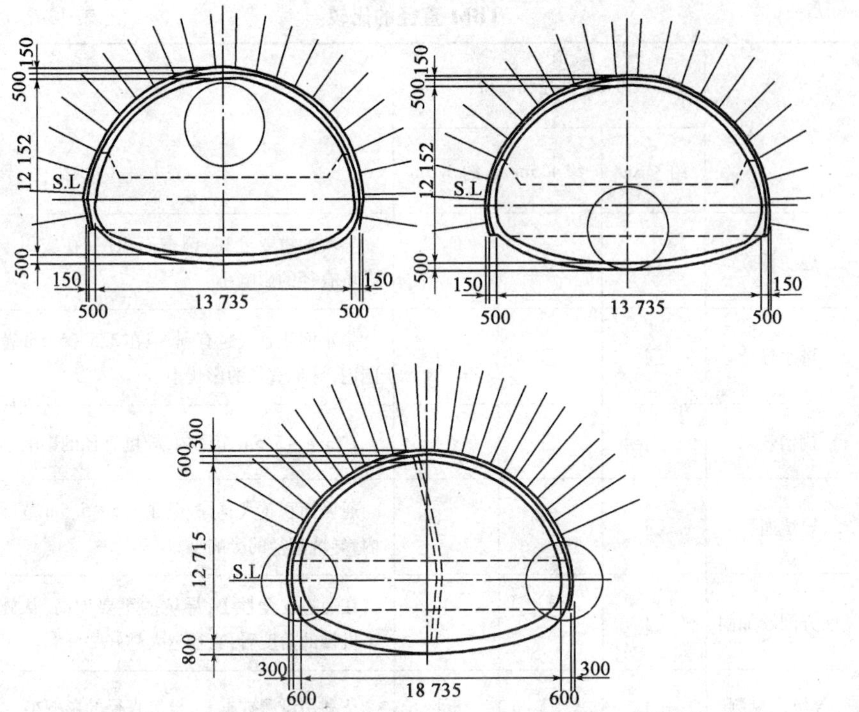

图 13-9　TBM 导坑位置(尺寸单位:mm)

从作用效果、构造形式、超前支护长度看,超前支护方法可分为四大类。

·超前钻孔:一般超前长度在 5m 以下,如插板、注浆锚杆、超前锚杆等;

·超前管棚:一般超前长度在 5 ~ 20m,如短管棚、长管棚等;

·预衬砌:一般超前长度在 5m 以下,如预切槽法等;

·注浆:一般超前长度在几十米左右,如围岩化学注浆等。

从作用效果看,超前支护可分类如下。

·梁效果:超前支护的结构可视为一个沿隧道纵方向的梁结构,发挥一个刚性梁的效果;

·壳效果:超前支护可在掌子面前方形成一个壳结构,以其厚度和刚性来保证隧道掌子面及其周边的稳定;

·改良效果:把隧道周边围岩的强度加以改善,这是注浆法的主要效果。

各种超前支护方法的适应性见表 13-7。

超前支护方法的适应性　　表 13-7

工法分类		地质条件						拱脚加固	机动性	设备规模	施工速度
		黏性土	砂性土	砂砾	孤石	风化岩	软岩				
超前钻孔	充填式	□	□	□	×	○	○	○	○	小	◎
	压浆式	□	○	○	□	○	□	○	○	小	◎
	砂浆式	□	○	○	□	□	○	○	○	中	◎
超前管棚	充填钢管式	○	○	○	○	○	○	□	□	中	
	压浆钢管式	□	○	○	○	○	□	○	○	中	○
	喷射式	○	○	○	□	×	×	○	○	大	○
	喷射钢管式	○	○	○	□	×	×	○	○	大	○
预衬砌	钻孔式	○	○	×	×	×	×	×	○	中	◎
	切削式	○	○	□	×	□	○	×	□	中	◎
注浆	药液注浆	×	○	○	□	□	×	○	×	大	□
	限定注浆	×	○	○	□	□	×	○	○	小	◎

注：地质条件适应性评价：○-适用可能，□-视情况适用可能，×-适用困难；施工速度的评价：◎-大，○-中，□-小。

根据日本的研究结果，按围岩分级划分，在台阶法中超前支护方法采用的情况见表 13-8。

超前支护方法按围岩分级的适用条件　　表 13-8

围岩分级	超前钻孔			超前管棚				预衬砌		注浆		说明
	充填式	压浆式	砂浆式	充填钢管式	压浆钢管式	喷射式	喷射钢管式	钻孔式	切削式	药液注浆	限定注浆	
B	—	—	—	—	—	—	—	—	—	—	—	不采用
CI	◎	◎	—	—	—	—	—	—	—	□	□	视地质条件采用
CII	○	◎	—	□	□	—	—	—	—	□	○	视条件采用
DI	□	○	□	◎	◎	—	—	—	□	□	○	同上
DII	□	□	○	◎	◎	□	□	□	○	□	○	同上
DIII	□	□	○	○	◎	◎	◎	○	○	□	○	同上

注：表中—指不适用，□指视条件适用，○指适用，◎指适应性好。

应该指出：在双线或以上的大断面隧道中，把施工方法模式化是提高工程质量、降低工程造价，发展适应工法施工的定型机械的重要措施。这方面日本作了许多实验施工和研究。图 13-10 就是对在软弱围岩中的短台阶法、CD(中壁)法、和双侧壁导坑(眼镜)法的模式化示例。图中分别表示出在不同地质条件下三种方法的开挖分部、初期支护、二次衬砌以及辅助工法的应用等。

7. 施工监测

在大断面隧道的开挖中，保证施工安全的监测作业是必不可少的，这应在设计中予以反映。此处从略。

8. 施工实例一　东名静冈 2 号隧道(日本)

这是一座按 140km/h 速度设计的大断面公路隧道，长 1 185m(上行)和 1 187m(下行)。该隧道的地质条件是砂岩、泥岩及两者的互层。围岩的弹性波速度，硬岩是 3.6～5.0km/s。泥岩的单轴抗压强度在 50MPa 左右，砂岩在 100MPa 左右。洞口附近有两条破碎带并有涌水。为了对施工方法进行比较，在不良地质地段分别采用了中壁法、导坑超前法和上半断面短台阶法。各种方法的基本模式和适用的围岩情况如下。

短台阶法的标准支护模式图

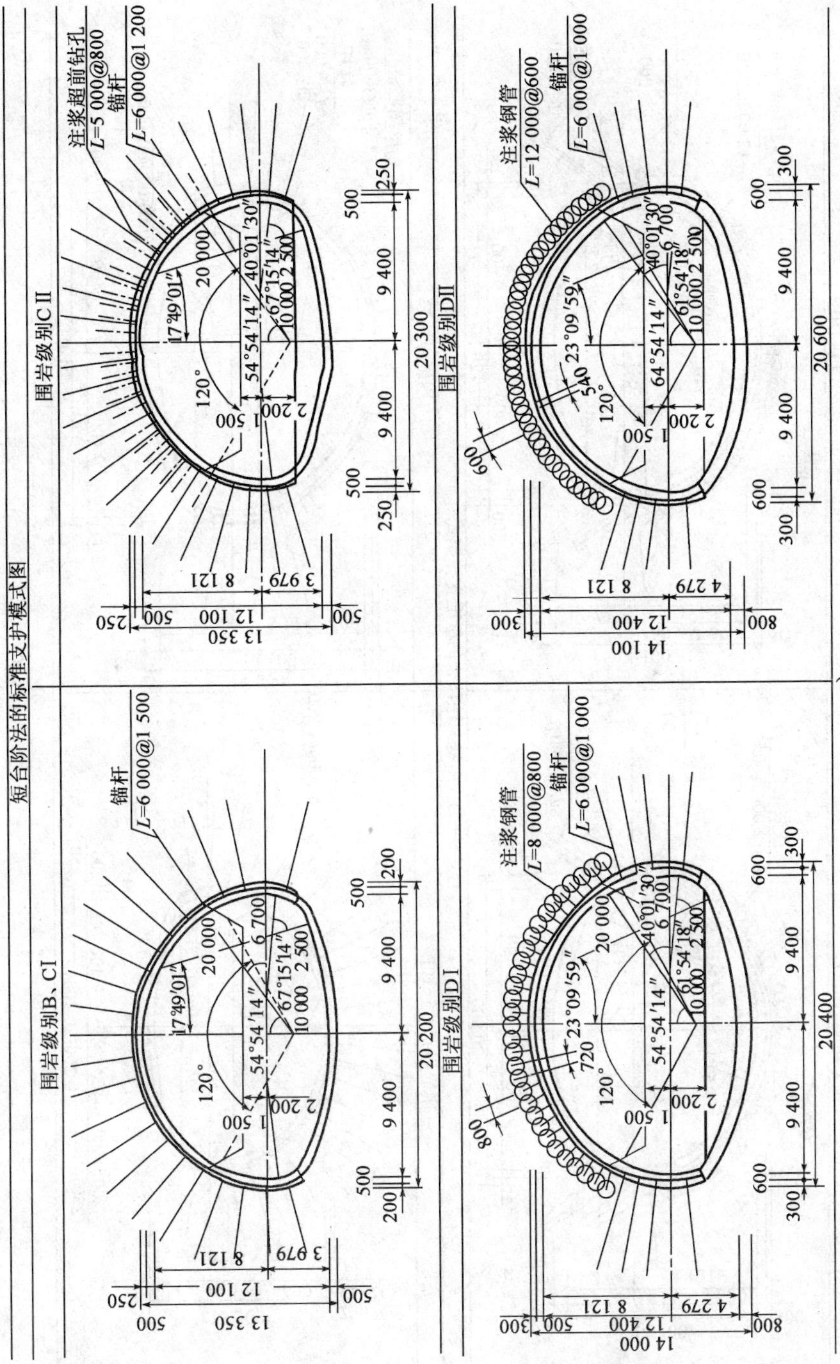

a)
图 13-10

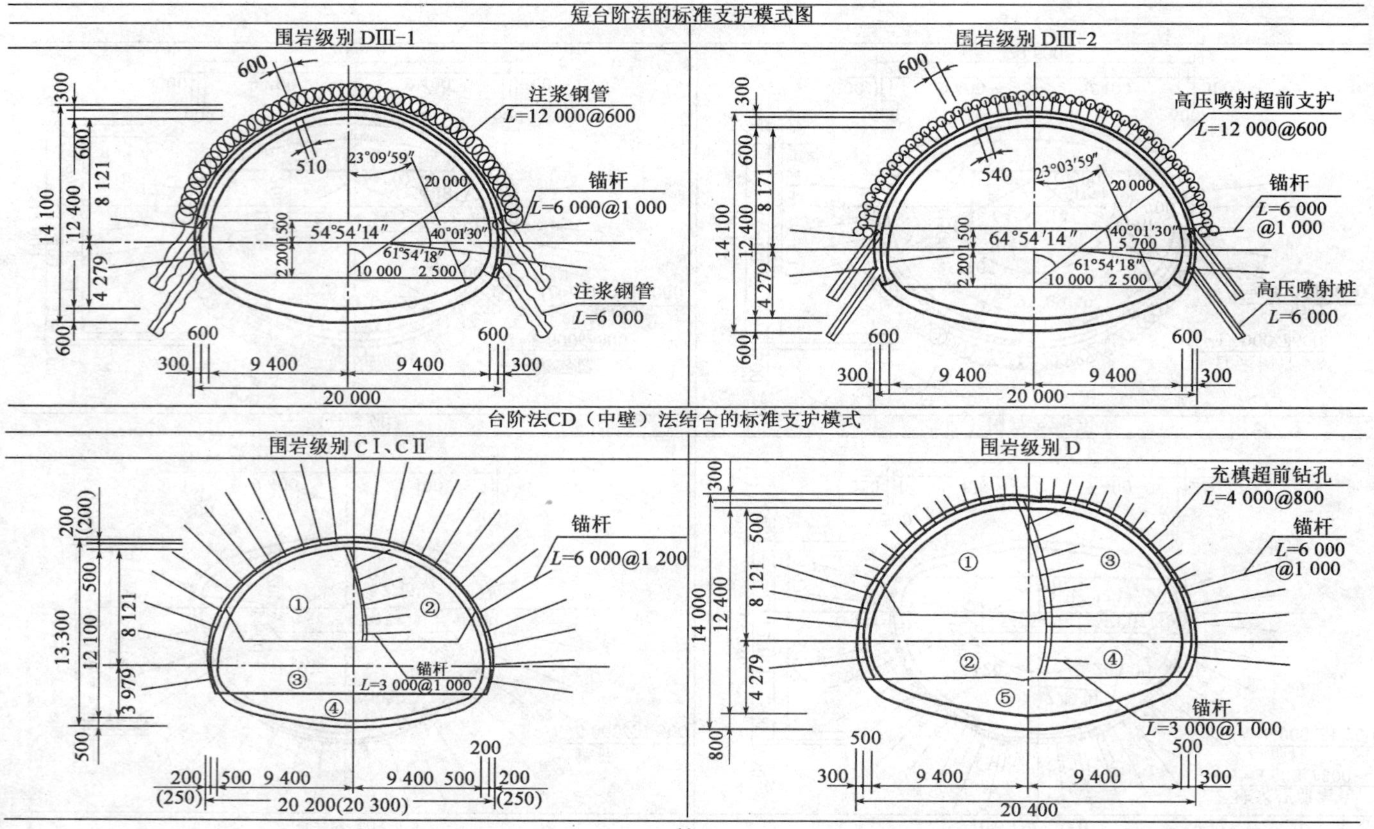
短台阶法的标准支护模式图
围岩级别 DⅢ-1
600
注浆钢管
L=12 000@600
510
23°09′59″
20 000
锚杆
L=6 000@1 000
54°54′14″
40°01′30″
61°54′18″
10 000
2 500
1 500
2 200
注浆钢管
L=6 000
300
600
8 121
12 400
14 100
4 279
9 400
20 000
围岩级别 DⅢ-2
高压喷射超前支护
L=12 000@600
540
23°03′59″
锚杆
L=6 000
@1 000
64°54′14″
5 700
8 171
高压喷射桩
台阶法CD（中壁）法结合的标准支护模式
围岩级别 CⅠ、CⅡ
锚杆
L=6 000@1 200
L=3 000@1 000
200
(200)
500
13.300
12 100
3 979
(250)
20 200(20 300)
围岩级别 D
充槙超前钻孔
L=4 000@800
14 000
800
20 400

b)

图 13-10

CD(中壁)法与CRD法的标准支护模式

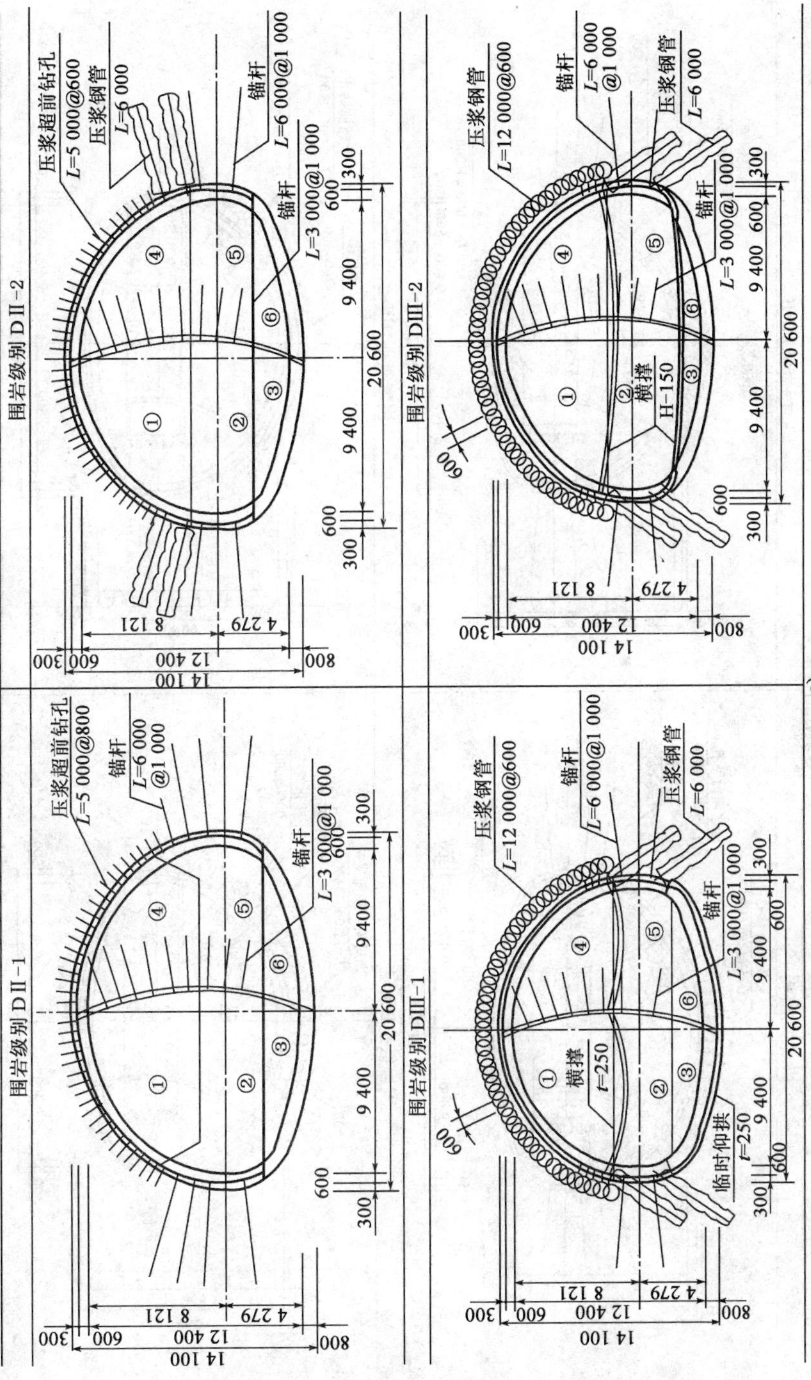

c)

图 13-10

双侧导坑法的标准支护模式

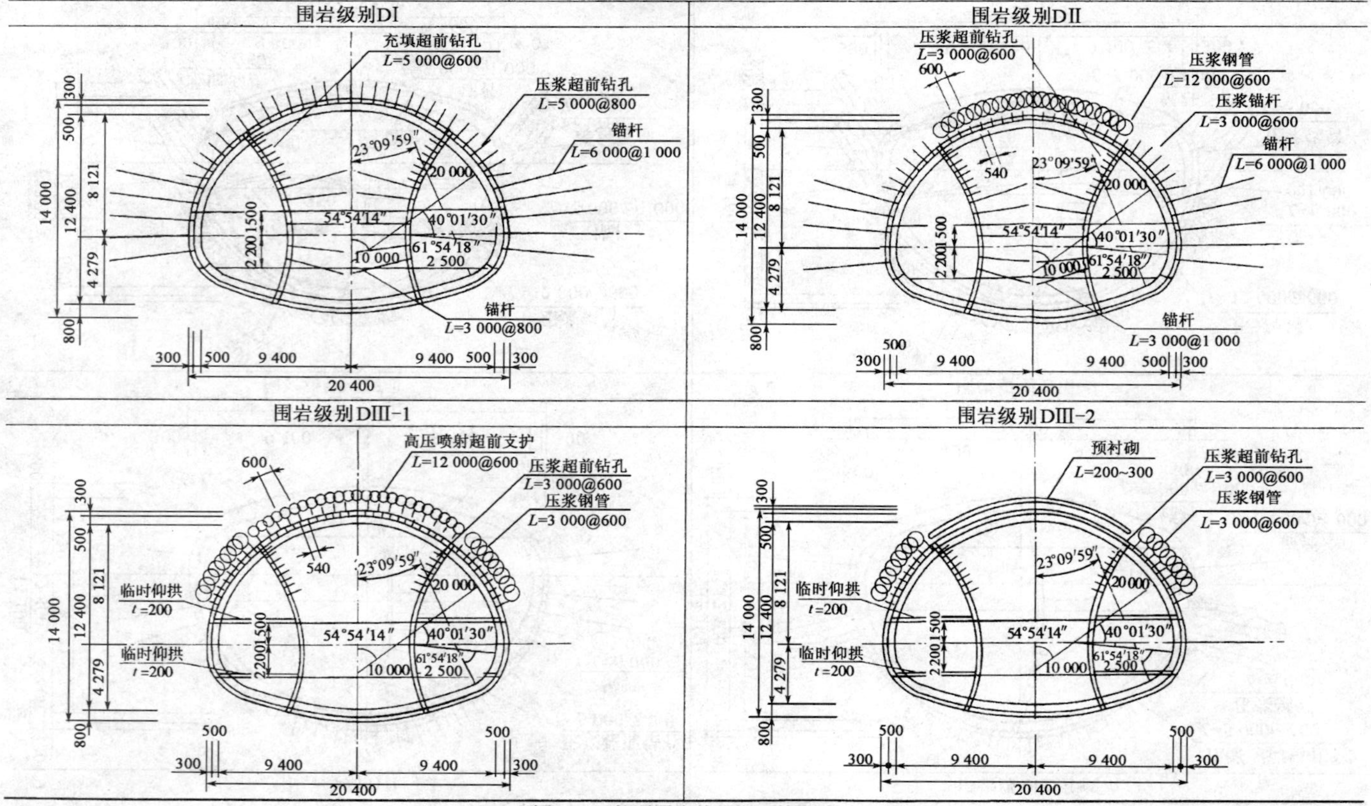

图13-10 软弱围岩的不同开挖方法

(1)中壁法(图 13-11)

本方法是以掌子面和拱顶附近的稳定为主要目的而采用的。超前距离约 20m,中壁拆除时间距后进坑道掌子面约 20m。同时中壁的曲率取 14m 和 40m 两种进行比较。

本方法用中壁分成超前导坑和后进导坑,二者各自独立平行作业,相对来说,掘进速度比导坑超前法要快些。此外超前导坑的锚杆对后进导坑的掌子面稳定是有帮助的,由于被中壁分割掌子面稳定性好。

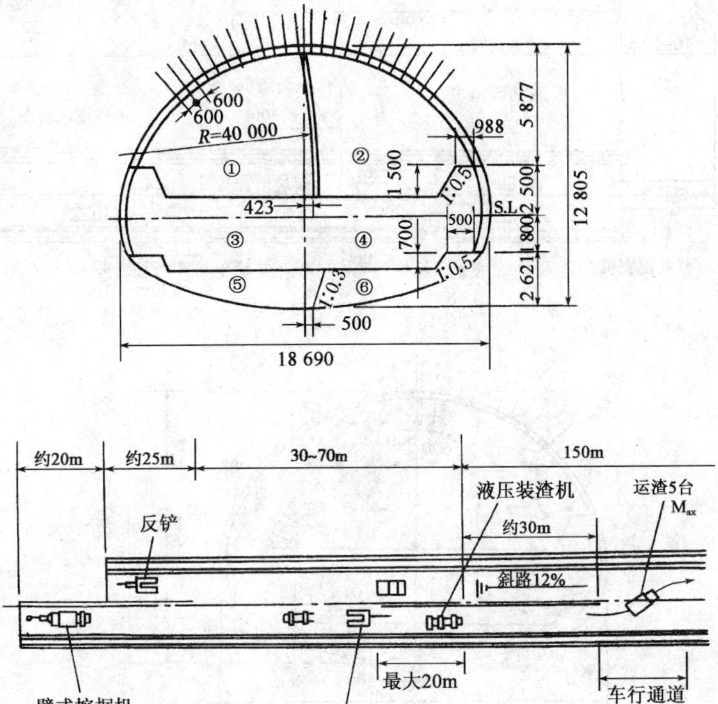

图 13-11　中壁法

(2)导坑超前法(图 13-12)

本方法为了提高掌子面的自稳性以及进行地质预报、排水等目的而实施的。超前距离从发挥机械效率出发,取 10~30m。大量涌水时,可延长到 100m。

从施工安全出发,导坑和扩挖是交互进行的。

(3)短台阶法(图 13-13)

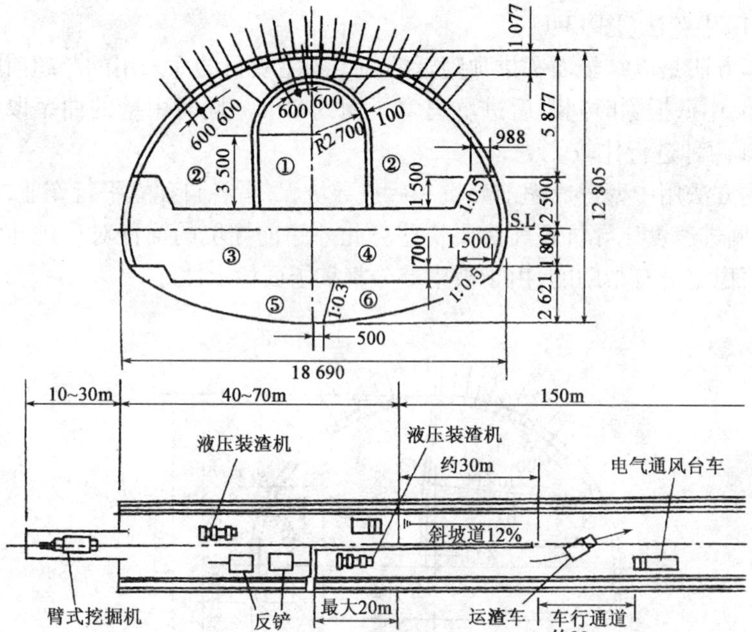

图 13-12 导坑超前法

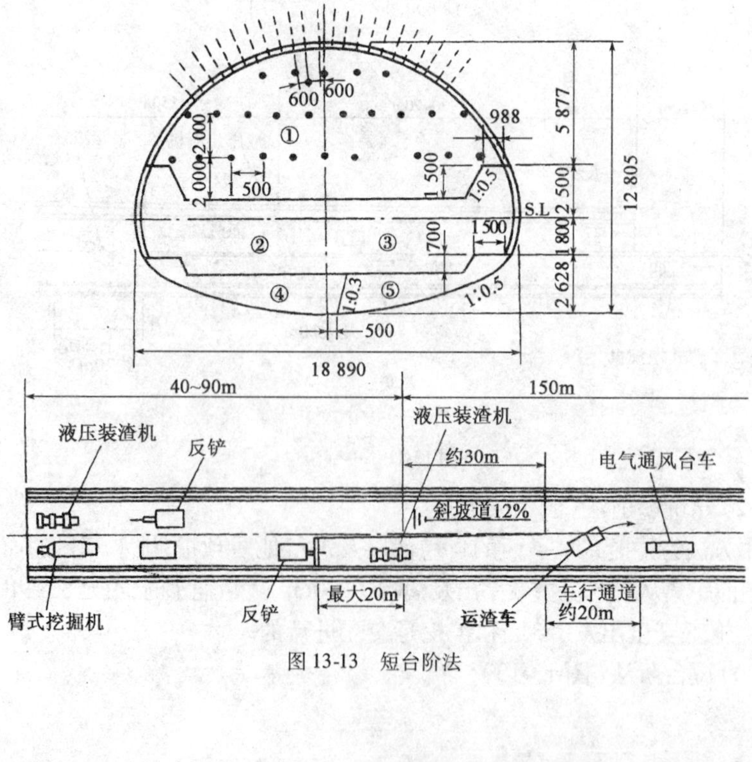

图 13-13 短台阶法

这是在不良地质较差的情况下采用的方法，同时采用的辅助施工方法有大导管和正面锚杆等。

9. 施工实例二　沼津隧道

东名沼津隧道长597m(上行)和657m(下行)，是按时速140km/h设计施工的，其断面示于图13-14。开挖宽度约18m，高度约10m，开挖断面积约190m²，断面的扁平率是0.68。

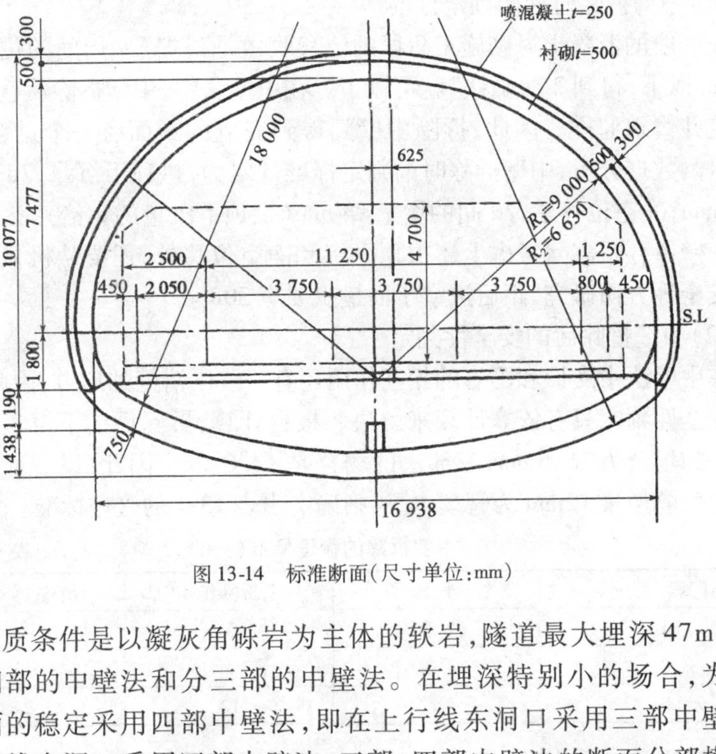

图13-14　标准断面(尺寸单位:mm)

地质条件是以凝灰角砾岩为主体的软岩，隧道最大埋深47m，采用了分四部的中壁法和分三部的中壁法。在埋深特别小的场合，为确保掌子面的稳定采用四部中壁法，即在上行线东洞口采用三部中壁法而在下行线东洞口采用四部中壁法，三部、四部中壁法的断面分部模式示于图13-15。

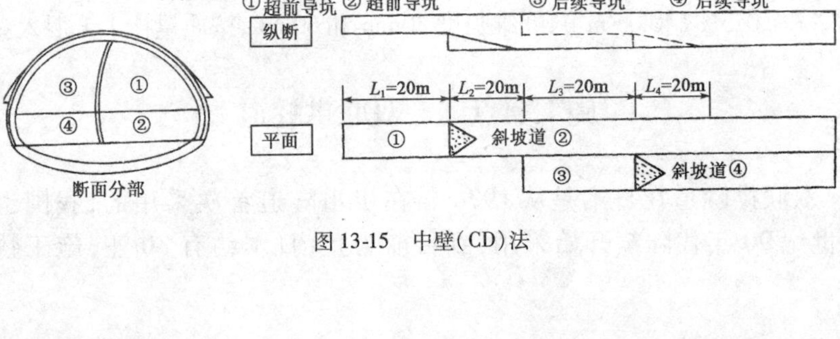

图13-15　中壁(CD)法

中壁法施工的关键问题是对中壁的处理,从比较中可以看出,对于作用在中壁的轴力,四部的中壁比三部的中壁大(前者的最大平均值是236.2kN,三部的是166.6kN),这说明四部法中壁的功能得到了充分发挥。另外从拱顶下沉看,二者也有很大差异,四步法对控制地表下沉也是极为有效的。

中壁拆除时期和中壁拆除后的安全性是这个方法的关键技术。

(1)中壁拆除时期的判定标准

在一般的混凝土衬砌施工阶段的位移收敛是根据"一周间的位移增量在1mm以下,得到2次确认"就可以了。在中壁法中,中壁拆除后就进行下部开挖并修筑仰拱。因此,拆除中壁到得到完成的断面有一个过渡阶段。根据量测数据分析,中壁拆除时的判定标准规定为:拱顶下沉量,7d间的增量≤2mm;净空位移量:7d间的增量≤4mm(拱顶下沉量的2倍)。

中壁留存距离除考虑上述拱顶下沉和净空位移外,还要从机械配置和施工安全等方面研究,距后进掌子面最少要有30m。

(2)中壁拆除后的安全性判定

在中壁法中支护和围岩的相互作用还有一些不清楚的地方,因此,拆除后的安全性判定只有依靠计算来解决。根据计算,拆除后的下沉量增量在四部法的场合为16.5mm,三部法的场合是12.0mm。因此,以三部法的中壁拆除后的增量12mm为管理水平,则确定出表13-9的管理标准。

中壁拆除的管理标准(mm) 表13-9

管理水平	管理阶段	中壁拆除作业中	中壁拆除后
1	安全	3	6
2	注意	6	12
3	危险	12	24

在隧道施工中为了减小衬砌厚度以及防止混凝土剥落,采用了高强混凝土和钢纤维混凝土。在一般场合,混凝土(设计基准确度18MPa)的厚度约60cm,采用高强混凝土(设计基准强度30MPa)后厚度改为50cm。钢纤维的混入率为0.5%(40kg/m^3),纤维长度30mm和60mm,按质量比1:1混入。

施工要点二 双联拱隧道

双联拱隧道在日本是从1974年在伊祖隧道首次采用的,我国也于20世纪90年代陆续开始采用,到目前为止,日本约有30座,施工数量并不多。我国也开始探讨双联拱隧道的利弊,特别是有关双联拱的许多设计、施工的标准还没有确立,因此这里对双联拱隧道的特有问题加以说明。

近年由于高等级公路的修建、城市市区工程的增加、土地利用上的限制以及保护文物和环境等问题,不得不采用双联拱隧道的情况增多并仍有上升趋势。为此,总结过去和现在施工的双联拱隧道的施工实例,提炼对双联拱隧道设计、施工中的问题,再进一步根据现场技术人员的意见和施工实际,提出相关建议是有益的。

目前采用双联拱隧道的主要理由是:

· 接近洞口有交叉点规划,不能确保上下行线的离开距离;

· 在挖方区间有文物古迹存在,用地困难。

因此双联拱隧道的埋深多数不大,最大埋深超过 25m 的很少,而且地表面有文物、住宅等要求控制地表下沉的结构物存在的情况很多。

双联拱隧道多在洞口段修筑,因而地质条件常常是很差的,所以在施工中大多数是采用机械开挖的。因为两隧道相互靠近,最好采用爆破影响小的机械开挖。

1. 双联拱隧道设计、施工中的技术趋向和问题

双联拱隧道的问题归纳见表 13-10。

双联拱隧道的问题　表 13-10

问　题	主 要 内 容
导坑数	决定导坑数时的技术(地形、地质)条件、各种导坑方式的特征和注意点
中柱的断面形状	中柱的作用和注意点,各种断面形状的特征和注意点
施工顺序	各种支护状态的特征和施工时的注意点,今后采用的方向
支护结构	先进导坑和后进导坑的一次支护设计的方法
二次衬砌支持结构	各种支持结构的特征和采用方向
辅助工法	辅助工法的适用条件
量测	各种量测项目的必要性和利用方向
数值解析	数值解析的必要性和利用方向

2. 导坑数

在双联拱隧道中导坑的作用是在主洞施工前在导坑内构筑混凝土柱,导坑数应和混凝土柱数一致。特别是由于两主洞的开挖而应力集中的中央部分,为了构筑中柱几乎都修筑了中央导坑。

导坑数的分类和主要特征列于表 13-11,有采用 3 个导坑的,也有采用 1 个导坑的。一般说,在比较坚硬的围岩中多采用 1 个导坑的方式,在软质围岩中多采用 3 导坑方式。此外,根据地质和荷载条件,也有不修筑中央导坑,而采用表 13-11 所示的无导坑方式的,这种方式也就是小间距的方式。

导 坑 数 表 13-11

导坑方式	示 意	主要特征
三导坑方式	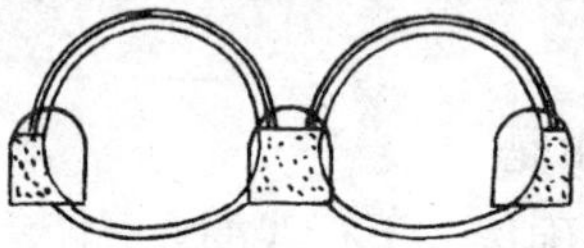	工期长; 与其他方式比较,经济性差; 上半支护支持在柱上,基脚下沉小
一导坑方式	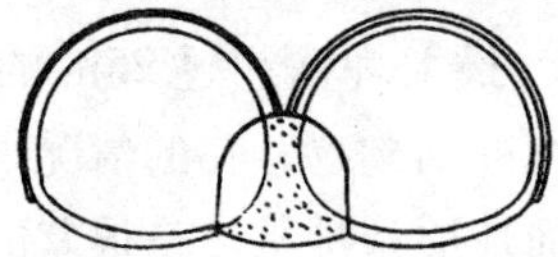	与三导坑比,经济性有利; 上半支护只是一侧支持在柱上,易产生下沉和弯曲
无导坑方式	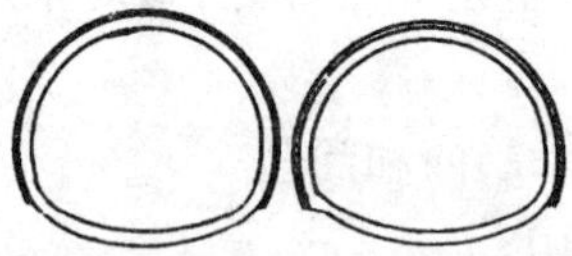	工期和经济性比其他方式有利; 支护基脚下沉的可能性比其他方法大; 根据地质条件,中间围岩需补强

3. 中柱的断面形状

双联拱隧道的中央导坑内构筑的中柱,受到来自两主洞施工时的各种方向反复的力,并承受作用在拱部上的荷载。同时,隧道完成后也要负担从两侧传递来的部分荷载。因此,中柱是双联拱隧道中最重要的结构体。

中柱断面的主要形状示于表 13-12,有对称的和非对称的,但从 1990 年以后采用对称的情况增加了。

中柱的断面形状 表 13-12

断面形状	示 意	主要特征
对称断面 ·对主洞是左右对称的断面; ·柱高与主洞相同,底部宽度比高度大的倒T形	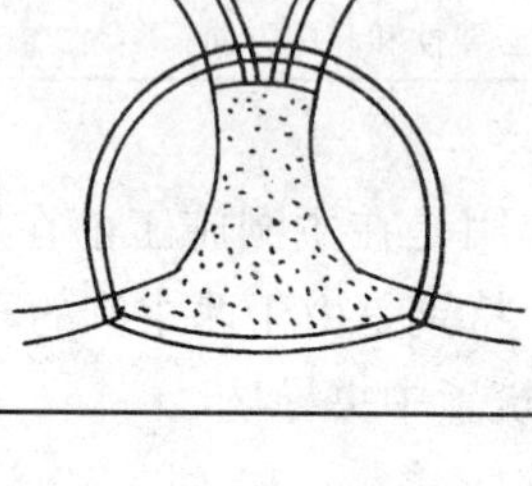	·施工性和隧道完成后的稳定性有利; ·设计和解析容易; ·因中柱两侧有空洞,根据围岩条件主洞开挖时要采取防止倾斜、下沉的对策

续上表

断面形状	示意	主要特征
非对称断面 ·中央导坑靠近一侧，左右非对称断面	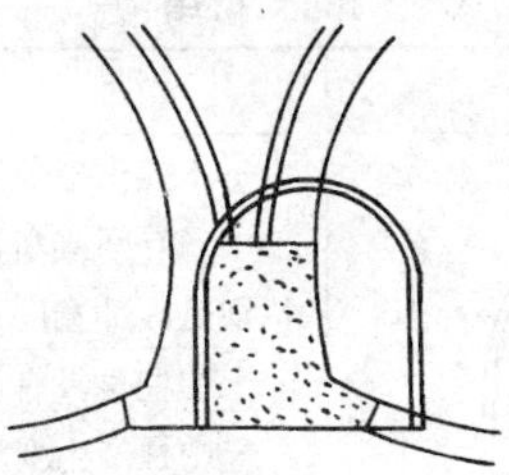	·施工中的稳定性好； ·导坑断面小； ·在形状上易产生局部应力集中和不均匀下沉； ·后进导坑的衬砌的形状不好

4. 施工顺序

双联拱隧道由于是两个隧道靠近施工，在施工过程中是相互影响的，特别是后进隧道引起的再分配应力作用在先进隧道的支护和衬砌上，会造成开裂等，因此，应预测这种影响程度，并将其控制在最小限度内。

这里从后进导坑施工开始时先进导坑的支护状态着手，其分类和主要特征列于表13-13。两种支护状态差别不大，但从1990年以后在先进导坑支护后进行后进导坑开挖的实践增多了。

施工顺序（后进导坑开始施工时期）　　表13-13

先进导坑的支护状态	主要特征
先进导坑一次支护状态	·比先进导坑衬砌状态的工期、经济性有利； ·后进导坑施工时会出现大于先进导坑支护承载力的应力； ·双联拱隧道总体变形可能很大
先进导坑衬砌状态	·先进导坑因其仰拱和衬砌完全闭合，隧道的总体刚性比一次支护状态大，因此可以提高先进导坑的稳定性； ·后进导坑开挖时有可能对先进导坑衬砌造成开裂等有害影响

由于担心后进导坑开挖对先进导坑衬砌的影响，因此多希望在先进导坑一次支护状态下进行后进导坑的施工。此时，先进导坑和后进导坑应确保离开一定距离，此距离应控制在$3D$（D为隧道直径）左右，或者在先进导坑位移收敛后，或者在先进导坑的仰拱完成后再修筑后进导坑。

各支护状态在设计、施工时，首先要注意后进导坑施工对先进导坑衬砌的影响，因此，设计时要研究混凝土的强度和配筋量，施工时要根据量测结果预测衬砌发生有害开裂的可能性。

在先进导坑一次支护状态下，后进导坑施工会造成超过先进导坑的支护承载力的情况，应根据量测结果监视支护的状态。

5. 二次衬砌的支持结构

从二次衬砌的支持结构和中柱的关系来看，其分类和主要特征列于表 13-14。

二次衬砌的支持结构 表 13-14

导坑方式	示　意	主 要 特 征
上部支持型	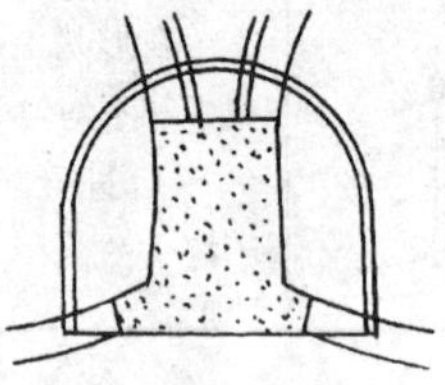	·中柱也担负二次衬砌的作用； ·二导间隔坑距离相同时，中柱的构造大，特别是底部宽度； ·中柱也具有最终结构物的功能； ·中柱产生变形时的对应困难； ·与拱部接缝的防水、排水困难
脚部支持型	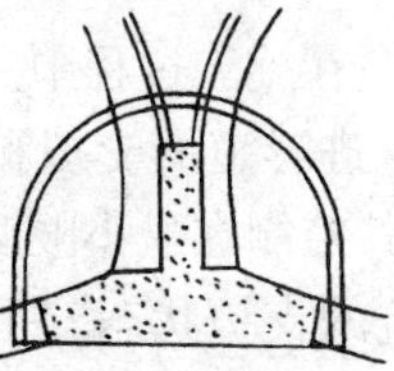	·包括防水、排水处理在内的混凝土施工质量比上部支持型好
仰拱支持型	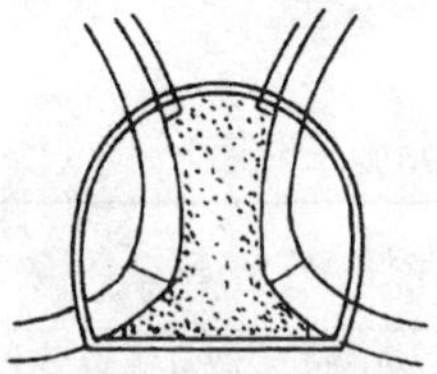	·二次衬砌完成后，可以减轻中柱的下沉； ·衬砌与仰拱成为整体，抗震性、隧道稳定性好； ·中柱底部宽度小，施工时中柱的稳定性可能有问题

各种支持结构没有很大差别，但从 20 世纪 80 年代后半期，脚部支持型和仰拱支持型采用较多，特别是最近 5 年仰拱支持型采用更多。

中柱采用临时结构还是永久结构是设计时需重要考虑的，上部支持型是把它作为永久结构设计的，而仰拱支持型则是按临时结构设计的。目前多数认为，如果线形有富余，中柱最好按临时结构设计，但线形没有富余时，也不得不按永久结构设计。

今后二次衬砌的支持结构主要采用仰拱支持型的，因此二次衬砌和中柱的荷载分配的设计方法要加以研究。

6. 辅助工法的采用

因双联拱隧道的埋深小、地质差，而且要保证比通常双车道隧道大 2 倍的断面，要极力控制地表下沉和围岩松弛，就不得不采用辅助工法。在双联拱隧道中经常采用的辅助工法有：掌子面超前支护、中柱上部围岩的地层加固以及中柱下部地层的围岩加固等方法。如图 13-16 是中间围岩加固的例子。

7. 量测与解析

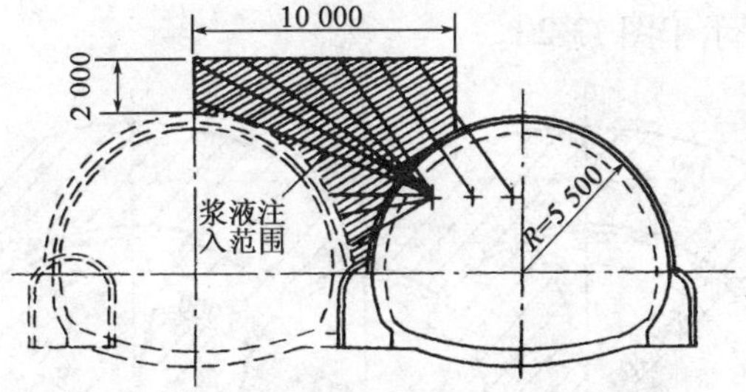

图 13-16　中间围岩加固示意图(尺寸单位:mm)

与一般情况不同的是,应进行底部土压、中壁倾斜及应力的量测。

在双联拱隧道的设计、施工阶段,几乎都要采用数值解析方法。数值解析中要研究的项目有:围岩动态、施工方法、支护结构、中柱结构、辅助工法、管理标准以及量测结果的比较等。

双联拱隧道的中壁施工是比较麻烦的,而且中壁的防水问题也没有得到很好地解决,因此,双联拱隧道有向小间距隧道演变的趋势。目前我国在地下铁道、铁路隧道以及公路隧道中,小间距隧道采用的比重越来越大。因此,在需要采用双联拱隧道的场合应与小间距隧道进行慎重比选。

8. 飞鸟山隧道实例

飞鸟山隧道是在公园下方修筑的双联拱隧道。隧道的标准断面示于图 13-17。地质条件是砂砾、砂质土、黏性土的互层。有地下水存在,对开挖构成威胁。在隧道修筑过程中排除涌水是极为重要的。考虑对公园植物的影响,不能大量的扬水,因此采用了压注方法进行止水。压注范围采用在周边形成三个改良范围(图 13-18)。

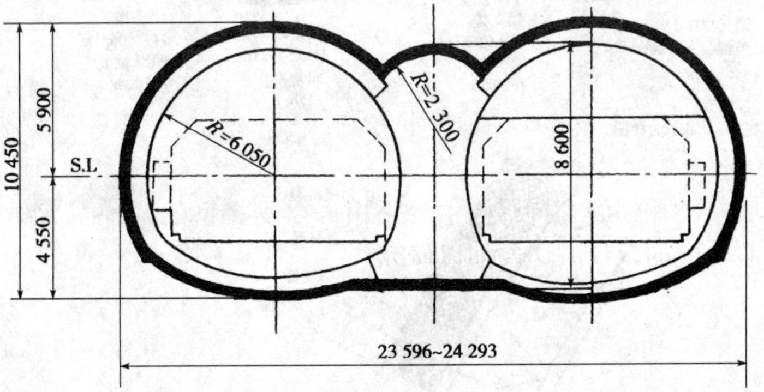

图 13-17　标准断面(尺寸单位:mm)

初期支护的结构示于图 13-19,为控制变形,初期支护采用刚性大的结构,由钢支撑和喷混凝土构成。

其施工步骤示于图 13-20。

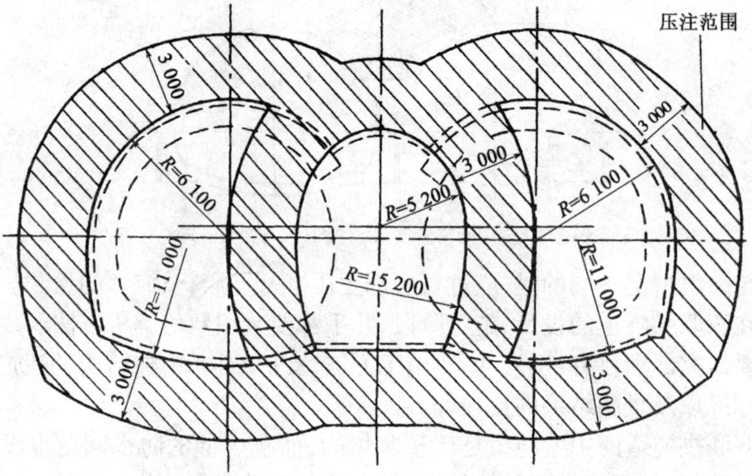

图 13-18 压注范围(尺寸单位:mm)

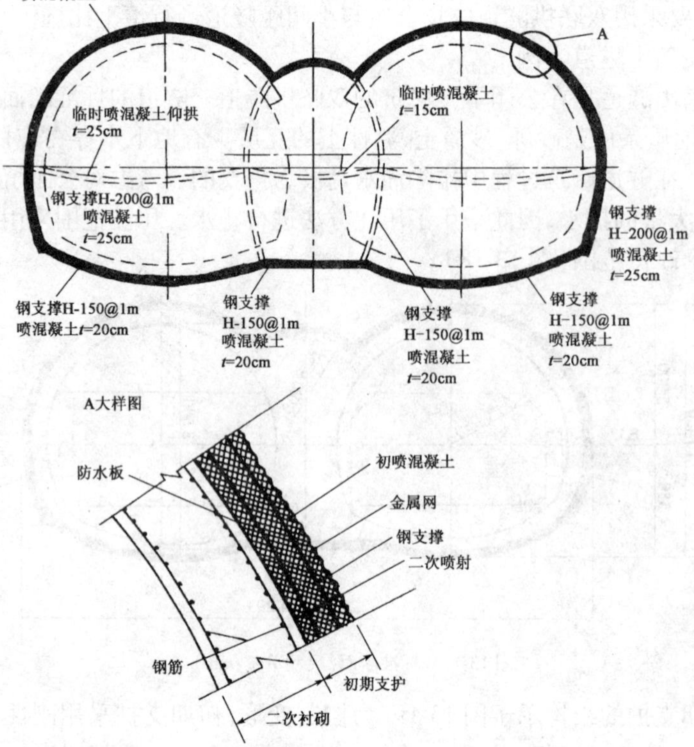

图 13-19 刚性初期支护的构成

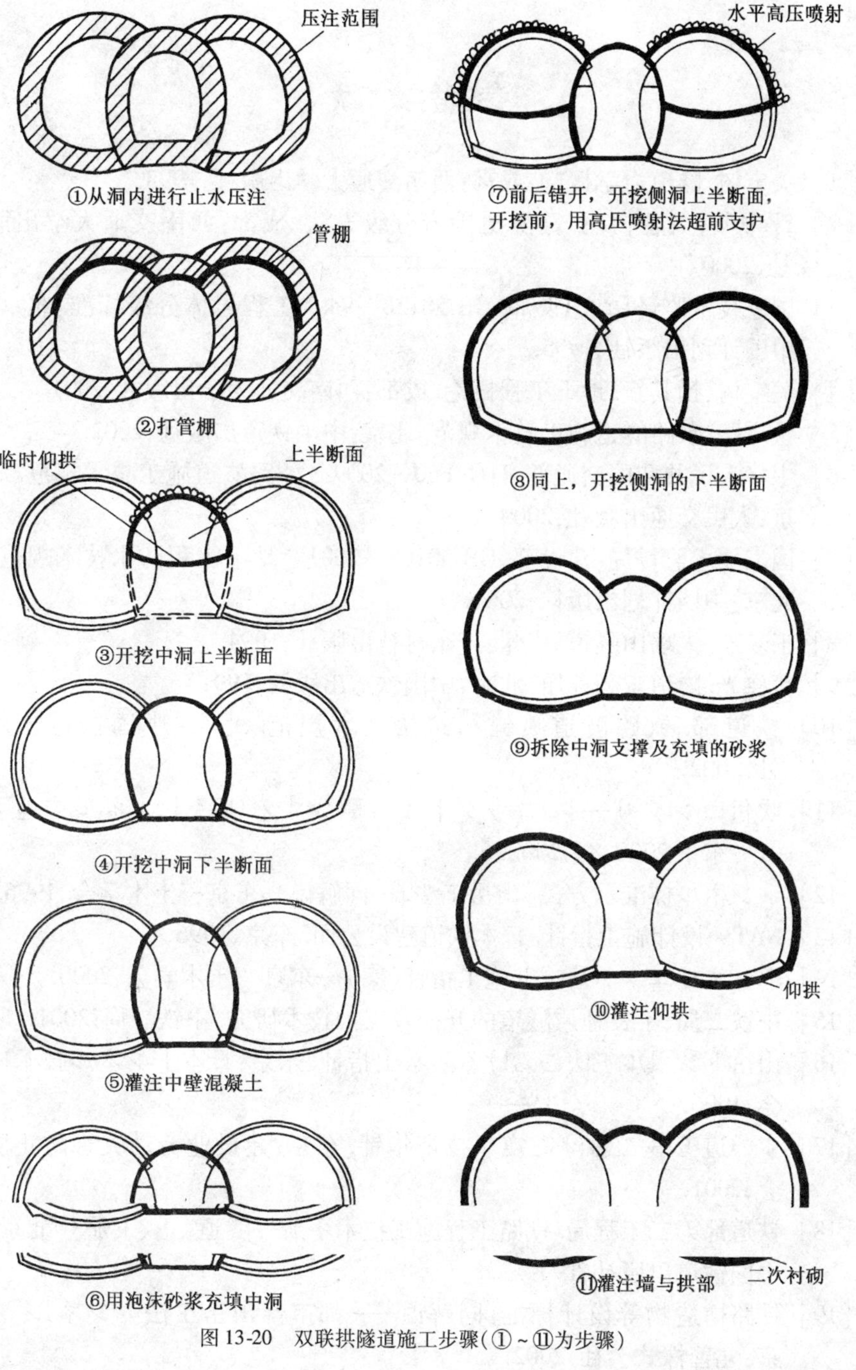

图 13-20　双联拱隧道施工步骤(①~⑪为步骤)

参考文献

[1] 关宝树. 隧道力学概论. 成都:西南交通大学出版社,1993.

[2] 沈中其,关宝树. 铁路隧道围岩分级方法. 成都:西南交通大学出版社,2000.

[3] 国家技术监督局,建设部. GB 50128—94 工程岩体分级标准. 北京:中国计划出版社,1995.

[4] 关宝树,扬其新. 地下工程概论. 成都:西南交通大学出版社,2001.

[5] 铁道路. 铁路隧道施工技术规范. 北京:中国铁道出版社,2002.

[6] 中华人民共和国交通部. JTG F60—2009 公路隧道施工技术规范. 北京:人民交通出版社,2009.

[7] 国家技术监督局,建设部. GB 50108—2001 地下工程防水技术规范. 北京:中国计划出版社,2001.

[8] 王梦恕. 大瑶山隧道. 广州:广东科技出版社,1994.

[9] 蒋爵光. 隧道工程地质. 北京:中国铁道出版社,1991.

[10] 铁道部. 铁路隧道喷锚构筑法技术规范. 北京:中国铁道出版社,2002.

[11] 吹付コンクリート. ロックボルト開ロするQ&Aトンネルす地下——东京 2000.8 ~ 2002.6.

[12] トンネル標准示方書[山岳工法]·同解说—东京—土木学会,1996.

[13] NATM 设计施工指针. 日本铁道建设公团. 东京,1996.

[14] トンネルユンクリート施工指针(案)—东京—土木学会,2000.

[15] 中铁二局. 不良地质隧道的开挖及支护技术研究. 中铁二局,2001.

[16] 山岳トンネル工法こおける防水工指针. 东京:日本トンネル技术协会,1996.

[17] すい道工事こおける换氧技術指针. 东京:建设业劳动灾害防止协会,2001.

[18] 铁道部第二工程局. 铁路工程施工技术手册—隧道(上、下册). 北京:中国铁道出版社,1999.

[19] 铁路構造物等设计標准:同解说——都市部山岳工法トンネル. 东京:丸善株式会社,2002.